【河北】戎冠秀（1896—1989），抗日战争时期组织妇女搞生产，支援前线，救护伤员，被誉为拥军模范"子弟兵的母亲"。1945年荣获劳动英雄称号；2009年被评为100位为新中国成立作出突出贡献的英雄模范人物之一。

【北京】林巧稚（1901—1983），中国妇产科学的奠基人和开拓者，被誉为"万婴之母"。1956年全国先进生产者；1960年全国先进工作者；1978年全国先进科技工作者。

【江西】符式珪（1919—2017），江西省第一位女性教授，带头攻克了治疗女性尿瘘的难关。1979 年全国劳动模范。

【湖北】陈伯华（1919—2015），汉剧陈派艺术创始人，汉剧艺术大师。2008 年，名列文化部第二批国家级非物质文化遗产项目代表性传承人名单。1956 年全国先进生产者。

【山西】申纪兰（1929—2020），倡导并推动“男女同工同酬”写入新中国宪法，连续 13 届当选全国人大代表。1979 年、1989 年、1995 年全国劳动模范；2018 年被授予改革先锋称号；2019 年被授予共和国勋章。

【上海】于漪，1929 年生，基础教育改革的开拓者，推动“人文性”写入全国《语文课程标准》。1989 年全国先进工作者；2018 年被授予改革先锋称号；2019 年荣获人民教育家称号。

【中央和国家机关】屠呦呦，1930 年生，中国首位诺贝尔医学奖获得者，带领团队研究发现了青蒿素，解决了抗疟治疗失效难题。1995 年全国先进工作者；2018 年被授予改革先锋称号；2019 年被授予共和国勋章。

【辽宁】赵桂兰（1930—2018），为了保护国家财产，舍生忘死，身受重伤。1950 年全国劳动模范。

【辽宁】田桂英（1930—2023），新中国第一位女火车司机。1950 年全国劳动模范。

【黑龙江】梁军（1930—2020），新中国第一位女拖拉机手，第三套人民币1元纸币上女拖拉机手的原型；扎根农机一线岗位40多年。1950年全国劳动模范；1988年获评全国五一劳动奖章。

【上海】黄宝妹，1931年生，新中国纺织工人代表。1956年、1959年全国先进生产者；2021年被授予七一勋章。

【辽宁】尉凤英，1933年生，完成技术革新107项，被党中央命名为“毛主席的好工人”。1956年、1959年全国先进生产者。

【安徽】马毛姐，1935年生，解放战争时期支前英模的杰出代表，被授予一等渡江功臣、支前模范。2021年被授予七一勋章。

【山东】郝建秀，1935 年生，全国纺织行业第一个细纱工作法创立者，“郝建秀工作法”在全国纺织行业中进行推广。1951 年全国纺织工业劳动模范。

【陕西】赵梦桃（1935-1963），带领“赵梦桃小组”成为纺织战线的一面旗帜。1956 年、1959 年全国先进生产者。

【天津】王静康，1938年生，工业结晶专家，中国工程院院士。1991年获评全国五一劳动奖章；2010年全国先进工作者。

【甘肃】樊锦诗，1938年生，曾任敦煌研究院院长，现任敦煌研究院名誉院长，文物保护杰出贡献者。2005年全国先进工作者；2018年被授予改革先锋称号。

【贵州】李桂莲，1942 年生，贵州省农业科学院原名誉院长、研究员，创建现代山地高效蔬菜栽培技术，著名蔬菜专家。1989 年全国先进工作者。

【新疆】布茹玛汗・毛勒朵，1942 年生，柯尔克孜族，乌恰县吉根乡护边员。她 50 多年如一日在新疆东古拉玛山口冰川与大山之间巡边护边。2009 年获评全国五一劳动奖章；2019 年被授予人民楷模荣誉称号。

【江苏】徐永珍，1944 年生，被授予第三批国家级非物质文化遗产项目“茶点制作技艺”代表性传承人。1989 年全国劳动模范。

【宁夏】王兰花，1950 年生，回族，全国民族团结进步模范个人。2021 年被授予七一勋章。

【天津】关牧村，1953 年生，女中音歌唱演员、国家一级演员。2000 年全国先进工作者。

【山东】张海迪，1955 年生，国家一级作家，曾任中国残疾人联合会主席。1983 年 5 月，中共中央发出《向张海迪同志学习的决定》。2000 年全国先进工作者。

【云南】张桂梅，1957 年生，扎根贫困地区 40 余年，创办全国第一所全免费女子高中。2000 年全国先进工作者；2004 年获评全国五一劳动奖章；2021 年荣获全国脱贫攻坚楷模、被授予七一勋章。

【河南】薛荣，1958 年生，带领下岗职工创办知名家政企业。获“全国优秀党务工作者”“改革开放 40 年百名杰出民营企业家”称号；2020 年全国劳动模范。

【海南】陶凤交，1959 年生，带领“植树娘子军”在沙丘上筑起绿色长城。2012 年获评全国就业创业优秀个人；2020 年全国劳动模范。

【西藏】卓嘎，1961 年生，藏族，以抵边放牧、巡逻的方式数十年如一日用脚步丈量守护神圣国土。2021 年被授予七一勋章。

【浙江】黄金娟，1964 年生，国网浙江省电力有限公司高级技师，成功研制世界上首条电能表自动化检定流水线，首位获得国家科学技术进步奖女职工，大国工匠。2019 年获评全国五一劳动奖章。

【金融】徐灵英，1964 年生，面对穷凶极恶的歹徒，置个人生死于不顾，英勇保护国家财产免受损失。1998 年获评全国五一劳动奖章；2000 年全国劳动模范。

【重庆】 陈卉丽，1965 年生，全国石质文物保护一号工程——大足石刻千手观音造像保护工程主要技术负责人之一。2017 年获评全国五一劳动奖章；2020 年全国先进工作者；2023 年全国五一巾帼标兵。

【吉林】 于吉红，1967 年生，中国科学院院士，带领团队在国际上创建了首个分子筛合成数据库。2022 年获评全国五一劳动奖章。

【新疆兵团】吴翠云，1968 年生，探索形成适于新疆盐旱区的红枣直播密植高效优质栽培理论与技术体系。2020 年全国先进工作者。

【浙江】韩喜球，1969 生，中国首位大洋科考女首席科学家。2010 年全国先进工作者。

【铁路】赵红卫，1969 年生，中国铁道科学研究院集团有限公司首席工程师，复兴号动车组总体技术专家组成员及网络控制系统专业领军人才。2016 年获评全国五一劳动奖章；2020 年全国劳动模范。

【山西】韩利萍，1971 年生，航天特级技师，大国工匠，2012 年获得中华技能大奖；2020 年全国劳动模范。

【陕西】薛莹，1973 年生，航空工业生产一线的劳模。2008 年获评全国五一劳动奖章；2010 年获评全国劳动模范。

【黑龙江】刘丽，1974 年生，大庆油田有限责任公司第二采油厂采油班班长，大国工匠。2016 年获评全国五一劳动奖章；2020 年全国劳动模范。

【广东】胡小燕，1974年生，首位当选全国人大代表的农民工。2008年获评全国五一劳动奖章；2018年被授予改革先锋称号。

【四川】潘玉华，1975年生，专注于微系统高集成制造的无线电装接手工焊接工作，曾获得中华技能大奖，大国工匠。2021年获评全国五一劳动奖章。

【云南】尼玛拉木，1976 年生，藏族，第一个登上万国邮政联盟讲台的中国乡村女邮递员。2008 年获评全国五一劳动奖章；2010 年全国劳动模范。

【湖北】梅琳，1977 年生，起吊 2300 吨发电机转子的筑桥女工，全国能源化学地质系统大国工匠，2023 年获评全国五一劳动奖章。

【上海】姚启明，1978 年生，国际赛道设计师中唯一的亚洲女性。2018 年获评全国五一劳动奖章；2020 年全国劳动模范。

【江苏】何光华，1978 年生，扎根电力电缆施工及运维一线 20 多年，带领团队完成电缆施工的整套技术革新，研制项目获得国家科学技术进步奖。2016 年获评全国五一劳动奖章；2020 年全国劳动模范。

【湖南】易冉，1982 年生，中国中车集团特级技师，首席技能专家，大国工匠。2013 年获评全国五一劳动奖章；2015 年全国劳动模范。

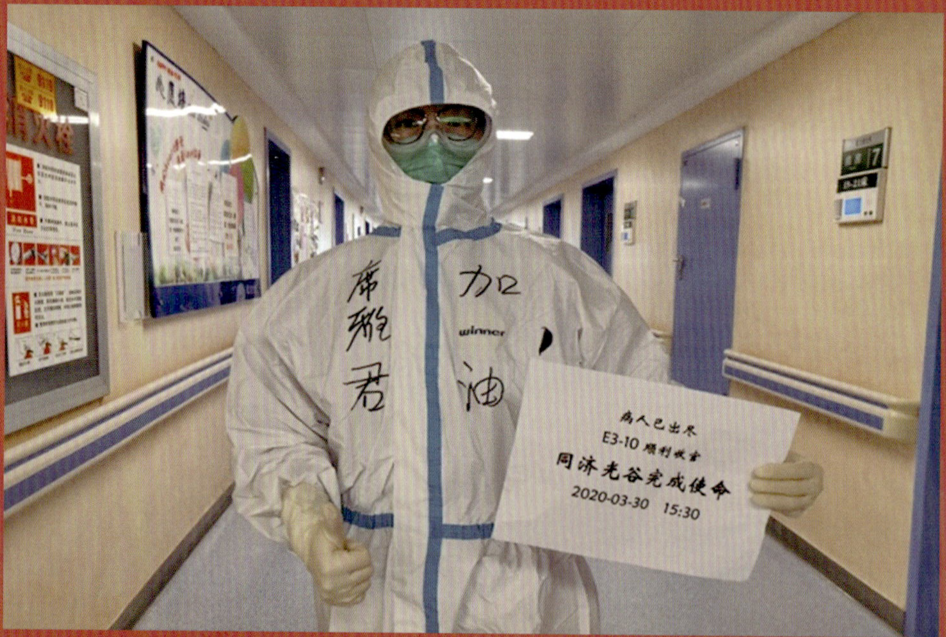

【福建】席雅君，1983 年生，跟随厦门支援湖北医疗队一队驰援武汉、抗击新冠肺炎疫情，担任病区护士长。2012 年获评全国五一劳动奖章；2020 年全国先进工作者。

【广西】黄文秀（1989—2019），主动请缨到贫困村担任驻村第一书记。2019 年被追授全国五一劳动奖章；2021 年被追授全国脱贫攻坚楷模、七一勋章。

【青海】切阳什姐，1990 年生，藏族，中国首位夺得奥运会奖牌的藏族运动员。2020 年全国先进工作者。

【内蒙古】苏尼特右旗乌兰牧骑，草原上的“红色文艺轻骑兵”。2019 年全国“最美奋斗者”集体，荣获全国五一劳动奖状。

【民航】国航金凤乘务组，成立于 1994 年，被誉为“蓝天上的雷锋班”。1999 年、2006 年荣获全国五一劳动奖状，2014 年被授予“时代楷模”荣誉称号。

中国
女劳模

中华全国总工会女职工部 ◎ 编著

中国工人出版社

本书编委会

（按姓氏笔画排序）

序

全国总工会党组书记、副主席、书记处第一书记 徐留平

党的十八大以来，以习近平同志为核心的党中央高度重视工人阶级和工会工作、妇女工作，提出一系列重要论述、作出一系列重大部署，领导我国工运事业、妇女事业取得历史性伟大成就。习近平总书记始终热情关心关怀包括女劳模在内的职工群众，每逢“三八”国际劳动妇女节、“五一”国际劳动节都以不同方式向广大妇女、职工群众致以节日祝贺、寄予殷切期望。2023 年 10 月，中国工会十八大、中国妇女十三大胜利召开，习近平总书记等党和国家领导人出席大会开幕式，会后分别与全国总工会、全国妇联新一届领导班子集体谈话并发表重要讲话，为工运事业和工会工作、妇女工作提供根本遵循、注入强大动力，亿万女职工备受鼓舞、倍感振奋、倍增信心。

中国女劳模是工人阶级中劳动妇女的优秀代表，“劳动模范”这一称谓的首次使用就是授予“劳动模范妇女”。从瑞金到延安，从解放区到新中国，从改革开放到中国特色社会主义新时代，在中国共产党领导人民进行革命、建设、改革的历史进程中，中国女劳模与党同心同行，自觉

把个人理想、家庭幸福融入国家富强、民族振兴、人民幸福的伟业之中，坚持辛勤劳动、诚实劳动、创造性劳动，以“巾帼不让须眉”的豪情努力，以自尊自信、自立自强的精神姿态，始终带领广大女职工走在时代前列，在不同领域充分发挥先锋模范作用，充分展现了主人翁的时代风采，有效发挥“半边天”的独特作用。

近年来，全国各级工会以习近平新时代中国特色社会主义思想为指导，深入学习贯彻习近平总书记关于工人阶级和工会工作、关于妇女工作的重要论述，大力弘扬劳模精神、劳动精神、工匠精神，在强化激励机制、搭建成长平台、提供关爱服务、营造社会氛围等方面做了一系列卓有成效的工作。着力强化表彰激励，2020 年全国劳动模范和先进工作者中女性比例为 23.2%；从 2012 年到 2022 年，共表彰全国五一巾帼标兵岗 3628 个、全国五一巾帼标兵 3712 个。着力宣传女劳模先进事迹，组织开展“中国梦·劳动美”等主题宣传教育，广泛开展巾帼劳模工匠宣讲活动。着力发挥女劳模示范引领作用，建设女劳模创新工作室，推动实施科技创新巾帼行动，举办巾帼工匠风采展及巾帼论坛。着力解决女劳模现实关切，做好女劳模权益维护和关爱服务，帮助女劳模解决急难愁盼问题，努力当好“娘家人”，传递党和政府的关怀和工会组织的温暖。

党的二十大吹响了奋进新征程、建功新时代的时代号角，强国建设、民族复兴伟业赋予女劳模新使命，召唤女劳模有作为。希望广大女劳模坚持不懈用习近平新时代中国特色社会主义思想凝心铸魂，团结带领广大女职工赓续工人阶级政治本色，坚定不移听党话、跟党走。希望广大女劳模聚焦经济建设这一中心工作和高质量发展这一首要任务，示范引领广大女职工实干笃行、争创一流，以劳动创造和过硬本领为加快发展新质生产力、扎实推进高质量发展拼搏奉献。希望广大女劳模争做文明风尚的倡导者，深入学习贯彻习近平总书记关于注重家庭家教家风建设的重要论述，推动社会主义核心价值观在家庭落地生根，以小家庭的和谐共建社会大和谐。

新征程是充满光荣和梦想的远征，每一个拼搏奉献的“她”都是圆梦追梦坚实力量。让我们更加紧密地团结在以习近平同志为核心的党中央周围，做伟大事业的建设者、做文明风尚的倡导者、做敢于追梦的奋斗者，踔厉奋发、勇毅前行，在以中国式现代化全面推进中华民族伟大复兴的历史进程中贡献巾帼智慧和力量！

编写说明

为深入学习贯彻习近平新时代中国特色社会主义思想，贯彻落实习近平总书记关于工人阶级和工会工作、关于妇女工作的重要论述，进一步营造全社会尊重劳动、尊重妇女的良好氛围，激发广大女职工学习劳模、争当劳模的工作斗志和劳动热情，团结动员广大女职工为推进中国式现代化更好发挥“半边天”作用，自2022年9月，中华全国总工会女职工部组织全国各省、自治区、直辖市总工会，新疆生产建设兵团总工会和中华全国铁路总工会、中国民航工会、中国金融工会，用一年多时间系统梳理分析了不同历史时期女劳模们的时代特征和历史贡献，总结提炼出中国女劳模的总体成长规律、精神特质和重要作用等，在《巾帼劳模时代特征和成长规律研究报告》的基础上，进一步扩充修订，组织编写了《中国女劳模》，形成本书主报告部分；并增补了各省级总工会近百年来女劳模有关时代特征和成长规律分报告，作为本书分报告部分。同时，还精选了79个生动鲜活的巾帼劳模案例，可以通过扫码聆听音频有声故事，满足视听分享。

在本书的具体论述及数据分析过程中，“女劳模”特指三类女性劳动模范：一是女性全国劳动模范和先进工作者，自1950年至2020年，累计评选女性全国劳动模范和先进工作者6178人①。二是女性全国五一劳动

① 党和国家高度重视劳动模范和劳动模范评选表彰。新中国成立后，党中央、国务院先后召开16次劳模表彰大会。从20世纪90年代开始，全国劳模表彰大会每五年召开一次。依据全国劳动模范历次表彰决定统计，包括1983至1988年全国劳模年度授奖活动表彰人数，但不包括享受全国劳模待遇人数。本书各项（含主报告和分报告）统计数据均截至2022年12月31日。

奖章获得者，自 1985 年至 2022 年，中华全国总工会累计评选女性全国五一劳动奖章获得者 6022 名[①]。三是全国五一巾帼标兵获得者和全国五一巾帼标兵岗，自 2005 年至 2021 年，中华全国总工会累计评选全国五一巾帼标兵岗（含巾帼奖状、女职工建功立业标兵岗)6246 个[②]，全国五一巾帼标兵获得者（含巾帼奖章、女职工建功立业标兵）6139 名。三类女性劳动模范案例和分报告的选取涵盖新民主主义革命时期、社会主义革命和建设时期、改革开放和社会主义现代化建设新时期、中国特色社会主义新时代四个历史时期，涉及 35 个省级总工会，具有较强的历史代表性以及地域、产业特色。

《中国女劳模》立足中国共产党领导下的百年工运历史，全景式展示了中国女劳模走过的辉煌历史、取得的宝贵经验，充分体现了可信可爱可敬的女劳模形象，生动诠释了女劳模故事及其背后的思想力量和精神力量，系统梳理阐释了女劳模现象中将工人运动和妇女解放运动相结合所蕴含的马克思主义中国化时代化道理、学理、哲理，为新时代各级工会干部、女职工工作者和社会各界读者学习了解中国女劳模的历史特质、精神内涵、成长规律等方面，提供了理论依据和有益思考，并号召以女劳模为代表的广大女职工做伟大事业的建设者、做文明风尚的倡导者、做敢于追梦的奋斗者，为中国式现代化建设贡献巾帼智慧和力量。

本书编写组

2024 年 2 月

① 全国五一劳动奖章依据历次表彰决定统计，包括集中表彰人数，未包括即时表彰人数。全国总工会从 1985 年开始，除召开全国劳模表彰大会的年份外，基本每年“五一”国际劳动节前夕都进行全国五一劳动奖的评选表彰。

② 全国五一巾帼奖依据历次表彰决定统计。自 2005 年起，以全国总工会名义开展全国五一巾帼奖表彰，自 2007 年起，每两年表彰一次，下同。

目　录

《中国女劳模》主报告

主报告

主报告

礼赞巾帼劳模
书写时代荣光

百年风雨，多少豪迈，多少荣光。“我们党带领人民不懈奋斗的光辉历程，每一个胜利都有着广大妇女的积极参与和卓越贡献。”[①] 中国女劳模作为工人阶级中劳动妇女的优秀代表，在中国共产党的领导下，驰骋在血雨腥风的战争年代，带领广大劳动妇女同舟共济、劳动支前；努力在如火如荼的建设时期，带领广大劳动妇女挥洒汗水、拼搏奉献；开拓在改革开放新时期，带领广大劳动妇女自立自强、锐意进取；奋进在中国特色社会主义新时代，带领广大劳动妇女发挥“半边天”作用，为强国建设、民族复兴添砖加瓦赓续力量。

中国女劳模群体是在劳动解放中实现全面发展的一面旗帜，是孕育自广大劳动人民群众中的先进楷模。今天，研究梳理女劳模群体的历史演进，有助于我们更好地学习中国共产党的辉煌历史，重温中国工人运动的百年历程；总结分析女劳模的成长规律和精神内涵，有助于我们更好地理解劳模精神、劳动精神、工匠精神的深刻内涵；肯定女劳模的历史作用，展望女劳模的未来工作，对于更好地发挥新时代巾帼劳模的示范带头作用，传承巾帼之志、发扬巾帼风采，鼓舞一代代女劳模和亿万女职工在奋进中国式现代化伟大征程中建功立业、接续前行具有重要意义。

一、中国女劳模的历史演进

回顾中国共产党的百年历史，从中央苏区到延安时期，从新中国成立到改革开放新时期，再到中国特色社会主义进入新时代，在中国共产党的奋斗历程上，始终镌刻着劳模精神、劳动精神、工匠精神形成发展的光辉印记。从这个意义上来看，一部中国共产党人的革命建设史，也是一部劳模奋斗的光辉历史。

作为劳动模范重要组成部分的中国女劳模，在整部中国共产党历史

① 习近平，《始终把广大妇女作为推动党和人民事业发展的重要力量》（2013 年 10 月 31 日），引自中共中央党史和文献研究院，《论坚持人民当家作主》，中央文献出版社，2021 年 11 月版，第 31–32 页。

上亦绘下了浓墨重彩的一笔。无论是在江西瑞金的经济建设，还是在陕甘宁边区劳动大生产运动中；无论是在新中国成立后轰轰烈烈的生产竞赛，还是在改革开放以来各行各业的劳动技能竞赛中，各个时期所产生的女劳模都有着不同时代特征的鲜明烙印，代表着不同历史时期女劳模的动人形象和绚丽风采，折射出那个时代女性劳动者最拼搏奋进的劳动斗志和昂扬向上的精神力量。

新民主主义革命时期，女劳模在中国共产党领导的争取民族独立、人民解放过程中实现自身解放；社会主义革命和建设时期，女劳模以主人翁姿态投入生产一线，生动诠释“妇女能顶半边天”的巾帼力量；改革开放和社会主义现代化建设新时期，女劳模以开拓创新的勇气投身中国特色社会主义伟大实践，在改革浪潮中争当社会主义现代化建设的排头兵；中国特色社会主义新时代，女劳模以劳动托起中国梦，在奋斗中发扬新时代女性风采。沿着中国女劳模历史发展的脉络一路走来，我们将更好地理解她们在各自平凡的岗位上建功立业、拼搏奉献的无悔选择，更好地学习女劳模“爱岗敬业、争创一流、艰苦奋斗、勇于创新、淡泊名利、甘于奉献”的劳模精神，更好地激励亿万女职工继续贡献智慧、挥洒汗水，投身于强国建设、民族复兴的伟大实践。

（一）新民主主义革命时期：唤起妇女千百万　投身劳动求解放

近代中国妇女解放运动诞生于民族危亡时期，受几千年来男尊女卑等封建传统文化熏陶和束缚的绝大多数中国妇女，受教育程度和参与社会生产率极其低下。中国共产党自其成立之初就将实现妇女解放和发展作为党的重要任务。恩格斯在《家庭、私有制和国家的起源》中指出：“妇女解放的第一个先决条件就是一切女性重新回到公共的事业中去。”[①] 以马克思主义为指导，中国共产党在数十年的新民主主义革命斗争过程中，始终坚持把马克思主义妇女解放的理论与中国妇女解放的实际结合

① ［德］弗里德里希·恩格斯，《家庭、私有制和国家的起源》，引自中共中央马克思恩格斯列宁斯大林著作编译局，《马克思恩格斯文集》（第四卷），人民出版社，2009 年 12 月第 1 版。

起来，“除努力保护女劳动者的利益而奋斗——如争得平等工价，制定妇孺劳动法等之外并应为所有被压迫的妇女们的利益而奋斗”[①]，始终致力于推动妇女解放和发展。通过多种方式和途径，尤其是广泛动员妇女打破封建桎梏，走出家门，参与社会化生产劳动，鼓励广大妇女以劳动助力民族救亡运动，在国家解放、民族独立的革命浪潮中实现自身解放。

早在 1922 年 7 月，中国共产党第二次全国代表大会上制定的《关于妇女运动的决议案》中就提出：“中国共产党认为妇女解放是要伴着劳动解放进行的，只有无产阶级获得了政权妇女们才能得到真正解放。”[②]明确把“劳动”提到了推动妇女解放的高度上来。

随着中国共产党革命根据地建立逐渐稳固，旨在鼓励包括广大妇女在内的劳动群众积极劳动、生产支前的劳动竞赛和模范表彰活动在中央苏区逐渐兴起。1932 年 3 月 23 日，中共中央组织局在《关于革命竞赛与模范队的问题》通知中号召全党以最大努力“发动群众积极性，用组织模范队和革命竞赛的新方式……转变全部工作”。[③]中华苏维埃政府土地部发布训令，要求各地苏维埃政府“组织生产竞赛，乡与乡赛，村与村赛，家与家赛，团体与团体赛”，并制定了相关竞赛评比标准和奖励办法。次年春，中央苏区全面开展春耕生产运动，各类劳动生产竞赛相继涌现。一直以来被传统分工习惯禁锢在家务中，屏蔽在社会生产劳动之外的妇女也纷纷被动员起来踊跃参加，走出家门学习扶犁耕田技术，同男人一样参加劳动生产竞赛，在这个过程中，一部分表现突出的女性劳动者被评选为劳动模范，成为早期女劳模的雏形。

1934 年春，瑞金叶坪召开了苏区妇女劳动模范代表大会，福建、湘

---

① 《关于妇女运动的决议案》（中国共产党第二次全国代表大会制定），引自中央档案馆，《中共中央文件选集》（第一册），中共中央党校出版社，1989 年版，第 161 页。

② 《关于妇女运动的决议案》（中国共产党第二次全国代表大会制定），引自中央档案馆，《中共中央文件选集》（第一册），中共中央党校出版社，1989 年版，第 161 页。

③ 中华全国总工会，《中共中央关于工人运动文件选编》（中），档案出版社，1985 年版，第 181 页。

赣、粤赣省的妇女劳模代表都来参加，并邀请部分犁耙田能手在瑞金武阳区进行劳动现场示范表演。毛主席亲自参加了现场会，他身着便衣，站在田埂，看到妇女犁耙田能手扶犁操作娴熟，高兴极了，对大家说："封建社会有种迷信说法，说妇女犁田会遭雷公打，现在时代不同了，男女平等，男同志能做到的事情，你们女同志也可以做到，今天你们不是也做到了吗……"毛主席讲完话，又亲自给学犁田、耙田的妇女劳动模范发了奖状和奖品。奖品是一条围裙和一顶竹笠，围裙上绣了"学犁耙能手"的字样，竹笠上印有"劳动模范妇女"几个大字①，标志着中国女劳模称谓的正式诞生。这也是有记录以来中国首次明确使用"劳动模范"来称呼在生产建设中成绩卓越的劳动者，在中国劳模历史上具有重要意义②。

随着抗日战争和解放战争革命形势的不断推进，发挥包括妇女劳动者在内的广大劳模作用的宝贵经验随着中国共产党被一起带到了延安及各革命根据地。女劳模们在陕甘宁、晋冀鲁豫、晋察冀、晋绥等各大边区的大生产运动和各项建设中艰苦奋斗、舍己奉献，在发展生产、支援前线、巩固根据地经济等方面发挥了巨大作用，并涌现出一批感人至深、值得尊敬的女劳模英雄群体：渡江功臣马毛姐、支前模范"沂蒙六姐妹"、"子弟兵母亲"戎冠秀、工农兵劳模赵桂兰、特等拥军支前模范赵海英、边区妇女劳动英雄马杏儿……她们为取得新民主主义革命最终胜利、实现中国人民彻底解放作出了巨大贡献。在中国共产党的领导下，中国女劳模们挣脱束缚、自力更生，用饱满的热情和不畏劳苦的精神完成了战时生产任务，在投身中国革命与解放事业的同时，带领广大妇女群众以劳动实现自身解放。

（二）社会主义革命和建设时期：巾帼不让须眉志　妇女能顶半边天

1949年10月1日，中华人民共和国宣告成立，揭开了中国历史的新篇章。这是中国共产党领导中国人民进行新民主主义革命取得全国胜

---

① 李坚真，《李坚真回忆录》，中共党史出版社，1991年版。

② 姚荣启，《中国劳模史》，中国工人出版社，2020年6月第1版，第7–8页。

利的结果，也是包括女劳模在内的劳动人民共同努力奋斗的结果。新中国的成立，使得无数在旧社会没有受教育权利、没有独立经济来源、没有地位、没有尊严的中国妇女，成为走出家门、学习技术、参与劳动、获得工作的社会主义“新女性”。这种当家作主的责任感和自豪感，让中国妇女对中国共产党饱含无比的感激之情，也让中国妇女迸发出前所未有的劳动激情和力量，自觉以国家主人翁的姿态参与社会主义经济生产建设，献出自己的一份力量。

新中国成立之初，国家百废待兴的客观形势，迫切要求广大劳动人民再次响应号召、投身建设新中国的伟大洪流。面对巩固新生政权、医治战争创伤、恢复工业生产等一系列艰巨任务，党和政府借鉴革命战争时期的优良经验做法，大力开展社会主义劳动竞赛和生产运动，并评选出劳动模范和先进生产者，为广大妇女参与生产、劳动报国提供了一个宝贵的契机。在这一过程中，广大妇女备受激励和鼓舞，不仅在农业生产、纺织行业和医药卫生等女性传统工作领域不懈劳动、忘我工作，而且在很多过去男性占主体的工作领域勇敢挑战。她们积极响应生产劳动竞赛号召，争先恐后、拼搏奋斗，产生出一个个家喻户晓的劳动女英雄——新中国第一位女火车司机田桂英；长江上第一位女驾驶员林幼华；第一位驾驶千吨级货船的女驾驶员孔庆芬；为世界人工奇迹红旗渠作出特殊贡献的石姑娘队；推动妇女走合作化道路带头人、植棉模范张秋香等。

到 1952 年底，经过三年的努力，被长期战争和国民党反动统治严重破坏的国民经济基本得到恢复。仅以国民经济恢复时期结束的 1952 年为例，短短一年时间里全国各界劳动者中共计涌现出各级女性劳动模范 1.61 万人[①]，占各类劳动模范总数的 12% 以上。随着劳模评选工作逐渐制度化和常规化，在 1950 年 9 月至 1960 年 6 月十年间，党和政府先后召开了 4 次全国性劳动模范和先进生产者代表大会，累计评选产生了以黄

① 顾秀莲，《20 世纪中国妇女运动史中卷》，中国妇女出版社，2013 年 3 月第 1 版，第 15-16 页。

宝妹等为代表的大批女劳模和女性先进工作者，她们为国民经济恢复、抗美援朝胜利和各项社会主义建设事业蓬勃开展作出了巨大贡献。1964年《人民日报》刊发了题为“妇女能顶半边天”的文章，指出先进妇女劳动者在社会主义经济建设中的重要作用[①]。

1966年“文化大革命”发动后，部分女劳模虽处境艰难但丝毫没有停止以身报国的生产建设实践[②]。在此期间，女劳模们带领一大批女性工人和知识分子积极投身国防工业和三线建设，在中西部地区的13个省、自治区进行了一场大规模的国防、科技、工业和交通基础设施建设[③]，以高涨的生产热情和深沉的家国情怀展现出极高的政治觉悟，切实推动了中西部地区的妇女解放事业。

随着拨乱反正工作在各行各业中陆续开展，全国性劳模评选活动在停止了17年之后重新举办起来。在1977年举行的全国工业学大庆大会上，以铁路客运系统的老先进女职工路金妹为代表的60名女劳模受到表彰；在1978年举行的全国科学大会上，以我国首位女天文台长——德高望重的叶淑华院士为代表的71名女性先进科技工作者受到表彰；在1978年举行的全国财贸学大庆学大寨会议上，以“拿菜一抓准、算账一口清”闻名全国的天津售货员张士珍为代表的186名女劳动模范和179名女性先进工作者受到表彰。三次大会集中表彰了1960—1978年间涵盖女劳模在内的广大劳动模范群体，其中相当比例受表彰的女性是投身于国防工业和三线建设的模范劳动者代表。在这个过程中，一部分女性专业领域知识分子开始走上劳模领奖台，一大批科技战线的女性劳动模范和先进人物逐渐走进人们的视野。

在有效促进社会生产的同时，女劳模们积极发挥先锋模范作用，广

① 《妇女能顶半边天》,《人民日报》，1964年7月10日刊。

② 中共中央党史研究室,《中国共产党历史》(第二卷)(1949–1978)，中共党史出版社，2011年1月第1版，第753页。

③ 中共中央党史研究室,《中国共产党历史》(第二卷)(1949–1978)，中共党史出版社，2011年1月第1版，第820–832页。

泛发动妇女群众参与国家经济生产建设，鼓励妇女群众挖掘潜力、努力工作，带动形成“人人爱工作、人人争上游”的良好劳动氛围，帮助新中国孕育出千千万万在各行各业发挥巨大作用的女工人、女民兵、女战斗机飞行员、女科学家等妇女劳动者，以实际行动推动中国妇女获得进一步解放。

（三）改革开放和社会主义现代化建设新时期：改革浪潮争先进　百舸争流立潮头

1978年12月18日，中国共产党召开十一届三中全会，作出把党和国家工作中心转移到社会主义现代化建设上来、实行改革开放的历史性决策，实现了新中国成立以来党的历史上具有深远意义的伟大转折，开启了改革开放和社会主义现代化建设的伟大征程①。在这个过程中，一批批新时期女劳模拼搏奋斗、不断涌现，女劳模们以主人翁精神迎来改革开放，为建立和发展社会主义市场经济体制、推动社会主义现代化建设的全面开展作出了巨大贡献。

与改革开放前相比，这一时期的女劳模来源范围更加广泛。随着市场经济的逐渐发展，包括女劳模在内的广大劳动者所从事的工作内容和劳动种类愈加复杂多样，劳动者的内涵和外延被相应扩大，人们对于劳动的认识也在不断深化，女劳模的来源范围涵盖体力劳动、脑力劳动、科研活动、社会建设、物质生产、精神生产、管理实践等多个领域，并逐渐扩大到经济社会发展的各个方面。行业构成更加多元。成千上万追求进步、敢想敢拼的女劳模来源于传统一线工人、农民工、高级技术工人、企业管理人员、民营企业家、私营企业主、公务员、教育工作者、运动员等多个社会群体，覆盖老中青各个年龄层次。

这其中有“宁愿自己多吃苦，要为人民织好布”的山东青岛第七棉纺织厂工人江爱珍；有创新农村发展致富路的吉林省长岭县新安镇王家村农民张桂芹；有被誉为“北京城市立交发展奠基者”的北京市市政设

① 《改革开放简史》，人民出版社、中国社会科学出版社，2021年8月第1版，第1页。

计研究院副总工程师、教授级高级工程师罗玲；有荣获“新中国三十五年来杰出运动员”殊荣的前国家女排队队长孙晋芳；有被誉为“乡村都市”缔造者的河南省新乡县京华社区党委书记刘志华；有身残志坚、激励千万青年奋斗奉献的残疾人作家张海迪；有全国幼教届首获“樟树奖”的天津市和平区第十一幼儿园退休教师周静……无论女劳模的来源和构成怎样不同，她们始终不变的是共同的追求。女劳模们深耕专业，以开拓创新的勇气投身中国特色社会主义伟大实践，在改革的浪潮里，找到了最能发挥特长的实现途径，也是最能体现女性精神的时代切口，建功立业、奋勇前行，争当社会主义现代化建设的“排头兵”。

随着新时期劳模事业如火如荼地开展起来，涵盖女劳模在内的劳模评选表彰工作也渐趋制度化、程序化、规范化。1989 年 9 月 28 日，全国劳动模范和先进工作者表彰大会[①]在人民大会堂召开，自此以后，全国劳模大会评选表彰工作和程序逐步制度化，全国劳模大会每五年开展一次。2005 年 2 月 24 日，首次以中华全国总工会的名义组织开展“全国五一巾帼奖”评选活动，表彰积极参加“女职工建功立业工程”、在实现全面建设小康社会事业中作出突出贡献的女职工集体和个人。自 2005 年至 2021 年，中华全国总工会累计评选全国五一巾帼标兵岗（含巾帼奖状、女职工建功立业标兵岗）6246 个，全国五一巾帼标兵获得者（含巾帼奖章、女职工建功立业标兵）6139 名。新时期形式多样的劳模表彰奖项，相继评选出“敦煌女儿”樊锦诗、刷新多项世界纪录的“铝”中豪杰阙基容、“雪岭鸿雁”藏族邮递员尼玛拉木等一位位勤奋敬业、感人至深的巾帼劳动模范。

（四）中国特色社会主义新时代：素手耕耘中国梦　铿锵玫瑰别样红

党的十八大以来，中国特色社会主义进入新时代。以习近平同志为核心的党中央统筹把握中华民族伟大复兴战略全局和世界百年未有之大

① 全国劳动模范和先进工作者表彰大会，以下简称“全国劳模大会”。

变局[①]，团结带领全党全军全国各族人民同心同德、砥砺奋进、攻坚克难，实现了全面建成小康社会的第一个百年奋斗目标，开启了全面建设社会主义现代化国家新征程。

进入新时代以来，党和国家始终高度重视劳模工作，关心关爱包括女劳模在内的广大劳模工匠群体。2013 年 4 月 28 日，习近平总书记在“五一”国际劳动节来临之际来到全国总工会机关，看望全国各条战线、各个时期、各行各业的劳模代表，并同全国劳动模范代表亲切座谈。山西省昔阳县大寨村党总支书记郭凤莲、潍柴动力股份有限公司“三高”试验队队长常国丽等女劳模代表在座谈会上发言。此次座谈会上，习近平总书记对包括女劳模在内的广大劳动模范给予了高度评价，全国各地女劳模们深受鼓舞，纷纷表示要团结起来、互帮互助，带动各地妇女群众以劳动为实现“中国梦”努力拼搏。2015 年 4 月 28 日，全国劳动模范和先进工作者表彰大会在北京隆重举行，时隔 36 年国家再次以最高规格——以党中央、国务院的名义表彰全国劳动模范和先进工作者，共授予全国劳动模范和全国先进工作者称号 2968 人。其中，表彰以珠海格力电器股份有限公司董明珠为代表的女性全国劳动模范 390 人，表彰以东华大学阎克路为代表的女性全国先进工作者 272 人。女性受表彰全国劳动模范和全国先进工作者占比约 22.3%。2020 年 11 月 24 日，全国劳动模范和先进工作者表彰大会在全球新冠肺炎疫情背景下顺利召开，会上共授予全国劳动模范和全国先进工作者称号 2493 人。其中，表彰以为我国航天事业和企业发展作出突出贡献的“蓝领玫瑰”韩利萍为代表的女性全国劳动模范 331 人，以被誉为“最美逆行者”的湖北省中西医结合医院张继先为代表的女性全国先进工作者 246 人。女性受表彰全国劳动模范和全国先进工作者占比约 23.14%，相比历届受表彰女劳模人数占比均有所上升。

---

① 《中共中央关于党的百年奋斗重大成就和历史经验的决议》（2021 年 11 月 11 日中国共产党第十九届中央委员会第六次全体会议通过），摘引自新华社北京 2021 年 11 月 16 日电，中华人民共和国中央人民政府官网。

新征程路上，新时代女劳模紧跟伟大复兴领路人，牢牢把握为实现中国梦而奋斗的时代主题，把自身前途命运同国家和民族前途命运紧紧联系在一起，把个人梦同中国梦紧密联系在一起，把实现党和国家确立的发展目标变成自己的自觉行动，爱岗敬业、争创一流，以昂扬姿态在决胜全面建成小康社会、推进乡村振兴、抗击新冠肺炎疫情、实现科技自立自强等各条战线主动作为、勇挑重担，用勤劳和智慧展现新时代女劳模的巾帼风采。她们之中有以被称为永不凋零“扶贫之花”的广西壮族自治区百色市委宣传部派驻乐业县新化镇百坭村驻村第一书记黄文秀为代表的驻村干部；有以山西孝义市新义社区卫生服务中心主任梁萍为代表的一线抗疫工作者；有以被誉为“电焊花木兰”的中车株洲车辆有限公司制造二部电焊班班长易冉为代表的产业工人；有以北京首农三元奶牛中心副主任从慧敏为代表的技能强企能手……她们虽然来自各行各业、从事着不同的工种，但是她们有着共同的信仰和誓言，用平凡岗位上的奋斗故事深刻诠释新时代的劳模精神。

新时代女劳模坚持以习近平新时代中国特色社会主义思想为指导，大力弘扬劳模精神、劳动精神、工匠精神，自觉把个人奋斗融入党和人民群众团结奋斗的历史洪流，把许党报国、敬业奉献作为人生目标，顽强拼搏、奋勇争先，充分发挥示范带头作用，创建一批女劳模创新工作室，带动培养一批年轻巾帼工匠，走进工厂社区校园进行巾帼劳模精神宣讲，积极提升自身和身边女职工技能水平。新时代女劳模携手广大女职工，进一步凝聚巾帼之力、汇集巾帼之智、激扬巾帼之志，为强国建设民族复兴而努力奋斗。

二、中国女劳模的成长规律与精神内涵

伴随着中国共产党从革命年代、社会主义建设时期一路走来，中国女劳模群体的历史演进折射出的是中国妇女从被压迫剥削到走出家门、参与生产劳动，最终逐步走向自我解放的历史缩影。回顾女劳模的发展历程，总结女劳模的成长规律，探索蕴含在每一名女劳模内心的共同精

神内涵，有助于我们重温中国共产党革命与建设的光辉历程，深刻理解中国工运事业和妇女事业的发展进程。

（一）成长规律

自新民主主义革命时期中的中央苏区时期开始，经社会主义革命和建设时期、改革开放和社会主义现代化建设新时期，到中国特色社会主义新时代，中国女劳模的成长呈现以下五个方面的特点。

1. 得益于党和国家的高度重视、各级组织的精心培育

中国共产党自成立之日起，就把妇女解放和男女平等写在党的奋斗旗帜上。新中国成立以后，党和国家把推动妇女解放和发展、促进男女平等上升为执政理念和国家意志。1954 年颁布的《中华人民共和国宪法》及历次修改时均确立了男女平等原则。进入改革开放新时期，在制定或修改宪法等各类重要法律中，充分考虑男女平等，依法保障妇女权益。进入新时代，以习近平同志为核心的党中央高度重视男女平等事业和妇女全面发展，党的十八大、十九大、二十大，连续三次将“坚持男女平等基本国策”写入报告，2021 年国务院颁布实施的第四个周期《中国妇女发展纲要》，均为实现妇女平等依法行使民主权利、平等参与经济社会发展、平等享有改革发展成果提供了根本政治保证。

回顾我国工运事业在中国共产党领导下走过的波澜壮阔的历程，从 1925 年全国总工会成立起，工会就把女工的特殊问题纳入了工人阶级斗争纲领。1927 年，全国总工会设立女工部，在同级工会领导下根据女职工特点和意愿开展工作。新民主主义革命时期，工会在党的领导下成立劳动补习学校、工人学校，在传授文化、科学知识中，着重宣传马列主义，启发包括女职工在内的工人阶级政治觉悟，推动其从自在阶级转为自为阶级。新中国成立后一段时间，工会把握全国职工教育主责主业，创办各级各类职工业余教育组织，扫除文盲、提升素质和技能水平。改革开放和社会主义现代化建设新时期，特别是 2003 年第一次全国人才工作会议明确实施人才强国战略的根本任务，工会组织进一步发挥“大学校”作用。2004 年 9 月，中华全国总工会女职工委员会下发《关于实施

“女职工素质提升工程”的指导意见》，帮助提高包括女劳模在内的广大女职工的思想道德素质、科学文化素质和技术技能素质。进入新时代以来，党的二十大报告明确指出坚持为党育人、为国育才，全面提高人才自主培养质量，着力造就拔尖创新人才，工会组织积极响应，在提升职工队伍素质方面出实招、办实事、敢创新，引导女劳模们全面发展、创新创造。2015 年 10 月，下发《关于新形势下深入实施女职工提升素质建功立业工程的意见》，明确提出要着力培养知识型、技术型、创新型女职工队伍。近年来，全国总工会女职工部积极牵头并带动各地方工会，纷纷开展适合各地实际情况的家政服务、机械制造、数字技能等多行业女职工专场职业技能竞赛。步入数字经济时代，以全国总工会为代表的各级工会高度重视女劳模和女职工的数字技术提升培训和培育工作，先后组织各地探索建立女性数字工匠学院、巾帼劳模数字化创新工作室，2022 年以来，全国总工会女职工部深入推进女职工数字赋能工作，出台《女职工数字技能提升方案》。在以工会系统为代表的各级组织的精心培养下，各行各业的优秀女职工主动自我提升、积极参加培训和技能竞赛，她们受益于党和国家人才强国战略和各级组织悉心培养，逐步成长为涌现创新创造活力、助力经济社会高质量发展的巾帼劳模。

2. 从集中在工农行业发展到覆盖各行各业各层面

从女劳模所从事的行业类型上来看，在不同的历史时期，女劳模们的行业来源有着不同的特点。从新民主主义革命时期到新中国成立初期，覆盖全国大部分地区的劳动者所属行业类型均以工业、农业为主，以女劳模为代表的妇女劳动者亦是如此。发端于中国共产党成立初期，生产劳动竞赛从最开始的运用就是始于农村[①]，通过革命战争年代广泛开展的劳动竞赛和大生产运动等动员方法，选拔出来的劳动模范主要集中于工业、农业等行业和军队。1943 年 10 月 5 日，陕甘宁边区政府颁布的《陕甘宁边区劳动英雄与模范生产工作者大会及其代表的选举办法》，以

① 姚荣启，《中国劳模史》，中国工人出版社，2020 年 6 月第 1 版，第 19 页。

政府令的形式明确要求："劳动英雄从农村、工厂、合作社、部队、机关和学校内直接从事农业、工业、纺织、运输、打盐、合作等生产事业的生产者中选出。"[①] 专门强调了包括女性在内的劳动英雄要以工农军为主这一评选条件，综合女性直接参军人数有限的实际情况，客观上直接形成了这一时期女劳模们以从事轻工业、农业等传统行业为主的历史特点。

自新民主主义革命时期到新中国成立后相当长时间里，对于包括女劳模在内的劳动模范评选，沿袭了革命战争时期开展劳动竞赛和大生产运动的惯例和经验做法，评选出的女劳模主要是来自传统农业和基础工业的女性一线劳动者，其中，以女性纺织工人群体占比尤为突出。1950年9月25日，全国工农兵劳动模范代表会议在北京怀仁堂开幕，这是新中国成立后的第一个劳模盛会，后来关于劳模评选表彰等很多制度规范和经验做法都是在这次会议上形成的。会议共计评选全国劳动模范464人，包括来自工业部门的208人、来自农业部门的198人、来自部队的58人。其中，受表彰的女劳模共计16人，均以一线工人和农民为主，其中与纺织业相关的有10人，占全部受表彰女劳模总数的62.5%。

随着社会主义建设事业的不断深入，全民扫盲运动和技术培训普遍开展，包括女劳模在内的广大劳动群众从事劳动、参与生产的行业种类愈加多元，就业范围亦不断扩大。继1950年受表彰女劳模以一线工人、农民为主之后，1956年的全国先进生产者代表大会开始有了些新变化。这次选出的女劳模中，以上海国棉二厂裔式娟为代表的工人代表占了绝大多数，并且集中在煤炭、纺织、电力、铁路、邮电、运输、机械制造等工业战线。同年，全国各地也开展了大量形式多样的劳动模范评选表彰活动，仅以1956年初上海市一地评选出的劳动模范和先进生产者为例，所评选的包括女劳模在内的劳动模范和先进工作者中，不仅有工人、农民、科室人员，还有医务工作者、教师、营业员、演员、炊事员

① 《红色档案：延安时期文献档案汇编》，陕西人民出版社，2014年版；转引自姚荣启，《中国劳模史》，中国工人出版社，2020年6月第1版，第49页。

等279个工种的各行业优秀劳动者[①]。来自各行各业的女劳模开始涌现，尤其是从事科教文卫领域工作的女性优秀劳动者逐年增加。

改革开放以后，随着女性群体整体受教育水平的提升和职业选择的多样化，女劳模的所属行业更为多元。以1989年9月28日召开的全国劳动模范和先进工作者表彰大会为例，1987名先进分子被授予全国劳动模范称号，803名优秀代表被授予全国先进工作者称号，包括女劳模福建公路养路工林芸芸、内蒙古乌拉特后旗赛乌素镇牧民乌兰其其格、公交车售票员李素丽等在内的全国劳模分别来自工业、农业、交通、财贸、基建、科研、教育等51个系统或行业。“其中工人占30.5%，农民占17.5%，科研和工程技术人员占11%，文教、卫生、体育工作者占11.2%”[②]“是一支集生产、科技、指挥、经营于一身的‘全能型’的队伍”[③]。

进入新时代以来，随着中国经济不断腾飞，各项社会事业全面发展，涵盖女劳模在内的各级各类劳模评选范围逐渐突破了单纯生产范畴，覆盖各行各业和社会各层面群体。以2023年全国五一巾帼奖获得者为例，此次评选表彰首次专门为新就业形态劳动者单列名额，新就业形态劳动者占比6.2%。受表彰对象基本涵盖了各行各业佼佼者，具有较为充分的代表性。

女劳模们“从以工业、农业为主发展成为覆盖各行各业各层面”的成长规律，体现出的是全社会对劳动内涵认识的进步，这也是时代发展的共性。无论是普通工人还是私营企业主，无论是专业技术人员还是新就业形态从业人员，变化了的是女劳模所从事的行业类型，不变的是女劳模们拼搏奉献的精神内核。在奋进新时代的伟大征程中，女劳模们在

---

① 《上海市奖励1955年劳动模范》,《工人日报》，1956年4月7日，第1版。

② 朱幼棣,《全国劳模表彰大会加紧筹备人选资格审查报告和大会议程日程获原则批准　田纪云强调要努力开好大会振奋全国人民精神》，引自《人民日报》，1989年8月31日刊。

③ 任重,《新时代的群英谱——电视片〈在共和国的史册上〉观感》，引自《人民日报》，1989年11月28日刊。

各自领域贡献力量，不断发挥榜样示范作用，带动广大劳动妇女一道接续奋斗、劳动奉献，为中国特色社会主义伟大事业添砖加瓦。

3. 从“苦干加巧干”到“懂技术会创新”

从女劳模所从事的工作内容上来看，新民主主义革命时期和新中国成立初期，很多女性劳动者文化程度低、劳动技能单一，女劳模以技术密集程度低的体力劳动为主，属于吃苦耐劳、苦干实干的“老黄牛型”劳模群体。

进入改革开放和社会主义现代化建设新时期，女劳模的文化水平普遍提高，所从事工作的知识性、创新性不断增强，劳动模范队伍结构也悄然发生着变化。在继续提倡吃苦耐劳、苦干实干的“老黄牛型”劳模的同时，也开始重视树立经营管理、科技、文化和体育等各方面的榜样人物。1979 年 6 月 15 日，在中国人民政治协商会议第五届全国委员会第二次会议开幕词中，邓小平同志明确指出：“知识分子已经成为工人阶级的一部分。”① 自此，女劳模队伍中的知识分子和科研人员占的比例不断扩大，并逐步成长为工业交通、基本建设、农业、财贸、教育、卫生、科研战线等行业中的业务骨干。她们中有新中国第一个女炼焦车间主任——内蒙古炼焦专家唐嗣孝；有牵头攻克女性“不治之症”的江西妇产科专家符式珪；有开辟我国低比重油井水泥生产新途径的新疆水泥厂工程师许秀华；有深圳经济特区 30 年杰出模范人物深圳报业集团深圳特区报社社会新闻中心徐华；有敢为人先、创业强村的女“村官”和全国杰出创业女性——南昌鄱阳湖大酒店集团有限公司董事长罗玉英等，她们在各自的专业领域都作出了卓越贡献。

进入新时代，全社会大力弘扬工人阶级的优秀品质，大力宣传包括女劳模在内的劳动模范的先进事迹，广大女职工的劳动热情进一步焕发，

① 邓小平于 1979 年 6 月 15 日在中国人民政治协商会议第五届全国委员会第二次会议上的开幕词中指出：“我国广大的知识分子，包括从旧社会过来的老知识分子的绝大多数，已经成为工人阶级的一部分，正在努力自觉地为社会主义事业服务。”引自《人民日报》，1979 年 6 月 16 日，第 1 版。

创造潜能进一步释放。随着女劳模学历、知识结构逐步提高，女劳模逐渐实现了从“出大力、流大汗、苦干加巧干”向知识密集型、创新密集型转变，越来越多懂技术、会创新的高素质技能人才，她们以其“执着专注、精益求精、一丝不苟、追求卓越”的工匠精神，潜心钻研，苦练技艺，成为本行业的高技能人才和“大国工匠”，在各行各业积极发挥示范引领作用，为全面建设社会主义现代化国家、实现中华民族伟大复兴的中国梦提供技术革新和创新创造的有力支撑。

4. 从参与社会化大生产到推动行业发展进步

从女劳模所属的社会分工地位上来看，早期女劳模刚刚走出家门，参加劳动生产，相对于男性劳动者们，女性更多的是从事社会化大生产中的简单劳动环节，各行各业中的顶尖人才里，女性的身影凤毛麟角。例如毛泽东在《长冈乡调查》中记载中央苏区时期长冈乡妇女耙地犁田，陕甘宁边区时期纺织女工劳模人才辈出，以及晋冀鲁豫、晋察冀、晋绥等各大边区的大生产运动中的传统农业、基础工业生产，即使是广大劳动妇女中的优秀代表女劳模们，基本上也是一些简单劳动参与者。

新中国成立后，包括女劳模在内的女性劳动者在文化层次和知识水平上有了一定提高，部分女劳模开始参与从事原来男性劳动者居主体地位的技术密集型劳动，但距离成为各行各业推动技术创新进步的高层次领军人物还有较大差距，也并未改变女劳模及广大劳动妇女主要从事简单劳动生产的总体状况。在 1950 年 9 月 25 日召开的全国工农兵劳动模范代表会议上，受表彰的 16 名女劳模：李凤莲、田桂英、常永芬、张秀英、赵桂兰、李兆珍、张秀珍、阎金芬、杭佩兰、陈淑德、骆淑芳、钟明月、李金妹、朱玖、孟宝玉、梁军，其中从事一线农业生产和简单工业生产的女劳模占绝大多数，尤其是集中在纺织类生产行业，包括常永芬、李兆珍、张秀珍、阎金芬、杭佩兰、陈淑德、骆淑芳、李金妹、朱玖、孟宝玉等 10 名女劳模均是因从事纺织工作表现突出而获评劳模，占全部受表彰女劳模总数的 62.5%。

1978 年，当改革开放的春风吹遍神州大地，全国科学大会召开，拉开了科技体制改革的序幕，也让包括从事科技创新工作的女劳模在内的全国科技工作者迎来了春天。在党和国家的大力支持培养下，一批批深耕各自领域、埋头科技事业，推动行业发展进步、攀登各自行业顶峰的女性劳动模范逐渐涌现出来。她们中有被称为“试管婴儿之母”的生殖医学与医学遗传学家、中国人类生殖工程创始人之一、人类干细胞国家工程研究中心主任卢光琇；有扎根半生守护敦煌，被誉为“敦煌女儿”的“改革先锋”、文物保护杰出贡献者、敦煌研究院名誉院长樊锦诗；有北京城市立交发展的奠基者，曾获“首都市政建设突出贡献设计专家”等荣誉称号的北京市市政设计研究院副总工程师、教授级高级工程师罗玲；有倾情海洋生物研究 50 年，填补有孔虫研究国内空白的中国科学院院士、菲律宾归侨郑守仪；有用一生的执着与奋斗创建牛玉琴治沙基地，在沙漠中浇灌出“绿色希望”的“治沙女杰”，获评全国防沙治沙英雄、联合国“拉奥博士”等奖项的陕西省靖边县东坑镇金鸡沙村农民牛玉琴等。女劳模们从社会化大生产中的简单劳动参与者，逐渐过渡成为攀登各行各业高峰的探索者，在许多传统意义上男性劳动者长期居绝对优势地位的行业也有了一席之地。

进入新时代以来，各行各业围绕高质量发展，适应世界科技革命和产业变革的需要，积极培育工匠人才。广大女劳模积极落实创新、协调、绿色、开放、共享的新发展理念，推动经济社会发展质量变革、效率变革、动力变革，推动高质量发展取得新进展。聚焦科技自立自强，积极投身科技攻关、技术改造、技术协作、技术发明等科技创新活动，潜心钻研、勇攀高峰，在推动行业进步、技术创新等方面取得了一系列显著成就，在各领域行业顶峰有了女性劳动者的耀眼身影。中核苏阀科技实业股份有限公司数控加工高级技师沈赤枫，十余年率领团队参与研发“华龙一号”关键零件，为核电国产化作出了杰出贡献；中航工业基础院首席技术专家邹金文一辈子致力于涡轮盘材料基础研究及应用研究工作，带领团队创立了具有自主知识产权的粉末高温合金研制技术体系，形成我国损伤容限型高温合金主干材料，实现了国家重大关键军工材料的自主保障；电力计量一线的“铿锵玫瑰”黄金娟，牵头成功研制世界上首条电能表自动化检定流水线，实现电能表检定由人工向智能自动化作业的跨越式发展，整体效率提升58倍，检定可靠性高达100%，并于2017年荣获国家科学技术进步奖，成为工人农民技术创新组首位获奖女工；被誉为“中国赛道设计第一人”的同济大学建筑设计研究院（集团）有限公司汽车运动与安全研究中心主任姚启明，作为唯一一位国际汽联认可的中国赛道设计师，在汽车运动、安全、文化领域潜心钻研、持续创新20余年，填补多项国内空白，设计场地107个，取得创新成果61项，创造“中国第一”20余次。昭示了以女劳模为代表的广大劳动妇女在社会化大生产中对分工地位的跃迁，绘就了女劳模群体从传统简单劳动参与者，逐渐成为各行各业领军人物的成长历程。

5. 在爱党报国敬业奉献的同时致力于平衡好家庭和工作的关系

随着中国共产党带领广大劳动妇女走出家门，新中国成立后创造了大量社会劳动的机会，在党和国家一系列政策的有力支持下，以女劳模为代表的女职工们做到了事业和家庭之间的平衡，成功地扮演了职场里、家庭里的多个角色，走出了自己的人生节奏。在承担起家庭责任的同时，中国女劳模在爱党报国的工作和事业中找到了初心使命和前进的动力，展现出强烈的事业心和责任感；在敬业奉献的劳动过程中塑造了卓越的品质，在服务人民的无私实践中实现了自我价值。她们的成长历程，既是一个个女劳模“小家”的荣誉，也是国家与社会这个“大家”的光荣，更是广大女职工都应该赓续传承的宝贵精神财富。

随着社会的飞速发展，世界女性在面对事业和家庭时有了更多元化的选择。但中国女劳模以其坚韧不拔的精神和卓越的业绩，较好地平衡了工作和家庭的关系。在致力于社会工作的同时，女劳模们以勤劳的品质和女性的智慧兼顾好对于父母、子女的照料职责，以自己的每一分努力助力维护家庭和谐、社会稳定的国家大局，在家庭与工作的双向平衡中，彰显着从守护“小家”到撑起“大家”的大爱情怀。

（二）精神内涵

在中国共产党领导的革命和建设实践中，在马克思主义劳动观妇女观和中华优秀传统文化的交流融合中，一代代女劳模不断孕育、成长，形成了诸多属于自身的丰富精神特质，构成了中国女劳模的精神内涵和价值追求。

1. 坚持马克思主义劳动观妇女观，是马克思主义中国化时代化的具体体现

恩格斯在《自然辩证法》中指出："一个民族要想站在科学的最高峰，就一刻也不能没有理论思维。"① 中国共产党自其成立之日起就将马克思主义作为中国妇女解放事业的指导理论。作为中国妇女的优秀代表，女劳模在中国共产党的领导下，始终坚持马克思主义劳动观妇女观，积极劳动、艰苦奋斗，在投身中国革命和建设过程中，逐渐将马克思主义劳动观点和马克思主义妇女理论内化到自身的精神内涵中，并在中国革命战争和建设改革的实践中不断与时俱进、丰富发展。

马克思主义劳动观认为劳动是人类的本质活动，是推动人类社会进步的根本力量。1868 年 7 月 11 日，马克思在给德国医生、第一国际会员路德维希·库格曼的信中指出："任何一个民族，如果停止劳动，不用说一年，就是几个星期，也要灭亡。"② 劳动光荣、创造伟大，是马克思主义劳动观的基本观点，是对人类文明进步规律的重要诠释。党的十八大以来，习近平总书记多次强调劳动的重要性，深刻指出"劳动是一切幸福的源泉"③，"劳动是一切成功的必经之路"④，并创造性地提出弘扬劳模精神、劳动精神、工匠精神，"劳动最光荣，劳动最崇高，劳动最伟

---

① ［德］弗里德里希·恩格斯，《自然辩证法》，《马克思恩格斯文集》（第九卷），人民出版社，2009 年 12 月第 1 版，第 437 页。

② 《马克思恩格斯选集》（第四卷），人民出版社，1995 年版，第 580 页。

③ 习近平，《在全国劳动模范和先进工作者表彰大会上的讲话》（2020 年 11 月 24 日），人民出版社，2020 年第 1 版。

④ 习近平，《在乌鲁木齐接见劳动模范和先进工作者、先进人物代表时的讲话》（2014 年 5 月 1 日），《人民日报》，2014 年 5 月 1 日刊。

大，劳动最美丽”[①]，为马克思主义劳动观注入新的时代内涵。

马克思主义妇女理论是运用辩证唯物主义和历史唯物主义的世界观、方法论，对妇女地位、妇女作用、妇女权利和妇女争取解放等基本问题作出的科学分析和概括。马克思主义妇女观将妇女解放、男女平等视为衡量社会进步的尺度。认为妇女命运与整个人类命运紧密相连，妇女解放是一个长期的过程，参加社会劳动是妇女解放的条件。以女劳模为代表的广大劳动妇女参与中国革命建设的光辉历史，生动体现出妇女劳动与妇女解放对于强国建设民族复兴的重要意义。党的十八大以来，习近平总书记坚持守正创新，在继承马克思主义妇女理论的基础上，深刻回答新时代妇女发展的一系列战略性、全局性、方向性重大问题，鼓励包括女劳模在内的广大劳动妇女争做伟大事业的建设者、文明风尚的倡导者、敢于追梦的奋斗者，充分体现了把马克思主义原理和新时代中国特色社会主义妇女事业紧密结合的理论特质，为中国女劳模的精神内涵提供了强大理论支撑。

2. 坚持植根于中国文化与历史，是中华优秀传统文化创造性转化创新性发展的直接体现

坚持和发展马克思主义，必须同中华优秀传统文化相结合。中国女劳模的精神内涵深深植根于中国文化与历史，传承自五千年中华优秀传统文化，包括艰苦奋斗的劳动精神、以国为重的家国情怀、潜心钻研的工匠精神、团结友爱的互助精神、温柔细腻的女性气质等一系列优秀品质，共同构筑起女劳模的丰富精神内核。

作为中国女劳模的精神内涵的重要组成部分，劳动精神是中华优秀传统文化的赓续传承，自古以来就流淌在中华民族血脉之中。盘古开天成就天地方圆；大禹治水开启华夏文明；一部《诗经》礼赞劳动人民；“四大发明”凝聚劳动者的智慧。博大精深、辉煌灿烂的中华文明是生生

① 习近平，《在庆祝“五一”国际劳动节暨表彰全国劳动模范和先进工作者大会上的讲话》（2015 年 4 月 28 日），引自中共中央党史和文献研究院，《论坚持人民当家作主》，中央文献出版社，2021 年版，第 120 页。

不息的中华民族以辛勤劳动创造的。无论是回望历史，还是展望未来，劳动精神始终是中华民族自强不息、顽强奋进的强大精神动力。

区别于西方崇尚个体主义的文化传统，蕴含在女劳模群体中的以国家利益和集体利益为重的家国情怀，可以说是中华优秀传统文化的独特传承。正如2016年习近平总书记会见第一届全国文明家庭代表时的讲话所指出："中国人历来讲求精忠报国，革命战争年代母亲教儿打东洋、妻子送郎上战场，社会主义建设时期先大家后小家、为大家舍小家，都体现着向上的家庭追求，体现着高尚的家国情怀。"从战火中走来的女劳模以劳动支前，在建设事业中的女劳模忘我奉献，在疫情重任下的女劳模舍小家顾大家……一代代女劳模们接续传承的正是中华优秀文化中最无私伟大的家国情怀。

中华文明作为全球唯一一个数千年文化传承未曾中断的文明，各个历史时期的能工巧匠在中华大地上代代相传、绵延不绝，早在先秦时期中国第一部工科巨著《考工记》便明确记载："故可规、可萬、可水、可县、可量、可权也，谓之国工。"其中也包含着无数优秀的女匠人，以中国丝绸的伟大发明家嫘祖、宋末元初杰出的纺织技术革新家黄道婆等为代表的女匠人们精益求精、不断创新的匠人精神，为当代女劳模的精神内涵注入了厚重的文化底蕴。

团结互助精神在我国有着悠久的传统，早在先秦时期的典籍中就有迹可循。无论是在《礼记》中关于"大同"社会的描摹"故人不独亲其亲，不独子其子；使老有所终，壮有所用，幼有所长，矜寡孤独废疾者皆有所养"；还是在《孟子·滕文公上》里所提倡的"死徙无出乡，乡田同井，出入相友，守望相助，疾病相扶持，则百姓亲睦"，都是中华优秀传统文化中团结互助精神的生动体现，这也共同构成了女劳模精神中崇尚团结、互帮互助的精神内涵。

相对于张扬热烈的西方文明，中国女性群体有着东方文明特有的温柔与内敛。《易经·系辞》中写道："乾道成男，坤道成女。乾知大始，坤作成物。"大地厚重亲切，承载万物，生养万物，有着无尽温柔细腻，所以以坤喻女。《庄子·秋水篇》记载："天下之水莫大于海，万川纳之。"从古至今，中国传统文化下的女性更多地被比作承载万物、亲切温柔的大地或江海，皆因这些意象都体现着中国女性温柔细腻、默默耕耘的美好品质，直至今天仍旧流淌在包括女劳模在内的中国女性的文化基因中。

3. 坚持走中国特色社会主义工会发展道路、中国特色社会主义妇女发展道路，是中国特色社会主义的生动实践

中国共产党在探索中国式现代化进程中，始终高度重视发挥职工群众作用、发挥妇女作用，积极推动工运事业和妇女事业发展，开辟了中国特色社会主义工会发展道路、中国特色社会主义妇女发展道路。以女劳模为代表的广大女职工紧跟党的步伐，顺应历史潮流；为新民主主义革命冲锋陷阵、浴血奋战；为社会主义革命和建设忘我劳动、艰苦创业；为改革开放和社会主义现代化建设开拓进取、锐意创新；在中国特色社会主义伟大实践中书写了精彩的巾帼篇章。

作为中国特色社会主义道路的重要组成部分，中国特色社会主义工会发展道路、中国特色社会主义妇女发展道路为包括女劳模在内的广大女职工指明了实现自我解放的奋斗方向，无论是革命战争年代，还是社会主义建设过程中，都激励了一代代女劳模们追求卓越、争创一流，奋进新征程；鼓舞了千千万万女职工艰苦奋斗、敬业奉献，建功新时代。

同时，女劳模的历史也告诉我们，亿万女职工的命运始终同党和国家的命运紧密相连，通过把中国发展进步的历程同促进男女平等发展的历程更加紧密地融合在一起，把自身发展融入中国式现代化建设之中，大力发挥女劳模作用，带动广大女职工听党话、跟党走，撸起袖子加油干，中国特色社会主义工会发展道路、中国特色社会主义妇女发展道路必将走向更加广阔的天地、更加灿烂的辉煌。

三、意义与展望

中国女劳模群体，是强调无私奉献的"大我"群体，她们以劳动实

现自我解放和推动经济社会发展，激励和带领广大中国妇女共同奋斗，为实现妇女的自我解放而不懈努力，更为全球妇女解放事业作出了重要贡献。新时代召唤新使命，新使命呼唤新作为。今天，如何更好地提高女劳模能力素质和科技创新水平，维护好女劳模各项权益，切实做好女劳模工作，大力弘扬劳模精神、劳动精神、工匠精神，带动广大劳动妇女团结一致、携手共进，坚持走好中国特色社会主义工会发展道路、中国特色社会主义妇女发展道路，共同投身强国建设、民族复兴的伟大征程，值得每一位工会工作者和妇女工作者深思。

（一）女劳模的重要作用

1. 对中国革命、新中国成立、社会主义建设的重大作用

总结女劳模辛勤劳动、接续奋斗的发展历程，中国女劳模重要作用的发挥除了体现为一代代女劳模自身所作出的巨大贡献，更多地体现为女劳模们在中国共产党的领导下，团结带领广大劳动妇女投身党和国家革命建设事业的示范引领作用。具体主要涵盖思想政治、经济建设科技进步、精神文化等三个方面的引领和模范带头作用。

在思想政治引领方面。以新民主主义革命时期的女劳模为例，她们不仅在生产中表现突出，很多人也是妇女运动、妇女解放的组织者，她们热心妇女工作，为妇女生活的改善、抗战的动员和支援不辞劳苦地工作，是广大妇女走出家门参与政治、踊跃劳动生产支前的模范和表率。例如陕甘宁边区子长市边家沟妇女栾和富，自 1943 年随丈夫一起参加革命，并出任本村妇女主任，她“组织洗衣队、缝衣队”，帮助战士解决生活上的不便；“战斗时给红军送信、侦查坏人”，为红军抗战提供了很大帮助。工作中的栾和富大公无私，深获群众信赖。除了努力发展自家生产外，栾和富还帮助村里的妇女一起致富，开展革命生产宣传、改造二流子，领导本村妇女扩大生产、支援前线，成为子长市妇女群众生产、参政的一面旗帜[①]。

---

① 《边区妇女光辉范例　子长栾和富经营十种生产淳耀姜秀英组织变工锄麦》，《解放日报》，1944 年 4 月 9 日刊。

在经济建设科技进步引领方面。以社会主义建设时期为例，随着女性劳动者知识技能水平的不断提高，一批批推动科技进步、生产力提升的女劳模相继涌现。无论是扎根百年兵工企业，为我国最先进步兵武器等重要产品试制、生产立下了汗马功劳的枪械女专家重庆建设工业有限责任公司品质保证部部长张荷香；还是心怀病人、面向基层，治愈万余麻风病患者的全国先进工作者、世界著名麻风病防治专家李桓英，女劳模们积极发挥模范带头作用，携手千千万万妇女劳动者为投身经济建设追求科技进步贡献磅礴力量。

在精神文化引领方面。例如在新民主主义革命时期，女劳模们走出家门，参与到轰轰烈烈的社会化大生产中来，她们拼命劳动、舍己为公的生产热情和饱满的精神状态，感染了越来越多的妇女劳动群众。晋绥抗日根据地女劳动英雄张秋林“善于解决妇女群众中间的问题”，调动一切力量发展生产，她经常“白日开会、黑夜纺花”，在边区群众中宣传党的政策和精神，最终连“弄神弄鬼、贪财害命”的“神婆”都被她改造过来，参加纺织[①]。又如进入新时代以来，女劳模们通过劳模宣讲团、劳模大讲堂、劳模兼职辅导员、大国工匠面对面等形式，进校园、进企业、进机关、进社区、进农村，走进职工群众中间，弘扬劳模精神、劳动精神、工匠精神。各地女劳模用自身的劳动奉献精神感召妇女同胞，成为广大妇女提升精神境界、积极参加党和国家生产建设的模范榜样。

2. 对女性自身参与社会政治生活、推动性别平等、自我解放的重大意义

1922 年 7 月，作为中国共产党指导妇女运动的第一个历史性文件，中国共产党第二次全国代表大会上制定的《关于妇女运动的决议案》明确提出“妇女解放是要伴着劳动解放进行的”，并进一步指出妇女奋斗的方向和内容：“（一）帮助妇女们获得普通选举权及一切政治上的权利与自由；（二）保护女工及童工的利益；（三）打破旧社会一切礼教习俗的

① 《女劳动英雄张秋林》，《解放日报》，1944 年 12 月 3 日刊。

束缚。”[①]这一系列主张打破了传统的性别分工模式，推动广大妇女从传统旧社会的枷锁中解放出来，走出家门、参与劳动。

随着广大妇女参与革命、生产建设等社会化劳动的不断深入，许许多多忘我工作、表现突出的女性劳动英雄相继涌现、获得表彰，极大地鼓励和激发了广大妇女劳动者所蕴藏的劳动斗志、创造热情和发展潜力。她们并不满足于自身解放，积极分享并运用自身的劳动技能和经验，帮助更多妇女参与社会劳动，谋求翻身解放。曾是童养媳的晋绥边区女劳动英雄刘能林，通过参加妇女组织和生产劳动，学习纺织技能和“埋地雷”作战本领，工作成绩突出，在组织培养下加入中国共产党。在大生产运动中，她带领妇女从事纺织，创办合作社，她说：“一个人翻身解放还不算，要让大家都解放，都过上好日子。”她不仅帮助妇女解决生活困难，还有力地支援了抗战，受到了上级的表扬和群众的称赞[②]。陕甘宁边区的郭凤英作为 1943 年米脂县唯一入选的妇女农业劳动英雄，在出席陕甘宁边区劳动英雄代表大会时受到了毛主席的接见。她靠着自己的一双手成了边区家喻户晓的女劳动英雄，“我三二年上男人就殁了”，十几年来“我白天黑夜的劳动，解决了全家的生活”，还将以前“典出去的地”赎了回来，两个儿子也已长大，“大小子已经能揽工了，二小子也能拴羊了”，光景过得不差了。她的事迹激励着边区所有的劳动妇女，向郭凤英学习、看齐成了大家共同的目标[③]。

新中国成立后，以女劳模为代表的广大劳动妇女通过参加社会生产劳动和参与国家与社会事务管理，逐渐打破了传统落后性别分工，随着女性社会地位的逐步提高，客观上促进了性别平等，推动了生产力的进一步解放。20 世纪 50 年代初，新中国第一代巾帼劳模裔式娟发挥集体

---

① 《关于妇女运动的决议案》（中国共产党第二次全国代表大会制定），引自中央档案馆，《中共中央文件选集》（第一册），中共中央党校出版社，1989 年版，第 161 页。

② 山西省妇女联合会编，《晋绥妇女战斗历程》，中共党史出版社，1992 年版，第 401 页。

③ 《妇女农业劳动英雄郭凤英》，《解放日报》，1944 年 1 月 6 日刊。

主义精神，积极带领班组钻研技术，学习先进纺织技术，耐心细致“传帮带”，重视思想政治工作；历时短短三年带动组员个个成为“纺织能手”，实现全组32名工人中1个行业劳动模范、4个上海市先进生产者，9人受到嘉奖，13人加入共青团，7人加入中国共产党的优秀成绩；推动“裔式娟小组”成为全国工业战线上的红旗、永不褪色的“红色炉”，并在走上工会领导岗位后，致力于女职工劳动保护、职工食堂改善等相关领域工作，帮助女性劳动者真正实现劳动改变命运，做国家的主人。1998年全国五一劳动奖章获得者、第一批农民工全国人大代表胡小燕，靠着自强不息的奋斗精神和辛勤劳动，从一名佛山陶瓷厂的外来务工打工妹，最终成长为企业一线管理人员，并开设“海燕信箱”专栏，推广“小燕成长”职工学历提升计划，致力于服务与她有相似经历的女性劳动者和农民工朋友，成为青年妇女劳动者们争相学习的榜样。2015年女性全国劳模、南京港集团港口机械厂技术管理部原部长沙夕兰带领研发团队不断进行技术创新，并坚持认为发扬劳模精神不光是自己做好，而是在靠自己的努力，创造自己的幸福生活的同时，还要用行动影响和带动身边的人，团结包括女性劳动者在内的兄弟姐妹们，一起感受劳动之美，劳动之乐。“我的愿望，就是让我的徒弟们也能成为劳模。”①

在中国共产党的领导下，中国妇女的命运与超越性别的社会主义革命与建设伟大实践同频共振。在这一过程中，劳动是推动二者共同发展的根本性因素。无数优秀女劳模代表和她们的先进事迹，生动体现出中国女劳模在帮助和引导广大女性自尊自信自立自强，以劳动实现妇女自我解放和推动中国革命与建设事业发展等方面所发挥的巨大作用。

3. 对全球妇女解放事业和构建人类命运共同体的重大价值

近代以来，国际妇女运动风起云涌，世界多国的妇女解放运动相继开展，各国根据自身不同的国情和历史文化背景，走出了各具特色的妇女解放之路，共同构成了全球妇女解放运动，推动全球女性地位得到了

---

① 《沙夕兰：让南京的港口机械走向世界》，《光明日报》，2015年04月25日，第7版。

一定程度的提升。但是始终没有找到从根本上改变妇女的弱势地位的有效实践途径。

在《家庭、私有制和国家的起源》中，恩格斯明确指出，“只要妇女仍然被排除于社会的生产劳动之外而只限于从事家庭的私人劳动，那么妇女的解放，妇女同男子的平等，现在和将来都是不可能的。妇女的解放，只有在妇女可以大量地、社会规模地参加生产，而家务劳动只占她们极少的工夫的时候，才有可能”。[①] 在中国共产党的领导下，以女劳模为代表的中国劳动妇女始终坚持妇女的主体地位，通过劳动推动自我解放，开辟了一条与西方女权运动截然不同的中国特色社会主义妇女发展道路。

新中国成立后，“妇女能顶半边天”的口号叫响了整个社会主义建设时期；1950 年 4 月，《中华人民共和国婚姻法》作为中华人民共和国成立后颁布的第一部法律，开篇便强调“男女权利平等”；改革开放以后，在全国各地劳模群体中来自各行各业的女性劳动模范受表彰数量越来越多；党的十八大以来，以习近平同志为核心的党中央对妇女发展和劳模工作高度重视、推动力度之大前所未有，中国妇女事业翻开了历史新篇章，一系列极具中国特色的妇女发展举措切实改变了“男尊女卑”的传统婚姻家庭制度，极大地提高了中国劳动妇女的家庭、社会地位，推动了中国社会性别观念的历史性变革，深刻影响了相同历史时期下全球妇女解放运动的开展。

2022 年，习近平总书记在十九届中央政治局第三十七次集体学习时总结指出，“在革命、建设、改革各个历史时期，我们党始终坚持把实现妇女解放和发展、实现男女平等写在自己奋斗的旗帜上，始终把广大妇女作为推动党和人民事业发展的重要力量，始终把妇女工作放在重要位置，领导我国妇女运动取得了历史性成就，开辟了中国特色社会主义妇

---

① 中共中央马克思恩格斯列宁斯大林著作编译局，《马克思恩格斯文集》（第四卷），人民出版社，2009 年 12 月第 1 版，第 181 页。

女发展道路”。[①] 在中国共产党的领导下，一代代女劳模们在国家政治经济社会发展的历史大势中奋勇争先、辛勤劳动，奏响了巾帼英雄的劳动主旋律，走出了一条根植于中国历史和现实、具有强烈时代特征和鲜明中国特色社会主义的妇女解放与发展道路。女劳模们所坚持的中国特色社会主义妇女发展道路，不仅为中国妇女实现自身解放指明了方向，同时也为全球妇女解放事业作出了重要贡献，为推动构建人类命运共同体提供有益借鉴。

（二）工会女劳模工作的发展与展望

又踏层峰望眼开，更扬云帆立潮头。以习近平同志为核心的党中央高度重视工会工作、妇女工作，党的群团事业步入历史最好时期，包括女劳模在内的广大女职工迎来历史最好时代。各级工会女职工组织将坚持以习近平新时代中国特色社会主义思想为指导，坚决贯彻落实习近平总书记关于工人阶级和工会工作、关于妇女工作的重要论述，聚焦新时代新征程党的使命任务，把培养造就更多女劳模工匠和高技能人才摆在更加突出的位置，在加强思想政治引领、搭建创新创造平台、促进女劳模技能提升和畅通发展通道等方面发挥更大作用，团结动员亿万女职工巾帼匠心筑梦、技能成才报国。

强引领，始终坚持党的领导和正确政治方向。只有筑牢思想基础，广泛凝聚共识，团结包括女劳模在内的广大女职工心往一处想、劲往一处使，才能不断夺取中国式现代化新的更大胜利。各级工会女职工组织将切实承担起团结引导广大女职工听党话、跟党走的政治责任，凝聚起奋进新征程的磅礴力量。要增强女劳模政治责任，坚持用党的二十大精神和习近平新时代中国特色社会主义思想武装头脑，深刻领悟“两个确立”的决定性意义，增强“四个意识”、坚定“四个自信”、做到“两个维护”。要创新思想政治引领，进一步弘扬劳模精神、劳动精神、工匠精

---

① 习近平，《在十九届中央政治局第三十七次集体学习时的讲话》（2022 年 2 月 25 日），引自中共中央党史和文献研究院，《习近平关于妇女儿童和妇联工作论述摘编》，中央文献出版社，2023 年 6 月第 1 版。

神，推动提高女劳模政治地位，发挥女劳模的示范引领作用，把她们的思想凝聚起来、精气神调动起来，进一步激发她们投身中国式现代化建设的责任感、使命感；用女劳模的榜样力量感召女职工，深化巾帼劳模工匠宣讲，用好巾帼劳模工匠师资库和各级工会女职工组织线上线下宣讲平台，讲好女劳模的时代贡献和精神品质，进一步坚定女职工逐梦前行、创造美好未来的信心和决心。要用社会主义核心价值观凝聚女职工，加强家庭家教家风建设，开展“玫瑰书香”全国女职工主题阅读，发挥她们在弘扬中华民族家庭美德、树立良好家风方面的独特作用，引导女职工和家庭成员共同塑造社会文明新风尚、积极培育新时代家庭观，使千千万万个家庭成为国家发展、民族进步、社会和谐的重要基点。

强素质，激发创新创造动能发展新质生产力。实现高质量发展是中国式现代化的本质要求，加快发展新质生产力是当务之急。当前，中国女性对 GDP 的贡献率达到 41%，劳动参与率接近 70%，在助力经济社会高质量发展中肩负着重要的历史使命。一直以来，在各个历史时期女劳模的示范带动下，广大女职工始终奋战在经济社会建设主战场，发挥着不可或缺的“半边天”作用。各级工会女职工组织要牢牢把握新时代我国工人运动的主题，深入贯彻产业工人队伍建设改革各项部署，不断提高女职工综合素质和技能水平，努力打造知识型、技能型、创新型女职工队伍，引导广大女劳模、女职工提升技能、建功报国，积极投身全面建设社会主义现代化国家的火热实践。要聚焦强国战略，在面向基层一线、面向高技能人才等方面，进一步优化女劳模的培养选树机制。以劳动和技能竞赛为抓手，聚焦国家重大战略、重大工程、重点项目、重点产业，在女职工较为集中的行业，广泛开展符合女职工特点的劳动和技能竞赛，鼓励各地创新开展区域性女职工职业技能竞赛等，推动将竞赛向新技术新业态新模式领域拓展。以巾帼劳模工匠创新工作室建设为平台，培育创建更多的女劳模创新工作室，并依托工作室创建更多更高质量的女劳模、女职工创新工作室联盟，打造“产、学、研、用”一体化女劳模工匠培养实践创新基地、实习培养基地等，推动涌现出更多的女性大国工匠和高技能人才。以“五小”群众性创新创造活动为牵引，深入实施科技创新巾帼行动，广泛开展女职工技能革新、技术协作、发明创造、合理化建议和“五小”群众性创新创造活动，激发女职工创新创造热情，助力提升企业竞争力和产业发展水平。以素质提升和技能培训为重点，运用好工会系统各类培训资源，线上线下多种形式开展女职工素质培训，助力女职工全面发展。

强服务，用心用情做好关心关爱和权益维护。密切联系女劳模和女职工，精准做好关心关爱和维权服务，保障她们共享现代化建设成果，激发她们的内生动力，是工会女职工组织履行主责主业、推进中国式现代化的重要着力点。各级工会女职工组织要加强对女劳模和女职工的关心关爱，聚焦急难愁盼问题，帮助其平衡工作和家庭责任，推动各地因地制宜开展“会聚良缘”、女职工休息哺乳室、职工子女托育托管、“两癌”筛查、女职工心理健康、六一国际儿童节关爱等服务。加强走访慰问，定期开展健康体检、组织疗休养、提供便利的就医条件等，让她们时时刻刻感受到来自工会女职工组织“娘家人”的温暖和帮助。要始终坚持以职工为中心的工作导向，适应女职工队伍深刻变化和劳动关系深刻调整，不断创新维权服务机制，把工作做在平常、抓在经常、落到基层，让中国式现代化成果惠及广大女职工。要注重源头参与，聚焦女职工劳动报酬、社会保险、休息休假、职业安全、民主权利、生育保护等重点，积极推动女职工权益保护法律法规政策制定修订，为女职工平等参与经济社会发展营造良好制度环境。要注重维权实效，聚焦近年来女职工权益保障面临的重点难点问题，系统推进普法宣传、集体协商和法律监督等工作，探索建立女职工特殊权益维护体系、女职工劳动权益保障公益诉讼协作机制，构建和谐劳动关系，维护劳动领域政治安全。

此外，各级工会女职工组织要聚焦政治性、先进性、群众性，以改革创新的精神加强自身建设，用“服务化、体系化、品牌化、创新化、数字化”思考谋划工作，进一步构建和创新组织体制、运行机制、活动方式和工作方法，不断增强工会女职工组织的引领力、组织力、服务力。

要围绕党政关心、社会关注和女职工关切的热点难点问题，加强理论研究和调查研究，及时把实践经验上升为规律性认识和创新性论断，为丰富工会女职工工作的时代内涵作出新的理论贡献。要强化品牌意识，推动工会女职工传统特色品牌的巩固拓展和发展提升，努力创建更多体现时代特色和地域特点的新工作品牌。要立足女职工工作线多面广的实际，加强对内统筹、对外协调，保持上下联动，延长工作手臂，整合宣传资源，扩大工作覆盖面和影响力。要建立健全密切联系女职工机制，深入基层、走近女职工，实现与女劳模群体联系的零距离。让工会女职工组织成为女劳模和女职工看得见、找得到、信得过、靠得住的“娘家人”。

结　语

人无精神不立，国无精神不兴。中国女劳模群体将工人运动和妇女解放运动相结合，所取得的实践经验是中国故事不可或缺的组成部分，所体现的成长规律和精神品质为中国自信提供独特的精神力量，所蕴含的道理、学理、哲理等对于中国道路与发展具有重要的启发意义。女劳模百年来走过的辉煌历程，具有鲜明的时代特征和丰富的时代价值。“为有牺牲多壮志，敢教日月换新天。”她们是优秀的中华女儿，始终以自己的模范行动和崇高品质，为实现妇女解放、促进妇女全面发展、引导妇女走在时代前列作出了主要贡献，生动诠释了中国人民所具有的伟大创造精神、伟大奋斗精神、伟大团结精神、伟大梦想精神。她们是伟大的中国女性，始终以自尊自信自立自强的姿态，履行向善向美的社会担当和责任；她们是最美的巾帼榜样，激励一代代女性劳动者通过劳动创造更加美好的生活，在实现中华民族伟大复兴的伟大征程中砥砺奋进、勇毅前行。

光荣属于劳动者，幸福属于劳动者。新时代的劳动号角已经吹响，强国建设、民族复兴的接力棒，历史性地落在我们这一代人身上，让我们更加紧密地团结在以习近平同志为核心的党中央周围，凝聚以女劳模为代表的女性劳动者的磅礴力量，为推动高质量发展、全面建设社会主义现代化国家绽放巾帼风采，贡献巾帼力量！

参考文献

[1] 中共中央马克思恩格斯列宁斯大林著作编译局.《马克思恩格斯文集》(第四卷)，北京：人民出版社，2009年12月第1版.

[2]《毛泽东选集》(第一、二、三、四卷)，北京：人民出版社，1991年6月第2版.

[3]《邓小平文选》(第一、二、三卷)，北京：人民出版社，1994年10月第2版.

[4]《习近平著作选读》(第一、二卷)，北京：人民出版社，2023年4月第1版.

[5] 习近平.《在全国劳动模范和先进工作者表彰大会上的讲话》(2020年11月24日)，北京：人民出版社，2020年第1版.

[6] 中共中央党史和文献研究院.《论坚持人民当家作主》，北京：中央文献出版社，2021年11月版.

[7] 中央档案馆.《中共中央文件选集》(第一册)，北京：中共中央党校出版社，1989年版.

[8] 中共中央党史研究室.《中国共产党历史(第一卷)》(1921-1949)，北京：中共党史出版社，2011年1月第2版.

[9] 中共中央党史研究室.《中国共产党历史(第二卷)》(1949-1978)，北京：中共党史出版社，2011年1月第1版.

[10] 中华全国总工会.《中共中央关于工人运动文件选编》，北京：档案出版社，1985年版.

[11]《改革开放简史》，北京：人民出版社、中国社会科学出版社，2021年8月第1版.

［12］中华全国总工会女职工部，中华全国妇女联合会宣传部.《巾帼劳模时代特征和成长规律研究报告》，北京：中国工人出版社，2022 年 9 月第 1 版.

［13］中华全国总工会女职工部.《女职工工作实用手册》，北京：海洋出版社，1989 年 6 月第 1 版.

［14］中华全国妇女联合会妇女研究所，陕西省妇女联合会研究室.《中国妇女统计资料（1949–1989）》，北京：中国统计出版社，1991 年 3 月第 1 版.

［15］全国总工会女职工部.《中国女职工状况》，北京：中国工人出版社，1997 年 1 月第 1 版.

［16］山西省妇女联合会编.《晋绥妇女战斗历程》，北京：中共党史出版社，1992 年版.

［17］《红色档案：延安时期文献档案汇编》，西安：陕西人民出版社，2014 年版.

［18］姚荣启.《中国劳模史》，北京：中国工人出版社，2020 年 6 月第 1 版.

［19］李坚真.《李坚真回忆录》，北京：中共党史出版社，1991 年版.

［20］王永玺，张晓明.《简述中国劳模的历史发展》，《北京市工会干部学院学报》（第 25 卷第 3 期），2010 年 9 月刊.

《中国女劳模》分报告

北京

北京篇

巾帼劳模显担当
京华大地创辉煌

首都北京，钟灵毓秀，群英荟萃，英杰辈出。在全面建设中国式现代化的征程中，在实现中华民族伟大复兴中国梦的奋斗中，百万劳动大军会聚于斯，涌现出一批又一批贡献卓著的女劳模，以巾帼不让须眉的豪情和努力，在京华大地上奋力谱写巾帼壮丽篇章。被誉为“万婴之母”的中国妇产科学开拓者林巧稚，坚守“一封信、一颗心”多年如一日准确送信报的女邮递员罗淑珍，用行动诠释“一心为乘客，服务最光荣”行业理念的公交车售票员李素丽，为艾滋病患者撑起一片蓝天的“红丝带天使”王克荣，被称为“人民满意的好法官”的宋鱼水，同仁堂“安牛班”班长张冬梅，首创“全球最佳的治疗行动”的“战麻斗士”李桓英，从0到1让我国外太空长期生存核心技术从“跟跑者”向“领跑者”转变的刘红……一个个耳熟能详的名字，一件件可歌可泣的事迹，一座座感动时代的丰碑。回望过去，展望未来，首都女劳模作为劳模队伍中的巾帼群体，作为当代中国女性的典型代表和学习榜样，将以勇立潮头、开创新篇的豪情壮志投身伟大事业，在新时代首都高质量发展过程中贡献更多智慧和力量。

一、北京市巾帼劳模群体概貌

（一）队伍状况

首都北京是一个56个民族多元文化融合的大家庭，拥有规模庞大的巾帼劳模群体。她们所在行业分布广泛，政治面貌集中，年龄以中青年为主，学历层次较高，在各自平凡的岗位上劳动创造、拼搏奉献，成绩突出、影响广泛，展现了勤劳务实、自强不息的群体风貌。

1. 发展规模

新中国成立以来，截至2022年底，北京市受表彰的全国劳动模范（全国先进工作者）、全国五一劳动奖章以及全国五一巾帼奖获得者中共有女性607名。其中1950—2020年全国劳动模范（全国先进工作者）317名，占比52.2%；1985—2022年全国五一劳动奖章获得者290名，占比47.8%。下文以317名有相关信息记载的北京市女性全国劳模为统计对象（简称“北京市巾帼劳模”），进行群体画像。

数据显示，1950—2020 年北京市受到表彰的全国劳动模范、全国先进工作者中有巾帼劳模 317 人，占总劳模人数的 24.9%。其中，1960 年女劳模占比最高，高达 48.54%（见图 1）。当年全国教育和文化、卫生、体育、新闻方面社会主义建设先进单位和先进工作者代表大会在京召开，会上表彰的女劳模占比将近 50%。

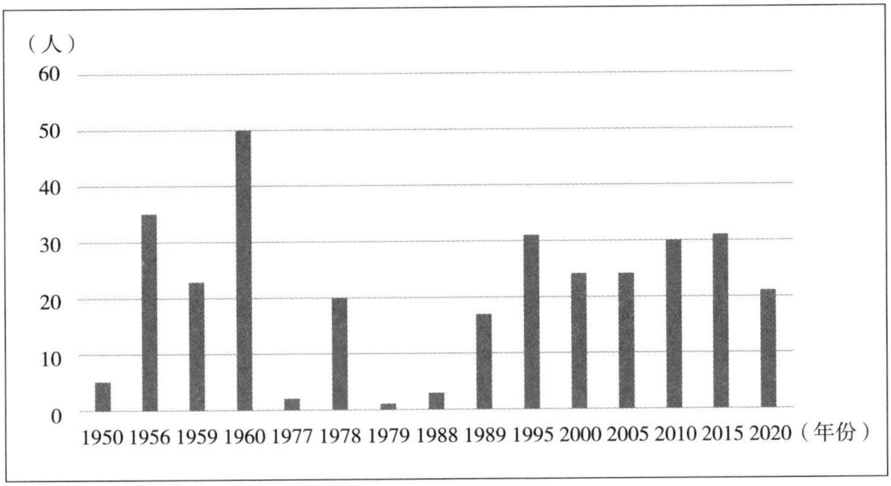

图 1　北京市巾帼劳模数量

2. 政治面貌

北京市巾帼劳模中，中共党员占比 81.7%，群众占比 15.2%，民主党派成员和无党派人士占比 3.1%，其中无党派人士占比 2.2%、九三学社社员占比 0.6%、民盟盟员占比 0.3%。可以看出，中共党员在北京市巾帼劳模群体中占主体，说明中共党员充分发挥了先锋模范作用。

3. 年龄构成

北京市巾帼劳模中，获得荣誉称号时的平均年龄为 39 岁，其中，41—50 岁的人数最多，占比 34.1%；21—30 岁占比 26.8%；50 岁以上、31—40 岁和 10—20 岁分别占比 18.3%、16.4%、4.4%（见图 2）。不同领域劳模年龄分布亦不同，来自工业和服务业以及高新技术产业和知识经济领域的巾帼劳模都以中青年为主。

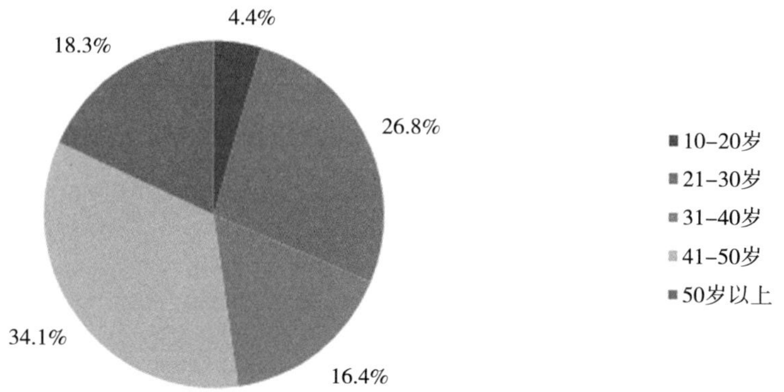

图 2　北京市巾帼劳模获奖年龄分布

统计数据显示，北京市巾帼劳模获奖平均年龄呈现上升趋势。其中，1950—1960 年人民受教育程度普遍偏低，参加工作时间比较短，因此其平均年龄处于 30 岁以内。随着我国教育事业的逐步发展，自 1977 年起，北京市巾帼劳模获奖时的平均年龄都在 40 岁以上（见图 3）。

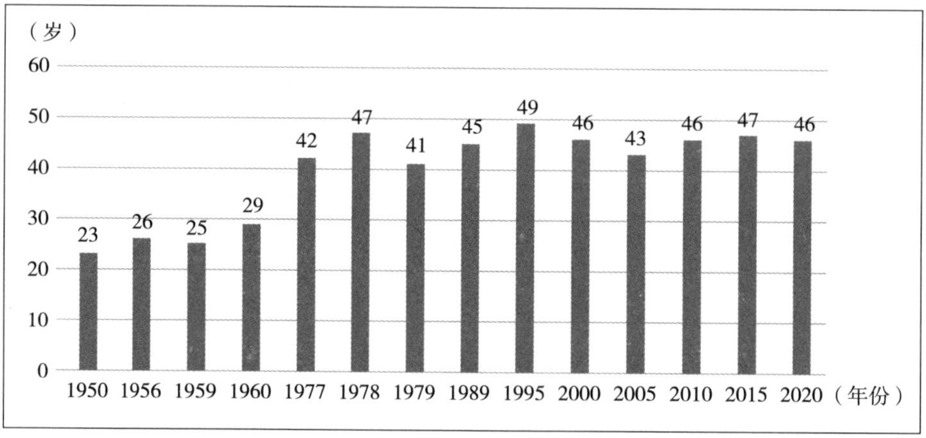

图 3　北京市巾帼劳模获奖年龄均值

4. 受教育程度

北京市巾帼劳模学历层次普遍较高，大学及以上学历占比 59.1%，其中大学本科占比 36.3%，大学专科占比 13.9%，硕士研究生占比 7.3%，博士研究生占比 1.6%；高中占比 15.5%，初中及以下占比 25.5%。北京市巾帼劳模大学及以上学历占比，在社会主义革命和建设时期为 36.1%，到改革开放和社会主义现代化建设新时期上升至 67.7%，在中国特色社会主义新时代占比已高达 94.4%（见图 4）。从中可以窥见我国高等教育发展的显著成就，以及随着首都经济社会的持续快速发展，北京市巾帼劳模群体逐步向知识型、专业型迈进。

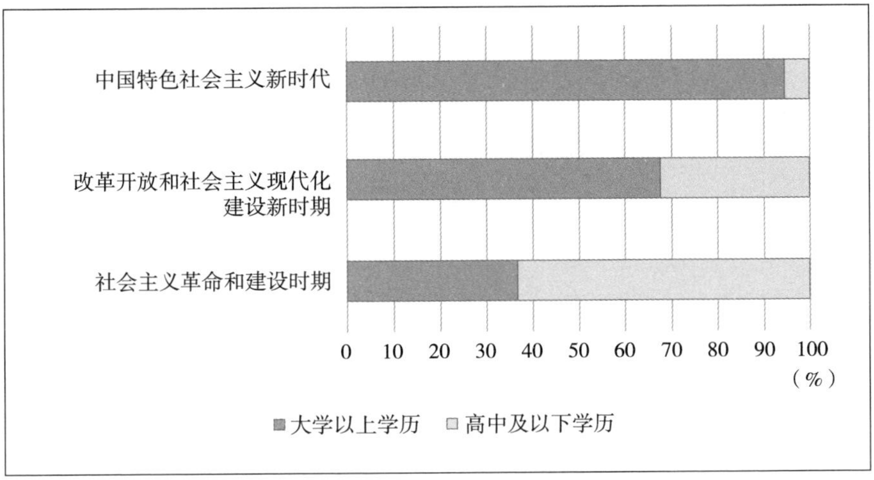

图 4 不同时期北京市巾帼劳模受教育程度

5. 行业分布

各类行业中，北京市巾帼劳模从事制造业的比例最高，占比 19.2%，且呈现从单一轻工业向重工业并进一步向产品设计装配等具有高知识、高技术、高产品附加值特点的复合领域发展的趋势。

在科学研究、教育、工程技术、卫生、文化艺术等领域，女知识分子的力量逐步彰显，从事教育业的占比 17.4%，卫生和社会工作占比 8.5%，科学研究和技术服务业占比 8.2%，金融业占比 3.5%，文化、体育和娱乐业占比 2.8%。在社会治理和城市服务领域，北京市巾帼劳模平均占比较高，公共管理、社会保障和社会组织占比 10.7%，交通运输、仓储和邮政业占比 9.8%，批发和零售业占比 7.6%，居民服务、修理和其他服务业占比 4.7%（见图 5）。

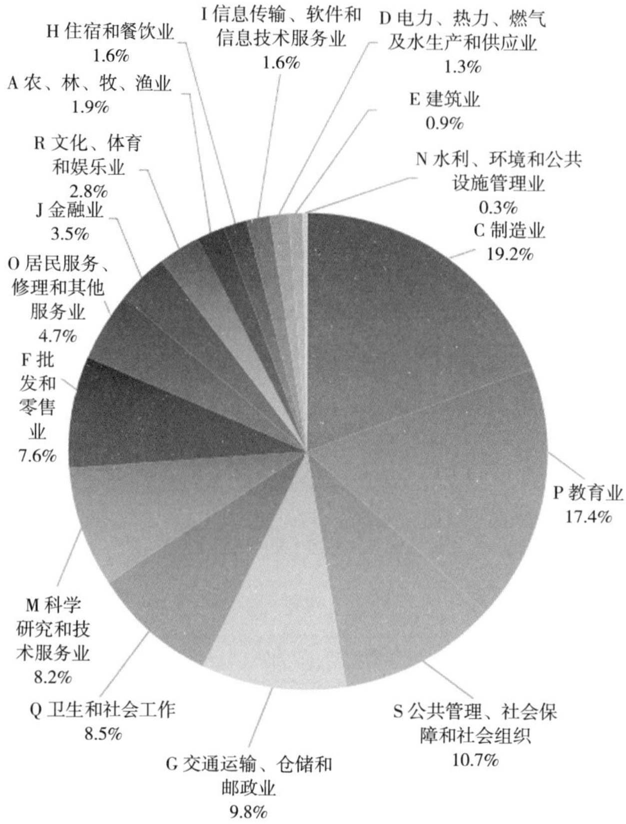

图5　北京市巾帼劳模行业分布

从单位性质看，北京市巾帼劳模大部分集中在事业单位和国有企业，其中从事教育、科技、文化、卫生等事业单位的占比最高，占比43.3%，国有企业占比32.9%。

（二）贡献首都建设发展

从北京市巾帼劳模在首都建设发展中发挥的作用看，有23.9%服务经济发展，有24.8%开展科技创新，有51.3%投身社会事业。服务经济发展的巾帼劳模主要为工人、售货员、银行职员、农民、个体经营者等；开展科技创新的巾帼劳模主要分布在技术员、工程师、研究员等相关岗位；投身社会事业的巾帼劳模主要由教师、医生、邮递员、售票员、环卫人员、法律工作者、党政干部等构成。

1. 服务经济发展

社会主义革命和建设时期，北京市巾帼劳模主要通过提升服务技能、提高劳动强度、改善劳动技术等方式为生产竞赛和产量提升作贡献；改革开放和社会主义现代化建设新时期，经济发展成为首都建设的中心，巾帼劳模通过市场经济竞争、经营管理改革、自主创业等途径积极推动经济发展；中国特色社会主义新时代，北京市巾帼劳模主要通过撬动文化产业发展、带领群众致富等方式服务首都经济发展。

2. 开展科技创新

在开展科技创新的巾帼劳模中，社会主义革命和建设时期主要体现在作业方法、生产工序、科技应用等方面的发明发现、技术创新和实践应用等方面；改革开放和社会主义现代化建设新时期主要体现在传统工艺赋予新灵魂、民生保障领域创新、开拓新的科学技术研究领域、城市建设和更新领域创造、为重大赛事和经济发展变革式创新等方面；中国特色社会主义新时代主要体现在攻克技术难关、自主研发创新和科技赋能高质量发展等方面。

3. 投身社会事业

在投身社会事业的巾帼劳模中，社会主义革命和建设时期主要集中在消除文盲和提高国民文化水平的教育领域、提升医疗和护理水平的卫生领域、服务人民群众关切的实际问题和传播首都文化精华的文化实业领域等；改革开放和社会主义现代化建设新时期主要集中在抗击“非典”等医疗领域、开展素质教育和教学改革的教育领域、丰富人民精神生活的文化领域、促进人民生活水平提升的消费服务和交通运输领域、保护人民生命和财产安全的公检法领域等；中国特色社会主义新时代主要集中在坚守育人初心的教育领域、带领群众脱贫致富的企业家领域、暖心服务的卫生和交通领域、服务民生和疫情防控期间社区基层领域、展示中国特色的新闻宣传领域等。

二、不同时期的北京市巾帼劳模

在不同历史时期，北京市巾帼劳模都以高度的主人翁责任感、卓越的劳动创造、忘我的拼搏奉献，谱写可歌可泣的动人赞歌，为人民群众建设伟大首都树立学习榜样。

（一）社会主义革命和建设时期

新中国成立后，北京逐步形成了体现国家政治中心、文化中心和科技中心的职能体系，社会主义革命和建设时期，受到表彰的北京市巾帼劳模共有 135 名，主要来自工农业、教育、卫生、科学技术、文化、交通运输、居民服务等领域。

1. 第一批巾帼劳模的产生

第一批北京市巾帼劳模共有 5 人，主要凸显战斗英雄和工农兵的时代特征。卢翠英积极发动本村的春耕生产运动，并在群众中大力宣传“劳动光荣”“人民当家做主了，就得发展生产、发家致富”的理念，同时也发动本村卢玉琴、李淑琴等 5 名青年妇女，组成了全县第一个“合心组”（最早的互助组）进行劳动生产。在巾帼劳模引领下，首都女性群体开始大规模走出家门、走向社会，她们褪下柔弱、展现新女性担当，在社会生产中大展身手，展现首都巾帼风貌。

2. 推动妇女解放、促进男女平等

北京市巾帼劳模是首都女性政治地位提升、人格独立、思想解放、平等参与社会生活的典型代表和时代缩影，是去除中国封建糟粕、与世界接轨的排头兵。群体中涌现出一批优秀干部，杭佩兰是全国人大代表，喻宜萱是全国政协委员，石晶华和任允芙是北京市人大代表，卢翠英是房山区周口村首任党支部书记。从中央到基层，首都巾帼劳模同男子一样平等地参与政治生活；从家门走出，首都巾帼劳模积极践行着“妇女能顶半边天”的平等精神，在实现自我解放和全面自我发展路上绽放光彩。

3. 投身生产劳动竞赛和技术革新

20 世纪五六十年代，北京市积极响应党中央和国务院号召，将抗美援朝运动、爱国主义生产竞赛、增产节约运动与女劳模工作相结合，开展了不同形式的生产劳动竞赛运动、评选和奖励劳模活动。此外，北京市还积极落实“勤俭建国、勤俭持家，为建设社会主义而奋斗”的妇女运动方针，将社会主义建设与社会风尚相结合，培养选拔出一批敢于革新的首都巾帼劳模，她们在技术革新活动中大显身手，改进生产工艺工序、革新技术和生产工具、优化操作方法和计算方法，改变过去加班加点、无限提高劳动强度的管理方法，提高了生产效率。技术员沈蓉华提出用饴糖代替白糖的建议，为北京啤酒厂节约了生产成本，受到轻工业部的推广。

4. 在科教文卫事业中彰显带头作用

北京市高度重视女职工在科教文卫和社会服务等领域的重要作用，不少领军人物在各自领域崭露头角。陈杭建立了我国第一座蔬菜营养品质实验室。陈帼眉、喻宜萱、楼星、任素英、贾桂英等在教育领域辛勤耕耘，把最美好的青春年华献给了首都教育事业。“江姐”于蓝等遵循文化事业为工农兵服务的政治方向，在文化领域积极弘扬爱党爱国精神。林巧稚、张敬娥、王大琬等填补了医疗重大领域空白，在公共卫生普及等方面作出突出贡献。

林巧稚：中国妇产科学奠基人和开拓者

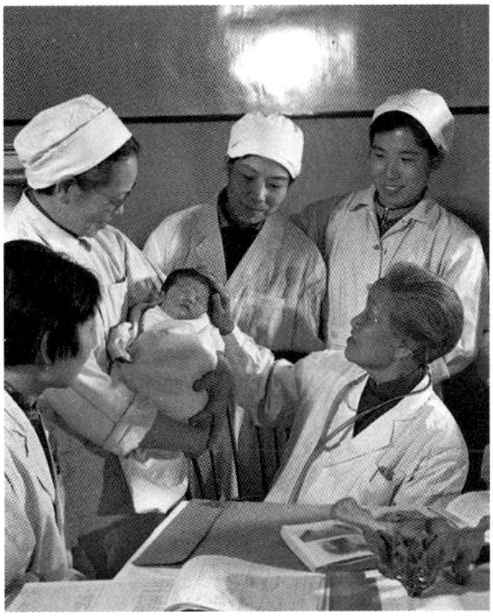

林巧稚（前右）检查新生儿的健康情况

林巧稚（1901—1983），三次被评为全国劳动模范，是中国妇产科学的奠基人和开拓者，是首届中科院院士中唯一的女院士。她一生无子，但在60年的行医生涯中，救助了上万名女性，凭医学圣手接生过包括袁隆平院士在内的5万多名婴儿，人称“万婴之母”。

早在抗日战争时期，林巧稚就不顾个人安危，提着出诊箱走街串巷，不向日本侵略者屈服，在战乱中坚持开办诊所长达6年，共留下8887份病历档案。林巧稚坚持年少求学时最纯粹的信念：“怀着非凡的爱去做平凡的事。”为新中国妇产科学的创建和发展倾注了大量心血，并开辟了产科、妇科、妇科肿瘤、生殖内分泌、计划生育等妇产科学的亚专业，筹建了北京妇产医院，为胎儿宫内呼吸、女性盆腔疾病、妇科肿瘤、新生儿溶血症等方面的研究作出了巨大贡献。

毛泽东、刘少奇等党和国家领导人都曾征求过她对妇女保健事业的意见，周恩来总理和邓颖超曾多次和她亲切交谈。林巧稚始终牢记周恩来总理在她主持的中华医学会第一届妇产科学术会议上的殷殷嘱托——“我们要像春蚕一样，把最后一根丝都吐出来贡献给国家”，用博爱拯救了万千母婴，传授博学以造福后世。

林巧稚献身医学事业，把毕生的精力无私地奉献给了人民，病榻上完成50万字医学专著，弥留之际仍发出呓语：“产钳！产钳！”她的事迹是首都精神内核的具体体现，是对医者仁心的最好诠释。

首都巾帼劳模立足岗位、奋发有为，在各行各业中勇创佳绩、建功立业，女战士、女工人、女司机、女医生、女科学家、女老师、女艺术家、女服务员、女干部等不同群体的“她们”撑起了首都社会主义建设的“半边天”。

（二）改革开放和社会主义现代化建设新时期

北京完成了从工业化城市向现代化综合服务中心城市的转变，发达的知识经济、服务经济成为显著特征。这一时期的女劳模分领域分行业评选，反映了特定历史阶段北京对特定领域建设任务的迫切需要。她们是社会主义现代化建设的弄潮儿和突破者，是带领人民群众拼搏创造、改革创新的典范和榜样。

1. 在社会主义市场经济中大显身手

首都巾帼劳模以实干精神响应国家号召，以实际行动践行“以经济建设为中心”的基本国策，依靠诚实劳动创造财富，从埋头一线的“老黄牛”发展到兼顾管理职能的“领头羊”，从任劳任怨的贤内助到敢打敢拼的铁娘子，从单一的行业代表到多元化的岗位榜样，一批巾帼劳模在自主创业和自主择业的路上起到了示范带头作用，李菊花、冯静玉、张力等一批巾帼劳模主动拥抱市场竞争，成功带领企业做大做强，刘俊华、鲍凤珍等激励下岗职工重拾信心再就业，创造美好生活。此外，还涌现出一批带动群众共同致富的基层干部和个体工商户带头人，激发了全社会劳动创造活力，如门头沟区村支书李德荣、科技致富女状元马翠清等。

2. 在社会主义现代化建设中书写不平凡

首都巾帼劳模以主人翁精神参与北京城市建设和社会发展，以自尊、自信、自立、自强的精神，开拓进取、奋力拼搏，为首都广大女职工树立了标杆。她们用实际行动与传统旧职业观念决裂，在教育、卫生、交通、环卫、零售、服装、修鞋等平凡岗位上热情服务。杜宝荣以扎根修鞋干革命，售货员宋吉英以满腔热忱为群众服务，王静文以时传祥为榜样带动全班出色地完成清运任务。她们干一行、爱一行，专一行、精一行，为首都经济社会发展建立了杰出功勋。

3. 在推动科学发展中贡献智慧力量

这一时期首都北京展现出尊重科学、尊重知识、尊重创新的新气象，巾帼劳模评选更强调对生产力发展和对祖国现代化事业的突出贡献，注重“敢于创新、敢为人先”的优秀品质。

李桓英：把最好的年华奉献给祖国

首都医科大学附属北京友谊医院医生、北京热带医学研究所研究员李桓英，是世界著名的麻风病防治专家，她将毕生精力都献给了我国麻风病防治事业。

“战麻斗士”李桓英

“我应该回，正当其时，要把我最好的年代奉献给祖国。”1957年，李桓英谢绝了世界卫生组织（WHO）继续聘任的邀请，瞒着在美国定居的家人，只身一人绕道伦敦，几经周折，于1958年从莫斯科回到了祖国，全身心投入麻风病防治事业。

李桓英常说，科研工作就是要探索未知，敢为人先。只有敢想，才有进步的可能，要善于发现、敢于挑战新鲜事物。她推广的“短程联合化疗”方法救治了无数的麻风病患者，提出的垂直防治与基层防治网相结合的模式，被称为麻风病“全球最佳的治疗行动”。她以勇于攀登的科学精神成为医者创新的时代楷模。

李桓英始终秉持科学态度，坚持深入基层开展调研，她长期奔波在云、贵、川贫困偏远地区，曾经4次遇险，两侧锁骨和肋骨都摔断过。云、贵、川3省7个地州市59个县，每一个有麻风病患者的地方都有她的足迹。当94岁高龄的李桓英再次来到曼喃醒村麻风寨，那些当年经她治愈的麻风病患者就像见到了久别的亲人，眼含激动的泪水，扑上来就喊：“李妈妈，您回来了！”

2016年12月，95岁的李桓英加入了中国共产党。她说：“入党和做研究一样，都是追求真理。”她坚信医疗工作者就是要尊重事实、尊重科学，服务人民也是党员的基本职责。她以对党的事业的坚定信仰和无限忠诚，对医疗事业的无比热爱和执着坚守，成为践行习近平总书记关于健康中国建设的重要论述，特别是人民至上、生命至上理念的模范。

4. 在维护稳定推进法治建设中发挥作用

在推进法治中国首善之区建设过程中，尚秀云、宋鱼水、吴春妹、于晓明等首都巾帼劳模是国家和人民安全的保卫者，是爱党爱国信念的捍卫者，是公平正义的维护者，是法治社会建设的推动者。首都巾帼劳模以舍身忘我无惧无畏的奋斗精神，在保卫国家安全和公共安全、保卫人民生命财产、维护社会治安稳定等方面作出了突出贡献，形成了维护首都社会安全稳定的独特防线，对于北京经济社会发展起到了重要的稳定器作用。

尚秀云：帮助失足少年走向新生

“法官妈妈”尚秀云

尚秀云1980年进入北京市海淀区人民法院工作，历任书记员、助理审判员、审判员、副处级审判员、副庭长等职，是中国第一代从事少年刑事审判的法官，是电影《法官妈妈》的生活原型，曾获得全国法院模范、英模天平奖章等荣誉，并荣立一等功，1995年被评为北京市先进工作者，2000年被评为全国先进工作者。她常说：“做好少年审判工作关系到国家的长治久安，也关系到众多家庭的幸福安宁。帮助失足少年走向新生，是我毕生热爱的事业。”

“挽救一个孩子，就是挽救一个家庭。”她强化庭审的教育功能，在感化、挽救和教育少年犯等方面作出了突出成绩，她精心设计的U形法台让少年法庭变课堂，被北京市高级人民法院和最高人民法院所肯定，也为全国许多法院所效仿。

尚秀云对少年审判工作的热爱始终如一，始终秉承巾帼劳模的优秀品质，为孩子守住人生的底线，奋战在重塑少年健全人格和优良品行的“希望工程”前线，为推动首都少年司法事业发展，构建社会主义和谐社会打好了工作基础。

（三）中国特色社会主义新时代

进入中国特色社会主义新时代，北京更加注重创新发展、协同发展、绿色发展、开放发展、高质量发展，推动城市发展实现深刻转型。同时，大力弘扬劳模精神、劳动精神、工匠精神，鼓励广大女职工和群众紧跟巾帼劳模的步伐，积极投身首都“四个中心”[①]和国际一流的和谐宜居之都建设事业。

1. 以主人翁的姿态投身北京“四个中心”建设

“四个中心”是党中央赋予北京的城市战略定位，北京市积极引导首都女职工参与“四个中心”建设，首都巾帼劳模踊跃发挥带头作用，迸发澎湃活力，彰显使命担当，奉献巾帼之力，展现巾帼之美。代康伟、刘凤娟、张立玲、廖正昕等在全国科技创新中心建设中建功立业，杜雪平、李学梅、聂一菁、王小节、韩笑等在全国政治中心和国际交往中心建设中彰显风采，吴华侠、夏华年等在全国文化中心建设中尽展其才。

2. 在中国式现代化建设中展现首都巾帼风采

进入新时代，北京市通过组织劳动技能比赛、巾帼劳模报告会和宣讲会、首都女劳模风采展示活动等方式诠释劳模精神、传递榜样力量，引导广大女职工为实现中华民族伟大复兴伟业而团结奋斗、努力拼搏。特别是在推进全面建成小康社会、疫情防控等方面，首都巾帼劳模展现出首都风采，同时打造了“吹哨报到”“接诉即办”等工作品牌，从小切口问题着眼，从为人民服务的小事做起，充分展现了新时代女性风采。

常洪霞：择一业终一生

北京公共交通控股（集团）有限公司第四客运分公司第一车队驾驶员、技师常洪霞先后获得全国五一劳动奖章、北京市青年岗位能手、全国交通技术能手等荣誉，并于2020年被评为全国劳动模范。

秉承“择一业终一生”工作理念的常洪霞是首都交通服务的文明先锋，也是1路车乘客们心中的“公交名片”。从一到冬天就“冻三尖”（手尖、脚尖、鼻尖）的黄河通道车，到扮靓中华第一街的纯电动通道车“中国红”，常洪霞在公交驾驶员岗位上一干就是27年，

---

① “四个中心”：全国政治中心、文化中心、科技创新中心、国际交往中心。

“大1路”上的“公交名片”常洪霞

安全行车50余万千米，运载乘客千余万人次，无一事故、无一投诉。

常洪霞常说：“公交线路有终点，但是为乘客服务永远没有止境。”她用“一静、二稳、三让、四心”安全行车法和“十心实意”暖心服务法，与时俱进地诠释着新时代公交人的服务理念。在车厢中设立“暖心箱”，为乘客提供充电宝、方便袋、纸巾等20余种应急物品；上线5G+VR 沉浸式“公交＋文旅”项目，让百年公交紧跟时代，服务市民。

2019年，常洪霞接过车队创新工作室的大旗，成为“洪霞创新工作室”的领头人。她带领工作室成员，围绕生产经营中的热点、难点以及企业改革发展的中心工作创新攻关，先后研发出防冻液加注机等10项创新成果，为企业节省开支300余万元，并以师带徒的方式培养出全国劳动模范1名、北京市劳动模范4名、技师43名、高技能人才148名，用实际行动展示了首都巾帼劳模在平凡岗位上建功新时代的风采。

3. 创新创造推动首都高质量发展

首都巾帼劳模精准把握首都高质量发展的内涵和要义，示范带动全市女职工群体牢牢把握“五子”联动[①]发展机遇，以踔厉奋发、笃行不怠之姿奏响了首都高质量发展的时代强音。

① “五子”联动是指建设国际科技创新中心、“两区”建设、数字经济、以供给侧结构性改革引领和创造新需求、深入推动京津冀协同发展。

刘红：科学“追梦人”

把科幻做成科学的“月宫一号”总设计师刘红研究极端条件下的人类生命保障，为我国载人深空探测生命保障提供理论和技术服务。刘红就是一个敢于探索和创新的科学“追梦人”，她对学生最常说的一句话就是“做科研，要有科学家的精神与追梦人的情怀”。她用了14年时间，突破关键技术30余项，从无到有建立了我国拥有自主知识产权的太空长期生存核心技术——空间生物再生生命保障技术，研制出我国第一个、世界上第三个空间基地生物再生生命保障地基综合实验装置“月宫一号”，实现中国人的“太空农场”梦想。

刘红在“月宫一号”内查看植物生长情况

刘红说，科学家就是要关注10年、20年乃至百年后的技术需求。她的研究团队与俄罗斯科学院成立了“中俄深空探测生命保障技术研究中心”，每年邀请俄罗斯、美国、加拿大、日本等国专家来华讲学，进行广泛的学术交流与合作，同时积极参加世界空间科学大会（COSPAR）等重要国际会议，交流科研进展，及时掌握国际发展动态。

首都巾帼劳模在科技领域勇攀科学高峰、争创一流业绩，展现默默耕耘、勇攀高峰的创新精神，胸怀祖国、服务人民的爱国精神，为千千万万女性科学家树立了榜样。

新时代的首都巾帼劳模用干劲、闯劲、钻劲引领带动、激励广大劳动群众争做新时代的奋斗者，书写“巾帼不让须眉”的时代华章，为实现中华民族伟大复兴的中国梦贡献巾帼力量。

三、北京市巾帼劳模的主要精神特质

首都巾帼劳模群体在实践中体现出诸多精神特质，如爱岗敬业、争创一流，艰苦奋斗、勇于创新，淡泊名利、甘于奉献，以及模范带头、根植群众等，她们塑造首都巾帼形象，发挥首善榜样作用，彰显首都时代特征，具有鲜明理论特色、实践特色、区域特色和时代特色。

（一）共同特质

1. 爱岗敬业、争创一流

巾帼劳模的评价标准随时代发展而变化，但爱岗敬业、争创一流是永不消退的底色。罗淑珍是新中国第一代女邮递员，凭着对投递工作的专注和热爱，连续21年投信送报360万件无一差错，让“一封信、一颗心”的口号响彻整个邮电系统。信件和报纸在她眼里已经不是白纸黑字，而是变成有生命的东西，甚至对投递地址不明的“瞎信”也用心用情。1955年夏天，海防战士张从义从报纸上读到罗淑珍的事迹后，请她帮助寻找多年不通信的同学。她利用业余时间顶着酷暑，骑车到朝阳门外找了很多胡同，向多户居民打听，翻遍了派出所的户口簿，最后在整理其他信件时，发现了同名的收信人，从而使两位杳无音信7年的同学恢复了联系。爱岗、上进、敬业、乐观不仅是罗淑珍人生精神的浓缩，而且几十年来不断积淀、扩展、升华，已然成为首都巾帼劳模“为人民服务”的生动体现。

2. 艰苦奋斗、勇于创新

首都巾帼劳模不仅秉承老一辈劳模忘我的劳动热情和吃苦耐劳的优良传统，还兼具与时俱进、开拓创新的时代品格。

用焊花裁剪钢材的“女裁缝”、首钢电焊女将刘宏，从2008年起屡次在国内外技术大赛中获奖，2009年7月被聘为首钢唯一一名女技能操作专家。2015年“刘宏工作室”被人社部批准为国家级技能大师工作室，从此逐步成为首钢焊接技术创新和服务用户的示范窗口，并取得了包括国家科技进步奖二等奖在内的多项技术成果。刘宏与团队全程参与了首钢滑雪大跳台焊接工艺、焊接质量研发和督导，经过连续攻关，既实现了冬奥单板大跳台低温性能，又保证了焊缝金属韧性，形成双赢科技创新，首钢滑雪大跳台的建设不仅全部采用首钢自产的高端钢材，而且裁判塔结构上首次应用了我国自主研发的耐火耐候钢及成套技术，成为全球首创，填补了技术创新空白。电气焊在很多人看来又苦又累，并不是一份适合女性的工作，但刘宏却以柔弱之身凭着能吃苦、肯钻研的精神，成为艰苦奋斗、勇于创新的典型代表。

2022 年北京冬奥会，北京服装学院服装科技研究院院长刘莉教授和她的团队凭借智慧、努力和汗水，创新研发出冬奥比赛服，直接为中国短道速滑队、中国速度滑冰队、中国花样滑冰队等 9 支运动队服务，助力中国体育代表团 2022 年北京冬奥会取得优异成绩。推动冰雪装备的“跨越式”发展，实现冬奥国家队战衣的科学化定制，背后是成千上万次设计与测试，其赋予纺织材料新时代新领域的新发展，彰显科技创新“她”力量。她们让中国“智”造的冬奥战衣，带着中国速度、中国风度和中国温度，走向了世界舞台。

3. 淡泊名利、甘于奉献

淡泊名利、甘于奉献是劳模精神的重要组成部分，也是新时代劳动者的精神追求，更是首都巾帼劳模群体的共同特质。修鞋匠杜宝荣顶住了当时社会上一些人的冷嘲热讽，主动走街串巷为工人、农民修鞋，用真诚待人、服务群众的真心践行“扎根修鞋干革命，九匹大马拉不动”的誓言，用实际行动谱写了一曲兢兢业业、默默奉献的人生赞歌。1975 年 2 月 11 日《人民日报》以《用行动同旧传统观念决裂——记北京广渠门外修鞋门市部女青年修鞋工杜宝荣》为标题对杜宝荣进行了报道。首都巾帼劳模自觉抵制世俗诱惑和困扰，客观豁达看待名声与利益，脚踏实地为人民服务的精神得到了社会的认可。

（二）首都特色

1. 在平凡岗位默默奉献树立北京榜样

在打造首善之区的生动实践中，活跃在首都各行各业的巾帼劳模们以身作则、率先垂范，以对岗位高度负责的态度，认真履责、踏实工作，发挥了显著的首善榜样作用。发明印钞检查“先进工作手法”的刘凤琴、为外国来访女宾开车的尚伶敏、让京剧艺术走向世界的王玉珍、带领农民踏上富裕之路的“西瓜女王”冯乐平、新闻界的“非常战士”李学梅、玉桥街道的“社区总理”杨平等，首都巾帼劳模用一段段精彩的人生证明了一个朴实的道理：平凡的工作也是社会主义建设事业的一部分。这激励了更多女职工勤奋努力，更加热爱本职工作。

2. 为创新引领高质量发展彰显北京力量

创新是北京精神的精髓之一，不同时期的首都巾帼劳模都以敢于担当、敢于探索、敢于创新的精神引领首都高质量发展。在社会主义革命和建设时期培育执着专注、精益求精、一丝不苟、追求卓越的职业素养，如总结双梭织绒操作法的韩茶仙；在改革开放和社会主义现代化建设新时期主动适应新形势对劳动者素质提出的新要求，及时掌握新的科学文化知识，如首都热力事业的科技掌门人刘荣；在中国特色社会主义新时代崇尚创新精神，在抗击疫情、科技攻关、脱贫攻坚、医疗创新等各个领域勇挑重担、开创佳绩，如世界级电驱动能源供给的“攻坚标兵”代康伟。首都巾帼劳模在崇尚创新、引领创新的征程上砥砺前行，唱出了女性魅力的铿锵之歌。

3. 为引领事业行业发展作出北京样板

首都巾帼劳模引领首都教育事业高质量发展、文化事业蓬勃发展、医疗事业开先河，在助推首都社会事业发展上展现了巾帼风采。她们围绕素质教育进行了一系列富有首都特色的创新改革，引领广大教育工作者办好人民满意的首都教育。主演众多评剧角色并受到一致好评的新艳琴、京剧艺术忠实的传承者和勇敢的创新者张正芳等把正确政治方向、舆论导向、价值取向贯穿文化阵地、作品和活动中，进一步强化了首都文化的价值导向和精神凝聚作用；研究针麻剖宫产术进行宫颈癌防治的王大琬，以及在“非典”、新冠肺炎疫情等重大公共卫生应急事件中展现巾帼劳模榜样精神的赵春惠、见国繁、李继英等，不仅是北京医疗卫生事业改革进步的参与者和见证者，更是践行人民至上、医者仁心理念的人民群众“健康守门员”。

此外，首都巾帼劳模在新一代信息技术、医药健康、科技服务等战略性新兴产业的发展中发挥积极推动作用，培育壮大新业态，在“五新”领域[①]大显身手，助力北京参与世界竞争，赶超世界科技先进水平。

4. 为引导文明的社会风气树牢首善旗帜

劳模精神生动诠释了社会主义核心价值观，与社会主义核心价值观在文化传承、教育导向、爱国情怀、道德提升等方面高度契合。北京打造首善之区，不仅发挥了首都巾帼劳模在推动北京经济社会发展方面的带动示范作用，也注重发挥其推动北京精神文明建设的独特作用。首都巾帼劳模展现出的爱岗精神、职业精神、拼搏精神、创新精神、家国情怀和奉献精神正是对社会主义核心价值观的生动实践；讲文明、讲职业道德、传承良好家风、倡导文明风尚也是涵养社会主义核心价值观的有力呈现。

北京不仅有讲政治、顾大局、树正气、重奉献的爱国精神特质，高质量的文明服务也是这座首善之都的重要标签。掌舵“大 1 路”的暖心姐姐常洪霞、乘客的贴心人李素丽、候车室里“最美的微笑”王琳娜、高速公路上的“首都表情”方秋子等，都是首都群众耳熟能详的文明服务先锋。巾帼劳模群体不仅在首都营造热爱劳动、推崇劳动的良好社会风尚，引领广大劳动者特别是女性同胞更新观念、勤劳工作、团结合作、创优争先，也以巾帼之力擦亮首都城市文明底色，以榜样的力量感召鼓舞新时代女性。

5. 为推动妇女事业交流作出北京贡献

北京作为中国首都，妇女解放和发展事业呈现出独特的发展特征和路径。首都巾帼劳模不仅具有救国、爱国、报国的责任意识，而且在首都建设改革发展过程中作为独立的政治、经济和社会治理主体参与其中，

① “五新”领域：新基建、新场景、新消费、新开放、新服务。

这种使命感和主人翁精神在国际妇女运动中独树一帜，在做好妇女民间外交、团结凝聚海外华侨华人巾帼力量等方面发挥了重要作用。首都巾帼劳模以开放包容、相互尊重的姿态，讲好中国故事，讲好北京故事，彰显文化自信，搭建好中外文化艺术交流的桥梁，向世界展示了首都女性的英姿、巾帼风采。

荣获全国五一巾帼标兵岗称号的国家大剧院艺术交流部在李木子带领下，积极拓展大剧院“国际朋友圈”，与全球 70 余个国家 460 余家国际机构、各国驻华使馆开展合作，以“敢为天下先”的勇气与智慧，倡议成立世界剧院联盟，召开联盟成立大会。联盟成员纷纷赞誉：“世界剧院联盟的成立是一项巨大的成就，国家大剧院所做的工作在世界范围内都是领先首创的。”他们携手俄罗斯莫斯科大剧院，呈现全球首场国际艺术机构间的隔空同步音乐会，参与中国—希腊建交 50 周年联合音乐会、中日邦交正常化 50 周年歌剧电影互换展映、中德建交 50 周年柏林交流音乐会等，在文化外交、国际机构庆典、各国传统节日、国际嘉宾来访中传递“中国温度”。

（三）精神传承

1. 大无畏的革命英雄主义

首都巾帼劳模在各个历史时期特别是在为实现中华民族独立、解放和社会主义建设过程中展现了英勇顽强、舍生忘死的革命英雄主义精神，塑造了具有革命精神的英勇卓绝的“女英雄”形象。改革开放以来潘星兰、李文岩等女英雄，大都在一线工作，她们在抢救国家财产、保护人民生命安全方面舍生忘死、英勇奉献。

2. 苦干实干的“螺丝钉”

首都巾帼劳模主要来源于基层，其中一线产业工人是主体，塑造了能顶半边天的“铁姑娘”形象，展现出只讲奉献、不求回报的“螺丝钉”精神。北京市金属工艺厂白淑云复员后克服年龄和经验短板，埋头苦干，终于试制成功了脚踩打印机，产量提升到原来的 4 倍。一批又一批巾帼劳模在服务人民群众、文化传承、科学技术发明和医疗卫生改善、教育事业发展等领域无私奉献，彰显巾帼亮丽风采。她们在各自工作岗位上踏实勤恳工作，体现埋头苦干、真抓实干的韧劲，展现硬骨头精神和任劳任怨的“老黄牛”精神，带动了整个社会劳动面貌的提升，苦干实干、艰苦奋斗成为时代主旋律。

3. 敢为人先的弄潮儿

首都巾帼劳模把个人理想和担当奋斗融入党和国家发展的伟大事业中，在社会主义建设大潮中建功立业，勇做改革开放新时代开路者、弄潮儿。扎根乳业二十载的“牛人”丛慧敏，投身奶牛养殖一线，致力于探索中国特色的奶牛养殖模式，建立和完善奶牛养殖技术的社会化服务体系，创建了国内首家智能化种牛养殖科研基地。“我来自农村，是上了大学才喝上奶的，我想让更多的中国人能更早地喝上奶，喝上好奶。”硕士研究生毕业之后丛慧敏选择成为一名“牛倌”，实践着自己的诺言，为实现核心种源自主可控鞠躬尽瘁，以让人民喝上高品质放心奶为己任，守护“舌尖上的安全”。弄潮儿向涛头立，手把红旗旗不湿。北京也注重引导群众在中国特色社会主义市场经济中依靠劳动创造价值，例如在百货零售行业、销售岗位涌现出王淑贞、孙喜燕和刘桂梅等一批诚实劳动、合法经营的光荣巾帼劳模。首都巾帼劳模以永不懈怠和一往无前的奋斗姿态，以“千磨万击还坚劲，任尔东西南北风”的意志，始终奋进在时代潮头，放飞青春梦想，书写芳华篇章。

4. 带动脱贫致富的“领头羊”

首都经济飞速发展，社会变化日新月异，在基层社会服务领域涌现出一批求真务实、拼搏进取的好党员好干部，积极践行中国共产党人立党为公、执政为民的初心理念。朝阳区高碑店村党支部书记支芬带领着全村走出一条“文化兴村”之路，把曾经的“三无村”（无农业、无耕地、无工作）变成远近闻名的“三有村”（有后劲、有事干、有乐趣）。

同时，首都巾帼劳模中还出现了一批优秀农村实用型人才，她们致富不忘身边的乡亲们，不忘贫困地区的农民朋友们。“龙湾巧嫂”张亚利带领村民成立果品产销专业合作社，创品牌、谋发展、强管理、提质量，实现245名妇女就业，1500名果农致富。首都巾帼劳模以劳动精神带动群众劳动致富，带动贫困户创收增收，把劳动精神带入脱贫攻坚、乡村振兴、共同富裕的伟大事业中，激励了千千万万普通劳动者坚守信念、立足岗位、开拓创新、在实现共同富裕的道路上建功立业。

5. 救死扶伤的人道主义

“苟利国家生死以，岂因祸福避趋之。”首都巾帼劳模展现了医者仁心、大爱无疆的崇高精神，她们始终牢记党和人民的重托，敬佑生命、救死扶伤、甘于奉献、砥砺前行，赢得了党和人民高度赞扬。中国第一位荣获“贝利·马丁奖”的护士王克荣，护理过数以万计的霍乱、乙肝、出血热、“非典”、艾滋病等传染病患者。她手机里存储着700多个艾滋病患者的电话号码，24小时开机，被誉为“艾滋病患者的知心大姐”。她总结了一套适合中国国情的“生理支持监测—心理情感支持—社区关怀管理”艾滋病门诊护理模式，并多次深入基层开展护理培训，足迹遍及全国14个省、自治区、直辖市，培训了近万人。她还创建了为艾滋病患者及家属提供关怀和服务的“红丝带之家”，目前志愿者已发展到上千人。王克荣给予艾滋病患者无微不至的关怀和胜似亲人的温暖，成了他们的守护天使。首都巾帼劳模修医德、行仁术，为人民群众提供及时的卫生与健康服务，为实现中华民族伟大复兴的中国梦打下坚实的健康基础。

6. 勇攀高峰的科学创新

北京最大的优势在于科技和人才。在科技创新驱动引领下，首都涌现出一批勇攀科技高峰的巾帼劳模，为北京国际科技创新中心地位的确立贡献了不可小觑的“她力量”。黑色路面的“绿色”魔法师柳浩带领团队研发防冰融雪路面技术，应用在大兴新机场高速路，打破了国外技术垄断，捧回了建材行业唯一一座詹天佑奖。

7. 追求卓越的工匠精神

“国之重器，大师之谓也。”首都巾帼劳模突破工匠个体“小我”“单位社会”的思维局限，心怀新时代首都工匠的“大我”情怀，精益求精，筑牢首都工业化、现代化发展的技能根基。高学历、懂技术、敢创新的首都工程师和匠人成为首都先进模范人物的杰出代表，在北京城市建设、首都高质量发展、传统工艺更新中展现巾帼英姿、奉献巾帼之力。北京城市立交发展的奠基者罗玲正是巾帼劳模中一名卓越的工程师。有一首家喻户晓的歌中唱道“北京的桥千姿百态，北京的桥绚丽多彩”，罗玲正是在大量的立交桥设计实践中锻炼和成长起来的，她先后主持、参加了100多座立交桥的设计，参与设计了我国第一座城市立交桥——复兴门立交桥，北京几乎每一座立交桥都曾留下了她的足迹和汗水。她坚信科学的道路、现代化的建设是无止境的，要把北京真正建设成现代化国际大都市，许多先进科学技术还有待于后来者去探索，继续攀登一座座科技高峰。北京工匠精神还体现在诚实守信的高尚品格和道德操守，以及对产品质量和工艺流程的执着追求上。同仁堂“安牛班”班长张冬梅对老字号同仁堂“手工搓丸”传承创新，要求班组职工自觉执行GMP管理规范和SOP岗位操作要求。时代精神、首都水准，北京传统文化与现代文明在此交相辉映。

8. 爱国奉献的实干家

在首都经济发展向创新驱动转变的大背景下，作为时代的映射，首都巾帼劳模群体展现的企业家精神在爱国敬业、守法经营、创业创新、回报社会的框架下不断赓续。以史静贤、夏华等为代表的首都巾帼劳模尽展女企业家温柔而坚韧的形象，尽显女企业家敢闯敢干、精益求精的品质，她们不仅是母亲、妻子、女儿，更是带领企业实现更大发展的管理者、实干家。首都女企业家的成功，不仅营造了女企业家人才健康成长的环境、弘扬了女企业家精神，也更好地发挥了女企业家在推动经济社会进步、推动创新发展中的积极作用，同时她们的劳模精神引领带动更多女性力量崛起，对新时代首都妇女突破性别边界、实现自我价值具有积极推进作用。这些巾帼企业家怀着对国家、对民族的崇高使命感和强烈责任感，积极发挥作用承担社会责任，成为回报社会的典范，是具有鲜明时代特征、首都特色、世界水准的北京企业家队伍中不可或缺的组成部分。

9. 无私奉献，服务人民

首都巾帼劳模不仅展示了新中国女性自尊、自信、自立、自强的精神，同时也展现了新中国女性爱国报国的觉悟和为人民服务的志向。在抗击新冠肺炎疫情第一线、服务群众最前沿均可见首都巾帼劳模默默奉献的身影。杨平在社区工作 19 年，脚踏实地，夙夜在公，致力开辟社会治理新路径，创新玉桥社区新文化，打造社区服务新理念。首都巾帼劳模心系基层、情系群众，办实事、解难题，描绘出基层女性无私奉献的最美剪影。

四、北京市巾帼劳模的成长规律

（一）在接续奋斗中积蓄巾帼力量

首都巾帼劳模的成长不仅仅是自身追梦奋斗、家庭责任担当、工作岗位锻炼的内驱结果，工人运动和妇女解放运动的开展、党和国家对劳模精神的弘扬、首都经济社会发展变革、城市发展治理的现代化等也为首都巾帼劳模的成长提供了肥沃的土壤。

1. 工人运动和妇女解放运动叠加驱动

首都巾帼劳模作为工人阶级的优秀代表，是首都工运事业的时代引领者，在中国共产党的领导下，在推动广大女职工和妇女群众参与首都建设发展中发挥了先锋作用。首都巾帼劳模依法平等行使权利，平等参与经济社会发展，平等享有首都经济社会发展成果；发挥聪明才智，在首都科技创新和技术革新的第一线有所作为；发挥优势，在教育卫生等领域大放光彩，为首都社会事业发展贡献力量；沐浴在和谐包容的社会文化中，平等地参与国际交往。北京各行各业涌现出来的巾帼劳模不仅仅是深化产业工人队伍建设改革的重要组成部分，更是全方位、多维度展示了首都妇女平等解放、开拓进取、拼搏奉献、建功立业的精神风貌。

2. 中国共产党人精神谱系的落地滋养

中国共产党弘扬伟大建党精神，在长期奋斗中构建起中国共产党人的精神谱系。从抗战精神、抗美援朝精神、雷锋精神、焦裕禄精神、“两弹一星”精神，到女排精神、抗击“非典”精神、抗震救灾精神、科学家精神、伟大抗疫精神、脱贫攻坚精神等滋养培育着一代又一代首都巾帼劳模，她们在生产竞赛、为民服务、改革奋斗、艰苦创业、突破创新、脱贫攻坚、乡村振兴中积极践行，为中国共产党人精神谱系在京华大地落地生根、开花结果打下坚实基础，为奋力谱写全面建设社会主义现代化国家、全面实现中华民族伟大复兴的北京篇章提供生动实践。

3. 北京和谐宜居之都建设的动力支撑

首都巾帼劳模既发扬工人阶级优良传统，坚持团结协作、互助友爱，齐心协力战胜各种困难，又发挥“半边天”的独特作用，秉承中华民族家庭美德，积极树立良好家风，以小家庭的和睦，共建社会的和谐 。她们不仅引导广大妇女和家庭成员弘扬社会美德、建设良好家风，引领广大妇女发挥好对家庭生活的独特作用，更为国际一流的和谐宜居之都建设奠定好“家”的基本单元。同时，她们做好家庭和工作之间的平衡，成为对家庭有贡献、对社会有责任、对首都建设有作用的铿锵玫瑰，以巾帼榜样激发新时代的“她力量”“她风采”。

4. 首都企业改革创新发展的需求变迁

改革开放以来，管理理念逐步从计划指令性走向市场化，首都巾帼劳模响应企业经营管理跨越式改革发展，在实践中积极总结经验，运用创新科技成果，对产品的加工制造方法、技术和过程等进行改进和革新，积极开发新的生产工艺，极大地提高了企业的经济效益。

5. 首都治理主体多元化进程的推动

在推进首都治理现代化的过程中，北京市积极推动首都治理主体多元化，发挥首都巾帼劳模的独特示范带动作用，成为推进首都社会治理现代化的独特抓手，促进了首都巾帼劳模群体在教育卫生领域、科技创新前沿、为人民服务基层一线脱颖而出，从精益求精的女工程师到引领创新的女科学家，从奔赴一线的女警察到人民满意的女法官，从带领群众致富的女支书到在基层绽芳华的社区工作者，从三尺讲台教书育人的辛勤园丁到危难时刻救死扶伤的白衣天使，从公共交通温暖顾客的售票员到讲好首都故事的艺术家，从发扬“一团火”的售货员到城市“美容师”的环卫工人，首都社会治理现代化的进程中到处活跃着巾帼劳模的奋斗身影，到处展现着别样的女性风采，促进首都治理体系创新、推动社会进步，有效提高了首都治理的民众认同度和接受度。

（二）培养关心巾帼劳模的首都作为

北京市积极贯彻落实习近平总书记关于工人阶级和工会工作的重要论述，特别是“三个精神”重要指示，通过弘扬劳模精神、劳动精神、工匠精神，培养、选树、表彰、关心首都巾帼劳模，最大限度地保护和调动劳模的积极性。以首都巾帼劳模表彰为抓手，推动新时代中国特色社会主义妇女发展道路在北京越走越稳，越走越宽。

1. 不断强化对巾帼劳模重视和引领

近年来，北京市坚持统一思想、完善机制、加强领导、创新引领的巾帼劳模工作服务理念，不断探索创新劳模服务管理的新机制和新模式。2013 年，北京市在全国省级总工会中第一个设立了劳模工作专门机构——北京市总工会劳模工作领导小组办公室，后陆续出台了《北京市总工会劳模休养工作五年规划》《北京市总工会关于加强和改进劳模工作的意见》《关于加强首都劳模队伍建设的实施方案》等制度文件；同时出台《北京市总工会关于开展劳模建言献策工作的实施方案》，建立和完善了劳模作为“市政府特邀建议人”的有关制度；2016 年，出台《北京市市级劳模专项补助资金发放管理办法（试行）》，将北京市劳模专项补助资金由原来的每年 2000 万元提高到 3000 万元。

新形势下，北京市注重积极做好巾帼劳模的意识和能力建设，注重做好巾帼劳模思想政治工作，组织巾帼劳模参加国庆招待会、烈士纪念日献花、纪念抗战胜利 70 周年阅兵、庆祝改革开放 40 周年、庆祝新中国成立 70 周年等重大政治活动，加强对巾帼劳模的爱国主义教育和模范意识教育。重视开展产业工人和青年职工的思想政治工作，组织劳模学习贯彻习近平新时代中国特色社会主义思想，特别是习近平总书记关于工人阶级和工会工作的重要论述、对北京重要讲话精神，不断提高巾帼劳模对党的创新理论的政治认同、思想认同、情感认同。

2. 注重选树培养激励先进典型

坚持服务首都大局，面向基层一线，持续开展各行业先进典型选树培养活动。从1952年起，北京市委、市政府通过工会组织评选劳模，召开劳模大会予以表彰奖励，其中不乏女性劳模。2020年，面对疫情防控常态化形势，注重选树在首都“四个中心”建设等方面作出突出成绩的典型，特别是在科技创新人才、社会组织代表等方面重点推荐。

近年来，北京市逐步构建起“3大体系+6项助推”[①]高精尖技能人才培养体系，通过广泛开展劳动和技能竞赛、行业大练兵大比武、“北京学者”选拔等活动，鼓励首都优秀女性在比学赶帮活动中脱颖而出。

特别是“北京大工匠”选树，采用了全国首创的“零门槛”报名和现场“打擂”比拼的方式，开展形式多样、主题突出的职工提升技能、巾帼劳模引领行动，打通了巾帼劳模的发现成长路径。

3. 多方位弘扬巾帼劳模精神

北京市组建劳模工匠宣传团，分层分类开展巡回宣讲，推动劳模精神、劳动精神、工匠精神进企业、进校园、进机关、进社区、进班组，举办系列活动宣传巾帼劳模的先进事迹。开展“以劳动圆梦 以奋斗起航 书写巾帼华章”和“赓续劳动精神 礼赞时代芳华”庆“三八”首都女劳模风采展示活动，以巾帼劳模先进事迹宣传片和现场访谈的形式展示了首都不同时期、不同行业的巾帼榜样的形象。开展“奋进新征程 巾帼绽芳华——巾帼劳模进校园”宣讲活动，邀请巾帼劳模现场讲述她们用实际行动诠释劳模精神、劳动精神、工匠精神的奋斗故事，充分展现了新时代女性的职业素养和坚韧不拔的精神风貌，引领青年学子为推进中国式现代化贡献力量。相关活动在北京电视台新闻频道黄金时间播出，在

① “3大体系+6项助推”：3大体系是指职工素质提升体系、职工技能提升体系、职工创新成果转化应用体系，6项助推是指在职职工职业发展助推、名师带徒、市级示范性职工创新工作室认定助推、创新项目助推、职工发明专利助推、首都职工自主创新成果评选。

城市电视持续滚动播放宣传片，在《工人日报》App、《北京工人》App等多个新媒体平台同步直播，线上观看达280万人，唱响了“劳动最光荣、劳动最崇高、劳动最伟大、劳动最美丽”的主旋律。举办以“会聚巾帼 匠心筑梦”为主题的巾帼工匠论坛，邀请巾帼工匠、专家学者、企业家等优秀女性代表，聚焦巾帼工匠更好发挥示范引领作用，助力高质量发展，共话“她”力量、“她”作为、“她”担当。举行了巾帼工匠交流合作平台发布仪式，发布了“百名巾帼劳模工匠师资库”。专门设置了巾帼工匠交流区，通过实物、图片、视频等展示各地选送的80个巾帼工匠创新创造成果，充分展现了广大女职工追求卓越、精益求精、技能报国的巾帼风采。北京市总工会承办了由中华全国总工会、中共北京市委、北京市人民政府共同主办的第二届“大国工匠创新交流大会”，并积极参加其中的“巾帼工匠创新成果展示”，推荐百度公司“机器翻译、自然语言处理”、北京服装学院“冬奥比赛服装——智能感温控温加热服装”以及北京城建集团“仿颐和园长廊彩画”等巾帼工匠创新成果参加展示。北京公交集团第四客运分公司1路驾驶员常洪霞，首农食品集团三元畜牧奶牛中心高级畜牧师丛慧敏，首钢集团有限公司技术研究院用户技术研究所焊工、高级技师刘宏，首钢集团有限公司技术研究院首席技术专家青格勒·吉日格乐入选全国总工会“百名巾帼劳模工匠师资库”。

此外，北京市总工会还通过开展其他多姿多彩的活动弘扬劳模精神。举办职工文化艺术节、劳模写生造像展览、新春音乐会系列活动，创作《劳动模范》《大国工匠》等经典旋律，编撰出版《北京市全国劳模大辞典（1950—2015）》，在奥林匹克森林公园和明城墙遗址公园分别设立“劳模墙”、劳动广场等，还在官网开设了“最美劳动者”的专栏，按照“劳模光荣榜”“劳模风采”“北京大工匠”“微笑带回家”四大板块，常年对包括巾帼劳模在内的劳模事迹和精神进行宣传。

4. 为巾帼劳模成长搭建事业平台

北京市总工会以劳模、工匠和高技能人才为领军人，带领一批具有技术特长的职工团队创建职工创新工作室，探索创建跨区域、跨行业的工作室创新联盟，累计建成工作室近万家，积极为巾帼劳模搭建释放创新能量的新平台。常洪霞、刘宏等劳模创新工作室就是先进典型，有效提升劳模创新团队的凝聚力、原动力和创新力。

此外，还按照“三步走”的工作思路，在行业、企业、区、高职院校等开展不同类型市级“首都工匠学院”建设试点，引入劳模工匠作为“社会导师”，在新兴产业开展技术攻关，为国家培养出更多高素质技术技能人才、能工巧匠、大国工匠。

5. 关心服务巾帼劳模提升幸福感

北京市从生活关怀、待遇倾斜、解决后顾之忧等方面出台了一系列关心关爱巾帼劳模的举措。推动劳模积分落户政策落地，明确被评选为省部级以上劳动模范可加 20 分；发放劳模专项的春节慰问金、生活困难补助金和特殊困难帮扶金，党组成员在新年和重大节日带头开展走访慰问劳模活动；构建劳模参与疗休养反馈的劳模疗休养工作机制，为劳模建立了个人健康档案，专门设立了劳模健康管理中心，组织体检、休养、参观考察等活动；为劳模免费办理公园年票、为劳模购药提供八折优惠等，用心用情服务劳模。2022 年北京冬奥会和冬残奥会期间，北京市为在闭环内提供服务保障的 3000 名企业女职工送上免费健康体检套餐。

此外，还动员各方力量，为巾帼劳模做好事、办实事。与北京市民政局共同开展“爱心献劳模”活动，每年出资 50 万元用于市级劳模帮扶；与北京市民政局等部门协调沟通，具有本市户籍、享受省部级以上劳模待遇的高龄（80 岁以上）、失能劳模可优先入住市属养老机构；推动北京市政府批准以实物配租方式解决部分劳模的住房困难等。

五、北京市巾帼劳模发展展望

殷殷关怀凝聚巾帼之力。习近平总书记在党的二十大报告中提出，要“坚持男女平等基本国策，保障妇女儿童合法权益”“在全社会弘扬劳动精神、奋斗精神、奉献精神、创造精神、勤俭节约精神”。这为实现妇女平等，促进妇女依法行使民主权利、平等参与经济社会发展、平等享有改革发展成果提供了更加坚实的政治保证，为巾帼劳模和广大女性劳动者奋进新征程、建功新时代指明了前进方向。

（一）奋力推进新时代巾帼劳模工作创新发展

1. 深入学习宣传贯彻党的二十大精神

北京市将积极引导首都广大女性劳动者加强政治理论学习，自觉用习近平新时代中国特色社会主义思想武装头脑，坚定不移听党话、矢志不渝跟党走；充分发挥首都巾帼劳模群体作为新时代妇女、劳动者群体杰出代表的独特作用，汇聚率先基本实现社会主义现代化的创造伟力。

2. 努力营造尊重、关心、学习、争当、崇尚劳模的社会氛围

新时代劳模工作创新发展离不开首都巾帼劳模的模范带头作用，北京市将继续尊重巾帼劳模、关爱妇女群体，努力为模范先进干事创业营造良好环境，促进更多女性劳动模范和先进工作者竞相涌现。将一如既往地讲好首都巾帼劳模故事、劳动故事、工匠故事，在全市举办的重要活动、会议、演出中邀请巾帼劳模代表颁奖、授旗、参观等，展现巾帼劳模无畏平凡、砥砺深耕的光辉形象，引导首都广大妇女自觉践行社会主义核心价值观，积极学习劳模、争当劳模，让勤奋做事、勤勉为人、勤劳致富在京华大地蔚然成风。

3. 打造崇尚劳动、礼赞创造首善之区

社会主义是干出来的，新时代是奋斗出来的。实干、奋斗，是劳动最核心的内涵。当今，随着科技进步、社会生产力提高，劳动的方式和内涵也在发生深刻变化。不断提高女性劳动者素质，掌握关键技术、做强中国制造，推进创新驱动发展、提升综合国力，是在激烈国际竞争中占据优势，建成社会主义现代化强国的关键之举。面对新时代首都高质量发展新需求，将主动适应新形势对劳动者素质提出的新要求，引导首都广大劳动者培育执着专注、精益求精、一丝不苟、追求卓越的职业素养，在生产实践中掌握一手好技术、练就一身真本领，努力建设高素质劳动大军，培养更多“北京大工匠”，造就更多首都巾帼劳模。在劳动、创造精神的引领下，打造崇尚劳动、礼赞创造的首善之区，开创首都巾

帼劳动者工作新局面。

蓝图已绘就，征程已开启。在以习近平同志为核心的党中央坚强领导下，首都巾帼劳模将与广大女性劳动者一道，踔厉奋发、勇毅前行，全面贯彻落实党的二十大精神，以实际行动诠释劳模精神，传递榜样力量，发挥榜样作用，奋发有为推动新时代首都发展，为建设国际一流的和谐宜居之都、率先基本实现社会主义现代化贡献力量，勇立时代潮头尽显巾帼风采，在京华大地上谱写新时代壮丽篇章。

（二）进一步发挥新征程上巾帼劳模重要作用

在京华大地上，新时代的巾帼劳模故事和足迹还在继续。尊重巾帼劳模、关爱巾帼劳模，贯彻好尊重劳动、尊重知识、尊重人才、尊重创造方针，完善巾帼劳模政策，提升巾帼劳模地位，落实巾帼劳模待遇，在广大妇女中推动更多劳动模范和先进工作者竞相涌现。站在“两个一百年”奋斗目标历史交汇点上，引领她们奋力谱写新时代首都发展新篇章，为全面建设社会主义现代化国家贡献“半边天”力量。

1. 有力支撑新时代首都高质量发展

党的十八大以来，首都广大女职工在市委、市政府领导下，以习近平新时代中国特色社会主义思想为指导，在落实高质量发展要求、着力加强“四个中心”功能建设、有序疏解非首都功能、推动京津冀协同发展等全局性问题上，自觉行动、贡献力量，其中巾帼劳模更是起到了关键的模范带头作用。党的二十大擘画了中华民族伟大复兴的光辉前景，北京市第十三次党代会明确了率先基本实现社会主义现代化的宏伟目标，在已开启的新征程上，首都巾帼劳模群体作为引领首都女性创新发展的主要力量，将继续带领首都各行各业女职工锐意进取、真抓实干，在各自工作岗位、各自专业领域一如既往地精益求精、踏实肯干，以高标准的专业精神提升首都女性群体地位，以高水平的专业能力为首都经济社会高质量发展贡献巾帼劳模力量，书写新时代巾帼奋斗篇章。

2. 带头践行“三个精神”、发挥奋斗实干的示范作用

伟大时代呼唤伟大精神，崇高事业需要榜样引领。回望百年，在中

国共产党领导下，广大劳动人民辛勤劳作、艰苦奋斗，创造出“换了人间”的奇迹。劳模精神、劳动精神、工匠精神作为中国共产党精神谱系的重要组成部分，是以爱国主义为核心的民族精神和以改革开放为核心的时代精神的生动体现，是鼓舞全党全国各族人民攻坚克难、勇毅前进的强大精神动力。首都巾帼劳模将继续大力弘扬“三个精神”，用模范先进的崇高精神和高尚品格鞭策自己、引领他人，焕发全市广大女性劳动者的劳动热情，在平凡的工作岗位上不断释放潜能，创造不凡业绩，在“咱们工人有力量”的主旋律下，唱响新时代女性的“中国梦·劳动美”乐章。

3. 积极引领新时代首都妇女创新发展

妇女的成就地位标识时代进步的刻度，妇女的权益保障度量国家文明的高度。各个时期特别是党的十八大以来党中央一系列重大决策部署，有力推动了我国男女平等的进程。在巾帼劳模的引领下，新时代女性在现代社会的角色已发生显著改变，由“舍小家顾大家”转变为“小家与大家兼顾”。在“十三五”和“十四五”规划纲要中，均单列章节对促进妇女儿童发展进行部署，“十四五”规划纲要更是首设“加强家庭建设”专节，推动妇女儿童事业和家庭建设与经济社会同步协调发展。新时代新征程，巾帼劳模群体将继续引领首都女性积极关注关爱自身成长，充分发挥妇女在家庭生活和社会生活中的独特作用，涵养相亲相爱的家庭关系，弘扬向上向善的家庭美德，体现共建共享的家庭追求，既要爱小家，也要爱国家，带领家庭成员共同升华爱国爱家的家国情怀。

参考文献

[1] 毛泽东. 毛泽东文选 第7卷[M]. 北京：人民出版社，1999.

[2] 邓小平. 邓小平文选 第2卷[M]. 北京：人民出版社，1994.

[3] 邓小平. 邓小平文选 第3卷[M]. 北京：人民出版社，1993.

［4］马克思恩格斯全集第二版第二十一卷［M］. 中共中央马克思恩格斯列宁斯大林著作编译局，译，北京：人民出版社，2003.

［5］习近平. 习近平谈治国理政［M］. 北京：外文出版社，2014.

［6］习近平. 促进妇女全面发展共建共享美好世界——在全球妇女峰会上的讲话［N］. 人民日报，2015-9-28.

［7］习近平. 在知识分子、劳动模范、青年代表座谈会上的讲话［N］. 人民日报，2016-4-30（2）.

［8］章蕴. 关于当前妇女工作问题的报告［N］. 人民日报，1953-1-12（3）.

［9］陈曦，于佳. 以劳动圆梦以奋斗起航书写巾帼华章市总工会举办庆“三八”首都女劳模风采展示活动［J］. 工会博览，2022（9）.

［10］贺善侃. 劳动精神与中国共产党百年奋斗史［J］. 广西社会科学，2022（6）.

［11］于春玲，黄莎. 论中国劳模文化的世界历史意义［J］. 宁夏社会科学，2022（3）.

天津

天津篇

激扬津沽巾帼之志
绽放时代楷模之光

天津是国家中心城市、首批沿海开放城市、全国先进制造研发基地、北方国际航运核心区、金融创新运营示范区、改革开放先行区。近代以来天津逐步发展成为重要的工商业城市，是中国工人最早产生和比较集中的地区之一，也是工人运动最早兴起的地区之一。1922 年下半年，中国共产党劳动组合书记部天津支部成立，组织领导工人进行劳动立法、罢工斗争等工人运动。1924 年秋以后，印刷业工会、纺织业工会等各行业的工会组织如雨后春笋般建立起来，截至 1949 年 12 月，会员发展到 197295 人，占全体工人总数的 60%，产业工人会员数量占到产业工人总数的 90%。20 世纪 20 年代以后，天津妇女运动蓬勃发展，妇女解放事业处于国内领先地位，越来越多的女性接受教育、走出家门参与社会劳动，成为工人队伍中的一员。

1949 年 1 月 15 日，天津这座有着工人运动和妇女解放运动光荣传统的著名工商业城市迎来了解放。伴随着新中国的诞生，天津工人阶级和劳动人民迎来了当家作主的新纪元。1950 年 1 月 10 日，天津市工会第一届职工代表大会召开，天津市总工会正式成立。1950 年 1 月 22 日，天津市总工会首次执委会选出常务委员 25 名，时任天津市委副书记的黄火青当选为主任，6 月改称为天津市总工会主席。从此，天津市总工会在党中央和地方党委的领导下，团结带领广大职工积极投身革命、建设、改革事业。天津在社会主义革命和建设时期、改革开放和社会主义现代化建设新时期、中国特色社会主义新时代涌现出数千名劳动模范，为天津经济社会发展创造了辉煌业绩，其中有诸多女劳模。这些优秀女性在不同历史时期，为地方建设和国家事业发展贡献了极其重要的“半边天”力量。

一、天津市女劳模[①]群体基本概貌

九河归海，津沽大地生机盎然；千帆竞发，渤海湾畔春潮激荡。七十多年来，天津女劳模群体自尊、自信、自立、自强，奋斗的精气神

① 本报告中的女劳模特指全国劳动模范（含享受全国劳模待遇）和全国五一劳动奖章获得者中的女性。

丝毫不让须眉。她们战斗在基层一线，深耕工作岗位，不叫苦、不避难，用暖心的笑容传递津城的温度，用平凡的善举擦亮津城的名片，用辛勤的汗水浇灌津城之美。她们的精神洋溢着时代的光辉，她们的事迹烙刻着区域发展的印记。

自新中国成立以来，截至2022年12月31日，天津女职工中涌现出353名全国劳动模范及全国五一劳动奖章获得者①，全国五一巾帼奖个人172人，全国五一巾帼奖集体170个。这些伟大的女性出生于不同年代，学历不同，工作行业各异，但都在各自的岗位上为地方经济社会发展和新中国建设作出了不平凡的贡献。她们是一面面鲜亮的旗帜，具有感召力、凝聚力、引领力。她们的神采汇聚起“爱岗敬业、争创一流、艰苦奋斗、勇于创新、淡泊名利、甘于奉献”的劳模精神，鼓舞了一代又一代人。

353名天津市女劳模选树于不同的时代，其中社会主义革命和建设时期选树67人，改革开放和社会主义现代化建设新时期选树191人，中国特色社会主义新时代选树95人。这些女劳模出生在不同的年代，有的人经历过新中国相较旧社会翻天覆地的变化；有的人生在新中国长在红旗下；有的人迎着改革的春风出生，听着春天的故事长大，建功立业在新时代。其中，出生于20世纪10年代的1人、20年代的28人、30年代的49人、40年代的26人、50年代的62人、60年代的90人、70年代的59人、80年代的33人、90年代的5人（见图1）。

---

① 自新中国成立以来，截至2022年12月31日，天津有203名女全国劳动模范（包括因荣获北京奥运会、抗震救灾先进个人和全国优秀党务工作者而享受全国劳模待遇的10人），其中2人两次获得全国劳动模范荣誉、1人被撤销全国劳动模范待遇；天津市有205名全国五一劳动奖章女性获得者，其中有50人已获得全国劳动模范称号，2人因荣获北京奥运会先进个人享受全国劳模待遇，其余153名全国五一劳动奖章获得者享受天津市劳模待遇。综上，本报告按照353人的数量对天津市女劳模进行分析，分别按照200名和205名的数量对全国劳动模范和全国五一劳动奖章女性获得者进行分析。

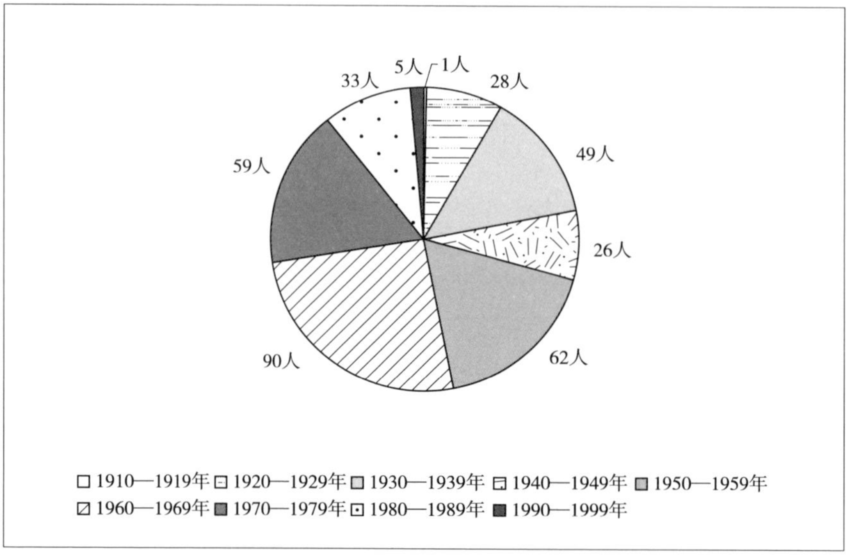

图1　天津市女劳模出生年代统计

353名天津女劳模因出生的年代和所处社会背景的不同，受教育的程度也存在很大差异。在她们中间，初中及以下学历60人、高中学历18人、中专中技学历27人、大学专科学历73人、大学本科学历124人、硕士研究生学历44人、博士研究生学历7人（见图2）。从社会主义革命和建设时期到改革开放和社会主义现代化建设新时期，再到中国特色社会主义新时代，天津女劳模学历逐渐提高。

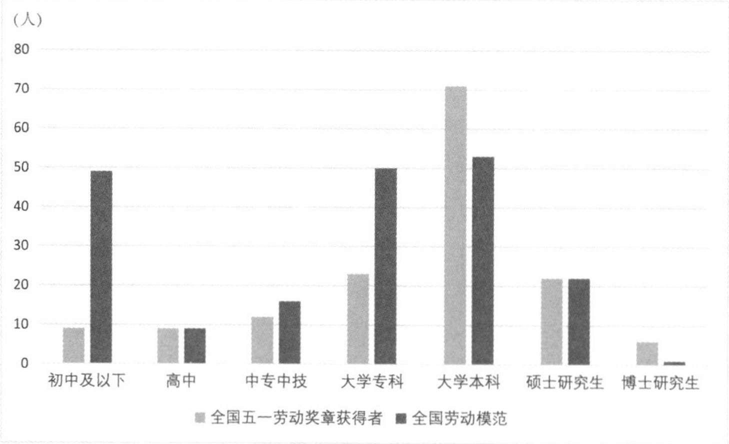

图2　天津市女劳模学历统计

353 名天津女模范分布在各行各业，其中生产、运输、设备操作及有关人员 128 人，教育、医疗、科研等专业技术人员 87 人，商业、服务业人员 70 人，国家机关、党群组织工作人员 28 人，农、林、牧、渔、水利业生产人员 20 人，文艺、体育等领域工作人员 11 人，其他人员 9 人（见图 3）。她们有的扎根在农村，带领乡亲们用勤劳的双手劳动致富，织就富裕生活；有的奋斗在生产一线，爱岗敬业、肯于钻研，用坚强意志推进技术创新；有的投身在公共交通、粮油副食、邮政投递等服务战线，在琐碎的工作中作出不平凡的成绩；有的迎着改革春风，以企业家的战略眼光、改革意识和创新思维，驰骋商场，创造经济效益、社会价值；有的沉心科研，带领团队进行发明创造，形成产学研一条龙发展模式；有的担任“社区总理”，负责的事务包罗万象，心甘情愿做社区群众的贴心人。

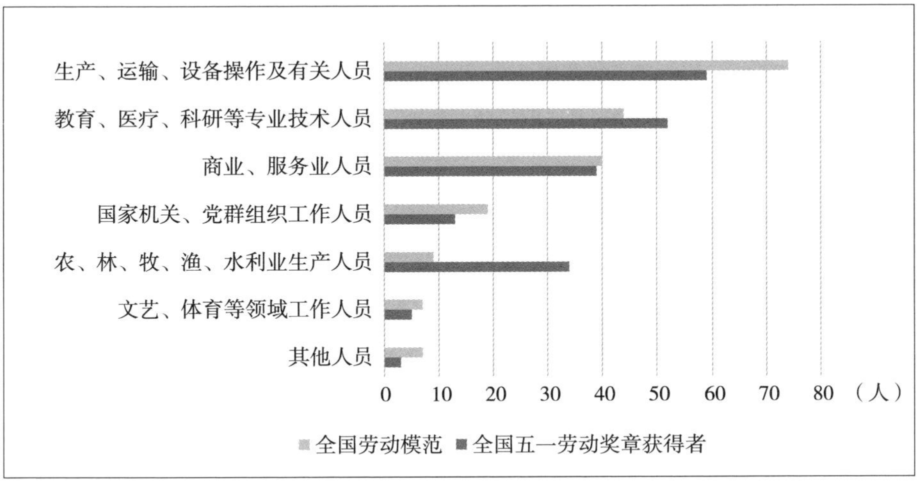

图 3　天津市女劳模行业分布

二、不同历史时期天津市女劳模的作用和贡献

风生水起逐浪高，总有巾帼立涛头。在党的坚强领导下，天津女劳模用劳动创造历史、用劳动成就梦想，用实干和汗水诠释了“爱岗敬业、争创一流、艰苦奋斗、勇于创新、淡泊名利、甘于奉献”的劳模精神。

这些优秀女性的事迹绘就一幅幅精彩画卷，树起一座座精神丰碑，成为凝聚海河儿女万众一心、攻坚克难、砥砺奋进的精神力量。

（一）社会主义革命和建设时期

社会主义革命和建设时期，天津女劳模满怀激情、自立自强，与男性并驾齐驱，在各行各业中勇创佳绩、建功立业，撑起社会主义建设的“半边天”。天津是重要的工商业城市，有着妇女解放运动的深厚基础。随着天津解放和新中国成立，天津妇女率先摆脱封建束缚，走出家门，汇入农业生产、工业制造、商业服务和城市建设的火热洪流中。她们响应党中央的号召，积极参加劳动竞赛和增产节约运动。这一时期天津选树的女劳模多是一线劳动者，她们都是本行业中肯于钻研、乐于奉献的楷模。

1. 女劳模带头走出家门，踊跃参与社会主义革命和建设事业

天津是中国共产党最先接管的大城市。在党中央的领导下，华北总工会筹委会天津办事处协助军管会接管官僚资本企业，并向私营企业派出工作组，有效地维持了企业正常的生产活动。到 1949 年 4 月，全市有 80% 以上的私营工厂、90% 以上的私营商店相继复工复产。天津市总工会首届会员代表大会向 1949 年劳动模范和模范集体颁发了奖品，棉纺三厂穿扣工刘荫福是 13 名市级劳模中唯一的女劳模。这一阶段，天津市总工会女职工部紧密围绕党的中心工作，积极宣传男女平等、妇女解放，帮助女工学文化、练技术、熟悉业务，教育引导广大女工自立自强，在各自岗位上作出出色成绩。1950 年 3 月 7 日，天津市总工会发布《关于如何保证完成生产计划与开展生产运动》的指示，要求各级工会组织开展生产竞赛。在轰轰烈烈的生产竞赛、爱国增产节约运动和先进生产者运动中涌现出了周静、张玉英、刘淑兰、邢燕子、孙桂珍、张士珍、侯隽等一大批闻名的女性全国劳模。

这一时期的女劳模照顾小家更献身国家，在地方党委的组织号召下，努力争取废除对妇女的一切封建传统习俗，积极参加各种建设事业，投身到对私人资本主义工商业、手工业、农业进行社会主义改造和地方经

济建设以及社会发展事业中，掀起了生产、支前、建设的热潮。她们当中有曾经遭受旧社会对妇女的不平等待遇、饱尝失学之苦的周静，她一面肩负起繁重的家务，一面以无上热情投入新中国人民幼教事业。她们当中有 16 岁进入天津公交行业的张玉英，她虚心学习、刻苦钻研，总结自创了“连锁找零法”“乘客疏导法”“快速清洁法”“四心服务法”等工作方法，受到毛泽东、周恩来等老一辈国家领导人的接见。她们当中有“党叫干啥就干啥”的卷烟厂工人刘淑兰，她坚持质量第一、勤学苦练，不断摸索经验，创新“除梗操作法”。她们是新生天津工人阶级和广大劳动妇女的楷模，是有着崇高的革命理想，对寻求妇女解放、建设新中国抱有巨大热忱的优秀代表。她们披荆斩棘、克服困难，战斗在农业、工业、商业、教育、文艺等国家工农业建设和满足人民日益增长的物质文化生活需要的战线上，为社会主义新天津的建设奠基垒台。

2. 奏响追求妇女解放、建功新中国的时代凯歌

“岁月峥嵘，而屡更精力勤劳。”社会主义革命和建设时期，天津女劳模的学历普遍不高，知识和能力也有限，但是拥有对社会主义革命和建设事业的激情与坚强的意志。她们在平凡的劳动岗位上，用勤劳的双手创造出不输须眉的成就。

（1）爱岗敬业、肯于钻研，成为工业生产佼佼者

天津作为拥有雄厚工业基础的城市，肩负着发展生产、繁荣经济、支援新中国建设的光荣使命。为实现历史赋予城市的使命，需要广大妇女走出家门，在工业生产岗位上贡献力量。天津女劳模担起了时代的使命，在生产岗位上爱岗敬业、肯于钻研，努力提升劳动生产效率、节约生产成本，成为工业战线开疆拓土的排头兵。

孙桂珍：新中国第一代“巧织女”

孙桂珍对社会主义新中国无限热爱，她在艰苦创业的年代，爱岗敬业、勇于创新，满腔热情地投入工作。为适应织布机高速化，她利用工作和业余时间与工友反复试验论证，硬是在技术条件落后

的情况下，运用自己的聪明才智创造出一套适合织布机高速化的先进操作法——“五查一清洁”操作法，使生产效率提高了52%。她连续4年不出次品，超额完成指标，成为全国纺织行业的佼佼者，被誉为新中国第一代“巧织女”。

孙桂珍（右二）与不同工种的技术人员研究设备性能

（2）初心不改、奉献农村，用激情燃烧无悔青春

新中国成立后，国家大力发展农业，建设社会主义新农村是当时国家的一项重大方针和政策。在举国上下万众一心建设社会主义新中国的时代潮流中，天津女劳模不甘人后，发愤图强，扎根农村，艰苦创业。

邢燕子：建设社会主义新农村的铁娘子

“邢燕子，好榜样……全家都在城，自己愿留乡。园中育幼幼成行，冰上治鱼鱼满网。天寒地冻，抢种垦荒，要使石头长出粮。吃苦在前享乐后，一切工作服从党。北大洼变成金银窝，燕子结成队，奋飞过黄河！”郭沫若创作的《邢燕子歌》写的就是全国劳模邢燕子。1958年，充满理想与激情的邢燕子放弃进城升学或就业的机会，选择回家乡务农，立志为建设社会主义新农村贡献自

《人民日报》1960年10月封面人物——天津市宝坻县大钟庄人民公社司家庄“燕子生产队”队长邢燕子

己的力量。她回到农村后看到，全村58户271口人，男劳力大部分都去大炼钢铁、修水库。她率领“燕子突击队”的娘子军们战酷暑、斗严寒、垦荒滩，用行动诠释铮铮誓言，用真情回报父老乡亲，用激情燃烧无悔青春。

（3）心系群众、服务人民，服务行业的楷模标兵

人民群众的日常生活离不了柴米油盐，出行离不开公共交通。天津作为商业机构健全、基础设施发达的大城市，服务行业成为妇女就业的主要领域，并涌现出许多女劳模。她们用细心、爱心、责任心谱写出服务人民群众的华美乐章。

张玉英：问不倒的“活地图”

张玉英是天津公交行业的第一代全国劳动模范。她为了提高售票速度，在业余时间一练就是5个小时。她走遍了沿线街道的边边角角熟悉情况，成为问不倒的“活地图”。她总结了“四心服务法”“连锁找零法”“乘客疏导法”“快速清洁法”，在公交行业被广泛推广应用，提高了车队整体的工作效率和服务水平。1956年，张玉英作为青年代表参加了全国先进生产者代表会议，并在全国售票员练兵比武中，以第一名的成绩脱颖而出，成为主席团成员。她受到了毛泽东、周恩来等老一辈国家领导人的接见，毛泽东主席得知张玉英是一名公交汽车售票员时，高兴地说：“有机会去天津，我一定

张玉英（右一）帮助抱小孩的乘客下公交车

要坐你的车。”

（二）改革开放和社会主义现代化建设新时期

改革开放和社会主义现代化建设新时期，天津女劳模沐浴改革春风，争当经济建设的先锋。1984 年，天津成为全国首批 14 个沿海开放城市之一，坚持以经济建设为中心，不断推进社会主义现代化建设，力争建设成为现代化港口城市和我国北方重要的经济中心。这一阶段，天津选树女劳模的领域更加广泛，在充分尊重一线劳动者的基础上，越来越多的女性教育工作者、科技工作者、企业家成为劳模。在肯定私营企业、个体劳动者诚实劳动、合法经营的基础上，越来越多的三资企业、私营企业的女职工和个体工商户获得全国劳动模范、全国先进工作者、全国五一劳动奖章等荣誉，以改革先锋的姿态奋战在各自的岗位上。

1. 拥抱开放浪潮，为天津经济社会的发展作出卓越贡献

随着改革开放大幕的拉开，天津紧抓历史机遇，召开的历次党代会都围绕着社会主义现代化建设的主题，提出了具体要求。1997 年，国务院第一次将天津称作“北方重要的经济中心”。2006 年，天津被定位为“北方经济中心”。国务院还对天津滨海新区建设提出建立现代制造中心的要求，为天津指明发展方向。天津发展日新月异，为更好地承担起北方重要的经济中心的历史重任，天津的产业结构和人民的生产生活都在发生着重大变革，这种变革也为女劳模的成长提供了更宽阔的舞台。

这一时期，在政治上，天津女劳模注重提升个人的政治觉悟，紧紧围绕以经济建设为中心、坚持四项基本原则、坚持改革开放的社会主义初级阶段基本路线，把党中央的决策部署落到实践中，把党中央关于改革开放的变革精神传遍津沽大地。在经济上，天津女劳模紧紧抓住“提高生产力”这个标准，把心血和汗水挥洒在津沽大地的每一个角落，在经济、民生、教育等各条战线上大显身手。她们奋斗的身影贯穿天津由传统工业城市向现代制造业基地转变的整个历程，涵盖了经济社会发展各个领域。从粮油食品商店经理张兴华，到副食店的售货员王春美；从

石化公司化纤直纺车间的女工董春梅，到纺织战线上的现代纺织工张兵兵；从当代优秀女采油工尤立红，到燃气公司的收费员付玉玲；从房产公司房管站的管理员徐凤英，到参与桥梁设计施工的技术员朱兆芳；从环卫系统的城市美容师孙丽华，到邮政行业的投递员王秀红；从乡镇企业的当家人王希芹，到科创企业的优秀企业家刘乃兰；从地质专业的技术员曹淑萍，到使我国工业结晶研发跻身世界前沿的科学家王静康；从辛勤培育祖国花朵的教育工作者赵淑珍，到文艺战线的艺术家关牧村；从导航技术领域的高级女技师万文雅，到十米长公共汽车的女驾驶员范霞；从心系“三农”的农村信用社营业员武秀芬，到农业科研战线上的育种员闻凤英……她们在改革开放的大潮中，解放思想、锐意进取，为提高经济运行质量、节能降耗，推动制造业立市、增强自主创新能力，改善民生、扩大就业等发挥了重要作用。

2. 解放思想、锐意进取，在津沽大地谱写改革奏鸣曲

（1）服务群众、保障民生，构筑天津之优

为促进改革进程，天津市始终关注民生保障和改善，小到菜篮子、公交出行、邮政订报等问题，大到教育、住房、就业等问题都是天津市委、市政府关注的重点工作。“换房状元”徐凤英等女劳模用自己的竭诚奉献解民忧、纾民困，在人民群众生产生活相关领域织就助力天津改革的民生保障网。

徐凤英：一心为民的“换房状元”

自 1982 至 1989 年年被安排做换房工作的 7 年多时间里，徐凤英先后组织成立了 8 个居委会换房服务网，联络 12 个场站挂钩单位，将全市房屋信息建档立册，形成一个规

徐凤英（右三）到居委会为百姓换房牵线搭桥

模庞大的信息库，大幅度提高了换房成功率，换房 5991 户 6432 间，7 年完成了 14 年的任务量，成为走在时间前面的人。她还主动深入基层单位召开换房会，为复员、转业军人解决住房问题，优先解决孤老户、病残户、教师和离退休人员的生活困难。在她的努力下，不仅解决了众多职工的生活困难，也极大缓解了交通压力，为推进改革筑牢后方阵地。

（2）科研攻关、建功工业，打造天津之位

天津人民对发展民族工业的热情有深厚的历史传承和民意基础。从近代天津工业率先发展，积累了厚实的工业底蕴；到改革开放后，天津工业迎来新的大发展，打造了较为完备的工业体系和制造业基础。无论是石油开采、化工生产、机械制造、纺织、手表，还是后来兴起的“超级计算机”、“大飞机”、“大火箭”、工业结晶等都代表着天津工业的实力。“中国工业结晶之母”王静康等女劳模在工业领域建功立业，用自己的聪明才智和勤劳的双手参与打造天津在制造业发展史上举足轻重的地位。

王静康：“中国工业结晶之母”

王静康潜心钻研结晶技术

王静康是我国致力于化学工业结晶研发及其成果转化的创建人，创建了国家工业结晶技术研究推广中心暨医药结晶工程研究中心。她所承担的国家和省部级科技攻关等产学研合作项目，获 6 项发明专利。她发明了精馏结晶技术与反应结晶技术等新技术，并实现了成果转化。根据不完全统计，王静康领衔完成的基础性研究、技术创新和产业化系列成果为国家年平均新增产值

12.5 亿元，年平均新增利税 2.6 亿元，创造了显著的经济效益。作为科学家，她的科研成果使我国工业结晶研发跻身世界前沿，让“中国结晶”一次次改写世界结晶产业的格局。作为教育家，她言传身教、桃李芬芳，门下一大批学子成为国家科技英才。

（3）发展文艺、以文化人，展现天津之美

天津是著名的“曲艺之乡”，也是艺术家的摇篮。近代天津曾饱受西方列强的蹂躏，是中国半殖民地半封建历史的缩影，这也造就了天津文艺深厚的家国底蕴；天津作为北方重要航运中心，其文化氛围具有多元、包容的特色，这又造就了天津文艺兼容并蓄、中西融合的特点。改革开放后，天津坚持面向基层、服务群众，培养了大批优秀的文艺工作者，孕育出关牧村等多位为天津文艺事业发展和展现天津之美作出卓越贡献的女劳模。

关牧村：热心公益演出的“慈善大使”

关牧村（右）到新疆边陲慰问

坚持走民族歌曲艺术化，艺术歌曲大众化之路的“人民艺术家”关牧村，是从一名普通工人成长起来的深受群众喜爱的歌唱家。她的很多歌唱作品都成为新时期深受听众喜爱的流行歌曲。关牧村始终坚信“人民是文艺工作者的母亲”，一直坚持为人民演唱，把自己的演艺之根深深地扎在基层群众之中。她的歌声给人们带来精神慰藉，唤醒了大家的生活信心和希望。几十年来，她克服各种困难，经常随剧院和青联、中央电视台去工厂、农村、边疆、边防、贫困地区及救灾一线演出。她还把歌声带到全世界，使中国民歌在艺术美方面得到升华，展现了天津文艺工作者的风采和天津文艺的魅力。

（三）中国特色社会主义新时代

中国特色社会主义新时代，天津被赋予“一基地三区”① 的功能定位。天津在全面建成高质量小康社会、建设社会主义现代化大都市的基础上，正在向建设高质量发展、高水平改革开放、高效能治理、高品质生活为目标导向的社会主义现代化大都市奋进。这一阶段，天津选树的女劳模披坚执锐，战斗在教育、科技、城市建设、政务服务、基层治理、乡村振兴、养老服务、体育赛事等经济社会各领域。

1. 在全面建设社会主义现代化大都市进程中奋楫笃行，奏响“同心构筑家国梦”的时代旋律

党的十八大以来，中国特色社会主义进入新时代，天津改革发展踏上新征程。习近平总书记先后 4 次到天津考察工作、出席活动，谋划推动京津冀协同发展战略，对天津提出了“着力提高发展质量和效益、着力保障和改善民生、着力加强和改善党的领导”的重要要求，为天津发展指明了前进方向、提供了根本遵循、注入了强大动力。这一时期，天津全面贯彻习近平新时代中国特色社会主义思想，深入贯彻习近平总书记对天津工作“三个着力”重要要求和一系列重要指示批示精神，全面贯彻新发展理念，全力落实京津冀协同发展重大国家战略，扎实推进高质量发展，全面开启了以高质量发展、高水平改革开放、高效能治理、高品质生活为目标导向的社会主义现代化大都市建设，推动习近平新时代中国特色社会主义思想在津沽大地落地生根、开花结果。

天津女劳模深刻领悟“两个确立”的决定性意义，增强“四个意识”，坚定“四个自信”，做到“两个维护”。紧紧围绕党和国家工作大

① “一基地三区”是天津市在京津冀协同发展中的定位，即“全国先进制造研发基地、北方国际航运核心区、金融创新运营示范区、改革开放先行区”。

局，积极响应“一带一路”倡议，深入对接京津冀协同发展，全面融入“津城”“滨城”双城发展格局，聚焦“全国先进制造研发基地、北方国际航运核心区、金融创新运营示范区、改革开放先行区”的城市功能定位，既着眼大格局、融入大战略，又聚焦“小切口”、专注小落点，从细处实处发力。在制造业立市，推动高质量发展的城市建设热潮中；在全面深化改革，建设改革开放先行区的探索前进中；在鼓励创新创业，推动质量变革、效率变革、动力变革的滚滚洪流中；在贯彻新发展理念，建设国际消费中心城市和区域商贸中心城市的推进中；在弘扬社会主义核心价值观，培育文明乡风、良好家风、淳朴民风的过程中；在践行以人民为中心的发展思想，事无巨细解决群众操心事、烦心事、揪心事的为民服务中；在践行绿水青山就是金山银山，擘画美丽天津的发展蓝图中；在经济建设一线、乡村振兴前线、急难险重火线、新冠肺炎疫情防线上，天津女劳模踏实肯干、不畏艰险、敢于探索、勇于创新，把劳动作为展示自我价值的天地，把追求卓越作为实现人生拼搏进取的支点，以昂扬的奋斗精神为新时代写下生动注脚。

在这一伟大实践中，天津涌现出一批爱岗敬业、锐意创新、不怕吃苦、肯于奉献的女劳模。从“用人品创造产品打造精品”的中国石油渤海装备中成机械制造公司技师黄玉梅，到守护一城碧水、呵护优美生态的总工程师周潮洪；从撰写一百多万字“交流笔谈”、爱生如子的校长袁滨渤，到“磨破嘴”“跑断腿”“豁出命为老百姓干事儿”社区书记王月华；从扎根养老服务一线、爱岗敬业、无私奉献的爱老模范徐宝宏，到投递、收发、信息维护、质检样样精通的投递能手王秀红；从安全驾驶32 万千米、为乘客提供最好服务的公交车驾驶员张美玲，到为党分忧、为民解难的“最美信访干部”王娜；从致力于乡村振兴、带动农民致富的农家女张秀霞，到身经百战、顽强拼搏、传承女排精神的奥运冠军魏秋月……天津女劳模们坚守在平凡的岗位上，脚踏实地、恪尽职守，年复一年、日复一日默默地守护着万家灯火，一步一个脚印在普通岗位上实现了自身不平凡的价值。她们是新时代有理想、有追求、有知识、有思想的优秀女性代表，她们披坚执锐、勇毅前行，在全面建成高质量小康社会，开启全面建设社会主义现代化大都市的新征程上，为津沽大地添砖加瓦，为城市生活增色添彩，绽放了最美芳华。

2. 在津沽大地柔肩写大爱、丹心铸忠诚

岁月鎏金，巾帼争辉。随着城市的不断发展进步，天津女性劳动者的学历、知识、见识、能力得到了进一步的提升。她们战斗在津沽大地各条战线上，恪尽职守、智慧豁达，以平凡的劳动创造了不平凡的业绩，成为天津工人阶级和广大劳动群众中一个闪光的群体。她们用过硬的政治素养、优良的道德修养，精湛的业务能力诠释了劳模精神的深刻内涵。

（1）爱国奉献、勇于创新，高技能型女劳模助推天津高质量发展

进入新时代以来，天津肩负着打造我国自主创新的重要源头和原始创新主要策源地等重大使命，以创新驱动引领城市转型升级，推动城市经济社会发展全面步入高质量轨道，造就一大批爱国奉献、勇于创新的高技能人才。

黄玉梅：在钢管里“绣花”的人

黄玉梅（左）在指导徒弟操作

潜油电泵电机下线被称为“机器人代替不了的岗位”，操作难度犹如盲人在钢管里“绣花”。黄玉梅带领班组创下22年9000台电机下线质量100%精品、人为质量事故为零、安全事故为零的纪录，创下全年工时完成率300%的最好业绩，被评为“全国质量信得过班组”，站在了国家质量管理最高的领奖台上。经过她们双手生产出来的9000多套电泵，遍布陆地、海上等10多个油田，占据国内电泵市场近40%的份额。

（2）坚守初心使命，为民服务型女劳模用点滴的“小爱”诠释人间大爱

古人云：“天地之大，黎元为本。”让人民生活幸福是“国之大者”的题中应有之义。女劳模胸怀“国之大者”，把人民的“小事”当作天大的大事，用真善美温暖社会，于细微处浸润人心，于无声处树立新风，处处彰显人性之美。

王月华：豁出命为老百姓干事儿

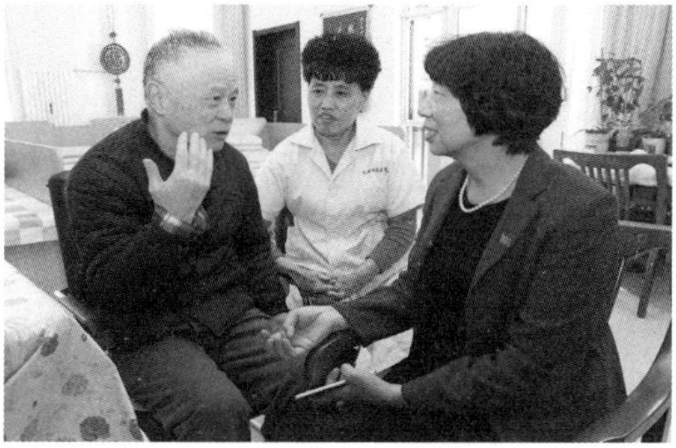

王月华（右一）为民服务

“我有一个愿望，就是要做一名合格的共产党员，做一名创建和谐美丽社区的辛勤耕耘者和带头奉献者。”这是王月华从未改变过的初心。作为社区党委书记，王月华平时走到哪里，都随身带着一个日记本，这个本子她叫作“民情日记”。无论是居民生活中遇到的烦心事，还是社区建设中难以解决的问题，她都要记在日记本上，还要定期跟踪服务，居民问题不解决不“销号”。十几年来，厚厚的“民情日记”已经记满了27本。她也通过为群众办的一件件实事，解决的一个个难题，和老百姓真正建立起鱼水真情。2003—2018年，她带领党员楼门长工作队、社区党员服务队先后为群众解决急难问题1000余件，昔阳里社区党组织被居民亲切地称为“群众身边的110”。

（3）自强不息型女劳模用不懈奋斗圆个人小梦，成就家国大梦

心中有光，素履以往；踏梦前行，聚力成长。天津女劳模常怀家国之情、常念报国之志、常思兴国之道，在追求卓越的道路上，用发愤图

强托起亿万华夏儿女的家国梦、强国梦。

魏秋月："女排精神"践行者

魏秋月赛场展英姿

祖国至上、团结协作、顽强拼搏、永不言败的女排精神，是鼓舞中华儿女为民族腾飞而奋斗的强大民族精神，是激励我们前行的源源动力。作为中国女排及天津女排的一员，魏秋月参加了北京、伦敦、里约三届奥运会及世界杯、世锦赛等重大国际赛事。获得2008年北京奥运会女排季军、2011年女排世界杯季军、2014年女排世锦赛亚军、2015年女排世界杯冠军、2016年里约奥运会女排冠军、连续三届全运会女排冠军。在这期间，魏秋月长期与伤病斗争，特别是在做了双膝手术后，恢复过程异常艰难。为了国家荣誉，她坚持训练，付出了常人难以想象的艰辛。

三、天津市女劳模工作的实践样态

时光荏苒，岁月如歌。七十多年来，天津市委、市政府始终高度重视妇女发展事业和劳模工作，始终坚持党对女劳模工作的全面领导，确保女劳模工作在正确的政治方向上行稳致远。天津市总工会深入总结不同历史时期女劳模工作的经验做法，形成对女劳模事业的规律性认识，在培养、选拔、树立、服务、宣传女劳模的工作中形成了一整套具有地方特色的行之有效的工作经验。

（一）提升女职工素质，厚植女劳模培育沃土

"一花独放不是春，百花齐放春满园。"天津市始终重视女职工工作，

与时俱进地提升女职工素质，积极促进女职工在政治、经济、文化、社会等领域的全面发展，厚植培育女劳模的沃土。

引领妇女参与劳动，为女劳模选树奠基垒土。社会主义革命和建设时期，天津市总工会大力动员妇女参与劳动，不断提升女职工综合素质，为女劳模的涌现奠定了基础。早在 1949 年 9 月 15 日，天津市就召开了首届女工代表会议，各行业女工代表 160 余人出席了会议，市长黄敬、天津市总工会筹委会主任黄火青等领导出席会议并讲话，天津市总工会筹委会女工部部长丁一报告了天津解放以来的妇女工作，引导更多的妇女走出家门，参与新中国的建设。1952 年 5 月 24 日，天津市总工会召开全市国公营企业女工和职工家属代表会议，会议号召国公营企业的女职工积极参加民主改革“补课”工作和爱国增产节约运动。1956 年 3 月 30 日，天津市召开全市先进生产者代表会议，会上孙桂珍、张淑华等女劳模介绍了经验，这些女劳模的事迹进一步激发了广大妇女投身先进生产者运动。

提升女职工文化素养，为女劳模涌现搭台铺路。改革开放和社会主义现代化建设新时期，天津市总工会顺应时代潮流，不断为女职工发展保驾护航，造就了众多女劳模。在天津市总工会的领导下，天津市总工会女职工委员会在依法维护女职工的合法权益和特殊利益、加强女职工劳动保护和提高女职工文化技术素质等方面做了大量的开拓性工作。2004 年，天津市总工会女职工委员会制定下发了《关于天津市实施“女职工建功立业工程”的意见》，组织推动开展了“岗位成才、素质达标”、“一学二争三创”、“提升女职工素质，创建文明行业，争做文明使者”、“巾帼金点子”合理化建议等形式多样的女职工提升素质建功立业活动。2009 年，天津市总工会建立并充分发挥天津市女职工培训中心引领、示范、辐射作用，推动形成了多层次、多类型、开放式天津工会女职工培训品牌，女职工素质普遍得到提升。自 2004 年至 2013 年，天津市总工会持续开展“建功立业先进女职工”“女职工建功立业示范岗”评选表彰工作。对活动中涌现出的一大批像尤立红、付玉玲、袁滨渤一样的知识型、技能型、创新型的先进女职工个人和集体进行了大力表彰和宣传，助推了先进操作法和优秀技术创新成果的推广与应用，形成了长期坚持、女职工认可、影响广泛的建功立业活动品牌。2004—2013 年，天津市总工会共评选表彰建功立业先进女职工 471 人、女职工建功立业示范岗 252 个。

推动女职工提素建功，为女劳模发展筑巢圆梦。中国特色社会主义新时代，天津市总工会守正创新，坚持以女职工素质提升建功立业工程为抓手，采取多种方式，用习近平新时代中国特色社会主义思想武装女职工头脑，不断提升女职工的理论修养、政治素养和职业技能水平，成就了一大批新时代的女劳模。

（二）树立楷模形象，展现女劳模时代风采

“榜样是看得见的哲理”，榜样的力量是无穷的。天津市始终坚持采取多种方式深入宣传劳模事迹，营造崇尚劳动、见贤思齐的社会氛围。

隆重表彰劳模，形成尊重模范的浓重氛围。1950 年 1 月 10 日，在天津市第一届职工代表大会上，天津市总工会的领导在讲话中指出：“为什么要在全市代表大会上给他们奖励呢？这不能看作单纯给受奖者个人的鼓励，而是从这里表明我们对生产上有创造有功劳的人物所采取的态度和政策。”1950 年 9 月 20 日，在全国工农兵劳动模范代表会议召开之前，天津市在中国大戏院举行第一次劳模大会，隆重表彰了在国营企业、私营企业中评选出来的模范及模范小组、模范单位、模范工厂。1951 年，天津市总工会贯彻全国工农兵劳动模范代表会议精神，形成评选表彰劳模制度。党的十一届三中全会后，天津各级党政机关和工会组织在工作中坚定地依靠劳模，注重发挥劳动模范骨干、带头、桥梁作用。2009 年，天津市制定出台《天津市劳动模范评选表彰管理办法》，明确规定劳动模范和模范集体命名表彰时间、组织机构、评选条件、奖励、待遇和劳模日常管理工作制度，为形成尊重劳动模范的社会氛围提供制度保障。

成立劳模宣讲团，为实现地方发展汇聚力量。早在新中国成立之初，

天津市人民政府在制定劳动模范评选办法时就指出，制定评选办法不是为了评选劳模而评选劳模，而是在评选中广泛发动群众，让群众在评选劳模中受到教育，明确今后的努力方向。1987 年 4 月 21 日，天津市委宣传部、天津市总工会做出在全市开展学习和宣传劳动模范和劳动集体的决定，要求全市各级工会采取报告会、演讲会、对话会、谈心会等形式宣传劳动模范。进入新时代，天津市总工会持续深化“中国梦·劳动美”主题宣传教育，用好线上线下思想引领阵地。2018 年，成立新时代劳模宣讲团，袁滨渤、张兵兵等 30 多名女劳模是该宣讲团的团员。新时代劳模宣讲团紧紧围绕深入学习宣传贯彻习近平新时代中国特色社会主义思想这条主线，面向基层一线，面向职工群众，创新宣讲形式，把贯彻落实党的创新理论与弘扬劳模精神相结合，增强了宣讲效果，为实现天津市经济社会高质量发展凝心聚力。2022 年，天津市新时代劳模宣讲团获中央宣传部授予“基层理论宣讲先进集体”称号。

筹办“三个精神”展，广泛弘扬劳模精神、劳动精神、工匠精神。天津市总工会精心筹办“天津市弘扬劳模精神劳动精神工匠精神教育展”，努力将其打造成为劳动教育的生动载体和党史教育的鲜活教材。展览分为“时代召唤”“人民楷模”“津门榜样”“拼搏奋斗”四个篇章，34 名女性全国劳模入选展览。“天津市弘扬劳模精神劳动精神工匠精神教育展”具有显著的影响力、吸引力、沉浸感、获得感，已入选第一批全国职工爱国主义教育基地。自开展以来，截至 2022 年 12 月 31 日，已累计接待劳动模范、机关干部、一线职工、青年学生 1151 场、32094 人次。

创建劳模创新工作室，增强劳模示范引领作用。2012 年，天津市总工会制定《关于推动劳模创新工作室建设的实施办法》，推动企业为劳模量身设立“劳模创新工作室”，将劳模创新工作室打造成为企业“智囊团”、岗位“创新源”、项目“攻关队”、人才“孵化器”、团队“方向标”。据统计，女劳模创新工作室占比近 20%，以王希萍、尤立红等女劳模名字命名的创新工作室相继挂牌成立。天津市总工会连续 10 年组织开展天津市示范性劳模和工匠人才创新工作室选树活动，每年命名选树不少于10个示范性工作室，颁发奖牌并给予资金支持。截至2022年12月31日，市级示范性劳模和工匠人才创新工作室107个，其中10个工作室被全国总工会命名为全国示范性工作室。“王希萍劳模创新工作室”在2015年被评为天津市十大示范性劳模创新工作室之一，2017年被全国总工会评为全国示范性劳模和工匠人才创新工作室。

（三）坚持关心关爱，筑牢尊重女劳模根基

“劳动模范始终是我国工人阶级中一个闪光的群体。”早在新中国成立之初，天津市人民政府在制定劳动模范评选办法时就明确规定，对于劳动模范给予物质或精神奖励。七十多年来，天津市不断完善对劳模的关心关爱机制，让劳模享有崇高声誉，筑牢女劳模备受人民尊敬的根基。

政治上真诚尊重劳模。天津市认真落实保证工人阶级主人翁地位的制度安排，践行男女平等基本国策，在政治上真诚尊重女劳模，不断提高女劳模的政治地位。天津市出席党的十八大的48名代表中有女劳模7人，占代表团人数的14.5%；出席党的十九大的46名代表中有女劳模7人，占代表团人数的15%；出席党的二十大的46名代表中有女劳模7人，占代表团人数的15%，其中尤立红连续三届被选为中国共产党全国代表大会代表。

生活上真心关爱劳模。多年来，天津市总工会积极争取各方支持，健全服务管理机制，出台多项关心关爱劳模的政策举措，督促各项待遇的落地落实。1993年，天津市总工会为劳模办理补充养老保险，解决老劳模退休工资偏低问题。从1998年开始，天津市总工会每年拿出60万元用于特困企业中劳模免费查体、免费就医治病、免费疗养及补助，解决劳模医药费积压、看病难等问题。自2019年7月起，市级劳模离退休荣誉津贴由130元/月增至300元/月，全国劳模的荣誉津贴由150元/月增至600元/月。除为离退休劳模发放荣誉津贴外，天津市不断提高市级以上参保劳模的医疗保险待遇，从2007年1月起，退休劳模发生的门诊、急诊、门诊特殊病、住院和大额救助医疗费，在医疗保险范围内统筹基金报销比例统一提高到95%，2019年7月扩大范围到所有劳动模

范。自 2018 年起，天津市总工会将劳模疗休养标准由 4 天 1500 元 / 人提高到 5 天 4000 元 / 人。

切实解决劳模实际困难。以抓政治任务的标准，为收入较低的全国劳模发放生活困难补助金，为特殊困难全国劳模发放帮扶金，对于困难市级劳模给予补助和特殊困难帮扶。2000 年，天津市总工会开展“百企助模”活动，解决困难劳模生活和就业问题。发动经济效益比较好的劳模企业家为特困劳模提供资助和就业岗位。自 2018 年 11 月起，按照 500 元 / 人标准，对 80 岁以上劳模开展生日慰问。

四、启航新征程，扬帆再出发

历史可鉴，未来可期。站在百年伟业的高起点上，党的二十大擘画了全面建成社会主义现代化强国的宏伟蓝图和实践路径，精准绘制了以中国式现代化全面推进中华民族伟大复兴的时间表、路线图。中国工会第十八次全国代表大会围绕坚持以习近平新时代中国特色社会主义思想为指导，全面贯彻党的二十大精神，深入贯彻习近平总书记关于工人阶级和工会工作的重要论述，全面落实全心全意依靠工人阶级根本方针，忠诚履职、勇于担当，组织动员亿万职工为全面建设社会主义现代化国家、全面推进中华民族伟大复兴团结奋斗的主题对今后五年工作进行了部署。当前，天津正处在全面建设社会主义现代化大都市的关键时期，建设高质量发展、高水平改革开放、高效能治理、高品质生活的现代化大都市，既是机遇也是挑战，这也为天津女性施展才干、建功立业提供了梦想舞台。天津将深入贯彻落实习近平总书记同全国总工会新一届领导班子成员集体谈话精神，坚持党对工会的全面领导，牢牢把握为实现中华民族伟大复兴中国梦而奋斗的时代主题，肩负起引导职工群众听党话、跟党走，巩固党执政的阶级基础和群众基础的政治责任，认真履行维护职工合法权益、竭诚服务职工群众的基本职责，把保持和增强政治性、先进性、群众性贯穿工会改革全过程各方面，不断增强基层工会的引领力、组织力、服务力，把工会组织建设成为让党放心、让职工满意的坚强阵地。

（一）更新理念，聚焦中国式现代化建设

当前和今后一个时期，天津市总工会坚决把学习宣传贯彻习近平新时代中国特色社会主义思想作为首要政治任务，在全面学习、全面把握、全面落实党的二十大精神上持续下功夫，深刻领悟“两个确立”的决定性意义，引领全市各级工会更加自觉地做到“两个维护”，确保天津工运事业始终沿着中国特色社会主义工会发展道路奋勇前进。牢记党的中心任务，找准工会工作与党的中心任务的结合点、切入点、着力点，严格对照党的二十大报告的战略擘画，牢牢把握以中国式现代化全面推进中华民族伟大复兴的使命任务，完整、准确、全面贯彻新发展理念，积极服务和融入新发展格局，着力推动高质量发展。深入推进京津冀协同发展，切实把高质量发展作为天津社会主义现代化大都市建设的首要任务和总抓手，把聚焦高质量发展作为强烈共识和重要方法论。认清天津发展的战略定位，找准工会工作服务全市发展大局的出发点、着力点、突破点，全心全意依靠工人阶级，展现劳模风采、树立时代标杆。充分发挥女劳模在女职工群体中的示范引领作用，发挥其对于家庭和社会的独特作用，以更加坚定的思想自觉、精准务实的举措、真抓实干的劲头，在贯彻新发展理念、构建新发展格局、推动高质量发展中创新招法、扛起担当，展现工会新作为，作出工会新贡献。

（二）革新机制，提升女劳模工作水平

把改革创新作为攻坚克难的利器，突出目标导向、问题导向、创新导向，创建新载体，搭建新平台，构筑新体系，激励新时代女劳模岗位建功，彰显新时代女性“半边天”的奉献之美、自信之美、智慧之美。一是牢牢把握政治性这个工会组织的灵魂。始终把政治性放在工会工作的首要位置，把坚持和加强党的领导作为新时代工会必须厚植深培的政治底色，强化职工思想政治引领，团结引导女劳模听党话、跟党走；吃准悟透、落实落细习近平总书记关于工人阶级和工会工作的重要论述，把党对工会组织的领导转化为女劳模工作的政治自觉、思想自觉和行动自觉。二是紧紧抓住先进性这个工会工作的重要着力点。紧紧围绕党和国家的中心任务和工作大局开展工作，把全市经济社会发展的目标任务细化为各级工会的“施工图”“作战图”。引导广大女性在科技一线、在市场前沿、在重点领域汇聚巾帼智慧，贡献女性力量。发挥女劳模“传帮带”的示范引领作用，发挥劳模工作室名片代言作用，营造劳动光荣、知识崇高、人才宝贵、创造伟大的浓厚社会氛围。加大女劳模培训培养力度，完善劳模政策，提升劳模地位，落实劳模待遇，加大宣传报道力度，形成网上网下宣传矩阵，扩大社会知名度和影响力，建立完善个人待遇与个人贡献挂钩机制，推动更多劳动模范和先进工作者竞相涌现。三是突出群众性这个工会组织的根本特点。增强群众性，构筑服务女劳模新体系。把以人民为中心的思想内嵌到工会工作的各个方面、各个环节，回答好“为了谁、依靠谁、我是谁”这个根本性问题，更多关注、关心、关爱女劳模，采用线上线下相结合的方式，吸纳第三方的力量，全面开展职工需求调查，精准务实管用为女劳模办实事、做好事、解难事。

（三）创新方法，发挥巾帼劳模示范引领作用

深入学习贯彻习近平总书记关于工人阶级和工会工作的重要论述，牢牢把握为实现中华民族伟大复兴中国梦而奋斗的工运时代主题，不断拓宽工作思路、创新工作方法、提升工作水平，更好地发挥劳模工作室等平台的阵地作用，运用互联网、新媒体等手段，强化宣传报道，让巾帼劳模的思想政治引领作用得到更好发挥。加强感情沟通，善用情感管理队伍，用情、用心、用力帮助她们解决生产、生活难题。进一步拓宽帮扶范围、丰富帮扶项目，要从物质帮扶向就业培训、岗位援助、心理咨询、互助互济、法律援助、维权服务等领域延伸。积极开展心理疏导，提供心理健康知识普及、心理减压支持、心理健康评估、个体心理疏导、职工心态预警等服务，帮助女劳模提升自我心理调适能力。改进工作作风，走出机关大院，到企业、车间、班组与女劳模面对面交流、心贴心沟通、实打实服务，办好事、解难事、做实事，甘当深化改革的“助推器”，关爱职工的“温馨窝”，和谐稳定的“润滑剂”，把工会的“娘家人”和“贴心人”的作用实实在在地发挥出来。全面提升工会工作法治化水平，贯彻落实党和政府制定的劳模政策，及时向有关部门反映劳模的意见和诉求，做好调查研究、疗休养和扶危济困等工作，推动劳模服务管理工作更加高效、更加规范。要运用好“互联网+”，推动工会工作数字化、网络化、智能化。

岁月不居，时节如流。蜿蜒流霞的海河水静谧流淌，记录着津沽大地上铿锵玫瑰逆寒绽放的最美影像，演奏着一曲曲“巾帼不让须眉”的时代乐章。一代代海河女儿，亲情筑小家、无私为大家、赤诚爱国家。她们植根于千家万户，立足于各行各业，用拼搏创造奇迹，用奉献成就人生。她们在城市建设的热潮中添砖加瓦，在改革开放的春潮中奋楫争先，在新时代的大潮中勇担使命。她们有“春蚕到死丝不断”的万般柔情，有“不爱红装爱武装”的执着追求，有“已是悬崖百丈冰，犹有花枝俏”的高贵品格，有“鸳鸯袖里握兵符”“何必将军是丈夫”的时代担当。她们不仅是“母亲”“女儿”“妻子”，更是支撑津沽大地的“半边天”。她们与梦想同行、与时代共舞，将个人价值书写进时代发展篇章，绽放了最美芳华。历史将继续见证，在实现民族复兴的伟大征程中，在城市现代化建设的进程中，她们必将谱写更为璀璨的华章。

参考文献

［1］天津市总工会，天津市地方志编修委员会办公室．天津市志工会志［M］．北京：方志出版社，2017.

［2］姚荣启．中国劳模史（1932—1979）［M］．北京：中国工人出版社，2020.

［3］江竹，张淑华．中华百名女杰丛书　劳模卷［M］．北京：中国国际广播出版社，1997.

［4］全国工农兵劳动模范代表会议秘书处编．参加全国工农兵劳动模范代表会议的女工模范［Z］．全国工农兵劳动模范代表会议秘书处，1950.

［5］天津市总工会编印．天津市历届全国劳模、市级劳动模范名册汇编（1949—2009）［Z］．2009.

河北

河北篇

燕赵热土织锦绣
铿锵玫瑰吐芬芳

燕赵热土是一片革命的土地、英雄的土地。河北省是我国工人运动发起时间较早、规模较大、影响较深的省份之一，群众基础扎实，工人阶级觉醒早、革命觉悟高，伟大女性英雄辈出，女劳模层出不穷。

据统计，河北这片红色热土有2000多处红色遗址遗迹、纪念场馆等，厚重的历史孕育了西柏坡精神、塞罕坝精神等红色精神，淬炼了昂扬向上的红色文化，涵养了淳朴坚毅的劳动传统，构筑起赓续不断的精神谱系。

河北女劳模孕育成长于土地革命战争时期，历经新中国成立初期的发展壮大、改革开放和社会主义现代化建设新时期的与时俱进，劳模精神在中国特色社会主义新时代继续绽放光芒。河北女劳模是劳模精神的优秀体现者和弘扬者，她们的品格、意志和成就，激励了一代又一代的燕赵儿女前赴后继、无私奉献。

一、河北省女劳模群体概况

据统计，自新中国成立至2022年，河北省女性荣获全国劳动模范（全国先进工作者）248名，全国五一劳动奖章273名，全国五一巾帼标兵等先进个人206名，全国五一巾帼标兵岗等先进集体199个。

（一）政治面貌

248名女性全国劳动模范（全国先进工作者）中，中共党员170人（占比68.5%），民主党派成员8人（占比3.2%）（其中，农工党党员1人，民革党员1人，九三学社社员1人，民进会员2人，民盟盟员3人），群众70人（占比28.2%）。改革开放以来，153名女性全国劳动模范（全国先进工作者）中，中共党员128人（占比83.7%），民主党派成员8人（占比5.2%），无党派人士1人（占比0.7%），群众16人（占比10.5%）。中共党员是女性劳模的重要群体，是党领导人民进行革命、建设的楷模，是鼓舞河北人民风雨无阻、勇敢前进的强大力量。

（二）文化程度

河北女劳模知识文化水平逐渐向高知化发展。在社会主义革命和建设时期 95 名女劳模中，大学本科及以上学历仅有 1 人；改革开放和社会主义现代化建设新时期 107 名女劳模中，大学本科学历 24 人，硕士及以上研究生学历 7 人；中国特色社会主义新时代 46 名女劳模中，大学本科学历 21 人，硕士及以上研究生学历 14 人（见表 1）。

表 1　河北省女劳模文化程度（单位：%）

学历＼时期	社会主义革命和建设时期	改革开放和社会主义现代化建设新时期	中国特色社会主义新时代
硕士及以上研究生	0	6.5	30.4
大学本科	1.1	22.4	45.7
大学专科	0	27.5	15.9
职业教育	40	0	0
中专	0	3.7	4.5
高中	0	8.3	4.5
初中及以下	58.9	32.1	0

（三）行业分布

河北女劳模由新中国成立初期以传统行业为主，逐步转向高科技、多成分、多领域并重发展。河北女劳模的行业构成呈现多元化和丰富性的新特点。有在工业战线上的生产骨干，有在农业战线上的劳动楷模，同时也涌现出为民服务的优秀人物、知识分子精英等，特别是传统的、以体力创造高生产率的劳动方式逐渐向技术型靠拢，在科技领域女劳模集中出现。

1950—1978 年，女性全国劳模共有 95 人，行业分布主要集中在纺织、文化教育、医疗卫生、食品商贸等，文化教育行业女劳模居多，共有 36 人（占比 37.9%），纺织行业 18 人（占比 18.9%）。1978—2012 年，女性全国劳模共有 107 人，主体行业变化趋势不大，但从行业分布领域看，旅游、金融、文化、制药、机械行业的女劳模涌现，女劳模从事的行业和岗位越来越广泛。2013—2020 年，女性全国劳模共有 46 人，除了传统行业之外，知识分子和科研工作者的优秀代表逐渐成为女劳模队伍的新成员，女劳模覆盖的行业和从事的岗位也逐渐向国防、通信、能源、气象等国家重大战略领域靠拢（见图 1）。

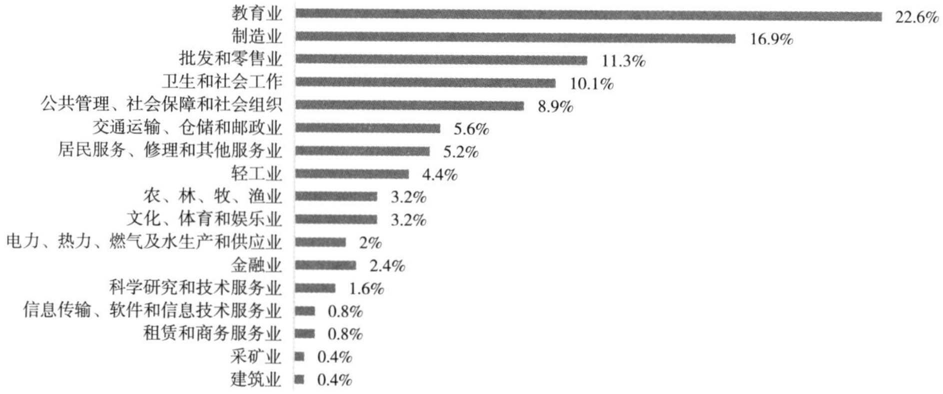

图 1　河北女劳模行业分布及占比

二、河北省女劳模在不同历史时期的作用及贡献

（一）新民主主义革命时期

河北是全国建立党组织较早的省份，英雄的燕赵儿女在党的领导下用劳动、热血和生命谱写了一曲曲荡气回肠的英雄壮歌。晋察冀边区的劳动英雄在这一时期对根据地建设作出了重大贡献，而女劳模牺牲小我保家卫国的高尚思想境界更是受到了人们的尊崇，涌现出以戎冠秀、刘翠苗等为典型代表的一批女劳动模范。她们挑起抗战与生产的大旗，既参加生产劳动，又拥军支前，呈现“革命型”的劳模特征；她们主动适应战争环境，充分发掘自身劳动潜能，为争取抗战胜利作出了卓越贡献。

戎冠秀："子弟兵的母亲"

戎冠秀（1896—1989），河北省平山人，中共党员，生前曾任中共平山县委委员、平山县妇女联合会名誉主任，被誉为"子弟兵的母亲"。在1944年12月至1945年1月召开的晋察冀边区第二届群英会上荣获劳动英雄称号。1949年参加全国政协第一届全体会议，出席开国大典，曾多次受党和国家领导人接见。1950年9月出席全国工农兵劳动模范代表会议，后又多次出席全国劳动模范会议和拥军优属表彰会议。当选为第一届至第五届全国人大代表。

为新中国成立作出突出贡献的英雄模范戎冠秀

在烽火连天的抗日战争岁月，戎冠秀将全部精力和心血扑在拥军支前上，救助了无数受伤的八路军战士，为晋察冀边区人民群众拥军爱国树立了榜样。

1937年卢沟桥事变后，受党的抗日救国宣传影响，戎冠秀加入村妇救会，投身抗日，并于1938年加入中国共产党，当选村妇救会会长。1938年到1942年，是抗日战争最艰难的时期，在艰苦的环境里，戎冠秀带领全村妇女积极赶制军衣军鞋，拥军支前，挑起了支前和农业生产的重担。在战争岁月里，她掩护、救治了多少伤病员，连她自己也数不清。戎冠秀的模范事迹被一次次搬上舞台和荧屏。2009年，在全国"双百人物"评选中，戎冠秀被评为"为新中国成立作出突出贡献的100位英雄模范人物"。

刘翠苗：冀州最早的党员女劳模

刘翠苗（1914—1995），河北省冀县人，中共党员，1944年被评选为晋察冀边区劳动模范，1950年被评选为河北省首届劳动模范。1944年她在南刘家庄村办起冀县最早的一批互助组，不但开展农业生产互助，还开了粉坊以增加收入，开展生活互助。她组织当地妇女成立支前队，为八路军做军鞋等。她们白天做晚上送，就连下地干农活时也带着鞋底，抽空就纳几针。1939年到1940年，七八个月的时间内，她们做军鞋90多双、棉坎肩270多件，跑了30里路送到八路军驻地王口村。

抗日战争时期，刘翠苗家是忠实可靠的"堡垒户"。为了掩护中共党员，她在自己家院内挖了地洞、地道，很多八路军干部和战士在她家多次躲过敌人的搜捕。1940年3月一天，敌人直扑她家，逼问她："八路藏在哪里？"她镇静自如地回答："我家没有八路。"敌人用5尺长的木棍打她，木棍都断成了三截，她咬着牙坚持说："我家没有八路。"敌人用枪刺刀背抵着她脖子说："不说就杀了你。"她说："杀了我，我家也没有你们找的八路！"她的精神极大鼓舞着冀县人民抗战的决心和信心。

（二）社会主义革命和建设时期

这一阶段在党的领导下，河北省积极发展农业，基本实现粮食自给有余。河北地理位置优越，交通便捷，工业门类得到快速发展。河北省的工业门类主要集中在煤炭、钢铁、电力、纺织、轻工等方面，纺织工业一度是河北传统的支柱产业之一。

在社会主义建设浪潮中，河北女劳模队伍日益扩大，她们满怀对新中国的热爱和社会主义理想的追求，热情高涨地投身新中国建设，敢于斗争、敢于胜利，劳模精神的根基越扎越深。在农业和工业等战线，以吕玉兰、阎金芬、杨俐英等为代表的一大批女劳模成为时代标杆，她们有的扎根农村、艰苦创业，有的用青春和汗水奠定共和国的工业基石，身体力行地证明"妇女能顶半边天"。她们不仅是"行业的旗帜""生产上的带头、骨干、桥梁"，而且以高尚品德和人格魅力团结群众，彰显了爱国主义、集体主义、英雄主义和革新创造的精神，不仅促进了经济社会的发展，而且创造了宝贵的精神财富。

吕玉兰：新中国最年轻的合作社社长

吕玉兰（1940—1993），出生于河北省邢台市临西县东留善固村，中共党员，1965 年被评为河北省劳动模范。1955 年高小毕业后，她放弃了继续接受教育的机会，毅然回到家乡，带领本村 24 户农民组成“铁球”初级农业合作社，是新中国最年轻的合作社社长。为了改变家乡一穷二白的面貌，吕玉兰一直坚持在农村参加生产劳动，她积极带领群众战天斗地、开荒种树、打井挖渠，战风沙、斗盐碱，平整土地、艰苦创业，大搞农田基本建设。在她的带领下，东留善固村的面貌焕然一新。她从东留善固村出发，不管在什么岗位，都不改质朴本色，全心全意为人民服务。“爱国为民、艰苦创业、求真务实、无私奉献”的“玉兰精神”激励了一代又一代青年人。2019 年吕玉兰被中共中央宣传部等授予“最美奋斗者”称号。

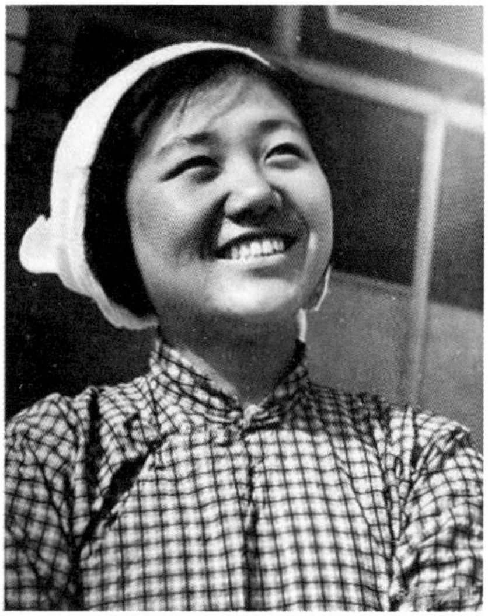

一线“最美奋斗者”吕玉兰

阎金芬：纺织工人的一面红旗

阎金芬（1927—1990），河北冀县人，中共党员，1948 年加入中国共产党。曾在石家庄大兴纱厂当童工，后任国棉七厂细纱班副组长、值班长、车间主任、厂工会副主席。1947 年石家庄刚解放，她勇敢地冒着敌人飞机轰炸的危险，与姐妹们进厂抢修机器，带头

《红旗歌》的原型阎金芬

开工恢复生产。新中国成立后，在抗美援朝和增产节约运动中，她积极投入生产竞赛，以新中国主人翁的精神带领全组以优质、高产、低消耗的成绩，成为全厂排头兵，并在全省闻名，1950 年被授予全国劳动模范称号。以她为原型创作的话剧和电影《红旗歌》在全国产生了广泛影响。她用自身成长经历验证了这样的道理：工人阶级只有在共产党的领导下才能翻身得解放。

苏玉珍：全国轻工战线上的“女铁人”

苏玉珍，1951 年生，河北丰润人，中共党员，1969 年到唐山第一瓷厂从事贴花工作。以“苏玉珍工作法”闻名，18 年完成了其他人 37 年的工作量。1972 年她摸索创造出了“三快一好”操作法，即取花快、放花快、擀花快和质量好。这一操作法不仅使生产效率成倍增长，而且解决了陶瓷胶膜花纸转向塑料薄膜花纸操作中的技术难题，为陶瓷发展闯出了新路。“三快一好”操作法立即得到了广泛的推广和运用，荣誉接踵而来。但是，苏玉珍没有因此停止脚步。外出开会的时间多了，为了不减产，她始终坚持白天开会夜间干、假日补。为了实现“地球转一圈，她转两圈的目标”，她每天干到晚上 10 点多，外出开会时就干到凌晨 2 点多。1973 年提前 201 天完成全年生产任务；1974—1975 年完成了 5 年的生产任务；在 1976 年唐山大地震前 7 个月的时间里，她干了 18 个月的活儿，产品质量合格率达到 99%。唐山大地震中，她被砸成重伤，留下了终身的残疾，按照医嘱她不能干体力活儿了。1976 年 11 月 16 日，从外地治疗返唐的她第二天就投入了企业重建家园的战斗。1978 年唐山第一瓷厂重建复产，她毅然重返贴花岗位。为尽快弥补地震造成的损失，她第一天就实现了产量翻番。贴花是一项需坐着操作的工作。由于腰脊骨压缩性骨折，工作中苏玉珍每坐上两个小时腰就会像针扎的一样痛，为了坚守在贴花岗位，每天靠服药止痛，时间长了就采取超药量止痛，借助钢背心钢架的支撑战斗在贴花岗位上，被誉为“身残志坚女铁人”。1977 年、1979 年两次被评为全国劳动模范。

苏玉珍（前排右二）给同事讲解贴花工作

（三）改革开放和社会主义现代化建设新时期

改革开放以来，燕赵大地发生了天翻地覆的变化。随着我国经济体制由计划经济向市场经济转变，河北经济持续快速发展，产业结构调整实现历史性转变，大众创业、万众创新蔚然成风，民营经济蓬勃发展。河北女劳模从普通劳动者到高级知识分子，从技术工人到企业家，职业分布日渐多元化。在女职工比较集中的教育、商业、窗口服务、卫生等行业中，涌现出以刘荣秀、高秀娟、郭月香等为代表的一批全国劳动模范，她们敢于创新，顽强拼搏，在促进经济建设和社会发展中发挥了重要作用，用心血和汗水书写了精彩的奋斗篇章。

刘荣秀：公益路上的赶路人

刘荣秀，1954 年生，中共党员，石家庄市天荟商贸有限公司党支部书记，她始终践行“服务百姓、劳动是最大的幸福”的理念，像一面火红的旗帜，奔走在人民最需要的地方。2000 年、2005 年先

刘荣秀以善行善举践行共产党员的为民情怀

后两次荣获全国劳动模范称号，连续多年被评为优秀共产党员，并当选党的十七大、十八大代表。从汶川地震到平山洪水，从打赢脱贫攻坚战到抗击新冠肺炎疫情……多年来，不管遇到什么大事，刘荣秀从不置身事外，都会第一时间组织“特供小分队”及她倡导成立的“劳模后勤保障服务队”捐款捐物，或投身一线。

天荟商店前身是石家庄市的一家蔬菜门市部，刘荣秀从售货员干起，到组长、副经理再到经理，她以自己的人格力量凝聚职工，以优质的服务赢得客户。在刘荣秀的倡议下，天荟商店创办了“爱心求助”便利店，店里每件商品都有2个标签，除了标有一般市民的购物价格外，困难职工和低保户还可凭证件享受几乎没有利润的爱心价。

刘荣秀资助困难大学生完成学业，这件善事一做就是16年，使100多名大学生受益。对待特困家庭的下岗职工，刘荣秀传授给他们“傍身法”，让他们自食其力，靠自己的劳动取得收入。刘荣秀将“授人以鱼不如授人以渔”的理念贯彻到善行中，根据不同人的特长，安排适合的岗位。几十年下来，累计帮助上百名下岗职工成功再就业。

高秀娟：巾帼创业带头人

高秀娟，1966年生，衡水市阜城县华兴服装有限公司经理，巾帼创业带头人，衡水市第三届人大代表、第四届人大常委，河北省第十二届人大代表。2004年被授予全国五一劳动奖章，2005年被评

巾帼创业带头人高秀娟

为全国劳动模范。1996年6月，高秀娟在阜城县外贸服装厂下岗，但是她下岗不失志，砥砺谱华章。在经过短暂调整之后，1996年8月，她带领几名下岗女工逆境起飞，艰苦创业，创办了阜城县华兴服装有限公司。当时的公司还是只有十几台缝纫设备、20多名工人的服装加工作坊，经过20多年发展，如今已成为一家集纺织、电脑刺绣、服装生产、出口于一体的股份制有限公司，公司拥有自营进出口权，是华北地区最大的穆斯林服饰生产、出口企业。公司发展到今天，高秀娟依然不满足，前进路上不停歇，她倡导抢抓机遇，及时调整产业结构；她倡导大刀阔斧搞管理，在公司建立了符合现代化企业管理需要的管理体系；她倡导扶贫济困，奉献社会，安排1200多名贫困人口就业；她倡导绿色发展，把节能减排作为发展的前提；她关心职工生活，改善职工工作环境。自2010年开始，每年为职工购买医疗互助保险，并为生活困难的职工捐款捐物，解决部分职工的生活经济困难，还定期组织职工外出学习，开阔眼界，体现了勇于承担的社会责任，乐于无私奉献的高尚情怀。

（四）中国特色社会主义新时代

党的十八大以来，习近平总书记多次视察河北，亲自谋划推动一系列重大国家战略和国家大事，为河北高质量发展带来前所未有的重大机遇、注入源源不断的强大动力。河北经济实现平稳较快增长，以新发展理念引领高质量发展，大力发展以新一代信息技术、生物医药、空天技术为代表的战略性新兴产业，科技创新实力稳步提升。时代的发展变化深刻改变了河北女劳模群体的结构，素质技能和创新品质成为新风尚，“知识型、技能型、创新型”的复合型人才成为主旋律。以戚红、孙晨华、袁雅冬等为代表的一批女劳模，强有力地回应了新时代的价值呼唤。作为岗位领军者、专业带头人、攻坚排头兵，她们不仅技术过关精耕细作职业技能，而且心系“国之大者”，秉持家国情怀，折射出劳模与时俱进的时代价值与精神内涵。

戚红：用匠心点亮平凡人生的“钢铁裁缝”

戚红，1968 年生，中共党员，保定天威保变电气股份有限公司戚红劳模创新工作室带头人兼切铁组组长，同事眼中的“钢铁裁缝”。2020 年获评全国劳动模范，党的十九大、二十大代表。

戚红 1989 年从保定变压器厂技工学校毕业，同年被分配到保定天威保变电气股份有限公司，从事变压器铁芯片剪切工作。30 多年来，戚红执着于她的事业——“切铁”，将 0.3 毫米厚、1000 米至 2000 米长的硅钢片卷料，通过设备剪切成不同形状、不同尺寸的铁芯片。硅钢片又硬又脆，非常难操作，而且对尺寸和毛刺儿的要求近乎苛刻：最大误差不能大于 0.5 毫米，0.02 毫米则是毛刺儿的最大极限。

工作 30 多年来，戚红以强烈的主人翁意识、事业心和责任感执着于变压器铁芯片剪切工作，多次带领班组克服技术难题，创新提出“三心”（耐心、多心、精心）工作法，研究出“平行四边形断料法”，打破生产瓶颈。她牵头创建了戚红劳模创新工作室，积极开展技术攻关、职工培训。戚红所在的班组年轻职工超半数，在她的言

戚红在生产车间工作

传身教下，个个都能独当一面。她用知识、智慧、匠心引领年轻人，走向一条永无止境的创新之路。

孙晨华：让卫星通信实现“中国创造”的女科学家

孙晨华参加党的二十大

孙晨华，1964年生，河北邢台人，中共党员，中国电子科技集团有限公司卫星通信领域首席专家，第54研究所副总工程师，党的二十大代表。她先后获得河北省五一劳动奖章、河北省三八红旗手、全国三八红旗手、全国五一劳动奖章等荣誉。作为中国卫星通信领域及天地通信网络融合方向的带头人之一，30多年来，她一直从事卫星通信、天地通信网络融合方向系统设计与研发，主持或参与多项中国“首个”“跨代标志”的领域重点项目，深度参与我国宽带、移动等卫星通信网络全体系研制建设。“十五”“十一五”“十二五”“十三五”期间，她主持了军队和民用航天领域安排的几乎所有宽带卫星应用运控系统预研和研制项目，构建了中国卫星通信首个三层三面的运行管理控制体系，突破几十项关键技术，开发高新技术产品百余种，带动河北省10余家高新技术企业发展。

中国电子科技集团有限公司第54研究所导航系统研发团队

北斗三号地面运控系统是北斗全球系统的核心组成部分，研发团队作为该系统的重要参与人员，攻克了多项关键技术，为推动北斗三号系统的正式运行贡献了攻坚力量。研发团队是一支勤奋敬业、甘于奉献、吃苦耐劳的技术型团队，无论是艰涩曲折的技术研发攻关，还是不断重复的试验验证，都没有成为团队成员放慢脚步的理由。灵寿的风、渭南的水、喀什的雪，都是团队奋力拼搏、勇往直前的美好见证。2018 年 12 月 27 日，北斗三号基本系统完成建设并开始提供全球服务，团队成员所付出的汗水、泪水、拼搏、努力都取得了圆满成果。该团队承担北斗重大专项关键技术攻关、北斗试验卫星工程、北斗三号工程、军科委科技创新等多项国家重大工程项目，在北斗地面运控、北斗星间链路运行管理领域，解决了系列技术难题，建设了我国首套北斗三号地面运控系统境外监测接收机装备，用智慧为北斗织梦，用奋斗铸就北斗精神。团队获全国五一巾帼标兵岗、河北省科技进步奖、军队科技进步奖、国防科技进步奖等荣誉。

杨普工作室

杨普，1983 年生，2000 年 3 月从技校纺织专业毕业，进入常山股份棉四分公司，成为一名布机挡车女工，通过不懈努力使自己成为行业状元。获全国劳动模范、河北省道德模范、全国五一劳动奖章、中华技能大奖、中国青年五四奖章、中国纺织大工匠等荣誉，并当选党的十九大代表。在 2010 年建立杨普工作室后，杨普就把“传技带徒、创新创效”当成了自己新的追求。她把技术培训课堂搬到一线的机台旁，设到车间的台位上，先后总结创新了大提花织机操作法、大提花增减经密操作法等近 30 项操作法，这些操作法统称“杨普操作法”，成为企业培训新职工的教材，每年为公司创效 300 多万元。杨普工作室不仅成为省、市级劳模创新工作室，还成为国家级技能大师工作室，获评全国工人先锋号，很多工作室成员也成为省、市级技术能手、劳动模范。一个能工巧匠，带出一批能工巧匠，杨普工作室成为公司培训高技能纺织工人的摇篮，提升了青年技工的素质和业务水平，发挥了劳模创新工作室的平台引领、专家和青年导师的传帮带作用。

不同历史阶段的女劳模都是时代的精神符号和力量化身。尽管劳模精神的内涵在不断变化和丰富，把国家和人民的利益放在第一位的价值立场却坚如磐石。劳模精神的核心价值历久弥坚，如同生生不息的生命之泉，创造着绵绵不断的精神财富，推动经济社会不断进步。这种价值取向，能激发出强烈的爱国热情，攻坚克难、勇毅前行，汇聚起风雨无阻向前进的强大精神力量。

三、河北省女劳模的成长规律及实践价值

河北女劳模层出不穷、队伍日益壮大，与所处历史时期的社会大环境密不可分。在中国共产党的领导下，社会不断进步，女性劳动力价值被社会广泛认可，女性社会地位不断提升，参与劳动、尊重劳动、劳动光荣成为社会共识。党和政府注重挖掘劳模典型，各级工会深入总结提炼劳模先进事迹，努力推出在全省乃至全国产生重大影响的先进典型，树立时代标杆和时代楷模。

河北省委、省政府高度重视劳模评选表彰工作，高规格成立表彰工作委员会，完善劳模待遇保障制度，以省委、省政府名义出台《河北省功勋荣誉表彰奖励获得者待遇实施细则》《河北省生活困难表彰奖励获得者帮扶实施细则》，河北省劳动模范、河北省五一劳动奖章、河北大工匠推荐人选中均明确女性应占一定比例，河北省工会代表大会、工会委员会的女代表、女委员所占比重不断提高，2016 年以来，河北省总工会表彰河北省五一巾帼标兵、标兵岗各 180 个。各级工会广泛组织开展女职工劳动和技能竞赛，开展女职工创业就业基地观摩、女职工创新成果展示交流、女职工创新工作室创建等活动，为女职工成长成才搭建平台；大力推进劳模公园建设，发挥先进女职工示范带动作用，开展巾帼劳模工匠进企业、进校园宣讲等活动，用劳模精神凝聚社会正能量。

立足现实、紧扣时代主题。河北女劳模选树始终直面时代和社会关切，立足问题意识和实践逻辑，立足经济发展和社会导向。新中国成立初期，劳动竞赛和劳模表彰与党的事业同步发展，劳动的政治任务、劳模的政治属性和劳模精神的政治意义叠加，重在树立河北女劳模强烈的主人翁意识和激发其爱国主义劳动热情。20世纪六七十年代，河北经济得到迅速发展，女劳模评选充分契合了国家工业结构布局的战略，体现了特定历史阶段国家对特定领域建设任务的迫切需要，有着很强的时代烙印。改革开放以来，河北主动服务和融入新发展格局，应时代所需，加快发展更高层次的开放型经济。“改革开放后，随着科学技术的迅猛发展，知识型、技能型职工逐渐成为新时期工人阶级的优秀代表。尤其是进入新世纪后，劳动模范身上更加体现出与时俱进、勇攀高峰、开拓进取、争创一流的时代特点和要求”，劳模评选进入“行行出劳模”的时代，河北女劳模用实力予以佐证。越来越多崭新的女劳模面孔出现在大众视野中，她们职业分布多样、类型多元，绝大多数身在基层和一线，拥有高学历和专业技术职称，具有高知化、技术化特征。河北女劳模在京津冀区域协同发展、科技合作中，唱响劳模精神、劳动精神、工匠精神的时代最强音。

因势而新、适应时代之变。新中国成立初期，百废待兴，爱国主义劳动竞赛热火朝天，河北女劳模身体力行地践行爱国主义理念，她们围绕增产增收等任务，比学赶帮超，发扬集体主义精神、团结协作建设新中国，女劳模的劳动方式以体力劳动为主。随着中国经济建设的持续推进，国家陆续实施了科教兴国战略、创新驱动发展战略，科学技术是第一生产力的重要性日益凸显，河北女劳模的工作方式与先进技术相互结合，生产方式与创新创造密切联系，数字劳动与现代化的劳作方式共生共进。新时代以来，人工智能进一步提升了劳动工具的智能化和自动化水平，科技含量、技术要素、发明创造成为河北女劳模的响亮名片。

大环境大趋势下，新时代的河北女劳模在继承以往女劳模们的辛勤、诚实等优秀劳动品质以外，顺应新时代生产劳动的变化趋势，发挥了创新创造的时代优势，凸显了科学劳动、创新劳动、技术劳动的智慧劳动特征。科学技术和社会生产力的发展同劳动者结合，科技劳动成为第一生产劳动，单纯的体力劳动更多地转变为智力劳动、创造性劳动、管理劳动，实现了在脑力劳动与体力劳动的统一中不断升级换代，同时催生出更高层次的劳模精神品质。

传承发展、注重与时俱进。河北女劳模的优异品格，展现了共产党人与时俱进的精神风貌，时代在变，劳动的内涵在更新，劳模的标准在“进阶”，但女劳模奋斗的底色永远不变。河北女劳模立足燕赵、把握规律，为社会主义建设积累了丰富的中国经验，是弘扬中国精神、凝聚中国力量的时代楷模，使中国故事、河北故事的特色更加深入人心、凝聚人心、鼓舞人心。

纵观不同时期河北女劳模的成长变化，有以下特点：始终坚守崇尚劳动的理念。榜样的劳动基因、价值理念、情感传承已经成为燕赵人民潜在的价值认同；始终永葆劳模精神的先进本色。新中国成立以来，一代代的河北女劳模发挥“劳模精神薪火相传”的作用，她们的优秀品质和模范事迹教育激励了一代又一代燕赵儿女；始终秉持勇于创新的时代价值导向。河北女劳模根植于中国特色社会主义实践沃土，代表了时代发展的先进方向，代表了产业技术进步的先进理念，代表了道德规范的先进风尚；更加适应时代精神主流。河北女劳模的先进事迹生动诠释了社会主义核心价值观，劳模文化与时俱进，将中华优秀传统文化和时代精神融合，体现着先进生产力的发展要求；更加注重内在道德品质塑造。女劳模选树体现了劳动价值、技能价值和创造价值，河北女劳模榜样形象的塑造与精神气质的变化，凸显着社会主义思想道德建设的变迁和升华，提升了整个社会道德品质的示范效应。

四、河北省女劳模工作展望及发展路径

（一）厚植劳模文化，构筑立体多维弘扬体系

女劳模精神具有独特的中国属性、中国特色和时代意蕴，必须讲

好劳模故事，弘扬劳模精神，引领时代新风。规范和完善劳动模范的评选及激励机制，发挥工会组织体系及职能优势，继续完善女劳模评选和人才培育机制，推进女劳模工作常态化、数字化、制度化，注重在工作中激发劳动者的劳动情感和创新精神，提升工作效能。深入挖掘劳模文化的时代价值，大力弘扬劳模精神、劳动精神、工匠精神，通过各种媒体、劳动公园、劳模工匠展馆、劳动文化一条街、劳动文化墙等宣传阵地，创新载体形式广泛宣传巾帼劳模先进事迹，开展巾帼劳模工匠进机关、进企业、进车间、进校园等活动，用生动鲜活的事迹教育、鼓舞职工，激励青少年以技能强国、技能报国，营造尊重劳动、尊重知识、尊重人才、尊重创造的良好社会氛围。

（二）科技创新赋能，不断壮大女劳模队伍

全面贯彻落实党的二十大精神，团结动员广大女职工立足岗位创新创造，发挥女劳模工匠在创新发展中的示范引领作用，扩大女劳模先进品牌效应的有效载体，释放高质量发展的“科技引擎”动能，推进女职工创新工作室创建，培养更多女性高技能人才和燕赵巾帼工匠，不断壮大女劳模群体，使各行各业更多的女劳模、女工匠脱颖而出，更好发挥女劳模在加快形成新质生产力、推动经济高质量发展和实施科教兴国战略、人才强国战略中的重要作用。通过智慧工会矩阵助推巾帼劳模品牌，拓展智慧工会管理服务功能，推动女劳模工作标准化、管理网络化，结合时代所需，数字赋能技术教育培训，助力培养女性高科技人才，提高女职工技术技能水平。

（三）畅通关爱渠道、做深做实劳模服务

吸收女劳模进入各级工会女职工委员会，定期组织女劳模座谈交流，主动解决她们工作生活中遇到的实际问题和困难，解除她们的后顾之忧。定期开展走访慰问和组织女劳模体检、疗休养，畅通关心关爱“最后一公里”。保护好、发挥好女劳模“代言人”的聚民智作用，激励她们为区域发展积极建言献策，组织巾帼劳模志愿服务团队，倡导她们积极投身脱贫攻坚、社区事务、公共卫生等志愿服务活动，用劳模行动引领社会新风尚。关心关爱女劳模，完善劳模困难帮扶制度，保障劳动模范的政治、经济等待遇。注重保障劳动者的尊严，宣传和运用劳动法律制度，维护女劳模群体的合法权益。

在新时代的伟大征程中，河北将以崭新的姿态和昂扬的斗志，充分发挥先进女职工示范带动作用，凝聚强大精神力量，团结引领广大女职工筑牢团结奋斗的共同思想基础，在推进京津冀协同发展和高标准高质量建设雄安新区、实施创新驱动发展战略中彰显作为，为推动河北省经济社会高质量发展，谱写中国式现代化建设河北篇章贡献磅礴力量。

参考文献

[1] 梁静. 上海纺织工业劳模群体研究（1949—1959）[D]. 上海：东华大学，2022.

[2] 王嘉昊. 改革开放40年劳动模范的“变”与“不变”[J]. 中国工运，2018（12）.

[3] 王霂凡，赵冰. “变”与“不变”：新中国成立以来劳动模范的变迁发展逻辑[J]. 齐齐哈尔大学学报（哲学社会科学版），2021（7）.

[4] 李妍妍. 新中国成立以来劳模文化构建的回顾与展望[J]. 党政研究，2021（5）.

[5] 王霂凡. 新时代以来劳动模范研究的回顾与展望[J]. 实事求是，2021（4）：63-70.

山西

山西篇

以劳动之名 咏三晋芳华

在中国共产党100多年奋斗史上，镌刻着劳模精神、劳动精神、工匠精神孕育形成、发扬光大的光辉历程。劳模精神、劳动精神、工匠精神孕育于新民主主义革命时期，形成于社会主义革命和建设时期，发展于改革开放和社会主义现代化建设新时期，光大于中国特色社会主义新时代，成为中国共产党人精神谱系的重要组成部分。在各个历史时期“三个精神”培育弘扬的过程中，山西女劳模成长成才，形成了具有山西特色的女劳模成长规律和时代特征，各行各业优秀女职工用女性独有的细腻、柔情、坚韧、奉献，在“晋善晋美”的绵延大地上，唱响了一曲曲最美劳动颂歌，谱写出一段段动人芳华乐章。

一、山西省女劳模群体基本概貌

（一）结构分析

1. 群体数量

据统计，山西省共有女性全国劳动模范149人，占比15.9%；自1985年以来，女性全国五一劳动奖章获得者共136人，占比16.9%；自2005年以来，全国五一巾帼标兵获得者共141人，全国五一巾帼标兵岗获奖集体139个，全国五一巾帼奖章获得者2人，全国五一巾帼奖状4个，全国女职工建功立业标兵获得者43人，全国女职工建功立业标兵岗获奖集体46个，获奖个人总数为471人（统称“山西女劳模”）。

2. 民族构成

471名山西女劳模中，扣除没有民族信息的26人，汉族440人，占比98.9%；回族和满族各2人，各占比0.4%；哈萨克族1人，占比0.2%。

3. 政治面貌

471名山西女劳模中，没有相关信息的66人，中共党员279人，占比68.9%；民主党派成员6人，占比1.5%；无党派人士4人，占比1%；群众116人，占比28.6%。

4. 受教育程度

在受教育程度方面，没有学历信息的111人。初中及以下学历21

人，占比 5.8%；高中学历 33 人，占比 9.2%；中专中技学历 13 人，占比 3.6%；大学专科学历 66 人，占比 18.3%；大学本科学历 177 人，占比 49.2%；硕士研究生学历 42 人，占比 11.7%；博士研究生学历 8 人，占比 2.2%（见图 1）。

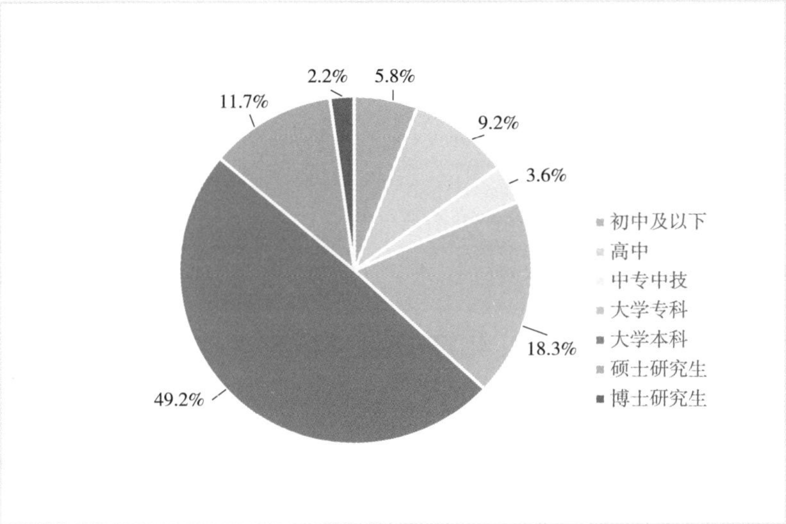

图 1　山西省女劳模受教育程度

5. 行业分布

山西女劳模所在行业方面，没有信息登记的 4 人。采矿业 32 人，占比 6.9%；电力、热力、燃气及水生产和供应业 20 人，占比 4.3%；公共管理和社会组织 13 人，占比 2.8%；国家机关、党政机关和社会团体 37 人，占比 7.9%；建筑业 10 人，占比 2.1%；交通运输、仓储和邮政业 26 人，占比 5.6%；教育业 72 人，占比 15.4%；金融业 14 人，占比 3%；居民服务和其他服务业 15 人，占比 3.2%；科学研究、技术服务和地质勘查业 13 人，占比 2.8%；农、林、牧、渔业 19 人，占比 4.1%；批发和零售业 12 人，占比 2.6%；水利、环境和公共设施管理业 12 人，占比 2.6%；卫生、社会保障和社会福利业 66 人，占比 14.1%；文化、体育和娱乐业 22 人，占比 4.7%；信息传输、计算及服务和软件业 5 人，占比 1.1%；制造业 67 人，占比 14.3%；住宿和餐饮业 12 人，占比 2.6%（见图 2）。

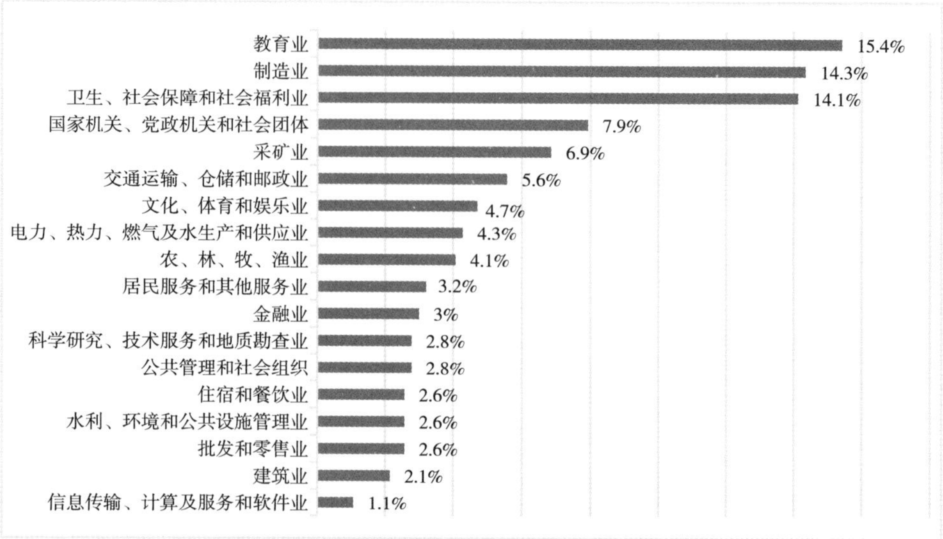

图 2　山西省女劳模行业分布情况

在 20 个行业分类中，山西女劳模所在行业类别占 18 个，且教育业，制造业，卫生、社会保障和社会福利业的人数接近一半。特别是改革开放和党的十八大以来，逐渐呈现出岗位覆盖全、行业分布广、梯队层次齐、发展活力强的态势，广大女劳模已成为全方位推动山西高质量发展名副其实的“半边天”引领者。

（二）群体画像

劳动创造伟大，奋斗铸就辉煌。山西女劳模是全省工人阶级中女性劳动群众的优秀代表，回顾她们的成长经历，探寻她们的成功奥秘，分析她们的成才原因，不难发现矢志报国的理想信念是强大动力，自强不息的坚韧毅力是基础条件，久久为功的奋斗姿态是重要支撑，优良纯正的家风熏陶是环境保障。

1. 艰苦经历磨炼坚强意志

艰难困苦，玉汝于成。山西女劳模这一特殊群体，大多真实体验或经历过艰苦环境的磨炼。

1956 年全国先进生产者、我国采煤史上第一位女采煤队队长、阳泉矿务局三矿采煤队队长苏景云，技校毕业后来到采煤队，主动要求下井干活，面对当时煤矿井下采煤作业条件艰苦、劳动强度大、危险系数高的艰苦环境，她团结全队100多名工人，大胆改革创新生产工艺和安全项目，创造了8项经济技术指标样样走在前面、年年超额完成任务、重大伤亡事故“零发生”的优异业绩。

1995年全国先进工作者、吕梁市临县人民法院三交法庭庭长樊连珍在三面环山、出行困难的艰苦环境中，潜心扎根山区37年，凭着一双“铁脚板”徒步6万余千米下乡办案，调解率达98%，被辖区20多万名老百姓称为“女包公”。

她们肯于吃苦、乐于吃苦、敢于吃苦，历经风雨而初心不改，凭借顽强的意志和坚定的毅力，让自身能力在艰苦环境中得到体现，使人生价值在岗位磨炼中得到升华。

2. 优良家风厚植家国情怀

家风不仅关乎家庭小家之兴衰，更关乎民族大家之未来。于女劳模而言，她们性格、气质的培养，品德、“三观”的形成与其家庭教育、成长氛围、社会环境息息相关。

全国劳动模范、晋城市高平市寺庄镇伯方村村民毕腊英秉承勤俭持家、乐于助人的家规家训，全家辛勤劳作、节衣缩食，倾其所有捐资40余万元资助奖励2000余名学生、教师。她把自己的一生奉献给教育事业，也把良好的家风世世代代传了下去。

3. 胸怀理想立志成才报国

习近平总书记强调，我国工人阶级和广大劳动群众要发扬优良传统，承担历史使命，把党和国家确定的奋斗目标作为自己的人生目标，以民族复兴为己任，自觉把人生理想、家庭幸福融入国家富强、民族复兴的伟业之中，做新时代的追梦人。一代代山西女劳模牢记嘱托，立足本职，胸怀全局；以小我之劳，铸大国之梦；以小我之肩，承大国之重，用一双双“巧手”弘扬劳模精神，用一颗颗“匠心”尊崇劳动价值，见证着山西经济社会发展历程和中华民族伟大复兴之路。

全国劳动模范、大国工匠、山西航天清华装备有限责任公司数控操作工韩利萍，手中毫厘，心怀万里，先后出色完成神舟飞船、绕月探测工程、长征五号运载火箭、长征七号运载火箭以及国家重点型号科研生产任务，让中国的航空梦飞向更广阔的星辰宇宙。

韩利萍检查刀具磨损情况

“人民艺术家”郭兰英，成功塑造了《白毛女》中的喜儿、《小二黑结婚》中的小芹等众多光彩夺目的舞台艺术形象。她演唱的《我的祖国》《南泥湾》《人说山西好风光》等脍炙人口的歌曲，历经半个多世纪传唱至今，为中国民族歌剧表演体系的建立和民族演唱艺术的发展作出开拓性贡献。

4. 不懈奋斗铸就非凡业绩

艰苦奋斗，勇于创新，是劳模的鲜明特色。回首历史，从太行区“一等纺织英雄”赵春花到六次受到毛泽东主席接见的农业战线女领头人朱文华，从党的好女儿、人民的好代表申纪兰到太原双合成掌门人赵光晋，从传承“右玉精神”的奇女子余晓兰到新中国第一位白求恩奖章获得者、人民的好医生赵雪芳，从自强不息扶贫助残的全国劳动模范栗红连到以柔克“钢”的全国劳动模范王玉玲……数以百计热爱劳动、勤于担当、无私奉献的山西省杰出女性劳动者，用对事业的“痴”、对岗位的“爱”、对工作的“狂”，垒筑起山西开放发展、转型发展、高质量发展的巍峨大厦，标注了女劳模的奋斗底色和时代印记。

二、山西省不同时期女劳模概况

巍巍太行山，滔滔汾河水。山西这片广袤沃土滋养孕育了3500万淳朴善良的三晋儿女，也培养造就了一代又一代非凡卓越的女劳模。女劳模在山西的历史传承，是劳模精神、劳动精神、工匠精神的百年历史在一个省域、一个群体的生动体现。以大历史观认识和把握山西女劳模的成长规律、时代特征，山西女劳模在各个历史时期的地位特殊而重要，贡献不可磨灭。

（一）新民主主义革命时期

在党团结带领人民浴血奋战、百折不挠进行新民主主义革命的进程中，山西是老一辈无产阶级革命家留下光辉足迹最多的省份之一。这一时期，也走出了一个个闪亮的巾帼英雄，她们同其他劳模一道，将抗日根据地军民英勇不屈、艰苦奋斗的历程照亮，让英雄主义的旗帜高高飘扬在莽莽太行。

1. 太行区群英会上的巾帼英雄

1944年底，太行区在黎城县南委泉村召开了首届群英会，邓小平、滕代远、张际春、李雪峰、李达、戎伍胜、申伯纯等党政军领导和各县选出的120名杀敌英雄代表、206名劳动英雄代表出席了大会，其中，“纺织英雄”石榴仙、赵春花、赵月娥，以及“拥军模范”胡春花等作为妇女劳动英雄代表光荣地参加了大会。

随后，太行山革命根据地在长治又召开了两届规模浩大的群英会，包括巾帼英雄在内的劳动模范与战斗英雄形成的人文景观和产生的强大作用力，对当时乃至新中国成立后太行山地区的政治、经济、文化和社会建设产生了深远的影响。

2. 主要代表人物及历史成就

一是晋绥、晋察冀、晋冀鲁豫抗日根据地女劳模为大生产运动和抗战胜利艰辛付出。在晋绥、晋察冀、晋冀鲁豫抗日根据地大生产运动中，越来越多的妇女开始走出家庭走向社会，她们积极组织参加农业大生产运动，开荒种地、纺线织布，有效保障根据地民生建设和前线军需供给，涌现出“太行一等劳模”石榴仙、“纺织英雄”赵春花等多位心灵手巧的纺织能手，她们用热情组织动员妇女参加纺织，用技术指导帮助周边妇女增加收入，不仅解决了村民穿衣和军需问题，还极大推动了当地妇女解放运动的发展，为根据地建立、建设和巩固发挥了不可替代的巾帼作用。

二是解放战争时期踊跃参加农副业生产、支援前线。解放战争时期，山西解放区广大妇女在中国共产党的领导和号召下，以极大的革命干劲和热情参加了支援战争前线的各项工作，如“大寨建设功臣”宋立英，带头冲破封建习俗，走出家门，带领大寨的妇女做军鞋、送公粮、演新戏，支援解放战争，争取妇女解放。以宋立英为代表的山西妇女，用特有的坚韧和勇气，劝夫送子参军参战，踊跃参加农副业生产，全力开展战勤保障，争做生产建设的主力军和后勤服务的骨干力量，成为太行山拥军支前的一支响当当的生力军。

（二）社会主义革命和建设时期

在党团结带领人民自力更生、发愤图强进行社会主义革命和建设进程中，山西是全国重要的工业基地，在煤炭、冶金、机械等方面建立起较完整的工业体系，有力支援了国家经济建设。凭借山西较为完备的工业基础，全省广大妇女群众积极劳动、努力增产、厉行节约，在纺织、化工等领域集中展现了新中国山西劳动妇女的新形象、新风采，以其自身感染力、影响力和号召力激发了三晋妇女建设社会主义、建设新山西的劳动热情。

1. 在全国劳动模范表彰大会中崭露头角

这一时期，山西省共有 33 名女劳模受到表彰。其中，1956 年全国先进生产者代表会议表彰 8 人；1959 年全国工业、交通运输、基本建设、财贸方面社会主义建设先进集体和先进生产者代表大会表彰 6 人；1960 年全国教育和文化、卫生、体育、新闻方面社会主义建设先进单位和先进工作者代表大会表彰 16 人（其中 1 人受到两次表彰）；1977 年全国工业学大庆会议表彰4人。

这些受表彰的女劳模，虽然地域分布和行业分布较为集中，但足以说明她们正逐渐走上历史舞台，成功塑造了“进步、忠诚、能干的妇女新形象”，有力冲击了“男尊女卑”的传统观念，加快推动了山西妇女积极参与恢复发展国民经济、进行社会主义改造、建立社会主义制度等中心任务。

2. 积极投身社会主义革命和建设的伟大洪流

毛泽东主席强调，“中国的妇女是一种伟大的人力资源，必须发掘这种资源，为了建设一个伟大的社会主义国家而奋斗”。山西省广大妇女群众在党的领导下，迸发出建设新中国的极大热情，广泛参与“劳动光荣”思想教育和经济社会建设，共和国勋章获得者申纪兰，“晋华纺织榜样”刘老文、檀英梅以及“全国缫丝种子手”成爱蓉等山西省著名全国劳动模范就是在这一时期成长起来的。

在申纪兰（前）的带领下，女社员参加劳动竞赛

一是为社会主义制度建立作出巨大贡献。随着社会主义制度在全国范围内逐渐确立，男女平等和妇女权利的发展成为社会主义政治经济建设的重要组成部分。打破旧有的束缚妇女权利发展的生产关系，建立以公有制为基础的社会主义制度，是妇女解放和权利发展的第一要务。申

纪兰便是实现这一历史使命的重要见证者和积极推动者，她积极维护新中国妇女劳动权利，倡导并推动“男女同工同酬”写入宪法。她勇于改革，大胆创新，为发展农业和农村集体经济，推动老区经济建设和老区人民过上更好的生活作出巨大贡献。她见证了一种制度，这种制度能让一位普通农民一直站在国家政治舞台的中央，代表人民行使当家做主的权力。

二是为山西纺织工业生产建设作出重要贡献。晋华纺织厂作为山西近现代重要的工业遗产、全省规模最大的国有纺织厂，先后涌现出不少劳动模范与先进工作者，成为职工学习的榜样。如 20 世纪 50 年代同时出现的全国劳动模范刘老文，高标准学习执行“郝建秀工作法”，每天出的白花最少，质量好且节约多；檀英梅练出一手过硬本领，一分钟能接 25 个线头，达到全国先进水平，被评为纺织战线上的标兵。她们既为全国纺织系统赢得了荣誉，也为山西纺织工业从小到大、由弱变强奠定了坚实基础。

三是为山西文化教育事业发展作出突出贡献。在 1960 年全国教育和文化、卫生、体育、新闻方面社会主义建设先进单位和先进工作者代表大会上山西省受表彰的 16 名女劳模中，有 12 人来自幼儿园、中小学、大中专院校等教育一线，其中，两次被评为全国劳动模范的太原市五一路小学教师富英，从事教学 40 多年，总结出在小学语文教学中“一、识字的拐棍——汉语拼音，二、汉字的零件——偏旁部首的笔画，三、独体字的识字规律”，大大提高了语文教学质量。2 人来自文艺战线，其中程玉英是当代晋剧表演艺术的代表性人物，16 岁创出独树一帜的程派声腔体系“嗨嗨腔”，并不断发扬光大，离开舞台后，继续为晋剧艺坛培养了大批新秀，并在晋剧非物质文化遗产的传承和保护方面不遗余力，发光发热。她们在技术革新和技术热潮中发挥了文化教育的重要作用，是山西省文教事业发展的骄傲和镜子，为创造光辉灿烂的社会主义文化贡献山西力量、彰显山西风采。

（三）改革开放和社会主义现代化建设新时期

在党团结带领人民解放思想、锐意进取的改革开放和社会主义现代化建设的进程中，山西是党和国家布局建设的全国重要能源工业基地，是习近平总书记亲自推动起步建设的全国唯一全省域国家资源型经济转型综合配套改革试验区。老工业基地的优势和新战略规划的机遇，极大激发了全省广大女职工投身改革开放伟大实践的积极性、主动性、创造性，山西女劳模在这一时期数量迅速增加、职业广泛覆盖、影响逐渐凸显。

1. 乘着改革开放的东风发展壮大

这一时期，党和国家先后召开 7 次全国劳动模范表彰大会，共表彰山西女劳模 68 名，数量较之前有大幅提升。其中，1979 年国务院表彰工业交通、基本建设战线全国先进企业和全国劳动模范大会和农业、财贸、教育、卫生、科研战线全国先进单位和全国劳动模范大会，共表彰 3 名；1989 年、1995 年、2000 年、2005 年、2010 年全国劳动模范和先进工作者表彰大会分别表彰 10 名、17 名、10 名、11 名、17 名。此外，1985—2011 年，山西省女性全国五一劳动奖章获得者共 95 人；2005—2011 年，山西省全国五一巾帼标兵获得者共 78 人。

她们之中，有的扎根一线苦干实干，在平凡的岗位上辛勤耕耘、默默奉献；有的在市场经济浪潮中开工厂、办企业，砥砺奋进；有的致力于农村集体经济发展，带领村民建设小康新村；有的在专业领域精耕细作，成为行业领军人物……越来越多的女性知识型产业工人勇立时代潮头、锐意改革创新，她们敢啃硬骨头、敢于涉险滩，在波澜壮阔的改革开放历史进程中绽放出三晋大地夺目光彩。

2. 为山西经济社会发展注入了强大巾帼动力和活力

贯彻党中央大政方针，依据劳模评选条件，这一时期劳模队伍外延有所扩大，内涵更加丰富，山西省一大批优秀女性知识分子、脑力劳动者以及民营经济女企业家，通过辛勤劳动，走上了全国劳动模范等最高荣誉的领奖台。

一是推动社会主义市场经济建设。依靠诚实劳动创造财富的劳模文化在改革开放和社会主义现代化建设新时期表现得尤为明显，这时期山西省受表彰的全国劳动模范中就有 11 名来自经济领域，包括中华老字号“认一力”“双合成”等民营企业技师、经理，她们既为山西经济健康发展创造了巨大价值，也树起了引领时代潮流的鲜明旗帜。太原双合成食品有限公司赵光晋，以新晋商精神在山西市场经济浪潮中主动作为、奋勇搏击，用女性特有的情怀和诚待天下客的信念，让“双合成”这个老字号同时也是国家级非物质文化遗产老树生花，让百姓放心地从老字号中品出美妙新滋味。

二是在全面建设小康社会中发挥“半边天”作用。这一时期，全省女劳模在各条战线勇担使命、敢闯敢拼，在火热实践中诠释着对党和人民的赤诚。

山西省脑瘫康复医院郭新志，先后诊治海内外 80 多个国家和地区小儿脑瘫和阿尔茨海默病患者近 15 万例，治疗总有效率达 97.8%，完成国家、省部级攻关项目 19 项，提交全国人大议案、建议 200 多件。

张腊梅 1982 年来到中煤平朔集团，经考试合格，成为全国第一位驾驶重型 170D 卡车的司机，行车 10 年，累计行程 28 万千米，运量 585 万吨，以实际行动践行了“勇立潮头、善为人先”的平朔精神。

山西省荣军医院护士长郝颂琴，三十年如一日从事伤残军人护理事业，视伤残军人为家人，无怨无悔地做到了“让伤残军人感受到他们是有亲人的”。

太原市动物卫生监督所李学花，长期奋战在动物卫生检疫监督第一线，她秉公执法为人民，无私奉献心向党，为净化太原肉食市场、保证人民群众食肉安全作出了杰出贡献，被誉为“全国动检一枝花”。

中铁十七局集团公司四公司副总工程师邵尧霞，2003 年主动申请参加青藏铁路建设，克服重重艰难险阻，带领团队攻克冻土施工技术难题，成为全国乃至全世界唯一在海拔 5072 米的生命禁区工作 2 年多的女性。

（四）中国特色社会主义新时代

党的十八大以来，在党领导人民自信自强、守正创新推进民族复兴大业的进程中，山西高举习近平新时代中国特色社会主义思想伟大旗帜，与全国同步打赢精准脱贫攻坚战，同步全面建成小康社会，全方位推动高质量发展蔚然成风，各项事业稳步向上、持续向好。站在新的历史起点上，山西省女劳模乘势而上，接续奋斗，践行着“中国梦·劳动美”的铿锵誓言，让劳模精神在千千万万劳动者中赓续传承、熠熠生辉。

1. 在重大科技攻关前沿展现巾帼之智，在社会服务各领域彰显巾帼之美

党的十八大以来，中共中央、国务院召开过两次全国劳动模范和先进工作者大会，共表彰山西女劳模35名。其中2015年庆祝“五一”国际劳动节暨表彰全国劳动模范和先进工作者大会表彰16名；2020年全国劳动模范和先进工作者表彰大会表彰19名，数量逐渐趋于稳定。2012年至今，山西省全国五一劳动奖章女性获得者共48名，全国五一巾帼标兵获得者共111人。

她们昂扬向上、奋发有为，听从党召唤，冲锋在一线，在乡村振兴、脱贫攻坚、生态环保等主战场奉献巾帼之力，在载人航天、生物制药、通信技术、高铁建设等重大科技攻关前沿展现巾帼之智，在社会服务各领域彰显巾帼之美，将一份份沉甸甸、不平凡的巾帼答卷深深印刻在时代前行的山西长河中。

2. 肩负光荣时代使命、镌刻鲜明山西印记

一是以“创新之光”全力推进山西高质量转型发展。“希望山西在转型发展上率先蹚出一条新路来”“在高质量发展上不断取得新突破”是习近平总书记对山西的殷殷嘱托。新时代以来表彰的山西女劳模，都是推进山西省高质量转型发展中叫得响、过得硬的优秀代表。如山西航天清华装备有限责任公司数控操作工韩利萍，解决了长征七号运载火箭发射平台阀体孔系公差边界范围窄、冗余空间小的难题；山西山阳生物药业有限公司职工创新工作室带头人芦爱萍，采用低温冷冻干燥技术成功研发出多种沙棘产品，带领团队先后完成10项实用新型专利；山西太钢不锈钢股份有限公司技术中心技术员王玉玲，负责完成铁路重载车轴钢、高速动车车轴钢、出口车轴钢以及电机转轴用钢开发等多项重点工作，

填补国内空白；山西大学副校长、教授、博士生导师程芳琴，在低品位盐湖资源高值利用、劣质煤燃烧利用与污染控制和低质煤高值利用等方面取得了显著成果，其团队已成为山西省资源型经济转型发展中的重要科研力量。

以她们为代表的知识型、技能型、创新型山西女性劳模群体，在平凡的岗位上默默奉献、孜孜以求，在技术创新、工艺创新和发明创造方面作出突出贡献，以"创新之光"汇聚磅礴力量，推动山西加快高质量转型发展。

二是以"大爱无疆"聚力筑牢疫情防控严密防线。新冠肺炎疫情发生后，山西派出支援湖北的医务人员中女性占比73%；全省优秀女性医务工作者发扬救死扶伤、医者仁心的崇高精神，用担当和奉献换来了山河无恙。为实现"确诊患者零死亡、医护人员零感染"目标，率先在全省完成新冠肺炎确诊患者清零任务的汾阳医院院长王富珍；扎根基层医疗卫生机构20余年，汇聚起基层医卫工作蓬勃力量，带领公共卫生服务小组，甘当先锋、尽职尽责，坚守抗疫一线的吕梁孝义市新义社区卫生服务中心主任梁萍；参与"非典"救治、汶川救援、驰援武汉，为疫情防控贡献"山西经验"，用笃行实干推动区域医卫事业高质量发展的临汾市中心医院党委书记、院长郭淑明；全心全意、尽心尽力为孕产妇服务，带领团队创医院近五年安全分娩、质量指标、收入、服务满意度等多项全院第一的山西医科大学附属忻州医院护士长王东华等。

在抗击疫情的严峻斗争中，像她们一样的山西省各行业女性劳动者挺身而出、无私奉献，在各自岗位上守土有责、担责、尽责，竭力保护人民群众生命健康，助力经济社会秩序加快恢复。

三是以"柔情担当"助力全面打赢全省脱贫攻坚战。脱贫攻坚是事关全面建成小康社会的千秋伟业，在这场没有硝烟的战争中，山西省女性党员、干部和群众倾情付出、倾力奉献，为奋力蹚出具有中国特色山西特点的脱贫之路、全面打赢全省脱贫攻坚战作出了重大贡献。使一个年人均收入不足1000元的太行山偏僻山村，在全县率先实现整村脱贫的长治市壶关县五龙山乡刘寨村党支部书记、村委会主任程玉珍；凭借精湛护理技术增收脱贫并带动贫困户“学技能”脱贫的“吕梁山护工”、吕梁市曹操到家家政公司驻北航服务站护工许连红；守望山村40余年，承担起脱贫攻坚“领头雁”、治病救人好医生、教书育人好老师、扎根基层好党员等多重角色的党的二十大代表、忻州市代县峪口乡段家湾村党支部书记、村委会主任刘桂珍；带领群众脱贫致富，将昔日又穷又破的返底村变成如今路通、树绿、百姓安康的新农村、长治市襄垣县王桥镇返底村原党支部书记段爱平等，她们用柔情和坚守为打赢脱贫攻坚战作出了突出贡献。

此外，山西省还有许许多多女劳模，在基层大地、在一线岗位、在离群众最近的地方发光发热，她们是守护孩子成长的人民教师，是守护老人健康的护理员，是守护乘客安全的公交司机，是守护居民幸福的社区工作人员……她们以卓越的劳动和忘我的拼搏开启了具有时代特色的劳模精神传承新篇章。

三、山西省女劳模群体发展特点

中国工人阶级的前途命运从来都与党的事业紧紧相连。时代不同，山西女劳模的呈现特点、地域行业、发挥作用和精神特质也不尽相同，这与山西省政治、经济、社会、文化等各领域发展的时代背景和中心任务密不可分，也足以说明山西女劳模群体始终与时代同呼吸，与祖国共命运，是一个永葆政治坚定性、思想纯洁性、行为先进性的模范群体。

（一）群体所属地域、行业特征

1. 从典型区域到覆盖全域

新中国成立初期，山西省各项事业百废待兴，劳模评选标准和条件等制度亟待建立健全。这一时期，受纺织等重点行业区位影响，山西女劳模多集中在太原、长治、晋中、吕梁、忻州等山西中部一带。伴随全省经济社会快速发展，新行业、新业态不断出现，体力劳动者与脑力劳动者并存、生产者与创业者并存，山西女劳模的构成和地域分布也发生了较大变化。在党的十八大以来劳模评选表彰中，女劳模所在区域和推荐渠道已覆盖山西 11 个市和 16 个省级产业工会（工委），女劳模的覆盖面和代表性日益扩大和增强。

2. 从以纺织等制造业为主到覆盖各行各业

1956 年之后 4 次全国劳动模范表彰大会中，山西女劳模数量少、范围小，行业多以纺织业等制造业为主。1956—1965 年，全省教育、卫生、新闻出版、文学艺术、体育等事业的发展尤为可观，推动山西女劳模评选在 1960 年全国文教群英会中，出现了第一次小高潮，表彰数量多且行业集中。之后出现了以申纪兰为代表的有重要影响力的划时代人物。1989 年全国劳动模范和先进工作者表彰大会实现了行业全覆盖，山西省受表彰的 10 名女劳模中，覆盖行业达 7 个。如今，山西女劳模已覆盖各行各业和各个领域，越来越多的高素质、高技能女性人才受到重视，竞相绽放，劳模群体多元化已成为新的时代特色，传递着劳模精神不变的精髓和时代精神永恒的内涵。

（二）群体精神特质及变迁特点

时代发展特征与劳模精神内涵二者是统一的，在一定程度上相互影响、相互依存、相互交融。随着时代变化，劳模评选的标准、范围不断变化，山西女劳模的整体形象和精神品质也在变迁，即逐渐从“苦干加巧干型”朝“知识型、技能型、创新型”方向转变，从“忘我工作”朝“发挥好对家庭和社会双重角色的独特作用”方向转变。

1. 英勇无畏、坚韧顽强的战斗精神

新民主主义革命时期，以赵春花、胡春花等为代表的山西省巾帼劳动英雄，在引领和发展太行山革命根据地的社会经济建设中发挥了积极的示范带头作用；以刘胡兰、李林为代表的巾帼战斗英雄，甘将热血沃中华，为革命取得最后胜利贡献了重要巾帼力量。

2. 百折不挠、艰苦奋斗的劳动精神

社会主义革命和建设时期，以申纪兰、成爱蓉等为代表的山西省女性劳动模范和先进工作者，带动广大群众自力更生、奋发图强，全身心投入火热的社会主义建设大潮，推动全省广大人民群众树立正确的社会主义劳动观念，为社会主义现代化建设作出了载入史册的卓越贡献。

3. 求真务实、勇开先路的改革开放精神

改革开放和社会主义现代化建设新时期，以张腊梅、邵尧霞等为代表的山西女劳模，带领全省广大女职工群众为创造中国奇迹作出山西贡献，这一时期女性知识分子和科研工作者成为劳动模范队伍中的新成员，业务精湛、技术卓越、锐意进取、敢为人先的女劳模形象更加深入人心，成为当代山西发展生生不息的精神养分。

4. 匠心独运、传承文明的家国情怀

中国特色社会主义新时代以来，以韩利萍、关改玉、程芳琴等为代表的山西女劳模勇于创新、追求卓越，承载、滋养着劳动光荣、知识崇高、人才宝贵、创造伟大的璀璨时代新风；以孙秀兰、王平等为代表的家庭文明代表，致力于建设好家庭、涵养好家教、培育好家风，持续推动社会主义核心价值观在家庭落地落细。

（三）群体时代价值

从工厂车间一线职工到知识分子和科研工作者，从传统行业职工到新就业形态劳动者……400 余名巾帼劳动模范在平凡岗位上建立的功勋将永远铭刻在共和国和三晋大地的历史丰碑上。

1. 丰富中国共产党人精神谱系

红色江山，热血铸就；精神基因，代代相传。一百年来，山西这片红色的土地铸就了伟大的太行精神（吕梁精神），是山西为中国共产党人精神谱系作出的独特重要贡献。这一贡献，凝结着山西省广大巾帼英雄和劳模的共同心血，她们用不怕牺牲、不畏艰险、百折不挠、艰苦奋斗、万众一心、敢于胜利、英勇奋斗、无私奉献的伟大品质诠释着共产党人的伟大精神，创造着三晋大地的独特气质，用精神之光照亮奋进之路。

一是如磐信仰铸就红色丰碑。抗日烽火，巾帼风采。从“生的伟大，死的光荣”的革命先烈刘胡兰，到率领独立支队骑兵驰骋太行屡建战功，被贺龙称赞是“我们的女英雄”的归国女华侨李林，从先后把三个儿子送上战场的“送儿打东洋”母亲李改花，到送军粮、做军鞋、抬担架、洗血衣，把自己全部的爱都献给了八路军的“子弟兵的母亲”胡春花……太行巾帼英雄以实际行动展现出不怕牺牲、坚贞不屈的英勇无畏，各尽所能、齐心协力保家卫国，不为名利、不思回报、无私奉献，尽妻子责任、行母亲天职的贤妻良母，生命不息、奋斗不止，这是中华妇女传统美德在党的教育、培养下的升华和发展，是太行精神的重要组成部分，值得我们充分挖掘和利用。

二是工匠精神托起航天梦想。航天梦，强国梦。她，求精准，“毫厘”不差，圆梦苍穹；勇攻关，“毫厘”不让，铸剑国防；传技艺，“毫厘”不留，甘做人梯。入职 31 年来，在近百次航天任务中，韩利萍和她的同事们用精确到毫厘的巧手铸造托举起飞跃九天的国之重器，参与见证了中国航天逐梦太空的辉煌壮举。女性技能工匠专注、细心、有韧性的特点，在操作岗位具有很强的优势，尤其是在精密加工领域更加明显。伴随传统制造向数字制造和智能制造的转变，数控技术和智能制造大量进入车间，女性技能工匠在岗位上的体力劣势正在缩小，将成为实施制造强国战略的一支不可或缺的重要力量。

三是功勋人物闪耀中华大地。1954 年，25 岁的山西省长治市平顺县西沟村女青年申纪兰当选为第一届全国人大代表，在她的积极倡导和推动下，“男女同工同酬”被正式写入宪法。从此，申纪兰踏上了“人民代表”的征途，这一走就是无怨无悔的 66 年。她曾获得全国劳动模范、全国优秀共产党员、全国脱贫攻坚奋进奖、改革先锋等荣誉，2019 年，被授予国家最高荣誉共和国勋章。2009 年，习近平总书记到西沟看望申纪兰时强调：“太行精神光耀千秋，纪兰精神代代相传。”人生不能复制，精神却能共鸣，申纪兰虽然永远离开了我们，但她留下的对党忠诚、执着为民、甘于奉献、改革创新的精神价值必将代代传递，成为实现中华民族伟大复兴中国梦源源不断的澎湃动力。

四是久久为功守住绿水青山。1989 年，24 岁的云南姑娘余晓兰随当兵复员的丈夫回到右玉县南崔家窑村，抓住县里“开发四荒”的机会，和丈夫一起承包荒山荒坡。他们开山取石围堰，拉土垫地平田，硬是将30亩乱石河滩改造成坝滩地，并在荒山坡上栽下60余万株松树。不信春风引不回，敢叫大漠换新天。这个来自彩云之南的姑娘，以极强的生命力，凭着从不向命运低头的勇气和毅力，为右玉大地播撒着春天般的勃勃生机。正是有了许许多多像余晓兰这样朴实勤劳、矢志不移的播绿者，才能凝聚出“右玉精神”这样的人类生态奇迹，让右玉青山常在、绿水长流、空气常新。

余晓兰（左一）和村民一起挑着树苗上山坡

2. 凝聚全方位推动高质量发展磅礴伟力

百年来，山西经济建设、人民生活、生态环境、整体形象实现了翻天覆地的历史巨变，如今正昂首阔步走在全方位推进高质量发展、率先蹚出转型发展新路的壮丽征程上。山西省广大女劳模是山西实现历史发展的亲历者、坚守者、发光者，她们情系三晋、心系发展，贡献才智、施展本领，长期在经济社会发展实践中积累了丰富经验，创造了丰厚价值。在潞安化工集团常村煤矿女职工创新工作室的姐妹们参与的33个技术应用和革新项目中，9项获得实用新型专利，2项获得山西省“五小六化”二等奖，共计创造经济效益415.84万元；韩利萍劳模创新工作室先后完成200余项创新成果，300余项精益提案，为企业节创价值上亿元，并培育出中华技能大奖获得者1人，航天技能大奖获得者5人，三晋技术能手19人，三晋英才21人。这样的女职工先进集体和个人，像一粒粒种子，播撒着劳模精神、劳动精神、工匠精神，凝心聚力带领全省广大女职工群众积极投身发展实践、矢志再立新功。

3. 推动社会主义核心价值观在家庭落地生根

习近平总书记指出，“要帮助妇女处理好家庭和工作的关系”“做对社会有责任、对家庭有贡献的新时代女性”。获评第一届“全国文明家庭”的孙秀兰一家（本人为全国劳动模范），“一把扫帚传三代”，以敬业的精神洁净城市的大街小巷，以良好的家风为社会树立了榜样；获评第一届“全国文明家庭”的陈玉芳家庭（本人获全国五一劳动奖章），27年共收养59名孤残孩子，资助530余名贫困家庭子女，帮助他们完成学业，成家立业；获评第二届“全国文明家庭”的王平家庭（本人获全国五一劳动奖章），夫妻二人风雨同舟、相濡以沫，用支持、成就、传承和奉献在教育战线上携手同行，传递温暖……她们，充分发挥其在社会生活和家庭生活中的独特作用，引导家庭成员既爱小家又爱国家，共同升华爱国爱家的家国情怀、建设相亲相爱的家庭关系、弘扬向上向善的家庭美德、体现共建共享的家庭追求，推动形成“小家”幸福、“大家”和谐的生动局面。

四、山西省推进女劳模成长成才

党中央历来高度重视发挥劳动模范和先进工作者的重要作用，强调要始终弘扬劳模精神、劳动精神、工匠精神。做好女劳模全面工作是工会女职工工作的重要组成部分，是工会女职工组织围绕中心、服务大局，发挥先进模范人物的榜样作用，动员和激励广大女职工群众为推动经济和社会高质量发展作贡献的重要职责。长期以来，山西省总工会会同有关部门深入学习贯彻习近平总书记关于工人阶级和工会工作、妇女工作重要论述，特别是在全国劳动模范和先进工作者表彰大会上的重要讲话精神，充分认识新形势下做好女劳模培养选树、宣传教育、管理服务等工作的重要意义，多措并举抓实抓细女劳模工作，不断提升山西省女劳模工作整体水平。培树典型方面特色鲜明、点面结合，认真做好全省先进女职工集体和个人评选表彰工作，立足省域特色，深入挖掘典型，推动一大批政治素质硬、业务技能精、口碑作风优的山西女劳模走出山西、走向全国。在弘扬精神方面丰富内涵、创新路径，精心组织开展“中国梦·劳动美”主题宣传教育和女劳模工匠宣讲活动，推动劳模精神、劳动精神、工匠精神和社会主义核心价值观深入基层一线、走进职工心里；在加强管理方面精准发力、多措并举，贯彻落实《山西省劳动模范管理办法》，研究解决新形势下女劳模工作中遇到的新情况、新问题，努力做到女劳模管理底数清、状况明、动态准。在维权服务方面真情真心、春风化雨，依法维护女劳模合法权益和特殊权益，开展常态化女劳模关爱活动，帮助广大女劳模共享高品质生活。

在推进全省女劳模全面工作过程中，山西主要积累形成了5个方面经验。一是必须始终坚持党的领导，保持女劳模全面工作的正确政治方向，使女劳模各项事业始终追随党的事业不断蓬勃发展。二是必须坚持科学理论引领，遵循各时期做好女劳模工作、弘扬劳模精神的思想行动指南，以理论上的清醒保持政治上的坚定。三是必须服务时代中心任务，以主人翁姿态和“半边天”情怀为国家和全省建设发展大局贡献巾帼力量。四是必须完善劳模工作制度，通过创新体制机制，重视、关心、爱护、服务女劳模，支持其发挥榜样带头作用。五是必须构建劳模认同体系，强化社会舆论导向，让劳动最光荣、劳动最崇高、劳动最伟大、劳动最美丽蔚然成风，激发三晋儿女以劳动筑基圆梦的豪情壮志。

五、山西省新时代女劳模工作展望

伟大事业孕育伟大精神，伟大精神引领伟大事业。党的二十大报告关于“坚持尊重劳动、尊重知识、尊重人才、尊重创造”“在全社会弘扬劳动精神、奋斗精神、奉献精神、创造精神、勤俭节约精神”“健全劳动法律法规，完善劳动关系协商协调机制，完善劳动者权益保障制度，加强灵活就业和新就业形态劳动者权益保障”“深化工会、共青团、妇联等群团组织改革和建设，有效发挥桥梁纽带作用”等重要论述，为做好新时代工会工作和劳模工作提供了根本遵循和行动指南。特别是党的二十大报告提出了实施人才强国的重大战略，要求加快建设国家的战略性人才力量，着力培养造就更多的卓越工程师、大国工匠和高技能人才，这为劳模工匠培育壮大指明了新方向、增添了新内容，进一步坚定了山西大力弘扬劳模精神、劳动精神、工匠精神，做好新时代女劳模工作的信心和决心。

往昔已展千重锦，明朝更进百尺竿。女劳模是新时代中国女性的典型代表，是伟大事业的建设者、文明风尚的倡导者、敢于追梦的奋斗者。新征程上，要把党的二十大精神和习近平总书记历次考察调研山西重要讲话、重要指示精神落实到山西省工会女职工工作全过程各方面，认真学习宣传贯彻中国工会十八大精神，大力弘扬劳模精神、劳动精神、工匠精神，讲好山西女劳模工匠的故事，更好展示可信、可爱、可敬的山西女性形象，团结动员广大女职工以更加饱满的热情、更加顽强的奋斗、更加智慧的创造朝着“两个基本实现”目标阔步前行。一是守正创新强化女职工思想政治引领。坚持不懈用习近平新时代中国特色社会主义思想凝心铸魂，深入开展主题宣传教育和女劳模宣讲活动，引领女职工群众以女劳模为榜样，深刻领悟“两个确立”的决定性意义，增强“四个意识”、坚定“四个自信”、做到“两个维护”，以忠诚可靠赓续工人阶级政治本色。二是坚持不懈组织女职工勇立时代新功。聚焦“十四五”时期国家和全省重大战略任务，广泛深入持久开展多层级、多行业、多工种的具有女职工特色的劳动技能竞赛和“五小”等群众性创新创造活动，加强女劳模创新工作室建设，激发创新活力、助推转型发展，以劳动创造担当“半边天”的使命任务。三是全力以赴提升女职工技术技能素质。以深化产业工人队伍建设改革为契机，落实女性产业工人思想引领、建功立业、素质提升、地位提高、队伍壮大等措施，引导女职工诚实劳动、勤勉敬业，敢为人先、争创一流，走技能成才、技能报国之路，以过硬本领展现时代巾帼风采。四是用心用情推动女职工共享现代化建设成果。推动健全女职工权益维护法律法规体系，高度关注新就业形态女性劳动者、女农民工等特殊群体，积极维护女职工合法权益，充分保障女职工特殊权益，加大女劳模管理服务力度，以暖心服务不断增强女职工群众获得感、幸福感、安全感。五是凝聚力量引领新时代家庭文明风尚。自觉践行社会主义核心价值观，加强家庭家教家风建设，充分发挥广大女职工特别是文明家庭代表、女劳模在弘扬中华家庭美德、树立优良家风家教方面的独特作用，引领社会主义家庭文明新风尚润泽三晋大地、充盈千家万户。

芳华百年，山西女劳模始终与梦想同行；启航远眺，山西女劳模带领三晋巾帼为推动山西省进一步加快转型发展、奋力谱写全面建设社会主义现代化国家山西篇章作出新的更大贡献！

参考文献

［1］曹荣湘. 从党的历史中汲取奋进的智慧和力量——写在《中国共产党山西历史100年大事（1921—2021）》《图说中国共产党山西历史100年（1921—2021）》出版之际［N］. 山西日报，2022-7-12.

［2］韩征天. 道德：太行山劳模群体的文化标识［J］. 采写编，2008（5）.

［3］杨海明. 山西妇女：解放战争支前忙［J］. 党史文汇，2022（3）.

［4］全国妇联党组. 中国共产党指引百年中国妇女事业阔步前进［N］. 中国妇女报，2021-7-2.

［5］李劲民，李登超. 天翻地覆慨而慷——新中国成立以来山西经济社会发展历程回顾［J］. 前进，2021（10）.

［6］中华全国总工会女职工部，中华全国妇女联合会宣传部编. 女劳模时代特征和成长规律研究报告［M］. 北京：中国工人出版社，2022.

［7］师德清. 烽火太行半边天［M］. 北京：中央文献出版社，2005.

内蒙古

内蒙古篇

北疆巾帼
亮丽风景

巾帼劳模是各族劳动人民的杰出代表，她们引领全区各族妇女，在内蒙古自治区经济发展、社会和谐进步、民族团结和睦、边疆安宁稳定、生态环境稳步改善、人民生活水平日益提高的历史伟业中，用自己的勤劳和汗水，谱写了壮丽动人的华彩乐章，建立了卓越功勋。她们不仅创造了巨大的物质财富，而且孕育了丰富的精神财富，是促进物质文明和精神文明有机统一和协调发展的典范，是劳模精神、劳动精神、工匠精神的创造者和实践者。她们是一面面鲜亮的旗帜，以自己的实际行动铸就“爱岗敬业、争创一流、艰苦奋斗、勇于创新、淡泊名利、甘于奉献”的劳模精神，成为激励全区各族人民奋勇前进的强大精神动力。

巾帼劳模不懈奋斗的壮丽图景，既是一部书写梦想的青春史诗，也是一部催人奋进的劳动史诗。本篇真实记录和充分展示内蒙古自治区巾帼劳模风采，大力弘扬宣传巾帼劳模为内蒙古自治区改革发展作出的重大贡献，唱响“劳动光荣、工人伟大”的主旋律，用巾帼劳模的先进思想和模范行为影响和带动全社会，形成勤奋劳动、诚实劳动、创新劳动、尊重劳动、保护劳动的浓厚氛围，激励全区各族妇女实现全面发展，与时俱进，开拓创新，在中国式现代化内蒙古实践中充分发挥“半边天”的作用。

一、内蒙古自治区巾帼劳模群体基本概况

自内蒙古自治区成立至 2022 年底，全区涌现出女性全国劳动模范、全国先进生产（工作）者和享受全国劳模待遇的巾帼劳动者 148 名，占全区全国劳动模范总数的 18.3%。其中，全国劳动模范 61 名，占比 41.2%；全国先进生产（工作）者 75 名，占比 50.7 %；享受全国劳模待遇的巾帼劳动者 12 名，占比 8.1%[①]。全国五一劳动奖章女性获得者 168 名，占比 38.1%。全国五一巾帼奖章获得者、全国五一巾帼标兵、全国女职工建功立业标兵 184 名；全国五一巾帼标兵岗、全国女职工建功立业标兵岗 179 个。

---

① 148 名巾帼劳模中不含被取消劳模待遇的 2 人。

（一）不同时期巾帼劳模占比

巾帼劳模占比总体呈上升趋势，改革开放和社会主义现代化建设新时期比社会主义革命和建设时期增加 1.6 个百分点，中国特色社会主义新时代比改革开放和社会主义现代化建设新时期增加 9 个百分点（见图 1）。

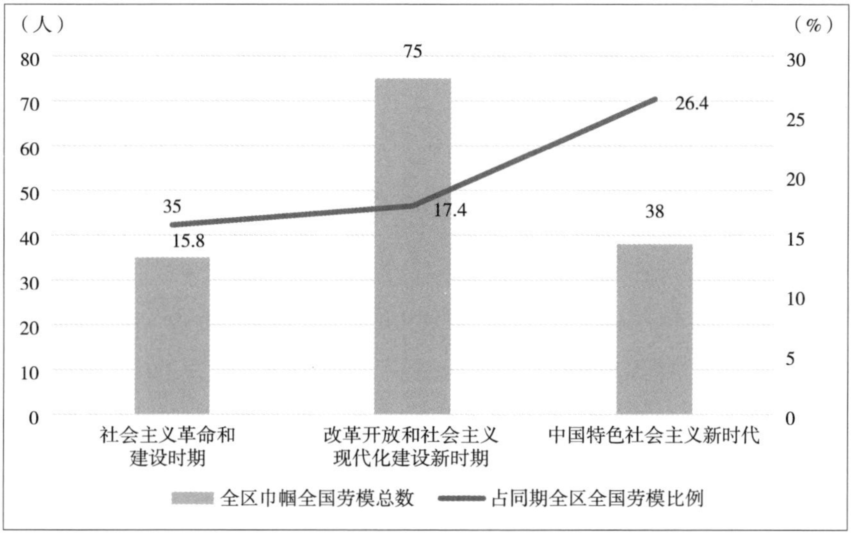

图 1　内蒙古自治区不同时期巾帼劳模情况

（二）政治面貌

在 148 名巾帼劳模中，中共党员 114 名，占比 77%；共青团员 5 名，占比 3.4%；民主党派成员 4 名（民进会员、民建会员、民盟盟员、九三学社社员各 1 名），占比 2.7%；群众 25 名，占比 16.9%。

（三）民族状况

在 148 名巾帼劳模中，少数民族 57 名，占比 38.5%。其中，蒙古族 47 名，占比 31.8%；满族 5 名、回族 3 名、鄂温克族和朝鲜族各 1 名，共占比 6.8%。社会主义革命和建设时期，少数民族劳模占比 37.1%；改革开放和社会主义现代化建设新时期，少数民族劳模占比 34.7%；中国特色社会主义新时代，少数民族劳模占比 47.4%。

（四）年龄结构

148 名巾帼劳模获荣誉时平均年龄为 40.1 岁。其中，最小年龄 16

岁，最大年龄 60 岁，平均年龄呈上升趋势。社会主义革命和建设时期，劳模平均年龄 27.8 岁，30 岁以下占比 73.1%；改革开放和社会主义现代化建设新时期，劳模平均年龄 41.3 岁，比上一时期增加 13.5 岁，41—50 岁占比 42.7%；中国特色社会主义新时代，劳模平均年龄 46.3 岁，比上一时期增加 5 岁，41—50 岁占比 47.4%，最小年龄为 34 岁。其中，18 岁以下的 2 人均来自文艺体育界。

（五）学历水平

148 名巾帼劳模的学历随着时代的发展不断提高。其中，获荣誉时大学本（专）科学历的劳模人数，改革开放和社会主义现代化建设新时期比社会主义革命和建设时期增加 36.4 个百分点；中国特色社会主义新时代比改革开放和社会主义现代化建设新时期增加 26.3 个百分点。中国特色社会主义新时代有研究生学历劳模 5 名，占比 13.2%，其中，博士研究生学历 1 名，硕士研究生学历 4 名。6 名农牧民巾帼劳模中，大学专科以上学历 4 名，高中 2 名。改革开放和社会主义现代化建设新时期、中国特色社会主义新时代的高中中专学历巾帼劳模占比，分别比社会主义革命和建设时期增加 9.2 个百分点、7.8 个百分点（见图 2）。

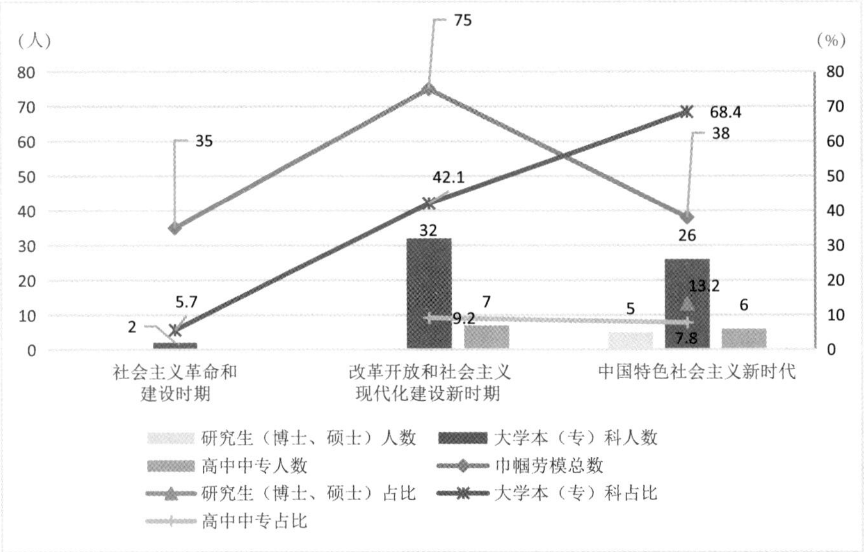

图 2　内蒙古自治区不同时期巾帼劳模高中以上学历情况

（六）专业技术人员状况

148名巾帼劳模中，获荣誉时具有初级以上专业技术资格的劳模39名，其中，社会主义革命和建设时期2名，占比5.8%；改革开放和社会主义现代化建设新时期21名，占比28%；中国特色社会主义新时代16名，占比42.1%。高级专业技术人员改革开放和社会主义现代化建设新时期比上一时期增加15.8个百分点；中国特色社会主义新时代比上一时期增加7.6个百分点。部分巾帼劳模同时具有高级工程师和高级技师专业技术资格。改革开放和社会主义现代化建设新时期、中国特色社会主义新时代的中级专业技术人员比社会主义革命和建设时期分别增加5.1个百分点、5个百分点（见图3）。

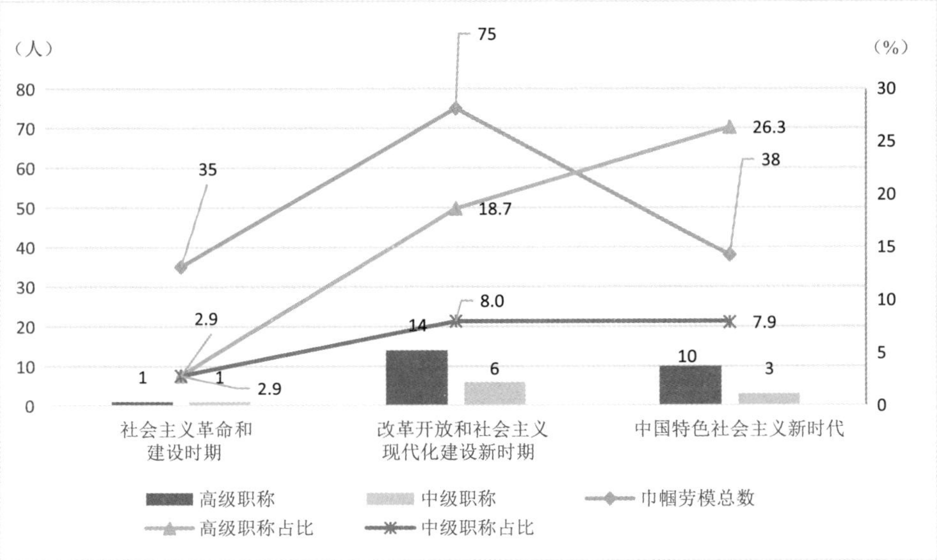

图3 内蒙古自治区不同时期巾帼劳模中级以上专业技术人员情况

（七）行业分布

148名巾帼劳模来自16个不同行业，占比排在前三位的分别是农、林、牧、渔业，教育业及制造业（见表1）。

社会主义革命和建设时期的35名巾帼劳模来自7个不同行业，占比最多的是教育业（14名），占同期巾帼劳模总数的40%。

改革开放和社会主义现代化建设新时期的75名巾帼劳模来自15个不同行业。占比较多的是农、林、牧、渔业15名，制造业11名，分别占同期巾帼劳模总数的20%、14.7%。

中国特色社会主义新时代的38名巾帼劳模来自14个不同行业，分布比较分散。占比较多的是农、林、牧、渔业7名，制造业6名，分别占同期巾帼劳模总数的18.4%、15.8%。

表1　内蒙古自治区巾帼劳模行业分布

序号	行业类别	人数	占比（%）
1	农、林、牧、渔业	26	17.6
2	教育业	23	15.5
3	制造业	21	14.2
4	卫生和社会工作	12	8.1
5	批发和零售业	11	7.4
6	国家机关、党政机关和社会团体	11	7.4
7	文化、体育和娱乐业	10	6.8
8	科学研究、技术服务和地质勘查业	7	4.7
9	居民服务、修理和其他服务业	6	4.1
10	交通运输、仓储和邮政业	5	3.3
11	水利、环境和公共设施管理业	4	2.7
12	金融业	3	2
13	信息传输、软件和信息技术服务业	3	2
14	建筑业	2	1.4
15	电力、热力、燃气及水生产和供应业	2	1.4
16	住宿和餐饮业	2	1.4

随着时代发展和内蒙古自治区区情变化，劳模评选的标准、范围不断变化，每个时期的巾帼劳模都体现了该时期内蒙古自治区政治、经济、

科学文化、生态环境等发展重点，呼应了时代的需要，是时代发展的产物。无论时代如何变迁，内蒙古自治区坚持把发展农牧业和生态建设放在重要位置，社会主义革命和建设时期、改革开放和社会主义现代化建设新时期、中国特色社会主义新时代农牧民巾帼劳模比例分别为11.4%、17.3%、15.8%，呈基本稳定态势。随着产业工人队伍不断壮大，女职工不断增加，巾帼劳模不断向各行各业扩展，形成行行出状元、行行有榜样的比学赶帮超浓厚氛围。

二、内蒙古自治区不同时期的巾帼劳模概貌

在不同的历史时期，随着政治地位提高、教育程度提升、岗位行业多样化拓展，巾帼劳模在平凡的岗位上创造出了辉煌业绩，展现出各具特色的时代风采。

（一）积极投身社会主义革命和建设

巾帼劳模是中国妇女以劳动实现自我解放的优秀代表群体，是在中国共产党领导下投身社会主义革命和建设的巾帼英雄。毛泽东主席指出："要真正求得社会解放，就必须发动广大的妇女参加；同样，要真正求得妇女自身的解放，妇女们就一定要参加社会解放的斗争。"1952年，中共中央内蒙古分局书记乌兰夫在内蒙古自治区妇联一届四次执委扩大会议上强调，"要大量培养妇女干部，健全各级妇联组织，并把所培养的妇女干部输入到各个部门、各种岗位上去，以适应中华人民共和国建设需要"。

在内蒙古自治区党委、政府的领导下，全区各族城乡妇女在政治、经济等方面的主人翁地位不断提升，她们把自己的命运与国家和民族的命运紧密联系在一起。农村妇女参加农、牧、林业生产劳动，城市妇女广泛就业，在短时间内更多的妇女走出家庭、走向社会，由"家庭中人"转变为"社会中人"。

内蒙古自治区成立初期，国民经济和社会发展第一个五年计划提出"大力发展以互助合作为中心的农业生产，支援国家社会主义工业化，大

力支援国家重点建设，特别是包头工业基地的建设，按计划积极发展地方工业、林业、运输业、邮电、商业、教育、卫生、文化等事业”“完满实现国家计划，为改变自治区经济文化的落后面貌奠定初步基础”。各族妇女积极响应各级党委、政府的号召，以国家需要为己任，积极踊跃支援边疆建设。她们为推进新型工业化、农牧业化进程，忘我工作、刻苦学习。工矿企业、文化教育卫生和商业战线女职工立足岗位，学习科学技术，参与技术攻关，立足岗位成长成才、建功立业；越来越多的农牧区妇女学会了科学种田、科学养殖与放牧。

全国先进生产者、包头钢铁公司（以下简称“包钢”）炼焦专家唐嗣孝，1957 年告别了鞍山钢铁公司车间主任岗位，带着支援边疆建设的神圣使命，来到了一片荒芜的包钢建设工地，每天和工人们冒着风沙奋战在施工一线，被职工誉为“身不离焦炉的好干部”。为发挥本区煤炭资源优势，她带领科技人员深入内蒙古、宁夏等地煤矿调查，组织 300 多次试验炼出合格焦炭，被称为“全国第一个女炼焦车间主任”。

20 世纪 60 年代初，广大农牧区妇女主动为国分忧，在既要参加农牧业生产，又要照顾父母、儿女的双重任务下，克服家庭生活并不富裕、生活物资紧缺等各种困难，主动承担了内蒙古自治区从上海、江苏、浙江、安徽等地接回 3000 多名“国家孩子”的抚养重任，体现草原母亲的博大胸怀。在国家责任背后流淌的是民族文化的大爱无疆，生动诠释了中华民族大家庭中各族同胞亲如一家、守望相助的血脉联结。习近平总书记在参加第十三届全国人大四次会议内蒙古代表团审议时曾高度评价：“新中国成立后，内蒙古创造了‘齐心协力建包钢’‘三千孤儿入内蒙’等历史佳话。”

（二）积极参与改革开放和社会主义现代化建设

党的十一届三中全会以后，巾帼劳模以主人翁精神积极投身全区改革开放大潮，既是生产的尖兵又是改革的弄潮儿，为建立和发展社会主义市场经济，推进内蒙古自治区生态建设、农牧业产业化、新型工业化、城镇化，全面建设小康社会创先争优、拼搏进取。在“科学发展，富民强区”的伟大实践中，依靠诚实劳动创造财富，书写了一曲曲出彩人生、梦想成真的动人华章。

1. 在各行各业发挥模范带头作用

改革开放以后，巾帼劳模覆盖面大范围扩展，进入“行行出劳模”的时代。她们有的扎根农牧区，带领乡亲们劳动致富、科技致富，创造了富裕生活；有的奋斗在生产一线，爱岗敬业、勤奋钻研，用坚强意志推进技术创新和产业升级；有的潜心科研，带领团队攻关发明创造，着眼高质量发展，打造创新驱动经济发展新动能、新引擎；有的在三尺讲台，为提高民族科学文化素质呕心沥血、春蚕吐丝；有的悬壶济世，医者仁心，尽职尽责为人民群众健康当好守护神；有的热心服务乘客、当好城市文明的美容师；有的迎着改革春风，锐意进取，解放思想，成为叱咤风云的企业管理者；有的成为强化思想政治工作和党风廉政建设的管党治党第一责任人。她们是专业的理财规划师，是推行民主管理、维护职工权益的工会好干部，是强化班组管理的生产班长，是为群众排忧解难的好公仆，是解决群众操心事、烦心事、揪心事，被誉为“百姓贴心人”的社区带头人，是传递党的声音和关怀，为广大农牧民送去精神食粮的乌兰牧骑演员，更是身残志坚、多次打破世界纪录的国际赛场冠军。她们的岗位平平凡凡，她们的事迹轰轰烈烈。

2. 为富民强区贡献智慧力量

为实现“科学发展，富民强区”战略，巾帼劳模紧密结合实际，带头参加自治区“研发 + 示范 + 主体”“项目 + 基地 + 企业”“科研院所 + 高校 + 生产单位 + 龙头企业”“首席专家 + 科技骨干 + 科技指导 + 农户”“四级联创”。她们充分学习应用新科技，提高自身文化科学技术素质，引领各族妇女互帮互助，科技致富、勤劳致富，推动形成了“学文化、学技术、比成绩、比贡献”“巾帼建功”的学习创新、科技致富氛围。

（1）为生态建设科学发展创新创效

全国先进工作者、内蒙古农牧草原勘察设计院研究员邢旗，应用遥感技术开展草原资源调查、草畜平衡动态监测，行程几万千米，更新了101个旗县草原资源本底数据。她坚持数年深入牧区进行草原工程规划设计和划区轮牧、退化草地治理，指导农牧民引种栽培优良牧草、人工草地种植和青贮。30多年来，她编辑出版专著及论文集8部，编制地方和行业技术标准8项，发表论文40余篇，编制规划、可研报告500余项，编制农牧民培训教材30余万字，为草畜平衡发展、改善生态环境、农牧民科技致富贡献智慧和力量。

全国劳动模范、阿龙山森工公司女子造林十一队队长杨金华，带领集科学化、规范化于一体的专业女子造林队，足迹遍布35万公顷阿龙山，平均每年造林6000亩，累计造林近80000亩，当年成活率、三年保存率均高出国家标准十余个百分点，连续多年名列同行业榜首。

杨金华（右）记录人工种植的西伯利亚红松幼苗生长数据

（2）为农民科技致富潜心研究，贴心服务

全国劳动模范、赤峰市农牧科学研究所蔬菜研究中心研究员王秀芝，以不达目的誓不罢休的劲头投入科研工作，主持和选育“赤研系列”15个辣椒新品种，在内蒙古、广西、云南等14个省区广泛推广应用。30多年来，她坚持深入田间地头调查研究，积累了百余本翔实的田间数据和记录，针对农民生产中的技术难题开展集成示范和技术培训，推广新技术新产品，为广大农民送技术、送服务，成为农民的技术贴心人。

（3）先富帮后富，带领乡亲共同富裕

巾帼劳模不仅自己走上了致富路，还满怀让大家共同富裕的愿望，带领乡亲们共同脱贫致富奔小康。全国劳动模范、鄂尔多斯市农民周玉莲带头成立妇女科技服务队，为农民提供种沙棘采果实一条龙服务；成立妇女科技致富协会、养殖协会，为农民解决种养、销售难题；成立妇女学校、文化室、文艺宣传队，学习宣传党的方针政策和科学文化知识，提高妇女素质。全国劳动模范、巴彦淖尔市牧民乌兰其其格坚持“种养结合、科技兴牧、多种经营”，投资4万元围封草场3800多亩，实现季节性轮牧，带动嘎查牧民围封草场12万亩，开垦饲料地100多亩。打机井、修水渠、架高压线，实现水电配套、节水灌溉。在开展“三结合致富链”中，帮助36户贫困户脱贫。多次带头为农牧民捐款、借款，帮助困难户渡过难关。

（三）在中国特色社会主义新时代开拓创新

党的十八大以来，中国特色社会主义进入新时代，党和国家坚持“以人民为中心”的发展思想，不断回应人民对美好生活的向往。巾帼劳模牢记习近平总书记先后三次到内蒙古考察和连续五年参加全国两会内蒙古代表团审议时对内蒙古提出的殷切希望和嘱托，以铸牢中华民族共同体意识为主线，始终心向党，心向党中央，为完成把内蒙古建设成为我国北方重要生态安全屏障、祖国北疆安全稳定屏障、国家重要能源和战略资源基地、农畜产品生产基地，我国向北开放重要桥头堡的“五大任务”，在全方位建设“模范自治区”中奋勇争先、顽强拼搏，在“建设亮丽内蒙古，共圆伟大中国梦”征程中踔厉奋发、勇毅前行。

1. 做给妇女看，带着妇女干

巾帼劳模在决胜全面建成小康社会、决战脱贫攻坚中，充分挖掘当地资源优势，采取农牧民专业合作社、建设示范基地、“线上＋线下”、“课堂＋田间”等模式，面向广大妇女持续送知识、送技术、送信息、送致富。通过自动化、数字化、智慧化等先进技术，建设可持续发展的智慧农业和养殖业等特色产业，利用互联网销售产品。她们用自己的勇毅担当和创新精神，激励各族妇女树立“我要脱贫、立志脱贫”信念，掌握“能力脱贫、创业脱贫、巧手脱贫”技能。

全国劳动模范、阿拉善右旗李菊兰在北京创业成功后，2008年和丈夫一起回到家乡，以“一个人富了不算富，家乡人都富了才算富”的精神鞭策自己。他们在嘎查成立集种养结合、饲料加工、生态养殖、加工销售于一体的生态养殖园，采取“公司+基地+农户”模式，对嘎查退牧还草的牧民进行专业技术培训指导，鼓励牧民树立“只要敢打敢拼，就没有办不成的事”的理念，引领乡亲们参加养殖业，为家乡剩余劳动力提供就业空间，同时也帮助了牧民改善工作环境、提升了生活品质。

全国劳动模范、呼伦贝尔市乌奴耳林业局苗圃班班长乌日娜秉承“林草兴则生态兴”理念，带领劳模创新工作室团队，实施驯化新品种、改进老树种，引进推广野生赤芍等中药材，无偿给种植户提供苗木、种植中药材技术和市场信息，提高种植户经济收入。用自己“一点一片不算绿，绿水青山才是美”的实际行动书写着一代林业人热爱林区、服务林区、奉献林区的绚丽篇章。

全国先进工作者、通辽市科尔沁区团结街道百花新城社区党支部书记、社区主任邢宇艳筹集资金建成清洁服务、家护服务、维修服务、搬运服务和庆典服务等五大系列的“社区下岗再就业服务基地”，安置下岗职工千余人，实现上岗一人、脱贫一家、温暖一家。

2. 厚植劳模工匠文化，传承劳模工匠基因

劳模工匠创新工作室是推动职工群众技术攻关、技术革新和技术发明的有效载体，为集聚人才、集智创新技术提供了“大舞台”和“练兵场”。内蒙古自治区人民政府提出统筹利用高技能人才培训基地、技能大师工作室、职工创新工作室、劳模和工匠人才创新工作室，强化产业工人创新能力，发现、培养高技能人才。内蒙古自治区总工会印发《关于进一步深化职工创新工作室创建活动的意见》，鼓励巾帼劳模创建劳模工

匠创新工作室，创建内容从传统的技术革新、创新创效向行业规范、技术标准制定等领域拓展。巾帼劳模发挥团队集体智慧和高技术、高技能优势，把职工群众技术创新活动融入国家创新体系、企业研发链条。引领带动职工积极围绕生产经营管理的重点、难点问题，开展技术培训交流、技术攻关。她们既有创新成果，又有业务理论成就，同时发挥了师带徒、传承绝技的“传帮带”作用，推动了知识型、技能型、创新型人才队伍建设。

全国劳动模范、北方联合电力有限责任公司达拉特发电厂高级工程师、高级技师郑桂杰编写发电厂继电保护检验规程和华能集团的业务指导规程，研究解决生产现场各类疑难技术问题 90 余项，消除了 20 多起重大设备安全隐患。以她名字命名的国家级技能大师工作室成立以来，积极引领职工学技术、学技能。工作室 10 名成员在内蒙古自治区华能集团技能大赛获奖，其中 1 人获得全国电力行业技术能手称号。

3. 奋战“疫”线显担当，巾帼英姿别样红

在抗击新冠肺炎疫情的工作中，巾帼劳模为了百姓安全，舍小家、顾大家，迎难而上、冲锋在前。全国先进工作者、内蒙古人民医院呼吸与危重症医学科主任医师云春梅，2003 年英勇战斗在抗击“非典”第一线，2020 年她又临危受命，担任内蒙古全区防控指挥部医疗救治组呼吸与危重症专业组长，率领团队奔赴自治区多个抗疫一线和湖北疫情中心。在抗击疫情第一线，她提出精准个体化治疗方案，指导当地医院医疗救治工作，为全区医护人员举办了多期新冠肺炎诊疗方案线上培训，通过微信群为基层医生答疑解难，使每一位患者都能得到及时救治。

全国先进工作者、呼和浩特市回民区通道街办事处三顺店社区居民委员会党支部书记李一芝建立多元主体参与的“蜂巢社区”，在抗击新冠肺炎疫情时以身作则，带领社区工作人员和志愿者，建立联防联控防线，做好服务保障。小区垃圾难清理，她是清洁工；供暖管道出故障，她是维修工；邻里之间闹矛盾，她是调解员……多年来，她坚持为居民排忧解难，被称为居民的“贴心人”。

李一芝（左五）和社区乌兰牧骑队员开展《民族团结一家亲》演出节目排练

三、内蒙古自治区巾帼劳模的精神特质与发展机制

巾帼劳模是内蒙古自治区改革发展的见证者、参与者、奉献者。劳模群体的历史变迁体现出不同行业在不同时代的发展变化，但其共同的成长规律是：坚持中国共产党的领导，始终坚定不移听党话、跟党走；始终把自己的前途命运与国家和民族的命运紧密联系在一起，坚定不移贯彻党的民族政策，铸牢中华民族共同体意识，积极投身模范自治区建设。始终以坚定的理想信念、砥砺实干的工作作风、敢于担当的责任使命，立足平凡岗位，践行爱岗敬业、争创一流、艰苦奋斗、勇于创新、淡泊名利、甘于奉献的劳模精神，崇尚劳动、热爱劳动、辛勤劳动、诚实劳动的劳动精神，执着专注、精益求精、一丝不苟、追求卓越的工匠精神。用卓越的成绩践行着“吃苦耐劳、一往无前，不达目的绝不罢休”的“蒙古马精神”。

（一）精神特质

不同时期的巾帼劳模群体呈现多行业、多样化特点，体现不同历史阶段的工作重心和对不同劳动价值的肯定。巾帼劳模总趋势是逐渐从“苦干加巧干型”向“知识型、技能型、创新型”方向转变；从倡导“甘当老黄牛”向强调“创造性劳动”方向转变；从强调“忘我工作”向提倡“发挥好对家庭和社会的独特作用”方向转变。随着内蒙古自治区经济社会的发展变化，新行业、新业态不断出现，巾帼劳模向不同系统或行业逐步扩展。

1. 爱岗敬业，争创一流

巾帼劳模在各行各业发挥模范带头作用。巾帼劳模始终坚持“标准上高人一等，行动上严人一等，贡献上超人一等”的信念，以精益求精、追求卓越的品质立足岗位，刻苦钻研、勇于奉献，为各族妇女树立了学习榜样。这当中有坚持“三不离机”“四不开机”，提高利用率、节约维修费的全国劳动模范、内蒙古兴业集团股份有限公司搅拌机操作员闫序秋；有以“四勤、一准”“接一待二联系三”赢得顾客信任的全国劳动模范、包头市百货大楼售货员张丽华；有既是司机又抱粪桶、淘粪坑，被称为“信得过送肥车”的全国先进工作者、包头市清洁工张新玉；有自费配备便民急用品，做到“七要”“四心”“三主动”，为乘客营造温馨舒适乘车环境的全国劳动模范、乌海市公交乘务员邬紫梅；有以优质服务实现 GSM“村村通”的全国劳动模范、中国移动乌拉特前旗分公司刘改兰；有不怕脏、不怕累的全国劳动模范、包头市银河广场驯鹿饲养员李丽娜；有用蒙汉双语深入牧区宣传环境保护知识，严格监督水源地、医废污水处理的全国先进工作者，锡林浩特市污染物总量控制股股长，经济师乌兰；有牵头编写管理规章，观察分析生产中的薄弱环节，提出多个项目改进方案并主持实施的全国劳动模范、包头铝业有限公司检修维护中心生产科工程师赵晓燕。

2. 敢为人先，不断开拓创新

党的十九大报告指出，建设知识型、技能型、创新型劳动者大军是加快建设创新型国家与现代化经济体系的必然条件。伴随新型经济增长方式的产生，新产业、新职业、新工种和新技术、新材料、新设备、新工艺层出不穷。只有建设知识型、技能型、创新型职工队伍，才能提升对世界经济发展变化的认识水平、判断能力。巾帼劳模以高度的责任感和使命感，把知识和智力要素融入工作中，注重知识和技能积累，勇于攀登创新技术高峰，围绕生产经营中的难点，开展技术革新和技术改造，创造了可观的经济效益；带头传承技能技艺，培养高素质技能人才，引领职工塑造“忠诚、敬业、创新、奉献”的职业精神，走技能成才、技能报国之路。

内蒙古一机集团高级工程师唐章媛、李忠梅、邢晓红分别是1989年、2005年、2010年全国劳动模范。她们坚持数十年如一日，刻苦钻研、攻克难关，完成多项国家级、自治区级重大科研项目的研发、设计与制造工作，多项成果获奖，有些项目填补国家技术领域的空白，成为本领域有重大影响的专家能手。唐章媛几十年担任多种军民产品设计研制工作，为贯彻落实“保军转民”方针，她转向负责工厂民品的设计开发工作，先后组织进行了奔驰重型卡车引进项目国产化；组织完成散装水泥罐车、重油罐车、轻油罐车、平板拖车、粮食车等多种奔驰底盘汽车变形车设计试制，散装水泥、扩容铝粉等多种铁路罐车、大马力推土机的开发试制，并顺利投入批量生产，为工厂实现军民结合的重大转折作出了新的贡献。伊克昭盟气象局原气象预报员贺勤30年坚持研究总结伊克昭盟气象规律，发表30多篇学术论文，为工农业生产和人民群众生活提供准确的气象服务。1995年、2000年两次当选全国劳动模范的包头市第四职业高中校长赵士莹，编写切实可行的服装专业教材，探索科学教学、产教结合、勤工俭学的职业教学，创办开发课堂，培育了大批专业技术人才，解决青年就业创业问题。赤峰市农业科学研究所研究员翟兆屯和呼伦贝尔市农业技术推广服务中心研究员卢亚东长期深入基层从事农业技术推广和科研工作，为农牧民科技致富提供科技服务。

3. 服务社会，扎根人民群众

巾帼劳模引领基本公共服务的发展。内蒙古自治区成立初期，因地域辽阔，人员居住分散，交通不便，文化教育、医疗卫生基础薄弱，商品供应匮乏，影响着各族群众的生活品质。20世纪50年代，中共中央内蒙古分局制定了“大力进行符合内蒙古自治区民族特点、地区特点的经济建设，发展工、农、牧、林业生产，改善人民的生活”“特别是发展民族文化、教育、卫生事业，适应蒙汉各族人民对文化的需求，适应社会对教育的期望，改善医疗条件”等一系列重大决策。在教育、医疗卫生和商业战线的巾帼劳模埋头苦干、任劳任怨、无私奉献，赢得了人民的尊重。全国先进生产者、昭乌达盟医院原护士长石秀芬，在当时没有配备吸痰器的条件下，为了抢救生命垂危的病人，硬是多次将窒息病人的痰液吸入自己口中，使病人转危为安。全国劳动模范、“老蒙医继承人”正蓝旗蒙医综合医院斯日古楞，无论是严寒酷暑还是白天黑夜，无论是路途遥远还是拉荒越野，只要收到求助马上就出发，尽可能以最快的速度到达病人身边，为众多病人争取宝贵救治机会。

为人民歌唱，为时代讴歌，“红色嫩芽”绽放草原。以全国“最美奋斗者”集体——苏尼特右旗乌兰牧骑为代表的各旗县乌兰牧骑，是女演员占大多数的文艺群体，她们始终以为广大农牧民传递党的声音和关怀、送去欢乐和文明为己任；始终坚持深入基层演出，把经济信息、科技知识、致富门路等惠民服务送到千家万户；始终弘扬乌兰牧骑的优良传统，扎根生活沃土，笑对酷暑严寒、荒原沙海，同广大农牧民同吃、同住、同劳动。牧场毡包、田间地头、林场哨卡、厂房车间，甚至乡亲的炕头，

2022 年苏尼特右旗乌兰牧骑开展民族政策宣传月活动

都是她们的舞台。这种适应农牧区交通不便、人口居住环境分散，贴近群众、贴近生活，融入基层的文艺形式，深受各族群众欢迎。群众称她们是社员、宣传员、演员、保健员、理发员、投递员、炊事员、售货员等身兼数职的“八大员”。1964 年《人民日报》在“四赞”乌兰牧骑的短评中，盛赞乌兰牧骑是“文艺战线上的好战士”“为广大的文艺工作者树立了榜样”。2017 年 11 月，习近平总书记回信勉励乌兰牧骑“要永远做草原上的红色文艺轻骑兵”。

4. 吃苦耐劳，不达目的绝不罢休

巾帼劳模是“蒙古马精神”的践行者。“蒙古马精神”是中华民族的宝贵精神财富。蒙古马的优秀品质，早已深深镌刻在内蒙古各族儿女的灵魂深处，成为激励人们自强不息、不断向前的强大精神力量。习近平总书记在考察内蒙古时指出，干事创业就要像蒙古马那样，有一种吃苦耐劳、一往无前的精神。正是因为有了千千万万个她们顽强拼搏、不畏艰险，内蒙古的各项事业才得以爬坡过坎、薪火相传；正是因为有了这样宝贵的精神品质，内蒙古才能战胜一切艰难困苦，激励各族人民共同奋斗，取得内蒙古自治区 70 多年的辉煌成就。

全国劳动模范、鄂尔多斯市乌审旗农民殷玉珍，传承乌审旗老一辈治沙英雄改造沙漠、建设草原、改天换地的艰苦奋斗精神，凭着“宁可种树累死，也不能让风沙欺负死”的决心，自 1985 年起，在“黄沙滚滚半天来，白天屋里燃灯台，行人出门不见路，庄稼牧场沙里埋”的恶劣自然环境下，自筹经费，历尽艰辛，坚持不懈与漫天肆虐的黄沙展开殊死搏斗，在屡败屡战中摸索出了压风障、种灌木、挡风固沙、蓄水保堤的植树治沙办法，建成了近 6 万亩的沙漠绿洲，将 3 万亩荒沙荒漠变成沙海公园。她自筹和向上级争取投资 4000 多万元建设集餐饮、住宿、休闲娱乐、运动健身、治沙教育于一体的沙漠生态示范园，实现了她当年“前半辈子种树治沙，后半辈子我要吃沙，沙里淘金”“拿生命成就绿色，用绿色舒展生命”的誓言。

毛乌素沙地的“金凤凰”殷玉珍

5. 守望相助，推动共同富裕

巾帼劳模在发展“三农三牧”中引领各族妇女共同致富。“三农三牧”问题是关系国计民生的根本性问题，是社会生存和发展的重要基础，是实现“两不愁三保障”的首要前提。巾帼劳模在服务“三农三牧”的战场上，在富民兴农牧的战线上，在脱贫攻坚、全面乡村振兴的大道上，自立自强、勇于创新，寻找发展新模式，做懂技术、会经营、善管理的新型农牧民。

宝花开拖拉机帮牧民拉货

全国劳动模范、巴彦淖尔市牧民额尔敦苏，科学养畜、引农入牧、以牧促农、农牧结合、科技致富，帮扶贫困牧民脱贫致富。全国劳动模范、鄂尔多斯市杭锦旗牧民吉木斯返乡创业，2008 年发起成立养殖专业合作社和活畜交易市场，吸收社员 320 户，年出栏育肥羊

30000多只。全国劳动模范、阿拉善盟牧民宝花，大学毕业后响应党的号召，易地搬迁创业，通过“基地＋合作社＋农户＋公司”养鸡合作社、农牧民山羊专业合作社、绿洲沙草产业综合养殖公司，指导农牧民以锁阳等特色沙草为主要饲料，科学饲养鸡、羊，并用先进科技在梭梭根部试种苁蓉，挖掘利用本地资源优势，带领更多的乡亲走上共同致富道路。全国劳动模范、阿拉善盟返乡创业牧民永青加布，坚持建设草原、改良育种、科学饲养的现代化经营，投资建设围栏草库伦、塑料育种暖棚，封滩育林，实现草原封畜围栏化，主动承担嘎查100亩饲料基地灌溉种植管理，为20多户牧民无偿提供饲料60多万斤。

6. 互帮互助，传承优良家风

英雄谱上多红雁，中流砥柱半边天。巾帼劳模群体是中国妇女实现自我解放和全面自我发展的优秀代表与先进楷模。她们以劳动实现自我解放和推动经济社会发展，在平凡的岗位上铸就不平凡业绩，既发挥了中国妇女先进群体的引领作用，又发挥了照护家庭和养育后代等在社会生活中的独特作用，许多巾帼劳模获评全国最美家庭、全国文明家庭、全国道德模范、十杰母亲等荣誉。赵晶是内蒙古一机集团的一名数控车工、高级技师，获评全国三八红旗手标兵、中华技能大奖等荣誉，享受国务院政府特殊津贴。丈夫刘伟和赵晶一样，也是一名车工，有着共同

赵晶（左二）与工作室成员商讨攻关方案

语言的两个人经常一起研究工作，探讨技术，互相弥补差距，长期下来，两人都有了长足的进步。作为生产攻坚的骨干，夫妻经常需要加班加点，对儿子的生活基本很难照顾。空闲时候，一家人坐在一起交流思想，夫妻谈谈工作，儿子汇报学习情况，互相引导、互相借鉴，也让彼此的心更加贴近。一家人融洽和睦，以小家的力量推动企业发展，用人民兵工精神践行幸福之家，2022 年他们被评为“全国最美家庭”。

草原母亲的博大胸怀、无私奉献精神在内蒙古大地代代相传。全国劳动模范、呼伦贝尔市牧民米德格玛和她的丈夫，几十年来收留帮助了 25 名残疾智障者、老人和孩子，帮助多名贫困牧民脱贫，多名贫困儿童完成学业。全国先进工作者、呼和浩特市清泉街社区党总支书记武荷香，30 多年无偿照顾社区 18 位孤寡老人、6 位残疾人、4 名孤儿。全国劳动模范、鄂温克族自治旗牧民孟根图亚，心怀“做人首先要善良，其次要勤劳”的淳朴想法，既是带领乡亲致富的领头人，又是助人为乐的热心人。她几十年如一日细心照顾年迈的父亲和公公，谁家有人生病了，谁家缺钱了，谁家有困难了，都愿意找她。她帮助邻里乡亲走上勤劳致富之路，成了家庭的主心骨、女性的好榜样、邻里的好帮手、牧民的贴心人。提到孟根图亚，身边的人就会如数家珍地叙述着她温暖人心的故事。

（二）发展机制

内蒙古自治区党委政府以及各级工会组织对劳模工作高度重视。为了充分发挥劳动模范在经济社会发展中的模范带头作用，不断加强和规范全区劳动模范的服务管理工作，从 1949 年内蒙古自治区首届劳动模范大会起，经过 70 多年的实践，内蒙古自治区逐步形成了从评选表彰到提升待遇、服务管理的劳模工作机制。

1. 建立健全评选机制，畅通劳模选树渠道

评选劳模是劳模工作的重要环节，是保证劳模质量的关键。内蒙古自治区普遍建立了自下而上的劳模推荐制度，严把结构比例关，劳模评选向一线倾斜；建立工作人员问责制度，严明评选纪律；坚持两审三公

示，严防弄虚作假，确保评选质量关。为彰显女性在促进经济发展、推动社会进步中的作用，内蒙古自治区坚持把确保巾帼劳模比例作为劳模评选的重要指标。巾帼劳模占各时期劳模总数的比例从15.8%逐渐提升至17.4%至26.4%，呈逐步上升态势。

2. 建立参政议政机制，提高劳模政治地位

优先推荐劳模作为党的各级代表大会代表候选人、各级人民代表大会代表候选人、各级人民政治协商会议委员人选，在各级工会、共青团、妇联等群团组织代表大会及其领导机构中，巾帼劳模应占一定比例名额；重要庆典、纪念活动或重要会议邀请劳模参加或列席，有力提升了各族妇女参与政治和管理公共事务的能力。

3. 建立健全培育机制，搭建劳模成长平台

为增进全区各行各业劳动模范之间的联系和交流，关心劳模的学习、工作和生活，强化劳模自我教育、自我管理、自我服务、自我发展作用，内蒙古自治区总工会与各级工会倾力打造“劳模之家”，开设劳模工匠讲堂、职工创新成果网上展示馆、创新成果评审、劳模（北疆工匠）申报管理系统等多个线上平台。培育选树“劳模创新工作室”，与职业院校合作建立工匠学院，促进巾帼劳模的学习交流和培养。

4. 建立健全关爱机制，解除劳模后顾之忧

内蒙古自治区始终坚持以人为本，心系劳模，真挚爱护，把实现好、维护好、发展好劳模的权益，作为做好劳模工作的出发点和落脚点，让广大劳模共享改革发展成果。2005年、2006年，内蒙古自治区人民政府先后下发了《内蒙古自治区人民政府关于改善提高劳动模范和先进工作者待遇的意见》《关于〈内蒙古自治区人民政府关于改善提高劳动模范和先进工作者待遇的意见〉有关问题的通知》，对自治区（省部）级以上劳模加发养老金、荣誉津贴、体检等所享受待遇作出了详细规定。各地严格落实自治区政策，同时相继制定本地区关爱劳模措施，提高劳模荣誉津贴，发放低收入补助、困难帮扶金，定期组织体检及安排疗休养等，在报考区内成人高等院校等方面给予优待，其子女在接受高中阶段教育

时，予以适当照顾。

5. 建立健全宣传机制，营造学习劳模的氛围

内蒙古自治区总工会着力加强与主流媒体的协作，拓宽渠道、创新方式，不断加大劳模工匠宣传力度，在内蒙古电视台《新闻联播》中开设“劳动者风采”专题、在《内蒙古日报》上开设“劳动者故事”专栏等，让劳模走进荧屏、走进电台、走进报纸，依托主流媒介让劳模的先进事迹得以广泛宣传。充分发挥工会宣传阵地作用，在内蒙古自治区总工会网站开设“劳模视窗”“人物写真”等栏目，在《内蒙古工运》上设立“封面故事”“时代楷模”专栏，同时各级工会充分利用微信公众号、App、抖音、短视频等新媒介，及时、生动宣传各行各业劳模感人事迹；积极打造劳动公园、劳模林、劳模展览馆，举办劳模工匠事迹报告会、大讲堂，让劳模精神、劳动精神、工匠精神走进企业班组、社区、校园，宣传巾帼劳模崇高的理想信念、卓越的劳动技能、朴实的劳动态度、创新的劳动品格，在广大妇女中营造出了见贤思齐、崇尚英模、争当先锋的浓厚氛围。

四、内蒙古自治区巾帼劳模发展展望

奋进新征程，扬帆再出发。党的二十大站在民族复兴和百年变局的制高点，擘画了全面建设社会主义现代化国家、全面推进中华民族伟大复兴的宏伟蓝图。站在新征程的起点上，内蒙古自治区将继续大力弘扬劳模精神、劳动精神、工匠精神、奋斗精神、奉献精神、创造精神、勤俭节约精神，让“劳动光荣”成为时代强音，让“勤奋做事、勤勉为人、勤劳致富”在全社会蔚然成风，为建设现代化内蒙古自治区提供强大精神支持，为实现中华民族伟大复兴的中国梦凝聚强大精神动能。

（一）弘扬“三个精神”，为内蒙古自治区高质量发展赓续奋斗力量

劳模精神、劳动精神、工匠精神，是中国共产党人精神谱系的重要组成部分。习近平总书记指出，劳模精神、劳动精神、工匠精神是以爱国主义为核心的民族精神和以改革创新为核心的时代精神的生动体现，

是鼓舞全党全国各族人民风雨无阻、勇敢前进的强大精神动力。一个国家和民族的发展不仅需要物质基础强有力的保障，同时也离不开精神文化的支撑。要继续培育和弘扬劳模精神、劳动精神、工匠精神，以多种劳模实践活动，汲取巾帼劳模群体蕴含的重要精神力量，将劳模精神、劳动精神、工匠精神“润物细无声”地广泛渗透于广大妇女之中，激励各族妇女自觉把个人奋斗融入党和人民群众团结奋斗的历史洪流，在推动内蒙古自治区高质量发展的广阔舞台绽放“铿锵玫瑰”的绚丽风采；引导广大妇女不仅在经济社会发展中建功立业、激扬巾帼之志、勇担时代之责，也在社会家庭建设中发挥独特优势，弘扬向上向善的家庭美德、体现共建共享的家庭追求，使家庭成为国家发展、民族进步、社会和谐的重要基点；以铸牢中华民族共同体意识为主线，深化民族团结进步教育，教育引导各族妇女牢固树立休戚与共、荣辱与共、生死与共、命运与共的共同体观念，呵护好“模范自治区”的崇高荣誉。

（二）完善保障机制，增强巾帼劳模的荣誉感、幸福感

以技能和创新贡献为导向，建立激励机制，进一步完善巾帼劳模培养、评价、激励、保障等制度，让更多的巾帼劳模在“政治上有荣誉、经济上得实惠、社会上有地位、创新上有平台、发展上受重用”，持续汇聚“劳动光荣”的社会正能量。拓展巾帼劳模服务领域，持续做好定期体检、疗休养、走访慰问工作。加强巾帼劳模的培养、教育，积极为巾帼劳模创造条件、搭建平台，帮助巾帼劳模提升技术水平和能力、拓宽技术晋升渠道，不断提升她们的综合素质，引导巾帼劳模与时俱进，始终保持先进性。

（三）强化创新引领，充分发挥巾帼劳模示范带动作用

积极培育巾帼劳模工匠创新工作室，构建立足岗位全员创新、依托班组团队创新、创新工作室引领创新的“三位一体”创新体系，推动群众性技术创新活动融入国家创新体系、融入企业研发链条，引领带动女性高技能人才成长；发挥巾帼劳模工匠业务专长和技术优势，积极围绕企业生产经营管理的重点、难点问题，开展创新活动，促进企业增强核

心竞争力；积极发挥巾帼劳模“传帮带”作用，开展技术培训交流、技术攻关，岗位练兵、技能竞赛、高师带徒等活动，助力知识型、技能型、创新型女职工队伍建设。

新时代赋予新使命，新征程呼唤新作为。内蒙古自治区将团结引领各族妇女继续以巾帼劳模为榜样，增强新时代女性的历史责任感和使命感，以饱满的家国情怀、奋进的事业情怀、执着的为民情怀、忘我的奉献情怀和“巾帼不让须眉”的姿态积极投身完成习近平总书记交给内蒙古的“五大任务”、全方位建设“模范自治区”的火热实践，在以中国式现代化全面推进中华民族伟大复兴中贡献北疆巾帼的智慧和力量。

参考文献

[1] 内蒙古自治区妇联. 内蒙古妇女运动蓬勃发展的60年[J]. 中国妇运，2007（10）.

[2] 郝维民. 内蒙古通史 第七卷 中华人民共和国时期的内蒙古自治区（一）[M]. 北京：人民出版社，2013（3）.

[3]《乌兰夫传》编写组，王树盛撰稿. 乌兰夫传（1906—1988）[M]. 北京：中央文献出版社，2007.

[4] 新华社. 习近平在参加内蒙古代表团审议时强调 完整准确全面贯彻新发展理念 铸牢中华民族共同体意识[N]. 内蒙古日报，2021-3-6.

[5] 农牧业和林草绿色发展专题新闻发布词及答记者问. 内蒙古绿色发展“基因”越植越厚[N]. 内蒙古日报，2020-5-16.

辽宁篇

她们来自
共和国工业的奠基地

辽宁作为“共和国长子”，劳模辈出，群星璀璨。自新中国成立以来，辽宁工人阶级在中国共产党领导下，用智慧和汗水谱写出一曲曲壮美的劳动者之歌。辽宁女劳模在不同时期、不同行业、不同岗位激扬巾帼之志，奉献巾帼之力，彰显巾帼之美，用心用力用情诠释着“爱岗敬业、争创一流、艰苦奋斗、勇于创新、淡泊名利、甘于奉献”的劳模精神，以实际行动绘就了革命、建设、改革、建功新时代的壮丽画卷。她们是辽宁的骄傲，是引领时代前进的旗帜。

一、辽宁省女劳模的结构概况

1950 年到 2020 年，辽宁省共组织参加 16 次全国劳模评选活动，共获评全国劳动模范、先进工作者 2068 人次，其中女性全国劳动模范（含女性全国先进工作者）累计 340 人次（见表 1）；全国五一劳动奖章获得者 386 人；全国五一巾帼奖项 400 个，其中先进集体 207 个、先进个人 193 人。1950 年到 1978 年，共获评全国劳模 1071 名，女劳模 161 名，占比 15%；1979 年到 2020 年，共获评全国劳模 997 名，其中女劳模 179 名，占比 18%，呈现逐步提升趋势。

表 1　辽宁省获表彰女性全国劳模情况统计

年度	会议名称	数量（人）
1950	全国工农兵劳动模范代表会议	4
1956	全国先进生产者代表会议	57
1959	全国工业、交通运输、基本建设、财贸方面社会主义建设先进集体和先进生产者代表大会	37
1960	全国教育和文化、卫生、体育、新闻方面社会主义建设先进单位和先进工作者代表大会	49
1977	全国工业学大庆会议	1
1978	全国科学大会	1
	全国财贸学大庆学大寨会议	12

续 表

年度	会议名称	数量（人）
1979	国务院表彰工业交通、基本建设战线全国先进企业和全国劳动模范大会	1
	国务院表彰农业、财贸、教育、卫生、科研战线全国先进单位和全国劳动模范大会	4
1989	全国劳动模范和先进工作者表彰大会	25
1995	全国劳动模范和先进工作者表彰大会	22
2000	全国劳动模范和先进工作者表彰大会	24
2005	全国劳动模范和先进工作者表彰大会	26
2010	全国劳动模范和先进工作者表彰大会	25
2015	全国劳动模范和先进工作者表彰大会	30
2020	全国劳动模范和先进工作者表彰大会	22

（一）政治面貌

在作为样本分析的280名女劳模中[①]，中共党员258人，占比92.1%；群众22人，占比7.9%。改革开放前，中共党员91人，占比87.5%；改革开放后，中共党员167人，占比94.9%，呈上升趋势，党员的先进模范作用日益明显。

（二）年龄构成

在作为样本分析的280名女劳模中，60岁以上3名，占比1.1%；51—60岁53名，占比18.9%；41—50岁91名，占比32.5%；31—40岁共47名，占比16.8%；30岁以下86名，占比30.7%。女劳模获得荣誉平均年龄39.3岁。其中，社会主义革命和建设时期获得荣誉平均年龄27.8岁；改革开放和社会主义现代化建设新时期获得荣誉平均年龄46岁；中国特色社会主义新时代获得荣誉平均年龄47.3岁。

① 其中60名女劳模没有政治面貌信息记载。

女劳模获得荣誉平均年龄在改革开放后有比较明显的增长，这与辽宁的劳模评选从“苦干加巧干型”向“知识型、技能型、创新型”逐步转变，从单一重工业逐渐覆盖到各行各业和社会各个层面有着密切关系。

（三）受教育程度

在作为样本分析的280名女劳模中，初中及以下学历76名，占比27.1%；中专技校学历7名，占比2.5%；高中学历42名，占比15%；大学专科学历58名，占比20.7%；大学本科学历73名，占比26.1%；硕士研究生学历16名，占比5.7%；博士研究生学历8名，占比2.9%。

社会主义革命和建设时期104名女劳模中，初中及以下学历55名，占比52.9%；中专技校学历6名，占比5.8%；高中学历21名，占比20.2%；大学专科学历10名，占比9.6%；大学本科学历12名，占比11.5%。

改革开放和社会主义现代化建设新时期154名女劳模中，初中及以下学历21名，占比13.6%；中专技校学历1名，占比0.7%；高中学历21名，占比13.6%；大学专科学历45名，占比29.2%；大学本科学历50名，占比32.5%；硕士研究生学历8名，占比5.2%；博士研究生学历8名，占比5.2%。

中国特色社会主义新时代22名女劳模中，大学专科学历3名，占比13.6%；大学本科学历11名，占比50%；硕士研究生学历8名，占比36.4%。

从三个时期来看，女劳模受教育程度不断提升。在社会主义革命和建设时期，女劳模绝大部分是初高中毕业，到中国特色社会主义新时代，初高中学历的女劳模已经没有了，拥有硕士研究生和博士研究生学历的女劳模占比超1/3，女性文化教育权利得到了充分保障，女劳模队伍整体受教育程度有了明显提高（见图1）。

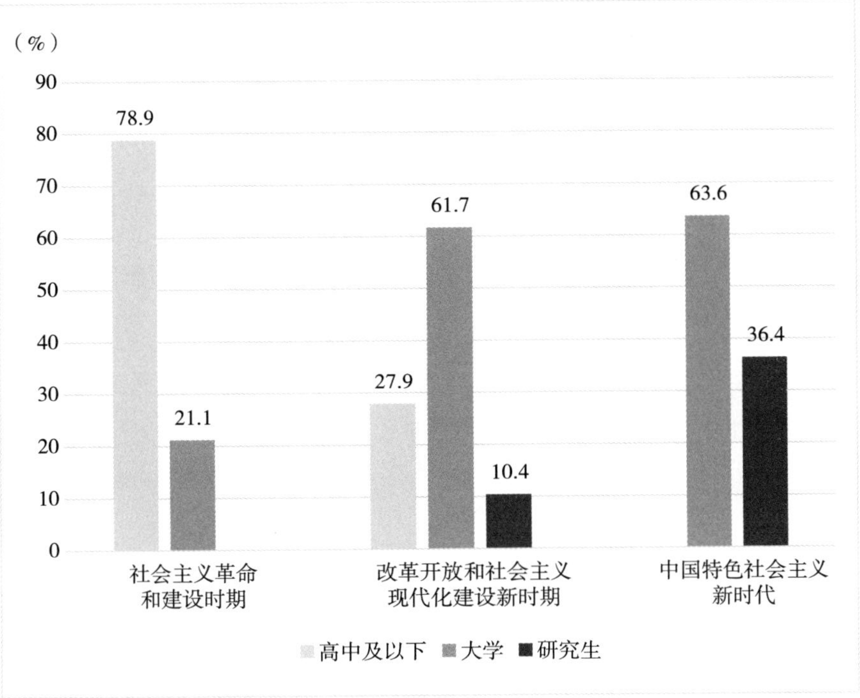

图1 辽宁省女劳模受教育程度分布

（四）产业分布

从女劳模所在产业分布维度分析，第一产业18名（占比5.3%）、第二产业96名（占比28.2%）、第三产业226名（占比66.5%）。

社会主义革命和建设时期161名女劳模中，第一产业5名（占比3.1%），第二产业51名（占比31.7%），第三产业105名（占比65.2%）。

改革开放和社会主义现代化建设新时期157名女劳模中，第一产业11名（占比7%），第二产业42名（占比26.8%），第三产业104名（占比66.2%）。

中国特色社会主义新时代22名女劳模中，第一产业2名（占比9.1%），第二产业3名（占比13.6%），第三产业17名（占比77.3%）。

女劳模所在行业中，第二产业比重逐步减少，第一、三产业比重逐步提高，这也从侧面反映了东北老工业基地在努力地实现着自身的转型升级（见图2）。

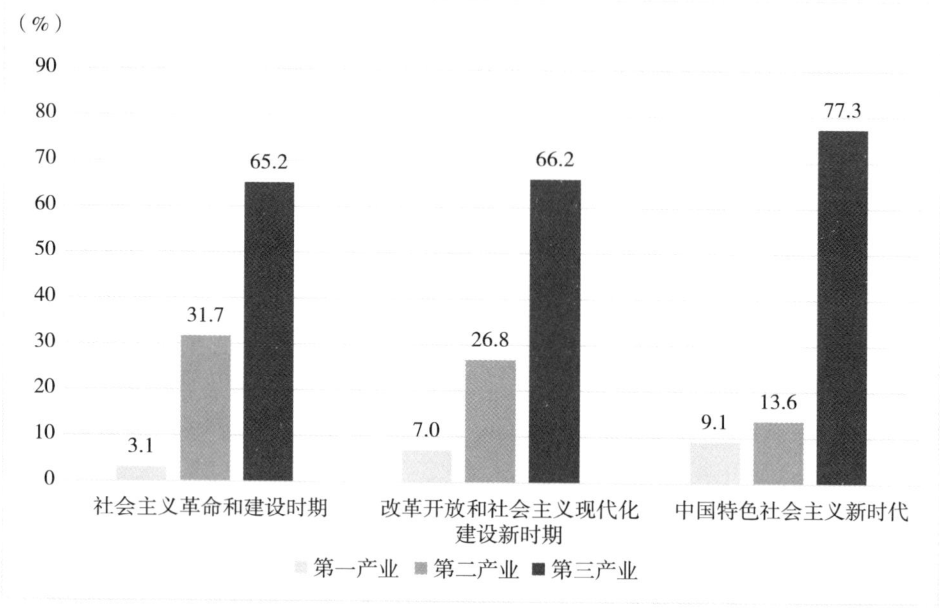

图2 辽宁省女劳模所在产业构成

二、辽宁省不同时期女劳模群体概况

辽宁女劳模在群众性学赶先进的劳动竞赛活动中脱颖而出。千千万万的女性先进模范人物，为国家富强、民族复兴、人民幸福建立了卓越功勋，展现着各具特色的时代风采。

（一）社会主义革命和建设时期

新中国成立以后，百废待兴。辽宁作为共和国工业奠基地，既要加紧恢复和发展生产，建设国家工业体系 ，又要支援抗美援朝战争取得全面胜利。这一时期，辽宁省开展了轰轰烈烈的“爱国主义劳动竞赛”“创造新纪录运动”，众多英模人物潮涌而出，生产纪录不断被创造刷新。

第一炉钢水、第一枚国徽、第一代喷气式歼击机、第一根无缝钢管……辽宁作为共和国的工业长子，创造出了1000多项全国“第一”。

新中国成立后，广大妇女也获得了新生，翻身做了主人。她们用苦干、实干、巧干诠释着“巾帼不让须眉”，撑起了社会主义建设的“半边天”。辽宁众多女劳模艰苦奋斗、一心奉献、勇于革新的精神鼓舞了几代人，那一个个名字至今仍让人心生敬意。

尉凤英：“毛主席的好工人”

“一个人美不美，不在于他穿的什么、戴的什么，而在于他想的是什么，做的是什么。”

“一生别总想‘我’字，想多了，这个人就完了。”

这是尉凤英常说的话，简单而质朴的话语，却道出了人生的最高境界。这是尉凤英一生奋斗的真实写照，也成就了她的辉煌和荣耀。

1953 年，出身于抚顺煤矿工人家庭的尉凤英，进入沈阳东北机器制造厂当学徒工。她眼勤、手快、好问，入厂 3 个月后，便开始独立上岗。每月她都给自己订一个“跷脚计划”，把需要极大努力和不断革新才能达到的先进指标作为自己的工作定额。

为赶制抗美援朝需要的产品配件，身在军工厂的尉凤英为了追赶进度，就使劲儿“吃刀”，没想到因为用力过大，刀折了，活儿也废了。师傅看到后就对她说：“干活儿不能用蛮力，窍门满地跑，看你找不找。”师傅的一番话使尉凤英迷上了技术革新。为了找窍门，尉凤英费尽心思，就连吃饭也在思考，经常是一手端着饭碗，一手拿着筷子，用筷子蘸着菜汤在桌子上画图、想窍门。不久，尉凤英的第一项革新成功了，提高了 80% 的效率，保证了产品质量。此后，她把全部精力投入技术革新中，到 1959 年底，实现技术革新 170 多项。

尉凤英（左一）工作照

“一个人的力量是微小的，只有群众的力量才能移山倒海。”1957年，尉凤英在党支部书记的支持下，把大家组织起来，成立业余红专小组，组织大家学习毛主席著作、交流技术、开展技术革新。1958年，红专小组被命名为“尉凤英业余红专大队”，在她的带领下，全厂先后成立130多个红专小组，有1000多人参加。1957年到1965年，红专大队共完成技术革新和设备改造707项。

1965年，尉凤英被国务院命名为“毛主席的好工人”，成为全国人民学习的榜样。

1993年，60岁的尉凤英退休，退去社会荣誉和政治地位的她仍然发挥着余热，奉献着自己。她经常受邀到各大企业、机关、部队和学校作报告，还担任了几十所大中小学的校外辅导员、德育教师和名誉校长。她说，要将“艰苦奋斗、无私奉献的光荣传统传播给更多的人和年青一代，努力为改革开放、振兴东北老工业基地作贡献”。

新中国成立后，国家为了发展经济，铁路建设被摆在了优先发展的地位，火车司机需兼具技术和力量，一度成为男工人的“专属”岗位。但在辽宁，一个姑娘打破了火车司机被男工人“垄断”的局面，成为新中国第一位女火车司机。

田桂英：新中国第一位女火车司机

1949年5月，大连机务段决定招收培训一批女火车司机，消息传来，田桂英第一个报名。她的这一举动遭到了父母的反对，社会上的风言风语也向她耳边吹来，就连到医院参加体检，医生也说：“机务段闹着玩呢，女人的身体再好也不是男人呀，你们能吃得了这个苦？”田桂英不服气、不气馁，依靠自己的能力和毅力，证明自己能当火车司机。

想当火车司机就得从当伙夫学起。那时的火车都是蒸汽机车，以煤为燃料，如何往炉里投煤，便成了必须学习的第一关。按照要求，15分钟得投280锹煤，投完之后又要一锹锹地把煤掏出来，掏空了再投。别说是一个女孩子，就是壮小伙子这样干下来也够受的。田桂英一天天地练，累得满头大汗也不肯休息，就这样坚持不懈练了2个月，终于闯过了投煤关。投煤体力这一关过去了，田桂英又迎来了新的挑战，学习机车构造技术原理和制动机理论。开弓没有回头箭，既然下决心干，就得干出样来。为了记住这些构造，田桂英盯着图纸反复辨认，一遍不行，再来一遍，田桂英以优异的成绩又闯过了理论考试这一关。接着，又经过实地操作的严格考试，1950年2月，田桂英正式走上火车司机岗位，成为新中国第一位女火车司机，因为成绩突出，还被提升为司机长。从此以后，田桂英更加虚心地向老师傅们学习，在操纵技术上有了更大的进步。

田桂英工作照

1950年，田桂英光荣地当选为东北铁路一等劳动模范和全国劳动模范。在1950年9月全国工农兵劳动模范代表会议上，她和另外一位英模作为代表，向毛泽东主席敬献了锦旗。1951年，一部以田桂英为原型的电影《女司机》在全国上映，掀起了妇女参加工作的又一次高潮。田桂英的事迹还被写进了小学语文课本，成了中国家喻户晓的人物。在1951年全国政协会议上，田桂英作为列席代表，再一次被毛主席接见。

截至1951年3月，三八机车组经过一年的运行，安全行驶6万多千米，没有发生过一次责任事故。同时，靠着过硬的操作技术，节煤达到50吨，省油40多公斤。

1985年，田桂英从沈阳局工程处离休，仍不忘初心，奉献社会。每当有学校、工厂等单位邀请她去讲述革命传统的时候，她都欣然前往。

作为军工强省，辽宁的军工产业为共和国立下了不朽功勋。在辽宁的军工企业中，也不乏果敢勇毅的女性劳模，“铿锵玫瑰”一次次绽放。

赵桂兰：“党的好女儿”

1950年9月，一场盛会正在召开。出席大会的各位代表，都是各行各业、各条战线的杰出人物——全国战斗英雄代表、全国工农兵劳动模范。

会议开幕式上，部分代表向毛主席献旗献礼。轮到东北代表时，一名留着短发、手部残疾的年轻女子走了过来，激动的她还没有说话，毛主席就主动伸出手来，微笑着对她说：“你又来了。”

这位女子便是被称作“党的好女儿”的赵桂兰。

1948年正月，年满18岁的赵桂兰，进入位于大连的宏昌铁工厂，成为一名工人。在解放战争的孟良崮战役和淮海战役中，解放军发射的几十万发炮弹，大部分是由大连制造的。辽沈战役中使用的成百吨炸药，也是从大连运去的。

1949年12月19日，赵桂兰的身体有些不适，但她还是坚持到了下班。下班后，赵桂兰把工友们没用完的100克雷汞收好，送配置室保存。赵桂兰捧着雷汞，小心翼翼地往配置室走。当走到距离配置室只有二十几步远时，她忽然感到一阵剧烈眩晕，整个人都倒了下去，为了保护国家财产，赵桂兰在即将失去意识的那一刻，她把雷汞紧紧抱在怀里，压在身下。倒地的一瞬间，雷汞爆炸，地上被炸出一个大坑，赵桂兰被炸得血肉模糊，左下臂被炸飞，右臂断了五根筋，头部和身体多处受伤。

由于控制得当，雷汞没有引爆附近的配置室，赵桂兰用她仅存的意识挽救了国家财产。赵桂兰彻底失去了左臂，成了一名残疾人。

1950年，赵桂兰被评为全国劳动模范，成为新中国第一批全国劳动模范。赵桂兰的英雄事迹很快传遍全国，“党的好女儿”成了全国人民对赵桂兰的亲切称呼。

1986年，赵桂兰从大连市西岗区信访局光荣离休。离休后，她把大部分时间用在了关心下一代上，同时担任几所中小学的校外辅导员，经常对青少年进行爱国主义教育，十多年作报告1000余场，她希望孩子们永远不要忘记革命的历史。

“巧手织出新天地”，在辽宁轻纺产业的发展中，女劳模的奉献和引领至关重要。她们用一项项纪录、一项项创新，编织出享誉全国的“纺织名片”。

常永芬：东北丝绸战线创造新纪录的带头人

1950年9月25日，全国工农兵模范代表大会在北京召开。大会上，东北劳模代表团派出一位代表向毛泽东主席敬献锦旗。随后，这位代表又当选全国劳动模范，她的名字叫常永芬。

1947年，16岁的常永芬来到公营光华丝织二厂当织绸工人。当时的中国百废待兴，1949年10月，中共中央东北局发出号召，在全东北工业交通企业系统开展群众性创造新纪录运动。

面对号召，常永芬以新中国主人翁的姿态率先响应，她虚心学习，苦心钻研，终于创造出新的织绸操作方法，将接头改为捻头，经实践证

常永芬（左站立者）在给姐妹们讲授技术

明，速度快，效果好。常永芬正式开始按新方法操作，创造了全厂有史以来最高纪录：接一个2750根的绺子，仅用109分钟，比过去少用了91分钟，并且织绸产量由23码提高到27码。这样每月可节约129小时，多织绸657码，质量也大大提高。

常永芬的操作方法轰动了全省纺织系统。1949年12月，厂里正式成立“常永芬技术学校”，由这位18岁的姑娘当老师，向工友们传授新技术，带徒弟。为提升“师带徒”效率，常永芬又创立了订立师徒合同的办法，带动更多人学习。一时间，常永芬成了全市、全省乃至全东北丝绸战线创造新纪录的带头人。

20世纪60年代，国家发展遭遇了诸多前所未有的困难。面对这些困难，广大女劳模们并没有畏惧退缩，而是向困难发出了挑战。哪里艰苦，哪里就有女劳模的身影。

韩秀芬：“到困难中去”

1954年，18岁的韩秀芬来到了安东（丹东旧称）丝绸一厂，2年后，她光荣加入中国共产党。当时，安东丝绸一厂遇到了一个棘手的难题——生产出口产品“5001”规格丝绸，任务交给了丝绸车间四组，但产品却始终不达标。

“我要去四组。”当年韩秀芬喊出这句话时，大家都十分诧异。韩秀芬所在的五组，年年被评为先进，工资也比四组高出一大截，她主动降工资去四组，还要攻关新产品，大家都觉得韩秀芬太“轴”了。还没等车间主任批准，韩秀芬就穿上了四组的工作服，一头扎进车间里。

经过韩秀芬的刻苦攻关，“5001”规格丝绸终于达标，并且整个四组在韩秀芬的带动下，全员争第一，年终考核时四组被评为全厂先进小组。

1961年，韩秀芬又总结出“8”字巡回路线操作法，最多时一人看6台机，使工厂超额完成了生产计划；1962年，创造了拆绸打蜡撒石灰的办法，攻克了技术难关，织出的“联谊纺”质量甲等率高达90％，达到国内先进水平；还总结出利用光线、两边斜视和正中平视的“三面检查绸面法”，使“舒畅纱”甲等绸达96％；1963年又换机台，专织最难织的“素纺绸”，再度攻克难关，完成生产计划。

“到困难中去”成了韩秀芬的工作标签，鼓舞着一代又一代人，直面困难，攻克难关。

1961年10月1日，韩秀芬同王进喜、王崇伦、倪志福在天安门观礼台上观礼。

新中国成立初期，医疗水平低，药品稀缺，一些今天看来再平常不过的病症在当年却夺去了人们的生命。党和国家坚持“人民至上”的总方针，大力提升医疗技术，改进卫生设施，加大药品研发力度。

安静娴：“中国头孢第一人”

她是从中国化学制药企业走出的第一位工程院院士，著名化学制药专家，曾任东北制药总厂技术员、工程师、磺胺分厂副厂长、研究所副所长。

20世纪60年代，我国疟疾流行性暴发。当时，治疗疟疾首选药是美国的氯喹，但许多地区疟原虫对常用抗疟药奎宁和氯喹产生了抗药性。1967年，国家成立“523”防疟药研制协作组，还根据专业划分，按专业任务成立了化学合成药、中医中药、驱避剂、现场防治四个专业协作组，向疟疾发起“总攻”。东北制药总厂与中国军事医学科学院微生物流行病学研究所合作研究发明抗疟疾新药，安静娴承担了这一项目，在她的组织下，通过大量的定向合成和广筛，从5800多个化合物中找出了在鼠疟模型上显示良好抗疟效果的新药“脑疟佳”。可是，正当人们为此感到欣喜时，却发现按文献记载，合成方法中间体有剧毒。它的毒性有可能在人体内潜伏10年至20年，发作后将使人终身残疾，甚至还有研制者死亡的报道。关键时刻，安静娴没有被吓倒，她决定以身试药，检验药性。经反复试验，安静娴逐渐摸清了药物性能，最终确定了易控制、最安全的合成方法，成功地制取了高效、无抗药性的抗疟新药——“脑疟佳”，为我国医药工业发展作出了突出贡献。

研发头孢菌素系列产品时，意见分歧很大。主流意见是即使我们自己搞替代进口产品的药，也要从第一代搞起。安静娴不同意：“我们不搞一代，也不搞二代，直接搞三代，这样我们搞起来就跟上世界的步伐了。”这个重担落在安静娴的肩上，她呕心沥血，夙兴夜寐，研发的头孢噻肟钠、头孢他啶等产品，填补了我国头孢类抗生素的生产空白，安静娴也被制药业美誉为“中国头孢第一人”。

安静娴在东北制药总厂的55年里，一直工作在医药生产科研一线，她主持或参与的获奖科研项目多达数十项，这些项目投产后，为企业创造了数亿元的经济效益和显著的社会效益。

（二）改革开放和社会主义现代化建设新时期

1978年，党的十一届三中全会作出了把工作重心转移到经济建设上来、实行改革开放的伟大决策，开启了天翻地覆的伟大变革，辽宁积极投身到改革发展的时代浪潮中。

辽宁众多女劳模发扬自尊、自信、自立、自强的精神，在各条战线上群芳争艳、建功立业。她们用智慧和汗水、执着与付出让劳动之花美丽绽放，以实际行动证明了女职工是推动改革发展的重要力量。

辽宁，是雷锋精神的发祥地。在那个激情燃烧的年代，无数人将雷锋作为榜样，激励自己为建设祖国、建设家乡而奋斗。在辽宁，走出了众多“雷锋”，这其中有很多优秀的女劳模，她们将“雷锋精神”践行到工作生活当中，温暖了一个又一个心灵。

邓凤兰：将雷锋作为一生榜样

1958 年，年仅 16 岁的邓凤兰报考了抚顺市公共汽车公司，成为一名公交车乘务员。当时邓凤兰所在的公交车路线刚好经过雷锋所在部队驻地。共青团抚顺市委请雷锋到工人文化宫作报告，邓凤兰作为乘务员代表也参加了报告会。当时，邓凤兰就想："雷锋出身穷苦，我也是苦孩子出身，雷锋 22 岁，我 20 岁，雷锋个子矮，我身材也不高，雷锋是普通士兵，我是普通乘务员，都在平凡的工作岗位。雷锋全心全意为人民服务，作出了不平凡的业绩，我也应该像雷锋那样，做一个对人民有用的人！"雷锋，让年轻的她找到了人生的方向并影响了她一生。

在邓凤兰任乘务员的抚顺市 3 路公交车上，藏着不少宝贝：毛巾、小笤帚、针线包、旧报纸、常用药、水杯……"外地乘客来了以后，人生地不熟，万一需要喝点水呢，因此我就备着。"正是这一处又一处的小细节，体现着邓凤兰热爱岗位、心系乘客的精神。为了准确掌握全市街道、厂矿等场所的名称和地点，邓凤兰和伙伴们利用工余时间四处走访，将全市几千个单位和街道的名称与位置记在心里。她说："我要向雷锋学习，干一行爱一行。"

5 年时间里，邓凤兰收到表扬信 6800 多封。她用勤勉工作、爱岗敬业的工作作风，为乘客提供舒适便捷的暖心服务，为"雷锋城"增添了一道亮丽的风景线。邓凤兰所在的 7025 号车组被命名为"雷锋号"包车组。这是抚顺城市史中第一台以"雷锋"命名的公交车，也是全国第一个"雷锋号"包车组。

1989 年，邓凤兰被评为全国劳动模范。1992 年，以邓凤兰为原型的电视剧《真情》在全国各地播映。1998 年退休后，她担任抚顺市关心下一代工作委员会"弘扬雷锋精神报告团"团长和十几所中小学的校外辅导员。每年 3 月 5 日是学雷锋纪念日，而对于邓凤兰来说，她的每一天都是学雷锋纪念日。

新中国成立以来，大连造船厂贡献巨大，共建造了44个型号、822艘舰船，是我国水面舰船研制生产实力最强、为海军建造舰船最多的船厂。在船厂的众多船舶焊工之中，有一位令很多男焊工“汗颜”的女焊工，她用手中的焊枪点燃了人生绚丽的火花。

郭玲华：船台“女铁人”

郭玲华是大连造船厂电焊工人。20世纪90年代，她是全国造船行业闻名遐迩的“女铁人”，其电焊技术达到国际标准，先后获得美国ABS船级社证书、日本JSQS证书、英国劳氏船级社证书、中国ZC船级社三级证书和挪威船级社证书5张电焊工“国际通行大证书票”。

郭玲华出生在一个造船工人的家庭，18岁那年，她带着父亲的期望踏进了大连造船厂的大门。要强的郭玲华从踩上船台的那一刻就下定决心——做一个好焊工。那时候，厂里女焊工非常少，许多人瞧不起这个看上去弱不禁风的女孩子。但是谁也没想到，在车间里摸爬滚打了几个月后，郭玲华就在车间的焊接大赛上和一个六级焊工老师傅并列第一名。

1985年，当来自挪威的考官宣布大连造船厂此次通过挪威DNV（二类）认证的只有女焊工郭玲华时，全场哗然。30个大小伙子居然没比过一个女工，郭玲华再次向业内人士证明，只要努力，在造船业女人并不比男人差。

1995年，郭玲华成为第四届世界妇女大会中国政府代表团中唯一一名工人代表，也是全国5600万名女职工的代表。同年荣获全国劳动模范称号。

尊老敬老爱老是中华民族的传统美德。在辽宁，人们用各自的实际行动去诠释“尊老敬老爱老”。

张菊香：为民服务永不“退休”

张菊香，全国劳动模范、辽宁省金秋医院名誉院长，在医疗岗位工作已经近50年。她带领团队一次又一次地创造生命奇迹，她悉心照料被誉为党和国家“宝贵财富”的老红军，创立劳模创新工作室，组建菊香爱心团队，用毕生奉献诠释了一名共产党员的初心。

1993年，张菊香担任辽宁省第一家老年病医院——辽宁省金秋医院筹备组组长。作为医院的带头人，张菊香拿出“拓荒牛”的劲头，带领团队不舍昼夜筹建医院。至2013年张菊香从院长岗位退休时，辽宁省金秋医院已经发展成为拥有6栋楼、17个病房、24个医疗病区、16个医技科室、600余名职工的三级甲等老年病医院。

“患者只要有1%的希望，我们就要100%救治。”张菊香的每一天都是在为“患者幸福健康每一天”而奔忙。她坚持每天24小时开机，随叫随到，每一次危重病人的抢救，她都会第一时间亲临现场指挥。从1982年接诊第一位患者老红军邓禹开始，至2020年9月送走106岁的老红军吴健和100岁的老红军张彩，张菊香竭尽全力守护党和国家的“宝贵财富”，她先后为58位老红军和百余位百岁老人提供医疗保健服务，时刻关心他们，让他们感受到党和政府的关怀，安享金秋幸福时光。

2013年12月，张菊香退休了，却依然没有停下为患者服务的脚步。她出任辽宁省金秋医院名誉院长，创立劳模创新工作室，组建菊香爱心团队，给社会更多有需要的人提供帮助。团队走遍辽宁省14个市的乡镇村、街道社区和大专院校，为最基层、最贫困的地方送医送药送健康。菊香爱心团队成立十几年来，每月至少开展一次义诊活动，深入153户贫困户家中义诊；进行了68场健康知识讲座；培训了1300余名乡村基层医务人员，发放近9.5万册健康资料；免费提供检查，发放药品、慰问品等折合65万余元。团队事迹多次被中央电视台、《光明日报》等多家国家级媒体和省市级新闻媒体报道。如今，早已步入耄耋之年的张菊香表示，她将继续带领这支高级医疗专家爱心团队深入基层，将丰富的临床医疗经验用于偏远地区的患者，为更多的群众送去健康福音。

（三）中国特色社会主义新时代

党的十八大以来，党和国家事业取得了历史性成就，发生了历史性变革。党中央着眼未来、登高望远，对一系列关乎中国特色社会主义发展的根本性问题作出顶层设计，就党和国家事业发展作出重大战略部署。习近平总书记始终对辽宁高度重视、深情牵挂、亲切关怀，两次亲临辽宁考察，两次参加全国人大辽宁代表团审议，多次就东北、辽宁振兴发展发表重要讲话，作出重要指示，为辽宁振兴发展指明了前进方向，提供了根本遵循。辽宁全面振兴迈出坚实步伐。

迈入新时代的辽宁，其女性劳模群体开始涌现出更多的技术专家和科研人员，她们埋头钻研，潜心创新，是辽宁走向“数字辽宁　智造强省”的中坚力量。

国有企业作为辽宁振兴的龙头，始终冲锋在前、勇挑重担。沈阳鼓风机集团股份有限公司（以下简称沈鼓集团），作为辽宁国企的龙头企业，不断铸就“国家重器”，成就“国家砝码”。多年来，沈鼓集团人才辈出，为企业发展壮大立下了赫赫功勋。

姜妍：我国百万吨乙烯压缩机设计第一人

姜妍，现任沈鼓集团透平设计院常务副院长，教授级高级工程师。她主导设计出我国第一台百万吨乙烯压缩机，不仅打破了国外长期的技术垄断，而且使我国成为世界上第四个具有百万吨级乙烯“三机”设计制造能力的国家，彻底结束了长期依赖进口的历史，被誉为“我国百万吨乙烯压缩机设计第一人”。2015 年被评为全国劳动模范。当选党的十九大、二十大代表。

2006 年，沈鼓集团领导交给姜妍一项“特殊的使命”：主持设计我国第一台百万吨乙烯压缩机。没有资料可借鉴，她就到国内大炼化厂去看进口设备，中国版图的对角线被她飞了几个来回；她还经常搭上双休日跑图书馆，直接去啃原版英文资料，开馆进去闭馆出来，硬是啃下了上千篇英文论文。设计中遇到的最大难题是百万吨乙烯压缩机的加气结构。面对难关，姜妍大胆决定采用缸内加气方法。经过创新缸内加气结构，不仅极大地提高了产品的性能和效率，而且在某些方面还优于国外机组，可为用户直接节约资金7300万元。此后，她又带领团队陆续攻克了转子结构等一道道难关，终于形成了一套完美的百万吨乙烯压缩机设计方案。

姜妍工作照

2010年至今，沈鼓集团累计制造大型压缩机623台，产值达260亿元，其中以姜妍为主导的团队设计制造的产品就占60%。

鞍山钢铁厂（以下简称鞍钢）素有“新中国钢铁工业的摇篮”“共和国钢铁工业的长子”称号，为我国钢铁工业的发展和经济建设作出了巨大贡献，创造了巨大的物质财富。在鞍钢波澜壮阔的发展历程之中，涌现出如繁星般的英模人物：老英雄孟泰、“走在时间前面的人”王崇伦……新时代的鞍钢，有一位女劳模接过了先辈们手中的接力棒，她用多项创新创造、多个技术突破，演绎着新时代的女劳模风采。

严玲：为实现“国船国材国造”的梦想而拼搏

严玲，现任鞍钢集团钢铁研究院海工用钢研究所船用钢研究室主任，教授级高级工程师，“海洋装备用金属材料及其应用”国家重点实验室学科带头人。她先后承担国家级和省部级重大课题30余

严玲工作照

项，主持研发出九大系列船舶海工品种通过国际船级社认证，全球首发产品4项，多项关键技术突破技术壁垒，产品填补国内空白，打破我国高端海洋装备用先进钢铁材料长期依赖进口的被动局面，满足了材料自主可控的迫切需求。

2013年，我国最大的海工企业在设计“蓝鲸1号”平台时，准备在最关键的部位选用F级超高强钢，这种设计在国际上还是头一次。进口钢材不仅成本高，而且供货周期长，如果延误工期，平台建造的经济损失将是巨大的。严玲承担起F级超高强耐低温海洋平台用钢的研发重任，她带领团队在实验室、工厂不分昼夜地指挥试验、分析数据，摸爬滚打了3个多月，根据装备条件首创全新的材料体系和生产工艺，开发出目前造船用钢等级最高的评价指标，为当今世界海洋钻井平台最高水平的“蓝鲸1号”顺利建成贡献了鞍钢力量。2018年5月，国之重器“蓝鲸1号”平台在我国南海超深水域首次成功开采“可燃冰”。

集装箱船用高强超厚止裂钢板是目前世界船舶用钢领域最高端产品，如果不能实现国产化突破，将使我国箱船建造成本高，丧失国际竞争力。面对市场的迫切需求，她带领研发团队全身心地投入止裂钢核心技术攻关。从材料设计入手钻研核心工艺，突破特厚、超宽止裂钢的全工序关键技术，历经数月的攻关，在国内首家开发出最大厚度90毫米的超高强止裂钢板。在与国际知名钢企的竞争中，鞍钢钢板以优异的综合性能独家中标20000箱超大型集装箱整船供货订单，首次实现这一高端材料的国产化示范应用，真正实现了“国船国材国造”的梦想。

此后，严玲带领团队持续攻关，完成我国首次承建23000标箱、24000标箱等超大箱船用钢的国内首家供货，彻底终结了此前这一高端材料完全依靠进口的被动局面。

中车大连机车车辆有限公司作为我国机车车辆设计主导厂和生产制造基地，曾援建了近十家铁路企业，被党和国家领导人赞誉为“机车摇篮”。

臧兰兰：让列车跑出中国速度

她是中车大连机车车辆有限公司城铁开发部车体室主任，全国劳动模范。作为城铁车体设计学科带头人，臧兰兰始终站在城铁研发第一线，坚持自主创新。

2010年，为了满足以结构轻量化实现节能环保的发展需求，公司启动了铝合金车体的研发。当时要想降低研发难度，有两条路：要么从国外公司引进技术，要么聘请外部技术咨询公司。但这两种都需要巨额的投入，且终究还是受制于人。必须自主创新，作为车体设计团队的负责人，臧兰兰迎难而上，她带领车体室年轻的设计团队，承担起了铝合金车体研发设计重任。面对国内外各相关厂家设置的种种技术保密壁垒，她带领团队四处学习、不懈钻研，终于在2014年，公司首台铝合金车体试制成功，同时实现了不同形式铝合金车体的研发设计和批量生产能力。回顾那段往事，臧兰兰感叹：“假如没有走自

臧兰兰（右）工作照

主创新这条路，我们就失去了主动权，就没有今天的成绩。”

从无到有的创新之路，注定充满激流险滩。2019 年 10 月，太原地铁 2 号线一期工程车辆采购项目中标，要求采用全自动无人驾驶技术和 A 型不锈钢车体。臧兰兰深知无人驾驶意味着智能化的安全保证系统和运维系统需要更多的设施设备，而合同交货周期仅有正常设计周期一半。臧兰兰带领团队，披星戴月，加紧研发，终于如期完成设计。2020 年 12 月 26 日，太原地铁 2 号线一期工程正式开通运营，该项目无人驾驶车辆是国内最高等级 GOA4 等级，再次实现零的突破。

20 多年来，臧兰兰和她的创新团队始终坚持走自主创新之路，完成了国家级重大科技创新项目 1 项、集团级重大项目 10 项，获省部级和集团级科技奖 9 项，申请专利 15 项。她带领团队完成的国家“十三五”和“交通强国”建设重点项目——新一代中低速磁浮列车项目，是国内中低速磁浮列车中速度最快的，满足了现代智能化、信息化的新型城市轨道交通需求。

三、把握辽宁省女劳模成长规律，助力女劳模成长

（一）辽宁女劳模成长规律

辽宁是女劳模辈出的沃土，是巾帼工匠传承的摇篮。尉凤英、田桂英、赵桂兰、郭玲华、张菊香、姜妍、严玲……一个个响亮的名字享誉全国，每一个女劳模身上都折射出不同时代不同行业的发展变化，每一个女劳模的故事都是一曲感人至深的奉献之歌，每一个女劳模的精神都是激励人们勇毅前行的奋进力量。她们共同的成长规律是：

1. 始终在中国共产党的领导下，坚定不移听党话、感党恩、跟党走

坚定理想信念，党叫干啥就干啥，是辽宁女劳模的政治本色。正是在与党同心同向的理想信念追求中，在与国家同呼吸共命运的伟大事业里，辽宁女劳模把听党话、感党恩、跟党走时时处处体现为行动的力量，

树立起引领时代的标杆。

2. 艰苦奋斗，迎难而上，在参与国家建设中发挥先锋模范作用

辽宁女劳模是一个朴实无华的群体。不管在什么岗位，她们都努力工作、严格要求自己，勇于向困难发起挑战，以自己的实际行动为经济社会发展尽心尽力。在她们身上，充分体现着全心全意为人民服务、一心一意为国家谋利益的崇高精神。

3. 立足岗位，忘我工作，具有强烈的工人阶级主人翁责任感

无论是在新中国建设初期，还是在实现辽宁老工业基地振兴的新征程中，辽宁女劳模始终立足岗位，埋头苦干，展现出功成不必在我、功成必定有我的责任感和使命感，这不仅支撑起她们个人的人生信念和生命价值，也诠释了“一方水土养一方人”的真切含义。

4. 匠心筑梦，精益求精，用创造性劳动建立卓越业绩

综观辽宁女劳模群体，不乏一丝不苟、自强不息、勇于创新、追求卓越的代表。从名震全国的沈阳“五朵金花”到中国百万吨级乙烯压缩机设计研制“第一人”姜妍，辽宁的女工匠频出。女劳模的精神历经几代传承，已经注入了新时代基因，在东北老工业基地上绽放异彩。

5. 服务人民，无私奉献，用劳模精神引领时代风尚

辽宁女劳模是劳动的榜样，也是践行社会主义核心价值观的楷模。她们珍惜荣誉、不忘初心，服务人民、“永不退休”，以实际行动激励和引领人们见贤思齐，使劳模精神、劳动精神、工匠精神在更大范围、更广领域得到传承和弘扬。

（二）辽宁助力女劳模成长

无论是过去还是现在，辽宁始终高度重视女劳模的选树、管理、服务和宣传工作，从各个方面关心女劳模的政治进步、工作、生活和学习。随着经济社会的发展，辽宁不断健全劳模管理服务长效机制，有效推动劳模管理服务工作向规范化、制度化发展，更多地为劳模创造条件，提供更加便利、优质的服务，让劳模精神始终成为引领时代的价值支撑。

1. 聚合力，加强女劳模思想政治引领

新中国成立后，辽宁女劳模登上历史舞台。她们怀着感恩党、感恩国家、感恩社会主义的劳动热情，积极投身社会主义革命和建设事业，并发挥了良好的示范引领作用。很多学校采取参观工厂、农场，请劳模作报告等方式，让学生深入了解劳模事迹，接受劳动教育。新时代，巾帼劳模宣讲、女劳模代表座谈会、专题报告会、女职工大讲堂、劳模风采展示、“家庭家教家风”等活动，充分展示了女劳模在辽宁经济社会发展中的巾帼风采，凝聚起辽宁女劳模投身经济社会高质量发展的巾帼伟力。

2. 搭平台，为女劳模干事创业创造条件

近年来，重点聚焦事关辽宁振兴的关键领域和全省技术工人队伍发展实际，聚焦做好结构调整“三篇大文章”，聚焦数字辽宁、智造强省建设，辽宁省委、省政府出台了《关于推行终身职业技能培训制度的实施意见》《关于加强新时代辽宁高技能人才队伍建设的实施意见》等文件，做实叫响“最美职工”和“辽宁工匠”等品牌，形成弘扬劳模精神、劳动精神、工匠精神的政策氛围，涌现出姜妍、臧兰兰、严玲、盖立亚等女劳模先进典型。全省各级工会组织开展各类劳动和技能竞赛活动，创建女职工创新工作室，组建以劳模工匠为主要力量的技师团队，充分发挥女劳模在技术攻关、技术改造等方面的“传帮带”作用，为激发女劳模创新创造活力搭建平台。

3. 强服务，健全劳模管理服务长效机制

辽宁高度重视劳模管理和服务工作，2003 年 9 月，辽宁省委、省政府出台了《辽宁省劳动模范管理工作办法》，2004 年 8 月，省编委正式批复成立辽宁省劳动模范工作办公室。建立劳模疗休养制度，组织开展女劳模疗休养活动，受到女劳模的欢迎。加强与女劳模的沟通和联系，常态化开展节日走访慰问女劳模活动，倾听她们的意见和呼声，进一步落实省级以上劳动模范有关待遇，帮助协调解决实际问题，把关心关爱女劳模政策落到实处。

4. 重宣传，多角度讲好女劳模故事

建设辽宁工人展览馆、沈阳劳动模范纪念馆、大连劳模公园事迹长廊等，多场景、多手段展示劳模事迹和精神风貌，让劳模精神、劳动精神、工匠精神在辽宁薪火相传。2021 年 7 月，尉凤英事迹馆开馆，以图片、雕塑、技术革新成果、专题片及文字介绍等，生动展现了尉凤英从一名普通女工成长为“毛主席的好工人”的人生经历。坚持集中宣传与日常报道相结合，在省级主流媒体开设“建功新时代”“劳模风采”等专栏，全方位、多角度讲好辽宁女劳模故事。

四、辽宁省女劳模工作展望

人民创造历史，劳动开创未来。党的十八大以来，以习近平同志为核心的党中央高度重视发挥工人阶级和广大劳动群众的主力军作用，始终倡导大力弘扬劳模精神、劳动精神、工匠精神，激励广大职工在辛勤劳动、诚实劳动、创造性劳动中成就梦想，为我们做好新时期劳模工作提供了理论指导和实践指南。面向未来，辽宁省女劳模工作将重点突出以下几个方面：

（一）引导女劳模自觉投身中国式现代化辽宁实践

深入学习宣传贯彻党的二十大精神，大力宣传以习近平同志为核心的党中央对辽宁的高度重视，广泛宣传辽宁全面振兴、全方位振兴的良好发展预期，创新加强女劳模思想政治引领的工作载体，引导女劳模用党的创新理论武装头脑，提振发展信心，坚定必胜信念，凝聚奋进力量，打牢团结奋斗的思想基础。

（二）为女劳模工匠成长营造更好的社会环境

推动落实科技创新巾帼行动，开展女职工创新创造成果竞赛、展示活动，培育女劳模工匠和女职工创新工作室，组织开展具有女职工特色且参与面广的区域性、行业性劳动和技能竞赛，推动建立有助于女性人才培育和成长的激励机制，营造“人人皆可成才、人人尽展其才”的良好环境。充分发挥女劳模的示范引领作用，组织开展巾帼工匠风采展、巾帼论坛等交流展示活动，引导广大女职工立足岗位、争创一流，走技能成才、技能报国之路，奏响劳动光荣、创造伟大的时代强音。

（三）用心、用力、用情做好女劳模管理服务工作

加强对女劳模成长规律的研究和分析，探索数字赋能，创新工作方式，提高管理服务工作水平，使劳模服务管理工作更加规范、高效。推动关爱劳模政策待遇落地落实，及时向有关部门反映女劳模的意见和诉求，为女劳模做好事、办实事、解难事。做优女职工身心健康、婚恋交友、子女托管托育等关爱服务，帮助解除女性人才投身事业发展的后顾之忧。

（四）充分发挥女劳模的示范引领作用

积极培育、选树、宣传更多勤学苦练、深入钻研、勇于创新、敢为人先的女劳模、女工匠，充分激发她们所蕴藏的劳动热情、创造伟力和发展潜力，让她们用自己的先进思想、模范行动团结、影响和带动全社会特别是广大女职工自觉把人生理想、家庭幸福融入实现中华民族伟大复兴的生动实践，为强国建设、民族复兴担当巾帼使命。

党的二十大擘画了全面建设社会主义现代化国家、以中国式现代化全面推进中华民族伟大复兴的宏伟蓝图。辽宁省委坚决贯彻习近平总书记重要讲话精神和党中央决策部署，先后作出实施全面振兴新突破三年行动和打造新时代“六地”的重大决策，团结带领全省人民感恩奋进、务实拼搏，辽沈大地迸发出打赢新时代“辽沈战役”的豪情壮志和磅礴力量。新征程上，辽宁工会将以习近平新时代中国特色社会主义思想为指导，全面贯彻党的二十大精神，深入学习贯彻习近平总书记关于工人阶级和工会工作的重要论述，习近平总书记关于东北、辽宁振兴系列重要讲话和指示精神，贯彻落实中国工会十八大精神，充分发挥党联系职工群众的桥梁纽带作用，大力弘扬劳模精神、劳动精神、工匠精神，引领广大女职工学思想、当先锋、建新功，努力做伟大事业的建设者、文明风尚的倡导者、敢于追梦的奋斗者，为实现全面振兴新突破，谱写推进中国式现代化辽宁篇章作出新贡献！

参考文献

[1] 辽宁省总工会. 辽宁省工会志 [M]. 沈阳：辽宁人民出版社，1999.

[2] 姚荣启. 中国劳模史（1932—1979）[M]. 北京：中国工人出版社，2020.

[3] 孙成德. 共和国工业长子的足迹：辽宁工业 60 年发展历史回眸 [M]. 北京：中国档案出版社，2009.

[4] 东北工人出版社. 东北工业建设中的劳动模范 [M]. 沈阳：东北工人出版社，1951.

[5] 刘跃发，等. 当代群英：1989 辽宁省全国劳动模范、先进工作者列传 [M]. 沈阳：辽宁人民出版社，1991.

[6] 辽宁省政协文化和文史资料委员会. 辽宁老工业基地建设纪实 [M]. 沈阳：辽宁人民出版社，2014.

[7] 田鹏颖，金钟哲. 东北老工业基地劳动人物传 辽宁卷 [M]. 北京：社会科学文献出版社，2018.

吉林

吉林篇

白山黑土飘芳香
松江嫩水传雁鸣

新中国成立以来，在吉林这片沃土上，涌现出一批又一批女劳模。这些女劳模在党的领导下，爱岗敬业、无私奉献、争创一流，成为时代的先锋，她们身上承载和彰显的劳模精神、劳动精神、工匠精神，在社会发展不同历史时期发挥着鲜明的引领作用。她们在各个行业奋斗的成长经历，从一个个侧面向人们展现了新中国广大女性平凡而伟大的多彩人生与时代风采。

一、吉林省女劳模群体基本面貌概述

从新中国成立初期的百废待兴到今天的盛世中华，一代又一代劳动者将“人民是国家主人”这一政治理念转化为全民族劳动实践，而千万个劳动模范则成了将“艰苦奋斗、无私奉献”劳动价值观进行广泛传播的引领者。在众多的劳动模范里，女劳模为广大女性实现“半边天”作用提供了学习的榜样，成为促进妇女解放的楷模。通过如下数据，我们可在吉林省发展的长河中寻觅她们的成长轨迹。

（一）女劳模评选概况

1950 年到 2022 年，党中央、国务院先后召开过 16 次大规模的劳模表彰大会，表彰全国劳动模范和全国先进工作者。吉林省共计获评女性全国劳动模范（含女性全国先进工作者）159 人次，占比 16.6%；女性全国五一劳动奖章获得者 152 人，占比 15.9%；全国五一巾帼奖先进个人 171 人，全国五一巾帼奖先进集体 180 个。以全国劳动模范获奖情况为例，可以看出女劳模的数量呈不断上升趋势（见图 1）。1960 年、1979 年女性全国劳动模范占比较高，因为 1960 年党中央、国务院召开全国教育和文化、卫生、体育、新闻方面社会主义建设先进单位和先进工作者代表大会（全国文教群英会），1979 年召开国务院表彰工业交通、基本建设、农业、财贸、教育、卫生、科研战线全国先进单位和全国劳动模范大会，而教科文卫、财贸等行业都是女职工占比较高的行业。

新中国成立后，在参与新中国建设的劳动者大军中，广大女性主动学习技术技能，同男性一样，走上教科文卫、纺织财贸等工农一线岗位，

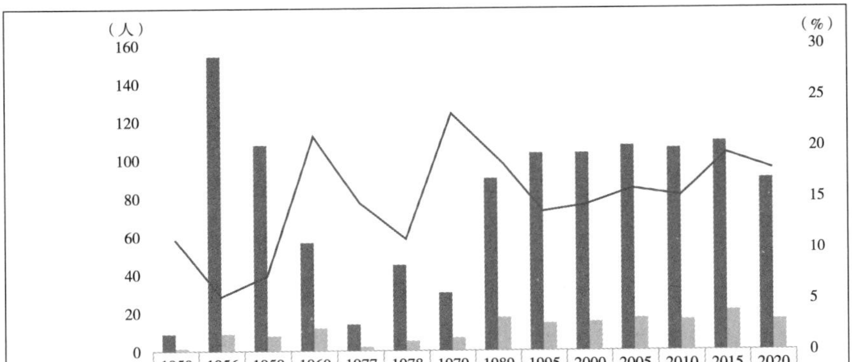

	1950	1956	1959	1960	1977	1978	1979	1989	1995	2000	2005	2010	2015	2020
劳模总数	9	154	108	57	14	45	30	90	103	104	107	106	109	90
女劳模数	1	8	8	12	2	5	7	17	14	15	17	16	21	16
女劳模占比	11%	5%	7%	21%	14%	11%	23%	19%	14%	14%	16%	15%	19%	18%

图1 吉林省女劳模情况统计

共同参与劳动，女职工队伍规模逐步扩大，女劳模的数量也呈现不断上升趋势。她们用双手证明了自身价值，用劳动谋求了自我发展，创造出了丰硕的物质财富和精神财富，展现出新中国女性的崭新形象。

（二）女劳模群体结构分析

以下从年龄构成、受教育程度、行业分布、政治面貌四个方面的数据比较，来分析吉林省女劳模群体所具有的特质。

1. 年龄构成

年龄特征对于分析劳模群体是一个不可或缺的因素。就一般意义而言，获奖年龄代表着成长阶段的特殊环境和特别经历。

18 岁到 35 岁的青年女性在整个劳模群体中所占比例最大，36 岁到 49 岁的中年女性次之，中青年妇女是吉林省主要劳动力组成部分（见图 2）。社会主义革命和建设时期，经过扫除文盲、普及义务教育、加大技能培训等，获得了政治、思想、能力上解放的广大青年女性实现了与社会发展同步的主客观需要。改革开放以后，国家工作重心转移到经济建设上来，从改革计划经济体制入手，在发展市场经济的道路上激发了社会成员活力，导致经济、社会等领域的多元化。

政府积极鼓励创业和招商引资，正值事业黄金年代的中青年女性在各个领域中找到属于自己的位置，并为之全力拼搏，在各行各业的战斗一线取得了突出成就，女劳模中企业家、管理者、文教科人员也相应增多。1995 年获全国劳动模范称号的吉林市木材总公司松滨建筑器材租赁公司经理王洪君，获评时 41 岁；建设银行四平市中心支行行长彭玉勤，获评时 45 岁。而青年女劳模更多分布于工人岗位，如长春纺织厂挡车工周丽，获评时 27 岁；白山市邮电局话务员孟春艳，获评时 24 岁。从传统行业分工来看，工业中以中青年劳动力为主，农业中以中老年劳动力为主。吉林省虽然是国家的老工业基地，但也是产粮大省，所以工农业发展在全省的战略布局上大体是均衡的，这是由地域经济状况所决定的。

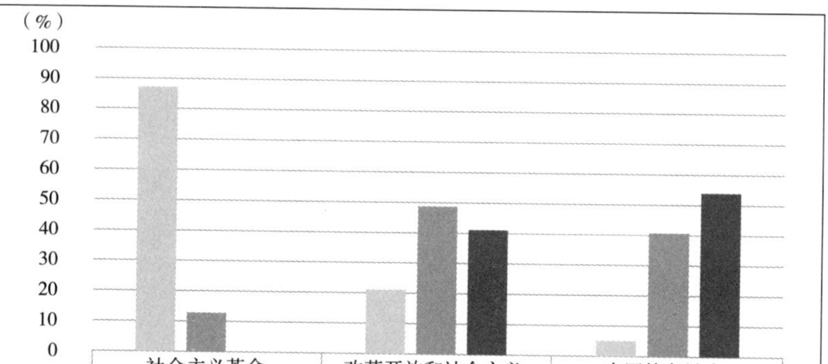

	社会主义革命和建设时期	改革开放和社会主义现代化建设新时期	中国特色社会主义新时代
18–35岁	87.1	21.1	5.4
36–49岁	12.9	48.8	40.5
50–60岁	0	41.1	54

图 2　吉林省女劳模年龄统计

2. 受教育程度

学历是衡量一个人能力和知识的标准之一，分析一个地区的人群受教育程度，其实是对这个地区经济发展长度和宽度的考察。因此，吉林省女劳模的学历结构变化，也能从一定意义上说明这个地区社会发展的状况。

新中国成立初期，我国的文盲率高达 80%。女性文化程度非常低，女劳模的文化程度总体也不高。从 1950 年 9 月第一次全国工农教育会议开始，到 20 世纪 50 年代末，经过扫盲运动和基础义务教育的实施，农村女性进一步普及小学文化，城市女性文化程度有了一定基础，受高等教育的女性知识分子数量稳步增长。

通过图 3 的数据可以分析总结出：初中及以下学历的女劳模比例呈现平稳下降；大学专科和本科学历的女劳模占据每个阶段的主体，且每个阶段都呈现快速增长的状态；大学本科以上学历的女劳模占比总体在上升。20 世纪 90 年代是我国经济飞速发展的阶段，此时急需高学历的人才加入社会主义经济建设的队伍当中。20 世纪 90 年代正值我国新一批高素质人才茁壮成长，大学专科及以上的高素质女性不断增加。进入 21 世纪后，女性纷纷步入高等学府，通过文化教育为自己的未来打好坚实的基础。社会也给予女性更多受教育的机会，广大女性自身的文化素质也在提高。从主客观上都为女性劳模群体的文化程度提升创造了良好的条件。

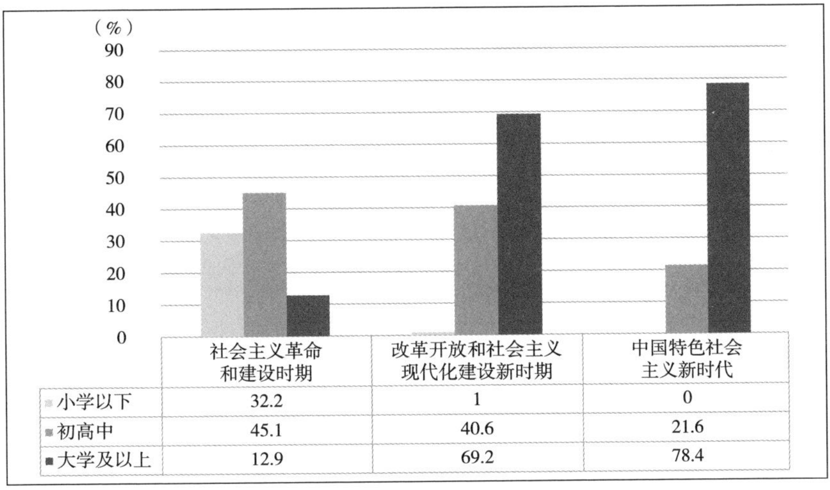

	社会主义革命和建设时期	改革开放和社会主义现代化建设新时期	中国特色社会主义新时代
小学以下	32.2	1	0
初高中	45.1	40.6	21.6
大学及以上	12.9	69.2	78.4

图 3　吉林省女劳模学历统计

3. 行业分布

女劳模的行业分布是随着社会发展而变化的。社会主义革命和建设时期，女劳模所在行业主要集中于传统行业，如农业、工业、商业、文教等。随着社会主义建设事业的发展，思想觉悟、文化素养得到不断提升的广大妇女，开始步入各行各业。20 世纪五六十年代，大兴技术改革创新，出现了像韩桂顺、乔莉萍、牛玉霞等工作在生产一线的女劳模。

改革开放后邓小平提出“科学技术是第一生产力”的重要论断，更多有知识、有理想、有抱负的女性投身科技教育领域，比如1978年被国务院授予全国先进科技工作者、全国先进工作者称号的朱宝英、刘雨坤等，她们的突出贡献无疑为女劳模队伍增添了更加炫丽的光彩。

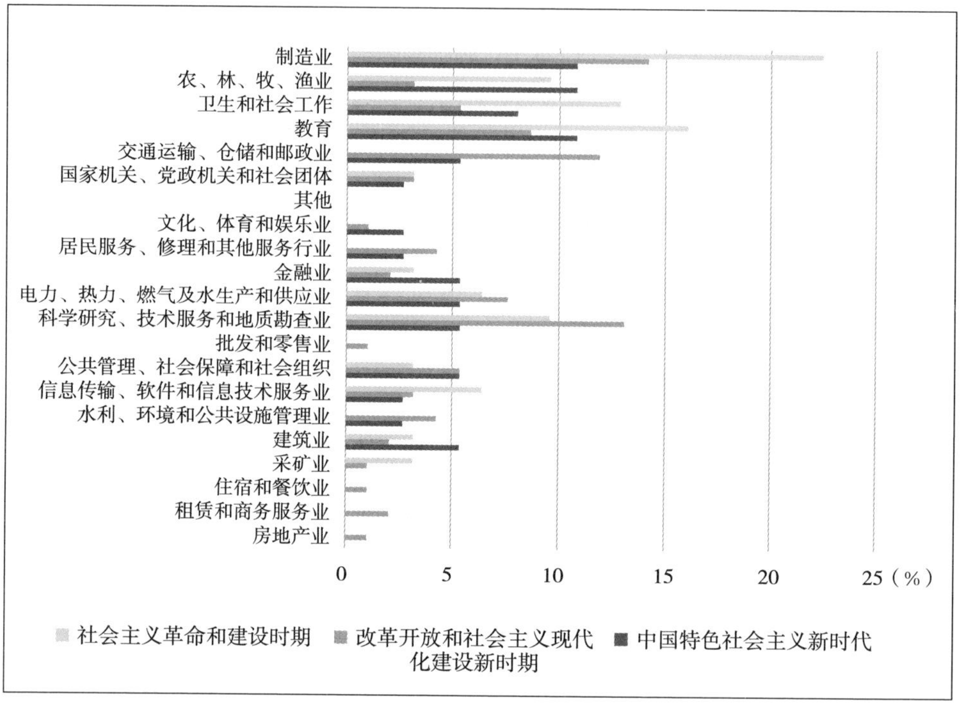

图4 吉林省女劳模行业分布

4. 政治面貌

对女劳模政治面貌结构进行分析，能够了解民众对国家发展方向的认可程度，以及对执政党施政的认可情况。

吉林省女劳模群体中，中共党员比例为90%以上，占绝对主体，一方面表明共产党员的先锋模范作用得到了充分发挥；另一方面也表明榜样力量是无穷的。劳模队伍中的党员是工作的标兵、凝聚群众的核心、团结群众的典范，他们的示范作用赢得了人民群众的广泛赞誉。同时，“女劳模不仅在人民群众特别是妇女群体中发挥了引领作用，还发挥了其对于家庭和社会的独特作用，其‘双重作用’为推动物质文明和精神文明协调发展、促进社会全面发展作出了卓越贡献，是中国革命和建设历程中所积累的宝贵的社会主义财富”。

二、吉林省不同历史时期女劳模群体概述

自新中国成立，随着时代变迁，70 多年的时间里，中国女性地位在一步步提升，并持续发生着质的飞跃。如今中国妇女已撑起了国家的“半边天”，在各个领域，都有许多杰出的女性，女企业家、女科学家、女政治家等层出不穷。各行各业中涌现的女劳模，集中展现了新中国劳动妇女的新形象、新风采，她们以自身的感染力、影响力和号召力激发了广大妇女建设新中国、建设社会主义的热情，成为人们学习的榜样。

新中国成立以来，我国发展经历了三个重要阶段，即社会主义革命和建设时期、改革开放和社会主义现代化建设新时期、中国特色社会主义新时代。不同的发展阶段有着不同的历史背景，所以不同时期女劳模的时代特征也会有所不同。

（一）社会主义革命和建设时期

毛泽东在为《妇女走上了劳动战线》一文写下的按语中指出：“为了建设伟大的社会主义社会，发动广大的妇女群众参加生产活动，具有极大的意义。”在新中国成立初期恢复社会生产、进行国家整合（如土地改革、企业改造、公私合营等），以及全面建设社会主义的过程中，广大妇女通过参加社会生产，实现了自身解放，赢得了社会尊重。新中国成立后，相继表彰了一批女劳模。这些女劳模除具备劳模群体普遍具有的特点外，还反映了她们的自身特质及所处时代的特征。

1. 她们是解放思想和进步能干的一代人

劳动人民能够以生产资料主人的身份参与劳动，以平等的权利取得应有的报酬，在此基础上形成了最为朴素的爱国主义热情。广大人民群众很快就把新中国初期对翻身得解放的感恩转变为对社会主义中国的热爱，尤其是广大妇女更是亲身体会到了党对她们的关怀。新中国成立后，1950 年颁布并实施《中华人民共和国婚姻法》、《中华人民共和国工

会法》，随后立法机构制定、颁布了一系列法律，推行一系列解放妇女的社会变革措施，真正使广大妇女获得了新生，中国妇女走上了真正的解放之路，女劳模也就应运而生。像郭淑珍、马洪芬、孙羲芝等劳模代表，她们都具有鲜明的时代特征。

郭淑珍：了不起的合作社女社长

吉林省梨树县的郭淑珍是新中国早期全国著名的女劳模之一。郭淑珍在一个贫苦农民家庭里长大，从记事起就跟父母姐妹讨过饭、扛过活儿。她一共生了 11 个孩子，但只活下来 1 个儿子。旧社会生活的磨难，让她倍加珍惜新生活。1947 年 10 月，当上刘家馆子勿兰屯妇女主任的郭淑珍，带领全屯妇女投入火热的土地改革运动。1948 年 3 月 8 日，郭淑珍光荣地加入中国共产党，时隔不久，被任命为勿兰屯党支部书记。四平保卫战期间，她积极发动群众支援前线，动员青年参军，还带领妇女为前方战士做军鞋、送军粮、抬担架、拉麦子、修堤坝。生产、拥军、做思想工作，郭淑珍样样干得出色，群众对她非常敬佩。

1950 年 9 月 25 日，郭淑珍作为群众代表参加了在中南海怀仁堂召开的全国工农兵劳动模范代表会议。1953 年，郭淑珍在吴家坨子郭家窝棚办起了梨树县第一个半社会主义性质的农业生产合作社，由她任社长，带领社员们经过艰苦奋斗，把一个初级社办得红红火火。1958 年 12 月 16 日，郭淑珍赴北京参加全国建设社会主义积极分子代表大会，她是当时全国著名的七位女社长之一。

1950 年全国工农兵劳动模范代表会议、1956 年全国先进生产者代表会议，以前所未有的规模表彰劳模，也以前所未有的规模向全体妇女塑造了“进步、忠诚、能干的妇女新形象”。当时的工会组织、妇联部门将各地妇女劳模的事迹汇编成《劳动模范访问记》《东北工业建设中的劳动模范》等通俗政治读物，梳理了这些女劳模的成长经历和内在外在的成长因素，一是自身解放，当家作主的身份和社会地位的变化是她们尽职尽责工作的动力。郭淑珍在接受记者采访时说：“我没有作出惊天动地的成绩，我只知道没有共产党就没有穷苦大众的翻身解放，就没有劳动妇女的社会地位。”这种感恩心理是她们真实情感的流露。二是加入中国共产党。如果说妇女努力参加生产是出于对党感恩的话，那么加入中国共产党则意味着党对她们的信任，她们会更加自觉地按照党员标准要求自己。三是加强学习和锻炼。女劳模也在参加学习和各项运动中得到锻炼和培养。国家的培养使女劳模不断成长，比如郭淑珍 1958 年被提拔为刘家馆子人民公社党委副书记兼副社长。国家的培养使女劳模不断成长，也使她们成为教育和引导其他女性的榜样。

2. 她们是赓续传统和激情奉献的一代人

女劳模从新民主主义革命走过来，在新中国成立以后的革命建设事业中将“革命传统和革命理想”继续继承下去，这是历史的传承，也是现实的需要。尤其对获得真正意义上“解放”了的广大女性来说，她们必然会成为革命道路上的又一股重要力量。延吉市邮电局话务员崔哲淑，1951 年抗美援朝时，组织上安排她一个人负责话务交换工作，她冒着被美军机轰炸的危险，临危受命，以无畏的革命精神，圆满完成了战备通信任务。为了提高工作效率，减轻话务员的工作量，她于 1952 年创造了市话操作法，推广到全省。1956 年，崔哲淑被国务院授予全国先进生产者称号。20 世纪 60 年代，全国先进工作者、岔路河中心卫生院妇科主治医师沙凤仪，在医疗设备简陋、药品和物资奇缺的条件下，她大胆探索，潜心钻研，总结出治疗子宫脱垂的成功经验，为许多子宫脱垂病人解除了病痛。她还多次无私献出自身的鲜血抢救妇科危重病人，经她抢救的危重病人不计其数，被称为“妇科患者的保护神”。全国先进生产者赵桂芝，1960 年调入吉林热电厂，曾任燃料分厂输皮运行工、分厂副指导员。在燃料输煤运行岗位上，她坚持倒班 23 年，年年出满勤，班班干满点，常年坚持收漏煤，并利用业余时间帮助同志缝衣、买菜、护理，成为工人的贴心人。

3. 她们是构建人民群众宣传网和道德体系的一代人

1951 年中共中央在《关于在全党建立对人民群众的宣传网的决定》中提出："每个支部应挑选党员、青年团员和周围的人民群众中自愿在党的领导下宣传工作的劳动模范和其他革命分子担任宣传员。"作为宣传员的劳动模范，在党组织的领导下，不仅起着对人民群众生产劳动的示范作用，还承担向周围群众宣传党的方针政策的任务。在这一过程中，女劳模有着她们独特的优势，自然成为理想道德的"启蒙者"，发挥着引领意识形态的主导功能。

新中国成立后，全国上下快速建立了适应当时国家情况的中国式共产主义道德思想体系，在这一过程中，劳模是生产的标兵，也是道德楷模。劳模道德体系其实是共产主义道德思想体系的延伸。用革命理想教育后代的吉林省和龙县德化乡幼儿园教养员申淑子，她是东北抗日联军的后代，在她身上传承着革命理想的光芒。申淑子在幼儿教育中注重幼儿智力开发，进行实物教学，培养孩子们热爱劳动的观念，并以独特的教育方式进行德育教育，激发孩子们热爱党、热爱祖国的情感。她创造出许多新颖的教学方法，为后来的儿童教育留下了宝贵而有效的经验。申淑子于 1960 年在全国教育和文化、卫生、体育、新闻方面社会主义建设先进单位和先进工作者代表大会上被授予全国先进工作者称号。全国先进工作者李成姬，在担任延吉市审计局局长期间，带领全局同志审计了 412 个单位，查出违纪金额 2791 万元，其中应缴财政金额 468 万元，并查出两起贪污案件。她在工作中清正廉洁，共拒收现金、礼品几十次，甚至面对威胁也大义凛然。李成姬表现出一名共产党员的浩然正气，在社会上树立了一代社会主义审计人员的良好形象。

总的来说，这一时期的女劳模不怕牺牲、不畏困难，自立自强，艰苦奋斗、无私奉献，刻苦钻研、勇于创新，团结协作、多作贡献，为当时的国民经济和社会发展注入了新的能量，具有跨越时空的价值导向性和教育性。

（二）改革开放和社会主义现代化建设新时期

1977—1979 年，短短 3 年时间里举行了 5 次全国性劳动模范表彰大会。如此密集的表彰，说明拨乱反正后党中央、国务院对劳模工作的高度重视，对劳动模范带动生产、通过榜样示范作用激发人民群众生产热情的充分肯定。1978 年全国科学大会是我国科学史上一次空前的盛会，在中国科技发展史上具有里程碑的意义。这次大会确立了国家尊重知识、尊重人才的根本方针，成为改革开放的先声。国务院针对我国劳动者最高荣誉的评选标准也进行了进一步的界定，1979 年印发《关于召开全国劳模和先进工作者表彰大会的通知》，获评条件排在第一的是“对超额完成全国先进定额和计划指标有重大贡献者”。劳模评选标准的变化犹如一个时代缩影，反映着时代的变迁。这一时期吉林省按照国家标准评选产生的女劳模，反映了当时女性的基本状况：一是女性受教育人数和程度不断提升；二是女性的就业数量和层次不断抬升；三是女性参政议政和生产科技水平不断提高。这三个方面取得的成就，为广大女性寻求发展奠定了基础，也对女劳模群体构成发生变化起到了促进作用。

1. 女劳模职业呈多样化趋势

改革开放以来，随着社会分工不断细化，除占主体的工农劳模外，劳模几乎已拓展至各行各业，这是当时经济发展的一种客观反映。劳模的评选具有时代性的鲜明特点，在社会主义革命和建设时期，各行各业中的劳模，都为社会发展创造出巨大的价值。正如马克思曾经指出的那样：“随着劳动过程本身的协作性质的发展，生产劳动和它的承担者，即生产工人的概念也就必然扩大。”工人阶级范围的扩大，也为劳模群体的增长提供了人员储备。从吉林省女性全国劳动模范这一时期的职业构成情况来看，其中有省优秀女民营企业家韩京爱，有下岗后艰苦创业的长春市汇通驾校党支部书记王志霞，还有侍奉老人胜亲人的敬老院院长唐万英等，全国劳动模范当选者的职业不断丰富，这与对劳动认识的不断深化是密不可分的。

2. 女劳模向高知化、应用化发展

新中国成立后，尤其改革开放以来，国家在科技领域的投入越来越大，取得了众多成果，这与从业人员科技素质的提升是分不开的。科研人员队伍数量不断增加也直接反映在劳动模范群体中。这一时期全国劳动模范中具有大专及以上学历的占比呈上升趋势。女性科技工作者也在不断增加。思想解放运动使正值年富力强的中青年一代女性知识分子有了为国出力、施展所学的舞台。为收获更多粮食的全国先进工作者、白城地区农业科学研究所副所长刘雨坤，精心撰写了有关土壤、肥料和生态等论文 50 余篇，参加中国绿肥区划研究成果，获 1983 年国家农牧渔业部科技进步奖二等奖；1985 年完成的白城地区沙旱化土地资源调查，获全国和农业区划科研成果一等奖和三等奖。1989 年获全国先进工作者称号的治水女专家张颖，30 多年来先后参加了断头山、八里哨和东辽河流域规划等地质勘查工作；担任第二松花江、德惠县半拉子山坝址和群昌水库等项目负责人，成功研制了适合吉林省地质条件的 GJS 原状取砂器，为吉林省水利事业的发展作出了贡献。有机硅领域的革新者、全国先进工作者朱宝英，1985 年开发千吨有机硅生产技术获得成功，荣获 1989 年吉林省科技进步奖一等奖；1987 年开发万吨有机硅生产工艺技术，通过国家科学技术委员会技术鉴定。这些女科技人员用她们的知识浇灌脚下这片黑土地，其成果进一步验证了科学技术是第一生产力的论断。

3. 生产一线的女劳模比例稳中有升

从我国评选劳动模范开始，一线劳动者便是劳模群体的重要组成部分。这是因为劳模精神随着时代的发展承载了越来越多的内涵因子，但无论是在计划经济体制下还是社会主义市场经济体制下，无论是颂扬苦干实干还是讴歌创新创造，无论是侧重经济效益还是注重社会贡献，劳模精神所恪守的行动指南、所体现的核心价值、所根植于人民的属性、所被赋予的定位都是始终不变的，变化的只是随着时代主题而发展的表征。

初建美：坚守初心 建善尚美

初建美是国网吉林省电力有限公司通化供电公司客户服务中心抄表班班长、全国劳动模范、第十三届全国人大代表，曾先后获得“中国好人”“全国岗位学雷锋标兵”“最美志愿者”等称号。

2004年，40岁的初建美成为一名抄表员，负责偏远的城乡接合部和农村地区的抄表收费工作，辖区方圆21平方千米，抄表户数5608户。抄表路上，她传播爱心、传递温暖。她在通化市二道沟于淑琴家里催收电费时了解到一家人靠捡废品生活，还有3个正在读书的女儿。从那天起，初建美默默地承担了于淑琴家的电费，一交就是4年，还特意为于淑琴的孩子们买学习和生活用品，在她的帮助下，三个孩子如今都已经考上了大学。她帮助瘫痪在床的贫困户姜爱玲擦身子、洗屎尿布、换洗衣物，并四处奔走为她筹集治疗费用；她帮助张家村残疾人杨大姐开了小商店，补贴家用；她为张家村的张大姐卖秋菜；给失火的于大哥家送去锅碗瓢盆等生活用品。

初建美在工作现场

2016年，在单位帮助下成立了以她名字命名的“初建美志愿者服务队”，从最初的6个人发展到现如今的6000余人。她带领志愿者开展了“情暖桑榆”“让我们共同撑起一片蓝天”“红色基因代代传”“护航参苗成长”“心系西部衣暖万家”等多种志愿服务活动，服务时长达7000余小时。

2018年，初建美光荣地当选为第十三届全国人大代表。几年来，她深入一线宣讲两会精神已经超过100场，听她宣讲的各级人员达 8000 多人。她建立 6 个人大代表联络点，走访联络点 172 次，解决受理各类问题、意见和建议 48 件，答复率 100%，满意率 100%。她提出的《提高居民和社区养老服务水平》《预防未成年人犯罪法》《关于建立侵害未成年人案件强制报告制度》建议，均得到各部委高度重视。履职几年中，初建美积极发挥人大代表的作用，尽力为贫困户想办法，找出路，为扶贫产品代言，为农民滞销产品代言，尽自己所能，助力脱贫攻坚。她为民修路、送医下乡、关爱老幼、助力脱贫，深入通化地区 10 余所中小学，开展红色宣讲 50 多场。她在为民履职的路上一刻未停歇。

吉林省一线女劳模还有创全国纺织同行业、同机型最高纪录的刘风英，沈阳铁路局长春站客运车间客运值班员朱立红，吉林市城市公共交通集团有限公司驾驶员刘丽岩……劳动光荣、爱岗敬业、甘于奉献，在这些女劳模的身上都有其深刻的内涵，值得人们尊重、崇尚、学习。

4. 劳模评选坚持面向基层的原则，反映了党对基层组织建设的重视

基层是党联系、团结、引导人民群众的最小细胞，社区建设牵连着千家万户百姓的冷暖，小巷无小事说的就是这个道理。

谭竹青："小巷总理"

全国劳动模范谭竹青是一名普通的居委会主任，被社区居民亲切地称为"小巷总理"。1957 年她担任长春市宽城区东站十委居民委员会主任，那时十委的经济非常困难，居民面临买早点难、子女入托难、行路难、就医难、维修房屋难、理发难、孤寡老人生活难、待业青年就业难和"两劳"释放人员安置难九个难题。1981 年初，谭竹青拿出了家里仅有的 450 元，带领居委会干部和社区内待业青年去河边挖沙子，上工地拣砖头，盖起了"如意小吃部"。靠着几年的艰苦奋斗，谭竹青的手里有了几万块钱，她又带领大家办起了麻花作坊、鞋厂、皮革厂、服装厂等十几家企业，还盖起了幼儿园和

被群众称为“小巷总理”的全国劳动模范谭竹青

敬老院，建立了长春市第一个由社区居委会牵头兴建管理、占地3500平方米的室内综合市场。从450元筹建“如意小吃部”到十委社区建成17家大小企业，固定资产2000万元，年创产值千万元以上。十委没向国家要一分钱，没向银行贷一笔款，而且还向国家交纳税金几百万元。国家给予她个人的奖金，也全部用在十委社区发展经济和救济困难户上。谭竹青在居委会工作几十年，始终牢记党的宗旨，全心全意为居民服务，在平凡的岗位上创造了不平凡的业绩。小巷无小事，牵动万户心。人们说她“上管天，下管地，中间管着百姓的冷暖疾苦、柴米油盐”。

随着社会经济文化的发展，越来越多的妇女参加了社会劳动，这是使妇女在经济上获得独立、在政治上获得解放的保证。妇女劳动力参与率越高，表明妇女的经济、政治、社会地位越高。

5. 女劳模占比逐年增加

吉林省女性全国劳模的比例呈不断增加的状态。女劳模人数的增加，反映了中国的“男女平等”基本国策落到了实处，也推动了中国妇女地位的提高。除参加社会生产劳动外，女劳模也成为参与国家和社会事务管理的生力军，这充分体现了中国特色社会主义道路的人民性和民主性，如同首届大国工匠巾帼论坛发布报告指出“劳模是中国特色妇女发展之路的重要代表群体”，在社会主义现代化建设中起到了“半边天”的作用。

（三）中国特色社会主义新时代

女职工作为社会发展的重要力量，在新时代的进步与个人的奋斗相互激荡中，她们以勇立新功的豪情壮志投身伟大事业，用勤劳与智慧书写新的历史荣光。在女劳模群体中，她们掌握一技之长，带动群众脱贫致富；在科技攻关的最前沿，她们应对挑战、潜心研究，攻克一个个难关；在抗击新冠肺炎疫情的阵地里，她们挺身而出、向险逆行；在创新创业的浪潮中，她们不惧艰难、突破自我，展现自信自强的动人风采。分析各行各业的优秀女性为社会发展贡献巾帼力量的壮举，无论是生产者还是创业者，无论是比表现还是比贡献，无论是讲精神作用还是讲经济效益，劳模的核心价值都是始终不变的。准确地说，"新时代的劳模精神"既包含其中，又彰显之上。

1. 她们勇于探索，在创新中成功

在中国科研事业飞速发展的今天，数以千万计的女科研工作者活跃在中国各个科研领域。她们巾帼不让须眉，用不懈的科学追求，以深厚的家国情怀、强烈的社会责任感和丰硕的科研育人成果，生动诠释了新时代女科学家精神。

于吉红：奋战在基础前沿科学领域

党的二十大代表、中国科学院院士、全国五一劳动奖章获得者，吉林大学化学学院教授于吉红是众多女科技人员中的一位优秀代表。作为国际无机合成、纳米科学及固态化学领域的杰出科学家，她多年来积极推动功能材料的分子工程学这一基础前沿科学领域发展。带领团队在国际上创建了首个分子筛合成数据库；在国际上率先提出计算机指导分子筛定向合成新策略；成功合成出数种新型分子筛拓扑类型，

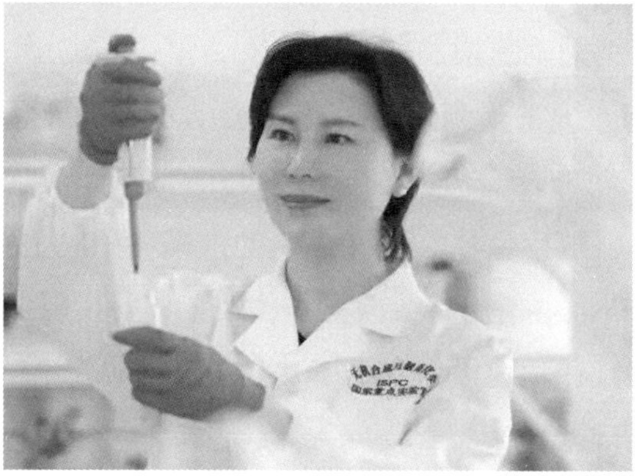

于吉红工作照

实现我国在分子筛拓扑类型领域零的突破；在国际上首次发现羟基自由基加速分子筛成核的晶化机制，为分子筛材料高效及绿色合成开辟了新路径。2021 年，于吉红团队研制了一种柔性固态锂空气电池，是分子筛固态电解质应用在储能电池领域的新突破，未来具有重要开发和应用前景。于吉红担任主任的吉林大学未来科学国际合作联合实验室，获批建设 3 个国家级科研平台和 1 个吉林省科研平台。

2. 她们用超人的干劲，获骄人的业绩

社会主义是干出来的，新时代是奋斗出来的，劳动是一切幸福的源泉。女劳模是广大女性学习的榜样，而榜样则是“看得见的哲理”，伟大事业需要榜样引领。只有在全社会形成崇尚劳动、尊重劳动、见贤思齐的浓厚氛围，才能激励更多的劳动者坚守岗位、建功立业。

李艳：独创“453 工作法”

李艳工作照

全国劳动模范李艳是吉林石化公司炼油厂加氢一车间操作工，高级技师。24 年来，她潜心钻研，总结提炼“四勤、五看、三到位”的“453 工作法”，被职工称为“李艳工作法”。她向操作平稳率最后的 0.01% 发起挑战，并攻克了精准操作关、应急处置关和优化运行关。李艳还把创新创造的基点，定位在解决实际问题上。多年来，她累计提出合理化建议 30 余项，创效 1000 多万元。2016 年以来，李艳积极参与新项目建设，担任项目培训师，把自己的理

论知识和实践经验倾囊传授。以她的名字命名的“李艳技能大师工作室”先后提出合理化建议40余项，参加技术攻关10多项，在保证装置安全、平稳、长周期、满负荷、优质运行的同时，累计创效超百万元。

3. 她们勇担时代使命，甘愿奉献青春热血

劳模精神汇聚了社会主义制度下广大劳动者的崇高品德，集中反映了女劳模良好的时代精神风貌，是一种健康、向上、充满活力的劳动价值观，劳模精神在这些劳动模范身上得到了最集中的体现。

贾春贺：做一名追梦人

全国劳动模范贾春贺，是国网白山供电公司营销集约管控中心质量管控班班长，党的二十大代表。2009年大学毕业的贾春贺来到长白山下最偏远的泉阳供电所做收费员，她勇于挑战自我、刻苦钻研，很快由一线职工成长为数据管控专家。2015年，贾春贺总结研发营销全过程多维度预警系统、用电信息采集系统、SG186电力营销业务应用系统相结合的“多系统信息数据融合对比法”，通过运用大数据进行质量管控，全面推进质量管理和供电服务质量升级。

贾春贺工作照

2018年，她和同事研发的一种带发电量核实功能的分布式光伏并网点保护测控装置，采用“互联网+”技术使分布式光伏并网保护测控装置、运维平台和手机App实现互联互通数据共享，实现对大量

分布式光伏发电的接入、监测、调节，该技术实际应用后，在避免电网冲击的同时，解决非专业用户日常维护的困扰，为泛在电力物联网的逐步推广提供有力的技术支持和保障，此项创新科技项目已转化为成果并获得国家专利，至今已创造1200多万元的销售收入。她还在国家级核心刊物发表过营销系统创新论文6篇。以她名字命名的“贾春贺劳模创新工作室”成立以来，她带领创新团队完成技术攻关27项、软件著作权2项，5项QC成果分获国家电网有限公司和国网吉林省电力有限公司创新奖。

4. 她们以创造性劳动，在平凡中立业

众多女劳模都是普通的劳动者，长期扎根基层和生产一线，驰而不息地创造着美好生活。她们平凡而伟大，她们用双手创造价值、用肩膀扛起责任、用汗水浇灌未来，支撑起了一个欣欣向荣、生机蓬勃的中国。

李彩云：采油操作法的发明者

吉林油田新木采油厂创新工作站劳模工作室技术负责人李彩云，2015年被授予全国劳动模范称号。作为新时代石油工人的楷模，李彩云研究总结出高效洗井法、设备维护保养法、分门别类节能降耗法等，被公司统一命名为“李彩云采油操作法”。以她名字命名的“李彩云劳模创新工作室”于2017年成立，获国家发明专利1项，国家实用新型专利10项，发表专业论文20余篇。其中“便携式液压光杆打捞

李彩云在工作现场

与更换装置”获得吉林油田公司群众创新创效一等奖，获得集团公司一线创新成果三等奖。截至目前，累计实施 432 井次，实现创效 302.4 万元。李彩云劳模创新工作室利用现有的培训资源积极开展培训工作，目前劳模工作室已经成为集技术攻关、技艺传授、项目推广于一体的综合性工作室，实现年创效百万元以上。

类似的女劳模典型还有很多，如不负人民重托的全国人大代表初建美，让村民实现腰包鼓起来梦想的韩丽，为贫困心脏病人架起生命之桥的刘启芳，冲锋在突发公共卫生防御前线的李虹彦，坚持诚信经营并热心奉献社会的钟敬英……如今，在激烈的国际竞争和国内产业转型升级压力下，劳模精神、劳动精神、工匠精神不断被赋予国家竞争综合实力的新内涵。瞄准国家发展全局，为实现中国式现代化，需要广大女性劳动者具备勤学苦练、深入钻研、勇于创新、敢为人先的精神气度，这也对女劳模群体提出了更高要求。

三、吉林省女劳模成长规律

一个地区的人民有一个地区独特的精神气质。新中国成立以后，吉林省在农业持续稳定发展的同时，也迎来了迅猛发展的工业化进程，在这一过程中，吉林省的劳动模范也呈现了辈出之态。一大批女劳模以村为家、以厂为荣、以高度的主人翁责任感创造了“平凡”而又“不平凡”的业绩，在吉林这片黑色的沃土上有一种浓厚的崇尚劳动、崇尚工匠、崇尚英雄的社会氛围，培育出了众多的女劳模。她们中有一心想着为国家多作贡献的齐殿云、被誉为“小巷总理”的谭竹青、以振兴乡村为高度使命感的谷凤杰、固态化学领域杰出科学家于吉红、新时代石油工人楷模李彩云……女劳模们用实际行动在平凡岗位上绽放着芳华，劳模精神是伟大时代精神的生动体现，是民族精神创新发展的重要推动力量，也为构建女劳模群体正面形象提供了基础保障。

1. 女劳模群体发展的过程，是“男女平等”基本国策落实的突出体现

“男女平等”基本国策落到实处，同时也推动了中国女性地位的提高。在制度的保障下，树立起来的自尊、自信、自立、自强“四自”精神，则是女劳模成长的内在因素，女性的解放归根结底是靠自身的奋起。女劳模在创造物质财富和精神财富等方面作出了贡献，不再是男性的“附属品”，在政治上、经济上成了真正意义的独立个体，为广大女性走出家门、走向社会提供了先导。她们参加工作，参与国家和社会事务管理，充分体现了女性能够顶起“半边天”的作用。因此，作为中国特色妇女发展之路的重要代表群体，女劳模有着存在和成长的深厚土壤和坚实的社会根基。

2. 女劳模群体的成长在于完善的制度保障

党高度重视和积极推进妇女工作，把妇女工作全面融入党和国家事业发展全局，用显著制度优势为妇女发展保驾护航，引领妇女事业取得突破性进展，进一步完善妇女权益和民生保障体系。在吉林有一整套完善的关于城乡劳模的培养、选树、激励机制，在全社会形成了关爱劳模、学习劳模的良好氛围。在很多城市建有劳模纪念馆；建有以“劳动”命名的公园，或以“劳动”为主题的纪念场所。在全省城乡各处学先进、保先进、超先进成为一种地域文化现象。

3. 女劳模群体的精神特质植根于劳模文化的普及

吉林女劳模能够代代辈出，离不开地域文化的浸润。悠久厚重的历史文化和宽广辽阔的地域文明，造就了吉林人友善豁达、宽厚豪爽的性格，形成了尊重差异、开放包容的胸怀。独特的地域民风和优秀的文化积淀，在一代代吉林人身上传承不息。

4. 女劳模群体的发展有赖于东北老工业基地的历史

吉林有着悠久的工业化历史，工业资源丰厚，工业文化浓厚，作为东北老工业基地有代表性的企业，如第一汽车制造厂、长春拖拉机厂、长春客车厂、长春柴油机厂等，繁荣的工业文化展示了新中国工业化的辉煌，也刻录了几代吉林劳模的奋斗形象。正因为有工业文化的熏陶，

有纪律性强的工人阶级的组织基础，有当时全国最先进生产力的带动，有红色基因的一脉相承，吉林才成为锻造模范人物的“熔炉”，这块土地才成为女劳模辈出的精神高地。

5. 工会在助力女劳模成长中发挥着独特作用

一是各级工会组织重视劳模文化在女职工中的培育。各级工会组织在女劳模的培育过程中，通过建立保障机制，积极开展培训、广泛进行宣传，努力在广大女职工中培育弘扬劳模精神，营造崇尚劳模精神的社会环境，为女劳模的成长创造良好的发展空间。吉林省总工会开展的“巾帼劳模进校园宣讲”活动，使“三个精神”走进校园，引起了众多学子的共鸣。二是切实维护劳动者合法权益，保护女劳模的特殊利益。全省各级工会对侵犯女职工特别是女劳模合法利益的事情，如同工不同酬、劳动安全卫生条件不达标、平等就业和选择职业得不到保障等现象，主动参与调查，积极进行调节，并建立了与企业、政府联动的保障机制，以进一步推动构建完善科学合理保障机制。三是规范和完善劳动模范的评选及激励机制。在评选标准方面，与时代同步，不断更新女劳模评选标准，使具有先进性、代表性、时代性的模范人物进入劳模队伍；坚持公平、公正、公开原则，由人民群众投票得出评选结果，接受各方监督；同时对女劳模“双重作用”给予适当关注。让女劳模拥有成就感、幸福感、获得感。

四、女劳模是劳动群众中的杰出代表

劳模精神凝聚建功立业新时代的磅礴伟力，妇女在实现伟大民族复兴的进程中起着“半边天”的作用。女劳模是新时代奋斗者的榜样，她们引领带动广大劳动妇女让实干担当蔚然成风。

1. 女劳模是妇女解放进程中的重要代表群体

马克思指出，妇女解放的程度是衡量普遍解放的天然标准。社会的进步可以用女性的社会地位来精确衡量。在中国，依靠马克思主义妇女解放理论的指导，中国妇女不仅在新中国创建伊始便获得了历史性解放，而且在中国特色社会主义建设进程中实现了与时俱进的发展。女劳模群体既是中国妇女实现自我解放和全面自我发展的优秀代表和先进楷模，也是劳模精神、劳动精神、工匠精神的创造者和实践者。她们的业绩体现了中国妇女走出了一条坚持妇女主体地位，以劳动推动社会发展的中国特色妇女解放道路。

2. 女劳模是中华文化的具体体现

中华儿女用辛勤劳动创造了中国灿烂的历史文化，从中国古代到近现代的妇女典型，足以说明女劳模是对中华优秀传统文化中生生不息、崇劳厚生精神因子的继承与阐发。在我国传统文化中，一向推崇对劳动实践的认同、对劳动精神的传承、对劳动文化的传播。像秦罗敷那样的不畏权势、不慕富贵、勤劳美丽、聪明机智的中国古代劳动妇女典型，像黄道婆那样的著名女棉纺织家、技术改革家，她们都是劳动人民寄予无限觉悟和理想化了的妇女人物形象。中华儿女用辛勤的劳动创造了中国灿烂的历史文化，锻造了中国人朴实、勤奋的优秀品格。

3. 新时代女劳模为劳模精神赋予了崭新意蕴

"两个一百年"奋斗目标的实现，需要全体中华儿女众志成城、万众一心，把一切力量都凝聚起来，这是一个把一切积极因素都要调动起来的进程。在这样一个伟大进程中，女劳模这一群体在各种资源中占有重要的位置。改革开放以来，尤其是在中国特色社会主义新时代，中国女劳模的形象和传统的从事农业、工业的劳模相比，已经发生了很大的变化。她们来自各行各业，以其女性特有的韧性、胆识和才干，在不同领域作出了显著的成绩，赢得了社会广泛的认知和尊重。这说明有社会责任感和使命感、对国家和社会有作为有贡献的女性，已经影响女性群体追求进步的脚步。

4. 新时代女劳模的引领作用对广大青少年女性群体具有丰富的当代价值

党的二十大报告要求全党把青年工作作为战略性工作来抓。青少年是国家的未来和民族的希望，实现中华民族伟大复兴，是一场接力跑，薪火相传。劳动模范是每个时代劳动精神的典型化身，是引导广大青少年培育践行社会主义核心价值观的宝贵财富和有效载体。充分发挥劳动模范先进事迹和优秀品质的感召作用，培育辛勤劳动、诚实劳动、创造性劳动的精神气质，在女劳模群体中体现的具有时代特征的劳模精神已成为强国的宝贵精神财富，引领着新时代广大妇女前进的方向，只要一代代地传承下去，伟大的民族复兴终将到来。

五、吉林新时代女劳模工作发展展望

历经 70 多年的风霜洗礼，中国千千万万的女性伴随时代发展不断拓展体现自身价值的途径，也为我们打造“积极奋斗”、塑造“劳动光荣”、推崇“知识文化”的女劳模群体奠定了良好基础。新的历史时期，提出了更新的要求，开辟了更新的境界。面对全面建设社会主义现代化新吉林的宏伟蓝图，吉林省总工会十四届九次全委会确定了深刻领悟“两个确立”的决定性意义，坚决做到“两个维护”，紧扣工人运动时代主题，着眼大力推进中国式现代化，着眼服务高质量发展和现代化产业体系建设，着眼服务职工成长成才、生产生活，持续深化产业工人队伍建设改革、工会改革和建设的总体工作思路。全省工会各级女职工组织，将继续积极协调社会各方为女劳模的培养、成长、发展，为女职工队伍建设搭建服务平台。具体从“四个聚焦”方面入手，构建“四个体系”。

1. 聚焦成长成才，着力构建全过程的女职工思想政治引领体系

一是在广大女职工中大力弘扬劳模精神、劳动精神、工匠精神，引导广大女职工争做“三个精神”的传承者和实践者。适应当代产业工人队伍思想活跃度高、精神文化需求迫切、利益诉求多元的实际，大力开展“中国梦·劳动美”主题宣传教育活动。结合不同女职工群体特点，创新职工思想政治工作方法，把解决女职工思想问题同解决实际问题结合起来，增强思想引领的针对性、实效性，使广大女职工在思想理念、价值理念、道德理念上紧紧团结起来。二是发挥女职工在家庭生活中的独特作用，扎实推进“文明家庭促和谐幸福女工我先行”主题实践活动，

引导女职工传承良好家风，发扬中华民族传统家庭美德。三是着眼营造“奋斗有我、创业有你，就在吉林”的良好氛围，深入实施全省女职工职业生涯成长规划，打出畅通女职工成长链、塑造匠才文化链的改革组合拳。充分发挥产业工会女职工组织职能作用，关注职业技术学校在培养多样化女性人才、传承技术技能、促进就业创业等方面所要承担的重要任务。吸引更多优秀女学生留吉发展、创业就业，为女劳模队伍成长增添后蓄力量。

2. 聚焦创新创造，着力构建全周期的女职工技能提升培训体系

一是围绕吉林产业结构优化升级，以打造高素质产业工人大军为目标，在建设“六新产业”工匠学院和创办技能培训基地、实训基地和网上学习社区中，加强完善对女职工的政策倾斜。二是发挥女劳模和女工匠人才创新工作室作用，积极探索工作室联盟新模式。进一步推进女职工“求学圆梦行动”，开展女农民工、女新就业形态劳动者等流动性较大群体的职业培训工作。三是积极参与吉林省职工创新创效智能平台的建设，组织动员女劳模、女工匠和广大女职工踊跃参加技术创新发展三年行动，积极选拔推荐优秀女职工参与吉林省首届职工技术创新成果交流大会，用女职工创新创造的丰硕成果助力提升企业竞争力。

3. 聚焦创新服务，着力构建全时空的女职工高品质生活服务体系

一是积极参与职业技能竞赛管理办法的研究制定，加大调研力度，对能够体现女性职业特点、符合女性职业需求的建议融于“培训、练兵、比武、晋级、奖励”一体化构建当中，为女劳模的培育奠定坚实基础。二是整合服务资源，创新服务方式，努力构建基础设施互联互通、服务平台共建共享的一体化工会组织女职工服务体系。在集智能创造体验、职工文化创意、时代精神展示等功能于一体的吉林省职工服务中心的建设中，实现适合女职工特点、特色和需求的各项元素的合理搭配。

4. 聚焦权益保护，着力构建全方位的女劳模帮扶维权激励保障体系

一是站在女劳模的立场思考问题，以出台吉林省深化产改实施意见为契机，深入开展调查研究，进行政策集成，加强督促检查，对女劳模

反映的急难愁盼问题及时进行反馈。二是在推动女职工权益保护专项集体合同等工作取得实效的同时，维护好女劳模合法权益和特殊利益。三是健全困难女劳模家庭生活状况监测预警机制，实现精准建档、精准帮扶。四是在健全职工激励机制方面，着重关注女劳模、女工匠学历提升、技能升级、荣誉表彰、能级薪酬等方面的激励政策制度，不断优化激励方式，激发广大女职工劳动热情和创造活力。五是将铸牢中华民族共同体意识纳入女职工教育培训体系中，重视对各地区、各行业少数民族女劳模的培育、选拔、宣传。

今昔对比，女性荣耀的光点在不断切换，但折射的奋斗精神一脉相承，为实现第二个百年奋斗目标注入精神动力。未来在劳模精神、劳动精神、工匠精神伴随时代变迁的不断升华中，广大女职工一定会将自己的奋斗坐标与国家命运更加紧密地连接在一起，与中华民族伟大复兴同步前行，成为奏响新时代胜利凯歌中的最美音符。

参考文献

[1] 赖静萍. 当代中国英模塑造现象探源[J]. 东南大学学报（哲学社会科学版），2011，13（5）：13-14.

[2] 毛泽东文集 第6卷[M]. 北京：人民出版社，1999：453.

[3] 齐燕庆. 中国劳模现象的历史及其沿革[J]. 理论前沿，1996，9.

[4] 王信琳. 人的现代化与中国女性形象[J]. 理论学习月刊，1995，9.

[5] 曹云清，闫晓燕. 浅谈新时代如何在职业教育中弘扬和发展劳模文化[J]. 北京市工会干部学院学报，2019，6（34）：2.

[6] 刘维芳. 全面建设社会主义妇女参政议政初探[J]. 中华女子学院学报，2010，2（1）.

[7] 马克思恩格斯全集第44卷[M]. 北京：人民出版社，2001.

黑龙江

黑龙江篇

黑土英模
龙江巾帼

习近平总书记用“不惰者，众善之师也”这句古语，深刻诠释了劳模精神、劳动精神、工匠精神的实质，是以爱国主义为核心的民族精神和以改革创新为核心的时代精神的生动体现，是鼓舞全党全国各族人民风雨无阻、勇敢前进的强大精神动力。

黑土地上的巾帼英模，是在新中国初创的凯歌声中诞生，伴随社会主义建设、改革开放和新时代的奋进征程而成长的，是黑土地上各族劳动人民的杰出代表，她们以巾帼不让须眉的志气和担当，成为劳模群体的重要组成部分。在黑龙江经济建设稳步发展、社会和谐进步中作出了卓越贡献，她们以女性的纤柔担起社会的重任，用同男性一样坚强的脊梁，支撑起黑土地的建设大厦；她们在创造巨大的物质财富的同时，更创造了巨大的精神财富，促进了这块孕育英雄的土地上物质文明和精神文明有机统一和协调发展；她们是劳模精神、劳动精神和工匠精神的创造者和实践者。

弘扬新时代劳模精神，展示她们的英姿，铭记她们的英名，讲好她们的故事，是黑土地儿女义不容辞的责任。在唱响“劳动光荣”的主旋律的奋斗中，在打造“六个强省”、建设现代化新龙江中，她们创作了催人奋进的劳动史诗，在她们身上展现的劳模精神是激励黑龙江妇女全面自我发展、与时俱进、开拓创新、擎起“半边天”的一面旗帜，是我们踔厉奋发、勇毅前行的力量之源。

一、黑龙江省女劳模基本概况

（一）女劳模总体概况

新中国成立后，截至 2022 年底，黑龙江省受表彰的全国劳动模范（全国先进工作者）、全国五一劳动奖章以及全国五一巾帼奖获得者中共有女性先进个人 729 名，其中 1950—2020 年全国劳动模范（全国先进工作者）272 名，占比 37.3%；1995—2022 年全国五一劳动奖章获得者 255 名，占比 35%；2005—2021 年全国五一巾帼标兵等先进个人获得者 202 名，占比 27.7%。2005—2021 年全国五一巾帼标兵岗等先进集体 209 个

（含全国五一巾帼奖状2个、全国五一巾帼标兵岗154个、全国女职工建功立业标兵岗53个）。

获奖女劳模中，社会主义革命和建设时期115人；改革开放和社会主义现代化建设新时期353人；中国特色社会主义新时代261人。按照年平均数来计算，三个时期的女劳模数量呈递增趋势，中国特色社会主义新时代数量最多。

以下是对黑龙江省218[①]名女性全国劳动模范和全国先进工作者（以下简称女劳模）的相关分析。

（二）政治面貌

218名女劳模中，无政治面貌信息资料的40人。在有效信息资料的记载178人中，中共党员147人，占比82.6%；民主党派成员5人，占比2.8%；群众26人，占比14.6%。其中，社会主义革命和建设时期中共党员25人，占比69.4%；群众11人，占比30.6%。改革开放和社会主义现代化建设新时期中共党员81人，占比89%；民主党派成员1人，占比1.1%；群众9人，占比9.9%；中国特色社会主义新时代中共党员41人，占比80.4%；民主党派成员4人，占比7.8%；群众6人，占比11.8%。

在三个历史时期中，中共党员的占比最多，从中可以看出中国共产党人的先锋模范作用引领了时代风尚。

（三）民族构成

在218名女劳模中，有民族信息记载的197人。其中汉族179名，占比90.9%；满族10名，占比5.1%；蒙古族4名，占比2%；朝鲜族4名，占比2%（见图1）。其中，社会主义革命和建设时期汉族占比97.7%，改革开放和社会主义现代化建设新时期占比93.7%，中国特色社会主义新时代占比81.4%。从占比数量来看，汉族占大多数，这种情况与黑龙江地区民族分布情况相符合，其他少数民族女劳模数量增多，说明注重对少数民族女劳模的评选，体现了民族融合、民族团结进步的情

① 272名女性全国劳动模范和先进工作者中，54名通过表彰决定仅能查到姓名及推荐单位，其他信息记载不全。

形，更加铸牢中华民族共同体意识。

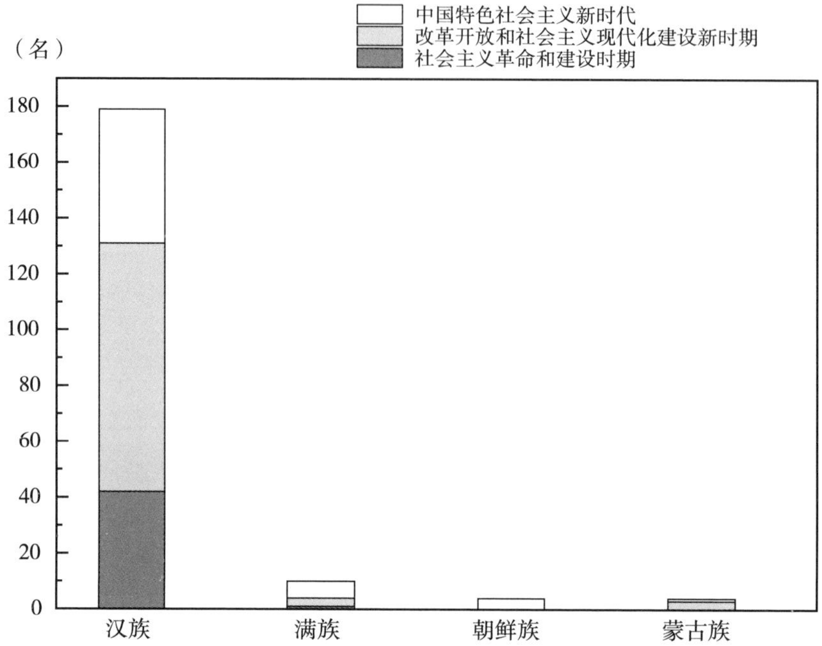

图 1 黑龙江省女劳模民族构成

（四）受教育程度

在 218 名女劳模中，有学历及教育信息资料的有 168 人。

在 168 名女劳模中，初中及以下学历 15 名，占比 8.9%；高中学历 25 名，占比 14.8%；中专 / 技校学历 9 名，占比 5.4%；大学专科学历 39 名，占比 23.2%；大学本科学历 67 名，占比 39.9%；硕士研究生学历 8 名，占比 4.8%；博士研究生学历 5 名，占比 3%。

社会主义革命和建设时期 25 名女劳模中，初中及以下学历 6 名，占比 24%；高中学历 6 名，占比 24%；中专 / 技校学历 2 名，占比 8%；大学专科学历 6 名，占比 24%；大学本科学历 5 名，占比 20%。

改革开放和社会主义现代化建设新时期 88 名女劳模中，初中及以下学历 8 名，占比 9.1%；高中学历 12 名，13.6%；中专 / 技校学历 4 名，占比 4.5%；大学专科学历 19 名，21.6%；大学本科学历 38 名，占比 43.3%；硕士研究生学历 4 名，占比 4.5%；博士研究生学历 3 名，占比

3.4%。

中国特色社会主义新时代55名女劳模中，初中及以下学历1名，占比1.8%；高中学历7名，占比12.7%；中专/技校学历3名，占比5.5%；大学专科学历14名，占比25.5%；大学本科学历24名，占比43.6%；硕士研究生学历4名，占比7.3%；博士研究生学历2名，占比3.6%。

三个时期女劳模学历层次不断提升，折射出在党的领导下，教育事业的发展和妇女地位的变化，女性文化教育权得到了充分保障，女劳模队伍整体教育程度快速提高（见图2）。

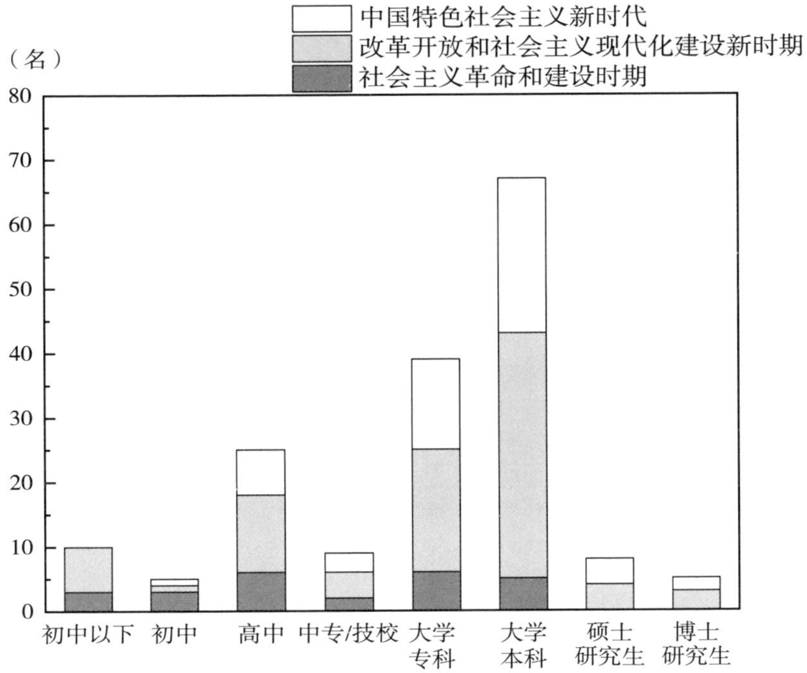

图2 黑龙江省女劳模受教育程度

（五）年龄分布

218名女劳模获得劳模荣誉平均年龄40.8岁，其中，50—59岁50名，占比22.9%；40—49岁87名，占比39.9 %；30—39岁32名，占比14.7%；20—29岁42名，占比19.3%；18—19岁4名，占比1.8%；年龄不详 3 名，占比 1.4%。

从年龄结构分析，获得荣誉的年龄 40—49 岁占比最高，这个情况符合成才成长规律。

社会主义革命和建设时期女劳模获得劳模荣誉平均年龄 25.8 岁；改革开放和社会主义现代化建设新时期获得劳模荣誉平均年龄 44 岁；中国特色社会主义新时代获得劳模荣誉平均年龄 48.6 岁（见图 3）。

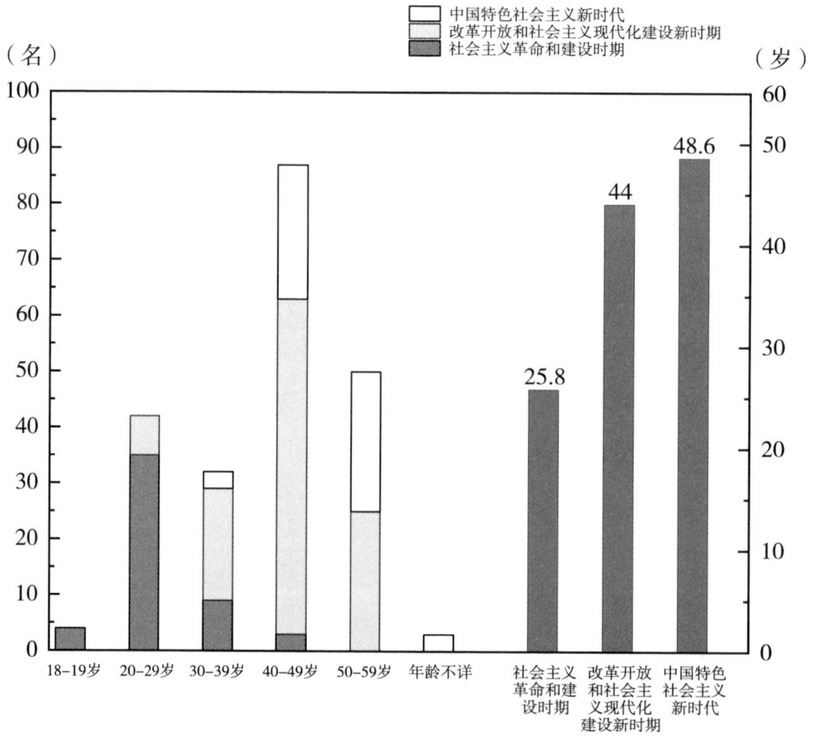

图 3　黑龙江省女劳模年龄分布

（六）不同时期占比情况

社会主义革命和建设时期女劳模 51 人，占比为 6.3%；改革开放和社会主义现代化建设新时期女劳模 112 人，占比为 13.9%；中国特色社会主义新时代女劳模 55 人，占比为 24.6%（见图 4）。对比三个历史时期，女性劳模的占比从过程看呈上升趋势，其中，占比超过 20% 的年份分别为：1960 年 21.3%；1978 年 21.6%；2015 年 21.3%；2020 年 29.4%。

数据显示，女性劳模在社会中的数量不断增加，说明社会对女性工作的认同度在提高，女性的作用得到社会更广泛的认同。

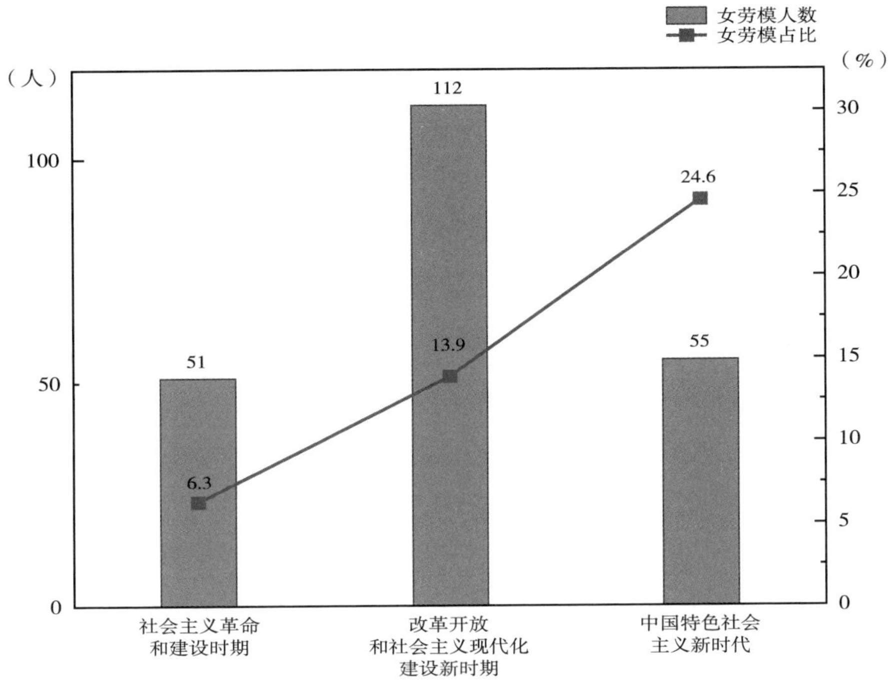

图 4　黑龙江省女劳模占比情况

（七）产业分布

218 名女劳模所在产业，第一产业 24 名，占比 11%；第二产业 56 名，占比 25.7%；第三产业 138 名，占比 63.3%。

社会主义革命和建设时期 51 名女劳模中，第一产业 4 名，占比 7.8%；第二产业 15 名，占比 29.4%；第三产业 32 名，占比 62.7%。

改革开放和社会主义现代化建设新时期 112 名女劳模中，第一产业 10 名，占比 8.9%；第二产业 26 名，占比 23.2%；第三产业 76 名，占比 67.9%。

中国特色社会主义新时代 55 名女劳模中，第一产业 10 名，占比 18.2%；第二产业 15 名，占比 27.3%；第三产业 30 名，占比 54.5%。

三个历史时期中，三个产业的占比变化不大，第三产业数量较多，占比较高（见图 5）。

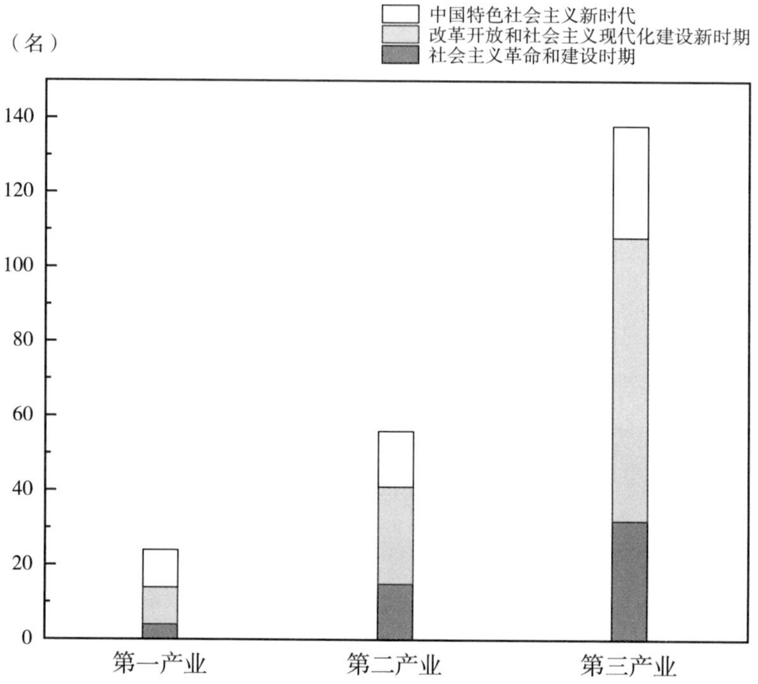

图 5 黑龙江省女劳模产业分布情况

（八）行业分布

218 名女劳模中，能源与矿业 13 人，农、林、牧、渔业 24 人，制造业 28 人，医疗卫生业 17 人，市政与建筑业 12 人，文化与教育业 39 人，金融与服务业 50 人，公共管理、社会保障和社会组织 35 人。

社会主义革命和建设时期的 51 名女劳模中，近 62.7% 聚集在制造业、金融与服务业、文化与教育三个行业。其中能源与矿业 3 人，农、林、牧、渔业 4 人，制造业 11 人，医疗卫生业 5 人，文化与教育业 9 人，金融与服务业 12 人，公共管理、社会保障和社会组织 7 人。

改革开放和社会主义现代化建设新时期的 112 名女劳模行业分布比较多样，63.4% 聚集在文化与教育业，金融与服务业，公共管理、社会保障和社会组织三个行业。其中能源与矿业 6 人，农、林、牧、渔业 10 人，制造业 9 人，医疗卫生业 7 人，市政与建筑业 9 人，文化与教育业

20 人，金融与服务业 31 人，公共管理、社会保障和社会组织 20 人。

中国特色社会主义新时代的 55 名女劳模中，能源与矿业 4 人，农、林、牧、渔业 10 人，制造业 8 人，医疗卫生业 5 人，市政与建筑业 3 人，文化与教育业 10 人，金融与服务业 7 人，公共管理、社会保障和社会组织 8 人（见图 6）。

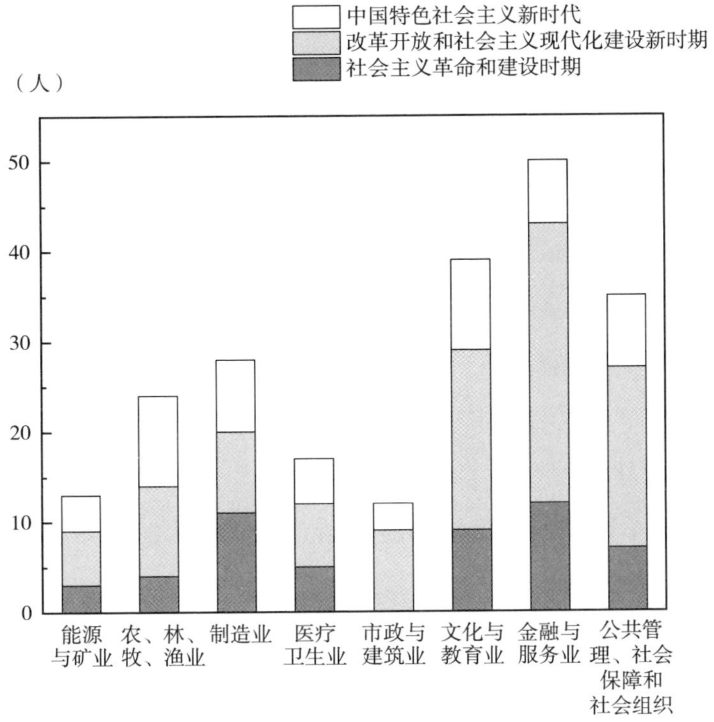

图 6　黑龙江省女劳模行业分布情况

二、黑龙江省女劳模群体不同时期的主要特点

在不同的历史时期，随着女性社会政治地位的提高，受教育程度不断提升，在就业方面形成了多样化的岗位态势，拓展了女性在产业和行业的就业宽度，女劳模展现着各具特色的时代风采。随着社会越来越重视女性在社会生产生活中的作用，给予女性的荣誉在增加，女性社会地位也在提升。

1950年《中华人民共和国婚姻法》颁布实施，提倡男女平等，并将其作为基本国策在全国贯彻落实。女性的社会工作、家庭地位有了法律保障，大批具有新思想的女性走出家庭，投入崭新的社会建设中，女劳模正是在这样的社会背景下，在社会主义建设中脱颖而出。

（一）社会主义革命和建设时期

黑龙江是全国最早的解放区，为东北全境解放、全国解放战争胜利、建立新中国等作出了巨大贡献。1946年4月28日，哈尔滨作为全国第一个解放的大城市，被誉为“共和国的长子”。社会主义革命和建设时期，在党中央领导下，黑龙江省委率领全省人民巩固新生的人民民主政权，支援抗美援朝战争，在执行第一个五年计划和支援全国建设方面，发挥了带头作用。

“一五”期间，黑龙江工业基本建设投资占全国10.3%，苏联援建的156个项目中黑龙江有22个。据统计，这个时期黑龙江有207个全国“第一”，累计向国家提供了占全国1/2的原油、1/3的木材、1/3的电站成套设备、1/7的商品粮、1/10的煤炭、1/2以上的铁路货车和大量机械装备以及国防军事装备。为我国建立独立的、比较完整的工业体系和国民经济体系发挥了重要作用。

从女劳模群体的产业分布上看，其从业情况高度契合了黑龙江的社会发展进程，在大规模的工业建设中培育了新中国生产建设第一人、全国劳动模范、中国农业现代化的标志性人物——梁军这样的女性劳模代表。

1. 开拓进取的伟大创造精神

作为中华民族精神内涵之首的伟大创造精神，是中华民族精神的鲜亮底色，正是因为有中华儿女的不断创造，才有中华五千多年文明的不断发展。黑土地上从来都不乏伟大创造精神的人们。在新中国成立初期，黑土地的儿女们焕发出从未有过的创造激情，新中国第一个女子拖拉机队，就是这个时代的创造结晶。

梁军：新中国第一个女拖拉机手

梁军原名梁宝珍，后更名为梁军，黑龙江省明水县人，中共党员，教授级高级工程师，哈尔滨市农机局总工程师。1949 年 12 月，梁军作为新中国的第一个女拖拉机手，光荣地出席了在北京召开的亚洲妇女代表大会。从拖拉机手培训班结业后，她投身北大荒开发建设，1948 年 2 月，梁军参加黑龙江省在北安农垦举办的拖拉机手培训班。她既是第一个报名的人，也是 70 多名学员中仅有的女性。1949 年 10 月，加入中国共产党。1950 年 6 月 3 日，新中国第一个女子拖拉机队正式成立，并被命名为“梁军女子拖拉机队”，梁军任队长。为提高作业效率，梁军和她的同伴们歇人不歇“马”，每天劳作十四五个小时。之后，梁军的形象被刊登在《人民画报》封面上，并成为 1962 年 4 月发行的第三套人民币壹元券上的女拖拉机手原型。两年时间内，梁军和她的伙伴们垦荒 1500 多垧地，为新中国的建设事业作出了卓越贡献。

梁军在垦荒种田

1957 年大学毕业后，梁军继续投身农机事业，直至 1990 年离休。梁军是新中国第一批全国劳动模范，第一届至第三届全国人大代表，第八届全国工会代表大会代表，第一届黑龙江省政协委员。2009 年入选“新中国成立以来最具影响力的 60 名劳动模范”，2019 年 9 月 25 日被授予“最美奋斗者”荣誉称号。

2. 爱岗敬业的劳模精神

这个时期的女劳模，在三个历史时期中平均年龄最小。由此可以看到奋斗的青春英姿，正如新生的共和国一样，在勃勃生机中展翅翱翔。她们是一群在各个岗位创造奇迹的青年女性，一群风华正茂引领社会风尚的女性代表。

爱岗敬业的劳模精神是梁军一以贯之坚持的。在哈尔滨市农机局任总工程师期间，编辑出版了《国外农业机械化》一书，编制了哈尔滨市《“五五”、“六五”农机发展规划》。离休后，仍然关心中国农机事业的发展，看到中国农机技术日新月异的迅猛发展，她抑制不住自己的兴奋心情。77岁时，梁军来到赵光农场，当她驾驶着450马力的拖拉机牵引着宽幅整地机在田间行驶时，感触颇深：“我钟爱一生的农机事业，是我一生无悔的选择！”梁军不仅是中国农业现代化建设的标志性人物，更是新中国具有符号意义的劳模精神象征。

（二）改革开放和社会主义现代化建设新时期

党的十一届三中全会之后，黑龙江省委带领全省人民坚持从实际出发，进行改革开放，冲破了僵化的高度集中的经济体制，促进了生产的发展，加强了石油、煤炭、木材生产基地的建设，并以此三大资源为依托，发展了石油化工、煤炭化工、化纤、塑料工业；利用农副产品的资源优势发展了毛麻化纺织业、制糖、饮料酒、造纸等轻工业，开拓了金融、科技、劳务市场；文化教育事业蓬勃发展。这个时期的就业状态决定了女劳模在多样化岗位上的突出贡献。在三个历史时期中，这个时期不仅女劳模数量多，同时也是女劳模成长速度快和岗位多样性的时期。在大力倡导建设社会主义精神文明中涌现了以朱莲香等人为典型代表的女性劳模。

1. 倾情奉献的志愿者精神

志愿者精神是指一种互助、不求回报的精神，它提倡“互相帮助、助人自助、无私奉献、不求回报”。全国劳动模范朱莲香就是践行“奉献、友爱、互助、进步”志愿者精神的典型代表之一。

朱莲香：“新时期的红嫂”

朱莲香，1956 年出生，1986 年入党，1975 年入职哈尔滨火车站货装车间做叉车司机工作，1981 年调到客运车间军人候车室做客运员工作。从 1987 年起，她连续 12 年被评为铁路局先进生产者；1988 年被评为全国三八红旗手；1989 年被评为黑龙江省劳动模范；1990 年被评为黑龙江省优秀共产党员标兵；1991 年先后荣获铁路局火车头奖章、铁道部劳动模范称号、全国五一劳动奖章；1993 年被选为全国人大代表，出席第八次全国人民代表大会；1994 年被授予中国十大杰出女性及全国十佳职业道德标兵光荣称号；1995 年出席第四次世界妇女大会；2008 年被评为铁道部优秀共产党员。

作为一名普通的客运服务人员，她在工作中做出了不平凡的事迹，凭着一颗火热的心，把“志愿精神”传承发扬光大。2004 年她被调到军人候车室担任客运员工作，带领班组职工热心为子弟兵服务，倾情打造了一个“军人之家”。朱莲香用朴实、真情的服务感动、温暖了人民子弟兵，也让他们记住了她。她被部队官兵誉为“新时期的红嫂”“编外指导员”，被士兵亲切地称为“兵妈妈”。为了传承劳模精神，2004 年 4 月 28 日，哈尔滨火车站把军人候车室正式命名为“朱莲香（军人）候车室”，这是对朱莲香多年来默默服务旅客、真情奉献旅客的肯定和褒奖。

2. 精益求精、臻于至善的工作精神

精益求精、臻于至善是对事物做到极致的一种描述。任何事情都需要不断探索才能达到前所未有的新境界。精益求精、臻于至善，有利于传承中华民族严谨认真、精益求精、追求完美的优良传统美德，有利于培养优秀的人才，有利于祖国繁荣昌盛。全国劳动模范荀笑红就是这种精神的典型代表之一。

荀笑红：城市生活的守卫者

荀笑红，1970 年 3 月出生，中共党员，大学学历，1991 年 1 月参加工作，现任哈尔滨排水集团荀笑红班组班长、哈尔滨排水集团劳模志愿服务队队长，是党的十九大代表，曾获得全国劳动模范、全国优秀共产党员、全国五一劳动奖章等多项荣誉，2019 年被授予黑龙江省“70 年 70 人模范人物”。

多年来，荀笑红始终坚守在排水一线工作岗位上，为城市的血脉畅通、百姓的安居乐业无私奉献。多年的工作经验，使得她练就出找井子无须翻图纸、砌井子能够方改圆、通管道可以一钩中等绝活。她从头到脚全身伤病，大小手术加起来做了 6 次，打封闭针 4 次。虽然每次发病都会让她痛苦万分，但她毅然在排水一线岗位坚守，她说：“在一线，可以最直接地为百姓服务。”

齐莉莉：“活账本”

齐莉莉，1955 年出生，中共党员，大专学历，大庆石油管理局物资装备供应公司萨尔图仓库机电设备库柴配组工人。参加工作 36 年来，齐莉莉发料百万件无差错，收到用户锦旗、表扬信数百件，1978 年被油田党委授予“学铁人的好保管人”，3 次获得大庆劳动模范称号，1979 年获得全国劳动模范称号。

齐莉莉对上架物资进行“五五化”摆放

在大庆油田，凡是见识过齐莉莉“蒙眼摸料”绝技的人，都赞不绝口。甚至在全国物资系统，提起“活账本”齐莉莉，大家都十分钦佩。1974 年，齐莉莉当上了萨尔图仓库机电设备库柴配组学徒工。上班头一年，几乎天天“蹲”在库房，每天睡眠不足5小时，用自己无比的勤奋和对油田无限的忠诚，练就了“识货”“蒙眼摸料”“无灯发料”的硬功夫，工效提高了6倍，师傅们都称赞她是仓库的“活账本”。

（三）中国特色社会主义新时代

进入新时代的黑龙江，坚持以习近平新时代中国特色社会主义思想为指导，全面深入贯彻党的十八大、十九大、二十大精神和习近平总书记对黑龙江省重要讲话、重要指示精神，贯彻落实党中央、国务院对东北振兴的重大决策和工作部署，贯彻落实黑龙江省十一届、十二届、十三届党代会精神，坚持稳中求进工作总基调，树立新发展理念，以供给侧结构性改革为主线，在省委正确领导下，转变思想观念，激发内生动力，转换发展动能，培育新增长点，经济实力不断增强，农业、民生、生态文明建设等各领域取得新成效。女劳模的成长在这个大环境中得到充分的滋养和提升，她们奋斗在不同的岗位，芳华卓越展风姿。在这个时期，女劳模得到前所未有的成长，她们的社会地位得到很大提升，女劳模数量增多、占比提高，她们成为新时代新风尚的引领者和劳模精神的模范践行者。

1. 一丝不苟的工匠精神

从本质上讲，工匠精神是一种职业精神，它是职业道德、职业能力、职业品质的体现，是从业者的一种职业价值取向和行为表现。工匠精神渗透进苗秀工作的点点滴滴。

苗秀：掌握民族汽车品牌的核心技术

科学为劳动精神插上腾飞的翅膀。苗秀是一位“80后”女匠人，现任哈尔滨东安汽车动力股份有限公司研发中心加工操作工，高级工程师、高级技师。她积极参与公司QC、科研攻关、精益改善以及公司攻关等创新项目17项，在提升产品质量、提高效率、提升

苗秀在工作室测量新品样件气缸盖的内孔直径

产能等方面作出突出贡献，参与新品试制项目28项。近年来，苗秀立足于技能大师工作室，将“一定要把民族汽车品牌搞上去，把关键核心技术掌握在自己手里，加快推动民族产业振兴”牢记在心。2021年，苗秀结合新品试制实际经验，固化了汽车发动机新品样件快速仿型加工的操作流程，“一种汽车发动机新品样件快速仿型加工操作法”被黑龙江省总工会评为“黑龙江省职工十大先进操作法”。现有实用新型专利2项。

2. 创新求实的大庆精神（铁人精神）

2019年是大庆油田发现60周年，习近平总书记在贺信中是这样定位大庆油田和大庆精神（铁人精神）的：“60年来，几代大庆人艰苦创业、接力奋斗，在亘古荒原上建成我国最大的石油生产基地。大庆油田的卓越贡献已经镌刻在伟大祖国的历史丰碑上，大庆精神（铁人精神）已经成为中华民族伟大精神的重要组成部分。”

3. 凝心聚力、伟大团结

伟大团结，是中国人民在历史继承中形成的。“事成于和睦，力生于团结”，没有团结，创造、奋斗、梦想就失去了灵魂支撑。伟大团结精神在黑土地的英雄儿女中，更多体现的是一种合作精神。

高馨玉：鹤城DNA检验的掌门人

高馨玉，汉族，1967年8月出生，中共党员，1990年8月毕业于中国医科大学，法医学专业，1990年8月参加公安工作，在法

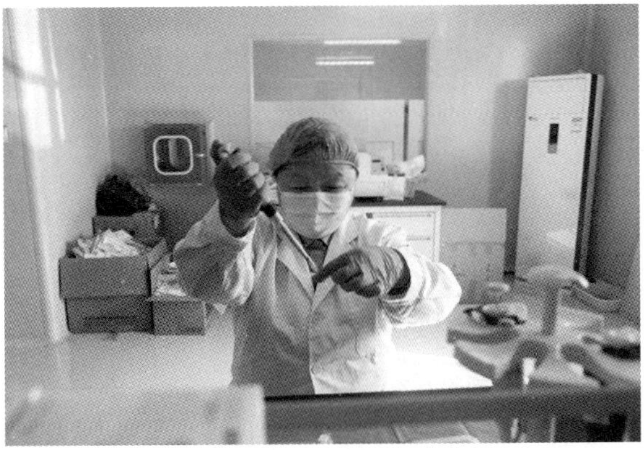
高馨玉进行 DNA 检测取样

医学和 DNA 检验两大领域取得了优异成绩，先后 9 次获得嘉奖，4 次荣立三等功。2012 年获黑龙江省第六届“我最喜爱的十大人民警察”提名奖；2013 年被评为齐齐哈尔市劳动模范、全省侦破命案工作能手；2014 年获齐齐哈尔市五一劳动奖章；获评黑龙江省巾帼建功标兵、全国巾帼建功标兵；2015 年被评为黑龙江省第四届人民满意公务员；2016 年被评为齐齐哈尔市感动鹤城优秀共产党员、黑龙江省优秀共产党员；2017 年作为刑事技术领域代表获得全国特级优秀人民警察荣誉称号；2019 年被评为齐齐哈尔市优秀中青年专家；2020 年 11 月获得全国先进工作者称号；2021 年 1 月获得全国公安系统二级英雄模范称号，2022 年当选党的二十大代表。

2009 年，齐齐哈尔市公安局筹建 DNA 实验室时，这一全新的检验项目对已届不惑之年的高馨玉来说无疑是一个巨大的挑战，可作为一名共产党员，她毅然接受了组织的安排。在高馨玉和她的团队共同努力下，DNA 大队出色地完成了一个又一个检验鉴定任务，为全市侦查破案工作提供了强有力的技术支撑。通过 DNA 检验，先后直接破获了重特大案件 600 余起，侦破案件 3000 余起。DNA 实验室也在高馨玉的带领下被评定为全国公安机关重点实验室。通过多年的秣马厉兵，由最初的高馨玉一个“光杆司令”壮大为 8 人的专业团队，有 2 人入选全国青年人才库。她用自己的实际行动，带出了一支能打硬仗的好团队，为公安刑事技术的开拓创新作出了突出贡献。

三、黑龙江省女劳模的成长规律及工作经验

对 1950—2022 年黑龙江女劳模的相关数据分析，其成长规律清晰可见，女劳模数量占比的不断提高，说明社会对女劳模的认可程度在不断提高，对她们劳动价值的评判在逐步提升；年龄结构的梯次升级变化，符合社会发展中人才成长规律。

（一）成长规律

纵观三个历史时期，黑龙江女劳模完成了三个转变：从社会主义革命和建设时期的“苦干加巧干型”向“知识型、技能型、创新型”方向转变；从倡导“甘当老黄牛”向强调“创造性劳动”方向转变；从强调“忘我工作”向提倡“发挥好对家庭和社会的独特作用”方向转变。她们的成长有共性也有不同时代的特性。

1. 与中国的时代进步同频共振

黑龙江女劳模的成长，与新中国同向而行，与新时代进步同频共振。新中国第一个女拖拉机手梁军就是一个很好的示范。新中国成立后，从法律上规定了男女平等，为女性社会地位的提高和发挥作用提供了法律保障。社会的发展呼唤女性的力量，梁军正是应时代的需要而生，她的女拖拉机手身份，超越了女性本身的形象，更是一种新社会建设力量的象征。真正实现了男女平等的劳动价值观，实现了“妇女能顶半边天”的理想。朱莲香，作为全国闻名的劳动模范，勤勤恳恳、兢兢业业，恪尽职守、无私奉献，在 36 年的工作生涯中，她是最朴实的邻家大姐，是最贴心的兵妈妈，是岗位上默默无闻的活雷锋。

2. 与黑龙江经济社会发展密切结合

在这片黑土地上，从 1950 年到 2022 年的黑龙江女劳模，她们的成长和成就与黑龙江的经济社会发展紧密结合，从另一个角度来说，是黑龙江社会经济发展成就了女劳模的一番事业。在三个不同历史时期女劳模数量不断增加，产业结构分布呈多样性，石油、煤炭、木材、化工、化纤、塑料工业、纺织业、制糖、酿酒、造纸、金融、科技、文化教育

等各行各业，到处可见女性的劳动英姿，女劳模的示范作用及她们的贡献已经绘进黑龙江历史发展成就的画卷里。

3. 与劳动光荣的主流价值观高度契合

崇尚劳动，尊敬和爱戴劳模，是我们一以贯之的传统和倡导的主流价值观，这种倡导和引领根植于中国特色社会主义实践的黑土地。女劳模是劳动光荣的主流价值观的践行者，是社会主义核心价值观的时代性和社会性的代表者，在劳动光荣的理念中，她们把创新思维与劳动情感相结合，通过自己的言传身教使劳模精神的感染、引领、辐射效应不断扩大，从而激发了黑土地上劳动人民的创新动力，为促进黑龙江物质文明、政治文明、精神文明、社会文明、生态文明建设贡献女性特有的力量。

（二）助力和培育女劳模成长的主要成就

2013 年 4 月 28 日，中国特色社会主义进入新时代以来的第一个“五一”国际劳动节前夕，习近平总书记来到全国总工会机关看望劳模并与劳模座谈，会上，习近平总书记亲切接见了 83 岁高龄的梁军，她激动地对习近平总书记说出了心里话。中共黑龙江省委和省政府也对黑龙江工会做好劳模工作寄予期待和充分赋权，把尊重劳动、尊重知识、尊重人才、尊重创造贯穿到经济社会发展各方面全过程。黑龙江各级工会组织作为党和政府有力的臂膀，将做好劳模工作为己任，特别是在做好女劳模工作上，不断创新发展，在完善女劳模各项待遇、提升地位、贴心服务等方面做了一些行之有效的工作。

1. 工会组织重视对女劳模的评选表彰工作

表彰劳动模范和先进集体，是各级人民政府根据国家宪法的规定，对人民群众在建设社会主义事业中的突出贡献予以认定和奖励的一种法律行为。从劳模的评选到表彰的组织落实，则由工会负责实施。

2. 各级组织注重对女劳模的培养管理

1953 年 7 月，黑龙江省工会联合会根据东北总工会的指示下发《关于加强对劳模的培养和管理工作的意见》。20 世纪 50 年代到 60 年代，黑龙江地区工会的劳动模范管理基本上是按照这一意见确定原则工作的。1986 年 5 月 14 日，黑龙江省人民政府下发《关于印发黑龙江省劳动模范管理暂行办法的通知》，主要对劳动者荣誉称号、授予办法、命名表彰、劳动模范奖励、劳动模范待遇、劳动模范管理作了具体规定。1997 年 5 月，在黑龙江省总工会专科医院免费为省第八届劳动模范大会表彰的 63 名省特等劳动模范全面进行了一次身体检查，并建立了劳模健康档案。2000 年到 2005 年先后 6 次组织 300 多名离退休和一线工人劳模到北戴河、五大连池、青岛、威海、苏州、杭州等地进行短期疗养。2004 年 12 月，黑龙江省总工会、黑龙江省人事厅、黑龙江省财政厅联合发出《关于做好企业事业单位离退休劳动模范荣誉津贴发放工作的通知》，到 2005 年底，全省近 1/3 的县实现了离退休劳模荣誉津贴由同级财政支付。2007 年 4 月 18 日黑龙江省人民政府令第 4 号公布《黑龙江省劳动模范推荐评选和管理规定》，进一步推进劳动模范推荐评选和日常管理工作的科学化、民主化，维护劳动模范合法权益。

3. 各级组织关注女劳模服务

服务包括教育、培训，定期健康体检，疗休养，困难女劳模帮扶等。每年的重要节日等时刻，会安排专人到女劳模家慰问，把党和政府的关怀落到实处，让女劳模感到社会对她们的关注度在不断提升。从 2003 年至 2022 年，黑龙江省对女劳模的各项补助在项目上不断增加、金额上不断增长，项目上如生活困难补助金、特殊困难帮扶金、春节慰问金、健康体检补助等，金额上如健康体检补助由每年的 500 元提高到 1000 元。其他各项也有相对于社会工资水平额度的提高。

（三）历史经验

总结经验是为了更好地奔向更远大的目标。黑龙江女劳模在 70 多年的奋斗中，引领了社会的新风尚，促进了黑龙江经济社会发展。纵观女劳模成长过程，有以下几点经验值得借鉴。

1. 党的思想引领是女劳模成长的方向

党的思想引领是党的领导的重要方面，尤其是在妇女工作上，要承担引领广大妇女听党话、跟党走的政治责任，把党的主张转化为广大妇女的自觉追求和实际行动。

2. 践行新时代思想是女劳模的使命

民族的精英是时代的引领者，更是新时代思想的践行者，刘丽就是这样一位引领者和践行者。她精钻细研，强匠艺，争做时代楷模逐梦者。作为新时期的石油人，刘丽接过石油先辈的“接力棒”，从解决生产难题出发，向创新创效进发。

刘丽：从采油女工到大国工匠

刘丽，大庆油田第二采油厂第六作业区48队采油班班长，刘丽工作室领衔人，高级技师、黑龙江省首席技师、中国石油天然气集团有限公司技能专家，享受国务院政府特殊津贴，兼职大庆市总工会副主席、中国石油天然气集团有限公司技能专家协会主任。

倾其所能育匠才，担当技能强企领路人。刘丽深感一个人的贡献是微小的，只有将自己的专业知识与技能播撒出去，辐射带动更多石油人共同提高、全员创效，才能真正汇聚起推动企业发展的强劲动能。2011年8月，以她名字命名的“刘丽工作室”正式成立，刘丽踏上了打造工匠团队的新征程。10余年里，工作室逐步壮大，现涵盖35个工种，拥有12个分会531名成员，培养出获全国五一劳动奖章的赵海涛等技能骨干，培训人数达1.5万余人次，形成了专家技师联合研发、革新工厂自主生产、示范区试用推广的“研产用”一体化创新模式，研发技术革新成果1048项，

刘丽在计量间切换量油流程

推广成果5000多件，创效1.2亿元。“刘丽工作室”相继被评为全国示范性劳模和工匠人才创新工作室、全国三八红旗集体，入选“新中国70年最具影响力班组”。

面对困扰石油工人数十年的“抽油机盘根盒密封效果差、密封圈使用寿命短、更换费时费力”难题，她受口红内部升降结构启发，研制出“上下可调式盘根盒”，获得国家专利。29年来，她共研发各类成果200余项，其中获国家级和省部级奖项38项、国家专利及知识产权43项，“螺杆泵井新型封井器装置”等一批成果填补了行业技术空白。刘丽先后获得中国石油名匠、中央企业百名杰出工匠、中国质量工匠、全国五一巾帼标兵、全国最美职工、全国五一劳动奖章、全国劳动模范等荣誉。2022年，她登上了“大国工匠年度人物”的领奖台，成为全国10名获奖者中唯一女性代表，也是石油石化系统唯一的获奖者。

3. 爱国主义教育是女劳模成长的动力

爱国主义教育是指树立热爱祖国并为之献身的思想教育。爱国主义是一面具有最大号召力的旗帜，是中华民族的优良传统。当代中国爱国主义的本质就是坚持爱国和爱党、爱社会主义高度统一。在新中国的建设中，爱国主义的旗帜是指引女劳模不断前行的动力。朱彩芹爱岗敬业的坚守和执着传承了爱国主义精神。

朱彩芹：立足岗位　薪火相传

朱彩芹，汉族，1966年出生，黑龙江省沾河林业局防火办公室瞭望员。她三十年如一日，始终战斗在森林防火工作第一线，日夜守护着大森林的安全。获得全国劳动模范、全国十佳最美职工、全国五一劳动奖章等荣誉，入选十佳全国生态英雄，获得全国道德模范提名奖，当选党的十九大代表。

近三十年的默默坚守，朱彩芹克服了重重困难，尽职尽责地当好守护大森林的“眼睛”，更培养自己的儿子儿媳成为接班人。朱彩芹的儿子王留洋原本在长春一家大饭店担任厨师长，2014年春天，在母亲的影响下，王留洋毅然决然地谢别了酒店的热情挽留，回到大山深处，义无反顾地选择了艰苦、枯燥、寂寞的瞭望员工作。看到儿子接过自己手里的“接力棒”，朱彩芹倍感欣慰。如今，她的儿子儿媳一起坚守在沾中670塔，一座新的夫妻塔诞生了。母看山，子护林，爱无悔，情无价，朱彩芹把爱国主义精神融入平凡的本职工作，以接地气的紧密结合对爱国主义精神做了最好的践行和传承。

4. 奉献精神是女劳模成长的根基

奉献精神是黑土地女劳模的共性特质，每一位女劳模都把奉献精神发挥到极致，在各自的工作岗位上默默奉献，真诚付出。

郃慧：开颅手术后重返讲台

郃慧，1972年出生，汉族，中共党员，大学本科学历。哈尔滨市第十七中学新区学校副校长、副书记兼语文教师，党的二十大代表，曾先后获评全国先进工作者、全国五一劳动奖章、全国模范教师、国家优秀辅导教师、黑龙江省特级教师、黑龙江省优秀共产党员、黑龙江省第十二届劳动模范、黑龙江省卓越教师、黑龙江省骨干教师、黑龙江省教学能手、黑龙江省十百千卓越教师、黑龙江省最美园丁、黑龙江省最美班主任、龙江好人、冰城教育家型教师、哈尔滨市第36届劳动模范、感动哈尔滨人物、哈尔滨市模范教师、哈尔滨市巾帼建功标兵、哈尔滨市学科带头人、哈尔滨市三八红旗手标兵、哈尔滨市好老师标兵、哈尔滨市优秀班主任、哈尔滨市首批名师工作室领衔人等荣誉，并当选中共哈尔滨市第十四次、第十五次代表大会代表。

郃慧用生命捍卫执着的梦想与坚守，为深爱的教育事业倾情奉献。她在班主任岗位上耕耘了30个春秋，2018年，从未请过一天病假的她利用“十一”小长假完成脑膜瘤开颅手术。度过重症监护室的煎熬，仅仅半个月后，她用顽强的毅力站了起来，戴着假发重新站在了眷恋的讲台上，拿粉笔的手还在抖，汗水顺着假发流，这一举动让所有人感动。这是一位好老师，是用生命感染生命、用爱唤醒爱的印刻。

5. 引领时代新风和良好家风是女劳模的担当

黑土地上的女劳模在各行各业为共和国的史诗书写着传奇，为祖国的荣誉而奋斗。其中就有为奥运梦想而拼搏的短道速滑女皇——中国自1980年参加冬奥会以来夺取金牌的第一人杨扬。她先后夺得59项世界冠军，2002年获得全国五一劳动奖章。2006年退役后，杨扬创建“冠军公益基金”，创办了上海飞扬冰上运动中心，致力于青少年体育教育、退役运动员转型与职业规划、救助贫病运动员等公益事业。作为全国政协委员、全国青联副主席及2022北京冬奥组委运动员委员会主席，杨扬用无私大爱继续为国家冰上项目发展贡献着自己的力量，践行“增强中华文明传播力影响力”的誓言。

贾秀芳：爱心妈妈

贾秀芳，1974年7月出生，现任哈尔滨市博能汽车销售有限公司董事长，天津滨海汽车工程职业学院理事长，黑龙江省博能脑瘫康复中心投资人，黑龙江省贾秀芳慈善基金会创办人，获得全国首届文明家庭、全国助残先进个人、全国三八红旗手标兵、全国道德模范、中华慈善奖慈善楷模、黑龙江省五一劳动奖章、黑龙江省“70年70人模范人物”、全国劳动模范等荣誉。

良好家风的传承者贾秀芳于1999年10月创办哈尔滨市博能汽车销售有限公司。在资金并不富裕的情况下，于2017年初在平房区建成首家免费脑瘫康复中心，年底又在王岗中心小学附近成立了第二家脑瘫康复中心，康复中心开设文化课，并为部分孩子提供免费食宿，目前康复中心已接纳300多名患儿。她长期资助生活困难的抗战老兵、孤寡老人、环卫工人、特困家庭和留守儿童等。公司每年会拿出20%的利润用作慈善，至今已累计捐款物近亿元，带领女企业家认领30个孤儿给他们做爱心妈妈。

四、黑龙江省女劳模工作的展望及规划

习近平总书记指出："妇女是人类文明的开创者、社会进步的推动者，在各行各业书写着不平凡的成就。"要牢牢把握为实现中华民族伟大复兴的中国梦而奋斗的时代主题，组织动员妇女走在时代前列，在改革发展稳定第一线建功立业。

（一）新时代黑龙江女劳模工作的展望

"共和国的大厦是靠一块块砖垒起来的，人民是真正的英雄。"女劳模是人民真正英雄的一部分，其社会示范作用得到广泛认同。

深入学习贯彻习近平总书记关于妇女工作的重要论述，引领妇女建功立业。党的十八大以来，习近平总书记着眼于党和国家事业发展的战略全局，高度重视妇女群众和妇女工作，多次发表重要讲话、作出重要指示。在坚持党的领导、组织妇女建功立业、保障妇女权益、发挥妇女独特作用、发挥妇女组织作用等方面对妇女工作作出具体的阐述和指示。这些重要论述，既有理论深度又有很接地气的具体要求和期待，为做好工会女职工工作指明了方向，为引领妇女建功立业提供了遵循。

习近平总书记在党的二十大报告中对"推进文化自信自强，铸就社会主义文化新辉煌"作出重要部署，强调要"增强中华文明传播力影响力"。深入学习贯彻党的二十大精神，在全面建设社会主义现代化国家新征程的黑龙江篇章中，黑土地的儿女立足五千多年中华文明，依托中国生动实践，坚持胸怀天下，主动承担起推动人类文明进步的时代责任。

深入学习贯彻中国工会第十八次全国代表大会精神和习近平总书记同中华全国总工会新一届领导班子成员集体谈话精神，促进创新创造。

大力弘扬劳模精神、劳动精神、工匠精神，发挥好劳模工匠示范引领作用。开展“女劳模宣讲进校园”等活动，深化女职工创新工作室建设，强化女职工创新成果展示交流和应用转化，以黑龙江女劳模的精神带动广大女职工依靠劳动创造扎实推进中国式现代化。建立完善关心关爱女劳模的常态化机制，推动落实女劳模待遇，提升女劳模地位，让劳动光荣、技能宝贵、创造伟大在全社会蔚然成风。

以新时代黑龙江女劳模的形象“讲好中国故事、传播好中国声音，展现可信、可爱、可敬的中国形象”。黑土地上的英模，每一个人都是在平凡的工作岗位上，讲述着不平凡的中国故事。她们立足岗位，奉献真诚；干在实处，引领风尚。从普通公交车司机的“首席员工”到为石油奉献终身精益求精的“大国工匠”……每一个女劳模都在不同时代不同岗位，用她们的辛勤汗水和智慧之光抒写相同的奉献精神，她们的故事成为展现中国形象的最好样板。

（二）新时代黑龙江女劳模工作的规划

弘扬中国共产党人精神谱系之源的伟大建党精神，就是要对劳模精神、劳动精神、工匠精神进行传承与弘扬，尤其是劳模精神的示范效应在社会主义核心价值观中的作用巨大，中国特色社会主义建设中的男女平等观念、妇女在社会中的地位不断提升，使得劳模精神持续弘扬。

1. 在建设制造强国、科技强国，实施人才强国战略方面开展女劳模工作

贯彻落实习近平总书记的重要指示精神，就是要把已经成型的劳模工作做深做实。“刘丽工作室”已经探索出“专家技师联合研发、革新工厂自主生产、示范区试用推广的“研产用”一体化创新模式。在“刘丽工作室”的带动下，大庆油田第二采油厂的创新创效成果数量由过去的每年 100 多项增加到每年 300 多项，全厂参与创新创效的人数由原来的 500 人左右跃升至 2000 多人。政府和工会组织要及时跟进她们的工作进度，提供政策、税收、社会影响力方面的支撑。

2. 在弘扬劳动精神、创造精神等方面培育女劳模榜样

黑龙江省第十三次党代会报告明确提出，“要大力发扬‘马恒昌小组’好作风，造就一批大国工匠”。目前，黑龙江只有一名女性大国工匠，要培育出更多的女性工匠，注重传承和弘扬老一代产业工人的职业精神，在新征程中展现新作为。世界首件 AP1000 全奥氏体钢模锻泵壳试制成功，世界最大 SD 专利环氧乙烷反应器完工启航，再次刷新了世界制造纪录，这些成就成为激励女性成功成才的风向标。

3. 在落实国家大政方针方面对女劳模工作进行规划部署

围绕重大工程、重大项目、重点产业，以技术创新为导向，广泛深入持久开展各种形式的劳动和技能竞赛，探索新产业新业态竞赛活动新形式，打造影响力大、引领力强的竞赛品牌。黑龙江省总工会完善全省职工劳动和技能竞赛绩效评估办法，建立健全信息反馈、项目督导、调查研究、评估考核、总结表彰等制度机制。通过黑龙江省五一劳动奖、工人先锋号和龙江工匠等荣誉设立竞赛专项表彰（选树）名额，激励更多女性劳动者走技能成才、技能报国之路。

4. 在常态化、制度化、数字化等方面进行具体谋划

聚焦数字经济、生物经济、冰雪经济、创意设计产业，黑龙江省总工会首次联合省人社厅举办全省数字技术和新职业技能大赛 12 个工种专项赛事，牵头举办工业设计 4 个工种省级一类职业技能大赛，与省农业农村厅、省体育局联合组织开展全省生物经济、冰雪体育职业技能竞赛，为新兴产业人才搭建舞台，加速驱动龙江换道超车，在这些领域中关注女性的成就，培育女性劳动模范。

参考文献

［1］中共中央文献编辑委员会．习近平著作选读 第一卷、第二卷［M］．北京：人民出版社，2023.

［2］李玉赋. 新编中国工人运动史 上、下卷［M］. 北京：中国工人出版社，2016.

［3］黑龙江省地方志编纂委员会. 黑龙江省志 第七十二卷 工会志［M］. 哈尔滨：黑龙江人民出版社，1999.

［4］黑龙江省地方志编纂委员会. 黑龙江省志 工会志（1986—2005）第二十五卷［M］. 哈尔滨：黑龙江人民出版社，2020.

上海

上海篇

奋斗谱华章
巾帼耀浦江

上海是中国共产党的诞生地、初心始发地和伟大建党精神的孕育地，是中国工人阶级的摇篮和工人运动的发祥地。翻开百年历史长卷，在新民主主义革命时期、社会主义革命和建设时期、改革开放和社会主义现代化建设新时期、中国特色社会主义新时代的历史进程中，都镌刻着上海工人阶级的奋斗足迹、不朽功勋和无上荣光。邓小平同志指出："上海工人阶级长期以来一直是中国工人阶级的带头羊。"从新中国成立之初的一马当先、艰苦创业，到改革开放时期的敢为人先、开拓创新，到面向新时代的奋楫争先、追求卓越，书写了一部部气势如虹的动人篇章，诞生了一批批令人景仰的劳动模范，他们是民族的精英、人民的楷模，是共和国的功臣，其中有一大批是女劳模，她们始终践行"爱岗敬业、争创一流、艰苦奋斗、勇于创新、淡泊名利、甘于奉献"的劳模精神，共同奏响"劳动光荣、创造伟大"的时代强音。

一、上海市女劳模群体的总体特征

（一）对象构成

截至 2022 年底，上海共有 364 名女性获评女性全国劳动模范（先进工作者），含 64 名因在北京奥运会、抗震救灾中有突出贡献或获评全国优秀党务工作者、上海世博会先进工作者等享受全国劳模待遇者，243 名女性获得全国五一劳动奖章。目前，上述 607 名巾帼劳模中，在职 232 名、退休 320 名、去世 55 名。各类全国五一巾帼奖个人 194 名，各类全国五一巾帼奖集体 206 个。

本篇采用劳模先进所获最高荣誉进行统计分析，以获得全国劳动模范（先进工作者）、全国五一劳动奖章的 607 名女劳模为样本，进行群体画像。

在社会主义革命和建设时期 111 名女劳模中，全国劳动模范 106 名、全国五一劳动奖章获得者 5 名；在改革开放和社会主义现代化建设新时期 370 名女劳模中，全国劳动模范 192 名、全国五一劳动奖章获得者 178 名；在中国特色社会主义新时代 126 名女劳模中，全国劳动模范 66

名、全国五一劳动奖章获得者 60 名。

（二）政治面貌

607 名女劳模中，中共党员 527 名，占比 86.8%；民主党派成员与无党派人士 23 名，占比 3.8%；群众 57 名，占比 9.4%。

（三）年龄结构

607 名女劳模中，60 岁以上 328 名，占比 54.1%；51—60 岁 150 名，占比 24.7%；41—50 岁 104 名，占比 17.1%；31—40 岁 24 名，占比 3.9%；30 岁以下 1 名，占比 0.2%。女劳模获得劳模荣誉平均年龄 38.9 岁。其中，社会主义革命和建设时期女劳模参加工作平均年龄 17.5 岁，获得劳模荣誉平均年龄 27.2 岁，平均培育劳模周期为 9.7 年；改革开放和社会主义现代化建设新时期参加工作平均年龄 19.6 岁，获得劳模荣誉平均年龄 40.7 岁，平均培育劳模周期为 21.1 年；中国特色社会主义新时代参加工作平均年龄 20.7 岁，获得劳模荣誉平均年龄 45.3 岁，平均培育劳模周期为 24.6 年（见图 1）。

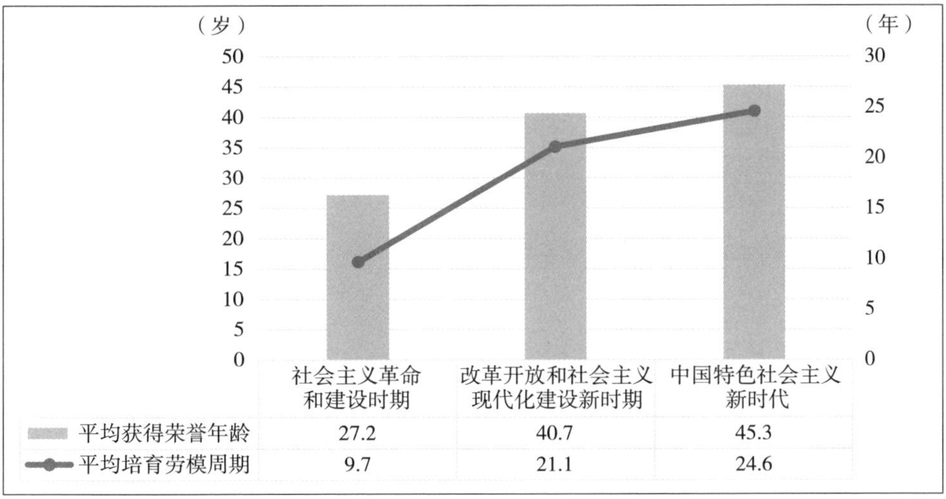

图 1　上海市女劳模获得劳模荣誉年龄及培育劳模周期

（四）受教育程度

607 名女劳模中，初中及以下学历有 206 名，占比 33.9%；中专 / 技校学历 37 名，占比 6.1%；高中学历 65 名，占比 10.7%；大学专科学历

83名，占比13.8%；大学本科学历155名，占比25.5%；硕士研究生学历42名，占比7%；博士研究生学历19名，占比3.1%。

社会主义革命和建设时期111名女劳模中，初中及以下学历有74名，占比66.7%；中专/技校学历6名，占比5.4%；高中学历19名，占比17.1%；大学专科学历7名，占比6.3%；大学本科学历4名，占比3.6%；博士研究生学历1名，占比0.9%。

改革开放和社会主义现代化建设新时期370名女劳模中，初中及以下学历有118名，占比31.9%；中专/技校学历27名，占比7.3%；高中学历40名，占比10.8%；大学专科学历58名，占比15.9%；大学本科学历87名，占比23.5%；硕士研究生学历31名，占比8.4%；博士研究生学历9名，占比2.4%。

中国特色社会主义新时代126名女劳模中，初中及以下学历有14名，占比11.1%；中专/技校学历4名，占比3.2%；高中学历6名，占比4.8%；大学专科学历18名，占比14.3%；大学本科学历64名，占比50.8%；硕士研究生学历11名，占比8.7%；博士研究生学历9名，占比7.1%（见图2）。三个时期女劳模学历层次不断提升，折射出在党的领导下，教育事业的发展和妇女地位的提升，女性文化教育权得到了充分保障，女劳模队伍整体教育程度快速提高。

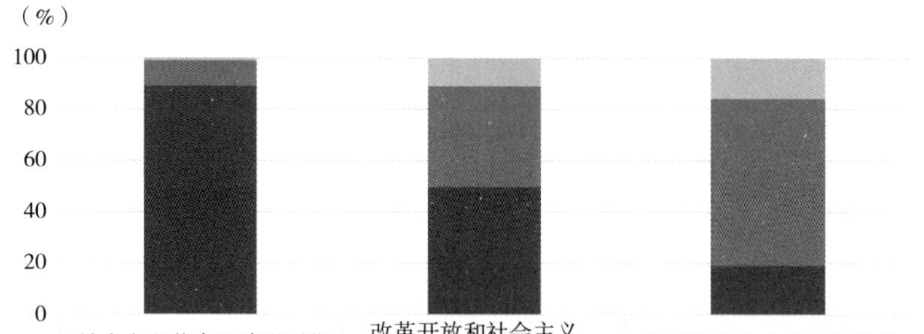

	社会主义革命和建设时期	改革开放和社会主义现代化建设新时期	中国特色社会主义新时代
研究生学历	0.9	10.8	15.8
大学学历	9.9	39.4	65.1
初高中学历	89.2	49.8	19.1

图2　上海市女劳模受教育程度

（五）产业分布

从女劳模所在产业分布分析，第一产业 8 名，占比 1.4%；第二产业 213 名，占比 37%；第三产业 353 名，占比 61.6%。

社会主义革命和建设时期 111 名女劳模中，第一产业 1 名，占比 0.9%；第二产业 72 名，占比 64.9%；第三产业 38 名，占比 34.2%。

改革开放和社会主义现代化建设新时期 370 名女劳模中，第一产业 5 名，占比 1.4%；第二产业 115 名，占比 31%；第三产业 250 名，占比 67.6%。

中国特色社会主义新时代 126 名女劳模中，第一产业 2 名，占比 1.6%；第二产业 37 名，占比 29.4%；第三产业 87 名，占比 69%（见图 3）。

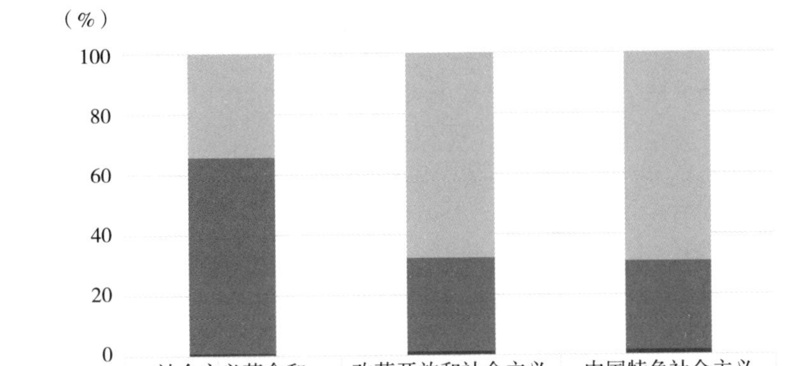

	社会主义革命和建设时期	改革开放和社会主义现代化建设新时期	中国特色社会主义新时代
■第一产业	0.9	1.4	1.6
■第二产业	64.9	31	29.4
■第三产业	34.2	67.6	69

图 3　上海市女劳模所在产业分布

（六）行业分布

从女劳模所在行业分布分析，纺织 77 名，制造 75 名，教育 61 名，交通运输 61 名，商业服务 45 名，医疗卫生 42 名，土木工程 25 名，文化传媒 20 名，金融 20 名，石化 18 名，医药 15 名，环卫 14 名，餐饮食品 14，通信 12 名，其他行业 108 名。

社会主义革命和建设时期111名女劳模中，近70%聚集在纺织、制造、教育三个行业。其中纺织45名，占比40.5%；制造18名，占比16.2%；教育12名，占比10.8%；商业服务8名，占比7.2%；医疗卫生7名，占比6.3%；其他21名，占比19%。

改革开放和社会主义现代化建设新时期370名女劳模中，其中机关公务员46名，占比12.4%；制造45名，占比12.2%；教育40名，占比10.8%；交通运输38名，占比10.3%；纺织28名，占比7.6%；商务服务27名，占比7.3%；医疗卫生22名，占比5.9%；其他124名，占比33.5%。

中国特色社会主义新时代126名女劳模中，交通运输18名，占比14.3%；机关公务员15名，占比12%；制造13名，占比10.3%；医疗卫生13名，占比10.3%；教育11名，占比8.7%；土木工程7名，占比5.5%；商业服务7名，占比5.5%；医药6名，占比4.8%；金融5名，占比4%；纺织3名，占比2.4%；其他28名，占比22.2%。

二、不同历史时期上海市女劳模概述

在不同的历史时期，随着政治地位的提高、教育程度的提升、岗位的多样化、产业和行业的拓展，上海女劳模展现着各具特色的时代风采。新中国成立后，随着男女平等基本国策的实施，有力地推进了女职工队伍素质的不断提升，一批批女劳模脱颖而出。分析女劳模群体的产业分布，其发展变化高度契合上海城市发展进程，新中国成立之初第二产业女劳模占比较大，随着上海产业结构调整，第三产业女劳模逐步增多，在国家和社会管理、经济发展各领域，女劳模柔肩担重任、巾帼展风采，自立自强开新局，团结敬业讲奉献，勇毅独立显芳华。

（一）社会主义革命和建设时期

社会主义革命和建设时期，在党中央领导下，中共上海市委率领全市人民巩固新生的人民民主政权，实现国民经济全面恢复，制定和执行第一个五年计划和支援全国建设，基本完成社会主义改造，社会主义制度在上海初步确立。1956年后，上海市委积极探索适合市情的社会主义建设道路，制定实施“充分利用、合理发展”的工业方针，推动工业和科学技术向高精尖发展，全面完成国民经济调整任务，将上海初步建设成为中国先进的工业和科学技术基地，为我国建立独立的、比较完整的工业体系和国民经济体系发挥了重要作用。

在这一时期，上海女性逐渐摆脱封建思想束缚，以主人翁的姿态积极投身社会主义革命和建设，女职工人数不断增长，1949年底为19.2万人，占职工总数的19.2%；1955年底增加到30.4万人，占职工总数的22%，主要分布在轻工、纺织行业（约占2/3)，以及教育、医疗卫生、商业服务、手工业等部门；1965年全市女职工已达50多万人，当时女职工投身工作较早，形成了一批年轻的“老职工”，为社会主义制度的确立和各项建设事业的推进贡献力量。

在新中国百废待兴之际，亟须树立一批职工身边的榜样，激励广大职工向劳模看齐，自力更生、艰苦奋斗，为推动国民经济恢复和发展努力奋斗。这一时期培养选树劳模节奏相对较快，女劳模获得荣誉时的平均年龄为27.2岁，大多在工业生产一线产生，较改革开放和社会主义现代化建设新时期、中国特色社会主义新时代分别年轻了约13岁和18岁。

1. 走出家庭，参加社会生产

新中国成立初期，上海女性就业人口少，大多数女性的生活重心就是操持家务、相夫教子，许多人一辈子是文盲。

为改变这种状况，人民政府和工会组织围绕扫盲识字，在工厂和街道建立了各种类型的群众业余学校、学习班、识字班、夜校，动员和鼓励妇女参加文化学习。1950年6月，上海总工会遵照中央人民政府政务院发出的《开展职工业余教育的指示》，联手上海市教育局着手训练师资、培训干部，合力推动开展上海职工识字运动。同年7月，上海总工会文教部举办学习班，295个单位的414名教育干部参加了识字教育业务培训，此后各厂相继开办识字班，1951年工会系统主办的学校有学员12.6万余人，其中女职工学员占相当比重。至1956年，在学妇女人数达到36万余人，约有7万名妇女摘除了文盲帽子。1960年，全市约有14万家庭妇女参加了工业、城建、商业等部门的工作，20万家庭妇女参加里弄生产、生活服务等。从扫盲班走出来的家庭妇女、全国劳模吴佩芳怀着为国家分忧、为家长分忧、为不耽误孩子们读书识字出一份力的朴素想法，创办了新中国第一所民办小学，帮助周边百户平民子弟进入小学接受教育，成为上海普及小学教育和基础教育发展史上的一块里程碑。1960年，吴佩芳被评为全国先进工作者，出席全国教育和文化、卫生、体育、新闻方面社会主义建设先进单位和先进工作者代表大会。

吴佩芳："让鸡毛飞上天"

沪剧《鸡毛飞上天》的吟唱里，电影《春催桃李》《人民教师吴佩芳》的胶片里，记录并讲述着同一个人——新中国成立后上海第一所民办学校建襄小学的创始人吴佩芳的故事。

吴佩芳，1930年8月出生。这个只有小学三年级文化的家庭妇女，1958年和两个姐妹东拼西凑90元钱，在肇嘉浜路一个废弃汽车间办起了小学。教室，是一间闲置的汽车间，找人开了扇窗户；课桌椅，是她们仨自掏腰包买来的50套二手货。吴佩芳辛辛苦苦操办几个月后，新中国第一所民办小学——建襄小学开学了。

这个"弄堂学校"的首批学生来自附近弄堂76个最普通的家庭。开学第一天，该来上学的80多个孩子只来了20多人，在她的不断努力下，来上学的孩子们越来越多了。首批学生中，有一个留了三次级的胡海法，11岁了还在读一年级。胡海法上课玩弹弓、做怪脸，甚

吴佩芳和学生们在一起

至从窗口跳出去逃学。因调皮捣蛋被老师批评，结果班主任被他吐了一脸唾沫，吴佩芳脚上挨了一泡尿。在吴佩芳的循循善诱中，胡海法后来当上了少先队大队长，走上工作岗位后还被评为“全国先进知识青年”，他说没有吴佩芳老师，他这只“鸡毛”永远不能“上天”。

1988 年 9 月建襄小学被上海市政府命名为上海市实验小学，吴佩芳被任命为建襄小学名誉校长，成为新中国成立后上海任命的首批名誉校长。

退休后的吴佩芳，担任上海市退休教师协会副理事长，参加上海市百老德育讲师团，举办了 600 多场专题报告会，义务为 30 多万名师生讲学。

在吴佩芳家里，挂着一张她当年在三尺讲台上的老照片。年过九十的她，心里永远有一道美丽的彩虹，辉映着爱的天空。

2. 勤勉劳动，推动经济快速发展

新中国成立之初，纺织工业面临着十分困难的局面，人民对纺织品的需要与供应不足的矛盾突出。国家提出纺织工业要摆脱半殖民地的畸形发展，将纺织工业作为投资重点之一，号召广大纺织职工努力生产，积累资金，逐步走上自力更生的道路。当时，纺织工业占上海工业产值的 74%，上海的纺织厂纱锭为 229 万枚，占全国的 40%，对于全国的经济和社会稳定有着举足轻重的作用。为了解决人民穿衣的问题，上海市委、市政府根据国家需要，提出发挥工业化优势，大力发展纺织业，一大批年轻女性加入纺织行业，女职工人数占到纺织工业职工总数的 54%。她们吃苦耐劳、埋头苦干，为实现“全国人民穿好衣”的梦想，在平凡的岗位上默默无闻地奉献着青春和汗水，其中，全国劳模黄宝妹就是纺织女工的杰出代表。她曾 8 次受到毛泽东、周恩来、宋庆龄等老一辈党和国家领导人的亲切接见，毛主席勉励黄宝妹：“纺织工人很光荣，让全国人民有衣穿，责任很重大。”2021 年 6 月 29 日，中共中央授予黄宝妹七一勋章，习近平总书记称赞她是“国家发展的见证者、参与者、奉献者”。

黄宝妹：纺纱世界里的“神仙女”

黄宝妹1931年12月26日出生于上海浦东。由于家境贫穷，她13岁就已进入日资裕丰纱厂当童工。那时，每天凌晨4点钟黄宝妹就起床，摸黑乘渡船过黄浦江，到杨树浦的工厂上工。整天都要站在纺纱机前照看纱线，下班时被搜身才能放行，到家时天色已一片漆黑。

黄宝妹（右）在技术带教

童年的遭遇，使她对党领导下的新中国有更深沉的期待和感受。新中国成立后，黄宝妹怀着对共产党的感激之情，把满腔热情投入积极的生产劳动中。她探索出了一套“单线巡回、双面照顾、不走回头路”的操作法，使看台能力从看400个纱锭增加到800个，大大提高了生产效率。黄宝妹从上海30多万名纺纱工人里脱颖而出，成为新中国第一代劳动模范。

黄宝妹带领工人姐妹一起进步。她管理的三纺细纱车间被评为上海市劳模集体。1958年，上海电影制片厂开拍故事片《黄宝妹》，由谢晋导演、黄宝妹本人主演。

黄宝妹一直在车间工作了42年，直到1987年1月退休。退休后她到石河子市协助筹建棉纺厂，却不领一分工资。她参加了上海市百老德育讲师团，耄耋之年在哔哩哔哩“老杨树宣讲汇”直播间当“UP主”，为年轻人讲党课；在“人民城市奋斗有我”上海职工直播课堂，为职工朋友宣讲劳模精神和党的优良传统。她活跃在社区里，抗疫期间号召儿孙和小区居民一起捐款，为“城市守护者”送去爱心和关怀，四代同堂的大家庭数次被评为全国以及上海市五好家庭。

黄宝妹曾先后7次被评为上海市劳动模范、纺织工业部劳动模范和全国劳动模范，并于2021年被中共中央授予七一勋章。

3. 努力学习，不断提高劳动生产技能

走上劳动岗位的女工们继续通过职工业余学校、工农速成中学、纺织工业专科学校、大专院校等学习文化、学习政治、学习生产技能。1950—1955年，在校参加学习的女职工从5069人迅速增长到9万余人。随着文化水平的提高，女职工能更快更好地掌握生产技能，工作能力普遍提高，为学习创造先进工作法、提出技术改进等合理化建议、提高劳动生产率打下了更加牢固的知识基础。上海总工会以劳动竞赛为抓手、以女劳模为榜样，组织带领广大女职工迎着困难上，以坚定的决心、顽强的毅力，广泛开展技术革新和技术革命活动，自力更生填补行业空白，刻苦钻研大搞技术创新，精益求精打造知名品牌，爱岗敬业服务人民群众。其中轻工业领域尤其突出，女教师、女医护人员等在各自岗位上作出突出成绩的事例也层出不穷。

全国劳模、上海市长途电话局话务员田丽娟在话务工作中运用多项交叉动作，使电话接得快、接得准，每小时电路利用率由78.8%提高到96.7%。全国劳模、上海市港务局第七装卸作业区司机丁慧艳，掌握了该区所有车辆的操作技术并加以改进，大胆又细心地试用卸煤抓斗新工具，以7.15小时卸煤750吨创新纪录；她还注意机械保养，三年中未发生任何工伤、机损、货损等事故。全国劳模、梅林罐头食品厂整理工张金妹，1958年创造了自动拣青豆机，革新自动搓橘机，提高生产效率。全国劳模、上海市禽蛋加工厂拔毛工韩绥花悉心钻研，摸索出“正确捏钳顺序拔毛工作法”，产量比一般工人高出一倍以上，从未出过次品。全国劳模、上海市实验小学校长袁瑢，在改革小学语文教学、提高孩子们的识字效率，以及用“教学不止、探索不停”的精神培养青年教师方面，倾注了毕生精力，并取得了优异成绩。

4. 开展劳动竞赛，比学赶帮超蔚然成风

1954 年，上海总工会响应全国总工会号召，发出“将劳动竞赛向前推动一步”的口号，持续开展以爱国主义、增产节约、技术革新等为主题的劳动竞赛，鼓励女职工积极参与社会主义生产竞赛，强调竞赛的主要目的是通过发现先进典型，总结先进经验，并推而广之，求得技术的共同提高。女劳模认为“一花独放不是春，百花齐放春满园”，在先进生产者旁边不应有落后的人。在劳动竞赛过程中，她们与身边的组员互相学习、互相帮助，使少数先进生产者的生产水平在短时间内变成了全社会的生产能力。

全国劳模裔式娟带领小组成员，学习“郝建秀工作法”提高操作技术，每个纱锭产量由 1950 年不到 50 磅提高到 70 余磅，并在生产小组成员之间形成了比学赶帮超的好风气，连续 8 年全面超额完成生产计划，产品数量和质量、生产和管理水平等方面均处于全国同行业先进水平。同时，她和小组成员争当多面手，每个人都学会了修理机器导纱钩、工字架松动等小毛病的技术，并逐步掌握机器的性能，分析断头的原因，成为全厂大搞技术革新的带头小组。以裔式娟名字命名的小组保持了 30 多年的全国纺织模范小组荣誉称号，被誉为永不褪色的“红色炉”。裔式娟作为当时上海代表组最年轻的女代表，出席了 1954 年召开的第一届全国人民代表大会。

（二）改革开放和社会主义现代化建设新时期

改革开放和社会主义现代化建设新时期，上海经济社会发展不断实现新的跨越，成绩巨大，变化显著。在波澜壮阔的改革开放进程中，上海各条战线在市委、市政府的领导下，解放思想，大胆探索，敢闯敢试，敢为天下先，提出“全面规划，综合平衡，边调整边前进，在调整中改革，在调整中整顿”的总体要求，重点发展轻纺工业和电子工业，实现轻重工业协调发展。1985 年，国务院对“关于上海经济发展战略的汇报提纲”的批复，标志着上海经济发展战略中三次产业结构的重大调整正式起步。党的十四大报告中明确提出以上海浦东开发开放为龙头，进一步开放长江沿岸城市，尽快把上海建成国际经济、金融、贸易中心，带动长三角地区和整个长江流域地区经济新飞跃的要求。浦东开发开放伴随着上海整体产业结构战略性调整，释放了巨大的经济活力。

这一时期，随着上海的产业结构从“二三一”向“三二一”方向发展，大批女职工为适应上海城市转型发展需要，积极参加各种形式的业余学习，“学知识、学科学、学技术”成为女职工的自觉行动。女职工的就业结构也出现同步调整的格局，这一时期女劳模人数最多、行业分布最广，工业、交通、基本建设、财贸、科研、教卫、文体等各行各业涌现出一大批业务精湛、技术卓越、锐意进取、敢为人先、与时俱进的上海女劳模，比如“蓝天上的微笑天使”吴尔愉、“人民教育家”于漪、农民工代言人朱雪芹、“北京时间之母”叶叔华、生命科学领域的探路人王恩多、“让小提琴讲中国话”的俞丽拿、跳水皇后吴敏霞、申城“女雷锋”陶依嘉、“问不倒的医药店员”樊水玉等一大批女劳模为上海城市转型发展作出了重大贡献。

1. 在改革中自立自强寻出路

1980 年 10 月 3 日，《解放日报》在头版头条刊载了《十个第一和五个倒数第一说明了什么？——关于上海发展方向的探讨》，直言不讳地点明了当时上海面临的困境。文章列举了上海经济指标、出口总值、财政收入、上缴国税、人均生产总值等 10 个全国第一，同时还讲了人口密度最高、建筑密度最高、缺房户比重最大、车辆事故最多、癌症发病率最高。由此引发了全市范围“上海向何处去，建设什么样的上海”的大讨论，上海城市开始转型。

随着劳动用工制度的改革和产业结构的调整，全市地方国有企业、集体企业先后有 100 多万职工下岗，女性占半数左右，她们被猛然间投身于市场经济大潮，恐惧、迷茫、不知所措。在历经观念的转变之后，她们振奋精神，积极参加技能培训，在新的岗位上“重整行装再出发”。“蓝天上的微笑天使”吴尔愉，就是从纺织系统招收的“空嫂”中的佼佼者，她以热情真诚的微笑、周到细腻的温馨服务赢得旅客的赞誉，获评全国劳动模范。

吴尔愉：她的微笑是阳光

1963 年 7 月出生的吴尔愉长相甜美、亲切。她从一名纺织女工转型为“空嫂”，把飞机客舱作为全心全意为旅客服务的阵地和“窗口”，成为这一时期纺织行业职工转岗的典型代表。

20 世纪 90 年代，上海 100 多万职工下岗，再就业工程成为当时重中之重的工作。当上海航空公司发布将在纺织女工中招收空中乘务员的消息时，一石激起千层浪，在上海乃至全国产生了“空嫂”效应。

1995 年 3 月，经过报名、初审、面试、体检、政审等一轮又一轮筛选，上海航空最终从报名的 2000 多名纺织女工中录用了 18 人，吴尔愉就是其中之一。

吴尔愉的第一次飞行，没有想象中的浪漫和美好。飞机在空中颠簸，吴尔愉克服缺氧、头晕、呕吐等不适感，面带笑靥，用优雅的仪态、周到的服务认真完成了任务。

飞行一年半后，吴尔愉就创造了飞行 1600 个小时收到 800 多封表扬信的空中服务纪录。她倡导家庭式的温馨服务。有一次，她看到一位老先生腰间隐约露出一条蓝色的腰带，就拿了毛毯给老先生垫腰。老先生很惊讶，说：“你怎么知道我腰不好？”吴尔愉说：“我父亲与您年龄差不多，也会腰疼，前些日子我刚帮他买了一根这样的腰带。”

吴尔愉（左一）悉心指导乘务员的礼仪规范

吴尔愉给自己的定位是“五好”乘务

员：老年乘客的好女儿、儿童乘客的好阿姨、外地乘客的好向导、伤残乘客的好护士、特殊乘客的好帮手。

在吴尔愉的飞行史上，创造了“零投诉”“零差错”纪录。她收到旅客表扬信3000余封，曾十多次被评为“最受旅客欢迎的乘务员”。2004年，《吴尔愉服务法》成为中国民航第一部以个人名字冠名的服务指导书，并被推广运用到全国民航空中服务中。她设立“吴尔愉奖励基金”，回报他人、奉献社会。她获得全国劳动模范、全国五一劳动奖章等荣誉。

吴尔愉在东航退休后，又被聘为东航客舱服务专家。她将蓝天上的微笑继续播撒到地面，让更多的人感受到优质服务的魅力和温暖，继续让劳模精神薪火相传。

吴尔愉等女劳模激发出的“空嫂”效应引发了全社会对转岗纺织女工的关爱和信心，直接带动纺织工人再就业，并推动了一大批职工思想解放，努力提升素质、自强自立，以崭新的生活态度和精神风貌融入社会变革发展的大潮中，对改变全社会择业就业和用人观念起了巨大的示范作用，有力地推动了中国社会经济发展，成为中国社会转型时期的重要代表符号之一。浦东开发开放后要成立一个区域性的巴士公司，提出就招纺织女工，“空嫂”之后马上就出了“巴嫂”；地铁的首批职工又是明确招纺织女工，被称为“地嫂”；上海有一大批寻呼台都是手工接线的，还是招纺织女工，“呼嫂”又应运而生，一大批“纺嫂”就此走向各行业，89万人重新就业。

2. 在改革中奋勇拼搏谋发展

中国改革开放带动劳动力变化，伴随着工业化、城镇化快速发展，大量农村富余劳动力为了改善家庭经济情况，离开土地，走向陌生的城市，成为工人阶级的新生力量。在每一个建设工地上、每一个加工企业里、每一条繁忙的生产线上，都有他们辛勤劳作的身影，用勤劳和汗水为国家发展、城市建设添砖加瓦。他们在改革开放中登场，在改革开放中成长，全国劳动模范、现任上海市总工会兼职副主席的朱雪芹就是其中一员。

朱雪芹：勇立时代潮头的“励志姐”

20世纪70年代，朱雪芹出生在江苏徐州一个农民家庭，因家中困难，初中毕业后放弃求学，1995年到上海华日服装有限公司打工。

朱雪芹被安排做成品装接西裤裤腰，坐在机器前的她发现，手脚配合操作开关，并不像想象中那么简单，一天下来，师傅完成550条，她只完成50条。朱雪芹想尽快掌握流水线上的所有技术，用机器钉纽扣时，缝纫机针扎进中指，让她钻心的疼；用机器开袋布，3道铁片往手上打下来，手被压得红肿出血。经过刻苦努力，她3个多月就赶上了师傅，每天做到了完成800条。

1997年，朱雪芹成为公司5个优秀员工之一，1998年荣获公司唯一的“最佳员工”称号。

与此同时，朱雪芹在业余时间勤奋学习，获得了高中文凭。1998年，朱雪芹被公司安排去日本深造，研修企业管理和服装设计专业课程。学习结束时，她拒绝了日方高薪聘请，回国和科技人员一起试验，提出了80套标准工序和2800秒出成品的分秒法。该技术成果让公司每年出口服装达到100万件，取得了良好的经济效益。她还协助生产部门建立了一套严格、科学、规范的质量管理程序，使次品率几乎为零。

朱雪芹（前排中）向农民工传递两会精神

2008年，作为首次选出的三个农民工全国人大代表之一，朱雪芹代表全国

2亿农民工走进人民大会堂参政议政。在10多年的代表履职中，她关注农民工权益保护问题，提交了40多份议案和建议。

朱雪芹获得全国劳动模范、全国五一劳动奖章、全国十大杰出农民工、全国知识型职工先进个人等多项荣誉。目前，她开设了“朱雪芹职工法律援助工作室”，为职工提供“零门槛”法律援助服务，帮助外来务工人员1万余人次，为职工挽回损失金额近8800万元，她参与维权的案例入选全国第二届“依法维护妇女儿童权益十大案例”。她从“打工妹”到“新上海人”，到成为中国第一批当选全国人大代表的农民工，朱雪芹用自身经历诠释着工人阶级新生力量的责任担当。

3. 在改革中培根铸魂育新人

党的十一届三中全会后，上海教育发展迎来新的春天，教育改革也伴随着城市发展持续深入，从整顿秩序、满足基本需求逐步发展到以遵循教育规律、回归育人本源为重点，形成促进学生德智体美劳全面发展和终身发展的育人制度体系。上海教育成为上海城市发展的重要助推器和发动机，成为上海城市吸引力、影响力和辐射力的重要载体。一大批女教师在改革中培根铸魂显担当，以“学高为师、身正为范”要求自己，在日常教学中将价值塑造、知识传授和能力培养融为一体，以好教师应有的道德情操和仁爱之心，严以律已、关爱学生，以三尺讲台揽星辰大海。在庆祝改革开放40周年大会上，党中央、国务院授予100名同志“改革先锋”称号，颁授“改革先锋”奖章，上海市杨浦高级中学名誉校长于漪在人民大会堂受到表彰，成为来自基础教育领域的唯一代表。她是上海教育的骄傲，是中国教师的楷模。

于漪：在讲台上用生命歌唱

于漪，开设公开课2000多节，著述600万字，培养三代特级教师……如今已年过90岁的上海市杨浦高级中学名誉校长、“人民教

于漪和学生交流

育家”于漪，依然以奋斗姿态站在教育改革和教师培养最前沿，践行着“让生命与使命同行”的铮铮誓言。

作为新中国培养的第一代语文教师，于漪带着人民教师的初心和改革创新精神不断探索语文教育的“秘密”。

1978年初，报告文学《哥德巴赫猜想》发表，兴奋的于漪找到学校数学老师，告诉对方“这是了不起的成就，我们唱个‘双簧’，你给学生讲陈景润的科学贡献，我讲陈景润为科学献身的精神”。这正是于漪“教文育人”思想的体现。在她看来，语文不仅是教孩子理解和运用语言文字，更是在建设他们的精神家园，塑造其灵魂。进入21世纪，于漪提出语文学科要“德智融合”，即充分挖掘学科内在的育人价值，将其与知识传授、能力的培养相融合，真正将立德树人落实到学科主渠道、课堂主阵地，加强教师的育德能力，获得全国教育界高度认可。

于漪还认为，中国教育必须有自己的话语权。她多次撰文说，任何国家的教育特别是基础教育，必须传承本民族的优秀文化，弘扬民族精神，培养为本民族、本国建设服务的人才。于漪说：“当我把生命和国家命运、人民幸福联系在一起的时候，我就觉得我永远是有力量的，我仍然跟年轻人一样，充满壮志豪情！”

（三）中国特色社会主义新时代

党的十八大以来，习近平总书记多次亲临上海，出席重大活动、考察指导工作，作出重要指示、交办重大任务[①]、赋予重大使命，为上海发展指明了前进方向，掀开了新时代上海接续奋斗、再创奇迹的新篇章。我们党走过百年光辉历程而风华正茂，上海作为党的诞生地愈益展现出蓬勃生机。经历过考验和洗礼，人民城市更加彰显生生不息的磅礴力量。

女劳模不断学习掌握新知识新本领，不断提升新技能新技术，持续激发创新创造活力，大力发扬首创精神，在重大战略、重大工程、重大项目、重点产业中贡献智慧和力量，积极发挥开路先锋、示范引领、突破攻坚作用。她们立足本职、踔厉奋发，以创造激发人生出彩的永续动力，以奋斗开辟通往美好生活的康庄大道，以团结凝聚攻坚克难的强大力量，以梦想催动勇往直前的坚定步伐，在新时代新征程中建功立业，为实现中国梦贡献巾帼力量。

1. 在新征程上追求卓越立新功

2017 年中共中央、国务院印发《新时期产业工人队伍建设改革方案》明确提出："完善国家级技术工人表彰奖项，形成以党和国家表彰为导向、企业和社会积极参与的产业工人表彰激励制度。增加产业工人在各级各类劳动模范和先进代表等评选中的名额比例。"中共上海市委、市政府发布《关于推进新时期上海产业工人队伍建设改革的实施意见》，上海市总工会牵头抓好贯彻落实，注重在重大战略、重大工程、重大项目、重点产业中培育和选树一线劳模。在圆梦大飞机的历程中，中国商飞上海飞机设计研究院 CR929—600 副总设计师严林芳，从 ARJ21 到 C919 再到 C929，28 年潜心钻研机载系统，用精益求精助力航空强国梦。在逐梦航天的征途上，上海航天技术研究院科技委常委、上海航天研究院第一位女性总指挥、航天重大项目总师里唯一的女性张玉花，将自己 32 年的青春岁月献给了载人航天、探月工程及火星探测，成为跨越三大领域的航天女神。在制造强国的道路上，上海电气电站设备有限公司上海汽轮机厂的刘霞，从一名焊接工成长为行业顶尖的转子焊接技术专家，带领

① 指推动自贸试验区临港新片区建设、设立科创板并试点注册制、推动长三角一体化发展、全力服务保障进博会。

团队破技术壁垒、铸大国重器，在冰冷的钢块和火热的焊花中，一次次攻克世界级难题，用绝技“焊卫”中国制造。在各行各业中，致力于中国通信网络和数字化宽带网络建设的徐赤璘、唯一一位被国际汽联官方许可的中国赛道设计师姚启明、打造高端医疗装备的常云霄、中国中医外科第一位女博士陈红风等一批女劳模，立足上海改革发展大局，不断学习掌握新知识新本领，不断提升新技能新技术，持续激发创新创造活力，发扬首创精神，为集成电路、生物医药、人工智能等先导产业的发展壮大，为航天航空、高端装备、新能源汽车等先进制造业的突破跃升贡献智慧和力量。

姚启明：在大地上书写速度与激情

1978 年出生的姚启明被誉为“中国赛道设计第一人”，是唯一一位得到国际汽联官方许可的中国赛道设计师，是全球 12 位赛道设计师中唯一的亚洲人，也是唯一一位女性设计师。

1996 年，姚启明怀揣着“修一条安全的路，驾一座雄伟的桥”这样一个朴素的梦想，报考了沈阳建筑工程学院道桥专业。2003 年研究生毕业后，她去了上海，参与了上海国际赛车场外围配套工程的设计。当她得知中国当时仅有的 1 个赛车场和在建的 3 个赛车场全部由外国设计师设计时，强烈的民族尊严感瞬间被激发——中国的赛道应该由中国人自己来设计！2005 年，国家体育总局把设计长春赛车场的重任交给了她，她放弃了赴美国攻读博士学位的机会，用了一年时间，在 10 平方米的阁楼里完成了具有

姚启明和她设计的赛道

独立知识产权的赛道安全模拟系统，从此，中国正式具备设计永久性国际赛车场的资格。

前进道路上的辛苦付出，常人难以想象。为了武汉赛车场的设计，她在进产房前的一小时仍然蜷坐在电脑前做仿真计算；孩子刚出生，还在 ICU 病房中，她就坐在床上，手捧着电脑继续赛道的设计优化工作，右眼因劳累过度长满囊肿。

多年来，姚启明和团队扎根一线、持续创新，以 80 余项创新成果、30 余项“中国第一”和“世界第一”的成绩，用 20 年的时间跨越了西方发达国家 120 年的积累。近几年，她把更多的精力转向日常出行的道路，把赛道领域最前沿的研究成果用在智慧交通安全出行上，不仅为中国汽车运动保驾护航，更面向全国 5 亿驾驶人开启了智能化培训教育的“新赛道”。

姚启明获得全国五一劳动奖章、全国先进工作者、全国建设系统先进工作者、上海工匠等荣誉。她领衔的团队被全国总工会命名为全国示范性劳模和工匠人才创新工作室。她志存高远、脚踏实地、逐梦前行、坚守初心，她行远自迩，奔赴速度与激情；笃行不怠，尽展巾帼之魄力。

2. 在疫情防控中闻令而动作贡献

新冠肺炎疫情是百年来全球发生的最严重的传染病大流行，是新中国成立以来我国遭遇的传播速度最快、感染范围最广、防控难度最大的重大突发公共卫生事件。上海始终牢记习近平总书记的要求，勇于担当，敢于创新。从支援湖北到本地抗疫，从复工防疫两手抓到严防境外输入，从疫情防控常态化到公共卫生体系日趋完善……在上海市委、市政府坚强领导下，全市上下守望相助，携手抗疫，共同筑起上海这座超大城市的生命防线，并为全国打赢疫情防控阻击战贡献了上海力量。疾风知劲草，烈火见真金。在金银潭医院 ICU 病房，上海援鄂医疗队始终冲在最危险的前线，陈贞那双充满温情而刚毅的“大眼睛”给了病人、战友们信心和力量；在上海疫情封控期间，一大批社区工作人员勇挑重担，徐汇区田林街道田林十三村居民区党总支书记苏嵘，先后转战3个居民区成为抗疫“主心骨”，带着居委会干部和社工，两个多月不眠不休保一方平安。

陈贞：“大眼睛”护士

在复旦大学附属华东医院外科重症监护室有一位“大眼睛”护士长——陈贞，隔着口罩，她那双温柔、坚毅而又专注的眼睛，尤为显眼。

陈贞是华东医院第一位报名援鄂的护理人员。小年夜那天，当听到医院需要派员驰援武汉时，她当即决定报名。从事护理工作28年，在重症监护室工作18年，掌握CRRT护理、呼吸机管理等多项技能，在金银潭医院ICU，一般每名护士负责3名患者，但陈贞却一肩挑起2个病房6名患者的照护工作，其中还包括3名危重症患者。为了照顾其他队员，北三病区内最易感染、最危险的操作，如气管插管、深静脉注射等，陈贞总是抢着上。“我动作快，操作时花的时间短。换成别人，我不放心。”

每天与家人的联系，陈贞时常“吝啬”到只报一个平安。简短的言语，透露出陈贞在金银潭医院工作的忙碌——一周工作84小时。除了做好护理的本职工作，身为北三病区护士长，她手下还管理着70多名护士。上海首批支援湖北医疗队成员来自全市52家医院，而为了让护理工作尽快走上正轨，陈贞利用两个夜晚，制定出近30项日常工作制度和流程。忙碌至凌晨的辛苦没有白费，护理团队很快上手，工作得到了医师组的认可。

面对病区中的重症、危重症患者，陈贞除了带领护理团队的护士做好日常医疗与生活照护，还时常为患者开展心理“按摩”。“因为患病，我的内心受到了极大创伤，但陈老师静静地听我诉说，她用激励的眼神看着我，用有力的双手给我传递温暖……”这是57

岁的患者徐阿姨出院后写给陈贞的一封表扬信。因感染新冠病毒而患上中度抑郁症，徐阿姨不说话、不治疗、不吃饭，陈贞坚持和她“话疗”，在持续了十多天后，徐阿姨的精神状况明显好转。徐阿姨说，陈贞的出现，让她的内心感觉到的不光是欣喜，更给了她战胜疾病的信心。

平安归来后，陈贞与家人补上了迟到的年夜饭。其实大年夜晚上，同为医务人员的爱人也在医院值守，陈贞只简短地向正读高三的儿子叮嘱了几句，便拿起行李出发了。经此一“疫”，越发体会到“平安是福、平淡是真”的珍贵。陈贞说，如果重新选择，她还是会毫不犹豫往前冲，这就是身体力行劳模精神和“南丁格尔”誓言的决心。

3. 在城市管理中为民服务暖人心

习近平总书记在 2019 年考察上海时深情寄语“人民城市人民建，人民城市为人民”，并多次作出重要指示。上海以构建现代化基础设施体系为重点，加速推进重大工程和重点区域建设，促进城乡、区域绿色协调发展。城市交通网络不断完善，轨道交通网络规模达 831 千米，保持全球第一；公路总里程达 1.31 万千米，城市道路里程达 5844 千米。虹桥、浦东两大机场旅客年吞吐量于 2016 年突破一亿，货邮吞吐量连续 14 年排名全球城市第三。全球最大单体卫星厅浦东机场卫星厅建成启用，为上海加快建设国际航运中心和亚太航空枢纽、提升城市能级和核心竞争力提供有力支撑。在这一系列的成就背后，高煜、吴娜、顾蓉、刘仕英等一大批女劳模在人民城市建设的火热实践中砥砺奋进、勇毅前行，用高品质、暖人心的服务擦亮“上海服务”这张城市名片。

高煜：真情守“沪”

1 座火车站、2 座飞机场、20 多家联动协调单位，身处其中的上海地铁虹桥火车站是 2/10/17 号线三线换乘的特大型交通枢纽，客流位居全网第三，日均客流 35 万人次、日极端客流 53 万人次。

12年来，高煜扎根一线，与世界级交通枢纽一同成长，与战友们一起完成无数个大客流挑战和重点改造项目客运组织保障任务，用最好的年华深耕车站高品质服务，创举措、搭联盟、助传承，呵护那份留给乘客的温暖。

每当航班或列车抵达，换乘地铁的客流就会陡增，平均30秒解答一个乘客的问询。面积大、客流密集这两大服务难题如何解？上海世博会上出现的电动平衡车给了高煜灵感，走出窗口主动服务的“小煜流星轮”特色服务品牌应运而生，移动的服务窗口将服务效率提升了30%、响应速度提升了50%，跨前一步的服务理念使得乘客满意度达到98%以上，“小煜流星轮”工作室先后创建成为上海市巾帼创新工作室、上海市劳模创新工作室。

高煜发现大件行李在地铁和铁路间多次搬上搬下安检不仅是乘客们的烦心事，不利于客流的快速疏导，同时也存在重复的资源消耗。高煜团队主动走访机场、铁路等近30个枢纽单位，经过多次沟通互动，最终促成车站“一体化大安检”，并逐步实现地铁与铁路、机场服务的无缝衔接。她带领团队在12年间共完成了11项车站改造、7项QC任务、4项“我为群众办实事”项目。其中，2018年车站以乘客需求为导向改造的厕所获评“上海市最美厕所”。

深夜无眠凌晨不休，全力满足乘客出行需求。2023年5月4日凌晨2:30，最后一班列车驶离站台，上海地铁延时运营纪录再次刷新。每一次春运、每一个节假日、每一届中国国际进口博览会延时运营，是高煜和同事们以及所有地铁人的默默坚守，迎接深夜抵达的旅客，护送他们踏上地铁加开专列，展示出上海的“温度”。

高煜在履行“申城地铁，通向都市新生活”的企业使命中发挥党员先锋模范作用，在深入践行“人民城市人民建，人民城市为人民”的重要理念中贡献地铁人的智慧和力量，守护一个地铁人的责任与使命，抒写了真情守“沪”的青春芳华，2022年获得全国五一劳动奖章。

三、上海市女劳模成长规律

劳模工作是党和政府工作的重要组成部分，上海从 1950 年开始开展劳模评选，历经 72 年，不断完善培育、评选、关爱、激励巾帼劳模的体制机制，持续加强女性科技与高技能人才队伍培养，加大巾帼劳模的表彰和宣传，在全社会营造劳动光荣、技能宝贵、创造伟大的浓厚氛围。

上海市第一届劳动模范大会

1950 年 9 月 10 日，上海市第一届劳动模范大会在市政府大礼堂（江西中路 215 号）召开，1000 余名代表出席。

上海市第一届劳动模范大会

劳模奖章

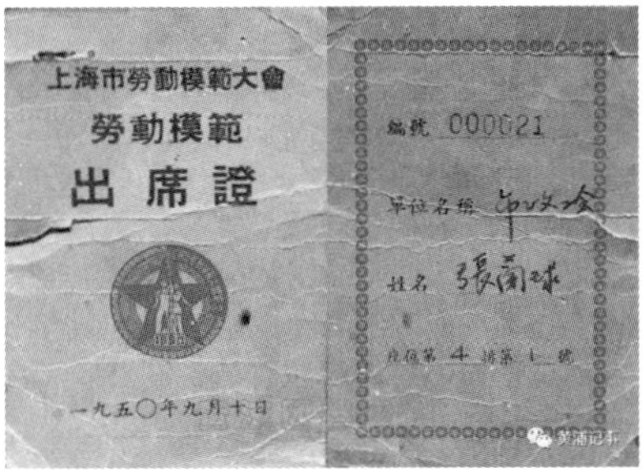
上海市勞動模範大會
勞動模範
出席證
一九五〇年九月十日
編號 000021
單位名稱
姓名

上海市劳动模范大会出席证

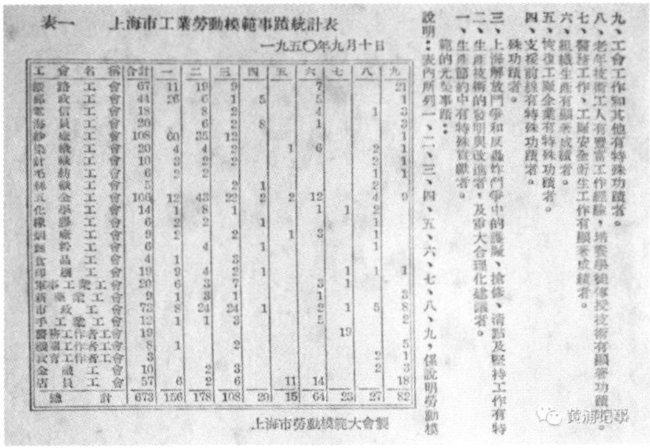
表一 上海市工業勞動模範事蹟統計表

一九五〇年九月十日

工會名稱	合計	一	二	三	四	五	六	七	八	九
鐵路工會	67	11	19	9			7			21
郵政工會	44	26	6	1	5		5			1
電信工會	18		8	2			4		1	3
海員工會	20		6	2	8		1			3
紡織工會	108	60	35	12						1
染織工會	20	4	4	2		1	6		2	1
針織工會	10	3	2	2					2	1
毛紡工會	6	2	2						1	1
絲織工會	5			2	1				2	
五金工會	106	12	43	22	2	2	12		4	9
化學工會	14	1	8	1			1	1	2	
橡膠工會	6	2	2		1				1	
捲煙工會	9	2		2		1	3		1	
麵粉工會	6		4		1				1	
食品工會	4	1		3						
印刷工會	19	9	4	2	1			1	1	1
軍事工業工會	20	6	3	7			3	1		
新商業工會	9	1	3	1			1			3
市政工會	73	8	24	24	1		2	1	5	8
手工業工會	12	1	1	3			5			2
醫務工作者工會	19							19		
機關工作者工會	8	1		2						5
教育工作者工會	3								2	1
金融工會	10		2	3					2	3
店員工會	57	6	2	6		11	14			18
總計	673	156	178	108	20	15	64	23	27	82

上海市勞動模範大會製

說明：表內所列一、二、三、四、五、六、七、八、九，係說明勞動模範的光榮事蹟：
一、生產節約中有特殊貢獻者。
二、生產技術的發明與改進者，及重大合理化建議者。
三、上海解放鬥爭和反轟炸鬥爭中的護廠、搶修、清點及堅持工作有特殊功績者。
四、支援前線有特殊功績者。
五、恢復工廠企業有特殊功績者。
六、組織生產有顯著成績者。
七、醫務工作、工廠安全衛生工作有顯著成績者。
八、老年技術工人有豐富工作經驗，培養學徒傳授技術有顯著功績。
九、工會工作及其他有特殊功績者。

上海市工业劳模统计表

（一）建设女劳模成长成才“助推器”

1. 劳模比例之变，充分彰显女性地位

新中国成立后，在中国共产党的领导下，国家用法律手段保障女性在文化教育、政治、经济和婚姻家庭等各方面的发展权利。为彰显女性在促进经济发展、推动社会进步方面的作用，转变歧视妇女的传统偏见，上海坚持把确保女劳模比例作为劳模评选的重要指标。1950—1960 年，上海共有 405 人次在中共中央召开的四次全国劳模表彰会议上受到表彰，其中女劳模 104 人次：1950 年 2 人，占比 13%；1956 年 11 人，占比 17.4%；1959 年 63 人，占比 23.5%；1960 年 28 人，占比 46.6%。受到表彰的女劳模比例快速增长，对鼓励妇女积极参与恢复和发展国民经济、进行社会主义建设起到了极强的示范与推动作用。改革开放以后的历次全国劳动模范和先进工作者表彰中，女劳模的比例同样呈现逐次增加态势，从 1978 年的 5.2% 上升到 2020 年的 25%。

2. 劳模行业之变，高度契合经济社会发展

新中国成立后，上海发生了天翻地覆的变化，探索走出了一条具有中国特色、时代特征、上海特点的超大城市发展新路，改革开放进一步推动了产业结构调整和城市功能的提高。三个时期中，纺织行业涌现的女劳模占女劳模总数的比例从 40% 到 7.7% 再到 2%，呈逐渐下降态势，先进制造业（智能制造、生物医药、航天、汽车、仪电等行业）从 0 到 9.6% 再到 12%，呈逐步增加态势，反观这两个行业女劳模数量的变化，恰恰与上海逐步形成以现代服务业为主体、战略性新兴产业为引领、先进制造业为支撑的现代产业体系过程相匹配，显示出工会紧紧围绕党和政府中心工作开展劳模评选表彰的特点。

无论时代如何变迁，上海坚持把教育放在极为重要的位置，教师群体在落实立德树人根本任务、增强人民群众的教育获得感与满意度中承担了重要角色，这个群体中持续高比例涌现出女劳模，因此，三个时期中的女劳模教师占比变化极小，且始终居于高位，彰显出女劳模教师群体为上海教育走在全国前列所作出的贡献。

3. 劳模结构之变，展现不同时代最美芳华

社会主义革命和建设时期较侧重于从工业、交通、基建等行业评选劳模，勤勤恳恳的“老黄牛”劳模占较大比例，突出节约原材料、创造代用品、增收节支、克服困难等要求，女劳模大都为生产一线工人。

改革开放和社会主义建设新时期的劳模评选一方面延续了表彰“老黄牛”劳模；另一方面知识分子的力量重新得到重视，在科研、教育、卫生等部门从事脑力劳动的知识分子的名字出现在光荣榜上。谢希德、叶叔华等 4 名女性教授、工程师、研究员在 1978 年全国科学大会上受到表彰；1989 年全国劳动模范和先进工作者表彰大会表彰的女劳模中，既有长期从事道路清扫工作的周桂兰、人民饭店 3 号服务员瞿蕙钧，也有以上海芭蕾舞团演员汪齐风为代表的专业人才，还有上海灯泡厂高级工程师王菊珍；1995 年全国劳动模范和先进工作者表彰大会表彰的女劳模中，既有上海医科大学基础医学院分子病毒教研室主任、教授闻玉梅，也有上海望春花实业股份有限公司董事长、总经理李培佩等具有经营决策与管理才能的经营性人才；2000 年全国劳动模范和先进工作者表彰大会表彰的女劳模中，出现了为居民服务的社区干部，如杨浦区五角场街道茶园居委会党支部书记范金兰；2005 年全国劳动模范和先进工作者表彰大会表彰的名单中，增加了戈金宝、吴美娟、朱国萍等 3 名社区干部；2010 年，朱雪芹、李影等优秀进城务工人员的名字出现在全国劳动模范和先进工作者表彰名单中。

中国特色社会主义新时代的女劳模，更加突出在落实国家重大战略任务、提升上海城市能级和核心竞争力等方面的作用，她们走在时代的前列，和经济社会同频发展。中国船舶第九设计研究院工程有限公司研究员陈云琪，海通证券股份有限公司并购融资部总经理杨艳华，打响“上海购物”品牌、上海市第一食品专柜柜长郁非等，同时，家喻户晓的体育明星、新就业形态和灵活就业的职工也成为劳模的来源，如中国历史上首位女性奥运“五金”冠军吴敏霞、家政服务员胡志红等。

（二）构筑关爱巾帼劳模"幸福港"

1. 落实关爱措施，做好女劳模健康保障

1984 年起，上海市总工会、上海市卫生局、上海市人事局、上海市劳动局特约本市 50 家医院中技术水平高、工作认真负责的医务人员，为全体劳模开展一年一次健康体检及"三八"节女劳模的健康体检。各相关医院还建立了女劳模、先进生产者的保健档案，实时跟踪女劳模健康情况，为女劳模提供医疗保健咨询、社区诊疗、绿色就诊通道、长处方等医疗服务，组织安排劳模免费白内障手术。2016 年开始，为 80 周岁以上劳模办理"银发无忧——老年人意外伤害综合保险"，已连续 2 年向全国劳模赠送沪惠宝补充医疗保险。

除安排好全国劳模分批参加全国总工会组织的全国劳模疗休养外，从 2012 年起，上海市总工会每年从工会经费中列出预算资金，组织受到表彰的全国五一劳动奖章获得者和上海市劳动模范参加"千名劳模疗休养"、劳模集体生日等丰富多彩的活动，使劳模倍感组织的关怀和温暖。2018 年以来，每年至少组织一场女劳模专属疗休养。

从 2013 年开始向有意愿进入体育场馆健身的劳模提供品质优良的场馆健身服务，全市 35 家场馆为 65 岁及以下的劳模提供就近就便办理"劳模专属健身卡"，自主选择优享健身项目。

2. 集聚社会资源，做好女劳模生活保障

2021 年，上海市总工会联合申能集团，计划 3 年内为 550 户退休劳模家庭提供燃气安检、隐患整改、安全用气宣传以及更新燃气用具等系列服务，并将劳模先进的信息纳入了燃气客服系统的重要客户优先服务体系，服务期间，上海燃气专门组建了一支以劳模、工匠、创新工作室领衔人为骨干的蓝焰服务队。

2022 年，上海市总工会与太平洋保险签约，为 3850 名上海市级及省部级以上退休劳模提供为期 3 年的脑健康"4+2"专属管理服务，其中，4 项主要服务内容分别为家庭养老医疗管家服务、脑健康专病服务、专病专案管理服务、老人心理健康管理服务，2 项升级专属服务权益包括认知症专属使者服务和关怀送礼智能药箱。为了服务劳模，太平洋保险蓝公益基金会与上海市认知症专委会联合，选聘首批“守护记忆·爱心使者”，为退休劳模提供更专业、更全面的脑健康公益服务。

新冠肺炎疫情防控期间，由于困难老劳模普遍年纪较大，不会参加社区团购，许多老劳模又是单独居住，家中逐渐出现物资紧缺的困境，如何保障他们的基本生活，始终牵动着工会“娘家人”的心。通过上海市职工帮困基金会牵线协调，上海比雷福实业有限公司、上海交大教育集团高净值研究院等爱心企业，第一时间多渠道采购各类蔬菜、面条等生活物资，在上汽安吉物流的支持下，克服了劳模居住地址分散，道路封控的困难，仅用一天时间就将爱心礼包配送至100名困难老劳模的家中，不仅解了困难老劳模的燃眉之急，同时也鼓励他们安心居家，坚定信心，打赢这场没有硝烟的战役。

春节为劳模邮寄生肖交替封及慰问信，为80、90、100周岁劳模寄送生日蛋糕等系列关爱措施，受到了劳模群体的欢迎与喜爱。

3. 实施精准帮扶，做好女劳模托底保障

针对企业单位退休劳模养老金明显低于事业单位退休劳模养老金的实际情况，2007年，上海市总工会联合上海市劳动和社会保障局、上海市财政局制定下发了《关于对本市企业退休的市级以上劳动模范“专加”养老金的通知》（沪劳保养发〔2007〕8号），对上海市2005年底以前企业退休的市级以上劳模，实施每人每月“专加”养老金制度（2007—2020年）。

2011年9月，在上海市总工会的推动下，上海市政府出台《上海市人民政府批转市总工会等三部门关于进一步做好关心上海市劳动模范工作意见的通知》（沪府发〔2011〕62号），参照全国劳模“三金”制度建立了市级劳模“三金”制度，做到了劳模帮困慰问广覆盖、有重点、力度大。以2022年为例，710名市级以上养老金水平较低的女劳模获得生活困难帮扶金671.01万元，855名市级以上因患大病、重病等造成家庭生活特别困难的女劳模获得特殊困难帮扶金969.59万元。

（三）打造女劳模全面发展“加油站”

1. 拓展学习培训平台，提升劳模综合素养

1983 年，上海市总工会和上海工会管理干部学院合办劳模、先进生产者高中文化班；到 1994 年先后开了 15 个班级，538 名劳模、先进生产者读完高中课程，其中 516 名劳模通过文化复习，考入各类成人高校深造。2014 年，与上海市教委联合推出劳模素质提升培训计划，全面提升劳模的知识、技能、素养，在满足广大劳模进步成长需要的同时带动了高素质职工队伍的建设。

2021 年 11 月，成立全国首家省级劳模学院，推出硕士研究生、研修班、高起专、专升本四个办学项目，学历覆盖硕士研究生、大学本科和大学专科三个层次。为方便劳模学员灵活安排工作学习，保障在职不脱岗，学院采取以周末上课为主的在职业余学习方式，2022 年 2 月，10 名女劳模获得免试入学机会。

开设劳模讲学堂，邀请劳模或社会著名人士为女劳模举办“四史”学习教育以及经济、政治、文化、法律、健康等方面的讲座。举办巾帼创新人才研修班，提高创新能力。

2. 推动普遍创建工作室，强化“1+1 群”效应

发挥劳模创新工作室在群众性技术攻关、技术革新和技术发明活动中的领头作用，上海市总工会于 2011 年在全国各省市工会系统中率先开展创建劳模创新工作室，鼓励女劳模创建劳模创新工作室，吸收技术业务骨干加入工作室，将创建活动与科技创新紧密结合，推动创建内容从传统的技术革新、创新创效向行业规范、技术标准制定等领域拓展，有效提升“1+1 群”作贡献的效应。截至目前，已有 4 个女劳模领衔的创新工作室获评全国示范性劳模创新工作室，137 个获评上海市级劳模创新工作室。

2022 年，为进一步发挥巾帼创新人才带动女职工岗位创新、自主创新、团队创新、持续创新的作用，上海市总工会将创建巾帼创新人才大联盟列入服务职工实事项目，推动女劳模、女工匠、女性科技领军人才、

高技能女性人才及获得职工创新成果奖和优秀发明奖的女职工普遍建立创新工作室或创新团队，并聚焦重点产业、重大项目，组建了生物医药、科创丽人、“智荟”服务、海上护理、智库、车智、时尚品牌与设计等7个巾帼创新人才联盟，有力促进知识型、技能型、创新型女职工队伍建设。

3. 加强全媒体宣传，发挥榜样引领作用

上海历来重视宣传劳模先进事迹，电影《黄宝妹》、沪剧《鸡毛飞上天》等以女劳模为原型的电影、戏剧作品脍炙人口。2012年上海市总工会创办了双月刊《劳模》杂志，以弘扬劳模精神、展示劳模风采、交流劳模工作、陶冶劳模情操为宗旨，讲述劳模故事、分享劳模睿智、感受劳模情怀、展现劳模荣耀，逐渐成为社会了解劳模的窗口、劳模学习交流的平台和工会服务劳模的品牌。在《劳动报》、申工社微信公众号开设“幸福女性”专栏，系列宣传报道女劳模先进事迹。

为激励劳模始终站在时代和改革前列，2012—2019年，按照具有“先进性、时代性、代表性”和当年度有“重大影响、重大成果、重大贡献”的要求，每年开展上海市劳模年度人物推荐选树活动，19名女劳模入选劳模年度人物，得到社会各界的广泛关注和好评，扩大了女劳模在群众中的影响力。

开展“劳动最光荣”系列活动，联合东方卫视推出主题节目、唱响主题歌曲、出版主题图书，在上海地铁和东方明珠广播电视塔持续举办主题文化巡展等。2014年起，连续8年举办“中国梦·劳动美”上海市庆祝“五一”国际劳动节特别节目，拍摄劳模口述历史短片40个，其中女劳模口述历史短片9个。

发挥女劳模在精神文明建设、引领时代新风、服务群众中的示范作用，组织女劳模加入劳模讲师团、劳模工匠志愿服务队等，走进沪上大中小学校园参加巡回演讲，走进企业、园区开展服务千家企业志愿服务。

2018年，上海市劳模风采馆开馆，集中展示上海市不同历史时期各行各业著名劳模的先进事迹和时代风采。

（四）强化巾帼劳模群体带头作用

1. 分级分类管理，形成联动合力

1981 年，上海市总工会党组向中共上海市委上报《关于加强对劳动模范、先进生产者培养教育的报告》，经中共上海市委批准，要求各区、局、部、委、办党委（党组），采取切实措施，加强管理和培养工作，并从思想、学习、生活、生产各方面关心劳模，以更好发挥劳动模范在生产、工作岗位上的骨干带头作用，明确了全国和市级劳模由上海市总工会管理，区、局先进生产（工作）者由区、局工会管理的分级分类管理模式。

2. 成立劳模协会，打造劳模之家

为增进全市各行各业劳动模范之间的联系和交流，关心劳模的学习、工作和生活，发挥劳模在社会主义物质文明和精神文明建设中的表率作用和创造能力，1989 年 12 月，上海市总工会牵头成立上海市劳模协会，开启劳模自我教育、自我管理、自我服务、自我发展的工作模式。历届劳模协会办公室成员多由女劳模担任，她们热心于协会工作，为劳模协会工作作出了重大贡献。目前已有 13 个区总工会建立劳模协会分会或“劳模之家”，拓展了劳模服务阵地。

3. 实施动态管理，完善劳模数据库

2008 年，上海市总工会按照劳模隶属关系管理、属地委托管理、网格化管理要求，开发了上海劳模数据库软件，实行每年定期更新的工作制度，及时反映劳模群体变化情况。2014 年在此基础上，进一步建设涵盖劳模基础档案、专项补助、评选表彰和日常管理等板块的“上海工会劳模先进信息管理系统”，不仅劳模先进评选工作全过程通过平台运行，劳模的日常管理服务也实现全面上线。2021 年，上海市总工会把“建立健全万名劳模服务信息”列为服务职工实事项目，进一步完善劳模需求服务平台，畅通劳模需求反馈渠道，实现劳模精准、精细的信息管理。

四、上海市女劳模工作展望

在以习近平同志为核心的党中央的领导下，可信、可爱、可敬的上海女劳模凭借自己的专业知识和技能，深度参与国家建设，用铿锵英姿贡献力量，用细腻温情谱写华章，用平凡脚步踏出伟大征程，在广阔的领域实现人生价值，也为我国和上海经济社会发展提供了重要支撑。

上海市总工会将加强发挥联系服务劳模的桥梁纽带作用，进一步做好巾帼劳模培育、宣传、服务、管理工作，实现弘扬精神常态化、劳模管理精准化、关心关爱实事化、基础工作信息化，推动全社会形成尊重劳模、关爱劳模的浓厚氛围。

（一）擦亮巾帼劳模品牌

发挥好巾帼劳模宣讲团的作用，宣传贯彻党的二十大精神，讲好城市及各行业的发展变化和奋斗历程，引领鼓舞广大职工群众立足岗位、创新创造，当好主人翁、建功新时代。采取多样的形式，多元化的平台，发挥巾帼劳模及其所在行业优势和职业特长，广泛开展各类志愿服务活动和百名劳模工匠服务千家企业活动；利用劳模风采展、上海工匠馆阵地，会聚更多巾帼劳模走进“劳模工匠双休日学堂”等开展志愿服务。

（二）丰富先进典型宣传载体

加大对巾帼劳模的宣传力度，挖掘产业和企业奋斗史中巾帼先进的精神品质和价值追求，创作拍摄吸引青年一代的纪录片、电视剧等文艺作品，通过塑造“劳模明星”的群体形象，向广大女性劳动者致敬，展示上海各行各业的新发展、新变化和新成就。

（三）激发全过程创新动力

会同劳模学院、开放大学开设巾帼劳模专题研修班，由全国著名劳模、知名专家学者等特聘教授团队担任成长导师，提升巾帼劳模综合素养和学历。提升劳模创新工作室创建效能，引导和帮助巾帼劳模建立跨区域、跨行业、跨企业的创新工作室联盟，开展协同创新，突破卡脖子领域，疏通基础研究、应用研究和产业化双向连接的快车道，打造创新

"核爆点"。

（四）探索劳模服务新范式

推动各区局（产业）工会建立劳模协会，形成更加广泛的劳模工作网络，提高劳模服务实效。形成各级工会的服务资源清单，通过云平台整合叠加服务资源，为工会服务劳模持续"赋能"，使服务内容始终同劳模群体的需求相呼应，并向劳模精准配送。

新时代新征程，上海比以往任何时候都更加需要大力弘扬劳模精神、劳动精神、工匠精神，上海将充分发挥巾帼劳模示范引领作用，汇聚强大正能量，团结动员广大女职工为全面推进中国式现代化、加快建设具有世界影响力的社会主义现代化国际大都市而拼搏奋斗，谱写强国建设、民族复兴的新篇章。

江苏

江苏篇

满堂巾帼新颜色
苏女竞绽映荣光

在中国共产党一百多年奋斗历程中，江苏广大女职工和全省人民一起在党的领导下作出了巨大贡献，在救国、兴国、富国、强国之路上谱写了“站起来”“富起来”“强起来”的江苏篇章。

“柔肩可负千行业，纤手能裁万缕麻”，正是勤奋努力的江南女子的真实写照。拥有江淮、金陵、吴、中原四大多元文化的江苏宝地孕育出无数性格坚韧、敢于拼搏的巾帼英雄，英勇抗战的卫国战士、坚守讲台的辛勤园丁、克己奉公的人民公仆、救死扶伤的白衣天使、兢兢业业的产业工人……她们以大无畏的牺牲精神、卓越的劳动创造、强烈的责任担当、忘我的拼搏付出，谱写出一曲曲动人的劳动者赞歌。

一、江苏省女劳模基本概貌

（一）群体概况

本篇江苏女劳模指女性全国劳动模范、全国先进工作者、全国五一劳动奖章获得者和全国五一巾帼奖章获得者、全国五一巾帼标兵、全国女职工建功立业标兵。自新中国成立以来，截至2022年12月31日，江苏共获评女劳模969名，其中全国劳动模范（含全国先进工作者）397名，全国五一劳动奖章获得者335名，全国五一巾帼奖章获得者、全国五一巾帼标兵和全国女职工建功立业标兵237名，分别占女劳模总数的41%、34.6%、24.5%。约97.5%的女劳模为汉族，少数民族有回族、壮族、满族、苗族、土家族。根据女劳模获奖所处时期进行划分，社会主义革命和建设时期、改革开放和社会主义现代化建设新时期、中国特色社会主义新时代分别占比27.5%、56%、16.5%。

（二）地域分布

江苏女劳模按地域分布，苏北259人，苏中221人，苏南488人。

苏南地区女劳模较为集中，占比约为50.5%。苏南地区女劳模中，苏州和南京劳模数量最多，分别为137人和135人，此后依次为无锡104人、常州71人、镇江42人。苏北地区女劳模中，徐州和盐城数量最多，分别为93人、66人，此后依次是淮安43人、连云港35人、宿迁22人。苏中地区女劳模人数最多的是南通，有97人，此后依次是扬州72人、泰州53人。

究其原因，为地区自然、历史、社会经济条件不同，经济发展呈现不平衡性，这对女劳模的成长带来一定的影响。苏南处于长江沿线、毗邻上海、交通便利，乡镇企业起步早、发展快，工业化程度高；苏中、苏北交通便利程度低，开放相对滞后，整体发展晚于苏南地区。

（三）行业分布

江苏女劳模的行业分布在不同历史时期呈现不同的特点，是江苏社会变迁的缩影。

1. 社会主义革命和建设时期

在社会主义革命和建设时期，我国需要在一穷二白的情况下建立独立的工业体系和国民经济体系，全省广大职工响应号召，积极投身生产和建设。在此期间，江苏产生了266位女劳模，占各时期女劳模总人数的27.5%。其中，制造业人数最多，有112人，占比42.1%；其次是居民服务和其他服务业，有60人，占比22.6%；教育行业23人，占比8.6%；党政机关和社会团体18人，占比6.8%；其余行业人数较少，分别为批发与零售业12人，交通运输、仓储和邮政业8人，公共管理和社会组织8人，卫生、社会保障和社会福利业7人，电力、热力、燃气及水生产和供应业5人，金融业5人，文化体育和娱乐业4人，农林牧渔业3人，水利、环境和公共设施管理业1人。这样的分布与我国在社会主义革命和建设时期坚持建设工业体系并兼顾其他行业发展、努力提高社会生产力的历史任务相契合。

2. 改革开放和社会主义现代化建设新时期

改革开放以后，我国不断完善社会主义市场经济体制，各行各业得到大发展，女劳模的行业分布也变得更加广泛。这一时期，江苏共有543名女劳模，占各时期女劳模总人数的56%。其中制造业112人，占比20.6%；党政机关和社会团体95人，占比17.5%；居民服务和其他服务业87人，占比16%；教育行业72人，占比13.3%；卫生、社会保障和社会福利业 38 人，占比 7%；农林牧渔业 34 人，占比 6.3%；批发与零售业 23 人，占比 4.2%；公共管理和社会组织 21 人，占比 4%；交通运输、仓储和邮政业 17 人，占比 3.1%；水利、环境和公共设施管理业 13 人，占比 2.4%；金融业 11 人，占比 2%；电力、热力、燃气及水生产及供应业 9 人，占比 1.7%；文化、体育和娱乐业 4 人，占比 0.8%；没有信息登记的 7 人。

3. 中国特色社会主义新时代

习近平总书记强调“不断谱写新时代中国特色社会主义新篇章，奋力实现伟大复兴的中国梦”。进入中国特色社会主义新时代后国家围绕创新驱动、智能转型、强化基础、绿色发展、人才为本等关键环节，提出制造业转型升级、提质增效的重大战略任务和政策举措。制造业是国民经济的主体，是立国之本、强国之基。在国家战略下，江苏有坚定信心对制造业进行转型升级，不断提升制造业的发展水平。与上一时期相比，这一时期的制造业劳模人数占比明显提高，科技创新引领和行业的多元化进一步促进了女劳模的发展。这一时期的江苏女劳模共 160 人，占各时期女劳模总人数的 16.5%。在制造业，党政机关和社会团体（含科研院所）当中，分别为 45 人（占比 28.1%）和 30 人（占比 18.8%）；其余行业的人数较少，教育行业，居民服务和其他服务业，公共管理和社会组织，卫生、社会保障和社会福利业，交通运输、仓储和邮政业，金融业，农林牧渔业，水利、环境和公共设施管理业，文化、体育和娱乐业，批发与零售业，电力、热力、燃气及水生产和供应业分别为 14 人（占比 8.8%）、13 人（占比 8.1%）、11 人（占比 6.9%）、10 人（占比 6.3%）、8 人（占比 5%）、6 人（占比 3.8%）、6 人（占比 3.8%）、5 人（占比 3.1%）、4 人（占比 2.5%）、3 人（占比 1.9%）、2 人（占比 1.3%），没有信息登记的 3 人（见图 1）。

在未来充满机遇与挑战的日子里，江苏还将产生更多兢兢业业、无私奉献的科技型女劳模，为全面建设社会主义现代化国家、全面推进中华民族伟大复兴汇聚强大精神力量。

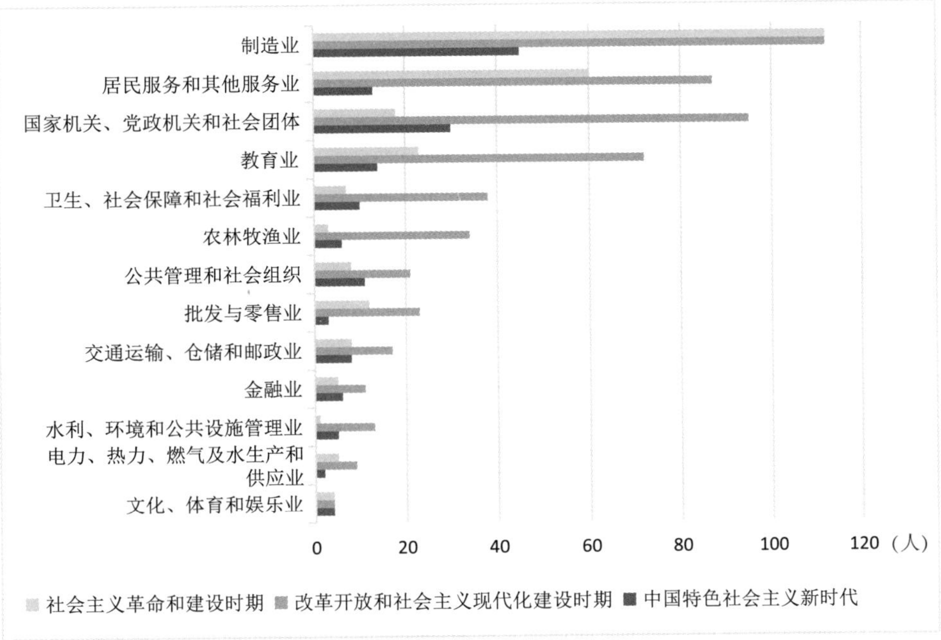

图1 江苏省不同历史时期女劳模行业分布

（四）参与国家和社会事务情况

1. 制造业成为女劳模发挥作用的主要阵地

社会主义革命和建设时期，生产一线女劳模占比最高，为70.4%，她们大多数为制造业、服务业的一线职工；企事业单位一般管理人员占比23.6%，高管占比6%。工业生产方式发生变化，现代化的机器生产方式逐渐代替手工劳动，江苏女劳模也呈现从体力劳动型向技能型、管理型转变的趋势。

2. 受教育程度普遍提高，职业发展呈现新气象

改革开放和社会主义现代化建设新时期，更多女劳模参与到国家和社会事务管理、现代服务业、教育行业中。由于受教育程度提高，女劳模职业晋升发展情况发生明显变化，制造业、现代服务业中一般管理人员占比提高到26.9%，生产一线的女劳模占比下降为58.9%。改革开放的温暖春风很大激发了女劳模的成长成才。

3. 更多参与国家与社会事务，形成各行各业百花齐放的生动局面

中国特色社会主义新时代，各行各业中，女劳模中中层以上管理人员占比进一步提高，为 54.4%，而生产一线的女劳模占比仅为 45.6%，这一趋势表明，随着社会进步发展，勤劳智慧的女劳模越来越能够通过自身的努力实现事业上的突破，也便能够汇聚更多的资源与力量更好地助力经济发展，铸就美好江苏。

总体而言，无论处于哪一历史时期，无论身在何处，江苏女劳模始终是江苏时代变迁的见证者和经济社会发展的贡献者；她们奋战于各行各业，发挥着社会和家庭的“双重作用”；她们用行动书写劳模精神、劳动精神、工匠精神，不仅为全社会树立了榜样，也用自身的成长与进步为妇女解放事业作出重要贡献。

二、江苏省女劳模不同时期的作用和贡献

站在时代的肩膀上回望历史，发现每个时期的女劳模都闪烁着独特的光芒，讲述着动人的故事，串起了江苏省女劳模的精神赓续与价值嬗变。

（一）社会主义革命和建设时期：集体至上，无私奉献

这一时期，我国正式确立了社会主义制度，整个国家亟须大发展。江苏女劳模秉持着“集体至上，无私奉献”的理念积极投身社会生产建设，她们分布在各行各业，如医疗、教育、工业、服务业等，始终通过不懈努力影响和带动身边人，如中华全国总工会原副主席章瑞英、雅鹿控股股份有限公司董事长张怡英等；有些人将简单小事做到极致，在平凡的岗位上做出了不平凡的业绩，如金坛纺织厂挡车工王玉凤、缫丝工平竞芬等。这些女劳模的不断涌现不仅展现了江苏在社会主义革命和建设时期的精神风貌，更对社会各个方面的发展产生了深远影响。

这一时期，女劳模以自身的行动促进了性别平等、男女平权观念的广泛传播。过去，由于受“男权社会”等传统观念的影响，“男尊女卑”思想和社会刻板印象对女职工职业发展还有不少影响，性别歧视现象还

存在。女劳模在参加生产劳动的过程中不仅克服了生理上、心理上的重重困难，还解放思想、大胆创新创造，以身体力行的成果展现自己与男子同等的劳动价值。

平竞芬：江南丝厂的“不平凡”女工

全国劳动模范平竞芬出生在一个贫苦的工人家庭，9岁就进厂当缫丝童工，小小年纪，人站着还没机器高，只能在脚底下垫砖才能干活。虽然每天辛苦工作12个小时以上，家里依旧吃了上顿愁下顿。

新中国成立以后，平竞芬这个普普通通的女工的家庭发生了翻天覆地的变化，党对她无微不至的关怀让她感动不已，平竞芬浑身上下总有使不完的劲儿，她勤勤恳恳埋头苦干，总是超额完成生产任务，样样走在前头。

平竞芬这种无私奉献精神成为全厂工人学习的榜样，在平凡的三尺车弄里，在机台旁，平竞芬尽情挥洒着自己的汗水和青春，以出色技艺和优异成绩很快在苏州丝绸企业青年工人中脱颖而出。她的生产实绩高于全厂工人平均生产水平，匀度、台时产量、劳动生产率等均高于其他人，如果全厂工人都达到她的水平，1959年全厂可多生产213000元。当然，由于长期超负荷的劳动，平竞芬的身体也落下了疾病，但这丝毫没有影响她的工作干劲。

平竞芬在车间工作

由于缫丝技术过硬，平竞芬曾多次被评为省、市先进生产者，她还先后到本市的丝绸企业和上海、杭州、无锡等9个城市的27个企业进行示范操作和技艺“传帮带”，带动了一大批青年丝绸工人比学赶帮超。

（二）改革开放和社会主义现代化建设新时期：敢想敢干，勇于创新

在改革开放和社会主义现代化建设新时期，女劳模群体发生巨大变化，突出表现在从单一的“老黄牛”形象逐步呈现多元化结构。

劳模的评选标准，在很大程度上体现了该时期内党委政府的中心工作和社会价值导向，并与社会经济发展密切相关。在社会主义革命和建设时期，树立加班加点、勤劳苦干的“老黄牛”型劳模成为当时整合社会力量的重要手段，能够有效激励劳动者参与社会生产的热情。随着改革开放和社会主义现代化建设逐步推进，时代对于劳模群体的要求发生变化。

该时期江苏女劳模不仅有采掘一线职工代表，还涌现了一批又一批创新型、知识型、技能型职工，如创造“乡村都市”的薛正红、中国“情境教育”创始人李吉林、首创“自学·议论·引导”教学法的李庾南、中国建筑行业领军人物启迪设计集团股份有限公司董事长戴雅萍、扬州玉器厂玉雕师时庆梅等。她们求真务实、开拓创新，扎扎实实提高劳动质量、推进劳动创造，为江苏经济发展作出积极贡献。

徐永珍：“点心女状元”

“不进富春门，等于未到过扬州城。”富春是扬州的百年老店，是历史文化名城扬州的一个引人入胜的“窗口”，是淮扬菜面点的正宗代表。富春的原领头人，就是被誉为“点心女状元”的全国劳动模范、国家级非遗传承人徐永珍。

徐永珍 15 岁即从师学艺，专攻面点制作。磨刀，剁馅，擀皮子，捏包子，“身不离案板，手不离面杆”。长年累月艰苦磨砺，加上心灵手巧，她逐渐熟练地掌握了擀、捏、斩、剁、蒸等面点基本功。20 世纪 60 年代初，在扬州地区青工技术比赛中，徐永珍以 2 分钟擀出 72 张饺子皮的惊人速度，夺得第一名。

徐永珍制作玉果粉点

1984年，江苏省首届美食杯烹饪大赛在南京隆重举行。“巧姑娘”徐永珍凭着久经磨炼的坚实功底、日积月累的娴熟技艺，又一次充满信心地登上了赛台。她以“玉果粉点”“双麻酥饼”“野鸭菜包”等面点制作技压群芳，一举夺得最佳点心师的桂冠。在1988年和1993年的全国第二届、第三届烹饪大赛，徐永珍又个人独得3枚奖牌，并带领团队夺得了团体金牌。

从学徒工到国家特一级点心师，从“巧姑娘”到“女状元”并成为名扬海内外的扬州百年老店富春的总经理。她领导的百年老店富春，也成了国家特级酒家，并在日本等地开设了分店。企业的社会效益与经济效益稳步上升，年利润从几十万元增加到200余万元，在全省同行业中名列前茅，连续十年被命名为省、市文明单位，成为全国商业系统和全市的明星企业。

“壮阔东方潮，红颜胜儿郎。”改革开放以来，风雨同行，日月嬗变，江苏的女劳模从未停止过奔跑，秉持着“生命不止，奋斗不息”的坚定信念，她们在各自的行业和领域熠熠生辉，与快速发展的泱泱大国一同迎接挑战。

（三）中国特色社会主义新时代：复兴中华，不负韶华

新时代是承前启后，继往开来的时代。党的十八大以来，习近平总书记多次礼赞劳动创造，讴歌劳模精神、劳动精神、工匠精神。江苏女劳模以爱岗敬业的韧劲儿、精益求精的钻劲儿、勇攀高峰的拼劲，努力在平凡岗位上干出不平凡的业绩，在实现高质量发展中锐意进取、硕果累累。女劳模、女工匠的创新创造成果，涵盖高端制造、信息技术、生物医药、非遗传承等多个领域，既有高铁动车、电缆工程等重大科技成就，也有关乎百姓衣食住行、教育发展、环境保护等各方面的创新成果。

女劳模秉持着“爱岗敬业、争创一流、艰苦奋斗、勇于创新、淡泊名利、甘于奉献”的劳模精神。女劳模李兰女中专毕业后来到纺织公司做工艺员，工艺员的工作并不简单，而李兰女不怕脏不怕累，善于总结和思考，将知识与技能融会贯通，灵活运用。她认为人要多学习、多升级，才能更好地应对工作中的困难和挑战，她通过自学获得了南京大学的大专、本科学历，拿下工程师、高级技师职称，发表了十多篇技术论文，她用知识的力量解决了纺纱生产效率低下和生产成本过高的问题，为车间生产保驾护航。

女劳模践行着“崇尚劳动、热爱劳动、辛勤劳动、诚实劳动”的劳动精神。“不惰者，众善之师也。”女劳模坚信劳动创造幸福，实干成就伟业。女劳模吴红梅就是劳动精神的典范之一。“我是一名普通工人，只想把自己该做的事情做好”，这朴实的话语背后，隐藏着的却是她默默无闻、几十年如一日的辛勤劳动与付出。25岁的吴红梅进厂成为一名操作工，她吃饭时琢磨、休息时思考如何更快更好地完成工作，在提高速度的同时也注意把控好质量，还常常自愿加班到深夜，不求任何报酬。伟大出自平凡，英雄来自人民，女劳模在各自岗位上埋头苦干、默默奉献，在平凡的岗位上续写不平凡的故事，为社会经济发展贡献更多力量。

何光华：电缆“掌门人”

在国网无锡供电公司领导和同事眼里，何光华是一个永不服输的人，有着超强的性格和责任心，每次碰到困难，她从不退缩，越是关键时刻，越是主动站到保障安全生产运维第一线上。

何光华主动挑起车载式交联电缆故障定位系统的科技应用项目的重担，外出调研、选型比较、设计方案、组织实施、持续改

何光华在现场指挥电缆施工

进……功夫不负有心人，她和同事经过2年的连续攻关，终于完成了项目并快速投入使用。“该装置系统作为无锡供电公司电缆停电故障探测的主要装备，迄今已完成近千例电缆故障的‘诊断’工作。”何光华说。高压电缆是城市的“电力主动脉”，其中电缆接头是业界公认的最薄弱环节，每次故障，经济损失大，检修耗时耗力。从2006年起，何光华带领团队挑战不可能，开始了电缆整段无损敷设技术研究。

历时8年的研发之路，经过上千次实验，终获成功。何光华及其团队首创了高落差高压电缆无接头敷设操作的工艺方法，研发了7套系列专用装备工具，历史性地实现了高压大截面电缆高落差无接头敷设，以及多振动源环境下的安全高效施工。现在，这项技术不仅在全国电力、石油、钢铁、化工等各行业规模化应用，还成功输出德国、俄罗斯、新加坡及“一带一路”沿线10多个国家，填补了这项技术在世界范围内的空白，已在海内外创造了超11亿元的经济效益。2022年1月何光华凭借《高落差高压电缆线路无损施工技术创新及应用》成果，登上了国家科技最高领奖台，获得了国家科学技术进步奖二等奖。她自身也荣获全国劳动模范称号、全国五一劳动奖章。

一茬接一茬的“传帮带”是电力人优良的传统，何光华劳模创新工作室，现已成为无锡业内一个高学历、高技能、创新型的新时代产业工人集聚地和创新地，新技术、新成果不断涌现。

江苏女劳模植根在这片滚滚热土上，倾尽全力去奋斗、去奉献。她们作为女性楷模，引领越来越多女性毫无惧色、充满朝气地踏入这个属于她们的绚烂时代。她们精雕细刻、深入钻研，她们足履实地、躬耕一线，不断提高技术技能水平，为推动高质量发展、把握制造强国战略机遇、全面建设社会主义现代化国家贡献特有的女性智慧和力量。

三、江苏省女劳模成长规律与经验做法

劳模工作是党和政府工作的重要组成部分，劳动模范是民族的精英、人民的楷模，是工人阶级和广大劳动群众的杰出代表，是最美的劳动者。江苏省各级工会深入学习贯彻习近平新时代中国特色社会主义思想，特别是习近平总书记关于工人阶级和工会工作的重要论述，始终高度重视劳模、关心爱护劳模，支持劳模发挥骨干带头作用，帮助劳模解决生产生活中的问题，广泛宣传劳模先进事迹，努力使劳模精神发扬光大。

（一）坚持党的领导，把稳劳模成长发展的“定盘星”

在我们党团结带领人民进行革命、建设、改革各个历史时期，我省劳动模范始终是劳动群众中一个闪光的群体，站在时代前列，以高度的主人翁责任感、卓越的劳动创造、忘我的拼搏奉献，谱写出一曲曲可歌可泣的动人赞歌。与此同时，江苏女劳模队伍不断发展壮大，从一个侧面折射出江苏女职工在经济社会发展中的“半边天”作用日益彰显。

社会主义革命和建设时期，江苏正全力建设工业体系，广大职工包括女职工积极响应党的号召，自力更生、艰苦奋斗，发扬“老黄牛”的实干精神，在生产制造的第一线创造了一个又一个辉煌。这一时期涌现出的女劳模，都是他们中的杰出代表，是激励全省职工意气风发投身江苏经济社会发展的强大精神力量。

改革开放和社会主义现代化建设新时期，响应党的好政策，江苏各行各业呈现多元化发展态势，为广大女职工提供了更为广阔的施展才干的舞台。她们勇立潮头、开拓进取，干一行、爱一行、专一行、精一行，用巧手和智慧开创了一个个属于江苏女职工的精彩。这个时期的女劳模更是她们中的佼佼者。

进入中国特色社会主义新时代，江苏女职工受教育程度进一步提高，一支知识型、创新型、管理型的优秀女职工队伍正在形成，她们紧紧围绕“强富美高”新江苏建设，按照“两个率先”“走在前、做示范”的总要求，积极投身伟大实践争作贡献，在江苏科技强省、制造强省、质量强省中展现作为。这个时期江苏劳模中，科技型、管理型女劳模的比例较以往时期进一步上升。

纵观历史，具备较强实干能力、管理能力的高层次女劳模的比例逐渐提升，同时基层女劳模比例始终保持一定数量，印证了江苏对于一线劳动者始终如一的尊重与崇敬，以及随着时代的发展，江苏对“科技 + 管理”复合型人才的渴求。同时，党领导人民所创造的革命传统文化和社会主义先进文化为劳模精神的生成发展提供了丰厚滋养与深厚底蕴。在血与火的考验中，在全面建设社会主义现代化国家、全面推进中华民族伟大复兴的历史进程中，女性劳模工匠始终坚持党的领导、听从党的召唤、服从党的指挥，绽放出坚定的理想信念的璀璨之光。新时代大力弘扬劳模精神、劳动精神、工匠精神，筑牢女性奋斗者理想信念之基，坚持把党领导作为开展女性劳模工作的“定盘星”，进一步引导广大女职工用初心砥砺信仰，用理论坚定信念，用实践增强信心。

时代变幻，大浪淘沙，每个时代都有各自的新使命。江苏各级工会将持续打造具有创新能力、知识技能、沟通协作、高度社会责任感和懂得终身学习的高素质职工队伍，团结带领广大职工以实际行动共同迎接蒸蒸日上的崭新明天。

（二）与时代同向同行，树立劳模成长的“风向标”

江苏女劳模的成长始终与国家政治经济社会发展紧密结合在一起，随着时代发生巨大变革，江苏女劳模的就业分布和人员构成也经历了深刻的演变。与此同时，女劳模的学历、知识水平和能力也逐渐提升。她们正在由传统的“出大力、流大汗、苦干加巧干”角色转变为更加注重知识、技能和创新的人才。女劳模的成长过程虽历经磨砺，但奋进方向始终与党和国家的号召保持一致，体现出追求卓越、积极进取、持之以恒的成长规律。

1. 追求卓越，奋力突破瓶颈

江苏女劳模是时代的领跑者。她们始终以自我激励为动力，不断提高自己的工作能力和综合素质，自觉接受工作的挑战，不断挑战自我，不断创新，不断突破自己的能力极限。中国船舶科学研究中心船舶结构研究室高级工程师蒋彩霞与团队成员一起解决了船舶大型化以后带来的总强度问题，形成了相应的设计计算方法，填补了我国大开口船舶弯扭载荷模型试验精确测试技术空白，达到了国际领先水平。为守卫船舶结构安全，展现了科研巾帼力量，为实现海洋强国梦想作出了积极贡献。江苏女劳模始终保持强烈的自我意识和自我觉醒，始终保持强烈的自我驱动力和自我激励力，始终以最大的热情、最大的努力、最大的毅力为自己的事业和工作奋斗，用卓越的成果铺好社会的前行之路。

2. 积极进取，共创美好风尚

在不同的年代，一批又一批具有崇高精神和时代特色的江苏女劳模，激励着广大人民群众为民族的振兴、国家的富强而拼搏奋斗。她们是身披金色光环的人，她们高大、果敢，她们办事坚决、行走如风，她们处处走在人前，事事做在人先，吃常人不能吃之苦，做常人力所不及之事，充分发挥示范带头作用。党的二十大代表、江苏荣威娱乐用品有限公司高频车间线长吴红梅作为一名“80后”，从一名普通产业工人，成长为生产线上的技术骨干，获评全国劳动模范。“党的二十大报告提出，加快实施创新驱动发展战略。我们作为产业工人，就是要把‘一技之长’发挥出最大作用，创造出更大价值，在工作岗位保持一股不断探索的劲头。”吴红梅说。江苏女劳模不断丰富着劳模精神的时代内涵，激励广大劳动群众争做新时代的奋斗者，推动全社会形成尊重劳动、劳动光荣的良好风尚。

3. 持之以恒，凝聚精神力量

时代在变，但精神不变。不同时代的江苏女劳模们有着许多共同点，那就是主人翁责任感和艰苦创业的精神、忘我的劳动热情和无私奉献精神、良好的职业道德和爱岗敬业精神，这些精神集中体现了中国工人阶级的先进思想和精神风貌的优秀品质，激励着女劳模们不断在新的起点上为党和人民创造更大业绩。江苏省女企协副会长、南京新街口百货商店党委书记朱爱华从事百货零售业 30 多年，始终坚守在商业一线，她创新求变的思维在工作中体现得淋漓尽致。新冠肺炎疫情的发生对百货行业造成了极大的冲击，面对挑战，朱爱华积极推进新百数字化转型，通过圈层营销、直播带货等形式开辟线上渠道，南京新百成为南京首家进行线上直播销售的传统百货公司。同时，她始终坚守新百人的创业初心——“为了人民的需要”，时刻把消费者的需求放在首位，启动“劳模购物管家”模式，指导楼层营业员做好线上服务，每位劳模日均在线时间超过 14 个小时、服务对象超过千人次，消费者足不出户，就能享受云逛街的线上体验和一站式的精准服务，从而带领新百成功“闯关”、获得新的发展。

（三）永葆“创”劲，亮出劳模工作的“金名片”

1. 加强宣传，营造崇尚劳模氛围

江苏工会抓住每年“三八”国际劳动妇女节、“五一”国际劳动节、国庆节等时间节点，集中宣传展示劳模工匠风采，组织开展“寻找最美的她”女劳模工匠系列故事展播活动、“劳模工匠进校园、思政教师进企业”宣讲活动、优秀女职工赋能成长训练营等。借助主流媒体开展“了不起的劳动者”系列访谈和劳模先进事迹报告会、宣讲会等，拍摄劳模先进事迹专题片，编印劳模风采书刊画册等，大力弘扬劳模精神和工人阶级伟大品格，在全社会营造尊重劳模、学习劳模、关爱劳模、争当劳模的良好氛围。

2. 强化引领，发挥榜样作用

全省各级工会十分关心女劳模工匠生产生活，及时帮助她们解决遇到的困难，进一步激发她们的奋进热情和创新活力，助力“她”建功：发挥女劳模示范带头作用，大力培树女职工创新工作室（班组、团队）2296 个、组织女职工科技创新联盟交流活动、开展女劳模工匠结对帮带等，不断搭建平台、凝聚资源力量、助力女职工成长成才。

3. 突出创新，促进高质量发展

全省工会积极支持女劳模发挥业务专长和技术优势，围绕企事业单位生产经营和管理的重点、难点问题，开展科技创新、管理创新、服务创新等活动，通过扎实开展“五小”等群众性创新创造活动，每年认定全省职工十大科技创新成果、十大先进操作法、十大发明专利，职工科技创新能力有效提升，多名一线女职工项目获得国家科技进步奖、国家专利奖和省科学技术奖。

4. 持续助力，成就价值人生

江苏工会十分重视劳模先进的可持续发展，各地将“五一巾帼标兵”等荣誉作为发现和培养女劳模的第一步，不断为优秀女职工搭建平台、助力成长。并建立健全劳模工匠动态管理数据库，常态化、全过程关心劳模成长和发展。现在从一些高精尖技术或管理领域的女劳模成长轨迹中都能看到工会提供的最初荣誉起点。尤其是研发岗位的年轻女劳模们，以“十年磨一剑”的韧劲和“一辈子办成一件事”的执着，攻关高精尖技术，助力核心产品迭代升级和新技术赋能，更成为劳模界冉冉升起的“新星”。

四、江苏省工会女劳模工作展望

1. 加大女劳模选树力度

在江苏发展进程中，女劳模奋发有为、拼搏贡献，为实现妇女解放、促进妇女全面发展、引领妇女走在时代前列发挥了积极作用，她们为所有女性树立了榜样，激励女性通过劳动证明她们应当拥有与男性同等的劳动待遇、同等的工作机会以及平等的社会地位，用勤劳的双手和智慧的头脑彰显铿锵有力、独特强劲的“她力量”。

未来，江苏省总工会将加大女劳模选树力度，营造劳动光荣、创造伟大的良好氛围，激励更多女职工用劳动造就卓越佳绩，在实现中华民族伟大复兴的中国梦的伟大征程中发挥好“半边天”作用。

2. 拓展融媒体时代的宣传渠道

借助微博、微信等现代传媒手段，大力宣传最美女职工、女劳模工匠等先进典型，精心策划开设专题专栏、建设宣传教育设施、组织宣传宣讲。打造“大国工匠”选树宣传品牌，唱响“女劳模之歌”，充分彰显女劳模工匠的示范引领作用。

3. 着力夯牢劳模的根本“硬核”

深化女劳模和工匠人才创新工作室创建活动，为高技能女性人才发挥才干搭建完善的平台。积极组织推荐一线女职工参评全国创新争先奖、中国专利奖、国家科学技术进步奖等国家级技术工人表彰奖项。组织女职工参与劳动和职业技能竞赛、优秀技术创新成果交流活动，以赛促技，不断加大对一线女技工创新的支持力度。

4. 壮大修缮巾帼工匠的“根据地”

劳模工作要聚焦聚力，注重以点带面，着力培养一批女劳模先进典型，一批女劳模示范基地，一批女劳模示范团队，一批女劳模示范项目。逐步建立起以榜样模范为品牌、以示范基地为带动、以实事化项目为依托的工作运行体系。通过团队协作和资源共享的模式，放大“劳模效应”，找准劳模工作的堵点、薄弱点以及切入点、着力点，推动江苏省女劳模工作规范化、科学化、制度化。

5. 搭建劳模“普惠”新干线

着力构建以普惠性服务为重点的女职工康乃馨服务体系，做实工会“互联网 +”普惠性服务。与用人单位联合提升女职工生活品质、塑造幸福生活环境、促进工作场所性别平等，围绕劳模生活和工作上的难点、痛点问题靶向发力，为工会精准施策服务劳模赋能增效，同各层面女职工建立最广泛、最深刻、最有机的联系，使巾帼劳模工作常做常新、充满活力。

劳动创造世界，奋斗成就伟业。江苏省女劳模承担起了历史赋予的崇高使命，脚踏实地、奋勇当先，依靠辛勤劳动创造出无愧于时代、无愧于民族的光辉业绩，她们不仅是推动江苏经济社会发展的重要力量，也为女性独立、男女平等营造了良好的社会环境。

未来，期待看到越来越多的女职工在各自的领域中顽强拼搏、发光发热，勇立时代潮头，走在发展前沿。

参考文献

［1］彭维锋. 用劳模工匠精神擦亮新时代奋斗者底色［N］. 光明日报，2022-4-28（2）.

［2］游正林. 我国职工劳模评选表彰制度初探［J］. 社会学研究，1997（6）.

［3］冯仕政. 典型：一个政治社会学的研究［J］. 学海，2003（3）.

浙江

浙江篇

红船女儿多壮志
勇立潮头奋争先

一百年惊涛拍岸，新时代激流勇进。沿着“红船精神”①的航道，沿着“八八战略”②的指引，浙江人民筚路蓝缕、实干担当、砥砺奋进，涌现出一批又一批为国家经济社会发展作出突出贡献的全国先进模范人物，他们是民族的精英、人民的楷模、共和国的功臣。他们忘我的劳动热情、不懈的创业精神、强烈的开拓创新意识，是“红船精神”和浙江精神③的重要体现。

走在时代前列的浙江女劳模是其中不可忽视的浓墨重彩，她们中有勇立潮头的创业先锋；有敢于技术革新的科研骨干；有坚守三尺讲台的人民园丁；有救死扶伤的白衣天使；有执着奋斗的岗位标兵……岁月流逝，时代更迭，她们一棒接一棒、一代接一代地努力。她们的工作业绩，反映了一个时代的风采；她们的名字，在时间的长河中熠熠生辉；她们的身影，融入浙江发展最珍贵的记忆。她们将引领和激励全省广大妇女群众发扬“干在实处、走在前列、勇立潮头”的新时代浙江精神，在奋力推进中国特色社会主义共同富裕先行和省域现代化先行中持续发挥“半边天”作用，在全面建成社会主义现代化强国、实现第二个百年奋斗目标，以中国式现代化全面推进中华民族伟大复兴的奋斗中谱写崭新篇章。

一、浙江省不同时期女劳模群体概况

（一）总体概况

在辉煌奋进的历史征程中，之江大地上不断涌现的劳动模范，是

① 红船精神是红色革命精神之一，指的是开天辟地、敢为人先的首创精神，坚定理想、百折不挠的奋斗精神，立党为公、忠诚为民的奉献精神。

② “八八战略”指的是中国共产党浙江省委员会在2003年7月举行的第十一届四次全体（扩大）会议上提出的面向未来发展的八项举措，即进一步发挥八个方面的优势、推进八个方面的举措。

③ 浙江精神是浙江发展的动力，是充满地域文化个性和特色的表达。2000年，浙江提炼出的浙江精神是“自强不息、坚韧不拔、勇于创新、讲求实效”。2006年，浙江又把浙江精神再次提炼为“求真务实、诚信和谐、开放图强”。2016年，G20杭州峰会期间，习近平总书记对浙江工作提出了“秉持浙江精神”的新要求：“干在实处、走在前列、勇立潮头。”

千千万万浙江劳动者的杰出代表。其中，历史上受表彰的女性全国劳动模范有 760 人次[①]，女劳模先进集体有 251 个。她们巾帼不让须眉，是推动浙江繁荣富足的伟大力量，也是推动性别平等、促进女性自身全面发展的根本力量。

从获表彰的荣誉看，1950—2020 年，浙江获评女性全国劳动模范 106 人次，女性全国先进工作者 124 人次，合计占比 19.6%，其中丁彩英、陈芳芳、郑企因、陈云仙 4 位女劳模两次获表彰；1985—2022 年，全国总工会表彰了全国五一劳动奖获得者共 30 批，浙江获评全国五一劳动奖章中有女性 277 人次，占比 23.2%；2005—2021 年，全国总工会表彰了全国五一巾帼奖获得者共 10 批，浙江获评女职工先进集体 251 个，其中全国五一巾帼奖状 3 个，全国五一巾帼标兵岗 183 个，全国女职工建功立业标兵岗 65 个；女职工先进个人 253 人次，其中全国五一巾帼奖章 4 人次，全国五一巾帼标兵 194 人次，全国女职工建功立业标兵 55 人次。

从不同时期看，社会主义革命和建设时期获表彰女劳模 68 人次，改革开放和社会主义现代化建设新时期获表彰女劳模 416 人次，中国特色社会主义新时代获表彰女劳模 276 人次。

（二）政治面貌

据有关信息统计[②]，518 名女劳模中，中共党员 403 人、共青团员 2 人、民主党派成员 18 人、无党派人士 11 人、群众 84 人。在社会主义革命和建设时期，女劳模绝大多数为中共党员，占比 81%；改革开放和社会主义现代化建设新时期，女劳模中中共党员、民主党派成员和群众分别占比 82.1%、2.1%、14.8%；中国特色社会主义新时代，女劳模中中共党员、民主党派成员、无党派人士和群众分别占比 71.5%、5.8%、4.3%、17.9%。

---

① 包含各产业系统推荐的劳模，不包含享受同等待遇、被授予全国五一劳动奖特殊奖项、已撤销荣誉称号的劳模人次。

② 760 名女劳模中，有政治面貌信息的 518 人次，未知信息的 242 人次。

浙江是中国共产党领导的多党合作事业不断发展的大省。浙江统一战线人才荟萃、智力密集、联系广泛，是助力浙江“两个先行”[①]不可或缺的重要力量。近年来，各民主党派、无党派女劳模不断涌现，她们不忘初心，努力践行新使命，充分发挥各自专业优势，坚持勤劳创新致富，为助力民生改善、促进社会公平、提高人民生活品质发挥积极作用，续写中国共产党领导的多党合作事业新辉煌，彰显中国新型政党制度的巨大优越性。

（三）受教育程度

从学历情况看，据统计[②]，499 位女劳模中，硕士研究生及以上 54 人，占比 10.8%；大学专科 / 大学本科 281 人，占比 56.3%；高中及以下 164 人，占比 32.9%。

在社会主义革命和建设时期，女劳模学历主要集中在高中及以下，占比 86.1%；改革开放和社会主义现代化建设新时期，女劳模学历有了显著提升，大学专科及以上学历人数快速增长，其中大学专科 / 大学本科学历占比 51.2%；中国特色社会主义新时代，女劳模受教育程度呈现橄榄形结构，绝大多数为大学专科 / 大学本科学历，硕士研究生及以上学历占比 14%（见图 1）。

从各个时期女劳模受教育程度数据看，女劳模接受中高等教育的比例不断增加，特别是硕士研究生以上学历有所提升。妇女实现解放与发展，教育平等是关键。浙江省委、省政府始终大力支持和贯彻落实立德树人根本任务，促进教育公平。同时，随着行业产业的重大调整和革新，劳动方式进入科学化、现代化发展新阶段，对女劳模自身科学文化素质提出了新的更高要求，终身学习和教育显得尤为重要。女劳模需要不断提升学习能力，更新专业知识，提高技术革新力。新时代妇女知识人才作为浙江省人力资源不可或缺的一部分，在政治经济社会发展中的重要作用不断凸显，持续为中国式现代化提供人才储备。

---

① 浙江“两个先行”指浙江省在高质量发展中奋力推进中国特色社会主义共同富裕先行和省域现代化先行。

② 760 名女劳模中，有学历信息的 499 人次，未知信息的 261 人次。

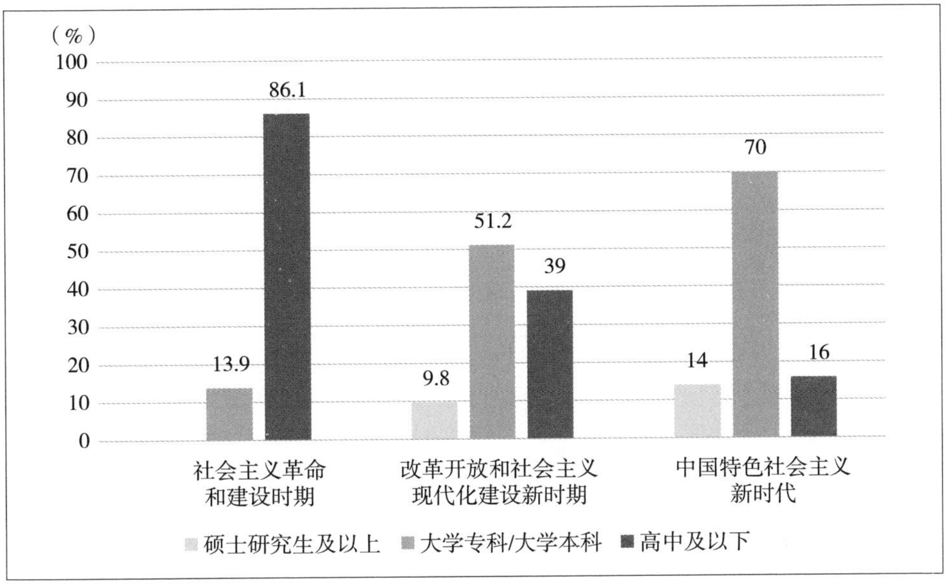

图1　浙江省不同历史时期女劳模受教育程度

（四）行业分布

从行业覆盖面看，来自制造业的女劳模最多，其中传统制造业占比17.1%；先进制造业占比12.5%；教育业占比12.1%；卫生、社会保障和社会福利业占比11.1%（见图2）。

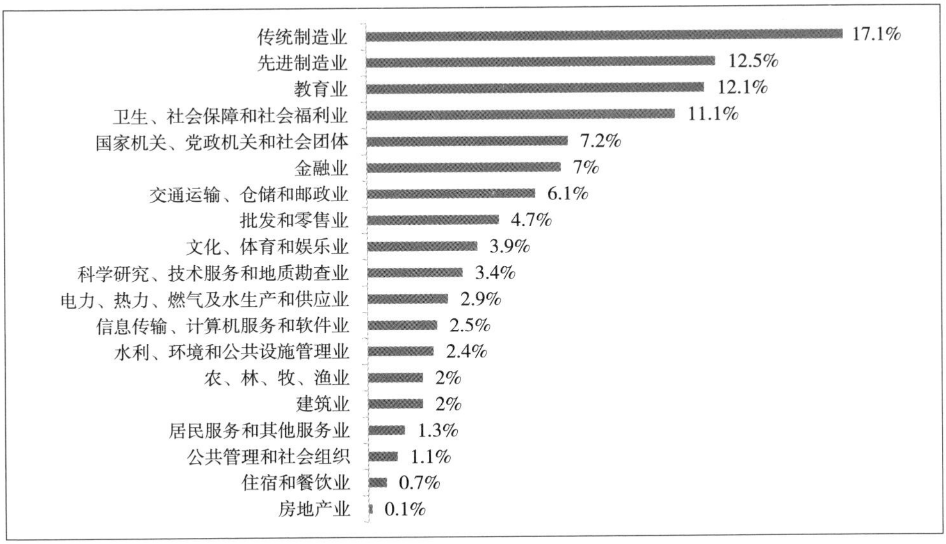

图2　浙江省女劳模所在行业分布

在社会主义革命和建设时期，女劳模主要集中在传统制造业，教育业，卫生、社会保障和社会福利业，批发和零售业，分别占比 27.9%、20.6%、16.2%、14.7%；在改革开放和社会主义现代化建设新时期，女劳模主要集中在传统制造业，教育业，卫生、社会保障和社会福利业，先进制造业，金融业，交通运输、仓储和邮政业，批发和零售业，分别占比 19.5%、11.1%、9.6%、8.9%、8.4%、7.2%、4.8%；在中国特色社会主义新时代，女劳模主要集中在先进制造业，卫生、社会保障和社会福利业，教育业，传统制造业，金融业，交通运输、仓储和邮政业，科学研究、技术服务和地质勘查业，分别占比 21%、12%、11.6%、10.9%、6.2%、5.4%、5.1%（见图 3）。

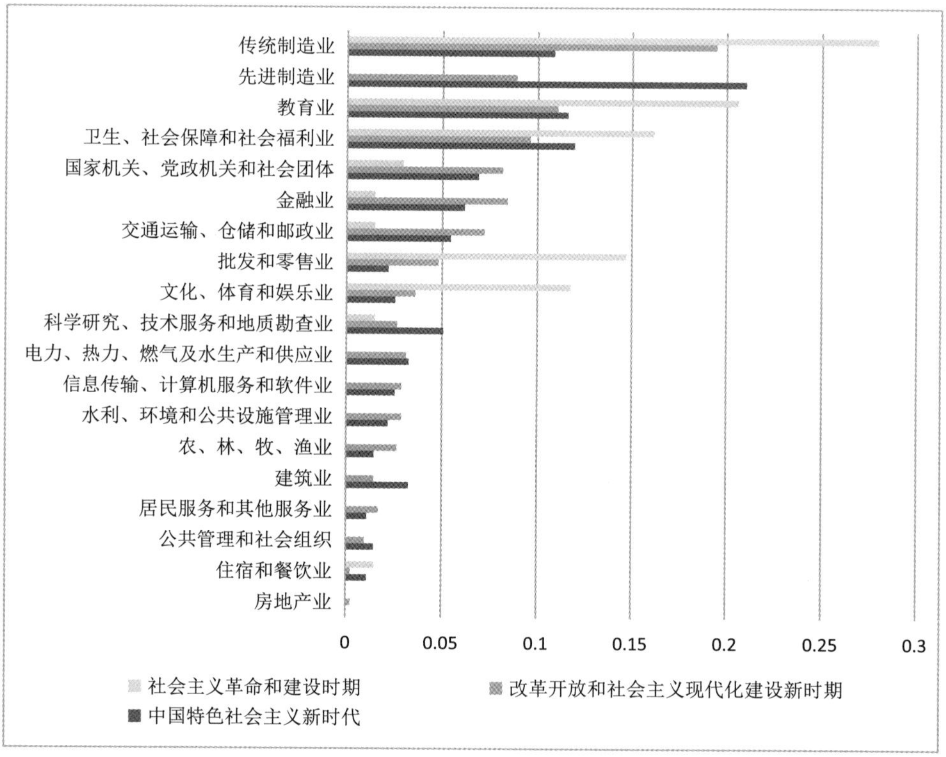

图 3　浙江省不同历史时期女劳模行业分布

从不同历史时期行业分布数据可以看出，女劳模群体的行业构成趋于细化和多样，表明浙江行业产业实现了新的发展，产业结构向更丰富和多元转变。在农业领域，女劳模来自农民专业合作社、家庭农场等专业化、规模化新型经营组织。在工业领域，各类新兴产业竞相迸发，具备国内国际竞争力和引领力的高科技产业女劳模不断涌现，她们在航空航天、深海探测、人工智能等高精尖技术领域取得了重大成果，甚至在生物医药、新能源、新材料、低碳绿色等产业的关键技术领域领跑世界，表明浙江在新科技革命和产业革命中已占据有利位置。随着第三产业发展，从事经营管理、科学研究等行业的女劳模脱颖而出，人数占比呈上升趋势。

（五）群体画像

通过对女劳模人数及其构成的政治面貌、受教育程度、行业分布进行交叉分析，可以发现，在不同的时代，各行各业涌现的女劳模群体所展现的不同时代特征，正好与时代更迭中浙江经济社会发展的变化相契合。

社会主义革命和建设时期，特别是新中国成立初期，浙江百废待兴。对工业化的无限憧憬，激发出全省工人、农民、知识分子从未有过的劳动热情，“妇女能顶半边天”的口号更是极大激发了全省广大妇女群众投身社会主义建设的热情和积极性，在工业生产、教育、医疗卫生、商业服务和文化等行业涌现了一大批女性先进人物。当时的女性普遍受教育程度相对偏低，但她们坚定理想、百折不挠，通过勤学苦练、艰苦奋斗弥补文化知识的不足。在那个激情燃烧的年代，女劳模带领广大妇女群众广泛参与革命和建设，展现了新中国女性的崭新面貌，撑起了革命和建设的“半边天”。

改革开放和社会主义现代化建设新时期，女劳模受教育程度显著提升。高考制度的恢复，激励了成千上万年轻人重新拿起书本，通过知识改变命运，也为浙江经济社会的发展和腾飞奠定了良好的人才基础。浙江作为中国改革开放的前沿，摆脱了计划经济的束缚，发展壮大市场经济，培育了一批适应改革开放、适应时代发展的民营企业。先进制造业、现代服务业、科技教育、文化卫生、社会保障等社会民生领域的改革拓展，为广大妇女群众提供了大显身手的机会。女劳模从农民转变成工人；从纺织等传统行业走向先进制造业；从一线职工成长为管理人员、企业家。她们在党政机关任职，担任各级党代表、人大代表、政协委员，为国家社会的发展积极建言献策。她们自强不息、求真务实，带动广大妇女群众投身改革和建设事业，把浙江建设成经济富强、生活富裕、精神富足、社会和谐的美好家园。

中国特色社会主义新时代，浙江全力打好以“四个强省”① 为导向的高质量发展组合拳。产业结构华丽蜕变，快步迈向工业社会、数字社会。创业创新氛围浓郁，民营经济精彩纷呈，基础设施逐步完善，脱贫攻坚率先完成，生态建设硕果累累，文教体卫全面进步。在此背景下，少数民族、民主党派女劳模进一步涌现，高学历、高技能、高素质女劳模大幅增加，各行业各领域女劳模百花齐放，高技术、战略性新兴、高端装备等先进制造业的女劳模独占鳌头。她们干在实处、走在前列，当好红色根脉的传承人、守护者，忠实践行“八八战略”，为浙江奋力打造“重要窗口”、推进“两个先行”积极发挥示范引领作用。

二、浙江省不同时期的女劳模

（一）社会主义革命和建设时期：勇挑重担，自强撑起“半边天”

新中国成立以后，浙江工人阶级和广大农民实现了政治和经济上的翻身，获得了主人翁身份和当家作主的地位，劳动热情空前高涨。那是一个激情燃烧的年代，这种建设热情不仅为工人阶级的社会主义劳动竞赛和技术革新运动注入了强大动力，也为广大妇女走出家门投身炽热的社会主义建设带来了难得的契机。杭州市建德县千鹤村妇女打破陈规陋习，率先参加劳动、实行男女同工同酬的勇敢行动，引起了毛泽东主席的高度重视，并提出了“妇女能顶半边天”的伟大思想，这一思想也成

① “四个强省”：浙江省第十四次党代会报告中指出，在工作导向上突出改革强省、创新强省、开放强省、人才强省，集中力量、集聚资源、集成政策，努力形成引领未来发展的新优势。

为家喻户晓、响彻中国的口号。这种妇女观产生于中国共产党领导的伟大实践，是妇女解放的经典话语，至今仍是激励全国各族各界妇女为实现中华民族伟大复兴而奋斗的强大动力。

1950 年全国工农兵劳动模范代表会议召开后，党和政府发动以劳模运动为核心的一系列生产运动。全省工人在增产节约运动中，不仅努力提高产量和质量，还学习推广先进的工作法，创造了不少新的生产纪录。全国劳动模范郝建秀所创建的“郝建秀工作法”被推广后，杭江纱厂、第一纱厂、长安纱厂都取得了显著成绩。全省广大女职工积极参加生产会议、老工人座谈会、专题攻关小组，学习推广先进经验，开展合理化建议活动。在这个过程中，涌现了大量具有高度革命热情，善于掌握运用与开发新技术的劳模人物和先进集体单位。

在劳模表率作用的激励下，在千鹤村妇女事迹的感召下，越来越多的妇女积极投身浙江的经济建设和社会发展。在 1956 年全国先进生产者代表会议上，浙江受表彰 13 名女劳模，其中以嘉兴绢纺厂丁彩英为代表的纺织业工人占一半，也不乏农业、交通运输、财贸、卫生等行业的生产能手、岗位标兵、优秀组织者和管理者；受表彰的 18 个先进集体中，有在全国丝绸系统获得部级、省级、市级、县级多种荣誉称号的海宁中丝三厂第十六小组。这些女劳模主要来源于基层一线，在她们身上体现出的是社会主义理想和爱国报恩的价值追求。她们一不怕苦、二不怕死，以“老黄牛”般的执着和韧劲，专注于提高操作技能和熟练程度、提升技术水平和生产能力、提出合理化建议并总结推广先进经验。树立这些模范典型，广泛宣传她们的先进事迹，对男女平等思想的树立和妇女生产运动的展开，起到很大的推动和示范作用。浙江妇女凭着对党、对社会主义无比热爱的感情，在如火如荼的社会主义革命和建设中，发挥了高度的积极性和创造性作用。

1978 年全国科学大会是我国科学史上一次空前的盛会，在中国科技发展史上具有里程碑的意义。这次大会不仅确立了国家尊重知识、尊重人才的根本方针，也为中国未来的发展指明了方向，成为改革开放的先声。在该大会上，浙江医科大学姜槐是浙江唯一一位受到表彰的女性科技工作者，也是首位加入浙江女劳模队伍的科研工作者。在党和政府的关心下，劳模工作的恢复和发展极大地鼓舞了工人阶级和知识分子的工作热情。

（二）改革开放和社会主义现代化建设新时期：勇开新局，之江潮涌竞千帆

作为改革开放的前沿阵地，浙江多快好省地发展国民经济。为充分发挥广大群众的主动性和首创精神，浙江广泛开展了“万米无疵布（绸）”“万件无次品”“百日安全无事故”“节约能源”“创全优工号”“质量信得过”“优良服务月”等各种形式的社会主义劳动竞赛，涌现出“当代女蔡伦”陈志蔚、“缫丝神枪手”胡剑英、“扎根农村的辛勤园丁”陈云仙等女劳模。她们是先进生产力的优秀代表，道德品质高尚，在社会主义物质文明和精神文明建设中，发挥了表率作用，作出了重大贡献。党和政府给劳模以极大的关怀，各级工会在宣传学习她们的先进事迹方面做了大量工作。在先进模范人物事迹的感染下，精神文明创建的活动广泛展开，邮电职工开展了“百日邮包无差错”创文明邮局活动；教育系统开展了“为人师表”创文明学校活动；商业职工开展了“创一流服务水平、当优秀营业员、建文明商店”活动。广大职工在开展比学先进的活动中，服务态度和服务质量都有明显提高。

1992年，邓小平南方谈话和中共十四大后，浙江各级党委和政府按照建立社会主义市场经济体制的目标要求，推动改革开放向纵深发展，在全国率先探索乡镇企业和国有企业产权制度改革，放手发展个体私营经济和混合所有制经济。商品市场开始从量的扩张向质的提高转变，“市场大省”名扬中外。随着浙江市场经济的跨越式发展，一批优秀女企业家走进人们的视野。她们中有带动仙居山区外向型经济开发，使山区5000多人脱贫致富的顾美玲；有白手起家的“风云浙商”陈励君；有浙商创业中的佼佼者沈爱琴；还有全国优秀乡镇企业家陈华姣。

党的十六大后，浙江朝着全面建设小康社会、构建社会主义和谐社会的战略目标迈进，成为习近平新时代中国特色社会主义思想重要萌发地。为转变经济发展方式，浙江推进国有经济布局战略性调整和民营经济新飞跃，加快建设先进制造业基地，继续大力发展生态高效农业和现代服务业等。浙江省委坚持以“八八战略”为统领，一张蓝图绘到底，坚持创业富民、创新强省，着力建设创新型省份。这一阶段，女劳模把“以知识创造效益、以科技提升竞争力，实现个人价值、创造社会价值”作为价值追求。“知识型、技能型、创新型”是女劳模的鲜明特征。她们攻坚克难，勇于开拓，在各自领域取得突破性成就。她们中有研发成功世界一流的高科技“飞叉绕线”“针线绕线”，成为全球电机织造设备行业佼佼者的奚爱华；主持多项国家重点研发计划项目，主导研发注射用红花黄色素，累计销售超43亿元，造福数千万患者的卢敏；坚持“科学技术是第一生产力”，利用新科技将养鳖厂发展成为浙江省中华鳖标准化生产实施示范基地、农业部水产养殖健康示范场的农家妇女周惠英；创办家政服务企业，为下岗、失业、失地人员提供免费培训及免费就业机会的陶晓莺等。

2010年被评为全国劳动模范、海亮集团董事长冯亚丽，自1989年创业以来，始终注重企业党群组织建设和创新发展，以浓郁的家国情怀、实业情结和高超的经营能力，和弟弟一起将当年一个名不见经传的江南乡镇小厂，发展成为一家集教育、环保、地产、金融、农业等于一体的多元化的综合实力超群的世界500强企业，树立了中国民企“从小到大、由大变强”的发展典范。在冯亚丽等集团党委和董事局班子带领下，海亮集团通过“雏鹰高飞”孤儿培养工程、贫困少年英才培养工程、“一带一路”国际英才留学中国公益工程、“星援助计划”等慈善项目回馈社会，覆盖养老、扶贫、赈灾、助学、助残等多个层面，累计捐赠达16.5亿元。

2010年被评为全国先进工作者、中国大洋科考首位女首席科学家韩喜球，从事海洋地质研究近30年间，她先后19次出海科考，航迹遍及全球三大洋、墨西哥湾、中美洲大陆边缘和中国南海，还两次坐“蛟龙号”载人深潜器下潜印度洋到海底热液喷口取样。自 2005 年中国拟正式启动国际海底区域多金属硫化物资源探查起，短短 10 余年间，韩喜球带队在国际海底区域发现了 12 处多金属硫化物矿床（点），圈定了 50 多处海底多金属硫化物矿床远景区，大大推动了我国在国际深海探矿领域的发展。她彻底打破了中国大洋科考一直以男性为主的局面，也让更多人意识到，刚柔并济的女性力量正在我国的科研领域崛起。

韩喜球在向阳红 09 科考船上

女劳模干在实处、走在前列，体现了“浙江精神”，写就了“浙江骄傲”，创造了“浙江力量”。在她们的感召下，广大妇女群众在为全面建设小康社会，推动社会主义现代化建设中作出了重要贡献。

（三）中国特色社会主义新时代：勇毅前行，“浙”里花儿别样红

党的十八大以来，中国特色社会主义进入新时代，以习近平同志为核心的党中央统筹中华民族伟大复兴战略全局和世界百年未有之大变局，创造了新时代中国特色社会主义的伟大成就，开启全面建设社会主义现代化国家新征程。挺进新时代的“浙”十年，浙江创新驱动实现高质量发展，数字化改革提升省域治理效能，共同富裕探路扎实开局。劳模始终是催人奋进的时代领跑者，新时代的浙江女劳模用自己的先进思想、模范行动激励广大女职工进一步肩负重要使命、焕发劳动热情、释放创造潜能，推动“两个先行”的浙江干在实处、走在前列、勇立潮头。

1. 在创新智造中领跑时代

党的二十大报告指出，中国式现代化是中国共产党领导的社会主义现代化。从中国式现代化的基本特征看，共同富裕是社会主义的本质要求。高质量发展是全面建设社会主义现代化国家的首要任务。

（1）以技能报国助推高质量发展

科技是第一生产力、人才是第一资源、创新是第一动力。与教技术、练绝活儿、传技能、带高徒等活动紧密结合的劳模创新工作室，不断成为迸发创新因子的阵地，有利于强化企业科技创新主体地位，切实提高科技成果转化和产业化水平。不断构建着更完备的人才梯队，有利于推进产业工人队伍建设改革，培养造就一大批知识型、技能型、创新型人才，为浙江加快建设全球先进制造业基地提供智力支持和人才保证。

国网浙江省电力有限公司黄金娟劳模工作室成立于 2014 年，领衔人黄金娟是大国工匠，更是国家科学技术进步奖自设立以来首位获奖的女性工人。她带领团队完成多项技术攻关和创新活动，其中研发的国内外首套大规模电能表智能检定系统，检定可靠性 100%，整体效率提升 58 倍，人员精减 90% 以上，实现了电能表计量检定由人工作业向智能化作业的变革。

黄金娟与计量检定自动化流水线

施文美创新工作室设在湖州太平微特电机有限公司研发中心。2020

被评为全国劳动模范的施文美，通过30年来的埋头坚守，从电工车间嵌线女工自学成长为高级工程师。她身体力行、率先垂范，以工作室为载体，培养培育了100多名青年技术人员，使他们成为公司技术研发的骨干。研发团队5年内成功研制126项特种电机项目，其中国际上还未研发成功的高冲击电机项目取得核心关键技术的突破。

（2）在数字化改革中跑出加速度

数字文明的新时代，是一个机遇无限的时代，也是一个加速创新、不断变革的时代。女劳模在数字化研发、数字化营销、数字化制造中不断拓展新边界，在迈向数字文明建设的新路上奋力奔跑。

2020年被评为全国劳动模范、国网杭州供电公司徐川子牵头成立电力大数据攻关小组，在疫情防控期间，针对社区小路多、流动人口多、外地租户多的“三多”难题，五天五夜与疫情赛跑，对辖区内157476户低压用户、超过1000万条的电力数据进行搜集，通过对普通住户、群租住户等用电行为的大数据画像，在全国首创“电力大数据＋网格化防疫”模型，实现对区域内人员日流动量和分布的精准判断。该模型应用后，与传统的社区上门排查相比，耗时从原来的最长3天缩短到15分钟，并能够确保100%覆盖，有效助力社区疫情防控。

徐川子带领团队进行电力数据分析与研判

作为我国机器人领域绽放的“铿锵玫瑰”，科技部智能机器人专家组专家，2017年获评全国五一巾帼奖章的浙江大学智能系统与控制研究所机器人实验室主任熊蓉，自2000年起开展机器人智能感知与控制技术研究，主持国家及省部级重点项目近20项。她始终坚持科研任务和人才培养双肩挑，带领团队自2008年起持续开展机器人相关产业化探索，陆续合作和孵化了多家国内知名的机器人企业，推动制造业企业的数字化转型，实现从“制造”到“智造”的转变。

2. 在乡村振兴中贡献巾帼力量

党的二十大报告指出，全面建设社会主义现代化国家，最艰巨最繁重的任务仍然在农村。习近平总书记深刻指出，“全面实施乡村振兴战略的深度、广度、难度都不亚于脱贫攻坚”。作为“绿水青山就是金山银山”理念的发源地和“千万工程”[①]经验的率先实践地，浙江深入践行习近平生态文明思想，一以贯之推进生态文明建设，率先建成全国首个生态省。2018年至2023年，浙江三获联合国环保最高荣誉“地球卫士奖”[②]。在追求人与自然的和谐、经济与社会的和谐，在加快城乡融合发展、推动美丽中国建设、推进乡村振兴中，广大妇女点燃梦想、追寻梦想、共筑梦想，共享人生出彩的机会，共创美好生活，也涌现出一大批女劳模。她们中有全国“农村校长助力工程”导师方青；“美丽女当家”来料加工经济人朱三莲；带领集体经济收入曾经为零的“薄弱村”变成生产发展、生活宽裕、乡风文明、村容整洁、管理民主的社会主义新农村村支书杭兰英等，她们为推进农业农村现代化贡献了巾帼力量。

红船旁的共产党员、2010年被评为全国劳动模范的褚富宝是嘉兴市褚大姐甜瓜专业合作社社长，大家都亲切地称她为“褚大姐”。多年来，她奋勇争先、顽强拼搏，成功实现勤劳致富的梦想，成为当地甜瓜产业

① “千万工程”：是“千村示范、万村整治”工程的简称，是浙江“绿水青山就是金山银山”理念在基层农村的成功实践。

② 1. 2018年9月，浙江省“千村示范、万村整治”工程被联合国授予“地球卫士奖”中的“激励与行动奖”；2. 2019年9月，中国移动支付平台支付宝推出的“蚂蚁森林”项目获得联合国“地球卫士奖”中的“激励与行动奖”；3. 2023年10月，“蓝色循环”获得联合国“地球卫士奖”中的“商界卓识奖”。“蓝色循环”是中国海洋塑料废弃物治理新模式。

界的“带头人”。在当选嘉兴市人大代表后，褚富宝当起了政府和群众之间的桥梁纽带，及时向嘉兴市人民代表大会提出有关农业发展、农村繁荣、农民致富等意见建议并积极争取各方面的支持，又把政府的最新政策宣传给群众，助推省农科院、浙农集团等单位为当地乡村振兴、农业产业发展提供更多技术服务和支撑。

2020 年被评为全国先进工作者的宁波市农业科学研究院畜禽所副所长陈淑芳，三十五年如一日在畜禽育繁推、产学研一体化发展战线砥砺奋斗，主动肩挑乡村振兴责任，让低收入农户致富是她最大的快乐。她带头组建“奔康、共富扶贫小组”“残疾人种养殖联盟”，在帮扶地区排除万难帮助建立白鹅扶贫基地 120 余个，助力象山白鹅成为全国 18 省份和省内山区 26 县帮扶共富的明星产业，带动 3000 余农户脱贫致富。

陈淑芳与养殖的象山白鹅

3. 在社会和谐中增添“她”风采

中国式现代化是物质文明和精神文明相协调的现代化。女劳模以弘扬社会主义核心价值观为引领，引导职工群众传承中华优秀文化，弘扬劳动精神、奋斗精神、奉献精神、创造精神、勤俭节约精神，不断滋养、激励全省人民实现物质富裕、精神富有双丰收。

2020 年初，新冠肺炎疫情暴发，浙江大学医学院附属第二医院金静芬不计个人安危，逆行一线作战指挥，应急调配 800 余人次、启动 330

人次投入抗疫一线，抗疫前后方一盘棋，在武汉、温州等核心战场，护理抗疫工作成绩斐然。

宁波36路公交车驾驶员陈霞娜，面对突如其来的新冠肺炎疫情，第一时间主动请缨加入宁波公交集团的“党员突击队”。作为公交逆行者，担负起火车站输运、特殊人员转运、医疗急救护送和防疫物资运送等应急保障。之后又成立了“娜帮人”志愿服务队，给隔离人员送米送菜、采购物资、社区站岗，护送铁路夜归人，等等。

浙江大学医学院附属邵逸夫医院（以下简称“邵医”）护理部在医院党委领导下，发挥共产党员的战斗堡垒和先锋模范作用，火速组建驰援团队。2000多名邵医护理人坚守省内外、院内外防疫一线，积极参与线上线下抗疫活动。113名邵医护理人主动请缨驰援武汉、荆门等地，勇担“以省包市”重任。在荆门市第一人民医院，与援荆门医疗队员通力合作，一天内建成新冠ICU病房，集中收治当地最危重的新冠肺炎患者，ICU内累计治愈出院23人，成功治愈荆门首例使用ECMO的新冠肺炎患者，将荆门病亡率从最初的湖北省首位下降至“关舱”时的第五位，为当地留下一支带不走的“护理团队”。在武汉华中科技大学同济医学院附属协和肿瘤中心重症病区，73位邵医护理人在取得第一场胜利后，选择再次逆行，转战武汉市肺科医院ICU，参与救治护理武汉最危重的患

浙江大学医学院附属邵逸夫医院护理部援鄂医疗队

者，悉心守护生命1128个小时，圆满完成援助武汉抗疫任务。邵医护理部在2021年被评为全国五一巾帼标兵岗。

来自农村的陈美芳，从一名普通列车员成长为列车长，服务明星，全国劳动模范，浙江省总工会副主席（兼职），党的十九大代表，中国铁路上海局集团有限公司杭州客运段甬广车队党总支书记、工会主席，始终爱岗敬业、无私奉献。她把尽心尽力帮扶困难职工作为自己的价值追求，为困难职工处理纠纷、协调问题、捐款捐物，还经常把列车车厢当作宣讲台，干一路、讲一路，把党的声音、铁路的服务送至每一位旅客的心田，用自己的"辛苦指数"提升广大旅客的"幸福指数"。陈美芳被旅客亲切地称为"列车天使"，她所在的列车2018年曾被中央电视台《焦点访谈》栏目组报道为"开往春天的列车"。她用自身经历向世人证明幸福不会从天而降，美好生活靠劳动创造。

陈美芳在暑运列车开设儿童旅客乐园

家庭是社会的细胞，家庭建设是国家建设、社会建设的基础工程。女劳模在工作上爱岗敬业，在家庭中尊老爱幼，在社会上热心公益，发扬光大中华民族传统家庭美德，引导妇女群众注重家庭家教家风建设，让"文明、有爱"在浙江蔚然成风。她们中有一家三代热心公益获评"全国文明家庭"的张亚芬；收养资助了6个孩子的陈淑芳；守护孤残儿童笑脸的"儿童福利院妈妈"麻培均；工作起来拼命、尊老敬老的"杭州市十佳好婆媳”王春亚；还有秉持“真诚待人、和睦相处、互敬互爱”家庭相处之道，在公公突遇车祸去世后，用孝心和细心带领婆婆走出悲伤阴影的“杭州市最美家庭”周明娟等。

女劳模奋斗在不同的战线，耕耘在不同的岗位。她们身上集中体现了劳模精神、劳动精神、工匠精神，她们是浙江千千万万女性劳动者的旗帜。广大妇女以昂扬奋斗的实干、精益求精的匠心、执着专注的坚守、持之以恒的传承，在平凡的岗位上收获幸福和快乐，为奋进的新时代涂上最美的底色。

三、浙江省女劳模的成长规律

（一）浙江女劳模共同特质

中国共产党的百年历程不仅是为中国人民谋幸福、为中华民族谋复兴接续奋斗的一百年，同时也是为中国妇女求解放、谋发展的一百年。女劳模在妇女解放运动中示范带动了不同时代的女性，为自己、为民族、为国家贡献力量，更是中国女性地位取得历史性提高、妇女解放获得历史性成就的具体展现。她们的共同成长规律是：在中国共产党的领导下，以强烈的主人翁责任感，全身心投入社会生产，激发创造潜能，淡泊名利、无私奉献，实现个人价值的同时创造社会价值，团结带领周围群众以饱满的热情和昂扬的斗志，为实现个人梦想、民族梦想、中华民族伟大复兴的中国梦不懈奋斗。

浙江女劳模的共同特质主要有如下五个方面：

1. 艰苦奋斗，自力更生

1956 年、1959 年两次被评为全国先进工作者的嘉兴绢纺厂工人丁彩英，在国家“一五”计划期间，参加实际生产的 49 个月中，有 45 个月都超额完成了生产计划，是全车间完成计划最好的工人。她创造了先进接头法，总结出一套巡回操作法，主动将看台从 667 锭扩大到 1306 锭，还刻苦钻研技术，自学掌握了机器修理。丁彩英的产量、质量、节约指标均在全厂名列前茅。

1960年被评为全国先进工作者、绍兴县鉴湖乡清水闸幼儿园主任陈裳珠，白手起家开办幼儿园，自编“三结合”教材，其中故事、儿歌300余首，利用废物自制教学玩具1000余件。

2005年被评为全国劳动模范的浙江花都美容美发培训中心主任罗红英，艰苦创业，热衷于传道授业，先后培养了省内外美容美发专业人才20余万名，开通技能培训精准扶贫绿色通道，开设“无声（聋哑人）理发师培训班”，开展对黔东南、新疆阿克苏等地区的免费技能培训。

2. 一丝不苟，追求卓越

1956年、1960年两次受到表彰的全国先进工作者、台州医院妇产科主任郑企因，出生于1895年的她，面对一些群众无法生育子女的苦恼，刻苦钻研，在摸索中找到了“水银压迫疗法”治疗妇女不孕，开展了大小革新项目54个，被誉为“送子娘娘”。

2010年被评为全国劳动模范的杭州和利时自动化有限公司副总经理沈勤，与工程技术人员一道攻坚克难，建成了目前国内工业自动化领域最大的研发和生产基地，并一举打破了国外技术在高端工业自动化领域的长期垄断局面，实现了国内“首台套”应用，使得国产工业自动化技术和实施能力达到了国际领先水平。

2020年被评为全国劳动模范的浙江新华建设有限公司技术中心主任徐玲玲，每天坚持学习2小时，发表科技论文10余篇，取得建筑类发明专利4项、建筑技术QC成果30余项、省级工法7项，参编浙江省工程建设标准2项。

3. 自立自强，百折不挠

2005年被评为全国劳动模范的象山农民方瑞娟，夫妻俩双双下岗后创业，将小型养猪场发展成为“产销一体化”的养猪专业基地，人称“养猪女状元”。创业成功后，她不忘下岗姐妹，积极为她们提供再就业岗位，热心传授养猪经验，带动她们共同致富。

2015年被评为全国劳动模范的杭州环境集团总部物业保洁班长、环卫工人代言人陈腊英，十多年来在环卫一线兢兢业业、勤勤恳恳，从

“打工妹”成为“新杭州人”，从道路清扫保洁员成长为省建设建材工会副主席（兼职）、杭州市总工会第十五届工会委员。她积极上进，补读中专，报考大专，申请入党。2013 年陈腊英作为浙江省首位农民工代表，走进庄严的全国两会会场，指出全局性垃圾围城的尴尬，提出垃圾分类的破解建议，传递广大环卫工人的正能量，用个人小梦想助力民族大梦想。

4. 淡泊名利，无私奉献

1956 年被评为全国先进工作者的兰溪县城区粮管所保管员华云仙，在 1955 年兰溪城区遭到 400 多年来未遇的洪水侵袭时，奋不顾身，守卫粮仓，保护了 113 万千克粮食安全。

1995 年被评为全国先进工作者的丽水云和县云和镇信用社刘玲英，用生命保护国家财产，身中 31 刀，宁死不屈。每当被问及当初的选择，刘玲英都会说：“我不后悔，我绝不后悔。”

2005 年被评为全国劳动模范的浙江红火实业集团有限公司总经理吴水英，与衢州市慈善总会共同设立 1200 万元的“红火”专项教育奖励基金；会同衢州市妇联向省妇女儿童基金会提供 100 万元，用于“焕新乐园”公益项目的开展；帮助修建道路、水利、文化设施，捐款捐物 1700 多万元等。

2010 年被评为全国先进工作者的嘉兴市妇幼保健产科主任葛加美，一直奋战在产科临床一线，她在 1994 年至 1996 年参加浙江省援助马里医疗队，作为中国专家在非洲的马里共和国马尔格拉医疗点开展工作。

2015 年被评为全国先进工作者的嵊泗县初级中学教师范群，谢绝高薪邀请，30 多年坚守海岛一线，用爱温润渔家孩子的心田，小岛学生称呼她为“范妈妈”或“阿范”。范群说：“这是学生对我最好的肯定。我一直认为，只有把学生当作自己的孩子，爱才是深刻的。”

2020 年被评为全国先进工作者的杭州市第一人民医院消化内科主任张筱凤，号召为困难病患筹款已经成为常态，她曾嘱咐困难病患家属：“人生在世，谁都会碰到困难，要记着，无论何时，我们医务人员永远同你们在一起。”

5. 模范带头，根植群众

1979 年、1989 年两次被评为全国先进工作者的东阳市巍山镇实验小学教师陈云仙，始终把培养新教师视为自己的职责，毫无保留地为新教师提供资料，传授自己的教学经验，为新教师上研究课、示范课。

2015 年被评为全国劳动模范的衢州市柯城区社区服务工作者叶兰花创立兰花热线工作室，在从事民间纠纷调解的 20 多年里，她不分白天黑夜，始终以认真负责的态度接听社区居民打进的每一个热线电话。通过她的“传帮带”，培养了一批“小兰花”，组成“兰花热线帮帮团”，并在全国“枫桥经验”50 周年大会上作工作经验交流。

2020 年被评为全国劳动模范的全国棉纺织行业细纱操作能手、兰溪市裕欣纺织有限公司车间主任章丽清，通过“传帮带”，让工友们的操作水平大幅提升，车间 85% 的职工达到国家级、省级操作水平。

2020 年被评为全国劳动模范的宁海县圣猴果蔬专业合作社理事长裘银芳，把“农业增产，农民增收”作为理想，退休后联合县里 20 多家农民专业合作社，创办果蔬专业合作社，带动社员 1500 余人，建立基地 6000 余亩，当地父老乡亲亲切地称呼她为农民的“知心大姐”、为农奉献的“农小二”。

（二）浙江工会女劳模工作主要做法

劳动模范是劳动群众中的杰出代表，是引领广大职工奋发有为、勤奋劳动的一面旗帜。弘扬劳模精神、发挥劳模作用，为浙江经济社会发展汇聚强大的正能量，是党委政府赋予工会组织的重要使命。多年来，浙江工会在省委、省政府的正确领导下，从政治、思想、工作、生活上关心和爱护女劳模，维护她们的合法权益，提高她们的各项待遇，宣传她们的先进事迹，在全省大力弘扬“劳动光荣、劳模伟大”的社会风尚。

1. 加强女劳模思想政治引领

浙江省总工会成立劳模工匠理论宣讲团，示范带动全省成立上百个劳模工匠宣讲团，女劳模工匠宣讲员每年结合“中国梦 · 劳动美”“我心向党”等不同主题，运用好“守好红色根脉 · 班前十分钟活动”等系列载体和抓手，围绕职工群众关心的热点问题，突出“产改味”“浙工味”“巾帼味”，使党的路线方针政策进企业、进校园、进社区，直接受益职工群众超过百万人次。组织党的二十大代表中的女劳模深入基层宣讲，切实推动党的二十大精神“飞入寻常百姓家”。将劳模思想融入工会女职工品牌工作建设中，充分发挥劳模工匠桥梁纽带作用，以“润物细无声”的方式，讲好劳模故事、劳动故事、工匠故事。在“培育好家风——女职工在行动”主题实践活动中，通过线上线下相结合的方式，邀请女劳模进企业、进校园、进托班开展专题讲座，积极推进家庭家教家风建设。选取身边的女劳模工匠事迹，制作《我心向党——百名巾帼劳模风采录》《我心向党——百名巾帼工匠风华录》等宣传视频，开展《她力量·新征程》图片、《凝聚她力量·起航新征程》短视频等征集活动，以职工喜闻乐见的形式在全社会展示浙江女职工爱岗敬业、敢于拼搏的巾帼风采，以劳模精神、劳动精神、工匠精神影响人、感染人、教育人。

2. 注重培育选树女劳模

从社会主义革命和建设时期的增产节约运动、推广先进工作法；改革开放和社会主义现代化建设新时期各种形式的社会主义劳动竞赛；到中国特色社会主义新时代劳模人选的培养、选树与职工技术创新、工人先锋号创建、重点工程立功竞赛、职工技能大赛、技师技术帮扶和师带徒等，群众性劳动竞赛活动成为广大劳模脱颖而出的沃土。为女劳模搭建创新平台，建立女劳模人才库，正成为工会劳模工作的新气象。“宁芝品牌服务法”、陈霞娜“五心”服务法、周明娟“二四六全程服务操作法”……以女劳模名字命名的职工岗位先进操作法、工人先锋号、师徒劳模班组和劳模技师队，已成为新时尚。实践一再证明：给女劳模一个舞台，她们将还社会一份精彩。

3. 打造女职工成长成才平台

围绕培养打造知识型、技能型、创新型女职工队伍，积极助推女劳模工匠领衔的女职工创新工作室建设，搭建女职工创新平台，促进科技成果转化，激发女职工创新活力和创造潜能。突出助力高质量发展全球先进制造业基地的创建导向，着眼于企业生产难点开展群众性技术创新活动，每年制定目标，开展技术创新、工艺创新、产品创新、管理创新、服务创新等活动，产生了一批新技术、新工艺、新产品等创新成果。同时，劳模创新工作室又成为企业培育人才的孵化器，作为教育载体和实践平台，工作室以领衔的高技能女劳模工匠为核心，在进行技术革新攻关的同时广泛开展名师带徒活动，通过参与创新项目、签订师徒协议、举行定期专业培训等方式，传承劳模精神、劳动精神、工匠精神，提升职工技能水平，成为女职工素质提升的有机组成部分。

4. 发挥女劳模示范作用

劳模工匠志愿服务是工会组织弘扬劳模精神、劳动精神、工匠精神的传统工作品牌，全省各级工会注重发挥工会组织优势和劳模工匠技术特长，开展各类志愿服务活动。浙江省总工会女职工委员会在常态化开展女劳模工匠志愿服务活动的基础上，积极参与女劳模工匠助力山区海岛县高质量发展志愿服务活动，努力构建广大女职工群众参与共同富裕新赛道。全省组建装备制造、轻纺化工、现代农业、文化旅游、医疗卫生、法律心理咨询、教育、综合服务等女劳模工匠志愿服务队，带动各级工会结合实际开展“庆三八”“学雷锋”“迎亚运”“同心战疫”等多种主题志愿服务活动。

5. 关爱保障女劳模待遇

一直以来，浙江省委、省政府都十分关心和高度重视劳模工作。2004 年，时任浙江省委书记、省人大常委会主任习近平批示要求工会加强劳模管理工作，关心劳模，帮助劳模解决实际困难。2005 年 5 月，由浙江省总工会、浙江省邮政管理局、浙江省劳模协会联合编印的《浙江劳模风采》大型邮票珍藏册首发式在杭州举行，这套邮票珍藏册收藏了自 1950 年起浙江省各条战线上的 107 位全国劳动模范和浙江省劳动模范的个人形象邮票；时任浙江省委书记、省人大常委会主任习近平专门为珍藏册题写了序言。省政府对劳模在各个时期作出的突出贡献给予了充分的肯定，并予以一定的精神、物质奖励和医疗补助等相关待遇，特别是对生活困难的劳模的帮助已形成制度，形成关心劳模、爱护劳模、尊重劳模、学习劳模、争当劳模的良好风尚。

四、浙江省工会女劳模工作展望

党的二十大开启了以中国式现代化全面推进中华民族伟大复兴的新征程。浙江正在全面推进高质量发展建设共同富裕示范区和社会主义现代化先行省，肩负着对国家实现第二个百年奋斗目标探路、先行、示范和引领的重大政治责任。浙江工会将全面贯彻党的二十大精神，深入学习贯彻落实中国工会十八大精神，发挥工会组织的独特功能和作用，尊重劳模、关爱劳模，推动更多女劳模竞相涌现，把智慧和力量凝聚到党中央的决策部署上来，凝聚到科技创新、共同富裕、改革开放、中华民族现代文明和党的建设生动实践中来，为推动“八八战略”走深走实作出新的更大贡献。

（一）多措并举加强对女劳模的宣传

劳模精神是中国共产党人和广大劳动人民的精神标识和精神旗帜。浙江工会将坚定不移地坚持以习近平新时代中国特色社会主义思想凝心铸魂，广泛开展理想信念、社会主义核心价值观、“巾帼劳模进校园”等系列教育和活动。坚持以劳模精神激励广大职工群众，讲好劳模故事、劳动故事、工匠故事，展示女劳模在各自岗位上辛勤劳动、诚实劳动、创造性劳动的光辉形象，激励广大女职工发扬干劲儿、专劲儿、闯劲儿，争当劳动模范、能工巧匠，在全面建设社会主义现代化国家中充分发挥工人阶级主力军作用。

（二）持之以恒健全女劳模脱颖而出的机制

劳动群众是社会建设的主体，劳模是劳动群众的杰出代表。浙江工会将搭建更广阔的成长成才平台，开辟更畅通的职业发展通道，广泛深入开展各种形式的劳动和技能大赛，构建有助于知识型、技能型、创新型女性人才培育和涌现的激励机制，激发广大女职工建功立业、创新创造的智慧和力量。浙江将围绕建设浙江特色现代化产业体系，深化女劳模工匠创新工作室联盟创建、工匠学院建设、女劳模工匠论坛、技术沙龙、“女劳模工匠助企行”等，强化职工创新成果展示交流和应用转化，让劳动光荣、技能宝贵、创造伟大在全社会蔚然成风。

（三）与时俱进改进对女劳模的服务

劳模在平凡的岗位上，勇担民族复兴的历史重任，为国家的发展、社会的进步和人民的幸福立下不朽功勋。浙江工会将推动完善劳模政策、提升劳模地位、落实劳模待遇，建立健全劳模档案。通过联欢活动、帮扶慰问、疗休养、体检等多种方式，关心关爱女劳模，让女劳模成为职工群众中最闪亮的群体。

云涌潮起海天阔，风劲扬帆正当时。在党的二十大精神指引下，女劳模正以排头兵的姿态，深谋实干、攻坚克难，用改革创新的办法闯难关、解难题，用奋斗为高质量发展赋能、为美好生活奠基。

参考文献

[1] 浙江省总工会. 光荣——浙江60年全国劳模风采[M]. 杭州：浙江人民出版社，2009.

[2] 郑荣胜主编. 杭州工人运动历史[M]. 北京：中国工人出版社，2021.

[3] 浙江省总工会. 浙江工人运动史（1949—1990）[M]. 杭州：浙江人民出版社，1992.

[4] 黄晓薇. 引领广大妇女为实现第二个百年奋斗目标不懈奋斗[N]. 学习时报，2021-9-6.

[5]《浙江省工会志（1993—2015）》编纂委员会. 浙江省工会志（1993—2015）[Z]. 杭州：浙江古籍出版社，2019.

[6] 路丙辉，徐益亮. 劳模精神的生成逻辑与时代价值[J]. 工会工作，2022（3）.

安徽

安徽篇

巾帼劳模秀“皖”美
勤耕百业筑“徽”煌

百年潮涌，初心永恒。过去一个多世纪里，中国共产党带领全国人民矢志不渝接续奋斗，创造了彪炳史册的辉煌业绩。勤劳、坚毅、勇敢、善良的安徽百姓，扎根于江淮沃土，平凡处书写不平凡。巾帼劳模当仁不让，积极投身国家建设，在各自岗位上展现风采。巾帼劳模事迹家喻户晓、广为传颂，巾帼劳模精神跨越时空、历久弥新，她们始终处于时代前沿，豪情满怀、矢志不渝地书写着安徽光辉历史，成为激励全省人民拼搏奋斗的不竭动力。

抚今追昔，知往鉴来。昨日是今日的过去，今日是明日的历史，历史的车轮滚滚向前，描述着人类社会演进的历程。礼赞巾帼劳模风采，宣传巾帼劳模事迹，探讨巾帼劳模与社会发展的交互作用，研究巾帼劳模成长规律，对我们在新时代弘扬劳模精神、劳动精神、工匠精神，汇聚全省广大职工群众团结奋斗磅礴力量，向第二个百年奋斗目标奋勇前进有着重要的现实意义。

一、安徽省巾帼劳模基本概况

新中国成立之后，安徽省各地积极响应国家各项方针政策，一批又一批城市及农村妇女走出家门，参加生产劳动，涌现出一批思想先进、劳动积极的女性群体，她们在各级党委、政府和工会组织的培养下，成长为巾帼劳模，成为普通群众学习的榜样。随着巾帼劳模群体不断壮大，劳模评选极大调动了群众参与生产的积极性，劳模效应逐步展现，为安徽经济社会发展作出了突出贡献。

（一）全国劳动模范和全国先进工作者获评情况

截至 2020 年，安徽省获评全国劳动模范和全国先进工作者共 1039 人，其中女性 175 人，占比 16.8%。按不同历史阶段划分，新民主主义革命时期 1 人、社会主义革命和建设时期 38 人、改革开放和社会主义现代化建设新时期 97 人、中国特色社会主义新时代 39 人。

安徽巾帼劳模民族以汉族为主，占比达 96.6%，布依族 1 人，回族 4 人，蒙古族 1 人。从事行业分布多元化，重点行业集聚现象明显，劳模分布数量前五的行业分别为制造业，教育业，交通运输、仓储及邮政业，卫生和社会工作，文化、体育和娱乐业，占比分别为 22.3%、14.9%、11.4%、8.6%、8%，累计占比 65.2%，远超总量的一半。

安徽巾帼劳模受教育程度方面，初中及以下学历占比 24%，高中学历占比 10.9%，中专 / 中技学历占比 12.6%，大学专科学历占比 18.3%，大学本科学历占比 28%，硕士研究生学历占比 4.6%，博士研究生学历占比 1.7%。

安徽巾帼劳模政治面貌方面，中共党员占比 81.7%，共青团员占比 2.9%，民主党派成员占比 1.7%。

（二）全国五一劳动奖章获评情况

截至 2022 年，安徽省全国五一劳动奖章获得者共 1010 人次，其中女性 175 人次，占比 17.3%。其中改革开放和社会主义现代化建设新时期 121 人、中国特色社会主义新时代 54 人。劳模分布数量前五的行业分别为制造业，交通运输、仓储及邮政业，教育业，公共管理、社会保障和社会组织，卫生和社会工作，占比分别为 26.9%、13.1%、11.4%、10.3%、9.7%，累计占比 71.4%，远超总量的一半。

民族方面，安徽巾帼劳模 98% 以上为汉族。受教育程度方面，初中及以下学历占比 20.6%，高中学历占比 13.1%，中专 / 中技学历占比 5.7%，大学专科学历占比 21.7%，大学本科学历 29.7%，硕士研究生学历占比 8%，博士研究生学历占比 1.1%（见图 1）。政治面貌方面，中共

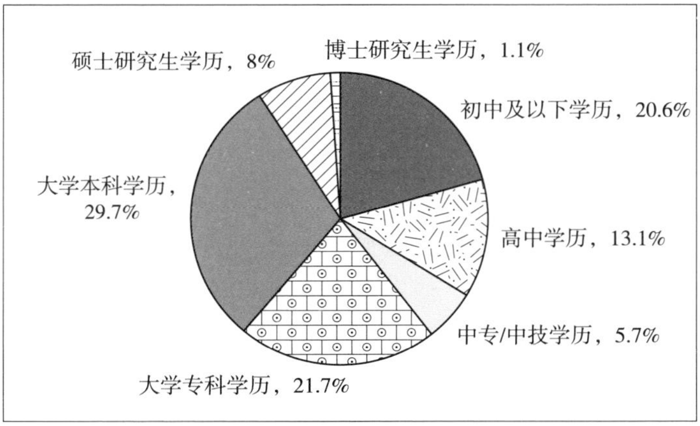

图 1　安徽省女性全国五一劳动奖章获得者受教育程度

党员占比 78.9%，共青团员占比 1.7%，民主党派成员占比 4%。

（三）全国五一巾帼标兵（岗）获评情况

2005 年至 2022 年，安徽省共获评全国五一巾帼标兵 180 人，全国五一巾帼标兵岗 191 个。民族方面，96.6% 为汉族。受教育程度方面，高中及以下学历占比 11.3%，中专中技学历占比 3.4%，大学专科学历占比 23.2%，大学本科学历占比 51.4%，硕士研究生及以上学历占比 10.2%。政治面貌方面，中共党员占比 71.2%，民主党派成员占比 6.2%。

随着时代的发展，劳模的文化素质显著提升，以安徽省女性全国劳动模范和全国先进工作者为例，在新民主主义革命时期，全省妇女身处特殊年代，受政权、族权、夫权束缚，学历普遍较低。在社会主义革命和建设时期，以初中及以下为主，占比 55.3%；改革开放和社会主义现代化建设新时期，大学本科学历占比最大，为 24.7%；中国特色社会主义新时代，以大学本科学历为主，占比高达 48.7%，接近一半（见图 2）。此处重点对后三个时期巾帼劳模受教育程度进行比较。

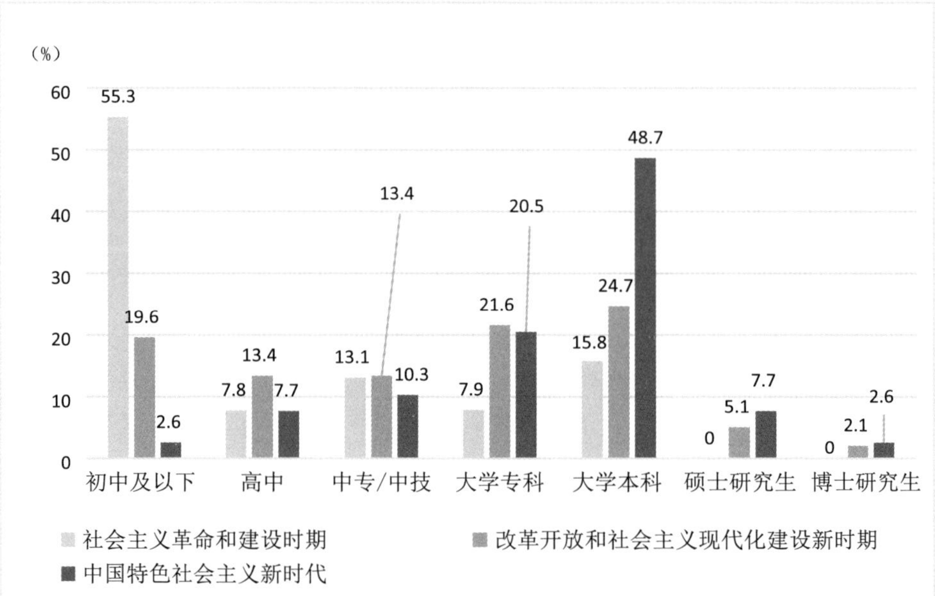

图 2　安徽省女性全国劳动模范和全国先进工作者受教育程度

二、安徽省巾帼劳模主要作用及贡献

（一）安徽巾帼劳模的作用

1950 年 9 月 25 日，我国召开第一届全国战斗英雄和工农兵劳动模范代表会议，毛泽东在祝贺词《你们是全民族的模范人物》中说："你们在消灭敌人斗争中，在恢复和发展农业生产的斗争中，克服了很多的艰难困苦，表现了极大的勇敢、智慧和积极性。"回顾安徽巾帼劳模群体的发展历程，对政治、经济、文化、社会等方面的影响有目共睹、令人感怀。

1. 政治影响

新中国成立以来，安徽省尤为强调巾帼劳模作为社会精英对政治的正面作用，这种作用增强了主流意识引导的先进性和权威性，激发了全社会的民族意识和爱国热情。劳动模范不仅是普通群众日常生活的榜样，更是社会的风向标，对政治有着深远影响。新中国成立初期，国家、省级层面颁布了一系列法律法规来保障新中国妇女的合法权益，但封建残余思想仍然存在，妇女地位亟待提高。此时，巾帼劳模的出现，让全省广大妇女凭借自己出色的劳动，获得了尊重，得到了认可。1959 年被评为全国先进工作者的许明霞就是其中的生动一例，她凭借三尺扁担担出美丽人生，赢得社会尊敬，她的事迹被编排成话剧《女货郎》在华东地区六省一市文艺会演中演出，并被《皖东文史》以《三上京城的女货郎》为题进行报道，充分体现了安徽省女性地位的提升，体现了思想解放、政治进步。

近年来，安徽巾帼劳模通过担任党代表、人大代表及政协委员等党政职务方式参政议政，不断提升全省妇女在经济社会中的地位，"半边天"作用得到彰显。安徽省女性全国劳动模范陈青、谭艳芳、孟苏平，全国五一劳动奖章获得者丁海燕等当选党的二十大代表，并参加全省"学习宣传贯彻党的二十大精神劳模工匠宣讲团"，深入所在单位、基层一线和职工群众中，开展党的二十大精神宣讲，彰显劳模政治影响力。

2. 经济贡献

习近平总书记强调："不论时代怎样变迁，不论社会怎样变化，我们党全心全意依靠工人阶级的根本方针不能忘记、不能淡化，我国工人阶级地位和作用都不能动摇、不容忽视。"安徽巾帼劳模中相当一部分群体掌握着"绝活儿"，是所在领域的学术带头人、创新能手、优秀管理人才，这些"领军人物"是一个单位、一个组织、一个行业的旗帜，在经济发展中发挥着重要作用。2016 年 4 月 26 日，习近平总书记在安徽考察时指出："劳动模范身上体现的'爱岗敬业、争创一流、艰苦奋斗、勇于创新、淡泊名利、甘于奉献'的劳模精神，是伟大时代的生动体现。"在安徽省各个历史阶段，巾帼劳模以高昂斗志、饱满热情、务实作风走在时代前列，推动企业高质量发展，提高产业工人队伍素质，为建设现代化美好安徽作出卓越贡献。

安徽巾帼劳模在党的领导下，勇当改革先锋，助力安徽从百废待兴到百业兴旺，从传统农业大省到新兴工业大省，从创新追赶到创新引领的历史变革，发展成就引人瞩目。安徽在一穷二白的基础上，建立了门类齐全、富有竞争力的产业体系，诞生了一批全国排得上号的龙头企业，涌现了多项国际一流、国内领先的重大科技成果，其中都有着巾帼劳模的辛勤汗水和无私奉献。安徽省开展以各级劳动模范为骨干的创新工作室创建活动，全省已创建职工创新工作室 3000 余个，全国示范性劳模创新工作室 8 个，省级劳模创新工作室 216 个，女劳模创新工作室 25 个，取得了良好的效益，充分发挥了巾帼劳模的示范带头作用。

3. 文化建设

文化兴国运兴，文化强民族强。安徽文化推动社会的发展，社会发展映照滋润着"徽韵"文化。安徽文化内容广博，有"青砖小瓦马头墙"的徽派建筑，有"山珍时代，味徽天下"的徽菜，有与京剧、越剧、评剧、豫剧并称"中国五大戏曲剧种"的黄梅戏……正是因为这些坚守"匠心"的巾帼劳模们传承发扬，让安徽文化发展壮大、绽放光彩。党的十八大以来，以习近平同志为核心的党中央特别重视文化建设，尤其是中国特色社会主义文化建设。党的二十大报告中58处提及“文化”，将“推进文化自信自强，铸就社会主义文化新辉煌”作为单独一部分阐述。安徽省第十一次党代会也提出“增强安徽文化归属感，促进人民精神生活共同富裕”。安徽巾帼劳模，就是安徽文化的创造者、建设者、传播者、维护者，她们所代表的劳模文化，具有巨大的潜在价值，以潜移默化的功能作用，促进着江淮文化的传承和发展。安徽巾帼劳模所体现的劳模精神正是对社会主义核心价值观的生动诠释和现实体现，如全国劳动模范董慧，从操作普通车床到操作数控车床，数十年如一日坚守一线，一步步成长为数控车工高级技师，以不怕困难、发愤图强、敢于拼搏的干劲，彰显出江淮儿女苦干实干的奋斗精神。

4. 社会效应

巾帼劳模是安徽省的宝贵财富，在不同历史时期，巾帼劳模对社会的发展、进步发挥了不可替代的作用。作为一种社会动员和政治动员的有效手段，巾帼劳模表彰在客观上强化了民众对国家的忠诚，对党的热爱。新中国成立之初的安徽巾帼劳模大多是生在旧社会的苦出身，她们曾经处于社会的最底层，生活贫苦、被人瞧不起。新中国成立后，她们翻身做了国家的主人，内心深处迸发出对新中国的热爱，她们以苦为乐、任劳任怨的高尚品质，成为时代象征。在当前社会主义市场经济环境下，尽管社会结构发生变化，但巾帼劳模精神的定位没有变，社会价值没有变。安徽巾帼劳模是时代的先进代表，是社会的主流价值观的体现，为全省价值行为树立了榜样，拉起了标杆。巾帼劳模群体传递着身边的真善美，她们的表达方式更易于被民众接受。从公交岗位走出的全国劳动模范杨苗苗怀着弘扬社会主义

杨苗苗工作照

核心价值观的责任担当，以实际行动，温暖着乘客，传递着城市文明正能量。

（二）不同时期的安徽巾帼劳模

1. 孕育在新民主主义革命时期

20 世纪初，安徽省一批接受西方科学文化教育和受资产阶级革命思想影响的青年知识分子，通过新的视觉，重新审视安徽状况，通过批判旧的民风习俗，推动社会进步。陈独秀就是这场运动的旗手，1904 年春，他只身来到芜湖，创办《安徽俗话报》，而妇女地位不平等，也正是《安徽俗话报》批判的主要目标，这也给新民主主义革命时期安徽巾帼劳模的产生，点燃了思想火花。这一时期，全省各地开展妇女运动，打开了妇女身上的枷锁，促进了妇女的觉醒。1949 年春，安徽人民在“打过长江去，解放全中国”的口号鼓舞下，积极投入了渡江战役支前运动，为渡江战役的全面胜利作出了重要贡献，这期间产生了一等渡江功臣马毛姐，也是安徽省首个女性全国劳模，她于 2021 年被授予“七一勋章”。2020 年 8 月习近平总书记考察安徽时曾指出，党在安徽的革命实践充分证明：“鄂豫皖苏区能够 28 年红旗不倒，新四军能够在江淮大地同敌人奋战到底，刘邓大军千里跃进大别山能够站住脚、扎下根，淮海战役能够势如破竹，百万雄师过大江能够气吞万里如虎，根本原因是我们党同人民一条心、军民团结如一人。”在革命战争时期，以马毛姐为代表的一代功臣，正是江淮儿女渡江精神的生动体现。

马毛姐：年龄最小的渡江支前英雄模范

马毛姐，女，汉族，1935 年生，中共党员，安徽无为人。先后荣获一等渡江功臣、支前模范等称号，2021 年 6 月 29 日，中共中央授予马毛姐“七一勋章”。

1949 年 2 月，南下的中国人民解放军已经解放了长江北岸的无为地区，在无为的大小村落里，驻扎着准备渡江的解放军。马毛姐一家和其他穷苦人家一样，也沉浸在刚刚获得解放的欢乐里，修路、

一等渡江功臣马毛姐

挖河、抬担架、运输、站岗、放哨，忙着各项支前工作。

一天，年仅14岁的马毛姐看到一张征集渡江所用民船的布告，高兴地连蹦带跳地跑回家找她哥哥。“我要过江，到南京去抓蒋介石！”她和大哥一商量，瞒着爸妈就跑到离家20里的凤凰颈船舶站报了名，要在大军渡江时当水手。

1949年4月20日夜，渡江战役正式打响，中国人民解放军在西起江西湖口、东至江苏江阴的千里战线上强渡长江。其中百万雄师“渡江第一船”就是从无为县白茆洲出发的。当天晚上，马毛姐和哥哥划着船与其他三条船组成渡江突击队，由于她年龄太小，船上的解放军硬是把她“赶”下了船。

马毛姐没有离开，她躲到了一边的芦苇丛里。当渡江的第一颗信号弹升起来时，马毛姐飞快地捡起一根撑船的长篙朝地上一点，猛地一跃而起，刚好落到哥哥驾驶的那只木船船尾。

船只快速地向长江南岸破浪前进，照明弹让江面如同白昼。垂死挣扎的敌人不甘心失败的命运，向大江上的船只猛烈开炮和扫射。突然，一颗子弹打中了马毛姐的右臂，她咬着牙坚持，没有叫出一声。40多分钟后，船只到达长江南岸，马毛姐成为第一批抵达南岸的渡江突击队员。

就在那一晚，马毛姐兄妹俩来回横渡长江六趟，共运送了三批解放军到达南岸。渡江战役胜利结束后，无为召开盛大的庆功大会，马毛姐被巢湖军分区支前司令部授予一等功臣的称号，在所有受到表彰的渡江支前英雄模范中，马毛姐是年龄最小的一位。

2. 发展在社会主义革命和建设时期

新中国成立初期的安徽，发展基础极为薄弱，工业一穷二白，商业凋零萎靡，经济百废待兴，是一个典型的贫困省份。为了巩固新政权，安徽在组织生产的过程中，充分运用过去战争年代做经济工作的经验，树立一批典型人物，授予他们劳动模范称号，以激励各条战线上付出辛勤劳动的工作者。这一时期，全省产生了 38 名女性全国劳动模范及全国先进工作者，她们都是困难时期饱受经济磨难考验的忠诚卫士，是毛泽东主席倡导的“自力更生，艰苦奋斗”的生动体现。1959 年被评为全国先进工作者的刘殿玉，就是在这一时期以高度的主人翁责任感，在贫瘠的基础上，用双手建成儿童成长乐园的“幼教妈妈”，在她的带领下，合肥市宿州路幼儿园多次被评为全国、省、市先进集体，在这里，数不清的孩子在快乐中茁壮成长。

新中国成立初期，为恢复发展国民经济，支援抗美援朝和支持农村土地改革，安徽开展了轰轰烈烈爱国主义劳动竞赛。通过竞赛，涌现出大批先进人物和先进集体，1957 年，全省共评选出先进集体 4368 个，先进生产（工作）者 46375 人。同时，安徽大力开展扫盲运动，成千上万劳动妇女走进识字班、民众夜校、职工业余学校，这些举措不仅培养锻炼了安徽广大劳动妇女，更让她们得以发挥“半边天”的巨大作用。江淮儿女自强不息、顾全大局，在极其艰苦的条件下奋勇前行，涌现出石宝珍、潘玉英等生产劳模，培养出以中学教师苏若兰，传染病医生朱木兰，黄梅戏演员严凤英、麻彩楼，农家妇女吴菊花等为代表的各行业巾帼劳模，为顺利完成社会主义改造创造了良好条件，也铸就了“淠史杭精神”“王家坝精神”。

3. 壮大在改革开放和社会主义现代化建设新时期

改革开放的大潮冲破了各种教条，安徽大力弘扬“改革创新、敢为人先”的小岗精神，不断深化改革，干出了一片新天地。在党和政府的关心下，安徽省劳模工作得到了迅速发展，这一时期全省产生女性全国劳动模范 97 人，女性全国五一劳动奖章获得者 121 人。与时俱进的巾帼劳模队伍不断壮大，巾帼劳模的精神内涵不断丰富，充满活力的巾帼劳模队伍为安徽省全面建成小康社会贡献了重要力量。“唯有改革，才有出路，过去是这样，现在更要如此”，这是全国劳动模范、全国五一劳动奖章获得者、全国三八红旗手田广菊三次创业经历的总结，充分展示了她自强不息、改革创新的奋斗精神。

中国的改革始于农村，农村改革始于安徽。改革开放和社会主义现代化建设新时期，江淮儿女一次次敢为人先、一步步砥砺前行，在这片改革创新的热土上谱写出波澜壮阔、激荡人心的绚丽华章。1984 年以后，改革重点由农村转向城市，以企业改革为重点的城市经济体制改革在探索中前进，企业经营自主权不断扩大。安徽巾帼劳模以实干精神响应国家号召，以实际行动践行劳模精神。下岗职工杨腊梅，以“下岗不落志，寻岗创新业”的精神创立新光源有限公司，在市场经济中大显身手，成为再就业明星；“安徽十大杰出科技人员”赵红巾帼不让须眉，潜心开展科技研究，完成水稻和麦类抗病（虫）育种及抗性研究，获国家科技进步奖等国家级、省级各类奖项 8 项；公交乘务员石正秀、酒店职工赵玉萍等巾帼劳模，也都在各自平凡岗位，作出不平凡贡献。

田广菊：在改革开放中闯出一片天地

田广菊，女，汉族，中共党员，1937 年 9 月出生，安徽马鞍山人。中共安徽省第五次、第六次、第七次代表大会代表，曾任马鞍山市东方红副食品有限责任公司董事长，获得全国劳动模范、全国五一劳动奖章、全国三八红旗手等荣誉。

田广菊在工作现场

“得益于党的教诲，

我这一生共经历了三次创业。”田广菊说。20 世纪 70 年代创建东方红菜场算是第一次创业；10 年后国有菜场移交，她开始第二次创业，改行经营副食品；1999 年率先在马鞍山开办连锁超市，实现从传统迈向现代经营的跨越，并一直持续至今。田广菊的三次创业经历，充分展示了她顽强拼搏、艰苦创业的奋斗精神，也彰显出她对事业的执着追求。

2004 年初，企业改制，公司面临一次艰难抉择。67 岁的田广菊本可以功成身退，在家颐养天年。但她面对企业人心惶惶的局面，不顾家人的反对，带领职工积极参与市场竞争，不断扩大经营规模，最多时开办了 18 家直营连锁超市。公司拥有一个占地 10 亩、建筑面积 5000 平方米的仓储配送中心，先后安置市困难企业下岗分流职工 400 多人。

4. 突破在中国特色社会主义新时代

党的十八大以来，以习近平同志为核心的党中央高度重视工人阶级和工会工作。习近平总书记多次出席劳动者活动，同普通工人谈心，给劳模回信，为新时代劳模的培育带来了空前机遇。安徽省新时代巾帼劳模更是以实际行动诠释着劳模精神，助力安徽实现智能家电、电子信息、新能源汽车、工业机器人、人工智能等新兴产业蓬勃发展。全球首颗量子通信卫星“墨子号”，全球最薄的 0.12 毫米触控玻璃，一项项“世界第一”展现了安徽创新的“闪光轨迹”。事实证明，巾帼劳动模范是民族的精英、国家的栋梁、社会的中坚、人民的楷模，她们以实际行动赢得社会各界赞誉。特别是在脱贫攻坚和疫情防控阻击战中，更是出现了连任三届驻村第一书记的刘双燕、多次率队出征支援抗疫的江淮名医张泓等巾帼劳模。

刘双燕：打造小康路上的“美丽家园”

刘双燕，女，1975 年 6 月生，中共党员。现为安徽省税务局党建处一级主任科员，现任金寨县全军乡熊家河村第一书记，驻村工作队队长。获得全国先进工作者、全国脱贫攻坚贡献奖、全国三八红旗手标兵、第八届全国道德模范提名奖、全国最美公务员、全国最美职工等荣誉。

第一书记刘双燕（右）在劳动现场

连任三届驻村第一书记，刘双燕主动扎根农村10年，把增加农民收入、改善农村环境、打造“美丽家园”，作为自己的使命担当。其间，她痛失母亲和丈夫，遗憾错过孩子的青春期，但初心不改、矢志不渝，历经无数个日夜的辛劳和付出，用青春和汗水终让昔日贫穷落后的“困难村”成为小康路上的新家园，是脱贫攻坚精神的生动体现。

胡珊：新能源汽车领域的“创新之花”

胡珊，女，1980年12月生，硕士研究生学历，汽车电气高级工程师，吉利商用车公司技术专家，历任汉马科技集团新能源汽车研究所常务副所长。全国五一劳动奖章获得者，“安徽省第11批115产业创新团队”主要成员。

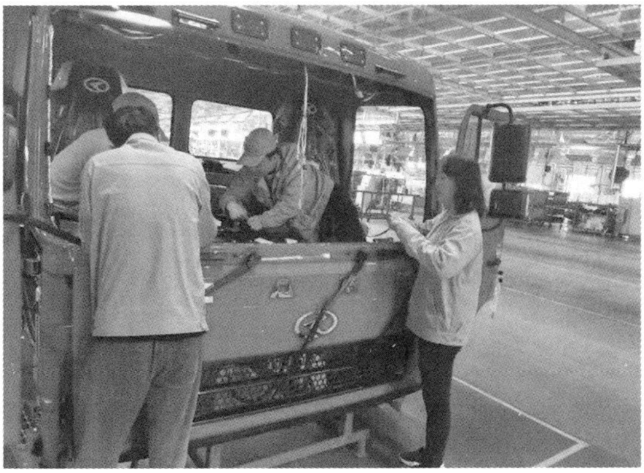

汽车电气高级工程师胡珊工作照

胡珊从事重型卡车

产品开发工作 20 年，研发的新能源重卡产品是汉马科技集团转型升级的重要成果，引领国内新能源重卡产品的发展趋势。胡珊带领团队累计开发新能源重卡品种 21 个系列，近 30 种车型，新增产值超过 3 亿元。这些产品在矿山、港口、钢厂、发电厂等领域广泛应用，实现传统燃油重卡的替代，响应了国家节能减排及打赢蓝天保卫战三年行动计划，为“2030 碳达峰、2060 碳中和”作出实际贡献。

胡珊带领团队通过自主研发，成功推出一系列新能源重卡，形成纯电动重卡、混合动力重卡、燃料电池重卡三大系列产品平台，搭建了一支专业高效的研发团队。尤其是开创性研发出国内首款换电式纯电动牵引物流车，国内首款换电式纯电动工程车，带领团队申报国家专利 58 项，制定企业标准 25 项，发表科技论文近 10 篇，在新能源汽车领域开出“创新之花”，结出累累硕果。

三、安徽省巾帼劳模成长规律

历年以来，安徽省委、省政府高度重视劳模评选工作，主要负责同志多次作出指示批示，为安徽省历届劳模评选指明方向。1954 年 6 月，安徽省首届工业劳动模范代表会议召开，为巾帼劳模的选树培养打下基础。20 世纪 60 年代，安徽从巾帼劳模培养选树、奖励激励、待遇落实、服务管理等方面做了大量工作。其间，由于历史原因，劳模评选停滞一段时间，自 1977 年逐步恢复，1978 年 8 月，合肥市举行大战四季度誓师大会，当众对部分巾帼劳模宣布平反，合肥市劳动模范、安纺一厂副厂长宣国英含着热泪在会上讲话，劳模评选逐步恢复正常。

1988 年，安徽省出台《关于省级劳动模范享受特殊贡献待遇的意见》，安徽省总工会、安徽省人事局、安徽省劳动局、安徽省粮油食品局联合发文，对贯彻文件提出具体举措。安徽省先后出台《安徽省人民政府办公厅关于做好我省省部级以上劳动模范困难帮扶工作的通知》《贯彻〈国家功勋荣誉表彰条例〉实施办法》《安徽省全国劳模专项补助资金发放管理实施细则（试行）》等文件，逐步提高对巾帼劳模帮扶力度，切实解决巾帼劳模稳岗、就医、住房等方面的问题。

安徽省巾帼劳模评选坚持面向基层、面向一线，评选主体主要为广大工人、农民、知识分子，坚持公开、公正、公平和民主推荐，接受群众监督，确保把那些具有坚定政治信念、高尚道德情操、作出突出贡献的优秀女劳模评选出来。安徽逐步打造出“跟着劳模去扶贫”“跟着劳模去创新”工作品牌，2021 年，安徽省总工会结合发展需要，突出创新元素，提出了“五百”工作目标，即举办百场劳模创新大讲堂、劳模结对帮助百家非公企业、培育百项劳模重点创新项目、打造百个劳模创新示范平台、实施百名劳模名师带高徒计划。安徽创新提供“劳模贷”服务，面向全省劳模推出专属金融产品——“劳模贷”，设有利率优惠、绿色通道、延期续贷等优惠措施，切实帮助劳模解决融资难问题。

安徽巾帼劳模是江淮儿女在生产活动和工作实践中的杰出代表，从产生第一个女性全国劳模马毛姐，至今已有七十多年历史，时间之久、范围之广、内容之丰、影响之大，逐步发展形成安徽颇具特色的巾帼劳模成长规律。

（一）巾帼劳模所占比例逐渐增大

时任全国人民代表大会常务委员会委员长刘少奇在中共八大指出，“我们党一贯地关怀和支持妇女解放运动，把妇女的彻底解放看作我们事业的重要目标之一”。新中国成立以后，安徽省将妇女解放作为一项政治目标，随着国家、地方一系列法律法规制定完善，全省女性地位逐步提高，逐渐成为新中国经济建设的“半边天”。以全国劳动模范及全国先进工作者为例，安徽省 1956 年全国劳动模范及全国先进工作者中巾帼劳模占比仅 5.6%，这一方面说明新中国成立初期全省男女分工有别，另一方面也说明当时安徽妇女解放事业还需进一步深入。安徽省全国劳动模范中女性劳模 1959 年占比 12.6%，2010 年为 22%，2015 年为 20%，2020 年为 22.6%，持续保持在 1/5 以上（见图 3）。

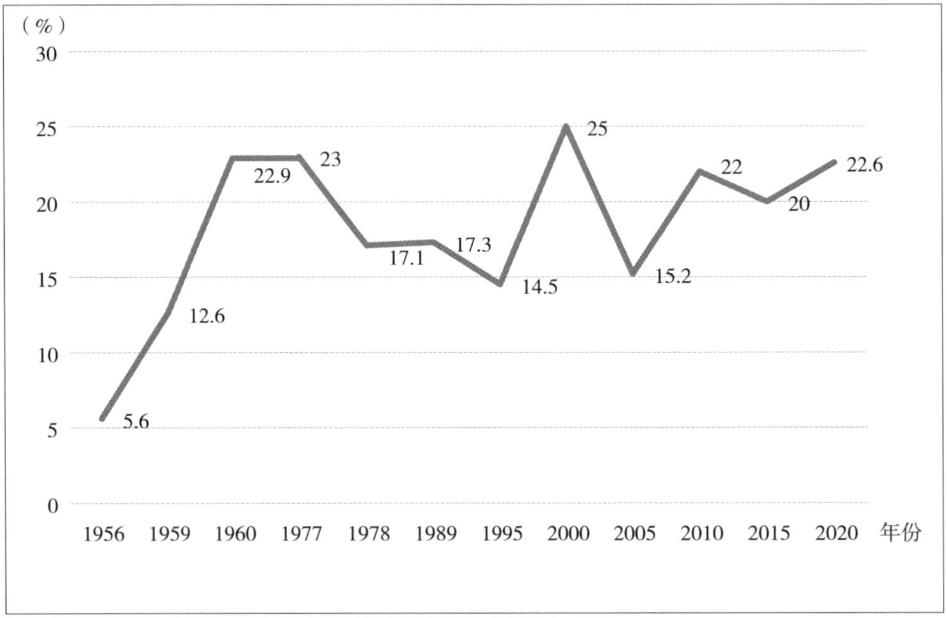

图3　安徽省全国劳动模范女性占比图

（二）青年群体逐渐向中年群体转变

从表1不同历史时期安徽巾帼劳模的年龄结构分析可以看出，在三个历史时期中，安徽巾帼劳模逐渐从青年群体向中年群体转变，这也说明全省巾帼劳模的选树逐渐走向成熟。新民主主义革命时期，安徽省年仅14岁的马毛姐参加渡江突击队，在手臂中弹的情况下依然咬牙坚持，6次横渡长江，运送三批解放军成功登岸，荣获一等渡江功臣、支前模范等称号。在社会主义革命和建设时期，安徽巾帼劳模平均年龄仅29岁，18—29岁劳模占比65.8%，如1956年产生了煤炭技师巫慧琴、邮政职工丁爱华、烟厂检查员钱德英3名21岁青年。改革开放和社会主义现代化建设新时期巾帼劳模平均年龄42.2岁，较社会主义革命和建设时期平均年龄增长了45.5%，40—49岁占比最多，达37.1%。进入中国特色社会主义新时代后，巾帼劳模平均年龄44.5岁，较社会主义革命和建设时期增长了53.4%，较改革开放和社会主义现代化建设新时期增长了5.5%，其中仅一人在30岁以下，为安徽省优秀体育运动员吕秀芝。

表1　不同历史时期安徽省巾帼劳模年龄结构分析

年龄分布（岁）\历史时期	社会主义革命和建设时期占比（%）	改革开放和社会主义现代化建设新时期占比（%）	中国特色社会主义新时代占比（%）
18—29	65.8	9.3	2.6
30—39	21.1	29.9	25.6
40—49	13.2	37.1	41
50—60	0	23.7	30.8

（三）从“铁娘子、老黄牛型”到“知识型、技术型、创新型”

新中国成立初期，全国各地涌现的劳动模范体现了“热爱劳动、忠于职守、吃苦耐劳、舍己为人、助人为乐”的特征。计划经济时代，安徽省涌现出一大批加班加点、拼命苦干的“铁娘子、老黄牛”，那个时期培育出的劳模多是一线职工，如1959年选树的28岁细纱挡车工石宝珍，在旧社会，她13岁就进入纱厂做童工，新中国成立后，深感党的恩情，以“拼命三娘”的精神投入工作中。那个时代，安徽省这样的劳模层出不穷，有芜湖市火柴厂潘玉英、铜陵市枞阳县才洲镇桐贵村农民吴菊花、蚌埠市压缩机总厂行车工杨兰英等，被传为江淮佳话。进入改革开放和社会主义现代化建设新时期，知识分子逐渐走向舞台，安徽省在2010年出现首个博士后女性全国劳模——安徽师范大学教授、理学博士、留美博士后、国家百千万人才工程国家级人选、人社部有突出贡献中青年专家、教育部新世纪优秀人才计划入选者、安徽省首批学术和技术带头人、博士生导师朱国萍。从不同历史时期巾帼劳模的学历情况也可看出转变，安徽巾帼劳模在新民主主义革命时期与社会主义革命和建设时期最高学历为大学本科，初中以下学历达55.3%；在改革开放和社会主义现代化建设新时期及中国特色社会主义新时代中，最高学历为博士研究生，硕士研究生及以上达8.1%；中国特色社会主义新时代巾帼劳模中大学本科学历占比最多，达48.7%。反映出安徽省进入改革开放后，女性文化素质显著提高，巾帼劳模的成长也从“铁娘子、老黄牛型”向“知识型、技术型、创新型”转变，体现时代特点。

（四）人员分布逐步体现广泛性

在不同历史时期，安徽省巾帼劳模行业覆盖有着不同特征，随着市场经济的发展，新行业、新业态不断出现，生产者、创业者，普通职工、高管老板并存，充分体现出安徽巾帼劳模与时俱进的特征。社会主义革命和建设时期，安徽省巾帼劳模选树重点从工人、农民逐步转移到教育、卫生战线，其中教育业最多，占比 21.1%，也出现如严凤英、麻彩楼等青年演员；进入改革开放和社会主义现代化建设新时期，安徽省制造业不断壮大，巾帼劳模选树也得以体现，女性全国劳模占比最高的为制造业，达 25.8%，进入 21 世纪以后，全省巾帼劳模逐步覆盖到不同社会层面，出现了如安徽华信药业董事长朱慧秋、安徽燕之坊食品公司董事长杨燕等女企业家，女性私营业主及进城务工人员逐步进入选树行列；随着安徽省大步迈进新时代，新行业、新业态崭露头角，女性全国劳模中出现坚守“投递一路真情，传播一片文明”的投递员孙克兰，“送星辰，迎晚霞；除污秽，换清新”的环卫工人王多娣，全国五一劳动奖章获得者阜阳“洗脚妹”刘丽，也出现了如吕秀芝、孟苏平等体育明星，充分体现了职业平等，显示了“劳动光荣、知识崇高、人才宝贵、创造伟大”的时代特征（见表 2）。

表 2　不同历史时期安徽省巾帼劳模集中度最高行业及所占比例

历史时期	社会主义革命和建设时期	改革开放和社会主义现代化建设新时期	中国特色社会主义新时代
行业名称	教育业	制造业	交通运输、仓储及邮政业
所占比例（%）	21.1	25.8	23

（五）巾帼劳模的双重身份、双重担当

劳动创造财富，奋斗铸就伟业。安徽的辉煌历史，是以劳动者为主体书写而成的，安徽的巨大成就，是劳动者用创新创业的汗水浇筑而成的。安徽巾帼劳模是广大女性参加社会生产劳动的带头人，是一面旗帜，是江淮儿女的骄傲。新中国成立以来安徽的发展史，是一部到处留有巾帼劳模印迹的奋斗史，GDP 由 1952 年 22.9 亿元增加到 2021 年 4.3 万亿元，增长 1877 倍（见图 4），实现了从“传统农业大省”到“新兴工业大省”的历史性转变，为实现安徽高质量发展打下坚实的基础。

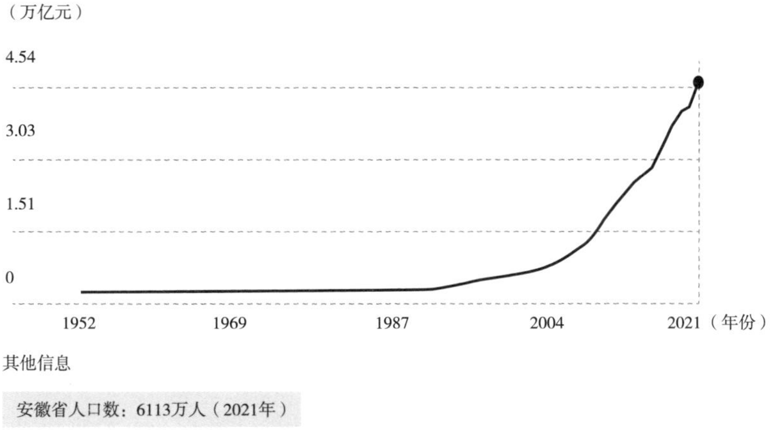

图 4 安徽省 GDP 变化图（1952—2021）

同时，巾帼劳模也发挥了对家庭和社会的独特作用，其双重身份、双重担当，为推动安徽省经济社会发展作出了女性独有的贡献，不仅在生产中展现作为，更是在照护家庭、养育后代中发挥独特作用。特别是安徽省各级工会广泛开展的“培育好家风——女职工在行动”主题实践活动中，深入挖掘女性劳模工匠优秀家庭，对优秀家规家训、最美家风故事开展宣传，展示女职工在家庭文明建设中的独特作用，推动全社会形成爱国爱家、相亲相爱、向上向善、共建共享的社会主义家庭文明新风尚。

四、安徽省巾帼劳模工作展望

（一）弘扬巾帼劳模精神是时代的呼唤

习近平总书记指出，一个有希望的民族不能没有英雄，一个有前途的国家不能没有先锋。“榜样的力量是无穷的。劳动模范是民族的精英、人民的楷模。”崇敬劳动模范，弘扬劳模精神，始终是时代的呼唤，人民的心声。

我国历来重视劳动模范工作，自 1950 年以来，先后召开了 16 次全国劳动模范和先进工作者表彰大会，这在世界上都是罕见的。毛泽东、邓小平、江泽民、胡锦涛、习近平等党和国家领导人分别在劳模表彰大会上发表重要讲话，对劳模工作作出一系列重要论述。

“新时代的伟大成就是党和人民一道拼出来、干出来、奋斗出来的！”“在全社会弘扬劳动精神、奋斗精神、奉献精神、创造精神、勤俭节约精神”，习近平总书记在党的二十大开幕会上的铿锵话语，传遍神州大地。江淮大地从城市到农村，从机关到企业，从工厂到社区，无不在学习热议党的二十大精神。

党的二十大报告指出：“从现在起，中国共产党的中心任务就是团结带领全国各族人民全面建成社会主义现代化强国、实现第二个百年奋斗目标，以中国式现代化全面推进中华民族伟大复兴。”伟大的事业需要伟大的精神，伟大的精神来自伟大的人民，劳动模范是最美的劳动者，劳模精神是伟大时代精神的生动体现。新时代新征程中国共产党的使命任务更是要求我们大力弘扬劳模精神，特别是突出发挥好巾帼劳模“双重作用”，提升巾帼劳模地位，讲好安徽巾帼劳模故事，推动更多女性劳动模范和先进工作者竞相涌现，踔厉奋发、勇毅前行，在奋斗实干中续写安徽新篇章。

（二）做好巾帼劳模工作是历史的要求

历史赋予工人阶级和广大劳动群众伟大而艰巨的责任，当前，安徽省再次站在新的历史发展起点上，更要奏响劳模精神最强音，做好巾帼劳模各项工作，在团结奋进中增添新能量，让劳动最光荣、劳动最崇高、劳动最伟大、劳动最美丽在江淮大地蔚然成风。因此，做好巾帼劳模工作意义重大，我们必须做好。

1. 评选科学化

科学评选巾帼劳模是树立巾帼劳模威信、发挥巾帼劳模作用的重要基础。巾帼劳模是全省工人阶级和广大劳动群众的突出代表，谁当选劳模，都是引人注目的事情，劳模评选工作要更加规范、科学、严谨，坚持走群众路线，才能获得群众认可，得到群众支持。安徽省巾帼劳模选树要体现安徽特色，突出先进性、时代性，与时俱进，紧跟时代步伐，不断优化巾帼劳模结构，朝着更科学合理的方向迈进。

2. 服务常态化

将巾帼劳模服务作为重点工作来抓，通过定期上门走访、电话联系等方式实时了解巾帼劳模生活状况，及时更新完善劳模档案资料，为做好巾帼劳模服务工作提供准确、全面的基础资料。及时掌握巾帼劳模就业、收入等情况，对因特殊原因致困的巾帼劳模进行及时救助。不断完善帮扶制度，提升服务水平，通过“夏送清凉”、“冬送温暖”、节日慰问、健康体检、组织参加疗休养活动等方式把工会组织温暖送到她们身边，确保劳模政策待遇应享尽享。

3. 管理系统化

逐步推进安徽省劳模日常管理工作的制度化、数字化、规范化，做到劳模管理务实有效。全省各级工会是劳模工作的具体实施单位，应加强研究，做到对巾帼劳模动态管理精准，建立多元化监督机制，发挥专门监督机关、社会群众、机关团体等作用，确保巾帼劳模先进形象屹立不倒。安徽省巾帼劳模管理的科学化，归根结底是要建立一套不断引领劳模奋发向上的激励机制，制度力求做到科学化、系统化、时代化，从全省实际出发，广泛听取各方意见，尤其是劳模的意见，充分发扬民主，使制度相互衔接，既不烦冗重复，又无空缺，不断修改完善，形成安徽独特的劳模管理体系。

4. 作用最大化

根据安徽省巾帼劳模自身优势，总体规划、分类指导，全力服务巾帼劳模的成长和发展，充分用好劳模创新工作室平台，打造好“跟着劳模去创新”品牌，为巾帼劳模作用发挥搭建更多行之有效的平台，助力她们成为掌握新知识、新技术、新本领的时代领跑者。建好“劳模工匠馆”，充分利用各种传媒和舆论工具，大力宣传巾帼劳模先进事迹、先进思想、先进经验，发挥好巾帼劳模示范引领作用，运用好榜样力量，影响和带动全省广大职工为实现第二个百年奋斗目标作出更大贡献。

福建

福建篇

福见福你
八闽巾帼

工人阶级是我国的领导阶级，是我国先进生产力和生产关系的代表，是我们党最坚实、最可靠的阶级基础。劳动模范是工人阶级和劳动群众的优秀代表，是民族的精英、人民的楷模，是共和国的功臣。党的十八大以来，以习近平同志为核心的党中央始终高度重视工人阶级、工会工作和妇女事业发展，始终关心劳模和劳模工作。党的二十大报告提出："在全社会弘扬劳动精神、奋斗精神、奉献精神、创造精神、勤俭节约精神，培育时代新风新貌。"男女平等基本国策第三次写入党代会报告。广大女劳模是中国妇女以劳动实现自我解放的优秀代表群体，是中国共产党领导下投身社会主义革命和建设的巾帼英雄，同时也为加快实现性别平等、促进妇女事业发展作出重要贡献。

福建是习近平总书记曾经工作过 17 年半的地方，是习近平新时代中国特色社会主义思想的重要孕育地和实践地。福建位于我国东南沿海，简称闽，与浙江省毗邻、江西省接界、广东省相连，与台湾地区隔海相望，下辖福州、厦门、泉州等 9 个设区市及平潭综合实验区。福建是少数民族散居省份，包含 56 个少数民族。第七次全国人口普查数据显示，福建省女性人口超 2010 万，约占全省总人口的 48.3%，畲族、苗族、土家族、回族是福建省人口较多的少数民族。从 20 世纪 50 年代林碧英等 8 人获评全国劳动模范开始，到 2020 年朱文霞作为福建省全国劳动模范代表走上人民大会堂领奖台，福建省 472 名女劳模①作为八闽女性的杰出代表，成为福建实现高质量发展的重要力量之一。

一、福建省不同时期女劳模群体概况

（一）整体情况

1. 性别比例

新中国成立以来，八闽女性中共涌现出女性全国劳动模范 141 人，占比 17%；女性全国五一劳动奖章获得者 133 人，占比 20.9%；全国

① 本报告中的女劳模包括女性全国劳动模范、女性全国五一劳动奖章获得者、全国五一巾帼标兵。

五一巾帼标兵获得者198人[①]。

2. 年龄构成

截至2023年6月，健在的福建省女劳模共415人，据统计[②]，其中30岁及以下1人，31—40岁20人，41—50岁86人，51—60岁168人，60岁以上124人，平均年龄58.2岁。女性全国劳动模范中最高寿的詹宝珠（1922年出生，1960年获评）已百岁高龄，她同时也是福建省最年长的全国劳动模范；女性全国五一劳动奖章获得者中最年长的潘秀珍（1930年出生，1987年获评）也已耄耋之年；全国五一巾帼标兵中年纪最大的钱立洁（1951年出生，2006年获评）则刚逾古稀之年。

3. 政治面貌

据统计[③]，中共党员在福建省女劳模群体中占比77%，群众占比18%，民主党派成员占比4%，无党派人士占比1%。中共党员居主体地位，是女劳模群体的主力军。

4. 受教育程度

据统计[④]，女劳模本科及以上学历占比43%，但研究生学历相对较少，博士研究生学历仅福建医科大学副校长李红（2020年全国劳动模范）1人，初中及以下学历女劳模大多产生于2000年之前，占比约15.2%（见图1）。

---

① 福建省获评全国五一巾帼标兵的198人中，4人先后获评全国劳动模范，5人先后获评全国五一劳动奖章，合并统计女劳模群体时按总人数463人统计，单独统计时仍按198名全国五一巾帼标兵统计。

② 18名全国五一巾帼标兵暂无年龄相关信息记载。

③ 合计共有135名女性全国劳动模范、女性全国五一劳动奖章获得者、全国五一巾帼标兵暂无政治面貌相关信息记载。

④ 合计共有137名女性全国劳动模范、女性全国五一劳动奖章获得者、全国五一巾帼标兵暂无学历相关信息记载。

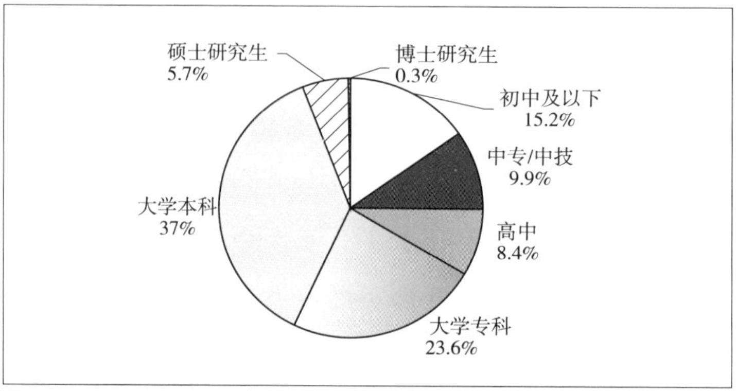

图1　福建省巾帼劳模受教育程度

（二）全国劳动模范获评情况

新中国成立至2020年，福建省共产生141名女性全国劳动模范，从评选时间分布上看，社会主义革命和建设时期35人，改革开放和社会主义现代化建设新时期69人，中国特色社会主义新时代37人。

1. 社会主义革命和建设时期获评情况

该时期共获评全国劳动模范211人，目前健在31人。女性35人，健在11人。从行业性质上看，女劳模主要分布在制造业，教育，卫生、社会保障和社会福利业，公共管理和社会组织（见图2）。同时期男性劳模则主要集中在制造业（23.3%），教育（17.1%），交通运输、仓储及邮

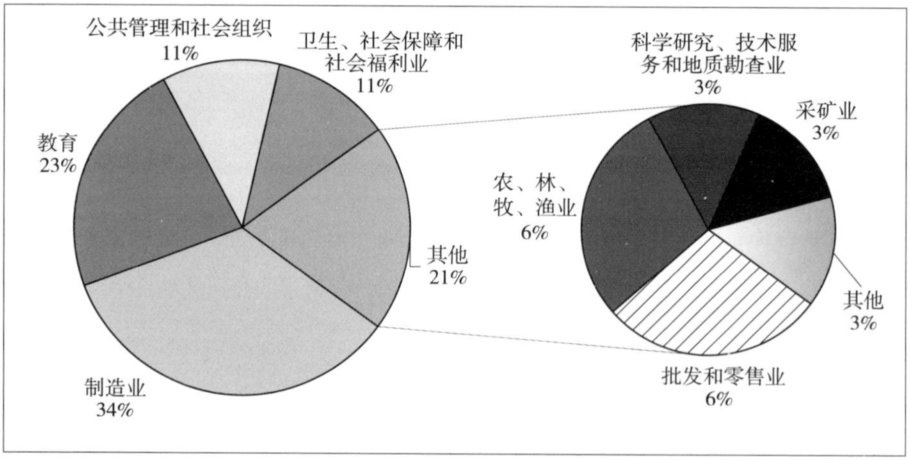

图2　福建省社会主义革命和建设时期
女性全国劳动模范所在行业分布

政业（9.7%），公共管理和社会组织（9.1%）。从地区分布上看，主要集中在福州（42.9%）、厦门（17.1%）等中心城市。从获评时年龄来看，均在45岁以下，其中30岁以下19人，超过50%，相对比较年轻化。从学历来看，初中及以下学历最多，占比41.9%。从政治面貌来看，中共党员占比74.2%。

2. 改革开放和社会主义现代化建设新时期获评情况

该时期共获评全国劳动模范434人，目前健在331人，其中女性69人，目前健在59人，女性整体数量比例与上一历史时期接近。从行业性质上看，依然主要集中在教育、制造业、公共管理和社会组织（见图3）。同时期男性劳模则主要集中在制造业（23%），公共管理和社会组织（22.7%），农、林、牧、渔业（10.1%），交通运输、仓储及邮政业（8%），教育（7.7%）。从地市分布来看，主要集中在福州、三明等工业相对发达的城市。从学历分布来看，依次为初中及以下（27.5%）、大学本科学历（23.2%）、大学专科学历（20.3%）。从政治面貌上看，中共党员占比81.2%。2000年起，有少数民族女职工获评全国劳动模范，截至2011年共有3人，分别来自畲族、回族、满族。

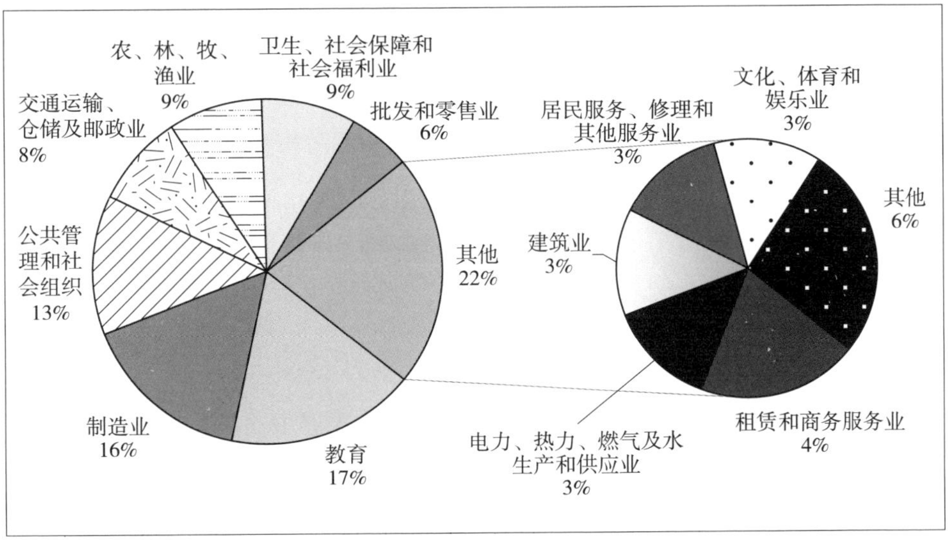

图3 福建省改革开放和社会主义现代化建设新时期女性全国劳动模范所在行业分布

3. 中国特色社会主义新时代获评情况

该阶段共有全国劳动模范 184 人，目前健在 181 人，其中女性 37 人，目前健在 36 人。从行业性质上看，主要集中在卫生、社会保障和社会福利业，公共管理和社会组织，交通运输、仓储及邮政业（见图 4）。同时期男性劳模主要集中在制造业（23.8%），公共管理和社会组织（19.7%），农、林、牧、渔业（12.2%），教育（7.5%），不同性别间行业分布差异逐渐显现。从地市分布来看，主要集中在福州、厦门、泉州等经济发达的中心城市。从学历来看，大学本科学历最多，占比 48.7%。从政治面貌上看，中共党员占比 64.9%。有 1 名少数民族女性获评全国劳动模范（畲族）。

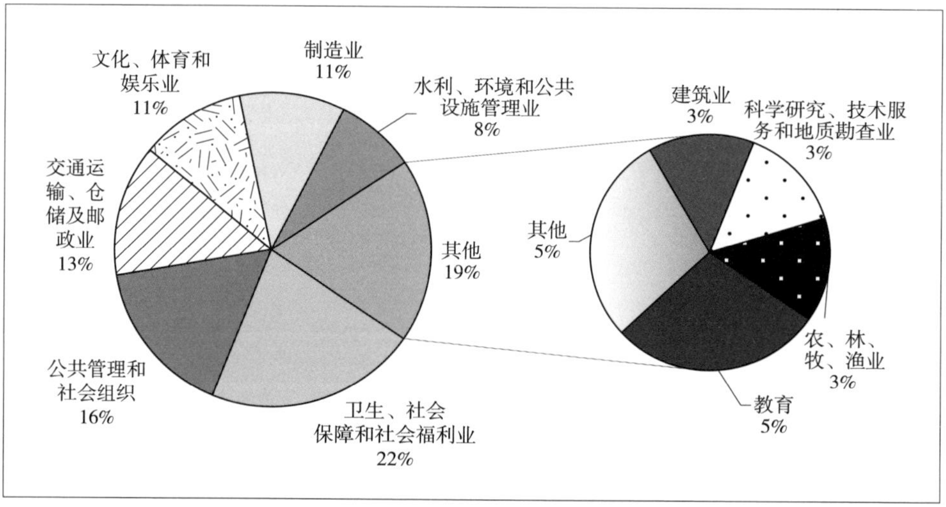

图 4　福建省中国特色社会主义新时代
女性全国劳动模范所在行业分布

（三）全国五一劳动奖章获得者情况

1985 年至 2022 年底，福建省共获评女性全国五一劳动获得者 133 人，从评选时间分布上看，改革开放和社会主义现代化建设新时期 74 人、中国特色社会主义新时代 59 人。

1. 改革开放和社会主义现代化建设新时期获评情况

该时期共获评全国五一劳动奖章 414 人，目前健在 330 人，其中女性 74 人，目前健在 63 人，女性整体数量比例与同一历史时期全国劳动模范接近。从行业性质上看，主要集中在公共管理和社会组织，制造业，卫生、社会保障和社会福利业（见图 5）。同时期男性全国五一劳动奖章获得者则主要集中在制造业（20.9%），公共管理和社会组织（20.3%），教育（6.8%），电力、热力、燃气及水生产和供应业（5.9%）。从地市分布来看，主要集中在福州、南平等工业相对发达的城市。从学历分布来看，依次为大学本科（28.4%）、大学专科（27.3%）、中专 / 中技（16.2%）。从政治面貌上看，中共党员占比 85.1%。

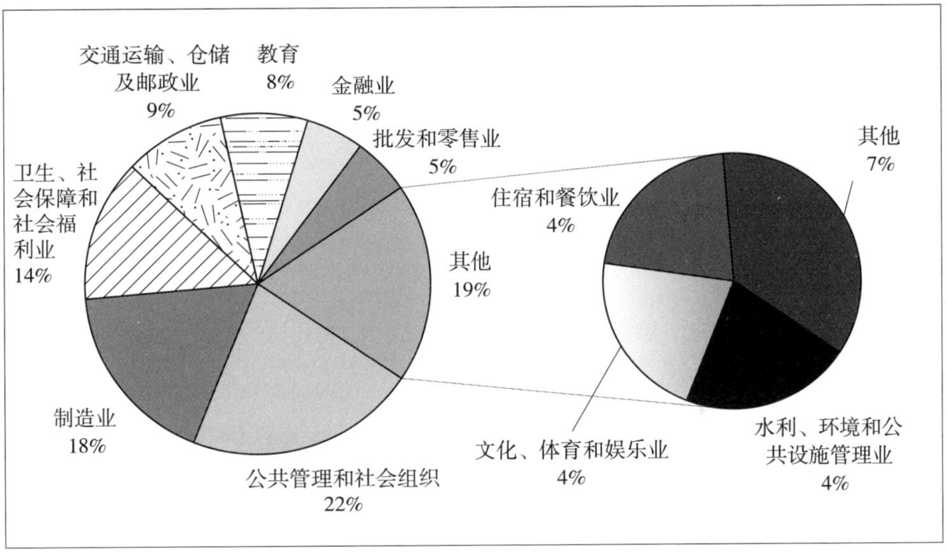

图 5 福建省改革开放和社会主义现代化建设新时期
女性全国五一劳动奖章获得者所在行业分布

2. 中国特色社会主义新时代获评情况

该时期共获评全国五一劳动奖章获得者 222 人，目前健在 221 人，其中女性 59 人，目前均健在，女性整体数量比例略高于同一历史时期全国劳动模范。从行业性质上看，主要集中在制造业，卫生、社会保障和社会福利业，公共管理和社会组织（见图 6）。同时期男性全国五一劳动奖章获得者则主要集中在制造业（23.3%）、公共管理和社会组织（11%）、建筑业（8%）。从地市分布来看，主要集中在福州、厦门、三明等经济或制造业相对发达的城市。从学历分布来看，主要集中在大学本科（50.9%）和大学专科（20.3%）。从政治面貌上看，中共党员占比67.8%。2012 年起，有少数民族女职工获评全国五一劳动奖章，截至目前共有 4 人，分别来自畲族、黎族、满族、回族。

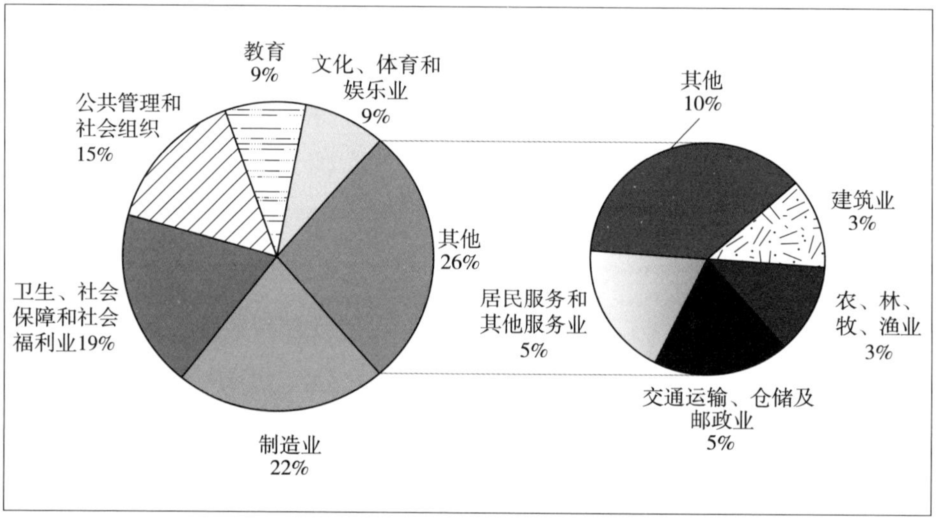

图 6　福建省中国特色社会主义新时代
女性全国五一劳动奖章获得者所在行业分布

（四）全国五一巾帼标兵、全国五一巾帼标兵岗获评情况

2006 年至 2021 年，福建省共获评全国五一巾帼标兵 198 人，目前健在 197 人，全国五一巾帼标兵岗 213 个，全国五一巾帼奖章获得者 2 人，全国五一巾帼奖状获得集体 4 个。从评选时间分布上看，改革开放和社会主义现代化建设新时期共获评全国五一巾帼标兵 82 人、全国五一巾帼标兵岗 96 个，其中全国五一巾帼奖章获得者 1 人，全国五一巾帼奖状获得集体 3 个。中国特色社会主义新时代共获评全国五一巾帼标兵 116 人，目前健在 115 人，全国五一巾帼标兵岗 117 个，其中全国五一巾帼奖章获得者 1 人、全国五一巾帼奖状获得集体 1 个。

1. 改革开放和社会主义现代化建设新时期获评情况

从所在行业性质上看，全国五一巾帼标兵主要集中在制造业（19.5%），教育（14.6%），交通运输、仓储及邮政业（12.2%）；全国五一巾帼标兵岗主要集中在交通运输、仓储及邮政业（15.6%），公共管理和社会组织（15.6%），制造业（13.5%），电力、热力、燃气及水生产和供应业（12.5%）。从地市分布来看，主要集中在福州、泉州等经济发达、女职工人数较多的城市。

2. 中国特色社会主义新时代获评情况

从所在行业性质上看，全国五一巾帼标兵依然主要集中在制造业（23.3%），教育（13.8%），交通运输、仓储及邮政业（11.2%），公共管理和社会组织（11.2%）；全国五一巾帼标兵岗主要集中在制造业（25.6%），公共管理和社会组织（15.4%），交通运输、仓储及邮政业（13.7%），卫生、社会保障和社会福利业（12%）。从地市分布来看，主要集中在福州、泉州、厦门等经济相对发达、女职工人数较多的城市。从学历分布来看，主要集中在大学本科（42.3%）和大学专科（30.8%）。从政治面貌上看，中共党员占比 69.2%。

二、福建省女劳模群体不同历史时期的主要特点

在不同的历史时期、历史背景下，随着经济社会不断发展，女性政治地位有效提升、受教育程度逐步提高，女劳模群体逐渐壮大，并展现出不同的时代风采。新中国成立之后，1953 年我国开始实施第一个五年计划，特别是到 1956 年前后，随着男女平等国策的深入实施，经过大规模群众性扫盲运动和推广男女平等受教育权等，广大城乡妇女开始大规模走出家庭、走向社会。从此以后，在新中国轰轰烈烈的建设浪潮中，福建省妇女群众走上了不同的工作岗位，积极成为新中国的劳动者、建设者。女劳模作为同一历史时期福建优秀女职工群众代表，所在行业从以第二产业制造业占多数，逐渐向第三产业延伸覆盖，在国家治理、社会管理、经济发展、科教文卫体等各领域，女劳模们凝心聚力、奋勇争先，谱写出八闽巾帼赞歌。

（一）社会主义革命和建设时期

这一历史时期，福建省广大职工群众进一步认识自己作为国家主人

翁的地位和责任，积极劳动、发展生产，广泛开展先进生产者运动、增产节约竞赛等，为保证完成和超额完成国家生产建设任务而努力奋斗。在20世纪50年代的“扫盲”“推普”过程中，也涌现出一批女性学习文化积极分子。女劳模们在社会主义经济建设和社会发展的各个行业作出自己的贡献。

在公共管理、社会治理等领域，1950年至1977年获评的女性全国劳动模范中，共有3位通过自身努力，最终走上领导或管理岗位。她们有的从生产骨干转型成管理人员，1977年全国先进（生产）工作者高雪玉从一名以厂为家的纺织女工，成为“人不离车间、身不脱围裙、职工大小事样样都管”的支部书记。她是当年福建省最年轻的全国先进（生产）工作者，后经组织选派担任福建省民政厅纪检组组长，退休后仍担任福建省殡葬协会会长，常年关注不怕苦累的殡葬行业职工。有的则是通过学习文化，不断提升自己的能力，1959年全国先进生产者刘金美，毕业于南京大学地质系，高级工程师，历任福建省地矿局局长、福建省委组织部部长、副省长、福建省政协副主席等多个重要岗位。1960年全国先进工作者陈进四出身于农民家庭，自己脱盲后成为民办教师，积极投身“扫盲”“推普”工作，后来担任公社团委书记、党委副书记，厦门市同安区总工会副主席。

在经济建设领域，1964年《人民日报》刊发了题为《妇女能顶半边天》的文章，明确提出妇女在社会主义经济建设中具有重要作用，22名女性全国劳动模范在制造、采矿、农林牧渔、批发零售等行业依靠诚实劳动创造财富。1959年，年仅24岁的泉州布厂纺织女工顾淑美凭借自己多年工作经验及独特想法，总结出一套快速纺纬纺纱法，大大提高了劳动效率，创造并连续几年保持全市纺纬纺纱最高纪录，作为工业战线的先进标兵被评为全国先进生产者。1956年全国先进生产者林碧英从一名普通售货员做起，满腔热情地接待每一位顾客，被誉为“积极推销、努力学习、钻研业务、改进服务态度的先锋”。

在教育、卫生、社会保障、社会福利系统，1960年召开的全国教育和文化、卫生、体育、新闻方面社会主义建设先进单位和先进工作者代表大会上，产生了10位相关领域的先进女职工典型，为推动科教文卫体事业发展和妇女事业进步积蓄了充足动力。詹宝珠从福州市传染病院的第一批护士，成长为福州地区第一位分管护理工作的副院长，在护理岗位上一干就是50年，在20世纪50年代白喉流行期间自创护理方法，有效减少了患者气管切开创口的愈合时间。张瑛是福州格致中学的明星教师，用扎实的教学功底带领学生探索数学王国，用无私的爱点亮孩子未来人生路。

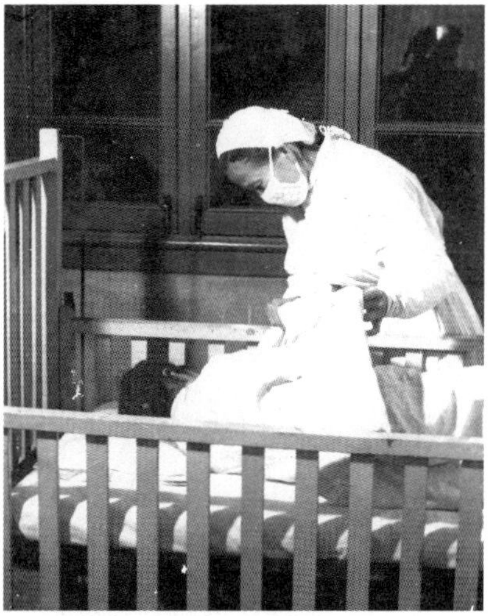
詹宝珠在照顾病人

（二）改革开放和社会主义现代化建设新时期

1978年起，全省以增产节约为中心，广泛开展社会主义劳动竞赛，把工业学大庆推向高潮。进入20世纪80年代，福建省职工人数比解放初期增加近18倍，工业总产值占工农业总产值的60%，财政收入90%以上来自工交财贸企业，工人阶级在福建现代化建设中发挥着越来越重要的作用。伴随国家政治、经济、社会等各方面稳步发展，从1995年开始，全国性劳模表彰年份与同时期五年规划的收官之年重合。2001—2011年，福建省GDP翻了近10倍，第一、二、三产业均取得飞速发展。女劳模们在推动社会主义现代化建设、建立和发展社会主义市场经济各方面发挥自己的作用。

在公共管理、社会治理、居民服务等领域，1978—2011年福建省共获评11名女性全国劳动模范、16名女性全国五一劳动奖章获得者、8名全国五一巾帼标兵，她们从事公共管理、社会治理、居民服务等领域。党的二十大代表、“七一勋章”获得者、2010年全国先进工作者（享受待遇）、福州军门社区党委书记、居委会主任林丹是其中的突出代表，她在社区基层治理中首创“社区党员联系卡”“三必访”“党员代理服务制”“135 社区党建工作模式”等工作品牌，数十年如一日扎根社区，当好党的“传声筒”和群众的“服务员”。这一时期公检法、财税一线人员占女劳模总体比例近 1/3。2011 年全国五一劳动奖章获得者詹红荔带领詹红荔劳模工作室的同志总结出一套符合少年审判规律的“三三九不工作法”，审结的 500 多件未成年犯罪案件，涉及 1000 多名“新生少年”，无一重审、无一错案、无一投诉、无一上访，被亲切地称为“法官妈妈”。

林丹（右一）在为社区居民发放拗九粥

随着社会主义市场经济不断发展，在经济建设领域，共涌现出 35 名女性全国劳动模范、20 名女性全国五一劳动奖章获得者、42 名全国五一巾帼标兵。2000 年全国劳动模范葛兰妹 1963 年创立玉溪妇女耕山队，并担任队长至今，这是八闽大地正式诞生的第一个以妇女为主体的独立集体劳动生产组织，她们开山造林、开荒种棉，耕地面积从最初的 65 亩发展到 2190 多亩，绘就了一幅美丽的立体农业锦绣图画。1978 年全国劳动模范杨秀玉于 1957 年被分配到商店当营业员，时刻牢记当营业员就是为人民服务，1977 年调任台江百货商店当售货员后，不断总结提高服务质量、服务效率的工作方式，建立规范管理制度，不断实现个人成长成才，后担任福州东街口百货党总支副书记。

在教科文卫体事业方面，专业领域知识分子从1978年开始走上劳模领奖台，一大批科技战线的女性先进人物走进人们的视野。邓小平关于“知识分子是工人阶级一部分”的科学论断，扩大了劳模队伍的外延，激起了知识分子和脑力劳动者的热情。21名女性全国劳动模范、11名女性全国五一劳动奖章获得者、18名全国五一巾帼标兵在科学研究、科技创新、教育、卫生等领域，大力弘扬劳模精神、劳动精神、工匠精神。2000年全国先进工作者郑捷（满族）从教40年，克服自身病痛，以教好普通学生为荣的心态，桃李满天下。2006年全国五一劳动奖章获得者包著琼四十多年如一日，坚持做慈善，先后领养和资助特困生、失学儿童、病人、孤寡老人200多人，为弱势群体及社会公益事业捐助100多万元。2003年全国五一劳动奖章获得者高红月在1991年参加援助塞内加尔医疗队，在枪林弹雨中开展妇产科手术400多例，使许多难产、产后大出血、休克的病人得到及时抢救，重新获得生命。

郑捷在为学生们讲授化学知识

（三）中国特色社会主义新时代

这一时期福建各项事业取得新进展，连跨“三个三台阶”：全省地区生产总值连跨3个万亿元台阶，年均增长8.1%；一般公共预算总收入连跨3个千亿元台阶，年均增长7.4%；居民人均可支配收入连跨3个万元台阶，年均增长8.5%。女劳模们把个人理想同中国梦紧密联系在一起，以主人翁姿态，在各自岗位上建功立业。

在公共管理、助力乡村振兴等领域，2012年以来共获评3名女性全

许光园在田间

国劳动模范、11 名女性全国五一劳动奖章获得者、13 名全国五一巾帼标兵，她们以主人翁的姿态为坚持和发展中国特色社会主义作出新贡献。党的二十大代表、2012 年全国五一劳动奖章获得者、福建省公安厅刑事技术总队副总队长李斌运用 DNA 技术比中认定失踪被拐儿童 1081 名，破获命案积案 104 起，充分展示福建公安的科技实力。2016 年全国先进工作者（享受待遇）、永安市小陶镇五一村党支部书记许光园，作为五一村第一位女支书，结合新农村建设，让五一村形成“一片连片田、两个新村点”的新面貌，全村 95% 村民住上别墅式新房。她探索“党建 + 科特派 + 合作社”发展机制，在她的带领下，村民人均年收入达 3.4 万元，村财政收入达 50 余万元。

在经济领域各个战线上，14 名女性全国劳动模范、25 名女性全国五一劳动奖章获得者、69 名全国五一巾帼标兵，为决胜全面建成小康社会、决战脱贫攻坚奋勇争先、顽强拼搏，充分展现了新时代新福建女性风采。2015 年全国劳动模范、2009 年全国女职工建功立业标兵刘筝徽从事建筑业三十多年来，由现场施工员、结构工程师，逐步成长为业内行家，是中建海峡建设发展有限公司唯一一名女教授级高级工程师，以营造绿色建筑为目标，狠抓工程质量，工程创优率达 60% 以上。2020 年全国劳动模范兰爱珍（畲族）发起成立清流县嵩溪爱珍豆腐皮专业合作社，带动全县 1300 多户农户从事豆腐皮生产，使 3000 多个农村劳动力在家就业创业，实现共同富裕。

在教科文卫体事业方面，党的二十大报告提出“坚持尊重劳动、尊重知识、尊重人才、尊重创造”，从事相关行业的 15 名女性全国劳动模范、20 名女性全国五一劳动奖章获得者、34 名全国五一巾帼标兵备受鼓舞。2012 年全国先进工作者（享受待遇）、2009 年全国五一巾帼标兵何雯娜在 2008 年北京奥运会上以 37.8 的高分夺得中国蹦床运动史上首枚奥运会金牌。2015 年全国先进工作者李白燕是泉州南音项目（2009 年被联合国教科文组织列入人类非物质文化遗产代表作名录）福建省代表性传承人，是南音界首位国家一级演员、首位中国曲艺牡丹奖个人表演奖得主，在泉州南音项目长达 7 年的“申遗”之旅中，作为主唱两次率队前往巴黎，向联合国教科文组织的评委展示南音这一千年雅乐，助力成功“申遗”。

李白燕传承千年雅乐南音

面对突如其来的新冠肺炎疫情，医疗、卫生行业的女职工不畏艰险、冲锋在前。2020 年全国先进工作者、2012 年全国五一巾帼奖章获得者（竞赛授予）席雅君在全国、省级护理技能竞赛屡获佳绩，所在班组在 2015 年被厦门市总工会评为“席雅君劳动模范班组（科室）”。2020 年 2 月，她跟随厦门支援湖北医疗队一队进驻武汉同济医院光谷院区担任病区护士长，坚守武汉 50 天，和队友们并肩战斗救治了 106 名患者。

三、福建省女劳模的成长规律

（一）不同历史时期女劳模群体成长规律

中国共产党领导中国革命和建设的历程中始终坚持以人民为中心，紧紧依靠群众，群众成为生产运动的主体和经济建设主力军。数十年来，各级各类先进典型的评选标准虽然不断发生调整，但始终坚持面向一线、面向基层的主要原则，一批又一批来自普通一线岗位的工人、专业技术人员、农民等，通过自身努力成长为全国劳动模范、全国五一劳动奖章获得者、全国五一巾帼标兵，并依然扎根岗位、团结带动身边女职工群众，树立了光辉的学习榜样。

1. 八闽大地上代代传承的劳模精神

不同历史时期女劳模都具有共同的精神品质，那就是“爱岗敬业、争创一流、艰苦奋斗、勇于创新、淡泊名利、甘于奉献”的劳模精神，也传承着福建人民自古就有的吃苦耐劳、敢为人先、爱拼会赢的奋斗基因。1956 年全国劳动模范蓝耀珠在设备简陋的不利条件下，通过组织群众拉起 600 米长的过河线路、利用电话线再次广播等方式，及时将党的政策、方针以及国内外信息传递到宁德市古田县各个角落。1989 年全国劳动模范、福建首位女性公路站站长、长汀公路站养路工林芸芸始终“以路为业，以站为家”，坚持每个工作日最早出工、最晚收工，每周只休息一天，“晴天一身土，雨天一身泥”，把青春岁月献给了一条条公路，被称为“一颗闪光的铺路石”。2016 年全国先进工作者（享受待遇）、厦门市思明区莲前街道前埔北社区党委书记陈建萍自称“80 后大妈”，建起全省首个

林芸芸把青春奉献给公路养护事业

社区家庭关爱中心，开设面向辖区失能、失智老人的家庭病房，面向0—3岁儿童的早教中心，提供专业心理疏导服务的“心灵港湾”，着眼未成年德育工作的“蓓蕾俱乐部”等，助力在“幼有所育、学有所教、劳有所得、病有所医、老有所养、住有所居、弱有所扶”上不断取得进步。

2. 不断丰富的女劳模群体内涵与外延

从女劳模群体外延上看，一是女劳模占劳模的比例逐渐增大，全国劳动模范获评女性占比从1950年的0，震荡上升、偶发下降，至2020年的20%左右，并逐渐趋于稳定；全国五一劳动奖章获评女性占比同样也是从1985年的0，稳步提升至2022年的20%，个别年份接近30%。二是女劳模获评年龄范围逐渐扩大，中年群体成为获评主力军。1977年之前女劳模获评年龄基本低于35岁，之后逐渐向中年群体延伸，2000年全国劳动模范既有当时已66岁的福建省立医院主任医师林丽香，也有26岁的福州公交乘务员李丹青。进入2012年之后，获评全国劳动模范的37人中，30岁以下的仅3人；全国五一劳动奖章获得者、全国五一巾帼标兵获评者年龄在36—55岁的均占到75%以上。

从女劳模群体内涵上看，一是女劳模所在行业分布逐渐扩大，如本文第一部分所述，早期主要集中在制造业、公共管理和社会组织、教育、卫生等领域，逐渐向第三产业的批发零售、商贸服务、数字经济产业等推进。2015年全国劳动模范、2004年全国五一劳动奖章获得者（竞赛授予），1985年出生的陈随丽最初只是个服装制作女工，如今已是公司培训师，虽然只有初中学历，却带出不少本科生徒弟，她语速缓和却动作迅速，能在短时间内制作出优质西裤。二是女劳

陈随丽在展示服装面料

模覆盖的社会层面、身份类型逐渐扩大。女劳模早期主要是制造业工人、学习文化积极分子，逐步发展到知识分子、脑力劳动者，进入2012年之后，女性私营企业主以及农民工的当选，体现出先进女职工构成的变化。2021年全国五一劳动奖章获得者、2015年全国五一巾帼标兵，莆田市力奴鞋业有限公司郑小娟，作为外来务工人员，从样品课职工成长为针车特级技能手、班组长，到业务部副总、人力总监、工会主席，再到担任区政协委员，为提升改善外来务工人员生活居住状况不断发声，被誉为“最美外来工”。

3. 持续发挥独特的作用

党的二十大报告中首次写入“加强家庭家教家风建设”相关内容。随着经济社会不断发展，职业女性“一手抓生产，一手抓生活”，不断发挥妇女在社会生活和家庭生活中的独特作用。女劳模群体从“舍小家顾大家”的形象，逐渐向“小家与大家兼顾，工作和家庭平衡”转变。一代一代的女劳模率先垂范，传承优良家风，厚植家国情怀。2015年全国劳动模范、2006年全国女职工建功立业标兵徐淑英，面朝黄土背朝天，和同为全国劳动模范的丈夫兰华雄在杂交水稻育种研究事业耕耘30多年，填补了省、市多项技术空白，为了更好地支持丈夫工作、照顾好双胞胎儿子，徐淑英放弃了去清华大学读书深造的机会。在他们的言传身

徐淑英（右）在稻田

教下家庭成员相处融洽，2015 年、2016 年先后获评福建省最美家庭、全国文明家庭。

郑秋妹从 8 岁开始当童工，新中国成立后进入福州制药厂工作，凭借着肯学肯干、肯摸索肯创新的精神，年年被评为厂先进生产者和优秀职工，1959 年被评为全国先进生产者，受邀参加全国工业、交通运输、基本建设、财贸方面社会主义建设先进集体和先进生产者代表大会，她的丈夫金建铭、二女婿徐燕和也先后分别当选福建省劳动模范、全国劳动模范，成为“一门三劳模”，2015 年、2018 年分别被评为福建省最美家庭（勤勉廉洁类）、全国最美家庭。

2020 年全国先进工作者、石狮市玉湖社区党委副书记林丽娜，作为社区主干，做到了“防控有速度，服务有温度”“疫情防控哪里需要，哪里就有她的身影”，让劳模精神在社区疫情防控一线闪光。她热心公益事业，召集成立了石狮市阳光太太志愿者协会并担任会长，10 多年来共发动社会捐款 850 多万元，全部用于扶贫济困、设立教育基金，2016 年被评为全国最美家庭、福建省十佳最美家庭。

（二）福建省总工会在女劳模成长过程中的主要做法

福建省总工会长期关心关爱包括女劳模在内的劳模的成长成才。特别是近年来着力做好“发挥劳模作用”和“落实劳动待遇”两大文章，在全社会大力弘扬劳模精神。

1. 发挥劳模作用方面

2018 年福建省总工会专门印发《关于激励先进模范在推进高质量发展实现赶超目标中发挥示范引领作用的若干措施的通知》（闽工〔2018〕123 号），从激发创新创造活力、汇聚建功立业力量、拓展两岸合作空间、大力弘扬劳模精神等四方面，提出 16 条具体举措，激励全省各级劳动模范、五一劳动奖章获得者、五一巾帼标兵等先进模范和五一劳动奖状、工人（五一）先锋号、五一巾帼标兵岗等先进集体积极作为，主动融入，充分发挥先进模范的示范引领作用。

2019 年福建省总工会批复了闽东北和闽西南两个协同发展区的《劳

动模范联盟工作实施方案》（闽工〔2019〕26号），由福州市总工会和厦门市总工会牵头，着力打造“创新联盟、竞赛联盟、人才联盟、扶贫联盟、宣传联盟”五大平台。两个片区分别召开工作会议并签订《劳动模范联盟工作协议书》，共同确定工作机制。各地积极探索推进各项工作，初步建立茶叶、电力等劳模工作室集群，首次举办了跨地区师徒结对活动、组织片区劳模宣讲团等，成效不断巩固拓展。

广泛开展劳模八闽行、劳模老区苏区行等活动，以劳模精神、劳动精神、工匠精神，带动贫困群众依靠诚实劳动创造幸福生活。组织教师劳模泰宁行，全国劳动模范郑捷带领10名女劳模、优秀教师与当地学校教师签订师徒结对协议，为福州、泰宁两地间的教育山海交流协作搭起桥梁；以“看福建巨变话建功立业”为主题，组织全国劳动模范侯秀英、罗祥英，全国五一劳动奖章获得者刘雪等50名劳模考察近年来福州城市变化的亮点和特色，为福州城市建设发展建言献策；组织全国五一巾帼标兵陈慧群等35名劳模走进晋江，学习晋江经验，交流在推进闽东南和闽西北协作区发展中发挥劳模示范带头作用的设想与路径。

推动劳模工作室创建“体系化”建设。截至2023年7月，福建省共公布10批730个福建省劳模和工匠人才创新工作室，其中137个是以女性全国、省级劳模和五一劳动奖章获得者名字命名的，从中产生出25个福建省示范性劳模和工匠人才创新工作室。这批创新工作室充分发挥劳模“传帮带”作用，创造“1+1群”效应。经过不断努力，劳模工作室在围绕中心、服务大局、推动技术进步、产业升级和服务示范等方面取得良好成效，形成了“企业搭平台、劳模树旗帜、团队共创新、职工强素质”的基本工作格局。

2. 落实落细劳模待遇方面

从源头上关心关爱劳模，健全和完善劳模待遇和服务管理制度，制定《福建省人民政府办公厅关于做好省部级以上劳模困难帮扶工作的实施意见》《福建省总工会劳动模范专项补助资金使用和管理实施细则》《福建省劳动模范疗休养管理办法》《福建省总工会办公室关于加强劳模日常管理服务工作的通知》等规范性文件，重点落实退休劳模荣誉津贴和医疗补助、劳模困难帮扶、劳模春节慰问等“硬政策”。

积极开展重要节日和节点劳模关爱活动，仅以2022年为例：在春节时，对550名全国劳模每人给予3000元慰问金，共计165万元；在教师节时，对118名省属高校省级以上劳动模范（含享受待遇者）进行慰问，发放慰问金每人1000元，合计11.8万元；在重阳节时，为300名80岁以上全国劳模和90岁以上省级劳模每人发放2000元慰问金，合计60万元；在国庆节时，走访慰问老劳模240名，发放240万元慰问金。同时，发放全国劳模专项补助资金381.18万元，省级劳模困难帮扶金520万元。向劳模开展生日致礼连续多年被纳入福建省总工会为职工办实事项目，近8000名劳模每年都在生日当天收到福建省总工会寄出的生日礼物，活动陆续收到不少劳模寄回的感谢信。

开展劳模省外疗休养、省内读书班，组织女劳模专题读书班、一线全国五一巾帼标兵疗休养，在每场疗休养、读书班中组织劳模“大学习”，发挥福建对台湾区位优势，2020年前还多次组织劳模、金牌工人赴台参访，一大批从事艰苦岗位工作的一线女职工参加活动。

2022年福建省首次在全省开展省级劳模健康体检活动，对除享受地方政府公费体检的党政机关、社会团体和事业单位人员外的全国五一劳动奖章获得者、省部级劳动模范，按照女性劳模每人每年1200元、男性劳模每人每年1000元的标准，共安排体检金300万元。

建立劳模精准联系制度，依托劳模管理系统等数字化手段，全省各级劳模管理机构基本摸清现存档案劳模的底数，不断完善劳模档案资料，按照每十年一个周期逐步推进劳模信息档案核查，定期电话回访，实现动态管理。

四、福建省女劳模工作的展望

（一）弘扬“三个精神”

加强思想政治引领，大力弘扬劳模精神、劳动精神、工匠精神，进一步做好劳模评选、工匠选树等工作，在评先评优等方面，推动台胞职工享受同等待遇。充分调动广大女职工积极性、主动性，组织女职工建功立业、创新创造，2023年起在培育争创福建省（示范性）劳模和工匠人才创新工作室的同时，每年命名10家省级女职工创新工作室。加大对劳模、女劳模宣传力度，通过在各类媒体开设专栏、专版成立巾帼劳模师资库、举办巾帼劳模工匠宣讲活动等方式，经常性宣传劳模、先进集体和职工技术技能。在全社会营造劳动最光荣、劳动最崇高、劳动最伟大、劳动最美丽的良好氛围。

（二）拓展服务内容

树立以职工为中心的工作导向，创新劳模服务管理模式，制定《福建省总工会关于推荐管理全国五一巾帼标兵岗、全国五一巾帼标兵的实施办法（试行）》等规范性文件，各级工会在重要节日对在职在岗的全国五一巾帼标兵获得者开展走访慰问，加大对先进女职工关心关爱力度。规范评先评优和服务管理工作，提升服务质量，有序拓展更多的劳模服务项目。

（三）优化劳模服务

适应女劳模多样化、多层次、多方面的新需求新期待，提供“细水长流式”关爱服务，切实做好劳模生活困难补助金、特殊困难帮扶资金、春节慰问金、退休荣誉津贴、高龄劳模慰问等各项资金的发放和管理工作，帮助劳模解决面临的现实困难和具体问题。

一个典型就是一面旗帜，一个模范就是一座丰碑。新中国成立以来，八闽大地上的巾帼劳模用智慧和汗水、担当和坚守，生动诠释了劳模精神、劳动精神、工匠精神的真谛。新时代是大有可为的时代，新征程是充满光荣和梦想的远征。

“劳动创造幸福，奋斗铸就伟业。”福建将充分发挥独特优势和巾帼劳模示范引领作用，加强人才带头、服务推动，带动广大女职工群众勤于创造、勇于奋斗，为奋力谱写全面建设社会主义现代化国家福建篇章再立巾帼新功！

参考文献

[1] 中华全国总工会女职工部，中华全国妇女联合会宣传部. 巾帼劳模时代特征和成长规律研究报告[M]. 北京：中国工人出版社，2022.

[2] 福建省总工会. 我和我的祖国——共和国劳模口述实录[Z]. 福建：福建教育出版社，2019.

[3] 福建省总工会. 福建省总工会60年（1932—1992）[M]. 福建：福建教育出版社，1992.

[4] 福建省总工会. 劳模的故事1—2[M]. 福建：福建美术出版社，2016.

[5] 福建省总工会. 劳动人生[M]. 福建：福建美术出版社，2014.

[6] 姚荣启. 中国劳模史：1932—1979[M]. 北京：中国工人出版社，2020.

[7] 路丙辉，徐益亮. 劳模精神的生成逻辑与时代价值[J]. 工会工作，2022（3）.

[8] 刘维春. 新时期福建妇女运动与妇女工作回眸[J]. 中共福建省委党校学报，2013（10）.

江西

江西篇

谁持彩练当空舞
红土巾帼耀赣鄱

江西是一片充满红色记忆的土地，这不仅仅是因为有广袤无垠的红色土壤，更有波澜壮阔的红色历史。在奔向民族复兴的伟大征程中，江西人民听党话、感党恩、跟党走，在伟大奋斗中书写了一曲曲壮丽的革命诗篇。人民军队在这里创建，革命道路在这里开辟，共和国从这里走来，伟大远征从这里起步，中国共产党领导人民在伟大革命历史中用鲜血和生命凝铸红色基因，写就中国革命"江西红"，汇聚成中华人民共和国最鲜亮的底色。

在新民主主义革命时期，特别是土地革命战争时期，伴随着武装斗争的开展和苏维埃政权的建立，各革命根据地出台了督促奖励工农业生产的政策，奖励表彰劳动模范，成为中国共产党领导下劳动模范的重要缘起。1931 年，中国共产党在江西瑞金建立了中华苏维埃共和国临时中央政府（以下简称"中华苏维埃政府"），进行了治国理政的预演。新生的红色共和国是党领导的工农民主政权，翻身做主人的革命群众以昂扬的斗志投身革命，发展生产。在这一历史时期，诞生了中国第一批女性劳动模范。劳动模范逐渐发展为中国工人阶级和劳动群众的优秀代表。

新中国成立后，党加强了对妇女运动的领导，广大妇女以前所未有的热情走出家门、走向社会，在生产、生活中进行创造性劳动，在政治、经济、文化、教育、科技、卫生等各个领域作出重要贡献。党中央、国务院先后表彰了 16 批次全国劳动模范，江西涌现出的女性全国劳动模范 163 名，占江西全国劳动模范获奖总数的 17.8%。同时，截至 2022 年，江西省女性获评全国五一劳动奖章者 129 名，获评全国五一巾帼奖先进个人 171 名，先进集体 176 个。多年来，一代又一代、一批又一批的巾帼劳模在江西红土地上，与祖国同成长、与时代齐奋进，挥洒辛勤的汗水，展示睿智的才华，传承红色的基因，奉献火热的爱心，为奏响"咱们工人有力量"的主旋律唱响了时代巾帼之歌。特别是进入新时代以来，江西巾帼劳模坚持以习近平新时代中国特色社会主义思想为指导，拼搏奋斗、争创一流、勇攀高峰，为在赣鄱大地这片红色沃土上奋力谱写中国式现代化江西篇章发挥了主力军作用，用智慧和汗水营造了劳动光荣、知识崇高、人才宝贵、创造伟大的社会新风尚，谱写了“中国梦·劳动美”的新华章。

一、新民主主义革命时期

1927年9月9日，毛泽东领导发动了湘赣边界秋收起义，之后率领起义部队上了井冈山，创建了中国共产党第一个农村革命根据地，开辟了农村包围城市、武装夺取政权的中国革命道路。由于国民党军队的持续进攻和包围封锁，造成了革命根据地物资短缺、经济困窘。

为了打破敌人封锁，改善经济状况，党中央和革命根据地分别出台了一些督促和奖励工农业生产发展的政策。这些督促和奖励工农业生产发展的政策，成为奖励表彰劳动模范的政策依据，也是中国共产党领导下劳动模范雏形的政策源头。

（一）中央苏区劳动模范产生的历史背景

1931年11月7日，中华苏维埃第一次全国代表大会在江西瑞金叶坪大祠堂举行，向全世界庄严宣告中华苏维埃共和国临时中央政府正式成立，开始了中国共产党治国理政的“伟大预演”。在这一时期，被誉为时代精神、民族脊梁、社会中坚的中国劳动模范就已经开始涌现。

中华苏维埃共和国的诞生，极大地推动了中国妇女解放运动发展，激发了妇女群众的革命热忱和生产积极性。在1933年春耕生产运动中，瑞京武阳区取得了很好的经验，不少地方的妇女发挥了示范带头作用。中央政府为了总结和推广经验，决定在武阳召开春耕生产运动代表大会。

1933年5月18日至22日，武阳劳模表彰大会（即武阳春耕生产运动代表大会）在武阳区苏维埃政府所在地——邹家祠堂召开，中华苏维埃共和国中央执行委员会主席毛泽东出席大会，向模范单位赠送锦旗，并在大会上作了重要讲话。中央政府土地部部长胡海、秘书王观澜出席大会。江西省的于都、兴国、瑞金、会昌、宁都、石城、广昌和福建省的长汀苏维埃政府主席、土地部部长，瑞金妇女委员会、水利建设科、农业生产科负责人，武阳区妇女委员会、贫农团、少共区委，以及各乡耕田队、贫农小组代表共 80 余人参会。

1933 年瑞金县武阳区获得“春耕模范”锦旗

毛泽东在武阳劳模表彰大会上对当前的革命形势以及革命战争与发展生产的关系、改善群众生活等工作作了报告，结合武阳区生产经验起草了“春耕生产运动大纲”，号召参会人员学习武阳好经验，把武阳经验推广到全苏区。可以说，毛泽东在武阳劳模表彰大会上的讲话和“春耕生产运动大纲”，对中华苏维埃政府第一次正式召开劳动模范表彰大会起到了基础性作用。

在中国共产党和中华苏维埃政府的领导下，中央苏区妇女纷纷摆脱封建枷锁，走出家门，走向田园，和男人一样耙田犁地，从事农业生产劳动。尤其是在大量青壮年男子参加红军之后，妇女就成为中央苏区生产劳动的主力军。一些妇女还成为著名的劳动模范，获得中华苏维埃政府的嘉奖。

中央苏区妇女参加农业生产

（二）苏区妇女劳动模范代表大会召开

1934 年 1 月，中华苏维埃第二次全国代表大会在瑞金召开。会议通过了《关于苏维埃经济建设的决议》（以下简称“决议”）。该决议提出：必须更进一步来发扬和提高中央苏区工农群众的劳动热忱。中华苏维埃政府应该特别奖励模范乡村的农户，工厂、生产队以及个别劳动战线上的模范英雄。鼓励妇女群众参加农业与工业的生产，对于发展中央苏区生产是非常必要的。

中华苏维埃政府为了表彰和进一步推动妇女参加生产劳动，于 1934 年春在瑞金叶坪召开了苏区妇女劳动模范代表大会。

从会议名称看，苏区妇女劳动模范代表大会已经正式明确了“劳动模范”的荣誉称号。从会议目的看，是推动妇女参与生产劳动，促进全国经济发展。从主办单位看，这次大会是由中华苏维埃政府主持召开的一次劳模表彰大会，会议主办单位规格高，会议规模大。从出席会议的领导层级看，中华苏维埃政府主席毛泽东出席会议并发表讲话。从参会代表看，有福建、湘赣、粤赣等省份的优秀妇女代表参加，具有广泛性和代表性。从会议议程看，大会表彰了一批妇女劳动模范，颁发了劳模奖品，还进行了现场劳动示范表演。从会议奖品看，奖励给优秀妇女的围裙和竹笠上分别绣了“学犁耙能手”和印有“劳动模范妇女”几个大字，具有示范性和引领性。由此可见，苏区妇女劳动模范代表大会是土地革命战争时期中国共产党领导下的一次全国表彰女性劳动模范的大会。

（三）中央苏区女性劳动模范基本情况和历史特征

目前，可以确定在苏区妇女劳动模范代表大会受到表彰的巾帼劳模中有以下两位：

一是李坚真。从《李坚真回忆录》的个人自述中可以看出，她是当时受到表彰的女性劳动模范之一。

二是李玉英。根据《中央苏区经济建设》和1997年江西省妇联赣州地区办事处编写的《赣南妇女运动史料选编》（第二册）的记载，第二次全国苏维埃代表大会代表、兴国县长冈乡妇女主任、耕田队队长李玉英也是当时受到表彰的女性劳动模范之一。

中华苏维埃政府在瑞金成立之后，国民党进行了疯狂的军事围剿和经济封锁。中央苏区妇女担负起后方的生产任务，开展了生产自救和轰轰烈烈的劳动竞赛活动，粉碎了敌人的阴谋，在中国革命史上谱写了一段佳话，产生了中国共产党领导下的第一批女性劳动模范。这批巾帼劳模具有明显的革命印迹和历史特征。

一是出身贫寒，在“三座大山”的残酷迫害下生存艰难，具有强烈的反抗精神。参加革命前，中央苏区的妇女深受帝国主义、封建主义、官僚资本主义三座大山的剥削压迫，深受君权、族权、夫权、神权等封建礼教的毒害，在政治、经济、文化、婚姻等方面完全没有自己的权利。中央苏区建立后，各级党组织加强推动妇女解放，妇女追求自由和平等、反抗压迫的意识更加强烈。

二是缺少文化，在参与生产劳动和工作中接受锻炼，具有强烈的进步精神。中央苏区作为当时中国最进步、最民主的地方，坚持围绕党的中心任务发动妇女参加革命工作。一是领导妇女参加土地革命，参与苏维埃政权建设；二是组织妇女慰劳红军、扩大红军，参与军事斗争；三是动员妇女参加生产，为中央苏区提供有力的经济支持。由于妇女识字不多，在生产劳动和工作实践中经常感到手足无措，但她们有强烈的进步愿望，主动参加各种学习，锻炼提升自己，很快就打开了工作局面。在党和政府的广泛宣传和帮助下，中央苏区妇女冲破旧习俗的束缚，发扬吃苦精神，克服种种困难，终于掌握了农业生产的各种技术，如犁耙、莳田等，许多人还成为生产能手。兴国县长冈乡共产党员、妇女主任李玉英就是其中的一名优秀代表。她不仅成为中央苏区著名的劳动模范，还受到了中华苏维埃政府的嘉奖，将长冈乡的经验推广到江西全省苏区。

三是紧跟党走，在中央苏区妇女解放运动中逐渐接受党的教育，具有强烈的斗争精神。在中央苏区，各地党组织做好妇女的组织和思想发动工作，创办夜校、农校等，传授妇女文化知识，开展阶级教育，宣传党的主张和政策，启发妇女群众的思想觉悟。一批女性劳动模范学习革命道理，自觉加入农会、青年团、工会、妇女协会等组织，她们自觉地把参加革命支援战争与搞好后方生产两副重担一起挑，为夺取第四次反“围剿”胜利、支持第五次反“围剿”发挥了重要作用。

四是带头示范，在各条战线上展现妇女的英雄姿态，具有强烈的模范精神。在党的引导下，女性劳动模范在春耕生产和查田运动等活动中，具有主动的示范意识，她们在政治战线、经济战线、文化战线上，表现了妇女的英雄姿态，一批女性劳动模范成长为党和政府的干部，成为重要的革命力量。如兴国县长冈乡李玉英回去后，带动全乡妇女学习耕田，并把奖励给自己的耕牛借给家里无牛的妇女学习犁田。同时，女性劳动模范李坚真和邓子恢、范乐春等人，通过唱山歌等方式鼓励青壮年踊跃参加红军，激励妇女参加农业生产，在军事动员和苏维埃组织中也发挥了非常重要的引领作用，被人们誉为“山歌部长”“山歌书记”“山歌主席”。

（四）中央苏区女性劳动模范的成长规律

1. 在党领导下的妇女解放运动中受到影响，获得个人自由和自身解放

中国共产党成立以后，始终坚持将妇女事业作为党和人民事业的重要组成部分，始终坚持把妇女的发展进步写在中国发展进步的旗帜上。中央苏区女性劳动模范的出现，是贯彻落实毛泽东经济思想的重要体现。

广大妇女在解放运动中受到思想的洗礼，获得了自身的解放。

2. 在党的教育下投身革命洪流，为党和革命事业建功立业

中国共产党成立以后，始终把广大妇女作为推动党和人民事业发展的重要力量。1934 年 1 月 23 日，中华苏维埃政府主席毛泽东在《我们的经济政策》一文中指出，"有组织地调剂劳动力和推动妇女参加生产，是我们农业生产方面的最基本的任务"。在党的教育下，女性劳动模范率先垂范，引导广大妇女投身革命洪流，前赴后继，推动了中央苏区经济发展，保障了反"围剿"斗争的胜利，为党的事业建功立业。

引导妇女承担经济建设的重任，巩固土地革命胜利果实。1933 年 2 月，第四次反"围剿"开始后，红军规模猛烈扩大，中央根据地红军家属占 2/3，无劳动力或劳动力不足的占 3/4。推动妇女参加生产，是中央苏区农业生产面临的重要问题。当月，中央局向广大妇女发出"提早春耕""增加生产"的号召，首先得到了瑞金武阳妇女热烈响应。1933 年 5 月在武阳召开的春耕生产运动代表大会和 1934 年春召开的苏区妇女劳动模范代表大会，树立了一批女性劳动模范，激发了中央苏区广大妇女的生产积极性。在女性劳动模范的示范引领下，中央苏区妇女成群进入生产战线，学会犁耙技术的妇女数量成倍增长。截至 1934 年 8 月，仅兴国、瑞金两县学会犁耙技术的妇女就有 1.6 万余人，妇女参加主要生产事业的人数达到 4 万人以上。

妇女在努力学习生产技术的同时，还热烈响应政府号召，组织和参加耕田队、劳动互助社、犁牛合作社等，有效解决劳动力和耕牛不足等问题；同时，参加筑水库、修沟渠等水利建设，积极改善了农业生产条件，提高粮食产量。

由于女性劳动模范的示范带动，广大中央苏区妇女积极投身农业生产取得了突出成绩，保证了中央苏区十几万红军和苏维埃工作人员的粮食和物资供应，改善了中央苏区工农群众的生活，巩固了土地革命的胜利果实。女性劳动模范也逐渐成长为妇女群众的"领头雁"。

带领妇女踊跃参战支前，竭尽全力保卫人民苏维埃政权。苏维埃政

权的建立，使妇女在政治、经济、婚姻和文化教育等方面得到了解放，妇女从过去的双重奴隶变成了苏维埃政权的主人。在女性劳动模范的带领下，妇女积极参加和支援革命战争，竭尽全力把保卫红色政权作为自己的神圣职责。1934 年 6 月，红军总政治部向后方要求做 20 万双草鞋送到前线。李坚真等发动和带领妇女群众夜以继日地赶制草鞋和米袋，鞋子做好以后，还在鞋底和后跟绣上“红军万岁”“英勇杀敌”等文字，鼓励子弟兵。

3. 伴随党的事业发展而成长，成为坚定的马克思主义者

中央苏区女性劳动模范以自己的实践破除了迷信，发展了生产，为反“围剿”战争作出了积极贡献。在革命和战火的洗礼中，女性劳动模范的革命意志变得更加坚强，并伴随着党的事业发展实现了自身发展，成为坚定的无产阶级革命者。

兴国县长冈乡妇女主任李玉英参与毛泽东主持的“长冈乡调查”座谈后，深受鼓舞，带头学犁耙，带动四个村的 130 多名妇女在 20 多天内学会了犁耙。李玉英因此得到了中华苏维埃政府和江西省委的表扬与奖励，还加入了中国共产党，作为正式代表光荣地出席了在瑞京召开的中华苏维埃第二次全国代表大会。

李坚真受到中华苏维埃政府表彰后，革命意志更加坚定，斗志更加旺盛，工作更加积极。在第五次反“围剿”失利后，她坚决要求参加长征，成为中国历史上仅有的 32 位参加长征的中央红军女战士之一。李坚真先后担任中共陕北省委组织部部长、妇女部部长，中共中央妇女部部长、陕甘宁边区各界妇女联合会筹备委员会主任、中共中央东南分局妇委书记等职。1949 年，她出席第一届全国妇女代表大会，当选全国妇联执行委员。同年，出席了第一届全国政协会议和开国大典。

二、社会主义革命和建设时期

（一）基本概况

新中国成立初期，国家面临最重要的问题是巩固新生的人民政权、

医治战争创伤、恢复社会经济、开始建设社会主义新中国。在党的领导下，妇女从过去的受压迫、受剥削、受欺负的阶层，翻身成为国家的主人。党和政府高度重视妇女在政治、经济、文化、教育、科技、卫生等领域的参与。妇女坚决响应党和政府的号召，积极投身伟大的社会主义建设事业。在工业化建设中，女性劳动模范积极参加技术革新，不断提高技术水平。在农业合作化进程中，热烈拥护和踊跃参与以互助合作为中心的大生产运动。在各行各业、各条战线涌现出一批批劳动模范和先进集体，为新中国的建设发挥了积极的表率示范作用。

党和政府逐步把劳动模范的评选工作制度化、规范化、常态化。历届劳动模范的推荐评选工作都是根据国家的形势和中心任务要求，按照先进集体和劳动模范的评选条件严格推选。1950 年 10 月，江西省总工会作出《关于加强女工工作的决定》，坚持每年召开全省女工工作会议，动员女职工为建设社会主义贡献力量，培养推选女性劳模，并对女性占劳模比例提出要求。从 1956 年起到 1978 年，江西省共有 56 位女性获得全国劳动模范荣誉称号。

（二）基本特征

20 世纪 50 年代，江西省先由各基层单位结合爱国主义生产竞赛、增产节约运动、先进生产者运动等，按照“历史清楚、政治进步、生产先进、为群众所公认”等条件认真评选，同时还强调“选择有突出成绩，有普遍推广意义的先进经验，认真总结、鉴定”。而在 20 世纪 60 年代，评选条件从“政治思想好、完成任务好、遵守纪律好、经常学习好、团结互助好”五个方面提出具体要求，并强调必须具备“政治思想好和完成国家计划好”这两个基本条件。因此，这一时期的女性全国劳动模范具有以下基本特征：

1. 获奖时都处于青年奋斗时期

这一时期的江西省女性全国劳动模范，获奖时普遍年轻，很多不到 30 岁（见图 1）。尤其是 20 世纪 50 年代和 60 年代更加明显。1956 年，江西 8 名女性全国劳动模范平均年龄为 26.5 岁，最小的是南昌卷烟厂女工王英秀，只有18岁；在赣南革命老区的红土地上默默耕耘、教育巨匠叶圣陶先生曾专门赠手书“以身作则”予以褒扬的赣州二中教师廖舜薇，被评为全国劳动模范时年仅25岁；年龄最大的为上饶专区赣剧团副团长杨贵仙，被评为全国劳动模范时也才38岁。1959年11名女性全国劳动模范更趋年轻，平均年龄只有24岁。其中，南昌橡胶厂工人吴贤和赣南火柴厂装盒工刘小娥还不到20周岁。1960年，万安县夏造镇黄祝村江背组17岁的女农民曹嗣英和瑞昌市19岁的王健香等多名女性不到20岁就被评为全国劳动模范，成为人们学习的榜样。

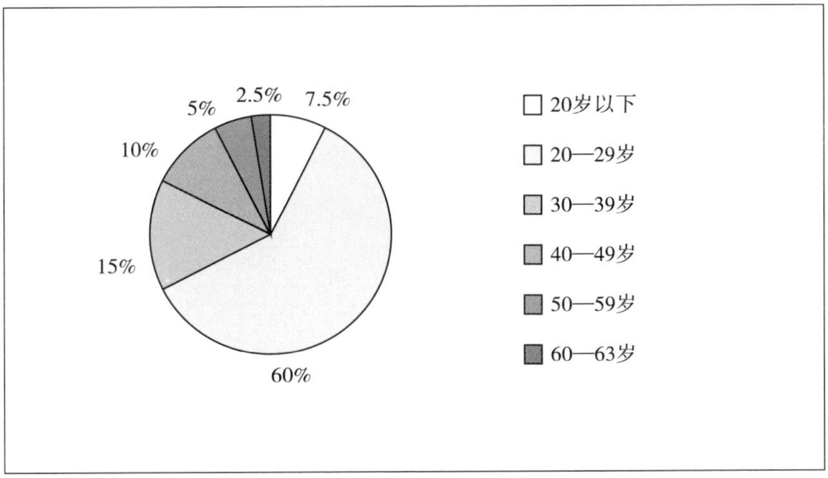

图1 江西省社会主义革命和建设时期女性全国劳动模范获奖年龄比例

2. 在集体劳动中取得优异成绩脱颖而出

新中国的成立，激发了广大女性走出家庭、走向社会的积极性，她们在参与集体劳动中激情迸发，脱颖而出，结合实际创造出不少先进的工作方法，极大地提高了生产效率，为社会主义建设贡献智慧和力量。21岁的南昌电务段南昌电话所电话员徐民华创造了长途台提高设备利用率的先进工作方法，使一次人工接转的时间由33秒缩短到21秒，还创造过4.5秒的新纪录。江西棉纺织印染厂挡车工经自麟组建了该厂第一个共产主义协作小组，带领另外两个姐妹创下高速400转挡纬纱800锭的新纪录，被称为“江纺三姑娘”。九江国棉一厂细纱挡车工瞿兰香创造

26秒接头10根、质量无白点的全省最高纪录。

3. 主要来自以女性为主的行业

这一时期，56名女劳模所在的行业集中在女性从业人数较多的九大行业（见表1）。

表1　社会主义革命和建设时期
江西省女性全国劳动模范就业行业分布情况统计

序号	行业	女性全国劳模数量（位）	占比（%）
1	教育系统	17	30.4
2	卫生系统	8	14.3
3	纺织系统	7	12.5
4	轻工业系统	5	8.9
5	文化系统	5	8.9
6	商业零售	4	7.1
7	农村农业	4	7.1
8	邮电通信	2	3.6
9	银行金融	2	3.6
10	其他行业	2	3.6
合计		56	100

4. 获奖时的学历普遍不高

这一时期女性全国劳动模范的学历普遍不高，只有少数几人在新中国成立前上过学。学历较高的集中在教育和卫生两个行业，大部分工农业界的女性全国劳动模范在新中国成立后才读过小学或初中。

5. 属于本行业中思想较先进的群体

女性全国劳动模范的政治思想、个人觉悟在本行业中属于较高的群体。在56名女性全国劳动模范中，有近半数是中共党员。她们经历了旧社会的压迫后，在党的领导和教育下实现了人身解放、思想解放，个人价值追求实现了质的飞跃，主动要求入党，并在生产劳动中积极发挥示范带动作用。

（三）成长规律

1. 从感恩到爱国的情感转变

这一时期的女性全国劳动模范大多数出生在新中国成立前。新中国成立后，妇女翻身成为国家的主人，社会地位得到彻底的改变。因此，对党和政府，女劳模们从内心充满感恩。新中国成立后，女劳模的情感从感恩向爱国转变，她们认为，以极大的热情投入各项工作，就是对党的感恩，就是热爱祖国回报社会。在各行各业，女劳模以主人翁的姿态，投入全省工业化建设和社会主义农业改造。在纺织行业出现的“江纺三姑娘”“上饶四人组”“九江八闯将”等女劳模群体的示范带动下，江西人民迅速掀起社会主义建设高潮，纺织、电力、煤炭等国民经济基础行业迅速发展。

2. 从劳动受苦到劳动光荣的观念转变

新中国成立前，女性在家庭和社会处于被剥削的地位。新中国成立后，劳动使女性一方面从旧的束缚中解放出来，另一方面又使吃苦耐劳的优良传统能够得到传承和发扬，更重要的是劳动模范的身份，使女性获得了丰富的奖励。1966 年，女性全国劳动模范瞿兰香等 10 名先进代表还受邀到北京参加中华人民共和国成立 17 周年国庆节观礼。

3. 从家庭劳作到集体劳动的方式转变

新中国成立前，在私有制经济制度下，女劳动模范的生产劳动以个人和家庭为主。新中国成立后，国家确立了公有制经济制度，把女劳模从繁重的家务劳动中解放出来。为了激发广大女性的生产积极性，政府有序组织开展了各种形式的劳动竞赛活动。以劳模为代表的劳动竞赛活动，极大地推动了新中国国民经济的恢复，有力地促进了社会主义建设。劳动竞赛是一种集体劳动中“先进带后进、后进赶先进”的劳动方式，它代表了共产党人对劳动、劳动者和技术的肯定，进一步提升了劳模在新中国话语权中的重要作用。

多次被评为全国劳动模范的瞿兰香，1936年出生于江西九江一个贫困家庭，15岁进入九江国棉一厂当细纱挡车工。1952年，瞿兰香在厂里带头学习“郝建秀工作法”，并进一步革新，首次将个人值车能力由400个纱锭提高到1200个，还自创了“细纱值车工巡回工作法”和“细纱接头单指挽纱平挑操作法”，把每分钟接头18根提高到了24根，在实操中创下了26秒接10个头的最高纪录。

瞿兰香在演示操作

和瞿兰香一样，女性全国劳模在集体劳动中展现出了优秀的品质和独有的特征，有的是爱岗敬业、任劳任怨；有的是革新技法、独树一帜；有的是业绩突出、贡献重大。女性全国劳模还在集体劳动中起到了引领示范作用，为提高生产效率、改善生产关系和增进人民福祉发挥了重要作用。

三、改革开放和社会主义现代化建设新时期

（一）基本概况

党的十一届三中全会以后，在全面推进改革开放的伟大进程中，党和政府始终重视劳模工作，探索出一条符合中国国情、适应劳模发展的中国特色社会主义发展新道路。

江西省加强劳模选树工作，下发《关于评选表彰全国劳模、先进工作者和省劳模工作的通知》，既注重评选改革创新的先进人物，又注重女性劳模、基层劳模的推选比例。同时，强化服务劳模手段，提升劳模待遇，在职工群众中掀起学习劳模、争当劳模的热潮。这一时期，江西共产生了 76 位女性全国劳模，占江西全国劳模总量的 19.3 %。与社会主义革命和建设时期相比，无论是获奖人数还是获奖比例，都呈上升的趋势。从 1985 年开始，全国总工会增设全国五一劳动奖章评选，到 2012 年，江西共有 99 位女性获得全国五一劳动奖章，获奖比例为 15.3%。从 2005 年开始，全国总工会增设全国五一巾帼奖（集体）、全国女职工建功立业标兵岗等集体奖项和全国女职工建功立业标兵个人奖项。到 2012 年，江西省共有 74 家以女性为主体的单位（班组）获得全国五一巾帼奖（集体）和全国女职工建功立业标兵岗等集体荣誉称号，有 69 名优秀女性获得全国女职工建功立业标兵荣誉称号（以下将女性全国劳动模范、女性全国五一劳动奖章获得者、全国五一巾帼标兵统称为“巾帼劳模”）。

（二）基本特点

改革开放和社会主义现代化建设新时期，江西省委、省政府明确把工作重点转移到“以经济建设为中心”上来。20 世纪 80 年代初到 90 年代初，以农业农村建设为重点，发挥农业资源优势，带动全省经济全面发展。20 世纪 90 年代以后，全力推进全省工业化进程。进入新世纪，江西紧紧围绕“在中部地区崛起”的奋斗目标，积极探索加快改革发展新路子，推动全省经济持续快速稳定发展。随着社会主义市场经济的发展，一批批巾帼劳模崭露头角，书写了“巾帼不让须眉”的崭新篇章。这一时期的巾帼劳模有以下基本特点：

1. 具有青春有我的奋斗意识

这一时期，76 名女性全国劳模，除 1 人具体年龄不详，其余 75 人平均获奖年龄为 37.5 岁，比上个时期增长了七八岁，但依然以中青年为主（见表 2）。第 24 届汉城奥运会中国代表团首枚金牌获得者许艳梅，被评为全国劳动模范时刚满18周岁。

表2 江西省改革开放和社会主义现代化建设新时期女性全国劳模获奖年龄层次统计

年龄层次（岁）	女性劳模人数（位）	女性劳模占总量比例（%）
20以下	1	1.3
20—29	5	6.6
30—39	25	32.9
40—49	31	40.8
50—59	14	18.4
合计	76	100

2. 具有坚定不移的政治觉悟

76名女性全国劳模中，有62人是共产党员。

3. 具有吃苦耐劳的传统美德

她们在平凡的工作岗位上日复一日、年复一年地默默奉献着自己的青春年华。

4. 具有开拓进取的创新精神

随着市场经济的逐渐发展，女性的就业渠道进一步扩展，从业行业范围进一步扩大，女性发扬开拓进取精神，纷纷在各自领域发挥聪明才智。这一时期76名女性全国劳模所在行业除农业、纺织、教育、商贸、银行等女性传统的优势行业外，在以男性为主的传统行业也出现了女劳动模范的身影。一批新兴起来的乡镇企业、农业龙头企业的女性带头人在商海竞争中脱颖而出。鄱阳县鸦鹊湖乡鸦鹊湖垦殖场高喜凤1989年就在全县率先承包耕地289亩，精耕细作，科学管理，成为“江南女粮王”，累计向国家交售粮食500余万公斤，成为创业致富的典型。

（三）成长规律

1. 党的领导促进巾帼劳模成长

中共十一届三中全会以后，江西省各级党委、政府为劳模、先进人物落实政策、恢复名誉和待遇。1985 年，江西省政府同意并批转了由江西省总工会报送的《关于我省劳模管理工作几个问题的报告》，要求各级政府切实把劳模管理工作做好。在党的领导下，巾帼劳模把握了正确的前进方向，拥有了尽情施展才华的广阔舞台。

国家和地方各级党政部门制定的有利于女性人才成长的政策，在较大范围内促进女劳模更快成长。1989 年，江西省人民政府下发《关于评选表彰全国劳模、先进工作者和省劳模工作的通知》，明确要求推选劳动模范时要注意人员构成，妇女、少数民族应占一定比例。江西省各级工会把对巾帼劳模的联系、培养和管理服务作为自己的一项重要工作，各级党政领导每年在“五一”国际劳动节、春节等重要节日前后走访慰问劳动模范，当面听取劳模的意见和建议，向劳模讲形势、交任务，激励巾帼劳模更好地发挥骨干、带头和桥梁作用。纵观江西女性全国劳模，由生产一线培育而后成长为各级领导干部的不在少数。目前，职位最高的为黄懋衡，退休前曾任江西省人民政府副省长、江西省政协副主席。瞿兰香由九江国棉一厂挡车工成长为九江市人大常委会党组副书记、副主任。刘细珠由上高县锦江公社钟家渡大队十一生产队队长成长为第一届上高县政协副主席。

2. 社会发展促进巾帼劳模成长

社会发展为巾帼劳模成长提供了更为广阔的舞台。改革开放前，南昌市青山湖区湖坊镇进顺村是个出名的贫困村。“青菜拌咸盐，一吃就半年。要想吃豆腐，还得等过年”是当时的真实写照。1984 年 8 月，年仅 26 岁的罗玉英被村民选举为进顺村首届村委会主任。40 年来，在党和国家富民政策的引领下，罗玉英作为进顺村党委书记、江西鄱阳湖实业有限公司董事长带领全村历经了“盘活资产打基础、以地换地拓空间、招商引资谋发展”三个阶段，大力发展飞地经济，建设工业园、物流园、村民住宅小区等，创下了江西省村级“十个率先”，带领村民走上了共同富裕道路，为全省推进乡村振兴做出榜样。

罗玉英（左四）在进顺村党群服务中心与年轻村干部交流

3. 群体团结促进巾帼劳模成长

巾帼劳模在本单位内组成互相帮助、互相理解、互相支持的群体组织，成员之间和谐融洽、奋发向上，具有较强的凝聚力、向心力和互补性，在生产生活等方面会产生强大的原动力、传承力、感染力和影响力，同时也会反作用促进巾帼劳模群体的成长。如江西传统的优势行业——纺织业就涌现出以瞿兰香为首的九江国棉一厂“八闯将小组”，在一代代新老交替中，多次获得国家级和省市级行业先进集体荣誉称号，受到毛泽东和周恩来等老一辈国家领导人的接见，先后有瞿兰香、马玉霞、陈义华、陆永兰四任组长被评为全国劳动模范，另有两任组长被评为全国三八红旗手。其中瞿兰香先后于 1959 年、1977 年和 1979 年获全国先进生产者和全国劳动模范荣誉称号，2009 年还被评为“新中国 60 年来江西 60 位最具影响力的劳动模范”。

4. 理想信念促进巾帼劳模成长

理想信念坚定的女性，能正确认识国家前途命运，认识党和人民利益，处理好个体与国家、集体之间的关系。妇产科专家符式珪抱着造福人民的信念，领头攻克了曾在世界上被称为“不治之症”的女性泌尿瘘，在江西乃至全国推动了治疗这种高、深、难病症的歼灭战，使千千万万受这种病痛折磨的姐妹得到了新生。全国劳模、中国工商银行江西萍乡莲花支行储蓄员甘公荣一直记得“将军农民”父亲甘祖昌的一句话：“要挑老红军的担子，不摆老红军的架子。”父亲的一言一行深深地影响、激励着甘公荣，她第一个推出“改等客上门为主动找客揽储”的做法，改变了服务的方法，在平凡的岗位上干出了不平凡的成绩。

随着社会变化加剧，巾帼劳模在经历了一段时间的实践后，很容易产生知识不足的危机。1991 年 3 月，江西省总工会下发《关于做好选送劳动模范参加中国工运学院大专班学习的通知》，要求全省各级工会积极选送青年劳模参加中国工运学院大专班的学习。南昌市青山湖区湖坊镇进顺村党委书记罗玉英在带领村民改变村庄面貌的 30 多年里，她有一个让自己不断进步、不断适应形势需求的法宝就是“学习”。30 多年来，她边工作边学习，到国内很多著名学府参加各种培训，让自己的才干在学习中成长。

四、中国特色社会主义新时代

（一）基本概况

进入新时代，江西巾帼劳模坚持以习近平新时代中国特色社会主义思想为指导，牢牢把握为实现中国梦而奋斗的时代主题，把自身的前途命运和民族的前途命运紧密联系在一起，把个人梦和中国梦紧密联系在一起，把自身的发展和全省人民的发展紧密联系在一起，感恩奋进，走出了一条贯彻中央精神、契合江西实际的绿色发展之路，踏上了建设中国式现代化江西篇章的新征程。

中国特色社会主义新时代江西共有 31 位女性被评为全国劳动模范，占江西全国劳动模范总数的 21.7%，为新中国成立后女性全国劳动模范占比最高的时期。有 46 位女性获得全国五一劳动奖章，占比 41.1%。党的十八大召开以后，受党的号召和时代的影响，江西女职工在各行各业展示出空前高涨的热情和工作积极性，获得全国五一劳动奖章的女性占比是十八大之前的 2 倍多。另外，还有 97 家以女职工为主体的单位（班组）获得全国五一巾帼奖（集体）和全国女职工建功立业标兵岗等荣誉，有 103 名优秀女性获得全国女职工建功立业标兵荣誉称号。无论是个人荣誉还是集体荣誉，中国特色社会主义新时代的江西女性获奖数量均大幅增长。到 2021 年，江西省共获得全国五一巾帼标兵（岗）、全国五一巾帼奖章（状）、全国女职工建功立业标兵（岗）、全国先进女职工组织（工作者）357 个（人）。

（二）基本特征

1. 获奖时年龄有所增长

中国特色社会主义新时代江西女性全国劳模平均获奖年龄为 46.3 岁，比改革开放和社会主义现代化建设新时期的获奖者年龄大了 8.8 岁。31 位女性全国劳模中，主体呈橄榄形结构（见表 3），中青年占主导地位。其中，年龄最大的被评为全国先进工作者时已经 59 周岁；年纪最小的是 34 岁的萍乡市特殊教育学校教师贾君婷仙。

表 3　江西省中国特色社会主义新时代女性全国劳模获奖年龄层次统计

年龄层次（岁）	女性劳模人数（位）	占女劳模总量比例（%）
34—39	5	16.1
40—49	16	51.6
50—59	10	32.3
合计	31	100

2. 思想意识更具先进性

中国特色社会主义新时代的女性全国劳模在思想上更向党组织靠拢，其中中国共产党党员为 25 人，占比 80.6%。巾帼劳模更关心国家大事，把群众的冷暖放在心里，思想上、行动上主动地替党分忧、为民办实事。资溪县乌石镇新月畲族村党支部书记兰念瑛是少数民族女性，她说："这一辈子我感到最光荣的事情就是加入了中国共产党，能带领全村百姓走上脱贫致富的道路。"很多女性在获得全国劳动模范荣誉称号之后，更加自觉地把党和政府的声音传递给基层群众。2020 年 3 月，党的十九大代表、中铁九桥工程有限公司电焊工匠技师王中美主动向单位提出建立“习近平新时代中国特色社会主义思想王中美学习小组”，带领中国桥梁界首支“女子电焊突击队”发挥典型引领作用，推动习近平新时代中国特色社会主义思想走向基层，走进一线职工心中。这支以王中美为领头人的“女子电焊突击队”荣获全国五一巾帼标兵岗称号。党的二十大代表、国网江西省电力有限公司南昌供电分公司东湖供电中心高级营销管理师周海萍在党的二十大闭幕以后，连续向基层电网职工宣讲党的二十大精神几十场，线下参与群众达几千人次。

王中美在电焊作业中

3. 个体技能素养更具专业性

随着九年制义务教育普及和受教育程度提高，中国特色社会主义新时代的女性全国劳模学历普遍提升。大学专科以上学历 22 人，占比 71%；大学本科学历 14 人，占比 45.2%。有的女性全国劳模还是所在领域的学科带头人、科研“领头羊”。

4. 贡献作用更具典型性

中国特色社会主义新时代的巾帼劳模，是各条战线上最优秀的代表，是本地区、本行业群众学习的榜样。有为高质量发展辛勤劳动的优秀基层职工、赣州市南康区江西客家人环境管理有限公司龙岭和金塘清扫班班长陈隆梅；有为打破“卡脖子”技术垄断、为我国科研事业呕心沥血的研究人员、赣南师范大学国家脐橙工程技术研究中心主任、教授钟八莲；有为培养现代化人才尽职尽责的优秀人民教师、九江市双峰小学校长、特高级教师张明霞；有为推进人民健康事业、守护一方平安的妙手仁医，江西省妇幼保健院产科主任医师余腊梅等。

5. 个体成长更具有双重性

中国特色社会主义新时代的巾帼劳模成长，既得益于家庭内部环境和岗位外部环境的不断优化，也得益于个人学习和组织培养的双重推动。中国特色社会主义新时代以来的巾帼劳模都是成长在新中国的旗帜下，这时期党领导下的妇女解放事业不断发展，妇女社会地位不断提升，在政治、经济、家庭、教育、社会、环境等各领域有了充分施展才华的空间，女性的自我主体意识不断增强。高安市超鹰科技有限公司董事长吴英选择了很多女性不感兴趣的机械制造专业，在个人兴趣和幸福家庭的双重加持下，吴英才有了充分展示自我的空间和时间。

（三）成长规律

进入中国特色社会主义新时代以来，江西以劳模精神、劳动精神、工匠精神为引领，以创新为主题，以提升职工素质为主线，以完善竞赛机制为保障，广泛深入持久开展劳动技能竞赛，发挥工人阶级主力军作用，激发广大职工创造潜能。江西巾帼劳模始终把握正确方向，深化改革创新，在决胜全面建成小康社会、决战脱贫攻坚、发展社会主义民主法治、建设文化强省、持续推进江西社会稳定发展等方面贡献“巾帼之力”。

1. 在坚守初心使命中贡献“巾帼担当”

进入中国特色社会主义新时代以来，江西巾帼劳模怀着对党的无比信仰、对人民的无限忠诚，化热忱为热情，把职业当事业，在实现中国梦伟大进程中奋力拼搏、勇攀高峰，在决胜全面建成小康社会、决战脱贫攻坚中展现了“巾帼担当”。如兰念瑛几十年扎根基层，带领乡亲们破除了家乡资溪县乌石镇新月畲族村“冷浆田里无收益”的魔咒，大力发展花卉苗木产业，使一个贫困村翻身一变成为富裕村，个人也成长为江西省第一位畲族女性全国劳模。樟树市福城街道药市社区党支部书记卢志红，高安市筠阳街道筠泉社区党委书记、主任付秀秀等，在平凡的社区岗位上，几十年如一日，为社区居民提供了精准化、精细化服务，不断提升群众的“幸福指数”，让党的光辉更暖人心。

2. 在追求卓越技能中贡献“巾帼智慧”

高质量、跨越式发展，是江西扩大开放、转型发展的必由之路。中国特色社会主义新时代的巾帼劳模以时不我待、只争朝夕的责任意识，爱岗敬业、敢于创新，创建了一批又一批的劳模创新工作室，以平凡的劳动，创造了不平凡的业绩，为经济社会发展贡献了“巾帼智慧”。如江西华泰铜业有限公司模具车间女工宋英积极参加技术发明和技术革新活动，充分发挥劳模工作室作用，仅 2014 年就成功研发出 7 个新项目。江西金利达钾业有限责任公司女化工专家杜建新坚持以创新技术引领企业发展，参与制定了四项国家标准，研发的新工艺达到国际先进水平，开发了具有自主知识产权的专利成果，实施了国家绿色制造系统集成项目。中铁九桥工程有限公司电焊工匠技师王中美，以技立业 21 年，创造了“王中美焊接工法”，她参与完成 32 项创新项目攻关，获得授权专利 19 项，实现成果转换 6 项，她参建的重点工程获得国家优秀工程奖、鲁班奖、全国优秀焊接工程一等奖等。

3. 在维护公平正义中贡献“巾帼力量”

建设法治江西是贯彻依法治国方略、建设法治中国在江西的具体实践。江西巾帼劳模紧扣法治江西建设的有关要求，运用现代科技，实施法律宣传服务，维护群众合法权益，为维护社会和谐稳定贡献了“巾帼力量”。如景德镇市公安局昌江分局户政科科长黄莺把办事群众当自家人，在户政管理方面创立了“黄莺工作法”，用心为群众办好每一件大事小情。广昌县检察院检委会专职委员魏云秀忠诚履职尽责，把一片深情投入青少年维权工作，融合法理与情感，当好青少年的“检察妈妈”。贵溪市人民法院党组成员、泗沥人民法庭庭长周淑琴扎根基层法庭，公正执法、用心服务，办案 2000 余起，无一错案、无一违纪、无一上访缠诉、无一处置不当致矛盾激化，努力让人民群众在每一起司法案件中感受到公平正义。

4. 在奔赴美好生活中贡献“巾帼方案”

中国特色社会主义新时代的江西巾帼劳模，以党旗引领江西绿色发展、传承优秀文化、促进企业增效，在服务大局中扛好主责、抓好主业、当好主角，贡献“巾帼方案”。把花纸贴到光滑的瓷器白胎上，这项工序看似简单，却有不少讲究，全国劳模、景德镇红叶陶瓷股份有限公司一厂彩绘车间贴花工段工段长邱赛珍把这道工序做了 37 年。她努力推动陶瓷这种中华优秀传统文化创造性转化、创新性发展，让更多人喜欢中国陶瓷。

5. 在无私奉献中贡献“巾帼青春”

中国特色社会主义新时代的江西巾帼劳模坚持把全心全意为群众服务当作自己的人生目标，始终践行“以人民为中心”的理念，以坚定的理想信念书写最美丽的“巾帼青春”。宜春市奉新县澡下镇白洋教学点教师支月英“一生只为一件事”，几十年坚守偏远的山村讲台，从“支姐姐”到“支妈妈”，再到“支奶奶”，她走得最多的是崎岖山路，想得最多的是如何教好深山里的孩子。南昌市新建县（现新建区）人民医院护士长李燕玲告别家乡上海和亲人，扎根江西红土地 50 余年，甘当百姓健康守护神。李燕玲深情地说：“大医院不一定需要我，但乡村的群众一定

支月英（左四）带领学生学唱红色歌谣

需要我。”江西省妇幼保健院产科主任医师余腊梅，把大爱送到了万里之遥的非洲，用精湛的医术、仁慈的医心，接诊妇产科病人 3000 余人，完成手术近 800 台，抢救病人 100 余人。

五、江西省巾帼劳模工作展望

巾帼劳模既是工人阶级的先锋人物，又是女性的优秀典型，对国家经济社会发展和实现中华民族伟大复兴的中国梦具有十分重要的现实意义，对于提高中华民族整体素质、推动中华民族文明进步具有十分重要的历史意义。站在新时代新起点上，推动巾帼劳模的培育、选树、激励等工作，需要始终坚持走中国特色社会主义工会发展道路，进一步完善具有中国特色的劳模工作机制，推动“劳动光荣”“幸福是奋斗出来的”等理念深入人心。

（一）培育男女平等和劳动光荣的思想自觉

1. 始终坚持党的领导，团结凝聚广大女职工

坚持以习近平新时代中国特色社会主义思想为指导，全面贯彻落实党的二十大精神，深入贯彻习近平总书记关于工人阶级和工会工作及妇女工作的重要论述、视察江西重要讲话精神，增强“四个意识”、坚定“四个自信”、做到“两个维护”，围绕把握新发展阶段、贯彻新发展理念、构建新发展格局、推动高质量发展，牢牢把握为实现中华民族伟大复兴的中国梦而奋斗的工运时代主题，自觉将接受党的领导作为工会根本政治原则，坚定不移走中国特色社会主义工会发展道路，充分发挥党联系职工群众的桥梁纽带作用，以保持和增强工会组织和工会工作的政治性、先进性、群众性为主线，以深化产业工人队伍建设改革、促进女职工发展为动力，贯彻落实好《中华全国总工会关于加强新时代工会女职工工作的意见》，团结引导广大女职工坚定不移听党话、矢志不渝跟党走，为奋力谱写中国式现代化的江西篇章作出更大贡献。

2. 完善促进女职工发展的长效机制，优化发展环境

推动将社会性别意识纳入公共政策和法律法规，提高社会性别平等

意识。搭建巾帼劳模诉求表达平台，拓宽女性参政议政的渠道。加大宣传《中华人民共和国妇女权益保障法》《江西省女职工劳动保护特别规定》等法律法规，提高女职工权益保护法律法规政策的知晓率和普及率，优化巾帼劳模发展的社会环境。

3. 讲好江西巾帼劳模故事，建立先进的性别文化

在全社会大力宣传马克思主义劳动观、就业观、妇女观，讲好、讲实、讲深、讲透妇女解放和发展相结合所蕴含的道理、学理、哲理，充分发挥“赣鄱劳模工匠宣讲团”的作用，讲好江西巾帼劳模故事，让先进的劳模文化、性别文化深入人们的脑海中，内化为其信念，形成自觉的性别平等行为习惯。

4. 坚持以职工为本，加强工会组织建设

牢固树立以职工为中心的工作导向，把联系和服务职工作为工会工作的生命线，系统谋划和扎实推进工会改革，不断推动工会的理论创新、体制创新、工作创新。加强工会基层基础建设，坚持以工会组织建设带动工会女职工组织建设，扎实履行维护女职工合法权益、竭诚服务女职工群众的重要职责，不断提升女职工的生活品质，增强女职工的获得感、幸福感、安全感。

（二）培育性别平等和榜样示范的行动自觉

提升巾帼劳模六大能力，提高巾帼劳模性别平等和榜样示范的行动自觉。

1. 保障劳动就业权利，提升巾帼劳模的经济参与能力

鼓励女职工积极参加“天工杯”等劳动和技能竞赛，打造具有江西地域特色、体现行业技能的竞赛品牌。认真落实《江西省女职工劳动保护特别规定》等法律法规，加大性别平等法律执行、监督力度，消除就业和职业发展中的性别歧视，实现男女同工同酬。强化监督维权，协调推动侵害女职工权益案件调查处理。推动制定和完善支持女性创业就业的政策，在资金扶持、税费减免等方面对女性实行优惠政策。

2. 鼓励参与社会治理，提升巾帼劳模的政治参与能力

建议适当增加各级党代表、人大代表、政协委员中巾帼劳模的比例，培养巾帼劳模参政议政的能力。在机关、学校、企业、城乡社区、家庭以多种形式开展男女平等基本国策的宣传教育，让性别平等成为全社会共同遵循的行为规范和价值标准。

3. 加大学习教育投入，提升巾帼劳模的文化参与能力

推动工匠学院建设，帮助巾帼劳模参与学习培训，鼓励巾帼劳模进行终身学习，提升巾帼劳模掌握运用先进知识和技能的水平。创建一批以巾帼劳模为领衔人的劳模创新工作室，发挥女劳模亲和力强、工作细致、善于沟通等优势。

4. 鼓励参与社会交往，提升巾帼劳模的社会参与能力

培育和发展与女职工有关的社会组织，引导巾帼劳模参与社会活动，以江西省劳模协会为载体，广泛开展专业交流和社会交往，丰富有利于巾帼劳模发展的各种社会资源。

5. 关注身体心理状态，提升巾帼劳模的健康管理能力

发挥“三师一室”中健康工程师的作用，为巾帼劳模开展有针对性的身体和心理健康指导，消除沮丧、自卑、焦躁等不良心理因素，保持健康积极、阳光乐观的生活态度。提供符合女性身心特点的劳模疗休养服务。

6. 强化工作场所建设，提升巾帼劳模的家庭建设能力

实施工作与家庭的平衡计划，推进用人单位爱心妈咪小屋建设、托育托管服务等工作，加强家庭友好型工作场所建设，帮助女职工平衡工作与家庭。深入贯彻落实习近平总书记有关家庭家教家风建设的重要论述精神，发挥巾帼劳模在家庭建设中的独特作用。高质量推动家庭服务业发展，解决巾帼劳模的后顾之忧，使之有更多的精力投入全面建设社会主义现代化国家中去。

江西是革命老区，历史红、土地红、基因红，是一片充满红色记忆的土地，是一方充满希望执着追梦的红色热土。传承红色基因，赓续红

色血脉，在以中国式现代化全面推进中华民族伟大复兴的进程中，江西巾帼劳模始终坚持以习近平新时代中国特色社会主义思想为科学指引，深入学习贯彻落实党的二十大精神，牢记“走在前、勇争先、善作为”的目标要求，大力弘扬劳模精神、井冈山精神、苏区精神、长征精神，感恩习近平总书记对江西的关心关怀，奋力把习近平总书记考察江西重要讲话精神贯穿经济社会发展的全过程、各领域，转化成对党的忠诚政治信仰，转化成奋力谱写中国式现代化江西篇章的强劲动力，找准方向，把握定位，踔厉奋发，求真务实，为把习近平总书记为江西擘画的蓝图变成美好现实不懈奋斗。

参考文献

[1]中国社科院经济研究所中国现代经济史组. 革命根据地经济史料选编上册[M]. 南昌：江西人民出版社，1986.

[2]江西省档案馆，中共江西省委党校党史教研室. 中央革命根据地史料选编下册[M]. 南昌：江西人民出版社，1982.

[3]姚荣启. 中国劳模史：1932—1979[M]. 北京：中国工人出版社，2020.

[4]共和国之根——中华苏维埃共和国中央领导机构概览[M]. 北京：中共党史出版社，2009.

[5]陈毅，肖华，等. 回忆中央苏区[M]. 南昌：江西人民出版社，1981.

[6]中共江西省委党史研究室. 中国共产党江西历史 第一卷（1921—1949）[M]. 北京：中共党史出版社，2016.

[7]陈安. 自由光明新天地[N]. 赣州：赣南日报，2016-8-22（A6）.

[8]毛泽东选集第一卷[M]. 北京：人民出版社，1991.

［9］江西省妇女联合会. 江西妇女运动史专辑（1919—1942）［M］. 南昌：江西人民出版社，1992.

［10］凌步机. 中华苏维埃共和国简史［M］. 北京：中央文献出版社，2009.

［11］潘宗周. 江西省志·工会志［M］. 北京：方志出版社，2003.

［12］蒋茂凝，辛广伟. 影像中国70年（江西卷）［M］. 南昌：江西人民出版社，2019.

山东

山东篇

齐鲁大地
最美倩影

山东素有“孔孟之乡，礼仪之邦”的美誉。这里文化灿烂、圣贤辈出，孔子、孟子等众多圣哲诞生于此，齐鲁文化、东夷文化、海岱文化交相辉映，感染着人们的心灵。山东是革命老区、红色热土。这里孕育出“党群同心、军民情深、水乳交融、生死与共”的沂蒙精神，成为党和国家宝贵的精神财富。红嫂、乳娘、沂蒙六姐妹的故事，激荡着人们的情思。正所谓“妇女能顶半边天”，山东每一步的发展，都离不开妇女的力量。从社会主义革命和建设时期，到改革开放和社会主义现代化建设新时期，再到中国特色社会主义新时代，山东这片热土上涌现出了郝建秀、李田英、郑守仪、张海迪、郎咸芬、梁建英等一批批女性全国劳模。她们或是工人，或是作家，或是工程师，无论是谁，她们作为家里的“贤内助”，职场的“女达人”，始终坚守梦想与希望，在各行各业勾勒出奋斗女性的最美倩影，成为推动社会发展和进步的重要力量。

一、山东省女劳模群体概况

1950 年至 2022 年底，山东省女职工中涌现出全国劳动模范（全国先进工作者）318 人次、全国五一劳动奖章获得者 358 人次、全国五一巾帼标兵 272 人次，共 948 人次[①]。

（一）政治面貌[②]

在有登记信息的女劳模中（874 人次），中共党员共 734 人次，占比为 84%；中共预备党员共 6 人次，占比为 0.7%；共青团员 2 人次，占比为 0.2%；民主党派成员与无党派人士 30 人次，占比为 3.4%；群众 102 人次，占比为 11.7%，充分体现了共产党员的先进性和带动性。在纺织

① 全国劳动模范（全国先进工作者），部分女劳模曾先后获评多次，如 1956 年、1959 年、1978 年，盖玉凤先后获评全国劳动模范。全国五一劳动奖章、全国五一巾帼标兵，没有重复获奖者。但是女劳模的政治面貌、学历等发生变化。同时，从三类劳动模范来看，如董凡玉获评全国五一劳动奖章，后又获评全国劳动模范。因此，为科学统计分析，女劳模数量以人次计。综上，本报告所分析的女劳模总数为 948 人次。

② 同一位女劳模在获得全国五一劳动奖章、全国劳动模范荣誉时，因年份不同，政治面貌发生变化。如由预备党员转为中共党员，因此本部分数据以人次计算。

行业，共产党员郝建秀、由桂珍、刘桂美、孙志梅、李凤英、李淑萍、杨坡兰、吴桂云、宋桂花等女劳模，在劳动过程中发挥先锋模范作用，刻苦钻研、锐意进取，带动企业生产质量、数量双提升，促进了我国早期纺织业生产水平的大力提升。

（二）受教育程度①

在有登记信息的女劳模中（790 人次），拥有初中及以下学历的女劳模为 113 人次，占比为 14.3%；拥有高中（中专、普通高中）学历的女劳模为 128 人次，占比为 16.2%；拥有大学（专科、本科）学历的女劳模为 447 人次，占比为 56.6%；拥有研究生（硕士、博士）学历的女劳模为 102 人次，占比为 12.9%。

社会主义革命和建设时期，共有女劳模 132 人次，其中有登记信息的为 51 人次。拥有初中及以下学历的女劳模为 32 人次，占比为 62.7%；拥有高中（中专、普通高中）学历的女劳模为 6 人次，占比为 11.8%；拥有大学（专科、本科）学历的女劳模为 13 人次，占比为 25.5%。

改革开放和社会主义现代化建设新时期，共有女劳模 477 人次，其中有登记信息的为 419 人次。拥有初中及以下学历的女劳模为 76 人次，占比为 18.1%；拥有高中（中专、普通高中）学历的女劳模为 100 人次，占比为 23.9%；拥有大学（专科、本科）学历的女劳模为 210 人次，占比为 50.1%；首次出现拥有研究生（硕士、博士）学历的女劳模，共 33 人次，占比为 7.9%。

中国特色社会主义新时代，共有女劳模 339 人次，其中有登记信息的为 320 人次。拥有初中及以下学历的女劳模为 5 人次，占比为 1.6%；拥有高中（中专、普通高中）学历的女劳模为 22 人次，占比为 6.9%；拥有大学（专科、本科）学历的女劳模为 224 人次，占比为 70%；拥有研究生（硕士、博士）学历的女劳模为 69 人次，占比为 21.6%（见图 1）。

---

① 同一个女劳模在获得全国五一劳动奖章、全国劳动模范荣誉时，因年份不同，学历发生变化。如由大学本科变为硕士研究生，因此本部分数据以人次计算。

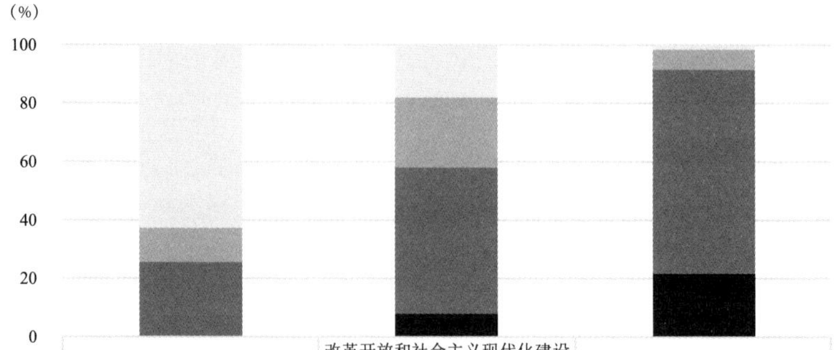

	社会主义革命和建设时期	改革开放和社会主义现代化建设新时期	中国特色社会主义新时代
初中及以下	62.7	18.1	1.6
高中（中专、普通高中）	11.8	23.9	6.9
大学（专科、本科）	25.5	50.1	70
研究生（硕士、博士）	0	7.9	21.6

图 1　山东省女劳模受教育程度

社会主义革命和建设时期女劳模学历普遍偏低，以初中及以下学历为主。到改革开放和社会主义现代化建设新时期、中国特色社会主义新时代，拥有初中及以下学历的女劳模人数占比呈现大幅下降趋势，拥有大学（大专、本科）学历的女劳模人数占比呈现明显上涨趋势。近年来，女劳模群体呈现出高知化发展的特征，初步形成了一支知识型劳动者大军。

（三）行业分布①

在有登记信息的女劳模中（948 人次），工业、制造业的女劳模为 303 人次，占比为 32%；农、林、牧、渔业的女劳模为 20 人次，占比为 2.1%；商业、服务业的女劳模为 177 人次，占比为 18.7%；科教文卫业的女劳模为 261 人次，占比为 27.5%；其他行业的女劳模为 187 人次，占比为 19.7%。

从社会主义革命和建设时期到改革开放和社会主义现代化建设新时期，再到中国特色社会主义新时代，来自工业、制造业以及科教文卫业，商业、服务业的女劳模数量占比位居前列，是女劳模选树的主要行

① 同一个女劳模，在获得全国五一劳动奖章、全国劳动模范称号时，因年份不同，行业发生变化。如由制造业变为服务业，因此本部分数据以人次计算。

业。其中，来自工业、制造业的女劳模数量占比分别为 28.6%、33.2%、31.6%，来自科教文卫业的女劳模数量占比分别为 46.6%、20.8%、29.5%，来自商业、服务业的女劳模数量占比分别为 12.8%、24.8%、12.4%（见图 2）。中国特色社会主义新时代，一些拥有绝活绝技的高素质女职工、专业领域的女性高级知识分子走上劳模的领奖台。

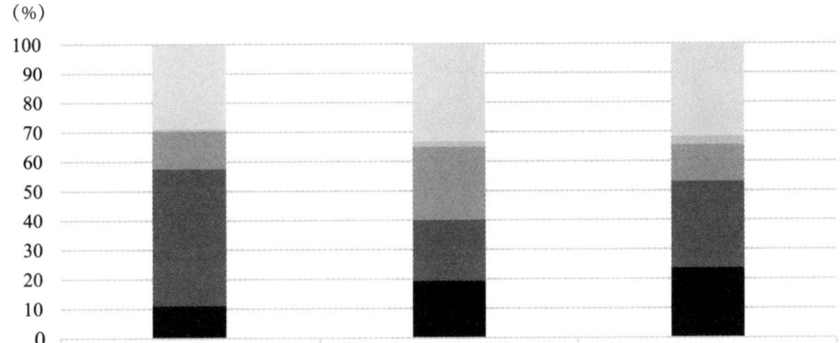

	社会主义革命和建设时期	改革开放和社会主义现代化建设新时期	中国特色社会主义新时代
工业、制造业	28.6	33.2	31.6
农、林、牧、渔业	0.7	1.9	2.9
商业、服务业	12.8	24.8	12.4
科教文卫业	46.6	20.8	29.5
其他行业	11	19.3	23.6

图 2　山东省女劳模行业分布情况

二、山东省女劳模的时代价值和贡献

（一）社会主义革命和建设时期

1. 延续革命精神，树立思想引领典范

社会主义革命和建设时期，女劳模的显著特征就是不断延续与传承齐鲁大地革命时期团结协作、艰苦奋斗的红色革命精神，始终坚持中国共产党的领导，吃苦耐劳、埋头苦干，发挥着重要的政治示范与引领作用。其中，在积极建设农村社会主义过程中，李田英的农业合作化生产道路成为重要突破。

出生于 1921 年的李田英，1950 年被授予全国农业劳动模范称号。她曾两次登上天安门观礼台参加国庆观礼，多次受到毛泽东、周恩来等党和

李田英

国家领导人的亲切接见。她常说的一句话是："要做一些对党、对社会主义、对人民大众有益的事，才有意义，才有价值，才算没白活。"自1937年参加抗战以来，李田英始终心怀红色信念。1942年至1945年，她提出"妇女也能顶大台"的主张，联合9名妇女组建插伙组、互助组开荒晒盐。1945年，她组建了全国第一个初级农村合作社——李田英合作社，带领当地群众实现史无前例的大丰收，1953年与刘庄村合并成立高级合作社，坚持按劳分配和男女同工同酬，改进生产管理办法，积极引导群众走农业合作化生产道路。

李田英的做法得到了中央的高度认可，其对农村社会主义建设道路的积极探索，被认定是中国农村在新中国成立初期建立社会主义制度的必然途径和最佳选择。正是像李田英一样的广大山东女劳模坚守马克思主义价值观与劳动观，把革命精神发扬光大，敢于探索、勇于拼搏，为山东社会主义建设发展增添力量。

2. 刻苦钻研创新，贡献经济发展新动力

新中国成立初期，面对百废待兴的局面，党和国家采取一系列措施动员组织广泛的社会力量，加快经济建设步伐。作为敌后抗战和解放战争主战场的山东，全面建设任务十分艰巨。山东党组织带领全省人民奋发图强、艰苦奋斗，建立和巩固人民政权，积极发展社会生产，经过不断探索努力，山东省建立起了较为完整的国民经济体系，成为全国工业门类最齐全的省份之一。自1950年，全国劳动模范评选与表彰陆续开展，山东女劳模群体也成为引导广大群众大力发展生产建设的重要先锋示范力量。她们在工作中刻苦钻研技艺，及时发现、研究并解决问题，不断推动生产工艺的改进，为生产建设和经济发展提供技术赋能。全国工业劳动模范郝建秀，不到16岁就摸索出改进纺织业技术的“细纱工作法”，成为提升整个行业生产效率的创举。

郝建秀：全国纺织行业第一个细纱工作法创立者

来自青岛国棉六厂的细纱挡车工郝建秀，1951年，她作为新中国第一代纺织工人代表被评选为全国工业劳动模范。当时年仅16岁的郝建秀，创造出工作主动有规律、抓住中心环节、合理分配时间、各项工作交叉结合进行的科学纺纱法，并创造了连续7个月细纱皮辊花率平均仅0.25%的新纪录。当时全国最好的纺织厂细纱皮辊花率为1.5%左右，她的创新引起各级领导的关注，经过跟踪观察和反复总结，全国纺织行业第一个细纱工作法——“五一细纱工作法”诞生，这就是“郝建秀工作法”。这一工作法带动了全国纺织行业内80多个工作法的陆续产生，对中国纺织工业的基础管理、劳动组织调整和操作技术的规范产生了巨大作用。有人称赞说，郝建秀是中国纺织大军的“火车头”，一个人改变了整个纺织业。可郝建秀却说，她只是新中国纺织战线上一名普通的劳动者。如果说他们那一代人身上有什么共同之处，那就是对工作无私奉献，对祖国一腔热忱。

郝建秀在车间工作

来自山东威海十二橡胶厂的工人周玉英、济南邮电局的话务员张连珠、滕县辛庄公社上岩幼儿园教养员刘登菊，她们亦像郝建秀一样，在众多劳动者中脱颖而出，在工作中勇于创新，用实际行动促进行业发展。

3. 冲破思想束缚，凝聚齐鲁巾帼力量

新中国成立之后，随着妇女的社会地位不断提高，她们逐渐参与到大生产中。女劳模来自工业、制造业、教育行业等各个行业，劳模形象的广泛树立，标志着中国妇女的受教育程度和技术能力不断提升，为齐鲁大地广大女性打破传统思想、积极投身社会主义建设事业发挥了重要的先锋模范作用。

一方面，女劳模营造了努力奋进的时代氛围。1956 年获得全国劳动模范称号的宋桂花，虽然学历在初中以下，但她常年坚持早来晚走，抓紧点滴时间苦练挡车技术，创造了一套先进的工作法，打破高速生产新纪录。同时，她也耐心辅导同事提高技术，改进操作，形成了“后进赶先进，先进更先进”的良好氛围，扩大了先进生产者的队伍。

另一方面，在社会主义建设时期，为了提升全民文化水平，很多女性教育工作者承担起重要的全民教育任务。1960 年全国劳动模范邢春环，1957 年担任了山东省武城县大邢王庄村民办教师，扎根农村，一心一意当好民办教师，并利用业余时间投入扫盲运动。为了完成这项艰巨而光荣的任务，她不计报酬，顶着严寒酷暑，走家串户说服动员厌学的个别男女社员和孩子多、家务重的家庭妇女加入扫盲班学习。

随着女性受教育程度的提升，女劳模的文化技术水平也在不断提升，为经济发展和技术进步以及国民教育事业贡献了重要力量。

（二）改革开放和社会主义现代化建设新时期

1. 练就过硬本领，促进山东经济结构转型

1978 年党的十一届三中全会召开，党和国家的工作重心逐渐向经济建设转移。在改革开放的时代背景下，山东经济面临结构转型的同时，也着眼于调动企业和职工的积极性主动性，扩大企业自主权，发扬职工群众甘于牺牲、奉献的精神，用这一时期的劳模精神推动了企业发展的新生，营造出“敢打敢拼、能闯能干”的社会氛围，勾勒出“时代弄潮儿”引领改革开放和社会主义现代化建设新时期山东经济社会发展的新轨迹。与社会主义革命和建设时期相比，劳模从“出大力、流大汗、苦

干加巧干”向智能型、知识型转变，劳模精神的内涵更为丰富。1989年全国劳动模范王德芝大胆地将产、供、销、人事分配权下放，率先推行全员劳动合同制改革试点，促使威海丝绸产品畅销欧、亚、美等14个国家和地区，出口创汇名列全省行业之首。1994年全国五一劳动奖章获得者、2005年全国劳动模范陈玉兰，亦借改革开放之东风，带领青岛即发集团踏出关键一步，从集体小厂发展成为如今国内针织行业的“领头羊”。像王德芝、陈玉兰一样，伴随着女性自我意识的觉醒，山东女劳模越发关注自身价值的发挥，认识到改革创新和多元价值的重要性，脚踏实地促发展，激发了企业发展的活力。同时，也突出了劳模精神中不怕吃苦、勇于突破的特征，依托实际情况带领群众脱贫致富，全方位彰显出齐鲁大地在劳模精神传承中的政治高度、历史厚度和精神温度。

2. 坚守理想信念，推动齐鲁优秀文化传播

改革开放以来，随着社会分工不断细化，女劳模几乎涉及各行各业。工业、制造业作为传统行业，其女劳模占比达到30%以上，属于山东女劳模的典型行业代表；商业、服务业以及科教文卫业中的女职工也越来越多地被评为劳模。各领域的山东女劳模尽职尽责、任劳任怨，她们不仅热爱工作，同样也热爱生活。她们用实际行动展现了社会主义精神文明标兵的时代风貌，为推动齐鲁大地优秀传统文化的传承作出了突出贡献。

国家级非遗项目吕剧代表性传承人郎咸芬

2000年全国劳动模范郎咸芬，把自己的一切无私地奉献给了吕剧事业，其主演的剧目令人关注，扮演的角色屡屡获奖。1954年在华东地区戏曲观摩演出大会上，她主演的《李二嫂改嫁》获表演一等奖；1989年在《山高水长》剧中塑造沂蒙老区革命母亲的艺术形象被评为山东省第二届艺术节

表演一等奖；1996年担纲主演新编革命历史题材现代戏《苦菜花》，因扮演剧中主要角色冯大娘而获山东省吕剧最佳表演奖；1998年进京演出《苦菜花》，再次征服专家观众，位列该年度文华表演奖的榜首。她灌制了大量唱片及盒式带，为吕剧艺术的推广普及作出了突出贡献，获得中国唱片总公司1983年首届金唱片奖。

正是由于像郎咸芬一样的女劳模们对艺术、对生活的执着追求，才使得作为山东戏曲艺术之一的吕剧被经典传唱，其经典剧目亦深受广大群众的喜爱。也是由于老一辈文艺工作者的坚持和坚守，把毕生的经验传授给青年一代，才推动了吕剧艺术乃至整个齐鲁文化更好地传承和传递。

3. 丰富精神谱系，打造齐鲁特色名片效应

在改革开放和社会主义现代化建设新时期，劳模评选标准日益规范，劳模精神突出强调“创先争优、实干至上”，国家大力选树工业、商业服务业及科教文卫业的工作者，为各行各业的劳动者提供社会转型期的时代榜样，帮助劳动者明确个人进步和社会发展的方向与路径。女劳模人员构成的“变脸”，充分体现了社会对劳动内涵认识的变化，女劳模所在行业的不断丰富，在突出女劳模爱岗敬业、吃苦耐劳优良传统的同时，更有以才智来创效益、创品牌、作贡献的时代特色。

1979年获得全国劳动模范称号的郑守仪从小牢记报效祖国的使命，1956年正在菲律宾大学研究生院主修生物学的她听说我国社会主义建设突飞猛进，急需人才，立即响应国家召唤，毅然回到祖国怀抱。郑守仪完成了我国1500多种有孔虫的鉴定，数量占到了世界已知总量的1/4，其中有290个新品种，使我国的有孔虫研究从无到有达到了国际领先水平，建立起了一套中国人自己的有孔虫“户口簿”。郑守仪刻苦努力，不断创新，激励了一代又一代科研人员投身社会主义建设事业，为中华之崛起而奋斗。

2003年全国五一劳动奖章获得者卓长立，是改革开放的亲历者、实践者、受益者，从一名下岗女工到再就业明星再到家政行业引领者，她

用勤劳和智慧带领阳光大姐“让保姆变成了人才、家政服务实现了标准化、家政行业走向了产业化”，推进了家政行业的高质量发展。作为一项传递爱心的事业，家政行业的发展亦对齐鲁大地孝老爱亲社会的形成起到了重要的推动作用。

张海迪：轮椅上的劳动模范

张海迪听康复中的聋哑孩子唱歌

张海迪是一代青年的楷模，也是全国劳动模范。她童年时高位截瘫，没有进过学校，但她以顽强的毅力与疾病作斗争，克服病痛，不怕困难，发奋学习，靠自学完成了小学、中学课程，并且自学英语、日语、德语。后来，张海迪依然靠自学攻读吉林大学研究生课程，并在1993年获得哲学硕士学位。张海迪对工作干一行，爱一行，参加工作后，她担任莘县广播局无线电修理工期间，获评先进工作者。她1983年开始文学创作，创作和翻译的作品超过200万字，她的长篇小说《轮椅上的梦》《绝顶》、散文集《生命的追问》等，鼓舞了千千万万人，获得多项国家奖项。1983年5月，中共中央发出《向张海迪同志学习的决定》。邓小平等八位老一辈革命家为张海迪题词。几十年过去了，张海迪依然乐观向上，努力奋斗。2000年，张海迪被授予全国先进工作者称号。2008年担任中国残联主席以来，她为残疾人事业作出了突出贡献。

劳模作为推动山东社会前行的精神力量，劳模精神集中体现了社会主义制度下工人阶级的主人翁风貌，代表着时代精神，成为山东精神乃至中国精神的重要组成部分。闪耀在山东女劳模身上的劳模精神、劳动精神、工匠精神，成为引领广大职工拼搏奋斗的强大精神动力，对于全社会弘扬劳动光荣的价值理念，形成热爱劳动、勤奋劳动、尊重劳动的社会氛围，激发劳动者的创造活力，发挥了不可估量的作用，为改革开放和社会主义现代化建设汇聚起强大的正能量。

（三）中国特色社会主义新时代

1. 传承红色基因，锤炼政治品格

党的十八大以来，以习近平同志为核心的党中央高举中国特色社会主义思想伟大旗帜，坚定不移地沿着中国特色社会主义道路前进，推动中国特色社会主义进入新时代，开启全面建设社会主义现代化国家新征程，引领中华民族伟大复兴进入新的历史阶段。山东全省上下坚持以习近平新时代中国特色社会主义思想为指导，深入贯彻落实习近平总书记对山东工作的重要指示要求，锚定"走在前、开新局"，积极为探索中国式现代化路径贡献山东智慧和力量，向新时代中国特色社会主义现代化强省建设迈出坚实步伐。新时代的山东女劳模们坚守"开拓创新、人民至上"的理念，立足本职岗位，把对党和人民的忠诚和热爱牢记在心中、落实在行动上，用心用情用力为群众办好"天大的小事"，为党和人民事业奉献自己的一切。

2020 年全国劳动模范冷晓燕，2002 年 11 月加入中国共产党。她默默扎根社区 23 年，是在基层一步步淬炼成长起来的社区党组织书记。她继承了村支书父亲忠诚、坚守、担当的优良品质，像一粒种子扎根基层、茁壮成长。她主动适应新时代新要求，绘制了烟台市首幅区域化党建地图，"民情网格项目服务工作法"荣获山东省优秀组织奖。探索的"六个一"工作法，充分整合了社区内外各种资源，激发了群众参与社区治理内生动力，使一个老旧社区成为"全国和谐建设示范社区""全国最美志愿服务社区"。在"不忘初心、牢记使命"主题教育期间，她探索实行"固定时间集中学""智慧系统覆盖学""送学上门辅导学""网格团队提升学"的"四学"模式，针对社区学习资源有限等问题，带头到网格中开展“红色小马扎”初心课堂党课宣讲活动，真正用“身边人讲身边事”推动主题教育活起来、实起来。

所谓巾帼不让须眉，山东女劳模在工作岗位上淬炼成长，坚守“对党忠诚，不负人民”的政治品质，用行动践行初心，赓续红色血脉，绽放出璀璨的精神光芒。

2. 凝聚巾帼力量，共绘幸福画卷

铿锵巾帼，光耀齐鲁。在这个属于奋斗者的新时代里，实现自身发展的女劳模以行动建功新时代，以主人翁姿态积极投身于经济社会各项事业发展中，展现巾帼担当、彰显巾帼情怀，将个人的梦、家庭的梦同中国梦紧密联系在一起，以奋斗创造美好生活。

鲁南制药集团股份有限公司的赵丽丽，时刻把老百姓装在心中，全身心投入医药研发事业，带领团队先后完成了治疗非霍奇金氏淋巴瘤、肺癌、肝癌、胃癌、结肠癌等多种疾病的药物研发，还自主研发了一种包括 60 多种成分的无血清培养基，完全打破了国内动物细胞大规模培养基依赖进口的局面；爱心妈妈杨守伟，是山东省潍坊市儿童福利院副院长，更是一位伟大的母亲。在孤弃儿童护理一线的 23 年间，杨守伟用“伟大的母爱”来诠释对生命的尊重，用鞠躬尽瘁来书写对生命的关爱，用无私奉献来表达一个“妈妈”的责任，让上千个孩子从她身上找到了“妈妈”的爱和温暖。

杨守伟与福利院的孩子们在一起

她们是科研人员，是教师，是护理员，她们同样也是女儿、妻子、母亲。新时代的女性在社会、工作、家庭中扮演着多个角色，在兼顾工作与家庭的同时，充分展现了她们的自信、独立与精彩。她们在各行各业发光发热、绽放芳华，引领社会文明新风尚、传播道德正能量，在新征程上书写了中国女性的“责任担当”与“时代答卷”。

李永翠：是“最强大脑”也是“最美妈妈”

山东港口集团青岛港高级工程师李永翠，坚持走高水平科技自立自强之路，展现了新时期产业工人的时代风采。李永翠一直是同事眼中的“女强人”，而在家中她是女儿、是妻子，更是孩子的母亲。一天，李永翠工作到半夜拖着疲惫的身体回家，刚推开女儿的房门，就看见女儿手里攥着一张贺卡，上面用稚嫩的笔迹写着“妈妈是个大美人，时间你不要伤害她”。李永翠心里五味杂陈，工作的压力加上对女儿的歉疚让她禁不住泪如泉涌。但当梦想照进现实，一切的坚持和付出都变得有意义。在李永翠的带领下，山东港口集团创造了世界自动化码头“智”造新高度，中国港口科技工作者登顶港航科技领域最高峰！

李永翠工作照

3. 启航新征程，绿色引领高质量发展

绿水青山就是金山银山。中国特色社会主义新时代的女劳模，秉持着“环境就是民生，青山就是美丽，蓝天也是幸福”“良好生态环境是最公平的公共产品，是最普惠的民生福祉”的理念，坚定走生产发展、生活富裕、生态良好的文明发展道路，建设美丽中国。

2020 年全国劳动模范胡彩萍，带领团队持续加强科技创新，依托工会牵头打造劳模创新工作室，在山东省地质环境保护、农业地质、地质灾害防治、环境污染防治和生态建设、加快绿色发展、实施山水林田湖草生态环境系统性保护修复等方面科研成绩显著，在山东省地热及浅层地温能资源等领域的勘查开发、利用绿色能源推动经济发展和环境保护、改善城乡居民居住环境、推动构建现代农业发展大格局、促进城乡融合发展、服务乡村振兴等方面作出了重要贡献。

榜样是旗帜，代表着方向，凝聚着力量。新时代齐鲁大地上的女劳模，坚守着“人民至上”的红色根脉，继承着前辈们吃苦耐劳、坚韧不拔的优秀品质，又发扬着新时代的开拓进取、追求卓越的创新精神，在推进中国式现代化进程中，展现着齐鲁担当。

三、山东省女劳模的成长规律

虽然身处不同历史时期，山东女劳模都展现出了敢于创新的精神风貌、甘于奉献的道德品质、务实拼搏的实践智慧和时代风采，深刻诠释了劳模精神、劳动精神、工匠精神，这也是她们能够成为全国劳模的本质特征。她们有力地推动了山东乃至全国经济社会文化的高质量发展，而她们的成长离不开齐鲁这片沃土的滋养。

（一）山东省女劳模的成长特点

一方水土养育一方人。正是齐鲁大地沿海地缘优势塑造了女劳模敢于创新的精神风貌，深厚的文化底蕴熏陶了女劳模甘于奉献的道德品质，沂蒙精神浸养了女劳模务实拼搏的实践智慧。

1. 沿海地缘优势塑造了敢于创新的精神风貌

山东是我国重要的海洋大省，早在先秦齐国时期即为“海王之国”。齐国为鼓励“外商”来齐，“为诸侯之商贾立客舍”；为鼓励本土商人走出去，齐国“关市讥而不征”。齐国开国之君姜太公“因其俗，简其礼”“通商工之业，便渔盐之利”，更显示了治国理政的灵活创新。新中国成立后，山东省以更加开放的姿态拥抱未来。紧抓沿海地区经济发展战略等机遇，充分发挥沿海地区优势，加快发展外向型经济。近年来，山东深入贯彻落实习近平总书记关于“进一步关心海洋、认识海洋、经略海洋”重要指示，以“坚持陆海统筹，加快建设海洋强国”为己任，组织实施建设海洋强省战略实践，逐步成为我国经略海洋的领军者。正是沿海的地缘优势，使得山东在经济转型发展的进程中，快速集聚项目、人才等创新资源。山东女劳模把创新作为使命，把困难当作动力，用劳动创造着美好未来。她们不断发扬改革创新精神，不安于现状，敢于打破框框和思想束缚，不断推动科技、管理、产品等各方面的创新，是各个领域创新创造的倡导者、实践者、领跑者。

出生于山东莱阳的盖玉凤，先后在 1956 年、1959 年、1978 年获得全国劳动模范称号，在长期的商业服务工作中，她积极创新，探索了“三勤”“五看”“一问”“三接待”经营服务经验。几十年来，她义务照顾老弱病残，为顾客送货 2000 多次。2003 年全国五一劳动奖章获得者张裕铢，时任烟台市芝罘区工人子女小学校长。“让每个人的生命得到有效发展”是她教育思想的核心，“引导学生主动发展，引领教师和谐发展，推动学校持续发展，促进自己高位发展”是她不懈的追求。她探索的“等级 + 特长 + 评语”全面评价学生的经验在全国推广。来自国家高速列车青岛技术创新中心的梁建英，是中国高铁领域技术领军人物，深耕高铁技术研发多年。她主持研制的 CRH380A 动车组，创造了 486.1 千米 / 小时的世界铁路运营试验最高速；主持研制的“复兴号”动车组实现时速 350 千米商业运营，使我国成为世界高铁商业运营速度最高的国家；带队研制时速 600 千米高速磁浮交通系统，助力中国高铁实现从“跟跑”到“领跑”的精彩蝶变。以盖玉凤、张裕铢、梁建英为代表的不同时期的女劳模，她们生于斯，长于斯，奋斗在齐鲁大地。她们顺应社会发展趋势，敏锐把握时代潮流，引领时代变革风气之先，彰显着敢于创新、勇于争一流的精神风貌。

2. 丰厚的人文底蕴熏陶了甘于奉献的道德品质

人类进步的灵魂是创新，文化传承的灵魂在于转化。各个年代的女劳模，都有一个可贵的品质：为了党和国家的事业以及人民的幸福生活，扎根一线，默默奉献着自己的智慧和力量。1950 年全国劳动模范陈淑德，一贯勤勤恳恳，任劳任怨，热情帮助新工人。她把自己探索的工作经验“一绕生头操作法”介绍给工友，使全车间络纱时间由一分钟减少到 40 秒钟，使棉纱纱把由每周十几筐减少到两筐。2017 年全国五一劳动奖章获得者孙一倩，是山东华鲁恒升化工股份有限公司的主任技师。她凭着对党的无限忠诚和对事业的满腔热爱，兢兢业业扎根生产一线。除了在工作上做到最好的自己，她在日常工作中也非常愿意分享自己的经验给公司的年轻人，认真做好“传帮带”。她常说，“会有越来越多的年轻人成为比我厉害的技能人才。我要做的，就是把我学会的教给他们，让年轻的技能人才能够快速成长，为企业和国家作贡献”。

她们始终牢记全心全意为人民服务的根本宗旨，用感人至深的行动，生动诠释了甘于奉献的深刻内涵，这种道德品质源于山东丰厚的人文底蕴。一方面，山东历史文化悠久，几千年形成的中华优秀传统文化通过持续创造性转化、创新性发展，在齐鲁大地落地生根。尤其是源远流长、博大精深、生生不息的儒家文化，以其向上、向善的力量，一直引导着社会发展，指引着人们前行，滋养着齐鲁儿女的精神世界。另一方面，山东坚持文化自信，传承红色基因，深入挖掘优秀传统文化蕴含的思想观念、人文精神、道德规范，结合时代要求和山东实践继承创新，让中华文化展现出永久魅力和时代风采。循着先辈们的足迹，齐鲁儿女用自己的生命，感受着信仰的力量，这种力量深深地印刻在山东民众意识的深处。厚重文化底蕴的交织，使得山东女劳模甘于奉献、一切以大局为重，她们干一行、爱一行、钻一行，在服务人民、奉献社会的过程中实现人生价值。

3. 沂蒙精神浸润了务实拼搏的实践智慧

无论哪个时代的女劳模，她们都是在某个方面有所建树的劳动者。她们始终相信并为“美好的未来”而奋斗，用自己的实际行动诠释了艰苦奋斗的伟大精神，展现了实干苦干的劲头，这种务实拼搏的实践智慧源于沂蒙精神的指引。“沂蒙六姐妹”为了革命，甘愿冒着生命危险送军粮、做军鞋、烙煎饼、救伤员、传情报、抬担架，掩护革命将士，抚养革命后代。革命战争时期形成的沂蒙精神，经过一代代人的弘扬，历久弥新，她们的故事激励着一代代齐鲁儿女，直到今天。山东女劳模不断从以沂蒙精神为核心的红色革命文化中汲取营养，以爱岗敬业、艰苦奋斗、诚实劳动、拼搏奋进的姿态，以实际行动践行着伟大的劳模精神和新时代的沂蒙精神。冬天的沂蒙山，清晨6点天还黑着，孩子在睡觉，牛庆花悄悄起床，穿上厚棉袄，6点半准时出现在直播间。牛庆花用6年的时间，从蒙阴县野店镇的一名普通农家妇女，成长为一名远近闻名的致富能手。她利用电商和果品资源优势，帮扶贫困户创办了网店“孟良崮果园”，帮助周围20多个村的村民销售桃子，带动上百户村民致富，还带动全村16户贫困户脱贫，成为当地父老乡亲口中的新时代“沂蒙扶贫六姐妹”之一，2020年被评为全国劳动模范。她说，一定牢记老一辈“沂蒙六姐妹”为了革命甘于奉献的精神，在新时代继续艰苦奋斗，带动更多的乡亲共同致富。

（二）山东省女劳模成长机制

山东省委、省政府对各行各业的劳动者给予充分重视，不断完善劳模政策。工会、人社部门、财政部门等大力弘扬劳模精神、劳动精神、工匠精神，在劳模培养、奖励、管理、宣传等方面不断创新，助力女劳模成长。

1. 注重学历与技能提升的劳模培养机制

20世纪50年代，山东省各级工会向女职工进行了“妇女得解放，翻身做主人”的教育，提高了女职工的阶级觉悟和当家作主的主人翁责任感。大批女职工和男职工并肩前行，在恢复发展国民经济和社会主义建设中充分发挥了“半边天”的作用；20世纪80年代至90年代，通过组织广大女职工参加各类培训，进一步提高了她们的思想政治觉悟和文化技术水平；进入21世纪，山东省总工会通过劳动竞赛、“齐鲁工匠”建设工程、职工创新创效服务体系建设等举措，激励劳模强素质、提技能。在劳模学历水平提升方面，探索了多种形式的继续教育新模式。山东省总工会开展“求学圆梦”行动，为女职工接受终身教育提供平台和条件。济南市总工会建立各级女职工培训学校，加强女职工科学文化和技术技能培训，提升她们的综合素质。青岛市总工会充分发挥工会“大学校”作用，将“不脱产、不离岗、不离厂”的现代远程学历教育服务送到职工身边。在劳模技能提升方面，2019 年，山东省人民政府出台《关于推行终身职业技能培训制度的实施意见》，为高质量发展提供技能人才支撑。近年来，山东省总工会组织申报劳模和工匠人才创新工作室。到 2022 年，山东省县级以上工会培育建设劳模和工匠人才创新工作室 1 万余个，其中包括王玲玲创新工作室、孙娟劳模创新工作室等女劳模创新工作室。劳模创新工作室的建立，为技术创新、技术攻关、职工成长提供了新的平台。

2. 物质与精神奖励并行的劳模奖励机制

自 1951 年起，山东省委、山东省人民政府开始召开劳模先进命名表彰大会。对劳模的奖励，山东省既重视物质奖励，又重视精神奖励。在物质奖励方面，《山东省功勋荣誉表彰奖励获得者待遇实施细则》明确规定，给予符合规定的表彰奖励获得者一定的物质奖励。在精神奖励方面，还享有劳模疗休养、健康体检、住房改善等特殊福利。如在疗休养方面，组织劳模参加文体、体检、理疗等活动，组织劳模参观党性教育基地、先进企业及社区等。尤其在女职工关爱服务方面，山东各级工会大力弘扬法治精神，通过开展女职工维权行动月、普法宣传月活动，组织普法知识讲座和线上答题等多种形式，提高女职工知法、学法、用法和依法维权的意识和能力；通过深化女职工权益保护专项集体合同，推进工会妈妈小屋建设，推动用人单位开展女职工“两癌”筛查、提供托管托育服务等多种途径，依法维护女职工合法权益和特殊利益，竭诚服务女职工群众。

3. 注重帮扶生活困难者的劳模管理机制

山东省委、山东省人民政府一直注重加强对劳模的管理服务工作。《中共山东省委办公厅　山东省人民政府办公厅关于印发〈山东省功勋荣誉表彰奖励获得者待遇实施细则（试行）〉〈山东省生活困难表彰奖励获得者帮扶实施细则（试行）〉的通知》指出，省委组织部、省人力资源社会保障厅、省民政厅、省财政厅、省住房城乡建设厅、省总工会等有关部门按照职责分工负责生活困难表彰奖励获得者帮扶工作的组织实施、监督检查等。如在困难劳模管理方面，山东省总工会坚持每年组织开展劳模摸底调查，掌握劳模的详细信息，按规定对生活困难和特殊困难的劳模进行帮扶救助。

4. 发挥榜样示范引领作用的劳模宣传机制

山东省总工会非常重视发挥先进典型的榜样示范引领作用。20 世纪 50 年代，通过各种方式在全省大力推广“郝建秀工作法”；近年来，大力组织开展“技能齐鲁行”“工匠精神进课堂、进车间、进工坊”等活动，让劳模精神的光辉持续传播。第一，让女劳模故事传遍大街小巷。山东省总工会在山东管理学院劳动关系学院挂牌齐鲁工匠研究院。依托齐鲁工匠研究院举办“劳模大讲堂”“工匠进校园”等系列活动 70 余场次。借助《山东新闻联播》《大众日报》等省级主要媒体，以及其他新闻媒体对女劳模先进事迹进行广泛宣传报道。第二，让劳动精神闪耀齐鲁大地。在山东德州齐河，依托时传祥纪念馆，省、市、县三级联合打造了劳模精神、劳动精神、工匠精神教育基地，基地集展览展示、教育体验、文化交流于一体。这是全国首个劳模精神、劳动精神、工匠精神教育基地，连同光荣传统——胶东根据地工运陈列馆、红色工运史展览馆，被全国总工会评为“第一批全国职工爱国主义教育基地”。在山东泰安，泰安市总工会联合泰山区总工会，依托泰山区工人文化宫现有场地，建设了劳模精神、劳动精神、工匠精神教育基地，面向企事业单位干部职工、学生、工人、农民等社会群体免费开放。第三，让时代主旋律更加昂扬。开展“玫瑰书香”主题阅读、“我身边的劳动榜样”征文以及女职工经典诵读、才艺秀视频竞赛活动；创作推出以女劳模和女工匠为原型的话剧、微视频、微电影等，潜移默化地对广大劳动者进行思想引领。

四、谱写山东省女劳模成长新篇章

（一）扩大女劳模影响，打造思想引领新高地

1. 全面贯彻党的二十大精神，扩大女劳模政治示范效应

党的二十大报告提出，要坚持尊重劳动、尊重知识、尊重人才、尊

重创造。作为中国工人阶级中的重要贡献者，在中国革命、建设和改革开放的各个历史时期，女劳模群体和她们身上闪现的劳模精神、劳动精神、工匠精神都为广大职工和全国人民拼搏奋斗提供了强大精神动力。随着时代的发展，新时代的女劳模文化与技能水平、社会参与和洞察力逐步提升，是未来创造伟大新时代的重要力量。因此，在山东省未来劳模工作的整体推动中，将从政治安排、制度保障上落实全心全意依靠工人阶级方针，不断提高女劳模的政治地位，不断增强女劳模获得感、幸福感、安全感。

2. 讲好齐鲁女劳模故事，营造崇劳尚能的社会氛围

在全面建设社会主义现代化国家的新时代目标指引下，必须坚持中国特色社会主义文化发展道路，增强文化自信。因此，要加快构建中国话语和中国叙事体系，讲好中国故事，展现中国女劳模的形象。从历史的经验总结来看，女劳模能够在自己的职业领域中，紧跟时代要求，挺身而出、冲锋在前。因此，在充分挖掘山东女劳模的奋斗故事基础上，要结合山东媒体矩阵优势，更好地展现山东女劳模的重要贡献、感人事迹和时代风采，营造劳动光荣、知识崇高、人才宝贵、创造伟大的社会风尚。

3. 全面弘扬“三个精神”，贡献女劳模的时代影响力

劳模精神、劳动精神、工匠精神，集中体现了社会主义制度下工人阶级的主人翁风貌，女劳模群体在不断奉献中所蕴含的“三个精神”，在激发全社会弘扬劳动光荣的价值理念、激发劳动者的创造活力等方面有着不可估量的作用。因此，在未来的时代精神传承与弘扬中，进一步做好山东省女劳模评选表彰工作，提升“齐鲁工匠”品牌社会影响力，打造在全国有影响力、在行业有号召力的领军型女劳模，树立新时代女性劳动者的标杆旗帜。

（二）重视先模能量，激发建功立业新动能

1. 充分发挥女劳模新时代的教育引导力

在全面建设社会主义现代化国家新征程中，女劳模是生动的教育者和示范者。通过厚植劳模文化，引导学生和广大职工爱岗敬业、甘于奉

献。开展“劳模工匠进校园”“劳模工匠助企行”等活动，加强女劳模与广大青年学子和一线职工群众的互动，实现山东省工人文化宫、工运史展馆以及“齐鲁工惠”App互联网平台等线上线下阵地的多元互动，适应广大职工特别是青年职工思想多元、多样、多变的新特征，广泛开展有特色、接地气、入人心的女劳模文化互动类服务，让女劳模的教育引导作用更加有亲切感和时尚性。

2. 持续增强女性技能人才队伍的培养

党的二十大强调，高质量发展是全面建设社会主义现代化国家的首要任务。高技能人才队伍建设成为重要的战略支撑，其中尤其要加强女性专业技术和技能人才的培养。一方面，支持以广大女劳模为代表的众多女性人才承担科技计划项目，参与科技决策咨询，拓展科研学术网络，提升国际影响力和活跃度，不断激活齐鲁大地的技术活力。另一方面，打造齐鲁特色“工匠学院”，构建线下线上结合的工匠学院建设体系，共同探寻工匠人才和职业教育发展的契合点，发挥女劳模在行业内的技术带动力，实现政策互惠、资源共享、活动联动的合作机制，共同探索适应新时代的女性技能人才培育新模式。

3. 以黄河流域生态保护和高质量发展为契机提升女劳模的创新力

扩大黄河流域女劳模引领作用，深化劳模和工匠人才创新工作室创建工作，加强分级分类管理，形成多层级的工作室联动体系。同时，探索创建跨区域、跨行业、跨企业的创新工作室联盟，面向黄河流域其他省份，联合推进职工创新创效工程，实施创新人才联合培养、创新成果共同孵化转化。以“黄河流域生态保护和高质量发展产业工人创新交流大会”为平台，持续深化新时代女劳模参与的创新交流等活动，多方面激励广大职工以攻克“卡脖子”技术为突破口，实现科技自立自强，开拓奋进。

（三）发挥多方合力，创造管理服务新智慧

1. 建设科学与柔性兼备的女劳模管理服务机制

做好劳模管理服务工作对于更好地发挥劳模作用，营造尊重劳动的

社会氛围具有十分重要的意义。在未来女劳模管理服务工作中，应当抓实抓细工作，在管理上精准发力、多措并举，形成科学化、常态化的工作制度。要及时掌握女劳模动态，在服务上真情真心、春风化雨。优化各项劳模政策待遇，开展常态化劳模走访慰问活动，大力推进制度化的困难女劳模帮扶救助工作。推动形成各级党政部门和群团组织的联动机制，完善劳模政策，提升女劳模地位，落实劳模待遇，着力解决急难愁盼问题并在需求集中的社会领域给予特殊关切。

2. 打造智能化数字化劳模工匠服务平台

积极融入数字文明新时代，深入贯彻落实《数字赋能增效 2022 年行动计划》等文件精神，提升女劳模的数字化素养和技能，以数字变革引领女劳模发展转型。扎实走好新时代工会网上群众路线，切实提高劳模管理服务工作信息化水平，在提供更好服务上动脑筋下功夫，不断激发广大职工建功新时代的劳动热情。通过山东“智慧工会”平台体系信息化建设，掌握劳模工匠生产生活近况，跟踪劳模荣誉津贴落实进度，动态调整优惠政策。利用智慧化系统，创新个性化的服务项目，增强网上服务的吸引力，打造活跃度高的服务品牌，团结引领黄河流域广大职工群众进一步凝聚共识、鼓舞斗志，钻研技术、展现作为。

劳动模范是民族的精英、人民的楷模。在以中国式现代化全面推进中华民族伟大复兴的新征程上，我们比以往任何时候都更需要劳模精神、劳动精神、工匠精神的引领。山东将坚持以习近平新时代中国特色社会主义思想为指导，全国贯彻党的二十大精神，深入贯彻习近平总书记关于工人阶级和工会工作、妇女工作的重要论述，紧抓山东省黄河流域生态保护和高质量发展、经略海洋战略契机，在服务女劳模机制、维护女劳模合法权益、提升女劳模创新活力等方面持续用力，充分发挥女劳模的示范引领作用，让实干担当在新时代蔚然成风，让改革创新在新时代焕发活力，让精益求精在新时代落地生根，汇聚起“以劳动托起中国梦”的齐鲁巾帼力量，不断谱写新时代的齐鲁巾帼劳模之歌。

河南

河南篇

天空有“头雁”奋飞在中原

自提出“妇女能顶半边天”开始，尊重和关爱妇女逐渐成为国家意志、公民素养和社会风尚，我国女性解放思想、寻求平等自由独立的进程得到了快速推进。党和国家高度关心关注女性力量，为女性个人的发展创造了越来越好的生存发展环境。广大女性迅速成长，各行各业涌现出了一批辛勤劳动、诚实劳动、创造性劳动，在平凡岗位中作出不平凡贡献的优秀女劳模。她们顺应时代发展，发挥女性特有的细腻与热情，以“巾帼不让须眉”的豪情和努力，自觉把个人理想、家庭幸福融入国家富强、民族复兴的伟业之中，用勤劳与智慧书写新的历史荣光。

在河南，一批又一批卓越的女劳模以勇立新功的豪情壮志投身伟大事业，在乡村振兴的舞台上，她们掌握一技之长，带动群众增收致富；在科技攻关的前沿，她们直面挑战、潜心研究，攻克一个个难题；在创新创业的浪潮中，她们厚积薄发、突破自我，展现自立自强的巾帼风采……无论年龄大小，无论岗位分工，她们都踏实肯干、勤劳勇敢，执着向上、追求创新，在时代进步与个人奋斗相互激荡的征程中勇挑重担，培育出属于中原大地的淳厚品格，以实际行动传承着劳模精神，赓续着巾帼力量，成为助推中原大地快速发展的“头雁”，持续赋能河南出彩。

一、河南省女劳模概况

作为职工队伍中的先进代表，女劳模的选拔随着省内发展水平和发展重心的不同呈现不同的特点。她们当中，有的人没有上过一天学，有的人一路读到博士，有的人一生只做一件工作，有的人职业经历丰富多彩，有的人被乡邻亲朋交口称赞，有的人刻苦钻研……但无论是哪个年代，无论面对何种社会环境，她们都在用自身的努力成为助推河南发生巨大变化的最美色彩，推动着中原更加出彩的车轮滚滚向前。

（一）选树情况

新中国成立至今，河南获评全国劳动模范（全国先进工作者）、全国五一劳动奖章、全国五一巾帼标兵的女劳模共 701 人。其中，获评全国劳动模范（全国先进工作者）的共有 238 人，占比 34%；获得全国五一劳动奖章的共有 251 人，占比 35.8%；获评全国五一巾帼标兵的共有 212 人，占比 30.2%。

701 名女劳模中，社会主义革命和建设时期选树 78 人，占比 11.1%；改革开放和社会主义现代化建设新时期选树 376 人，占比 53.6%；中国特色社会主义新时代选树 247 人，占比 35.2%。

（二）政治面貌

个人政治面貌反映其思想倾向、政治立场和政治观点，了解女劳模的政治面貌结构，可以一定程度上帮助我们认识社会主义建设历程，把握时代特征。河南省 701 名女劳模中，没有政治面貌信息登记的 64 人。已知政治面貌信息的 637 名女劳模中，中共党员 504 人，占比 79.1%；民主党派成员和无党派人士 34 人，占比 5.3%；群众 99 人，占比 15.5%。女劳模群体中较高的中共党员比例，也从侧面印证了共产党员的先进性和劳动模范的示范带头作用之间的一致性。

（三）受教育程度

学历反映出女劳模的受教育程度，也与个人能力和发展前景息息相关。不同时期女劳模学历的变化反映出国家政治、经济、社会、文化等多方面的变化。河南省 701 名女劳模中，没有学历信息登记的 76 人。已知学历信息的 625 名女劳模中，初中及以下学历 83 人，占比 13.3%；高中中专学历 102 人，占比 16.3%；大学专科学历 121 人，占比 19.4%；大学本科学历 248 人，占比 39.7%；硕士研究生及以上学历 71 人，占比 11.4%。

社会主义革命和建设时期的 78 名女劳模中，没有学历信息登记的 28 人。已知学历信息的 50 名女劳模中，初中及以下学历 30 人，占比 60%；高中中专学历 13 人，占比 26%；大学专科学历 5 人，占比 10%；大学本科学历 2 人，占比 4%。

改革开放和社会主义现代化建设新时期的 376 名女劳模中，没有学历信息登记的 33 人。已知学历信息的 343 名女劳模中，初中及以下学历 49 人，占比 14.3%；高中中专学历 67 人，占比 19.5%；大学专科学历 81

人，占比 23.6%；大学本科学历 114 人，占比 33.2%；硕士及以上学历 32 人，占比 9.3%。

中国特色社会主义新时代的 247 名女劳模中，没有学历信息登记的 15 人。已知学历信息的 232 名女劳模中，初中及以下学历 4 人，占比 1.7%；高中中专学历 22 人，占比 9.5%；大学专科学历 35 人，占比 15.1%；大学本科学历 132 人，占比 56.9%；硕士及以上学历 39 人，占比 16.8%（见图 1）。

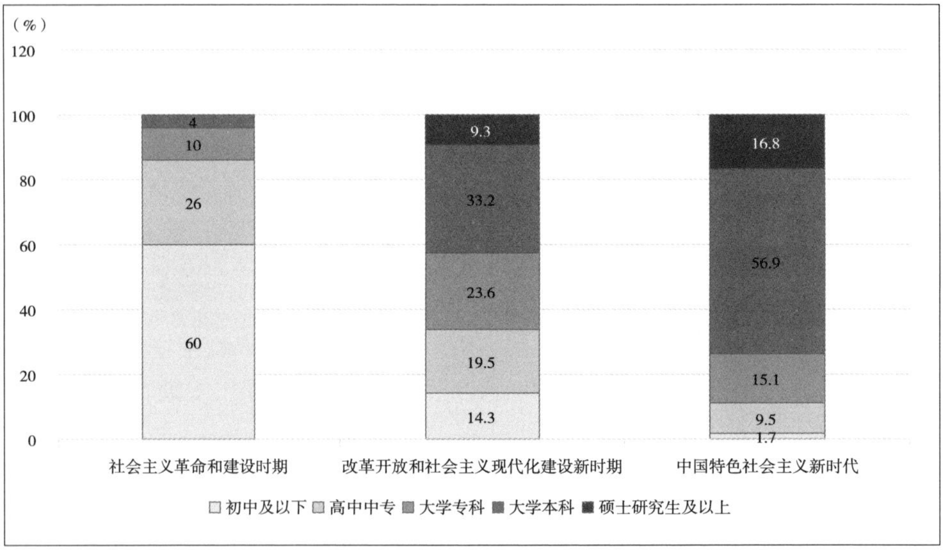

图 1　河南省女劳模受教育程度

（四）年龄构成

河南省 701 名女劳模中，没有年龄信息登记的 61 人。已知年龄信息的 640 名女劳模中，60 岁以上共 277 人，占比 43.3%；51—60 岁共 229 人，占比 35.8%；41—50 岁共 113 人，占比 17.7%；31—40 岁共 20 人，占比 3.1%；30 岁及以下 1 人，占比 0.2%（见图 2）。

已知年龄信息的 640 名女劳模获得荣誉时平均年龄 41.2 岁。其中，社会主义革命和建设时期获得荣誉时平均年龄 24.1 岁；改革开放和社会主义现代化建设新时期获得荣誉时平均年龄 41.5 岁；中国特色社会主义新时代获得荣誉时平均年龄 44.9 岁。

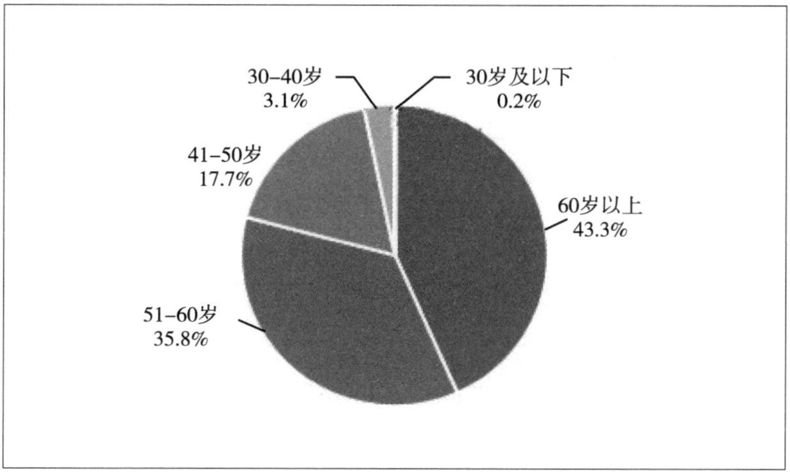

图 2 河南省女劳模年龄构成

（五）行业分布

女劳模的评选依托职业进行，河南省 701 名女劳模行业分布较为广泛。其中，从事第一产业的人数最少，19 人，占比 2.7%；从事第三产业的人数最多，430 人，占比 61.3%；从事第二产业的 252 人，占比 35.9%（见图 3）。

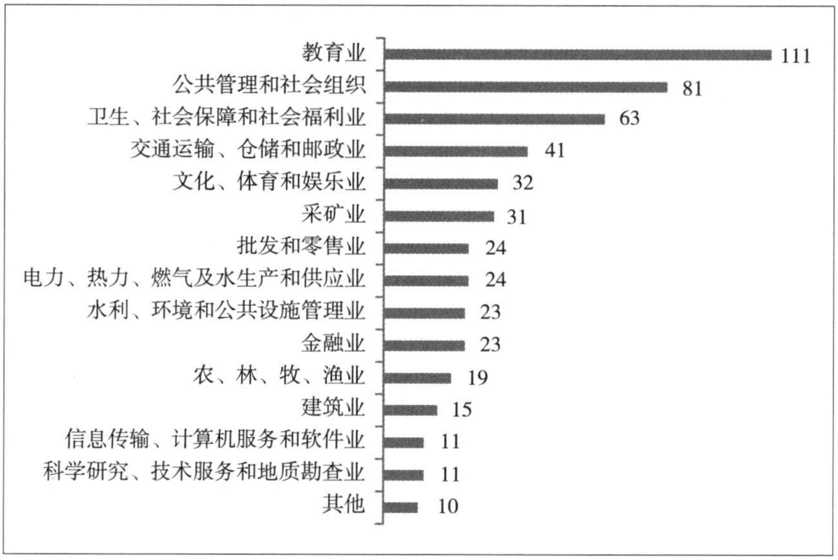

图 3 河南省女劳模所在行业分布（单位：人）

二、河南省不同时期的女劳模概况

（一）社会主义革命和建设时期

社会主义革命和建设时期，河南作为人口大省，承担着重要的生产任务，干生产、搞建设的氛围浓郁。河南这块土地，滋养了广大女性淳朴坚韧的性格，这个时期的河南省女劳模朴实能干、勇于担当，国家主人翁意识强烈，始终把革命建设和完成生产任务放在第一位，身上带着一股“拼劲”，势必要证明女性同样可以挑起重担。

社会主义革命和建设时期，河南省女劳模的数量为78名，分布在教育业，农、林、牧、渔业，制造业等行业领域中。这个时期的劳模有以下特点。

1. 学历较低，集中在轻工业领域

社会主义革命和建设时期，国家处于较为艰苦的时代，民众的受教育程度普遍偏低，这个时期的河南省女劳模大多没有接受过较高的教育，初中及以下学历占比60%，而且涉及职业领域相对较少。这与当时的经济社会发展状况密不可分，一方面，这个时期国家百废待兴，先进的工业还未起步，职业类别不够丰富，传统行业在社会发展中占据较大份额，而河南作为农业大省，在工业发展上相对落后，所以这一时期从事传统行业的女劳模较多。另一方面，这一时期的国民开放程度也相对较低，受传统观念的影响，这个时期的女性所受到的来自性别方面的束缚较多，加上受教育程度低，自身的发展受到较多的限制，所以女性的职业多集中于纺织业、零售业等轻工业。1953年，国家实施“一五”计划，其中一项就是在郑州投资建设大型纺织厂，此后多年，郑州6个纺织厂吸引了无数来自五湖四海的纺织女工在中原大地上奉献青春，也为女劳模的诞生提供了广阔的舞台。据有关信息统计，河南省701名女劳模中，有52名是来自纺织行业的一线女职工，占比近8%。而正是这样一个个普通的纺织女工，在“经纬”之间织起了河南尤其是郑州、安阳等纺织名城的灿烂辉煌。

即便在这样的环境下，仍有一些女性打破偏见，实现了职业发展的突破。1977 年全国劳动模范、中信重工机械股份有限公司（原洛阳矿山机器厂）女工刘玉华，带领 21 名车间女工组成“姑娘组”，学文化、学技能、搞革新、提建议，使生产效率成倍增长，成长为新中国第一代女车工。她们用柔弱的肩膀挑起了家国重担，成为工作岗位上的行家里手、职工群众的模范榜样，用自身的事迹引领着各行各业的女职工以她们为榜样，建功立业、创新创造。更难能可贵的是，她们以卓越的生产成绩打破了女性只能干一些轻活的固有观念，证明了女性同样可以进行重工业生产，为那个时期的女性作出了“谁说女子不如男”的良好示范，辐射带动全省职工群众尤其是女职工解放思想桎梏，成为工作岗位上的中流砥柱，为河南女性力量的崛起打下了坚实基础。

2. 紧跟时代需要，教书育人实现带头作用

社会主义革命和建设时期，教育业涌现出的女劳模占有较大比例，78 名女劳模中有 36 名来自教育业，占比 46.2%。一方面，这一特点与这个时期的劳模评选有关，社会主义革命和建设时期，由于国家发展的需要，知识分子备受重视，来自教育业的女性成为女劳模评选的重要群体。1960 年 6 月，全国教育和文化、卫生、体育、新闻方面社会主义建设先进单位和先进工作者代表大会在北京举行，仅在这次会议上，河南就有 35 名来自教育战线的女职工获得劳模称号。另一方面，也与妇女受教育权的逐步实现有关，新中国成立后废除了束缚妇女的封建制度，妇女在文化教育等方面享有与男子平等的权利，广大妇女特别是那些在旧社会吃过苦的妇女，经过教育启发，主人翁意识大大增强，劳动积极性空前高涨。

3. 泥土里成长，群众基础深厚

一方水土养育一方人。作为农业大省，河南总是和“土”脱不开关系，土是河南收获的基地，在这块土地上的女劳模，生在“土”里，长在“土”里，如泥土般敦厚朴实，不计较荣誉奖励，不争名利得失，默默坚守岗位，用尽全力为人民群众提供养分。这个时期所产生的女劳模，

和群众有着天生的感情，她们与人民群众想在一起、干在一起，以自身饱满的劳动热情和突出的工作能力以及高尚的道德品格成为人民群众心中的模范代表，在群众中“一呼百应”，成为群众的风向标和带头人。

“党的好女儿”、洛阳老集煤场女工赵春娥，干着最苦最累的工作，不浪费国家一分一厘的资源，常年坚持把煤场装卸运输时掉下的煤一点一点扫起来，她身患重病依然坚持工作，生活清贫依然不向组织伸手。除本职工作外，赵春娥主动到煤场附近的大街小巷为孤寡老人、军烈属、支边援外家属送煤，拆洗被褥，成为那个时代里闪光的印记。在她去世后，李先念为其题词：“学习赵春娥同志，用共产主义精神从事劳动和工作。”中共中央发出了《向赵春娥同志学习 努力建设一支具有共产主义觉悟的职工队伍》文件。1996 年，在第二届“中国雷锋”评选中，赵春娥同孔繁森、邓稼先、林巧稚等 10 人一起入选。就是这样一位普通的煤场女工，用日复一日的坚定执着，深刻诠释了共产党员的责任与担当，为我们民族增添了宝贵的精神财富，成为照亮这个时代的精神火炬。

戏曲名家常香玉，对民族戏曲艺术充满炽热情感，创立了“常派”豫剧，她怀着“戏比天大”的信念将毕生精力奉献给民族戏曲事业，成为深受人民群众喜爱的艺术家。常香玉和她领导的剧团一直坚持“三三三制”演出：三个月在农村，三个月在工矿，三个月在部队，为最基层的观众巡回演出。只要是为人民而演，哪怕是病得很重，她都要拖着病躯赶来。2003 年底，80 岁的常香玉身患癌症在北京住院，当得知奥林匹克中心工地有一场专门慰问河南农民工的演出，她不顾身体虚弱，在家人的搀扶下登上舞台：“只要站得起来，我就要来现场，哪怕说几句话也行。”她清唱的一段《柳河湾》，成为一生舞台生涯的绝唱。

像赵春娥、常香玉这样从泥土里成长起来的女劳模，和普通百姓的生活并不远，她们就是那个时代千千万万普通人的缩影，中原大地所赋予她们的勤俭节约、艰苦奋斗、大爱无言的优良民风已经天然地融入她们的日常生活，这种特质一旦被放大，将成为激励人们向上向善的精神力量。

（二）改革开放和社会主义现代化建设新时期

改革开放和社会主义现代化建设新时期的女劳模，有着相对良好的生存发展环境，这一时期，河南省女劳模的数量快速增长，所从事的职业更加多元，她们接受过良好的教育，思想更加开放，不仅在于对苦干巧干的追求，更在知识、创新、技能等方面展现了突出特质。改革开放和社会主义现代化建设新时期，河南省女劳模的数量为376名，行业分布拓展到17个，最高学历由大学本科变为博士研究生，大学专科及以上劳模人数明显提升。这个时期的劳模有以下特点。

1. 职业领域多样，社会生产地位变高

与社会主义革命和建设时期相比，改革开放和社会主义现代化建设新时期的女劳模分布的行业种类更多，也更加多元化。在改革开放的时代背景下，经济的发展和国家实力的增强，催生了职业的多样化发展，相应地，农业大省河南也在谋求经济的多样化发展。在此过程中，河南更加关注女职工的发展，针对女职工开展的培训、竞赛和帮扶，为女劳模的成长成才创造了良好条件。女性的思想开放程度越来越高，能力越来越强，得以参与到更多样的职业领域中，在社会生产中逐渐占据更加重要的地位。

2. 文化领域名家辈出，经典传承亮点纷呈

河南是中华文明的重要发祥地和核心区域，这里中华优秀传统文化异彩纷呈。这个时期，河南文化领域涌现出了很多杰出的女性代表，她们在弘扬中华优秀传统文化过程中坚持文化的创造性转化、创新性发展，坚持不断满足人民日益增长的精神文化需求，推动了经典文化的传承和发展。2000年全国劳动模范虎美玲，作为豫剧“常派”的代表性人物，她不仅完好地传承了“常派”精髓，同时又在此基础上独辟蹊径，形成了独特的艺术风格。2010年全国劳动模范、豫剧“崔派”艺术嫡传弟子崔小田，采用年轻人喜闻乐见的形式和互联网等当下流行的媒介手段广泛宣传豫剧，推动戏曲艺术迎来新的发展和机遇。作为非物质文化遗产传承人，虎美玲、崔小田等人致力于民族优秀文化的传承工作，她们一

方面苦练技艺，成为新时代的代表人物；另一方面在传承经典的基础上，对经典进一步创新发展，促使经典文化更加符合当代人的审美和喜好，生长出更顽强的生命力。

3. 发挥巾帼力量，用心用情服务妇女儿童

这个时期，河南高度重视女职工权益保障，更加强化女职工合法权益和特殊利益保护工作力度，积极为女职工办实事，社会上尊重女职工、关爱女职工的氛围愈加浓厚。积极开展女职工“两癌”筛查、帮扶困难女职工等一系列关爱措施，使得包括女劳模在内的女职工能更好地平衡工作与家庭。这个时期河南涌现出的一些女劳模，她们得益于良好的职业发展环境，又致力于帮助更多妇女儿童获得良好的生存发展环境，成为关爱妇女儿童的先锋。

1995 年全国劳动模范邓志芳，在干挡车工的 20 多年里，精益求精、认真细致，在操作规程以外摸索出 20 多个窍门，曾创下纺织行业 14 万米无疵布纪录。她把工作、家庭兼顾得很好，在担任第九届、第十届全国人大代表期间，邓志芳共提出议案 20 余件，内容涉及国企改革、下岗职工再就业和保障妇女儿童权益问题。“在工作中做个好工人，在生活中做个好女儿、好妻子、好母亲，这样才能无愧于心，无愧于人生。”邓志芳一直以实际行动践行着自己的这番信念。

2005 年全国劳动模范买世蕊，在一次山区调研时了解到许多贫困山区的女孩儿因家庭生活贫困辍学，十分痛心。买世蕊认为，只有文化脱贫、教育扶贫，才能从根本上帮助女童改变贫穷的命运，于是先后资助了“世蕊春蕾女童班”“世蕊爱心班”，孩子们亲切地称呼她为“买妈妈”。如今买世蕊是

买世蕊（前排左五）和“世蕊春蕾女童班”的孩子们

800 多个贫困家庭孩子们的“妈妈”，同时也是 150 多位贫困孤寡老人和 100 多位老荣军、老红军的“女儿”，她还与数十名监狱服刑人员建立了“母子”关系，40 年来，她与“爸爸、妈妈”“儿子、女儿”结下了深厚的亲情友情，在牧野大地上谱写了一曲曲“好人”之歌。

（三）中国特色社会主义新时代

进入中国特色社会主义新时代，女性的发展空间也进入了一个新的天地，党和国家为女性成长发展创造有利条件，助推广大女性胸怀“国之大者”和“省之要者”，激扬“巾帼志向”。中国特色社会主义新时代，河南省女劳模的数量为 247 名。这一时期的女劳模社会生产地位明显提高，知识型、技能型、创新型劳模增多，并且女劳模更加注重发挥自身的示范带动作用影响辐射更多人。这个时期的劳模有以下特点。

1. 感怀党恩，积极传递主流声音

这一时期的河南省女劳模，对党和国家怀有深厚的感情，她们能够自觉增强“四个意识”、坚定“四个自信”、做到“两个维护”。她们主动传播传递主流价值，协助推进各项政策法规，她们用自己的一言一行，用身上所闪耀的劳模精神、劳动精神、工匠精神引导着职工群众以她们为榜样，听党话、跟党走。

2020 年全国劳动模范、郑州圆方集团党委书记、总裁薛荣，曾经历九次创业失败，后来带领 16 个小姐妹成立了保洁公司，发展成为年产值超 40 亿元、拥有 7 万多名员工的知名家政企业。2013 年，薛荣离开管理岗位，想为党和国家做些什么的她决心努力传递党的好声音，开始专职讲党课。她创作的“薛书记今日播报”线上党课栏目已录制 3000 多期，她

薛荣进行党的创新理论宣传

在视频平台讲党史超1300场。为了吸引更多年轻人来听党课，薛荣跟随时代的发展在直播平台上开设了账号，目前已拥有几十万粉丝，成为“网红薛书记”。与此同时，薛荣还投资改装了折叠式的党建大篷车，带着劳模宣讲团到工厂、乡村、社区宣讲，成为传递党和政府声音的一道桥梁。

2. 适应时代，知识型、技能型、创新型劳模增多

进入中国特色社会主义新时代，高质量发展成为全面建设社会主义现代化国家的首要任务。与此同时，河南也进入了发展新阶段，产业工人队伍建设改革、推动实现“人人持证、技能河南”、打造“技能豫军”成为省内的重要命题。在培育壮大女职工队伍时，除了重视吃苦耐劳的品格培养，更加注重创新创造的能力培育。所以这个时期所产生的河南省女劳模，除了拥有爱岗敬业、艰苦奋斗的良好品质，岗位创新能力也都呈现出较高水平，她们在兢兢业业的同时，又能干出成绩、干出经验、创新出彩，成为生产中创新改革的佼佼者。

2020年全国劳动模范、河南中烟工业有限责任公司安阳卷烟厂制丝部技术员孟瑾，坚持岗位创新，以她名字命名的“孟瑾创新工作室”仅用不到5年的时间就获得12项发明专利、360余项实用新型专利，取得全国优秀六西格玛成果5项、全国优秀QC成果4项。孟瑾说：“这几年，国家非常重视产业工人队伍建设改革，重视高技能人才培养。在生产一线，就要学技术、练技能，将自己磨炼成会干、会创、会写、会讲、会协作、会带徒的‘六会’人才，以创新之我报创新之国。”

孟瑾查看烟丝质量

3. 服务发展，推动实现共同富裕

进入中国特色社会主义新时代，河南省脱贫攻坚、乡村振兴的战役接连打响，河南省总工会带动全省各级工会组织，广泛开展劳模结对帮扶、劳模助力乡村振兴活动，女劳模成为助力脱贫攻坚、乡村振兴的一支特色力量。这个时期的女劳模奋斗目标并不仅仅是实现个人价值，带动更多的人走向美好生活成为她们更高的职业追求。她们利用自己的聪明才智带动着更多人摆脱贫困，成为全省脱贫攻坚、乡村振兴的带头人，成为实现共同富裕共同发展的助推力量。2020 年全国劳动模范、仲景宛西制药股份有限公司副总经理摆向荣，同时也是南阳市扶贫开发先进个人获得者，多年来积极参与劳模助力脱贫攻坚"一对一"帮扶困难职工活动，作为 100 余名留守儿童和贫困学子的"代理妈妈"，累计为他们送去钱物价值达 10 余万元。

三、河南省女劳模成长规律及作用发挥

（一）河南省女劳模的成长规律

1. 成长与时代发展同步，反映省内发展重点

梳理河南省女劳模的成长规律可以发现，不同时代的女劳模都拥有属于她们的时代烙印，女劳模评选标准的变化，也反映出省内发展需求和发展重心的转变。不同时期的河南省女劳模顺应时代发展需求调整自身职业追求，在同样的精神底色下呈现出不同的发展曲线。

社会主义革命和建设时期，是我国社会主义建设的起步阶段，这个时代的职工，大多没有较高的学历、先进的生产工具以及生产技术，她们需要克服种种困难，努力完成生产任务，所以这个时期涌现出的河南省女劳模学历较低，但拥有这个时代专属的能吃苦、敢挑战的精神，她们的努力为社会主义建设的起步与发展作出了重大贡献。

改革开放和社会主义现代化建设新时期，党和国家作出了把工作重心转移到经济建设上来的决策，解放和发展生产力成为这个时期的重要任务，基于中原城市群、中原经济区等发展战略，这个时期的河南省女

劳模与时俱进、开拓进取、追求创新，成为这一阶段河南经济建设的得力队伍。

中国特色社会主义新时代，中华民族迎来了从站起来、富起来到强起来的伟大飞跃，“中原更加出彩”成为河南提出的激励人心的口号和为之不懈奋斗的目标。这一时期的河南省女劳模，出彩是她们的关键词，她们是新时代亮眼的劳动者，拥有这个时代给予她们的争当先进、勇担重任的底气和力量，成为推动中原更加出彩的最美色彩。

2. 从小我到大我，职业目标更高更远

时代在变，但每个时期的河南省女劳模都有一个共同点，她们在自己的工作岗位上不懈奋斗取得卓越成绩，在人民群众中发挥模范带头作用，把自己的个人理想融入社会发展和国家发展的进程中，个人成长轨迹与社会发展目标方向一致。

随着个人能力的提升，一代又一代的河南省女劳模，她们从小我到大我，职业目标更高更远，呈现出从自身技能的提升到带动更多的人实现技能提升和生活改变，从个人价值实现到带动更多人价值实现的特点，这与我国逐步实现全体人民共同富裕的目标相一致，与河南不断追求开放发展的步伐相一致。新中国成立初期，所评选出的劳动模范拥有极高的劳动热情和吃苦耐劳、忘我工作等特点。随着国家的发展，我国的经济实力和技术实力都进一步提升，国家的发展目标也在不断转变，在此过程中，广大劳动模范的奋斗目标也站在了更高的格局之上，一大批各行各业的女劳模，在实现个人价值的同时，心系他人、心系家乡、心系国家，立志为脱贫攻坚、科教兴国、创新创造、共同富裕作出贡献，她们用自己的行动带动更多的人迈向美好生活。

3. 从舍“小家”为“大家”到以“小家”带“大家”，成为弘扬良好家风带头人

家风是一个家庭的精神内核，也是一个社会的价值缩影。党的十八大以来，河南省各级工会组织大力实施“培育好家风——女职工在行动”主题实践活动，以小家庭的和谐共建大社会的和谐；在积极参与“文明

家庭”表彰活动的同时，创新开展寻找“最美爱情”活动……河南不断深化家庭文明创建，加强家庭教育指导服务，推动社会主义核心价值观在家庭落地生根，引导广大女职工带动家庭成员共同建设好家庭、涵养好家教、弘扬好家风。

在这样的背景下，河南选树的女劳模，也发生了从舍“小家”为“大家”到以“小家”带“大家”的转变，她们不仅仅在工作上表现出色，也没有放弃作为母亲、女儿、妻子的责任，把自己小家的幸福牢牢地把握在手心。她们是社会风俗的领跑者，也是良好家风的传承者，在这个良好的平衡背后，一方面是政策的支持，另一方面是女职工们思想的转变和加倍的付出。

（二）河南省女劳模的作用发挥

1. 树起标杆，为广大职工作良好示范

示范效应是女劳模发挥的最直接作用之一，她们是岗位上的女性标杆，昭示着女性的魅力和力量。在河南，这样一批能吃苦敢奋斗的女劳模，以自己的个人事例为广大职工尤其是女职工作了良好示范。她们的成长故事，是对广大女性成功成才的一种指引，为女性在工作岗位上建功立业、创新创造提供真切的指导，不知道如何成就自我的女性，在了解了她们的故事之后，能有更多的启发和信心。几十年来，河南的女劳模，从最初的学历低、职业限制多，到学历越来越高、职业束缚越来越少、成就越来越大，都昭示着在河南发展中，女劳模为广大女性所作的良好示范。

2. 打破偏见，缩小职场性别差距

女劳模在工作岗位上成就自我、发挥价值，向世人证明性别并不能成为自身能力发挥的束缚，女性同样能够承担重任、建功立业。她们不仅在行业中能够起到好的带头和引领作用，也可以用自身优良的工作作风带动职工树立正确的职业观念。

2015 年全国劳动模范、中车洛阳机车有限公司钳工张素丽，打破人们的刻板印象，在往往被认为是男性擅长领域的机车装配和维修上，取

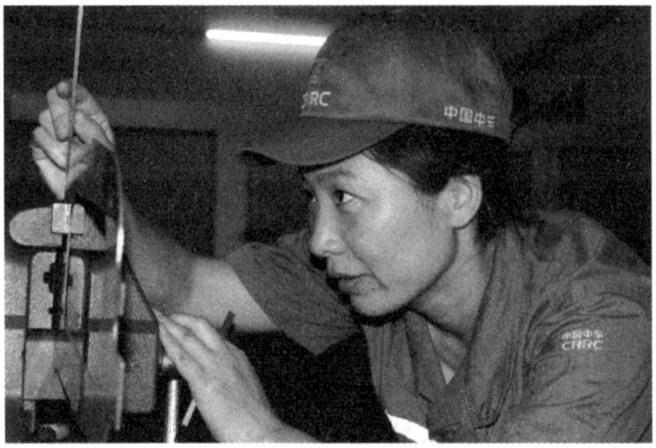

张素丽修复检测样板

得了傲人的成绩。她以专业第一名的成绩进入中车洛阳机车有限公司，从钳工画线到模具制作，认真研究每个工艺流程和制作工艺，成为行业里的佼佼者，她制作的工件能精确到头发丝粗细的1/4；她可以将重叠的两张A4纸只钻透上面一张，下面一张没有丝毫破损；她还可以在鲜鸡蛋上钻孔，外壳钻透而内膜不破损。她成立的工作室，先后攻克港铁探伤车车体制造等近百项技术质量难关。

张素丽被工友们称为“钳工界女掌门”，她用卓越的技术打破了人们的固有观念，证明了女性一样可以当好钳工。像张素丽这样的女劳模，拥有着巨大的精神能量，激励着人们去相信奋斗和努力的力量，激励着更多的女性去挑战自我，积极参与到社会各行各业的生产中，创造更多“巾帼不让须眉”的佳话。

3. 开拓进取，助推地区快速发展

女劳模都在自身所处的行业取得了出色的成绩，成长为行业发展的标杆模范，推动着行业发展进步。与此同时，她们用个人的努力引领带动广大职工努力奋斗、爱岗敬业，形成推动行业发展的合力，进而带动地区发展，成为地区发展的重要助推力量。1995年全国劳动模范、京华社区党委书记、河南省京华实业公司董事长兼总经理刘志华，怀着“为农民争口气，为农村争口气，为妇女争口气”的志向，从20世纪70年代起，与6个妇女组成“妇女班”，带领群众艰苦奋斗，开拓进取，把一个集体家当只剩下3间破草房、4头瘦牛、1辆破马车、8000元外债的小村庄建设成为远近闻名的“乡村都市”。京华人从20世纪80年代开始就免费享受着集体提供的住房、粮油、水电、供暖、上学、养老等30多项福利。京华的发展，取得了良好的经济和社会效益，不但富了京华，而且带富了一方人，促进了地区的和谐发展。

4. 发挥能量，尽心尽力回馈社会

不同时代的女劳模有着不同的时代特点，但她们都对社会和大众怀有强烈的责任心，在追求本职工作之余，广大河南省女劳模都在用自己的方式诠释着身为劳模的责任和担当。社会主义革命和建设时期，物资匮乏，但阻挡不了刘春娥、常香玉这样的劳模在自身艰苦的生活条件下依然心系人民群众，竭尽全力帮助他人。改革开放和社会主义现代化建设新时期，经济条件得到好转，涌现出邓志芳、买世蕊这样的劳模，想方设法回馈国家和社会，关爱妇女儿童老人等弱势群体，成为社会公益的领跑者。进入中国特色社会主义新时代，新一代的女劳模把自身发展融入国家发展的伟大进程中，不忘初心、牢记使命，成为数字中国、智能制造、乡村振兴等伟大行动进程中的重要推动力量。

（三）河南省女劳模培养的主要做法

1. 结合省内实际，科学合理选树女劳模

为引领全省女职工把对美好生活的向往化为立足本职、主动创造、主动创新、主动创优的强大动力和自觉行动，不断创造新业绩，贡献巾帼力量，河南立足省内实际，科学谋划女劳模的培育和选树，在全省范围内开展了河南省五一巾帼奖创争等针对女职工的评选表彰活动，严格评选标准和评选程序，坚持面向基层、面向一线、面向普通劳动者，为广大女职工在岗位上建功立业争当先进典型创造了良好的条件，广大女职工的劳动热情进一步被激发。

2. 线上线下同步，做好女劳模事迹宣传

做好女劳模事迹的宣传，是弘扬劳模精神、劳动精神、工匠精神的必要举措。多年来，河南利用各种媒介开展了劳模采访、劳模宣讲等多种形式的女劳模宣传活动，持续放大女劳模的影响力。开展女职工先进事迹报告会，由省内先进女职工组成的报告团奔赴部分省辖市、产业和基层工会作巡回报告，激励广大职工以她们为榜样，发扬胸怀全局、爱岗敬业的主人翁精神，树立刻苦钻研、争创一流的进取意识，奉行艰苦奋斗、攻坚克难的顽强作风，培养团结友爱、乐于助人的高尚情操，形成淡泊名利、甘于奉献的优良品格。

3. 多部门联动发力，尽心尽力服务女劳模

除了劳模帮扶救助、劳模体检、劳模疗休养等针对劳模的关爱举措之外，河南针对女劳模还开展了一系列的关心关爱活动。依托职工帮扶救助体系，深入实施女劳模“关爱行动”，积极开展形式多样的援助活动，依法维护女劳模合法权益。河南省总工会与其他部门联动合作，于2018 年推动《河南省女职工劳动保护特别规定》高质量出台，尤其是优化调整的女职工卫生费和“两癌”专项检查等重要条款，实现了女职工健康权益维护的新突破。工会爱心托管班、爱心母婴室、职工婚恋交友……这些是河南工会工作品牌的代表，这些工作模式精准回应包括女劳模在内的职工需求，是河南各级工会组织牢牢把握强“三性”、去“四化”的根本要求，是做好新时代工会女职工工作的重要探索。

4. 搭建学习交流平台，帮助女劳模不断成长

为大力弘扬女劳模的优秀品质和奉献精神，进一步激励广大女劳模创先争优、建功立业，河南积极搭建女劳模学习交流平台。围绕全民素质建设工程和打造“技能豫军”的新要求，深入实施女职工提升素质建功立业工程，组织引导女职工积极参加各种形式的劳动竞赛、岗位练兵、发明创造、合理化建议等活动。利用“三八”妇女节、“五一”国际劳动节等特殊节点，组织先进女职工代表参观学习。充分运用手机 App、微信、微博等现代信息技术和服务手段，形成开展“互联网 +”技能培训、“互联网 +”技能竞赛、“互联网 +”维权帮扶、“互联网 +”婚恋交友等多层次、全方位线上线下深度融合、互联互动的女职工工作新载体、新模式。

四、河南省女劳模工作的展望与思考

（一）新时代女劳模展望

1. 符合习近平新时代中国特色社会主义思想的要求

党的十八大以来，习近平总书记围绕尊敬劳动模范、弘扬劳模精神

发表了一系列重要讲话，提出了一系列新思想、新论断，对进一步弘扬劳模精神、劳动精神、工匠精神提出了新定位、新任务和新要求。对于女劳模而言，这“三个精神”是有机整体，集中彰显了以爱国主义为核心的民族精神和以改革创新为核心的时代精神，是鼓舞全党全国各族人民风雨无阻、勇敢前进的强大精神动力。

2. 契合新时代发展特别是中国式现代化发展的需求

经过新时代十年砥砺奋进，河南已由传统农业大省转变为现代经济大省，站上新的起点。当前，全省上下正抢抓国家战略叠加的重大机遇，全面实施“十大战略”，奋勇争先展现作为，扎实推进中国式现代化建设河南实践，奋力谱写新时代中原更加出彩的绚丽篇章。新时代女劳模同样需要跟随时代发展的脉搏，契合党和国家方针政策，符合党和国家具有全局性、战略性的重大决策部署需要，契合新时代发展特别是河南实现中国式现代化发展的需求。

3. 符合新时期产业工人队伍建设改革的需要

新时代的民族振兴和经济发展不能仅仅依靠人的体力劳动，创新发展需要高素质、高技能人才来引领。国产盾构机“穿山下海”、“米”字形高铁网率先建成、临港产业集群蓄势崛起……这些科技成就、大国重器、超级工程，都少不了包括女劳模在内的各行各业职工的精湛技艺。女劳模是否符合新时期产业工人队伍建设改革的需要，是否符合实体经济建设和制造业发展的需要，是否符合建设知识型、技能型、创新型劳动者大军的需要，是关系河南是否可以坚持制造业立省，加快制造业强省，建设现代化产业体系的时代课题。

（二）新时代培养女劳模的思路

多年来，河南注重女劳模的培养工作，在关心关爱女劳模、维护好保障好女劳模的现实权益方面付出了诸多努力。随着时代发展，一方面，女劳模的培育、管理、宣传等工作也在发生变化，相应的培养工作也应与时俱进，跟上时代的发展；另一方面，在女劳模的培养工作中，需进一步完善女劳模培养机制体制，切实体现党和国家对女劳模的高度重视、关心支持和真诚爱护，支持女劳模更好发挥榜样功能和带头作用。

1. 完善女劳模培育机制

新的时代，女劳模的培育应当关注到女性在成长中的各种需求，符合女性成长规律，为她们从一名普通职工成长为女劳模进行科学指引；应当关注岗位竞争中女性的不利因素，帮助女性获得更加平等地参与到各种工作岗位的机会；应当完善女性岗位培训机制，在培训的领域、模式、标准、内容上更加符合女性的特点和需求；应当利用合理的竞赛机制，激发女性的工作热情和创造热情，让女性在竞赛中不断提升自身能力；应当为女性打造更加顺畅的职业发展通道，让女性可以在工作岗位上脱离性别束缚，发挥自身优势，走向更宽广的天地，真正激活女性建功立业的“一池春水”。

2. 完善女劳模管理机制

一个良好的女劳模管理机制，是实现女劳模评选价值的重要基础。在新时代做好女劳模的管理工作，一是应当做好女劳模的评选管理工作，评选流程需符合实际、符合需求、公平公正公开，同时要督促女劳模把荣誉作为前进动力，继续成为新时代劳模精神的引领者、示范者和传播者；二是应当做好女劳模的档案管理工作，包括档案收集和档案留存，根据不同媒介的特点进行合理有效的保存、跟踪和管理；三是应当做好女劳模的联系服务工作，及时听取女劳模对工会工作和服务劳模工作的意见建议，持续发挥她们的个人价值。

3. 完善女劳模宣传机制

讲好女劳模故事，不仅有利于弘扬劳模精神、劳动精神、工匠精神，也有利于带动更多的女性职工发挥自身潜力，在工作岗位上建功立业。做好女劳模的宣传工作，可以利用各种媒介渠道，以多种传播方式将女劳模的优良品质、动人事迹、先进经验“润物细无声”地讲述给广大职工群众；可以举办多种形式的宣传活动，比如女劳模座谈会、宣讲会，让女劳模与职工群众面对面、心贴心，细致深入地传递和展示女劳模的独特魅力，树立和打造女劳模文化品牌；可以探索有特色、有深度、有品位的宣传风格，以实践活动作为弘扬女劳模精神的宣传手段，并针对不同特点的受众，开发不同的传播形式与传播策略，进而真正提高劳模群体的社会认同感，增强新时代中国特色社会主义文化的国内国际影响力。

4. 完善女劳模权益保障机制

做好女劳模的权益保障可以更好地保护、调动和发挥劳模的积极性和创造性，激励大家学习劳模、争当先进。做好女劳模的权益保障，要与女劳模保持紧密联系，时常关注她们的生活状况和工作状况，有针对性地开展服务；要健全女劳模参政议政机制，努力为女劳模参政议政和参与重大社会活动创造条件，推动提高女劳模的政治地位和社会能见度；要完善女劳模生活保障机制，时刻关注女劳模的身心健康，认真落实女劳模待遇政策规定，及时帮助低收入女劳模解决就业、就医、社保、子女上学等方面的实际困难。

芳华竞展，映照时代荣光。在河南的发展进程中，广大女劳模功不可没，她们用责任、担当、爱心展现了河南女性的风采，撑起了河南发展进步的“半边天”，成为河南发展进程中亮丽的风景线。进入新时代，河南将进一步贯彻好落实好党的二十大精神和中国工会十八大精神，讲好河南女劳模故事、唱响女劳模中原声音，同时，从实处出发、从细处着手，继续为女职工提供更加良好的干事创业发展环境，为女劳模的产生提供更加成熟的机制和条件，推动女劳模在更加广阔的天地里展示风采、成就事业、书写华章。

参考文献

[1] 焦晓云. 习近平关于劳模精神重要论述及其时代价值[J]. 湖南师范大学社会科学报，2023，52(1)：16-22.

[2] 张明师. 胶合与同构：劳模形象变迁与国家意识形态[J]. 学

术论坛，2012，35（2）：36–40.

［3］杨冬梅．新中国70年劳模事业成就与经验［J］．湖北社会科学，2019（8）：29–34.

［4］赵健杰．劳动模范应体现时代价值与担当［J］．工会博览，2020（36）：61.

［5］朱佩娴．常香玉：德艺双馨的艺术家（奋斗百年路 启航新征程·数风流人物）［N］．人民日报，2021–6–2（6）.

［6］王亚明，李虎成，田宜龙．星汉灿烂耀中原——解读新乡先进群体的精神内涵［N］．河南日报，2014–10–20（1）.

［7］陈俊．体重70斤 却要搬50多斤的零件［N］．大河报，2013–6–25（14）.

［8］石蕴璞．邓志芳：尽心尽责 无愧于心［N］．洛阳日报，2008–6–27（2）.

湖北

湖北篇

忠勇木兰传千古
巾帼劳模耀荆楚

荆风楚韵，历史传承，百花齐放，百家争鸣。远古时期，神农炎帝在湖北教民稼穑，开启了华夏文明的曙光；2000多年前，以编钟乐舞、丝织刺绣、屈骚宋赋为代表的荆楚文化光耀华夏；1800多年前，三国英雄们演绎的智慧、忠义故事影响着一代又一代中国人；300多年前，“万里茶道”从湖北赤壁羊楼洞出发，直达欧洲；100多年前，武昌城头的枪声，结束了两千年的封建帝制；70多年前，湖北诞生了第一位女劳模，从此湖北女劳模开始闪耀荆楚。

从古至今，在湖北一直都是做事要做出“模样”，做人要做出“榜样”。湖北人骨子里流淌的不服输个性，驱动着他们敢为人先、追求卓越，在各时期、各行业中涌现出了诸多优秀的楷模。湖北省篇从概况、传承、特质、展望四个方面，绘就了一幅“湖北女劳模群英图”，带领大家去领略湖北女劳模的风采。

一、概况：一幅楚地女劳模“群英像”

“古有花木兰替父从军，今有娘子军扛枪为民。”自新中国成立以来，毛泽东主席的那句“妇女能顶半边天”，已然深入人们的心灵。随着时代的发展，社会的进步，妇女们不仅顶起了“半边天”，更是在各行各业中涌现出了诸多优秀的楷模，她们用劳动、用汗水唱响了劳动最光荣、劳动最崇高、劳动最伟大、劳动最美丽的时代强音。

湖北作为我国近现代工业发祥地，是重要的工业大省；湖北作为教育大省，是全国第三大教育中心和创新资源聚集地。自新中国成立以来，湖北在制造业、医疗卫生、教育、科研等领域，涌现出了许多女劳模。她们不忘初心、牵记使命，在自己的岗位上发光发热，在时代的更迭中接续奋斗，用女性的坚韧和细腻，用湖北人的果敢和创新，诠释着劳模精神。

（一）群体概况

湖北女劳模群体指的是，不同年代获评全国劳动模范、全国先进工作者、全国五一劳动奖章、全国五一巾帼标兵、全国五一巾帼奖章及全国五一巾帼奖状等荣誉的群体。新中国成立后，截至2022年底，湖北省获评的女性全国劳动模范和全国先进工作者共计247位，其中，全国劳动模范有115位，全国先进工作者有132位，如果按照时间来划分，社会主义革命和建设时期（1959—1978年）有84位，改革开放和社会主义现代化建设新时期（1979—2012年）有119位，中国特色社会主义新时代（2013年至今）有44位。

此外，1985—2022年，湖北省全国五一劳动奖章获得者有314位；2005—2021年，湖北省获评的全国五一巾帼标兵有159位，全国五一巾帼标兵岗有161个，全国五一巾帼奖章有3位，全国五一巾帼奖状有2个。

（二）行业分布

湖北女劳模行业分布较多样，其中，医疗卫生、社会服务和其他服务业占比最大，占女劳模总人数的21.1%；以纺织业为代表的制造业占比次之，占女劳模总人数的11.8%；教育、科学研究、技术服务等紧随其后，占女劳模总人数的11%；租赁和商务服务业等其他行业分布则比较均匀（见图1）。

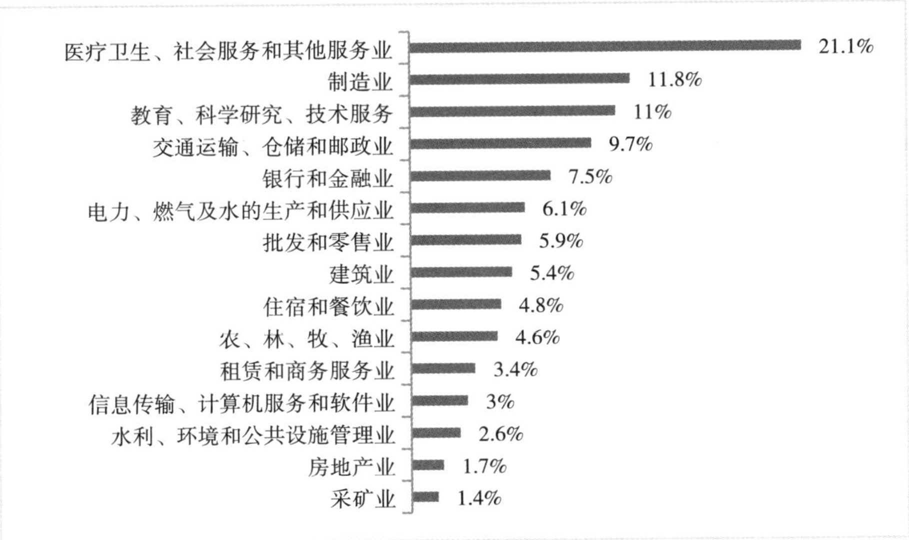

图1　湖北省女劳模行业分布

（三）时间分布

从时间分布上来看，1995 年至 2020 年湖北女劳模共计 135 人（占比 20.2%），1995 年 23 人（占比 18.9%），2000 年 26 人（占比 21.5%），2005 年 20 人（占比 16.4%），2015 年 23 人（占比 19%），2020 年 21 人（占比 20.8%），其中，2010 年女劳模人数占比最高为 27.2%。

二、传承：一脉楚地女劳模发展“历史线”

（一）社会主义革命和建设时期：无私奉献，为集体争光

社会主义革命和建设时期劳动模范大致可以分为两种类型：一是不畏艰难、敢于奋斗的“生产标兵”；二是毫不利己、专门利人的“道德楷模”。

1. 热诚奉献，勇敢投身新中国建设

1950 年新中国举行了全国工农兵劳动模范代表会议，全国各地共推选劳动模范代表 464 人，女劳模共有 16 人，其中，朱玖是湖北获评的第一位女劳动模范，也是新中国成立初期纺织行业的代表性人物之一。

新中国成立后，妇女在政治、经济、文化、教育的领域参与面越来越广，程度也越来越深。在最初的国民经济恢复和各项建设时期，湖北获评的女劳模也跟随时代的步伐，勇敢投身到建设新中国的浪潮中。此时期，湖北获评的女劳模主要集中在纺织业等轻工业部门，充分体现出了湖北的地域特色和经济特色，有赵玉莲、朱早弟、王二姑、徐大凤等，她们的突出贡献表现在加班加点热诚奉献、积极改进纺织技术、提高生产效率等方面。

朱早弟：“要做机器的主人，不当机器的奴隶”

朱早弟，武昌第一纱厂细纱工，曾在 1956 年、1959 年两次被授予全国先进生产者称号，在 20 世纪 50 年代初期，她提出了“要做机器的主人，不当机器的奴隶”的口号。

朱早弟幼年家境贫寒，8 岁时就在上海一家纱厂当养成工，没

有工资，常挨打受骂，15 年后随全家迁回湖北，1946 年进入武昌第一纱厂当细纱工。

武汉解放后，朱早弟思想觉悟不断提高，1951 年加入中国共产党。她对刚进厂的新工人说："想过去，痛苦诉不尽，看现在，幸福说不完，再不干等到什么时候干。"

1951 年，朱早弟被派到青岛学习"郝建秀工作法"，回厂后积极宣传，认真帮教，使所在的细纱车间有 35% 的值车工掌握了"郝建秀工作法"，回花率平均降低 61%，圆满完成推广任务。其本人也被评为武汉市推广"郝建秀工作法"优等工作者，1951 年在武汉市第一届劳模大会上被评为丙等劳模。

1952 年，工厂调整劳动组织改开三班，遇到人员紧缺的困难，朱早弟带头增加看台，由 420 锭增加到 840 锭并做到保质增产。在她的带动下，朱早弟小组成员看台均从 240 锭提高到 630 锭，全车间值车工也都提高看台，解决了人员紧缺困难，朱早弟小组被评为全厂甲等模范小组。

1965 年 11 月，朱早弟与夏菊花、王玉珍、季洁等受到了毛泽东、刘少奇、周恩来等党和国家领导人亲切接见。

新中国成立初期的湖北女劳模们，除了投身纺织工业，为百废待兴的国家贡献女性力量，在其他行业中也涌现出了一批优秀代表。如既善于教学又具备科研能力的武汉市第二中学化学教师汪成范、武汉医学院附属二院伍仪珩等，她们既展现了女性在各行各业发光发热的英姿，又作为前辈为之后湖北教育事业、文化事业、医疗事业等的发展打下了良好的基础，可以说是那个时代湖北女性解放运动的缩影。

2. 以身作则，在社会主义建设中引领劳动创造

在社会主义革命和建设时期，党的妇女政策以新中国社会建设为出发点和落脚点，此阶段的妇女解放运动，注重动员妇女集中力量参与到新中国各行各业的建设中来。

在党的妇女工作基本思想方针的指导下，随着劳模评选范围的扩大和经济社会的不断发展，湖北女劳模的评选也带有当时的时代特征。1959年和1960年，党中央、国务院先后对全国工业、交通运输、基本建设、财贸方面、教育和文化、卫生、体育、新闻方面的社会主义建设先进单位（集体）和先进工作（生产）者进行表彰，女性劳模占比较高。在这两次表彰中，湖北获评的女性全国先进工作者共有78位，其中，与纺织、制造等工业相关的有12人，财贸方面有3人，交通运输系统有4人，教育和文化系统有46人，卫生系统有13人。这反映了随着国家各行业建设的推进，女劳模的职业选择也有了更大的空间，在国家建设中起到了越来越重要的作用。

陈伯华：汉剧陈派艺术创始人

陈伯华是汉剧艺术大师，湖北汉剧旦角，一级演员，中共党员，第三届、第五届全国政协委员。历任武汉汉剧院院长，湖北省剧协副主席，中国剧协理事，获得“汉剧艺术大师”称号、中国文联荣誉委员金质奖章。

陈伯华生活在一个小康家庭，她的父母很注重培养她的学识和才能，为了鼓励她能够好好学习，陈伯华的母亲经常带她去逛戏园子。1927年，陈伯华报考了汉剧第一个女子科班“训幼女学社”学戏，取艺名“新化钗”。初出茅庐的陈伯华，表演不拘传统，活泼大方，先后和汉剧名角李彩云、朱洪寿、周天栋等合作排演多出新戏。为了躲避纷乱的世事，1936年陈伯华告别了舞台，这一别就是15年。

1951年，新中国的文艺春风将陈伯华吹回汉剧舞台。1952年，陈伯华开始重排《宇宙锋》。她独辟蹊径，吸收了梅派表演的细腻深沉，又继承了汉剧传统的粗犷奔放，自成一派——“陈派”。陈伯华成名后，亦注重向戏曲名家学习。与梅兰芳、周信芳亦师亦友，与袁雪芬、常香玉、红线女情同姐妹。她曾经大量揣摩各种地方戏曲，观摩大量西方电影、歌剧，欣赏西方油画、雕塑，还学会了钢琴和芭蕾舞。对中西方艺术的广泛涉猎和研究，开阔了陈伯华的视野，并融会贯通于表演创作中，终于自成一派。

陈伯华坚持正规剧场的演出，还经常深入部队、前线阵地、工矿和农村巡回演出，她先后被授予抗美援朝一等功臣和抗洪一等功臣光荣称号。

“文化大革命”以后，年逾六旬的她，仍然不辞辛劳地深入工厂和农村为广大观众演出。慰问演出在陈伯华艺术生活中占有很大比重，留下了许多难忘的记忆和深刻的人生感悟。1954 年“五一”国际劳动节，为了加强国际文化交流，陈伯华随中苏友好协会观礼代表团去苏联观光学习，苏联朋友称赞她的演唱是中国式的花腔女高音。

1982 年，60 多岁的陈伯华再度率团赴我国香港地区演出，主演了精品力作《二度梅》《宇宙锋》《柜中缘》《贵妃醉酒》，香港各界称颂她的表演“精彩绝伦”。

改革开放后，她不顾高龄，率团赴中国香港、日本、新加坡等地演出，向世界展示了汉剧艺术的精粹，扩大了汉剧在国际上的影响力。

在陈伯华的心目中，艺术高于一切，周恩来总理曾经嘱咐陈伯华，要培养出三个“陈伯华”。在不断钻研表演艺术的同时，陈伯华始终把传授汉剧艺术当作最重要的工作，无论是亲传弟子还是其他地

年轻时期的陈伯华在街头演出

区的汉剧演员，甚至其他剧种的戏曲同行，她都毫无保留地把一身技艺倾心传授。晚年她仍把全部精力倾注在汉剧事业上，为培养接班人，她竭尽全力，甘当人梯，十几年来，她的学生接二连三荣获“梅花奖”或被评为国家一级演员。

这个时期的湖北女劳模不仅在业务能力上突出，许多人更是以身作则，身体力行地积极宣传党的方针政策，表现出极大的先进性，如被誉为“农村宣传鼓动家”的杨立兰等。

3. 家国一体，全力支援奋战到三线建设中

20世纪六七十年代，一大批女性工人和知识分子广泛投身于国防工业和三线建设中，以家国一体的情怀，在社会主义经济建设中持续发光发热。

在1977年到1979年的全国劳动模范及先进工作者表彰中，表彰了开展三线建设以来坚守在国防、科技、工业和交通基础设施建设一线的女劳模们，其中，湖北获评的有9人，分布在湖北具有传统产业优势的纺织业、医疗卫生、商贸服务、农业及教育等行业，而最具代表性的就是向周恩来总理要设备的“纺织第一人”梁彦斌。

梁彦斌：向周恩来总理要设备的“纺织第一人”

梁彦斌，1952年加入中国共产党，历任大众烟厂副经理，襄樊（现称为襄阳）市棉织厂经理，中共襄樊市委副书记，襄樊市政协第五届、第七届副主席，全国三八红旗手、全国先进生产者、第三届全国人大代表。1956年在襄樊市棉纺厂带领工人发起“寸纱不落地”的增产节约运动，使该厂成为全国勤俭办企业的先进单位。

1953年春，党组织派梁彦斌到襄樊市棉织厂担任经理兼政治指导员，当时的襄樊市棉织厂条件很差，厂房是几间阴暗的民房，17台破旧的织布机开动起来摇摇晃晃，生产经营月月亏本，工人工资发不出，工人住房更是残破不堪，37名工人只有2个木脸盆。为了

改变这种落后面貌，这个刚解放时入伍、鄂北公学革命学校培养出来的女干部，抱着改造旧企业的决心，开始了艰苦的创业历程。

1956年，公私合营在全国全面展开，市区织布厂合并到了襄樊市棉织厂，襄樊市棉织厂职工增加到了301人。梁彦斌深入车间，了解实情，注意总结推广艰苦创业中的先进经验。

一天，梁彦斌在车间劳动，看到女工郑士华把地上的废纱捡起，一缕一缕地整理好，不禁问："士华，这废纱你打算做啥子用？""打车弦，把车弦用的好纱省下来织布。"于是，梁彦斌马上向全厂推广，提出"长纱短纱见了就抓"，并经常亲自到车间捡废纱。

在她的带领下，工人们在每台织布机上都挂起了"勤俭袋"，逐步形成了"寸纱不落地"的勤俭风气。正是靠这种勤俭节约的精神，棉织厂在当时那么艰苦的条件下获得了转机。

在那个贫穷落后的年代，因为勤俭办厂，敢于自我挑战，以"寸纱不落地"和勤俭办企业的精神，带动了纺织业的发展，襄樊市棉织厂被国务院树为全国勤俭办企业的"五面红旗"之一。

为提高生产效率，梁彦斌专程跑到武汉的纺织企业参观学习。回来后，她在一无设备、二无材料、三无资金的情况下，带领支部"一班人"和科技人员一道日夜奋战，大搞技术革新，经过艰苦的探索、钻研，终于把100多台脚踩手摇的土布机全部改成了电动布机，实现了半机械化生产，厂子的产值、利润年年翻番，使棉织厂闯出了一片新天地。1959年，梁彦斌荣获全国先进生

梁彦斌退休后生活照

产者称号。

1963 年 6 月，梁彦斌作为勤俭办企业的代表，参加了全国工业交通企业经济工作座谈会，会后，梁彦斌受到了周恩来总理的接见。在梁彦斌看来，这次接见最大的收获是，她大胆张口向周恩来总理要来了 100 台当时国内最先进的自动织布机。周恩来总理还语重心长地对梁彦斌说："老厂要换新装，老兵要拿新枪，有了新机器，可不能丢掉'寸纱不落地'的精神啊！"

梁彦斌始终牢记周恩来总理的教诲，日子穷了要勤俭，日子富了更要发扬勤俭的传统，在"寸纱不落地"精神的鼓舞下，到 20 世纪 80 年代，纺织业成为襄樊市第一大支柱产业，高峰时产值达 20 多亿元，位居全省第二，利润名列全省第一。

在这段时期，湖北女劳模们积极发扬家国一体的情怀，舍小家为大家，不忘初心，坚守岗位，以顽强的意志和奋斗的热情，投入本职工作，积极完成各项工作任务，苦练岗位技能。

（二）改革开放和社会主义现代化建设新时期：创先实干，为发展拼搏

在改革开放和社会主义现代化建设新时期，围绕党的中心任务，湖北省更加注重妇女自身利益的发展，注重调动妇女的主动性与创造性。

1. 百花齐放，改革浪潮中迸发女性力量

进入改革开放和社会主义现代化建设新时期，湖北女性在改革浪潮中发挥的作用越来越大，扩散范围也越来越广。

随着商贸服务业的逐渐繁荣，创造"两不""三勤""四心""五个一样""六种语言""七个环节""八个字"等一整套规范服务程序的武汉市六渡桥百货公司营业员熊汉仙，不仅把下苦功钻研本职工作作为职业追求，更是积极深造学习管理思路，将企业管理知识运用到岗位中。湖北当阳长坂供销社白庙分店店员常莲娥，在废旧物资收购、销售中，优质服务十年如一日，为探索国家的废品循环利用，发展循环经济之路作出

了朴素的尝试。与此同时，在荆楚大地上受过高等教育的女性们，也开始在传统的工业、农业、基础设施建设等领域，发出更耀眼的光芒。

熊汉仙：百年汉口商业劳模“第一人”

熊汉仙，武汉六渡桥百货公司营业员，全国劳动模范、全国商业特级劳动模范、全国服务标兵、全国三八红旗手、全国优秀工会工作者、全国五一劳动奖章获得者。

1969 年，熊汉仙成为武汉六渡桥百货公司门市部的一名营业员，带她的师傅定下了规矩，“用最好的态度和技能服务顾客”，熊汉仙最终磨炼到只看一眼就能报出不同杯子或钢精锅的尺寸，能装多少水、煮几个人吃的饭。

党的好政策使门市部的经营方式更为灵活。1981 年 2 月，为了解决老年人“商店里都是牛仔裤花衣裳”的苦恼，已调到服装柜的熊汉仙创办了武汉百货行业第一个中老年服装专柜，800 多个品种的服装让老年人赞不绝口：“我们要多活几年，多享社会主义的福！”

1982 年，熊汉仙光荣地加入了中国共产党，同年被授予湖北省劳动模范称号。1986 年，湖北省零售系统掀起了“勇夺全国金牌营业员”的热潮，用行动为建党 65 周年献礼，熊汉仙也积极地加入了这场热潮中。

1985 年熊汉仙在六渡桥百货商场为顾客服务

金牌营业员的竞赛项目都来自工作细节，以叠中山装为例，当时的全国纪录是 2 分钟叠 5 件。1986 年的夏天武汉异常炎热，熊汉仙每天在家里练习，老母亲则陪在身边用蒲扇给她扇风，一晚上下来地上一摊汗水。就这样靠着苦练，熊汉仙在叠中山装的项目中，以 2 分钟叠 6 件的成绩打破了纪录。

1987 年 4 月，全国劳动模范和先进工作者表彰大会首次在中南海举行，党中央、国务院在怀仁堂授予熊汉仙、赵成顺、于敏、艾有勤、李国桥等五人全国劳动模范的光荣称号。表彰会前，时任中华全国总工会主席倪志福向万里、余秋里等领导人介绍熊汉仙时，时任全国总工会副主席罗干专门又介绍了一次："她是这次五位全国劳模中唯一的女劳模，她潜心研究商业营业员的柜台服务艺术与语言艺术，总结出一套优质的服务规范……"

进入改革开放初期，湖北女劳模可谓百花齐放，各行各业中都涌现出了优秀代表，如积极引进花生良种、推广新型种植方式的何丽珠；培养了陈静、乔红、胡小新三个女子乒乓球世界冠军的冯梦雅等。湖北女劳模在改革开放浪潮中把握机遇，让奋斗之花绽放在各行各业，以实际行动证明"妇女能顶半边天"。

2. 吃苦耐劳，平凡岗位上展现不凡风采

随着"四个现代化"目标的不断推进，湖北女劳模能吃苦、能奋斗、敢拼搏的精神日益彰显。在全国劳动模范评选中，湖北省当选的女劳模不仅有高精尖领域的精英，也有不少在平凡岗位上做出了不平凡事的优秀代表。

赵永兰："扫"出来的全国劳动模范

十堰市环卫处保洁工赵永兰，是十堰市劳动模范、湖北省劳动模范、建设部劳动模范、学雷锋标兵，全国五一劳动奖章获得者，第八届全国人大代表。

1979 年十堰市环卫所成立，38 岁的赵永兰成了车城第一批专业清扫工，虽是固定工作，但在当时这个特殊的职业被很多人看不起，甚至鄙视。加上当时十堰市城区主干道两边都在盖房子，到处都是沙、石、土，工作脏苦累不说，一个月工资才 28.5 元，许多人都不愿意干，但赵永兰却一点也不嫌弃，拿起扫把一干就是 20 年。

一把五尺长的扫帚，一辆用木板围在板车四周做成的垃圾车，这就是赵永兰工作时的工具。为了保证 7 点左右赶在市民上班前给大家一个整洁的环境，赵永兰总是凌晨 2 点就起床，7 点左右清扫完路面，之后别的同事都回家吃饭稍微休息一下，她却留在路上巡逻。哪个地方有渣子，她又重新拿起扫把；哪里有果皮纸屑了，她就捡起来。她总是最后一个回家，匆匆扒两口饭，又赶在晚上 8 点到路上保洁，直到晚上下班，一干就是 20 个小时。

工作期间，赵永兰的睡眠时间经常不足 4 个小时，因担心凌晨起不来耽误了清扫工作，她大部分时间都失眠。怕衣服穿厚了扫地不方便，再冷的冬天，她都是把清洁服往毛衣外一套就出门，手脚经常冻得失去了知觉。每次扫完地后，她总是满身尘土，灰头土脸。赵永兰说，脏倒不怕，最怕雨天，垃圾一沾水，湿重湿重的，扫起来很费力，一车垃圾好几百斤，运到一公里外的转运站，她常常是外衣被淋湿，内衣被汗湿。

获得多项荣誉的保洁工赵永兰

工作期间，赵永兰没休过一个节假日，因为节假日出来游玩的人多，垃圾也较平时多了好几倍。无数个除夕夜，当别的家庭阖家团圆时，她却默默工作在环卫岗位上，并总是最后离开，就连大年初一也未曾休息过半天……寒来暑往，赵永兰就这样默默无闻、任劳任怨地奋斗在环卫工作的第一线。

在平凡的岗位上，赵永兰干出了不平凡的成绩，多次获得国家级、省市级的荣誉表彰，还赴京参加表彰大会，受到党和国家领导人的亲切接见。

这个时期，湖北获评的女劳模中，许多都是在平凡的岗位中做出了不平凡的事，她们选择的都是常人不愿选择的岗位，但她们没有因社会偏见而懈怠工作，反而在各自的岗位上兢兢业业，作出了让人交口称赞的成绩。同时，凭借湖北九省通衢的区位优势和传统的重工业基础，在此期间还有不少来自江汉油田、武钢集团、长航集团、葛洲坝集团以及公交铁路旅游等领域的女劳模。

3. 珍惜机遇，干部岗位上践行光荣使命

1982 年，第五届全国人大第五次会议通过了宪法修正案，增添了保护妇女权益、培养和选拔女干部等内容。1995 年，男女平等成为我国社会发展基本国策中的一项。在政策的支持和自身努力的双重作用下，不少湖北的女劳模成长为工会干部、小学校长、大学教授、银行行长等，纷纷走上了领导岗位，自身的工作成绩和职业发展经历，也使得她们更好地将劳模精神发扬光大。

潘兰英：困难职工的“贴心人”

潘兰英作为工会干部，便是这个时期的典型。1994 年，35 岁的她成了停产企业黄石市丝绸厂的“留守工会主席”。当时，全厂 685 名职工有 665 人下岗，潘兰英在五年时间里，自费跑了 100 多家企业，走访了 340 余户困难职工家庭，先后帮助 170 多人谋到新职业，解决了 180 名退休职工的养老金，帮助 200 多户家庭缓解了困难，而自己则贴进去了 4000 多元生活费。

在黄石，潘兰英的名字几乎家喻户晓，因为她敢于、善于为职工维权。2005 年，黄石市总工会成立了“潘兰英职工维权服务热线”，潘兰英任热线负责人以来，积极协调各方面的关系，整合社会

潘兰英在发言

资源和力量，将工会的维权帮扶行为变成了全社会的维权帮扶行动，极大地提高了工会维权帮扶工作的成效。

热线开通的第一天，就接到 60 多个电话，直接上门来访的就有 20 多人。面对一大堆难题，潘兰英从一个拖了三年没有解决的问题入手开展调查，该企业当年破产时由于资金不到位，无法兑现 129 名职工的安置费，致使大部分职工生活无着落。潘兰英带着热线的工作人员，多次到市行业协会、企业破产清算组以及相关单位，掌握了大量第一手材料，经过多方协调，耗时四个多月，她人瘦了十来斤，终于将 134 万元职工安置费补偿到位，并为职工们缴纳了 144 万元的养老保险。

热线开通近四年，帮扶中心共接待职工群众 4781 人次，其中，来信来访 4018 件，信访办结率达 98%，共为 3465 名职工解决各类资金 1413.5 万元；培训和帮助 3200 多名下岗失业人员和进城务工人员实现就业，帮助 226 名困难职工子女圆了大学梦。此外，还多次协助省外的农民工解决了他们求助的难题，热线办公室的墙上挂满了锦旗，每一面锦旗背后都有一段感人的维权故事。

正是因为有了好的政策，遇上了好的时代，这段时期的湖北女劳模带着对组织和群众的感念，脚踏实地，干劲十足，怀着一颗火热的心，用实际行动展现出了女干部的风采、女劳模的精神。

（三）中国特色社会主义新时代：开拓创新，为复兴奋进

进入中国特色社会主义新时代，党和政府更加注重妇女在中国特色

社会主义伟大事业中的作用，确立了“实现中华民族伟大复兴”的妇女运动时代主题。

1. 提升自我，积极为湖北的发展作出重要贡献

在1995年至2020年的三部《中国妇女发展纲要》中，增添了培养妇女人才干部，提高妇女参与国家与社会管理水平的目标。在新的历史条件下，我国妇女参与政治、经济、社会活动的空间扩大，参与国家与社会事务的程度提高，参政意识与自我管理的能力提升，为社会主义现代化建设作出了重要贡献。此时，在湖北的各行各业中，也涌现出了许多杰出的女性代表，她们不断提升自我、超越自我，为湖北的发展作出了重要的贡献。

刘亮：公诉“铁娘子”

刘亮，湖北省黄石市检察院第一检察部主任，先后被评为全国优秀公诉人、授予个人一等功。从事检察工作15年来，她以法律为准绳，以“如我在诉”“追求极致”的精神，精心精细办理每一起案件，努力让人民群众在每一个司法案件中感受到公平正义。

工作中的刘亮

2018年初，刘亮担任黄石市检察院扫黑办主任，带头办理了黄石市扫黑除恶专项斗争第一案——乔某等26人涉黑案。刘亮和办案组梳理了53本证据材料，形成了27万字的阅卷笔录，2.4万字的起诉书，追诉漏罪4起，数字的背后是一个又一个不眠夜。那段时间，刘亮时常一杯浓茶、一摞资料翻阅到深夜。

涉黑案的审查要求审慎仔细，涉黑案的出庭更是一名检察官职业能力的充分展现。两天的庭审，面对19名被告人、22名辩护律师，700余人次观摩，刘亮带领办案团队从容应对，有力指控犯罪。带着对办案的思考，刘亮利用“十一”假期，起草了《涉黑案件办理的重难点指引》，总结了涉黑案件从审查到出庭的要点，并在全市授课，为办理涉黑涉恶案件提供了宝贵经验。

2022年初，刘亮履新黄石市检察院政治部副主任。她迅速转变角色，不断思考和探索如何推动党建与业务深度融合，如何打造一支高素质、专业化的检察队伍。

在院党组的支持下，她组织开展了全市检察机关队伍大调研，着手打造“青年干警先锋班”品牌，在培养机制、课程设置、导师选配等方面不拘泥于单一的法学业务，而是多学科指导、全方位考评，不断拓宽知识层面，提升综合素能。

在这种培养机制的锻造下，干警的精神风貌有了明显提升。2022年以来，由青年干警撰写的“贯彻检察新理念小故事”已编发80余篇，由青年干警承办或参办的4起案件入选全国典型案例，8起案件入选全省典型案例，19名青年干警获得市级以上荣誉。

无论是检察业务工作，还是政工综合工作，刘亮始终秉持初心，追求极致。当选党的二十大代表后，刘亮感到肩上的责任更重了。她说，习近平总书记在报告中强调要加强检察机关法律监督工作，完善公益诉讼制度，“我们倍感振奋、深受鼓舞，将忠实履行宪法和法律赋予的各项职责，以高质量检察履职，推动更高水平的平安湖北、法治湖北建设”。

在这个时期，湖北孕育出的璀璨明星中有坚守原则、铁面无私的“铁娘子”，黄石市中级人民法院立案庭庭长张丽华，孝感市孝南区人民检察院党组成员、检察委员会委员程然，黄石市检察院第一检察部主任刘亮；也有自主创业的优秀民营企业家，武汉市爱帝集团公司董事长胡爱娣等，她们用自己的能力，在各自的领域为湖北的发展交上了一份优秀的答卷。

2. 接续奋斗，传承劳模精神为新时代奋斗不止

社会主义是干出来的，新时代是奋斗出来的。湖北女劳模们坚持树立家国情怀，树立远大理想，牢记使命任务，将自身发展同国家、人民的需求和社会的发展进步相结合，努力为国家的发展贡献力量，成为新时代奋斗者的最好诠释。

袁晶：水利科研的巾帼标兵

袁晶，中共党员，工学博士，正高级工程师，水文局技术中心副主任。水利部“5151 人才工程”三、四层次人选，全国五一巾帼标兵，湖北省女性科技创新人才，长江三峡工程“十五”泥沙研究先进工作者和长江水利委员会第五届十大杰出青年。

袁晶热爱长江水文事业，刚参加工作不久，她就勇挑大梁。2008 年受单位委派，独自一人远赴德国慕尼黑国防军事大学，开展为期 3 个月的中德合作项目。在德学习期间，她的工作得到了中德双方项目负责人的好评。

2009 年 6 月至 9 月在家休产假期间，由于科室横向项目任务重，时间紧，她负责的水沙数学模型计算部分一时找不到合适的人选来代替，为了减轻领导和同事们的工作压力，她毅然承担了《武汉鹦鹉洲长江大桥工程防洪评价》和《咸宁核电厂工程大件专用码头工程防洪评价》等项目中的水沙数学模型计算和分析工作。

她具有扎实、深厚的专业基础，先后负责和承担完成了国家 973 计划，国家科技支撑计划，水利部公益性行业科研专项、国家自然科学基金，国家“十五”“十一五”三峡工程泥沙问题研究、三峡水库科学调度关键技术研究，三峡工程专题研究等 10 余项国家级、省部级科研项目。

在科研工作方面，袁晶带领研究团队，围绕三峡工程优化调度

及长江黄金水道建设等国家重大需求中的关键科学问题，深入研究了长江流域泥沙通量变化特征，揭示了长江流域多时间、多空间尺度的泥沙来源及变化趋势，为三峡水库入库水沙代表系列的选择和三峡工程泥沙问题研究奠定了基础。

袁晶在 2023 年度三峡工程泥沙问题专题研讨会作报告

参加工作以来，袁晶将自己的青春辛勤耕耘在水文服务的工作岗位上。她始终保持旺盛的工作热情和乐观向上的生活态度，用自己的聪明才智和勤奋工作，换来了一个又一个丰硕的科研成果，默默地实践着一名长江水文人不悔的人生追求。

新时代的奋斗者们拿起了“50 后”“60 后”的接力棒，开启了属于她们的长征之路。从打工妹到“网红”导游土家“幺妹儿”谭桂英，“钢铁玫瑰”孔君华，高铁“女子突击队”领路人王艳鸽……从她们的身上，我们看到湖北女性的职业道路不仅选择更为广阔，发展的“天花板”也有所突破。

3. 不断超越，以智慧力量助推湖北高质量发展

党的二十大报告强调，教育、科技、人才是全面建设社会主义现代化国家的基础性、战略性支撑，要深入实施科教兴国战略、人才强国战略、创新驱动发展战略，加快建设教育强国、科技强国、人才强国。人才是第一资源，要想推动高质量发展，突破发展瓶颈，解决深层次矛盾，根本出路在创新，关键靠科技，归根结底靠人才。湖北作为教育大省和科技创新资源聚集地，在人才培养方面展现出了得天独厚的优势，一批批科技型、人才型女劳模纷纷涌现，以智慧力量助推湖北高质量发展。

张瑞霞："建桥国家队"的"女鲁班"

被誉为中国"建桥国家队"的"女鲁班"，中铁大桥局设计分公司副总工程师张瑞霞，从事桥梁施工设计工作30年，参与了青藏拉萨河大桥、武汉天兴洲长江大桥、南京大胜关长江大桥、港珠澳大桥、渝黔铁路新白沙沱大桥等国家级重点桥梁项目建设。拥有多项国家级和省部级科技进步奖、国家专业资质、发明及实用新型专利，是桥梁施工设计领域里不让须眉的巾帼翘楚。

1999年，国家高铁建设刚刚起步，张瑞霞加入JQ600型下导梁架桥机这一铁道部科学研究发展计划项目。她与项目组成员一起攻克了多项难题，填补了我国铁路客运专线箱形梁架设设备的空白，该项目获2001年度国家科技进步奖二等奖，此后她主持设计了福州闽江大桥、天津海河大桥等多种形式的大吨位架桥机。

修建青藏铁路拉萨河特大桥时，作为施工设计负责人的她克服严重高原反应，巧妙设计了多功能拱肋安装支架、水中基础墩等，及时赶赴现场进行技术交底，确保了雪域天路顺利进藏。

修建天兴洲大桥，她与项目组一起研发了巨型双壁钢围堰锚墩预应力钢绞线精确定位技术、700吨架梁吊机整节段钢梁架设方案、引桥40米预应力箱梁二合一移动模架等，该工程被誉为我国桥梁建设新水平的标志性工程。

中铁大桥局设计分公司副总工程师张瑞霞

修建港珠澳大桥，她率领团队克服海浪环境下预制构件安装、大规模预制件总体布置、大节段钢梁及限空条件下的钢塔安装等前所未有的挑战，高强度、高质量地完成了 2000 多张项目图纸设计。

2014 年，中铁大桥局成立张瑞霞劳模创新设计工作室，张瑞霞以“艰苦奋斗、甘于奉献”的劳模精神为标杆，引领施工设计专业团队，锐意创新、攻坚克难、塑造亮点、展示才能。

目前，张瑞霞劳模创新设计工作室有 17 项创新成果进行了转化，节省施工成本 1.29 亿元。培养出大批刻苦钻研、技术高超的创新人才，为基层技术人员开展创新工作提供了更广阔的舞台。2017 年，团队荣获了全国总工会第二批全国示范性“劳模和工匠人才创新工作室”的称号。

在社会主义新时代下，湖北女劳模们不仅把自身打造成了各个领域的人才，为国家的发展贡献智慧力量，同时，更不忘在各种人才培养和成长上也发挥出极为重要的作用。

三、特质：一把楚地女劳模成长“金钥匙”

湖北女劳模作为中国妇女参与社会生产的代表性人物，随着时代的变迁表现出阶段性特点，既与其他地区的女劳模具有共性，又具备独特的个性。

与所有女劳模的共同特质主要表现在以下几个方面：用自强不息、坚韧刚毅的进取精神，展现“妇女能顶半边天”的别样风采；用敢为人先、不断开拓的创新精神，谱写“巾帼不让须眉”的时代华章；用融汇南北、海纳百川的开放精神，完成“建成支点、走在前列”的历史使命。

与其他地区的女劳模所不同的是，湖北女劳模体现出了具有地域特色的典型特征：从集中在三线产业到实现全地区全行业覆盖；从一线技术型人才成长为复合型、创新型人才；从个别典型逐渐形成“模范效应”和代际传递。

（一）共性

虽然不同时代的女劳模承担着不同的责任和使命，但作为国家发展的见证者、参与者、奉献者，女劳模们即使行业不同、性格各异，但同样具有一些相似的特质。

1. 自强不息、坚韧刚毅，展现“妇女能顶半边天”的别样风采

对于女劳模而言，她们在各行各业充分展现了自强不息、坚韧刚毅的进取精神，彰显出了“妇女能顶半边天”的别样风采。

以纺织业为例，湖北的纺织产业一直在全国具有重要地位，从新中国成立初期，为了支持国家经济恢复和各项建设，从坚守在纺织工厂的朱玖、朱早弟等人，到总结出“仰媛媛工作法”极大提高生产效率的安棉纺织有限公司职工仰媛媛，一代又一代人传承的不仅是对技术的追求，更是自强不息的进取精神。

同时，还有面对歹徒抢劫勇敢保护国家财产，身中数刀生命垂危仍坚持报警的枝江县董市信用社桂花分社潘星兰、杨大兰，她们虽身躯瘦小，却无惧穷凶极恶的歹徒，用行动诠释了坚韧刚毅的劳模风采。

2. 敢为人先、不断开拓，谱写“巾帼不让须眉”的时代华章

随着社会的进步，教育的普及，女劳模们的知识、能力、学历也在不断提升，对于专业、职业、行业的认识也不断深入，同时，工业化的发展也在一定程度上缩小了男女之间的体力差距，不少原来男性处于优势地位的行业逐渐也有了妇女的身影，有些女劳模在一些传统男性优势行业内也成了“领头羊”，谱写着“巾帼不让须眉”的时代华章。

中国空军航空修理系统焊接专业首席专家孙红梅，凭借精湛的技术，23 年来维修火箭发动机 600 余个，破解 62 项修理难题，形成 12 项核心修理技术，创造经济效益近 2 亿元，攻克了 50 多项技术难题，被评为“大国工匠年度人物”；从高校教师到采油工人、油田第一位“80 后”女班长艾晓慧，不怕苦、不怕累，誓要“将能源的饭碗牢牢端在自己手中”。

中国能建葛洲坝机电公司白鹤滩机电项目部桥机班班长梅琳，是全球最大水电站发电机转子的吊装手，27 年的不断摸索，她创造出一套“手感、听感、嗅感”相结合的吊装方法；来自湖北麻城的姐妹花卢有

珍、肖金花，在中建三局二公司636米的武汉绿地中心项目担任塔吊司机，驾驶着项目顶模平台上的M1280D动臂塔吊——亚洲房建领域最大的动臂塔吊……这些通常被认为只有男人才能从事的行业，如今也有了女性的身影。

3. 融汇南北、海纳百川，完成“建成支点、走在前列”的历史使命

湖北地处九省通衢的重要位置，起着连接南北、沟通东西的作用，又因为省内水系发达、湖泊众多，有着“千湖之省”的美誉。因此，在荆楚大地挥洒汗水、建功立业的女劳模们，也具备融汇南北、海纳百川的开放胸怀，为“建成支点、走在前列”的发展目标而不断奋进。

在新中国成立初期和三线建设时期，湖北女劳模就以“敢为天下先”的精神，在各行各业作出全国领先的成就。沙市（现称为荆州市）饮食服务公司脚医室修脚工曾小毛，在张秉贵同志“一团火”精神的鼓舞下，克服了世俗偏见和职业歧视，在女性鲜少愿意学习修脚的年代，用自己的双手为千万名患者解除了病痛。

新时期下，被誉为“高铁服务之星”的武汉客运段列车长孙婷婷，总结出“六个一”优质服务法，热心为旅客排忧解难，受到了广泛赞誉，肯尼亚高铁乘务员都专程来武汉“拜师学艺”；安琪集团烘焙与健康食品技术中心副总经理冷建新，从事酵母等相关产品研发推广工作近30年，带领技术人员不断改革创新，攻克多项研发与应用技术难题，参与起草并推动多项国家标准的建立，带领中国团队勇夺世界技能大赛烘焙项目冠军，为中国在世界烘焙界赢得一席之地。

随着经济全球化的蔓延，创新创效、“互联网+”等新经济格局，对从事工农业、服务业生产的一线劳模们，又赋予了新的标准和内涵，新时代的劳模就是要引导各行各业的劳动者勇于在实践中创新、在奋斗中创效，在实现中华民族伟大复兴的中国梦征程上建功立业。

（二）个性

湖北作为我国近现代工业的发祥地和教育大省，有其独特的历史性和地域性，正所谓“一方水土养一方人”，在湖北的历史发展和经济发展

中，也造就了湖北女劳模的一些个性特征。

1. 从集中在三线产业到实现全地区全行业覆盖

“一代人有一代人的长征”，对于湖北的女劳模而言，她们在不同的历史时期承担了不同的历史责任，也随着时代发展的广阔浪潮，积极立足岗位，奉献社会，矢志报国。作为三线建设中“二线”的起始点，湖北的产业发展与国家政策、地域优势有着密不可分的联系，其中，女劳模的评选和成长自然也与此息息相关。

1950 年到 1979 年，共计评选各行业全国劳动模范和全国先进工作者 5 次，评选出的湖北女劳模集中在纺织、教育、制造、商贸服务等行业。改革开放后，越来越多的女劳模在各行各业发光发热，不仅在传统优势的轻工业、服务业保持优势，还有不少活跃在航空航天、医疗卫生、重工业等诸多领域。

有科技报国的武汉钢铁集团研究院、钢铁产品研究所热轧板研究室主任工程师孔军华；有湖北三六重工有限公司技术中心副主任范晓霞；有中铁十一局集团建筑安装工程有限公司项目经理詹必秀；也有从国企一名挡车工成长为著名针织服装企业的老板，带领企业走向国际的武汉爱帝集团有限公司董事长胡爱娣；有从“打工妹”到“名导游”的恩施大峡谷旅游开发有限公司导游谭桂英；有被誉为“庄稼女医生”的枝江市植保站赵爱玲等。

2. 从一线技术型人才成长为复合型、创新型人才

从湖北涌现出的一批批女劳模和女性先进工作者来看，不少人都是从初期的技术工人一步步成长为管理型、创新型、复合型的人才，不仅在自己的岗位上大放异彩，更是作为榜样和标兵将劳模精神传承了下去。

从时间角度来看，新中国成立初期，湖北女劳模集中在纺织工人、工厂工人、学前教育或基础教育教师、环卫工人等领域；改革开放后，则广泛分布在各个领域，甚至以往被认为以男性为主的行业。

从地域角度来看，对于湖北这个科教大省而言，随着教育的普及，接受过高等教育的人群扩大，女劳模们也呈现出从苦干、巧干成长为行

业技术带头人的特点。

中铁武汉电气化局集团第一工程有限公司王艳鸽，组建信号女子突击队创新工作室，发表 QC 成果 8 项，形成施工工法 4 项，获得实用新型专利 4 项；中国船舶重工集团第七二二研究所工程师杨春兰，主持研制的某型数据传输设备具有完全自主知识产权，填补了多项国内空白，多项关键技术指标达到国际先进水平。

3. 从个别典型逐渐形成“模范效应”和代际传递

在历届全国劳动模范和全国先进工作者的评选中，劳模的评选和宣传从来不是孤立的，女劳模也在发展成长过程中，表现出了“模范效应”和代际传递的特点。

不少女劳模不仅自己爱岗敬业，作出了卓越成绩，还不忘初心，带领整个团体、整个班组，将自身的影响力扩展至整个单位甚至整个地区。

神农架木鱼镇三堆河村村支书朱明秀任职时，不仅奋发图强，领着老百姓勤劳致富，还注重教育，从她家走出了三堆河最早的大学生，她用行动影响了一个区域的面貌，至今三堆河村仍然是木鱼镇在读大学生最多、外出工作最多、精神面貌最好的村；有组建了助学团队，创办“英子姐姐”助学网，资助了 2780 名大山里的贫困孩子实现求学梦想，坚持助学 17 年照亮贫困孩子求学路的湖北省长阳县龙舟坪镇花坪小学副校长刘发英；还有将自己的技术倾囊相授，带出 39 名先进生产标兵，让劳模精神实现代际传递的际华 3542 纺织有限公司的刘沙等。

纵观新中国成立以来，湖北省女劳模的发展谱系脉络，可以鲜明地看出，湖北选树的女劳模都能在各个历史时期，代表和体现湖北全省经济社会发展特色。

从古至今，湖北就是传统的“鱼米之乡”，农业优势明显。同时，湖北受近代思想启蒙运动及洋务运动影响，教育资源优渥，从近代以来就是科教高地。新中国成立以来，随着经济战略布局，同时借助湖北特有的矿产等资源以及此前的工业优势，三线建设中的一批重工业企业落户湖北，以武钢、武重、武锅、武船等为代表的“武字头”企业，以及以第二汽车制造厂为代表的重工业企业，一度成为新中国建设的璀璨明星。因此，新中国成立初期的女劳模主要集中在教育、制造及配合重工业的轻工业，以及商贸服务等行业。

而伴随着改革开放和新时代中国特色社会主义建设，在全省各级工会围绕中心、服务大局的指导思想下，女劳模选树同各领域劳动模范和先进工作者乃至五一劳动奖章评选一样，始终紧贴全省产业调整、布局优化以及经济社会发展趋势，因而出现了前述三个显著特点。

四、展望：一枚楚地女劳模培育“指南针”

新中国成立以来，在湖北各行各业中涌现出的女劳模们，将劳模精神展现得淋漓尽致：她们有报效祖国、服务人民的奉献精神；有在奉献中实现人生自我价值的精神；有立足本职、爱岗敬业的职业精神；有勇于攀登、敢为人先的创新精神；有互帮互学、团结协作的团队精神；有用真情凝聚人心、用实干激励人心、用先进思想鼓舞人心，心往一处想、劲往一处使，努力服务社会、服务于民的精神。

随着社会的进步、时代的发展，女性已深入各行各业，并承担着重要的角色。为了推动湖北女劳模的评选，从 2023 年开始，湖北在每年开展全省“巾帼建功立业示范岗（标兵）”选树培育工作基础上，择优 10% 授予湖北工人先锋号和湖北五一劳动奖章。未来，为了激发和培养更多优秀的女性代表，壮大湖北女劳模的队伍，在以后的工作中，我们还将加强典型挖掘、大力跟踪培养、强化价值引领。

（一）加强典型挖掘：让女劳模成为各行各业的明星

时代造就劳模，劳模引领时代。无论时代如何变化，劳模精神始终是一面跨越时空、永不褪色的鲜艳旗帜，将永远激励我们奋发向上、拼搏进取。进入新时代，开启全面建设社会主义现代化国家新征程，更需要大力弘扬劳模精神、劳动精神、工匠精神，因此，湖北将会加强女职工的典型挖掘，建立科学有效的女劳模培育和选树机制，让女劳模成为各行各业中最耀眼“明星”。

同时，湖北还将通过广泛开展各种活动和竞赛，让一批又一批优秀女职工在普通岗位上增长才干，在推动企业科学发展的实践中勇当先锋，在比学赶帮的竞赛中脱颖而出，在“传帮带”中释放“潜力股”旺盛的“生命力”，将劳模精神发挥到极致。

（二）大力跟踪培养：让女劳模成为助推发展的恒星

劳模培养是一个长期积累的过程，湖北将进一步探索和完善培养女劳模、选树女劳模、表彰女劳模、关心女劳模的工作机制，最大限度地保护和调动女劳模的积极性，通过弘扬劳模精神、劳动精神、工匠精神，引导和鼓舞广大女职工在推进企业高质量、持续健康发展中，切实承担起主力军的重任，让女劳模成为助推发展的“恒星”。

此外，湖北还将确立跟踪培养女劳模的目标和方法，明确劳模和操作技能人才成长的发展通道，进一步调动一线职工学技术、当劳模的积极性，避免劳模出现“昙花一现”的现象。同时，还将注重使劳模个人作用向劳模团队作用发挥转变，发挥好劳模创新工作室作用，不断提升劳模创新团队的凝聚力、原动力和创新力。

（三）强化价值引领：让女劳模成为“三个精神”的卫星

不同时代获评的女劳模，有不少存在一定的代际传递关系。

事实证明，一个全国劳模的推选往往对整个单位或者地区具有一定的辐射和带动作用。因此，在以后的工作中，湖北将加强对女劳模“群英谱”等的挖掘和报道，进一步鼓励女劳模创新工作室的建设和传承，让女劳模成为“三个精神”的守护者，让女劳模的建功佳绩成为全省女性劳动者赶超的目标，让女劳模成为全省女性劳动者竞相效仿的榜样。

伟大的事业需要伟大的精神，伟大的精神托举伟大的梦想。我国正处在“两个一百年”奋斗目标的历史交汇点，面临中华民族伟大复兴的战略全局和世界百年未有之大变局，学党史、悟思想、办实事、开新局，需要我们读懂中国共产党人接续奋斗的精神密码，汲取百年党史中形成的优良传统和精神力量，激发新时代奋斗前行的内生动力。

在新时代、新征程上，湖北将继续发挥女劳模先锋模范带动作用，将一位位女劳模、一个个先进女性集体打造成一面面旗帜，引领全省女职工奋力谱写全面建设社会主义现代化国家的荆楚篇章！

参考资料

[1] 百岁劳模梁彦斌的纺织情[J]. 印染杂志，2017-10-31.

[2] 马新敏. 健全工匠选树培养机制 发挥劳模工匠创新引领作用[R]. 国网黄泛区供电公司，2020-12-31.

[3] 新华社评论员. 用爱国主义精神托举伟大梦想[N]. 新华网，2015-12-31.

[4] 谢雨播. 关于加强劳模培养选树工作的实践与思考[N]. 黑龙江工人报，2019-11-1.

湖南

湖南篇

立足本职建功业
巾帼匠心耀湖湘

湖南山川秀美，文化深厚。受“经世致用，自强不息，敢为人先，心忧天下”湖湘精神滋养和鼓舞的湖湘女性，在新中国成立后，以前所未有的热情走出家庭，走向社会，参加生产劳动，为经济社会发展和妇女解放事业作出不可磨灭的贡献。湖湘女劳模是湖湘女性的先进代表，无论是在改天换地的社会主义革命和建设时期，还是日新月异的中国特色社会主义新时代，无论在脱贫攻坚和乡村振兴主战场，还是在全面实现“三高四新”[①]美好蓝图的建设前沿，她们始终勇立潮头、担当使命、无私奉献、追求一流，用诚实劳动和卓越贡献展示湖湘女性的魅力和风采，谱写了一曲曲关于爱、关于奉献、关于奋斗的英雄赞歌。

一、湖南省女劳模发展概况

湖南女劳模是湖南各行各业的女性劳动者先进分子。自新中国成立至 2022 年[②]，在我国多次全国范围劳动模范表彰活动中，湖南共有 204 名女性全国劳动模范和先进工作者受到表彰，约占 16.5%。全国总工会自 1985 年以来开展全国五一劳动奖章（状）评选表彰活动，湖南受表彰女性 211 人，约占 18.5%。2005 年以来，全国总工会多次专门表彰全国五一巾帼奖、全国女职工先进集体和个人，湖南受表彰女职工集体 204 个，女职工个人 210 名。

（一）社会主义革命和建设时期

新中国成立初期，党和国家高度重视妇女工作。在各级工会的大力动员下，广大女职工积极投入生产建设，踊跃参加劳动竞赛。这一时期多次开展全国劳动模范表彰活动，湖南有 473 人被评为全国劳动模范和全国先进工作者，其中女性 69 人，约占 14.6%。在这些表彰中，每次侧

① “三高”是指着力打造国家重要先进制造业高地；具有核心竞争力的科技创新高地；内陆地区改革开放高地。“四新”是指在推动高质量发展上闯出新路子；在构建新发展格局中展现新作为；在推动中部地区崛起和长江经济带发展中彰显新担当；奋力谱写新时代坚持和发展中国特色社会主义的湖南新篇章。

② 本文各类劳模统计数据均来自历年各类表彰决定，时间截至 2022 年，文中有特别说明的除外。

重点各不相同，劳模评选条件、受表彰对象等方面呈现明显差异，因而女劳模数量和占比均存在较大差距。

在1956年全国先进生产者代表会议上，湖南受表彰女职工8人，分别是湘江织布厂织布工巫雪兰、湘潭棉纺织厂挡车工刘玉娥、运输局邵阳修理厂搪缸工谭韵媛、长沙国营商业仓储公司小组长王淑民、桃源师范附小教员单银霞、道县寿雁圩社区门市部经理吴全正、湖南歌剧团演员梁器之和长沙医院助产士谭储英。她们是新中国成立后湖南省首批女性全国劳模。在1959年全国工业、交通运输、基本建设、财贸方面社会主义建设先进集体和先进生产者代表大会上，湖南受表彰女职工18人。这两次表彰活动评选的重点在工业战线，主要褒奖过渡时期工业战线涌现出的先进生产者。26名受表彰的女性全国劳模主要来自纺织行业，还有部分来自教育、卫生、农业等行业。

在1960年召开的全国教育和文化、卫生、体育、新闻方面社会主义建设先进单位和先进工作者代表大会中，湖南受表彰150人，其中女性38人，约占25.3%，是历次劳模表彰中女性人数最多、所占比例最高的一次。与前几次劳模评选相比，这次评选范围由工业战线扩大到教育、文化战线，来自农业战线的劳模大幅度减少，文化、教育系统是女职工相对集中的行业，受表彰的女劳模占比较高。

1977年至1978年全国连续3次表彰劳模，湖南先后受表彰女劳模5人。在1977年召开的全国工业学大庆会议上，长沙汽车电器厂绕线工万金桃、湘潭纺织印染厂挡车工张翠珍受到表彰。在1978年召开的全国财贸学大庆学大寨会议上，益阳市饮食服务公司工农理发店理发员刘凤莲、衡山县岭坡公社信用社会计王冬云受到表彰。在1978年召开的全国科学大会上，湖南医学院肿瘤研究室主任潘世宬受到表彰。

（二）改革开放和社会主义现代化建设新时期

改革开放和社会主义现代化建设新时期初期，国务院先后两次表彰全国劳动模范。在1979年召开的国务院表彰工业交通、基本建设战线全国先进企业和全国劳动模范大会上，衡阳探矿机械厂党委副书记、副厂长谭爱兰受到表彰。同年，国务院召开表彰农业、财贸、教育、卫生、科研战线全国先进单位和全国劳动模范大会，桃江县牛潭河公社柴埠学校民办教师吴舜华等 3 人受到表彰，其中湖南医学院肿瘤研究室主任潘世宬、衡山县岭坡公社信用社会计王冬云第二次被评为全国劳动模范。

1989 年，党和国家重新召开全国劳动模范和先进工作者表彰大会，湖南受表彰 90 人，其中女劳模 17 人，约占 18.9%。

20 世纪 90 年代以后，全国劳动模范评选、表彰活动从名称不同、频率不一、人数不定、领域各异逐渐走向常规化、制度化。1995 年开始，全国劳动模范每五年表彰一次。1995 年、2010 年，湖南共有 67 名女性全国劳动模范受到表彰，约占 16.3%。

从 1985 年到 2012 年，除 1989 年、1994 年和全国劳动模范表彰年之外，全国每年都开展全国五一劳动奖章（状）评选表彰活动，湖南每次受表彰的女性从 2 人至 11 人不等，女性占比最多的是 1996 年和 2012 年，均为 11 人，占比分别为 24% 和 31%，这期间，湖南共有女性 150 人被授予全国五一劳动奖章，约占 17%，与全国劳动模范中女性所占比例基本一致。

全国总工会非常重视对先进女职工集体和个人的专门表彰。2005 年和 2006 年，全国总工会表彰在改革开放和社会主义现代化建设中作出突出贡献的先进女职工集体和个人。2005 年，中南大学生殖与干细胞工程研究所生殖中心被授予全国五一巾帼奖（集体），中铁十七局集团四公司副总工程师邵尧霞被授予全国五一巾帼奖（个人），中南大学交通运输工程学院博士生导师田红旗被评为全国女职工建功立业标兵。2006 年，湘潭新天地旅行社导游文花枝被授予全国五一巾帼奖（个人），同年湖南有 18 个集体和 13 名个人分别被评为全国女职工建功立业标兵岗和全国女职工建功立业标兵。2011 年至 2013 年，湖南有 71 个优秀女职工集体和 75 名优秀女职工分别被授予全国女职工建功立业（五一巾帼）标兵岗和全国女职工建功立业（五一巾帼）标兵。2007 年，湖南有 6 个女职工集体和 7 名女职工个人被评为全国先进女职工组织和全国先进女职工工作者。2009 年，湖南经济电视台记者韩哲被授予全国五一巾帼奖（个人），2011 年湘潭钢铁集团有限公司渣钢回收加工厂水洗球磨班被授予全国五一巾帼奖（集体）。

（三）中国特色社会主义新时代

党的十八大以来，党和国家高度重视劳模工作，劳模评选表彰活动进一步规范化、制度化。

2015 年、2020 年，先后召开全国劳动模范和先进工作者表彰大会 2 次。2015 年，湖南有 21 名女性全国劳动模范受到表彰，占比 20.6%。作为精准扶贫首倡之地的湖南，有 2 名女性村干部获评全国劳动模范。2020 年，湖南共有 22 位女性全国劳动模范和全国先进工作者受到表彰，占比 25.9%。2020 年是全面打赢脱贫攻坚战收官之年，被表彰的劳模中有 2 名是女性驻村扶贫工作者。2020 年，很多女医护人员奋战在抗疫一线，在全国先进工作者中，长沙市第一医院院长刘激扬等为抗疫作出突出贡献的女医务工作者受到表彰。

2013 年至 2022 年，全国总工会先后 8 次开展全国五一劳动奖章（状）评选表彰活动，湖南共有 61 名女性被授予全国五一劳动奖章，占比约 23.8%。女劳模占比最多的是 2014 年，为 19 人，占比约 31%。这一时期，全国总工会先后 5 次表彰全国五一巾帼标兵（岗），湖南共有 114 个女职工集体和 118 名女职工分别被授予全国五一巾帼标兵岗和全国五一巾帼标兵。2013 年和 2017 年，株洲市二医院护士何遥、中车株洲电力机车有限公司转向架主管曾艳梅先后被授予全国五一巾帼奖章，2021 年湘潭钢铁集团有限公司动力厂超高压余能发电车间化水班被授予全国五一巾帼奖状。

从新中国成立之初到中国特色社会主义新时代，湖南劳模评选工作始终与经济社会发展紧密结合，女劳模逐渐涵盖工人、农民、科研教育工作者、企事业单位职工、脱贫攻坚先进典型和新就业形态劳动者，代表性越来越广泛。

湘潭钢铁集团有限公司动力厂超高压余能发电车间化水班

二、湖南省女劳模特征

（一）政治面貌和民族分布

从政治面貌来看，尽管不同时期劳模表彰的侧重点、对象、内容各不相同，但中共党员始终是女劳模的主体，历年来占比最高。

从民族构成来看，历年来受表彰的湖南女劳模中，瑶族 5 人，侗族 4 人，土家族和苗族各 2 人，回族 1 人。湖南少数民族人口历年来约占总人口的 10%，其中苗族、土家族人口最多，大多聚居在湘西和湘南山区，少数杂居在各地。从数据分析来看，湖南女劳模的民族构成与湖南省民族构成特征基本一致。

（二）受教育程度

从统计数据来看，同一历史时期不同类型湖南女劳模受教育状况和文化程度差别不大，但不同历史时期，湖南女劳模受教育状况和文化程度有明显差别。社会主义革命和建设时期评选的湖南女劳模，很多是贫下中农和一线职工，在能查到文化程度的 24 人中，近 2/3 为初中及以下学历。改革开放和社会主义现代化建设新时期，初中及以下学历劳模逐渐下降到23%，大学专科以上学历上升为52%。在中国特色社会主义新时代，初中及以下学历再度下降到2%，大学专科以上学历上升为92%（见图1）。1956年至2020年，从事制造业的湖南女劳模有26人，其中2000年之前6人，学历均为初中及以下；2000年至2012年有10人，大中专以上学历5人；2012年至今有10人，其中4人硕士研究生学历，3人大学本科学历。从上述数据来看，随着经济社会的发展，湖南女劳模的受教育程度和文化素质越来越高。

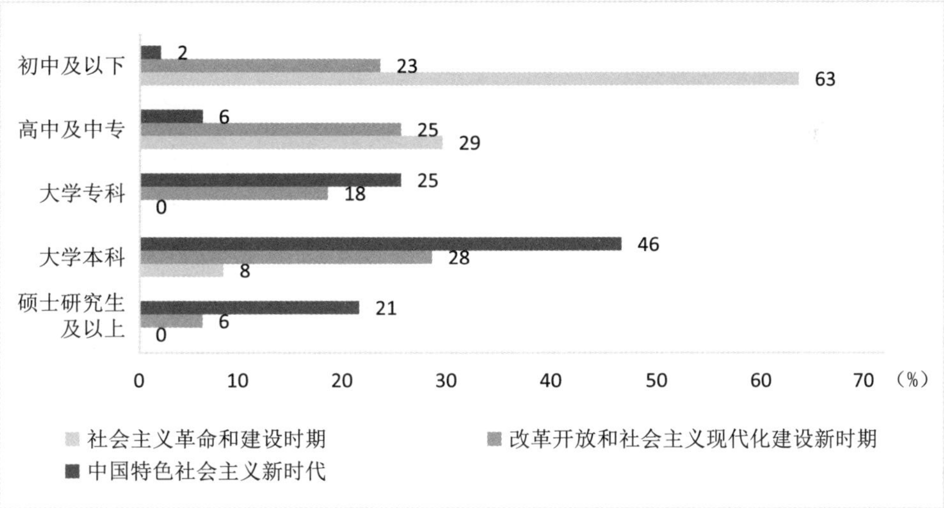

图1 湖南省不同时期女劳模受教育程度

（三）行业分布

湖南女劳模所在行业分布与两个因素密切关联，一是不同历史时期劳模评选的方向和侧重点，二是女性就业的整体分布特点。新中国成立初期，劳模表彰主要集中在农业、工业战线，女劳模主要分布在这两个领域，同时零散分布在纺织业、文教卫行业。近年来，在乡村振兴、高新产业、新就业形态等领域，女劳模不断涌现，制造业领域女劳模的数量和比例一直领先（见图2）。湖南制造业的崛起与发展，为广大女职工提供了展示才华的机遇与舞台，同时，女劳模评选表彰也助推了湖南制造业的发展。

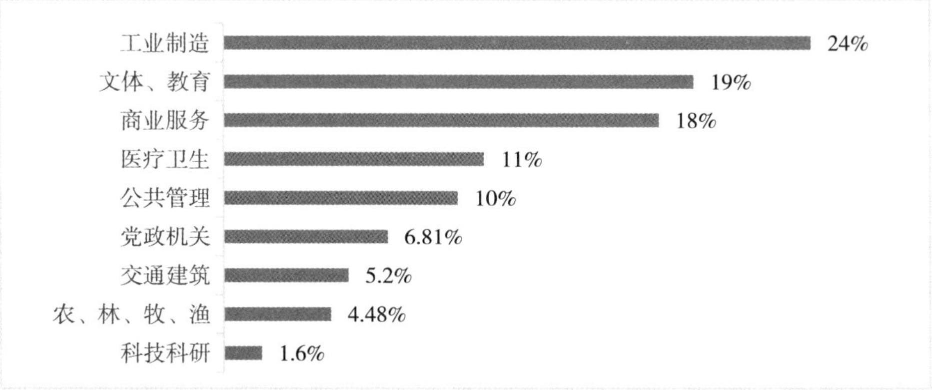

图2 湖南省女劳模所在行业分布

三、湖南省女劳模的时代价值

马克思主义妇女观认为，重新回到公共劳动中去是妇女解放的先决条件。中国共产党将马克思主义妇女解放理论与中国具体实际相结合，走出了有中国特色的妇女解放道路。1955年，毛泽东批示："中国的妇女是一种伟大的人力资源，必须挖掘这种资源，为了建设一个伟大的社会主义国家而奋斗。"后来他又提出"妇女能顶半边天"，充分肯定了妇女伟大的历史作用。湖南女劳模是各个历史时期劳动妇女中的先进分子和榜样典范，她们用一颗红心、一腔热血书写可歌可颂的湘女传奇。

（一）以责任担当落实党的方针政策

湖南女劳模是党和国家根据不同历史时期革命和建设任务培养选树的劳动模范，讲政治顾大局是湖南女劳模的鲜明特征，她们以忘我的劳动、卓越的创造在落实党和国家大政方针中积极贡献自身才华和力量。

她们敢于担当，是时代发展的领跑者。新中国成立初期涌现的湖南女劳模，大多来自农业、工业生产一线，她们虽然文化程度不高，但忠于革命、精于业务、勤于学习，甘当"老黄牛"，争做"铁娘子"，为建设新中国作出了巨大贡献。改革开放和社会主义现代化建设新时期，湖南女劳模以主人翁姿态支持发展、参与改革，在市场经济转型中，面对企业改制、下岗分流、利益调整，起到了中流砥柱作用。全国劳动模范戚智萍，不管是作为怀化市芷江宝龙山农场的一名普通饲养员，还是后来创办各类乡镇企业，参与企业重组改制，任何时候都不计较个人得失，模范贯彻执行党的方针政策，带领群众出色地完成了不同时期、不同岗位的生产任务。

她们勇立潮头，是参政议政的擂鼓手。在历届党代会代表、各级人大代表和政协委员中，湖南女劳模都占一定比例。她们利用各种机会，参与国家和社会事务管理，源头参与有关法规政策制定。全国劳动模范康菊英是湖南省第一个初级农业合作社女社长，是全国第一、二、三届人大代表。1956 年被授予全国先进生产者称号的刘玉娥，是湘潭纺织印染厂的一名普通工人，她积极上进、刻苦勤奋，后来成长为湖南省委常委、湖南省人大常委会副主任、湖南省总工会主席，第四届全国政协委员，党的十大、十一大、十二大、十三大代表，在促进全省工会事业发展，团结带领广大职工听党话、跟党走，巩固党执政的阶级基础和群众基础中发挥了“领头羊”作用。

她们干字当头，是职工群众的贴心人。近八成湖南女劳模是中共党员，相当一部分是村、社区党务工作者。龙四清是怀化市芷江侗族自治县禾梨坳乡古冲村党支部书记，她把党员培养成致富带头人，创建了怀化市第一个党员创业基地。作为村支部书记，她奉献在先，做到“心正、胸阔、脑清、手净”。在她的带领下，该村集体经济飞速发展，全村人均收入从 1800 元提高到了 9000 余元。全国先进工作者、长沙市芙蓉区荷花园街道恒达社区党委第一书记刘朝辉扎根基层 30 年，用心用情解决居民群众急难愁盼的事情，将一个基础差的老旧社区打造成全国减灾示范社区、全国和谐示范社区，打造了“党建 + 劳模”、“先锋 520”等工作特色品牌。

她们甘于奉献，是精准扶贫的主力军。2013 年 11 月，习近平总书记到湘西花垣县十八洞村考察时首次作出了精准扶贫的重要指示。在实施精准扶贫、乡村振兴战略过程中，农村妇女是主力军。2015 年，湖南有 6 名村支书获评全国劳动模范，其中女性 2 名，分别是湘乡市东郊乡新塘村党支部书记肖雨林、花垣县吉卫镇腊乙村党支部书记田金珍。田金珍仅有小学二年级文化，却自编自导拍摄了全国首部以呼吁全社会关爱留守儿童为题材的电视作品《千里寻母记》。粟田梅从小受母亲熏陶，12岁便掌握纺丝技巧，作为侗锦织艺国家非物质文化遗产传承人，利用织锦带领乡亲们脱贫致富。

（二）以拼搏奉献推动经济发展

在参加生产劳动中，广大湖南女性获得了合法地位和人格尊严，她们爱岗敬业、艰苦奋斗、争创一流，以诚实劳动推动全省经济社会不断发展进步。

比学赶帮超，在服务发展中挑大梁。在新中国成立之初的比学赶帮超劳动竞赛活动和生产运动中，女劳模、女技术能手不断涌现，为国民经济的恢复和发展作出了重要贡献。1956 年和 1959 年两次被评为全国劳动模范的裕湘纺织厂织布挡车工巫雪兰，从 1953 年到 1959 年，月月超额完成生产计划，超产棉布 2.1 万多米，质量全部达到或超过规定标准。1977 年全国工业学大庆会议表彰的长沙汽车电器厂绕线工万金桃、湘潭纺织印染厂挡车工张翠珍和衡阳探矿机械厂谭爱兰，都在完成生产建设任务、实现增产降本等方面作出重要贡献。在国家政策扶持、女劳模的引领下，湖南妇女劳动者队伍迅速壮大。1985 年全省女性社会劳动者 1178.2 万人，占社会劳动者总数的 42.9%，全省女职工人数达到 205.74 万人，为 1949 年的 128.6 倍，妇女在各个领域真正顶起了“半边天”。

拼搏奋斗，在重大基建中鼓干劲。新中国成立后，在交通、能源、水利、电力等基础设施项目建设中，无数湖湘女性干劲十足、豪情万丈。女劳模引领广大女职工爱岗敬业、拼搏奉献，形成了女性和男性共同参与社会劳动、和谐相处、人人出彩的局面。1965 年 7 月 1 日，韶山灌区工程正式开建，10 万劳动大军来到毛主席故乡，短短的十个月时间，他们让湘中 7 县（市）100 万亩农田告别贫瘠，成为膏腴之地。在建设过程中诞生的一个个劳模故事，激励着无数人。1965 年，18 岁的戴冬桂连续给大队党支部写了 4 次申请书，没等批准通知下来就随修渠大军上了阵，为了抓工程三次推延婚期，她的故事后来被编为花鼓戏《三劝娘》，在职工群众中广为传播。

创先争优，在科教文卫中勇探索。从历年表彰的各类劳模来看，不少女劳模来自文化教育、卫生事业领域。在 1978 年全国科学大会和 1979 年国务院表彰农业、财贸、教育、卫生、科研战线全国先进单位和全国劳动模范大会上，两次受到表彰的湖南医学院肿瘤研究室主任、教授潘世宬，用亚硝胺化合物成功诱发大白鼠鼻咽癌，为人类战胜宫颈癌、鼻咽癌提供了重要线索。中国生殖工程的创始人之一卢光琇多年来孜孜以求，不但“培育”了中国首例试管婴儿，而且“孕育”了 20 多万名子女，被称为“试管婴儿之母”。在科教文卫领域，无数巾帼不断追问、不断探索、不断奋斗，在各自岗位上争先创优，作出了重要贡献。

开拓进取，在高新产业中寻突破。2012 年以来，湖南重大科技创新项目突破关键核心技术 289 项，申请专利 1358 件、授权专利 749 件。与之相对应，湖南女性专业技术人员持续增加。女劳模具有专注、细心、有韧性等特点，使其在高新科技领域具有很强的优势。湖南省统计局调查数据显示，在全省公有经济企事业单位中，女性高级专业技术人员比例由 2010 年的 39.8% 提高到 2014 年的 45.8%。2019 年，全省国有企事业单位各类专业技术人员中，有女性 51.77 万人，占比 51.5%，其中，高级专业技术人员中女性有 5.5 万人。在航空航天、超级计算机、轨道交通、北斗卫星、新能源技术等湖南优势高新产业中，女性身影随处可见。在女性挑大梁的中车株洲电力机车有限公司工业设计研究所，每年要出色完成 100 多个轨道交通产品的工业设计任务，有 120 多项设计专利，遥遥领先同行业，为中国设计赢得世界尊重。中车株洲车辆有限公司制造二部电焊班班长、全国劳动模范、大国工匠易冉，自 2000 年以来参与 8 万多辆新型重载高速铁路货车生产，先后参与焊接项目试验 100 余项次，连续多年担任公司 ISO 3834 和 EN 15085 国际认证焊接责任人，完成重载高速铁路货车技术创新 94 项，转化成果 86 项，为我国重载高速铁路货车制造作出重要贡献。

易冉（左三）与工人们在技术攻关

（三）以坚忍执着书写湖湘文化

湘妹子自古有“霸得蛮、耐得烦、吃得苦”的精神特质，湖南女劳模将这些精神特质与爱岗敬业、争创一流、艰苦奋斗、勇于创新、淡泊名利、甘于奉献的劳模精神紧密融合，为经世致用的湖湘文化续写了浓墨重彩的一笔。

自强自立，以湘女精神为支撑点。湖南是无产阶级革命的摇篮，养育了以毛泽东为代表的湘籍无产阶级革命家群体，也铸就了中国历史上有名的湖湘女性精英群体，如葛健豪、唐群英、秋瑾、缪伯英、向警予、丁玲、蔡畅、李贞，以及只身远赴新疆的八千湘女等，她们自立自强、勤劳勇敢、坚毅执着、敢于开拓，是湖南女劳模兴起的精神动力，激励着新时代湖湘妇女以主人翁姿态投身湖南高质量发展新征程。作为中国妇女运动的先驱和卓越领导者，蔡畅对推动妇女工作、劳模工作作出了巨大贡献。她先后任中共陕甘省委委员、统战部部长、组织部部长和陕甘宁边区政府妇女部部长，起草了《中国共产党中央委员会关于各抗日根据地目前妇女工作方针的决定》，提出妇女工作以生产为中心的新方向，开辟了妇女运动的崭新局面。在1948年第六次全国劳动大会上，她当选全国总工会第六届执行委员、常委、女工部部长，1949年当选为全国妇联主席。

至刚至柔，以柔情大爱为发力点。多年来，湖南女劳模主动迎接时代挑战，丰富和发展湖湘文化百折不挠、坚忍不拔的精神内涵，许多至刚至柔的湖南女劳模让人赞叹、令人震撼。文花枝是湘潭新天地旅行社的一名导游，在一场6人死亡、14人重伤、8人轻伤的旅游重大交通事故中，文花枝伤得很重，但重伤的她一直牢记自己的神圣职责。当施救人员一次次向她走来时，她总是吃力地摇摇头说："我是导游，我没事，请先救游客！"在长达2个多小时的救援中，她多次昏迷，但只要一醒过来，就不停为大家鼓劲、加油。当她最后一个被救出时，耽误了宝贵的救治时间，不得不做左腿截肢手术。国防科技大学高级会计师、全国劳动模范任菲莉，用坚强的毅力和执着的爱，十九年如一日，含辛茹苦精心照料患有脑瘫的双胞胎女儿，创办了湖南省第一个全方位为残疾人服务的网站，点亮了很多残疾人朋友的心灯。

勤练苦钻，以传承文化为突破点。在许多具有湖湘特色的产业中，妇女发挥了重要作用，涌现了大批女劳模。她们弘扬劳模精神、劳动精神、工匠精神，让湖湘技艺延绵不断。湖湘文化代表之一、中国四大名绣之一的湘绣，其发展离不开女劳模的推动。全国先进工作者周金秀，12岁开始学习刺绣，凭借勤奋苦练开创双面绣、异色绣、全异绣等新品种。全国五一巾帼标兵江再红，8岁学习刺绣，成功复制已失传千年的"连珠针"。全国劳动模范成新湘，从事湘绣行业30余年，将湘绣精妙的工艺和深厚的湖湘文化相融合，推出湘绣、非遗、国风周边等融合产品，致力于让传统艺术牵手现代生活。在湘剧、祁剧、湘瓷、女书等湖湘特色产业领域，余福星、肖笑波、黄小玲、胡欣等诸多女劳

成新湘（前排左二）在工作室传授技艺

模为其传承和发展作出了突出贡献。

四、助力湖南女劳模成长

湖南各级党委政府高度重视劳模工作、关心劳模群体，各级工会围绕培养更多湖南女劳模、弘扬劳模精神、发挥劳模作用，开展了一系列强基础、管长远的工作。

（一）加强女职工思想政治引领

新中国成立之初，全省各级工会贯彻男女齐发动的方针，动员广大女职工积极参加镇压反革命、抗美援朝、民主改革、“三反”、“五反”等政治运动，提高女职工的阶级觉悟和主人翁思想，组织女职工积极投入劳动竞赛，为提前完成“一五”计划作贡献。据 1957 年 2 个省辖市和 6 个专区统计，共涌现女先进生产（工作）者 1.8 万人，占女职工总数的 21%。在社会主义教育运动中，组织女职工学习全国先进模范赵梦桃、裔式娟等人的先进事迹，对她们进行阶级教育和革命传统教育，调动全省女职工参加“五好”运动的积极性，并涌现一大批“五好”女职工。据 1964 年长沙、株洲、湘潭、衡阳 4 市统计，共涌现“五好”女职工 11501 人，占女职工总数的 12%。1980 年至 1989 年，为适应改革开放和现代化建设的要求，各级工会在女职工中大力进行“四自”教育，组织女职工读书自学、岗位练兵，提高文化技术素质，参加立功竞赛、争当优秀女职工。据统计，1989 年全省各级涌现优秀女职工 23.89 万人，占女职工总数的 15.6%。1991 年以来，湖南各级工会围绕女职工“芙蓉杯”竞赛，加强对广大女职工的思想政治引领，积极引导广大女职工在社会主义事业中建功立业。实施劳模工匠宣讲“百千万”计划，开展女职工素质教育系列活动、新时代女劳模工匠宣讲活动等，采取主题巡回宣讲、形势报告会、技能培训、技术攻关等多种形式，深入基层、企业、职工群众，全方位、多层次开展宣讲培训，大力弘扬劳模精神、劳动精神、工匠精神，营造劳动最光荣、劳动最崇高、劳动最伟大、劳动最美丽的社会风尚，号召广大女职工学习劳模工匠、争当劳模工匠。

（二）建立健全劳模培育服务机制

在党和国家政策的大力支持下，湖南各级工会加强源头参与和顶层设计，不断建立健全劳模评选表彰和落实劳模待遇相关文件和规定，为劳模成长搭建广阔平台。1950 年全国工农兵劳动模范代表会议召开以来，湖南根据不同时期国家和全省经济社会发展重点任务，在不同领域不定期或定期开展劳模评选表彰。20 世纪 60 年代，湖南省总工会先后下发《关于加强对先进班组和先进生产者管理的暂行办法》《关于加强对先进生产者培养管理的几点意见》，就做好先进班组和先进生产者的培养、提高、教育和帮助工作提出具体措施。20 世纪 80 年代，各级工会深入贯彻落实全国总工会《劳动模范工作暂行条例》《关于劳模管理工作有关事项的通知》等文件精神，进一步健全职工劳模统一评选和授予制度，落实和改善职工劳模经济、生活待遇。1990 年，湖南省政府、湖南省总工会印发《关于做好职工劳动模范工作的几个问题的通知》，对劳模评选机构、管理机制、评选程序、相关待遇等作出具体规定，推动劳模评选表彰制度进一步完善。这些法规、文件的出台，为湖南女劳模队伍的产生、成长、壮大创造了良好环境，一批批湖南女劳模脱颖而出。党的十八大以来，聚焦实现“三高四新”美好蓝图，湖南各级工会搭建平台，广泛开展劳动竞赛、技能比武，组织动员广大职工立足岗位、勤学苦练、深入钻研，不断提高技术技能水平。实施湖湘工匠“百千万”培育工程，引导劳模工匠通过创新工作室、师徒结对等载体，带动职工不断提升技能，以女劳模易冉、廖丽萍名字命名的工作室被命名为全国示范性劳模创新工作室。培养选树湖湘工匠、大国工匠，2021 年举办湖南首届大国工匠·湖湘论坛暨湖湘工匠年度人物颁奖典礼，2022 年首届

廖丽萍（左四）在劳模创新工作室传授技艺

“大国工匠论坛”和“大国工匠巾帼论坛”在长沙举办，极大激励了广大职工特别是广大青年职工走技能成才、技能报国之路。

（三）广泛开展女职工“芙蓉杯”竞赛

在广泛发动、组织女职工参加各类劳动竞赛、技术比武的同时，1991 年，湖南省总工会以“芙蓉杯”命名，专门针对女职工开展劳动技能竞赛。33 年来，湖南省女职工“芙蓉杯”竞赛与时俱进、常赛常新，成为引领广大女职工岗位成才、岗位建功、技能提升的一面旗帜，成为湖湘女劳模成长的摇篮。

坚持上下联动，扩大“芙蓉杯”竞赛影响力。抓顶层设计，将女职工“芙蓉杯”竞赛纳入全省“五位一体”劳动竞赛总体布局，统一部署、层层推进。坚持每三年一轮，每轮制定竞赛《指导意见》，确定竞赛主题、竞赛重点和竞赛目标。抓重点行业，紧紧围绕实现“三高四新”美好蓝图开展重点行业竞赛，每年在女职工集中的行业举办 1—2 项全省范围竞赛活动。抓创新创效，以赋能女职工创新创效为核心，开展女职工技术革新、“五小”竞赛等创新创效活动，推进建立女劳模、女职工创新工作室，发布展示女职工创新创效成果。2021 年举办全省女职工“五小”竞赛活动，覆盖女职工 69 万余人，收集“五小”创新成果 1 万余项。

坚持提升素质，增强“芙蓉杯”竞赛生命力。提升女职工理论素质，将竞赛活动与“湘悦读·工力量”职工主题阅读、“玫瑰书香”女职工阅读活动相结合，加强女职工思想政治建设，提升女职工综合素质。2020 年以来，各级工会围绕“中国梦·劳动美”“不忘初心、牢记使命”“‘湘’见全面小康”“奋斗百年路”“悦读新征程”等主题广泛开展阅读活动，开展微博读书分享、抖音阅读风采展示赛、阅读打卡竞赛等，吸引职工 2000 余万人次参加。提升女职工文化素质，组建公益讲师团，开设精品课程，为基层单位提供菜单式授课服务。提升女职工综合素质，主动顺应新时代女职工全面发展新需求，组织开展“最美芙蓉花”微信摄影大赛、全健排舞大赛、家书征文比赛、素质教育公益讲师大比武、文明家庭创建等竞赛活动。

坚持示范带动，提升“芙蓉杯”竞赛吸引力。强化评选表彰，每轮竞赛均评选湖南省五一巾帼奖以及芙蓉标兵岗、芙蓉百岗明星，湖南省五一巾帼奖章和湖南省五一巾帼奖状获得者同时被授予湖南省五一劳动奖章和湖南省工人先锋号。截至第九轮竞赛，全省共评选芙蓉标兵岗 4.3 万余个、芙蓉百岗明星 6.8 万余人，涌现了“电焊花木兰”易冉、“数控湘女第一人”杨芳等全国劳动模范，以及湘潭钢铁集团有限公司动力厂超高压余能发电车间化水班等一大批先进班组。强化考核激励，湖南省总工会将“芙蓉杯”竞赛重点指标纳入对市州、产业工会年终考核内容，作为全省工会系统年度评先评优重要参考和每轮“芙蓉杯”竞赛先进组织单位评比重要依据。强化宣传引导，每年、每轮竞赛前，积极动员女职工广泛参与。活动中，《湖南工人报》组织专访专栏，持续报道各地、各部门竞赛开展情况和典型经验。总结评比阶段，各级工会举办竞赛风采展示会、事迹报告会、成果展示会等，扩大竞赛活动吸引力、号召力、影响力。

杨芳（中）带领团队进行技术攻关

（四）多管齐下创建女职工培训学校

2002 年，湖南省总工会女职工委员会发出“以学习求生存，以素质求发展”的号召，开启了女职工业余学校创建发展历程。经过 20 多年的积极探索，全省各级工会共创建各类女职工业余学校、周末学校、网上学校等各级各类女校 1000 多所，成为广大女职工提升竞争力的重要平台，培养和造就了一批批知识型、技能型、创新型女职工，是湖南女劳模成长的沃土。

女职工培训学校作为工会服务女职工的工作品牌，积极争取各级党政工领导的重视支持，建立健全一系列工作机制。强化组织领导，将女职工培训学校建设纳入全省工会工作总体规划，湖南省总工会提供人力物力财力支持，各级女职工培训学校由同级工会主席或女职工委员会主任担任校长。强化考核评估，将女职工培训学校发展纳入每年工会工作和“芙蓉杯”竞赛考核目标，年底对女职工培训学校工作进行检查评估。强化示范引领，湖南省总工会女职工委员会组织各市州、产业女职工干部赴外省学习考察女职工培训学校办学经验。制定下发创建标准，层层开展女职工培训示范学校创建工作。强化资源整合，成立全省女职工业余学校讲师团，各级工会和单位行政积极为女职工培训学校提供办学场所和经费保障。坚持将女职工培训学校作为女职工素质竞赛的主要载体，以“百万女职工素质达标竞赛”为主题，以“百所女职工业余培训学校、千个女职工素质教育流动课堂”为载体，充分调动女职工学知识、增才干、求发展的积极性。坚持将女职工培训学校作为女职工权益维护的重要阵地，为女职工争取更多教育机会和资源，提高女职工自我维权能力，推动维权关口前移，变被动维权为主动维权。

女职工培训学校关注女性特有的心理生理和成长背景，满足女性的特殊需求，拓展女性发展空间，在办学内容上突出“四大重点”。突出思想观念更新，邀请先进女职工和女职工干部分享在“芙蓉杯”竞赛中的成长故事和心得感悟，弘扬自强不息、奋发进取的文化内涵。突出技能培训，在女职工中广泛开展计算机运用、英语、服务礼仪、多媒体运用等职业技能和实用技术培训，帮助学员成长为各类岗位技术能手。突出心理健康教育，举办心理咨询工作专题培训班，帮助工会干部和女职工干部考取国家心理咨询师资格证，建立了一支专兼职结合的职工心理关爱服务队伍。突出兴趣才艺培训，开设女性修养、化妆礼仪、旗袍礼仪、服装搭配、健身健美、音乐舞蹈、琴棋书画、摄影美术、茶艺插花、手工制作、婚恋讲座、亲子讲座等课程，引导女职工内强素质、外树形象。

五、湖南女劳模工作展望

党的十八大以来，以习近平同志为核心的党中央十分关心关爱劳模群体，就工人阶级、工会工作和劳模工作作出一系列重要论述，为做好新时代湖南女劳模工作提供了根本遵循。习近平总书记致信首届大国工匠创新交流大会再次强调工人阶级和广大劳动群众要大力弘扬劳模精神、劳动精神、工匠精神，为推动高质量发展、实施制造强国战略、全面建设社会主义现代化国家贡献智慧和力量。当前，湖南正沿着习近平总书记指引的方向，走在建设中国式现代化新湖南的新征程上，弘扬劳模精神、重视发挥劳模作用和榜样力量尤为重要。

（一）厚植湖南女劳模成长根基

浸润心忧天下、敢为人先精神的湖湘大地，是女劳模成长、成才的沃土。在全面建设社会主义现代化强国新时代，湖南各级工会将深入学习贯彻党的二十大精神，紧紧围绕全面实现“三高四新”美好蓝图，广泛搭建湖南女劳模成长平台，深入持久开展“建功‘十四五’ 奋进新征程”主题劳动和技能竞赛，擦亮湖南省女职工“芙蓉杯”竞赛金字招牌，不断提升竞赛吸引力、感召力，充分激发全省广大女职工劳动热情和创造活力。抓住各级工会加强劳动人民文化宫建设契机，推进各级工会女职工培训学校建设，以女职工需求和劳模成长需求为导向，培育选树一批示范性女职工培训学校，强化师资建设，丰富教学内容，创新培训形式，以女职工培训学校发展促女职工整体素质提升。畅通女职工职业发展通道，建立健全女劳模培养选拔机制，强化女职工创新工作室、女劳模工匠创新工作室建设力度，发挥其在培养女性技能型人才、创新型人才中的孵化器作用，推动各行各业培养和涌现更多女劳模。

（二）充分彰显湖南女劳模时代价值

湖南女劳模赓续红色湘女文化，她们“爱岗敬业、争创一流、艰苦奋斗、勇于创新、淡泊名利、甘于奉献”，她们“吃得苦、霸得蛮、耐得烦”，在为湖南经济社会发展作出巨大贡献的同时，也留下了宝贵的精神财富。湖南各级工会将不断探索湖南女劳模成长规律，提炼湖南女劳模精神，从中汲取经验、智慧和力量，充分发挥女劳模在新时代推进高质量发展和创新发展中的时代价值。深入广泛开展巾帼劳模工匠宣讲活动，推动劳模精神进学校、进企业、进园区，加大对女劳模的宣传，在广大女职工中营造敬劳模、爱劳模、学劳模、当劳模的浓厚社会氛围。

（三）强化湖南女劳模服务保障

劳动模范是民族的精英、人民的楷模、共和国的功臣。湖南各级工会将推动党委政府不断完善劳模政策，落实劳模待遇，提升劳模地位，健全劳模档案，在思想上、政治上、工作上、生活上关心、爱护、支持女劳模。建立健全各级劳模协会，充分发挥协会在服务劳模、关爱劳模中的重要作用。

新时代新使命，湖南各级工会将以深入学习贯彻党的二十大精神为主线，认真学习落实习近平总书记关于工人阶级、工会工作、劳模工作和妇女工作的重要论述，不忘初心，牢记使命，在培养、选树、宣传、学习、服务劳模中担当作为，让女劳模之花香满三湘大地，在建设中国式现代化新湖南征程中激发“她”力量，展示“她”风采。

参考文献

[1] 湖南省总工会生产保护部. 湖南省职工劳模工作手册[M]. 长沙：湖南出版社，1992.

[2] 湖南省地方志编纂委员会. 湖南省志·党派群团志·工会[M]. 长沙：湖南出版社，1997.

［3］湖南省地方志编纂委员会．湖南省志·工会志［M］．北京：中国文史出版社，2008.

［4］湖南省地方志编纂委员会．湖南省志·妇女团体志［M］．北京：中国文史出版社，2018.

［5］田鹏颖，姜耀东．劳模文化哲学论纲［M］．北京：社会科学文献出版社，2018.

［6］杨冬梅，赵健杰．劳模学概论［M］．北京：人民出版社，2020.

［7］全国总工会课题组．深入学习贯彻习近平总书记关于工人阶级和工会工作的重要论述［M］．北京：中国工人出版社，2021.

［8］许达哲．旗帜鲜明讲政治 不折不扣抓落实 在大力实施“三高四新”战略 奋力建设现代化新湖南中走好新时代长征路［N］．湖南日报，2021-01-21（01）.

［9］中华全国总工会女职工部，中华全国妇女联合会宣传部．女劳模时代特征和成长规律研究报告［M］．北京：中国工人出版社，2022.

广东篇

南粤东风劲
木棉别样红

珠江水滔滔，木棉花娇娆。怒放的木棉花是南粤大地上的独特春景，因其火红的颜色和壮美的姿态而被视为“英雄花”。

广东，是新民主主义革命的重要策源地，更是以“排头兵、先行地、实验区”的使命担当，谱写了中国改革开放的辉煌篇章。在这片热土上，从来就不缺敢作敢为的巾帼英雄。被称为“中国巾帼英雄第一人”的冼夫人出自广东，举行刑场婚礼的革命烈士陈铁军是广东女子，爱岗敬业、舍生忘死的救火英雄向秀丽是广东女工……她们都是家喻户晓、耳熟能详的非凡人物，她们都是怒放于南粤大地的灼灼“木棉”。

自新中国成立以来，广东，更是成为滋养培育一代又一代巾帼劳模的沃土。她们或生于广东、长于广东，继承着革命英雄的红色血脉，浸染着岭南大地的实干精神，为建设新中国贡献了“半边天”的力量；她们或是外来的妹子、南飞的“孔雀”，在改革开放的东风里，插上创新的翅膀，绽放奋斗的底色，书写着一个又一个新时代女性勇毅前行的“春天的故事”。

东方风来满眼春，南粤花开别样红。在充满光荣与梦想的新时代新征程上，越来越多的高素质、高技能巾帼人才大踏步走来，必将为广东高质量发展持续注入新动能、新活力，必将为“再造一个新广东，再创让世界刮目相看的新奇迹”作出新贡献、铸就新篇章。

一、广东省巾帼劳模概况

（一）总体情况

自新中国成立以来，截至 2022 年底，广东省涌现的全国劳动模范（全国先进工作者）、全国五一劳动奖章以及全国五一巾帼奖获得者中共有女性 864 人，其中，1950—2020 年全国劳动模范（全国先进工作者）292 人，占比 33.8%；1985—2022 年全国五一劳动奖章获得者 287 人，占比 33.2%；2005—2021 年全国五一巾帼标兵等先进个人 285 人，包括全国五一巾帼奖章获得者 5 人、全国女职工建功立业标兵 64 人、全国五一巾帼标兵 216 人，占比 33%。

2005年至2022年，广东省全国五一巾帼标兵岗等先进集体共有287个，含全国女职工建功立业标兵岗、全国五一巾帼标兵岗（奖状）获得者。

（二）各时期情况

从不同时期来看，广东省涌现的各类别全国劳模数量如表1所示。

表1 广东省各时期巾帼劳模情况统计

时期＼奖项	全国劳动模范和全国先进工作者（人）	全国五一劳动奖章获得者（人）	全国五一巾帼奖（个人）（人）	合计（人）	各时期比例（%）
社会主义革命和建设时期	96	0	0	96	11.1
改革开放和社会主义现代化建设新时期	137	191	117	445	51.5
中国特色社会主义新时代	59	96	168	323	37.4
合计（人）	292	287	285	864	100

注：本表依据全国总工会女职工部提供的相关表彰决定等信息统计制作。

社会主义革命和建设时期，广东省涌现的全国劳模共有96人，都是全国劳动模范和全国先进工作者，占比11.1%。这一时期，广东省在文化、卫生、体育等战线评选出的全国劳模数量最多，这一传统也延续了下来，使广东发展成为文化大省、体育大省和医疗水平较高的区域。

改革开放和社会主义现代化建设新时期，广东省涌现的各类别全国劳模共有445人，占比51.5%。其中，全国劳动模范和全国先进工作者137人、全国五一劳动奖章获得者191人、全国五一巾帼奖（个人）117人。较之前一时期，广东巾帼劳模数量明显增多，表明越来越多的优秀女性劳动者被挖掘出来评选为巾帼劳模。

中国特色社会主义新时代，广东省涌现的各类别全国劳模共有 323 人，占 37.4%。其中全国劳动模范和全国先进工作者 59 人、全国五一劳动奖章获得者 96 人、全国五一巾帼奖（个人）168 人。

（三）属性特征

广东巾帼劳模的属性特征（不含全国五一巾帼奖）如下：

从政治面貌来看，中共党员约占比 68%，民主党派成员与无党派人士占比约 2.3%，群众占比约 29.7%。从民族构成来看，汉族占比约 97.3%；少数民族占比约 2.7%。从教育程度来看，初中及以下学历占比约 17.9%，中专及高中学历占比约 21.5%，大学专科及本科占比约 48.2%，硕士研究生及以上占比约 12.4%（见图 1）。

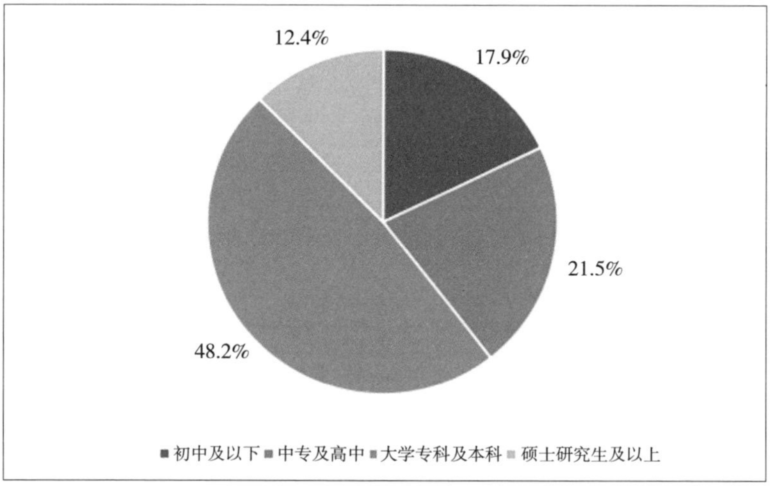

图 1　广东省巾帼劳模的受教育程度

二、广东省巾帼劳模特点与贡献

广东，地处中国大陆最南部，是改革开放的排头兵、先行地、实验区，是中国改革开放的精彩样本和中华民族复兴的时代先声。在这片革命、建设、改革的热土上，淬炼出一批批各领域、各行业、各战线贡献卓著的巾帼劳模群体。由于她们的“加持”和“赋能”，大大丰富了劳模精神的内涵，并使中国的劳动叙事多了许多亮丽的色彩和感人的力量。

（一）社会主义革命和建设时期

新中国成立之初，工作重心转为恢复生产、发展经济，社会主义建设的高潮迅速掀起。广东开采的页岩油、铀矿，种植的橡胶，冶炼的钢铁等战略物资对国家的工业化发展有着重要的贡献。雷州青年运河解决了雷州半岛长期以来的干旱问题；东深供水工程打通了香港供水生命线，为香港、深圳、东莞的经济社会发展打下了基础。创办于1957年的中国出口商品交易会打开了对外贸易的第一扇门。

社会主义国家的性质决定了中国是劳动人民当家作主的国度，宪法规定了每个公民都有劳动的权利和义务。妇女作为公民，同样具有劳动的权利和义务。这一时期，妇女解放可谓时代强音，许多电影和戏曲作品都讲述着女性自救自强、不让须眉的劳动故事和爱国故事，许多女性从家庭和“封建思想”中走出，投身于集体劳动和祖国建设，获得新的社会角色，并作出卓著的贡献。处于南海边陲之地的广东也是一样。

1. 善钻研、懂技术，农业生产硕果累累

新中国成立之初，以农业哺育工业是国策之一，农民的粮食生产，不单是为了自己的“口粮”，更多了一种为国家作贡献的豪情。于是，在农业战线，树立了许多劳动典型，也涌现出一批具有明星效应的巾帼劳模，申纪兰就是应这个时代的风气脱颖而出的。当时，广东各地开展的农业生产责任制探索受到毛泽东主席的高度重视，如清远县洲心公社实施“产量责任制”，诞生了广为人知的“洲心经验”。广东的农业战线也诞生了巾帼劳模龙月珍、周瑞芳，她们虽不是纯粹的农民，却都用农业技术为农业生产作出贡献，堪称“技术型农民”。

龙月珍、周瑞芳：为农副业增产的一对“姐妹花”

龙月珍是农垦系统职工，高州县人。1955年，以她为主的养猪小组通过精心科学的饲养使瘦弱猪变肥壮，1956年被授予全国先进生产者称号。

周瑞芳是农业系统技术人员，吴川县人。吴川县有种植衣物原

料黄麻的悠久传统，但栽培技术水平不高，每亩产量仅有二三百斤。如何提高产量？搞黄麻工作的周瑞芳经常钻研这个问题。她认真学习苏联专家的报告，并走进种植地向种植产量较高的麻农请教，提出应加大行距、缩小株距，弥补黄麻地通风透光不良的缺点，之后获得增产，普通田亩产达 500 斤，丰产田亩产达 679 斤。1955 年起，吴川县 7 个农业社、3 个互助组以及 2 个社采取了她的方法，结果不少社组的丰产田亩产超过 1000 斤，刷新了全国黄麻丰产最高纪录。此外，周瑞芳还发明了比人工播种快 8 倍的“四行式黄麻条播机”。1956 年，年仅 24 岁的周瑞芳获评全国先进生产者。

2. 做主人、用巧力，工业革命干劲满满

“一五”计划期间，广东开始了大规模工业化建设，重点是发展食品工业、轻纺工业。1965 年，在调整农业、轻工业、重工业比例时，广东明确提出以发展轻工业为主的方针；当年起，广东有 60 个主要轻工业保持或赶上了全国先进水平。

在工业革命及近代中国工业发展进程中，以纺织业为主的轻工业劳动者向来以女性居多。新中国纺织业女工，承继传统“男耕女织”式的家庭劳动、手工劳动，告别旧中国被压迫被剥削的“奴役劳动”，在机器化社会大生产中、在为国家工业化作贡献的时代氛围中，首次体验到自由劳动的快乐，她们当家做主人，并成为行业的主导者。彼时，纺织业巾帼劳模群星璀璨，广东纺织业也涌现出谢燕清、鲍菊英、韩少英等光彩熠熠的女性劳动者。在她们的引领下，广东各工业部门干劲满满、产品丰盈。

谢燕清：从纺织学徒到技术大拿

谢燕清，广东南海人，曾在广州大同针织厂当学徒，后入广州全新针织厂做缝纫工。工作中，她虚心学习、苦练技术，总结应用了一套先进操作法，自 1953 年以来，月月超额完成生产任务，时产率年年递增，从 1956 年 6 打到 1957 年 7.32 打到 1958 年 11.82 打再到 1959 年 40 打，且生产质量在全市同行业稳居第一，业余时经常到兄弟厂作示范。谢燕清还对级骨车作了改进，针对用线浪费、停台多的弱点，提出在级骨车靴增加一把界线刀，在原车台加宽放衫板的建议，既节约用线，又缩短衔接时间，较少操作停台时间，使生产效率提高一倍。1956 年，谢燕清获评全国先进生产者。

3. 发新声、奏强音，文化事业南风袅袅

1960 年，中共中央、国务院在京表彰了在社会主义建设中的文教战线和卫生、体育、新闻等方面的先进单位、先进工作者，史称新中国第一次全国文教群英会。在这次大会上，来自广东的四位戏曲女演员均获得全国先进工作者荣誉。她们是粤剧演员红线女、汉剧演员梁素珍、琼剧演员莫爱花、潮剧演员姚璇秋。

新中国成立后，在旧社会备受歧视的戏曲艺人特别是女艺人的命运发生了翻天覆地的变化。人民十分推崇和喜爱她们的演唱艺术，她们也由衷热爱着党和人民。在旧戏剧的基础上，女艺人们塑造了一批脍炙人口、以妇女解放为主题的女性艺术形象。她们为劳动人民表演，用艺术的劳动服务人民群众，并歌颂勇于解放自己的妇女同胞。花木兰、穆桂英等古代女英雄的爱国故事，织女、七仙女、刘三姐等勤劳勇敢的女子形象，就是在这一时期变得家喻户晓的。与此同时，江姐、刘胡兰等革命女英雄的形象也被搬上了舞台和荧幕。就是在这样的艺术革新和追求中，红线女等人成长为广东戏曲界的巾帼劳模。

红线女：一代名伶 粤韵流芳

粤剧有“南国红豆”之誉，入选了我国第一批国家级非物质文化遗产代表性项目名录和联合国教科文组织人类非物质文化遗产代表作名录，这种影响程度与“粤剧名伶”红线女有着密不可分的关系。红线女，原名邝健廉，少年赴港学戏，艺名“红线女”，典出

2006年，红线女艺术中心成立10周年之际，畲族村村长及学生代表到红线女艺术中心与红线女（二排，穿粉衣者）交流座谈后在小剧场合影留念

“红线盗盒”，这本身就是一个奇女子的故事。抗战时，红线女随马师曾的太平剧团巡演内地，凭《刁蛮公主憨驸马》出圈，更以《洪承畴》一剧激发全民抗战热情。1952年，红线女组建了真善美剧团，将意大利歌剧《蝴蝶夫人》移植为粤剧并大获成功，其中咏叹调《晴朗的一天》始现“红腔”唱法。不久后创作出的《昭君出塞》，为其“红腔”唱法的成熟标志。

1955年，参加国庆观礼后，红线女返穗发展粤剧事业，首场在广州文化公园的演出有数以万计的观众闻讯赶来捧场，为此，她重排《搜书院》以答谢戏迷。此剧公演引发极大轰动，《人民日报》赞扬红线女声腔动人，认为《搜书院》标志着粤剧改革的新气象。1958年，中共八届六中全会在武汉举行，红线女随团到当地演出改编自田汉的话剧《关汉卿》，毛泽东主席与其见面，并勉励道，“你是活着、再活着、更活着，变成了劳动人民的红线女”。

（二）改革开放和社会主义现代化建设新时期

改革开放之初，广东是一个经济相对落后的农业省份，基础设施薄弱，社会事业落后。当党的十一届三中全会的强劲东风吹拂到南海之滨，拥有独特人缘地缘优势和“敢为人先”文化基因的广东，肩负起为改革开放先行探路的重任，率先创办经济特区、进行社会主义商品经济改革，实现从一个经济比较落后的农业省份向全国第一经济大省的历史性跨越，实现了从计划经济体制到社会主义市场经济体制的历史性转变。

1. 乘改革东风，用智慧与胆识破解发展难题

广东先行一步的改革试验始于经济特区。在传达落实党的十一届三中全会精神的过程中，广东产生了创办经济特区的设想，中央接受了广东的建议。1980 年起建立了深圳、珠海、汕头等经济特区，在计划体制、企业体制、价格体制、流通体制等方面率先进行积极试验。经过十余年的探索，经济特区的模式日渐成熟，并被推广到全国。1984 年，中央顾问委员会主任、中央军委主席邓小平题词：“深圳的发展和经验证明，我们建立经济特区的政策是正确的。”1992 年，“东方风来满眼春”，邓小平视察南方发表重要谈话，系统总结改革开放实践经验，掀起南下广东务工的热潮。

董明珠：商界“铁娘子”

董明珠在中国标准化大会上发言

一位传奇商界女将正是在这一时期南下广东的，她便是董明珠。初到广东，董明珠辗转入职海利空调厂——格力电器的前身，在给海利空调厂讨回一笔 42 万元的“赖账”后，她提出，企业要存活，必须取消赊销模式，并在自己负责的区域试行钱货两清的进货方式，此举让公司的资金链活了起来。1992 年，董明珠业绩第一，成了“销冠”，个人销售额突破 1600 万元，单人完成全公司 1/8 的销量。2001 年，董明珠被任命为格力空调总经理。1999 年，她被授予全国五一劳动奖章，2015 年获评全国劳动模范。

作为广东的省会城市，广州则率先利用党和国家给予的特殊政策和灵活举措，勇于实践，超前试验，抢喝“头啖汤”。20世纪80年代中期，一贯依赖轻工业的广州尝试在工业重型化方面寻求突破，大力发展机械装备工业。现如今，汽车制造业已成为广州一大支柱产业，广州也成为世界一流、华南最大的现代化造船基地。东莞邻近香港，地处广深之间，极具区位优势，1985年被列为经济开放区。在发展过程中，东莞大量引进“三来一补”企业，同时早早开始人才体制改革，派遣人员进入“三来一补”企业学习管理和技术，而中山则是以混合经济为基础，推进乡镇企业和外资共同发展。

随着改革的深入，计划色彩转淡而市场力量渐强，面对新的生产和营商环境，众多国有企业纷纷求变，以期在新形势下谋求新的发展机遇。20世纪90年代中期，广东确立了国企改革的方向，即建立“产权清晰、权责明确、政企分开、管理科学”的现代企业制度，制定了现代企业制度试点改革方案，选择175家企业作为试点单位进行股份制改革。

如何从根本上解决国企发展的激励约束机制问题，并实现公有制与市场机制相适应，成了世纪之交的一道坎。2002年全国五一劳动奖章获得者、广州双桥股份有限公司董事长、总经理陈桂贞的做法是，对广州味精食品厂进行资产评估，经国资局批准后，拆成股份卖给职工。如此，职工便具有了劳动者和投资者双重身份。在经营上，陈桂贞的思路是“跳出双桥搞双桥”，扩充品牌市场。以广州味精食品厂为核心，以产权联结为纽带，以高新技术为先导，以规模效益为前提，把企业建设成为以双桥牌产品为龙头的跨地区、跨行业、外向型的大型经营公司。因此，“双桥”的全员劳动生产率、资金利税率、人均创税利均处于全国同行业领先地位，被评为全国食品工业行业首家“国家一级企业”，并获得2001年“中国名牌产品”称号。

改革的历程并非一帆风顺，更不可能一蹴而就，其间面临种种过去未曾遇到的发展难题，只能“摸着石头过河”，甚至要“杀出一条血路”。在这批探索者和敢闯者中，我们看到了广东巾帼劳模的傲然身姿。当国企改革陷入困局时，陈桂贞一马当先，拿出了其他国企领导没有的勇气，与职工共谋发展道路、共享发展成果。以此等胸襟和智慧推进企业改制，因而在她手中诞生了一家国家级轻工业龙头企业，她的改革故事也载入了《广州年鉴（2003）》。

2. 追打工潮流，用奋斗与拼搏书写人生传奇

在国家改革开放政策逐步稳定的情况下，广东走上了一条快速工业化发展道路。在政策的鼓励下，加上外资的大量流入，珠江三角洲许多乡镇出现了工业资本积累加速现象，而落户于此的乡镇企业和三资企业往往是劳动密集型产业，需要大量劳动力的投入，在本地劳动力供给不足时，外地劳动力的流入便成了趋势。

起初，吸引省内不发达地区和省外农村剩余劳动力的并非城市工业企业，而是大量存在于农村中的乡镇企业或三资企业，即所谓“离土不离乡”。20 世纪 80 年代初期，广东工业发展更多吸纳的是省内劳动力，直到 20 世纪 90 年代初期，省外劳动力比例逐步占据上风，形成了珠三角地区的“民工潮”。1992 年以后，乘坐绿皮火车南下广东务工的农民工更呈“百川归海”之势。

在南下务工的人群中，“打工妹”的数量绝对要占甚至超过“半边天”。媒体讲述董明珠的励志故事时，有时也会称她为“打工妹出身”。但严格来说，董明珠是“孔雀东南飞”式的高端下海人才，只有那些出身于农村的女性务工者，才是严格意义上的“打工妹”。她们意味着弱小和无助，她们经由务工获得的发展变化令人惊叹。

1991 年在中央电视台播出的十集电视连续剧《外来妹》，讲述了第一代打工妹的辛酸和奋斗故事，留下了中国女性成长的广东印记。

主要来自四川、贵州、云南、湖北、河南、湖南、江西等地农村的打工妹群体，为广东乃至中国经济的飞速发展作出了不朽的贡献。2008 年，一位深圳富士康女工的照片出现在 iPhone 手机上，她的笑容传遍全球，她被称为“苹果女孩”，更被誉为“中国最美打工妹”。这源于一次“违规”的操作，却在无意中诠释了世界经济发展和人民美好生活依赖中

国打工妹的程度。

从个人发展来说，千千万万南下广东的务工者，许多都具有低学历、无技能、家庭贫困、农村户口等共性，但凭着广东赋予的发展机遇，他们在远离家乡的工厂，凭着吃苦耐劳的精神，挣到工资，使自己“有了钱”，也帮助家庭脱了贫，并且长了见识，“旧貌换新颜”。更有一批女性务工者，凭着特别能吃苦的精神和聪明劲儿，学到技术和文化，获得职位升迁和阶层跃升，并实现定居，融入当地，融入城市，深度改变了自己的命运，甚至书写出人生的传奇，收获了劳动模范等一系列的荣誉。来自四川的打工妹胡小燕就是其中最具代表性的一位。

胡小燕：从农民工里来　为农民工代言

1998年12月8日，是胡小燕南下务工的日子。彼时她已经是一对双胞胎女儿的妈妈，算是“打工嫂”了。坐了38个小时的绿皮火车抵达佛山，在一家电子厂做流水线工人，后跳槽到以男工居多的陶瓷厂并挑了最辛苦的工种干。某段时间，她当了窑尾工，与刚出窑温度达1200摄氏度的瓷砖打交道，从中捡出烂砖拉走，每月可以多挣100多元。务工两年，她便还清了家中的债务，并且有了新的目标。她逐渐在陶瓷行业站稳脚跟，不断尝试新工种，学会了陶瓷印花、淋釉和分级。2002年，胡小燕进入新明珠建陶工业有限公司。在这里，她完成了身份的“四级跳”，从一名普通分级员成长为跟班质检，再到质量总检、成品车间副主任、销售主管。

2008年，胡小燕（中）赴京参加十一届全国人大一次会议

为更好地与时代接轨，在家只懂种地喂猪的她，2006 年初花两个月工资买了一台笔记本电脑，学习打字、适应电脑办公和社交。2007 年，新明珠建陶工业有限公司和中央党校联合开设了行政管理专业大专函授班，胡小燕作为中层管理人员参加并以优异成绩毕业。胡小燕荣获全国优秀农民工称号，2008 年获全国五一劳动奖章。

胡小燕的传奇才刚刚开始，再来看看比她早一步南下的米雪梅的故事。出生在甘肃陇南农村的米雪梅是 2023 年全国五一劳动奖章获得者，她的名字和务工奋斗经历被习近平总书记称赞为“梅花香自苦寒来”。

米雪梅：梅花香自苦寒来

1997 年，米雪梅南下务工，在中山一家台资服装厂当保安员，但她想做的是缝纫车工，因缺乏技术而未遂心愿。可她并不服输，交了 50 元钱去学习缝纫。上班期间，她像胡小燕一样，不管多脏多累的活儿，只要能学到东西，她都愿意干。没多久，米雪梅获得了一个车间统计的岗位，后来又做了跟单员。跟单看似简单，却特别需要认真细心，把生产风险降到零。米雪梅边干边学，有空就往车间跑，对制衣行业生产技能和工序越来越了解。从现场品质主管、客服部经理，一步步走上管理岗位，现任职中山霞湖世家服饰有限公司客户部总监。

3. 登政治舞台，用情怀与行动承担维权责任

2008 年是改革开放 30 周年，胡小燕当选为全国人大代表，是首位农民工全国人大代表。

2007 年 3 月 8 日，受全国人大常委会的委托，全国人大常委会副委员长、秘书长盛华仁对第十一届全国人大代表名额和选举问题的决定（草案）进行说明。其中，关于一线工人、农民代表名额，盛华仁说，我国农民工队伍不断壮大，已成为产业工人的重要组成部分，他们在全国人大中也应有适当名额的代表。

经过层层选拔，胡小燕成为广东省两位第十一届全国人大农民工代表候选人之一。2008年1月21日，广东省十一届人大一次会议第三次全体会议举行全国人大代表选举投票，773名代表中有740票投给了胡小燕。首位农民工全国人大代表成了她身上最为瞩目的标签。

2008年3月5日，第十一届全国人大一次会议开幕。胡小燕踏上庄严的人民大会堂台阶。这次大会中，她的发言得到国务院总理温家宝"这个代表选得好"的赞誉。也正是在这一年，"农民工代表"胡小燕获得全国五一劳动奖章。这枚奖章不仅包含着对她"崇尚劳动、热爱劳动、辛勤劳动、诚实劳动"的劳动精神的肯定，也是对她履职人大代表出色表现的嘉奖。

履职5年间，胡小燕共提交20项建议，从欠薪入刑到留守儿童教育，从医保转移到住房福利，从技能培训到工伤赔付，从子女就近入学到农民工逐步享受市民待遇、拓展农民工参政议政渠道，件件回应农民工关切。她提的建议都在逐步落实，有的已经成为现实，比如欠薪入刑。

2018年底，庆祝改革开放40周年大会在人民大会堂隆重举行，100名"改革先锋"称号获得者在会上获得表彰，胡小燕是其中之一。董明珠同年当选为第十三届全国人民代表大会代表。

4. 战体育赛场，用信念与实力捍卫国家荣誉

在我国，运动员劳模是一道独特的风景。举国体制下，那些摘金夺银的运动员，以其拼搏的竞技精神和炽热的国家情怀，诠释着劳模精神的最高要义。其中，女性运动员在"身体局限""角色定位"和"运动要求"之间的张力场中所焕发的那种拼搏劲头和夺冠姿态，更加具有励志性，给各行各业的劳动者以强大的精神支撑。广东体坛的冼东妹就是这样一个最具符号意义的巾帼劳模代表。

冼东妹：中国奥运史上首位“妈妈级”冠军

冼东妹给队员讲解柔道动作要领

冼东妹，柔道运动员，被称为中国第一位“妈妈级”奥运冠军选手。在她的运动生涯中，总共创造了六次复出五夺冠军的纪录。1987年，冼东妹进入体校训练摔跤，从此走上体育之路。她刻苦训练，常致严重受伤。2004年，冼东妹杀入雅典奥运会女子52公斤级决赛，在膝盖上还有两根钢钉没有取下来的情况下，击败日本名将横泽由贵，用1分6秒赢得这场比赛，为中国柔道队在本届奥运会上夺得了第一枚金牌。2005年，冼东妹获评全国先进工作者。

奥运冠军拿到了，冼东妹与丈夫刘波举行了因奥运会而一拖再拖的婚礼，一年后宣布退役，开始享受渴望已久的家庭幸福，并有了自己的孩子。谁知没过多久，已是32岁“高龄”的冼东妹又宣布复出，以“妈妈选手”的身份出战2008年北京奥运会。“高龄”复出，14个月没有训练，体重升到63公斤，她的身体条件非常“恶劣”，她只有疯狂地训练。

2008年8月10日，冼东妹打满5分钟战胜朝鲜选手安琴爱，在北京奥运会女子柔道52公斤级比赛中成功卫冕后，北京科技大学体育馆的顶棚几乎要被雷鸣般的掌声掀翻。这一刻，冼东妹为中国柔道延续了自1992年以来每届奥运会都有金牌入账的辉煌战绩；这一次，冼东妹以一个伟大妈妈的身份收获了送给女儿的最好礼物和补偿。2008年，冼东妹入选“改革开放30周年感动广东人物”。

5. 赴“抗非”前线，用仁心与无畏守护人民健康

抗击“非典”精神是46个第一批纳入中国共产党人精神谱系的伟大精神之一。2002年，“非典”在广东被发现，2003年开始大范围流行。这是人类21世纪发现的首个烈性传染病，来势汹汹，令人措手不及。从2003年4月23日全国防治非典型肺炎指挥部成立，到2003年6月24日世界卫生组织宣布“双解除”——解除对北京的旅行警告、将北京从“非典”疫区名单中排除，用时仅两个月，标志着中国抗击“非典”斗争取得阶段性重大胜利。

在抗击“非典”的战斗中，广东医护工作者秉持生命至上原则，舍生忘死，迎难而上，同时间赛跑、与病魔较量，以生命赴使命的行动，深刻诠释了抗击“非典”精神。就是从这支队伍中，诞生了钟南山这一敢说真话、给人康复信心的标志性人物，也上演着女性医护工作者忠于职守、治病救人、勇往直前，并以身殉职的感人故事。

面对未知的“非典”病毒，广东省中医院呼吸科专科主任林琳设计出一个中医证候调查和西医临床资料调查的表格，和同事们每天观察患者的症候变化、西医学临床症状以及实验室资料的变化。“中医药在抗击‘非典’过程中的主要作用是，早期干预，阻断病程；明显减轻症状；缩短发热时间和住院时间；促进炎症吸收，减少后遗症；减少并发症和西药的毒副作用。”事实证明，林琳的做法是对的，广东省中医院收治的“非典”患者的情况明显好转。5月，应香港医管局的邀请，林琳与同事赴港支援抗疫，5个月共医治10家医院的危重“非典”患者近50名，康复期患者100余名。因其贡献，林琳被授予全国五一劳动奖章。

当北京抗击“非典”阻击战打响之时，一声令下，全军1200名医护人员驰援北京，来自第一军医大学的李利便是其中一员。她们进入抗击“非典”疫情战场的最前线，用血肉筑起抗击“非典”疫情的“长城”。时年27岁的李利在得知第一军医大学将组建医疗队驰援北京小汤山医院时，毫不犹豫，主动请缨。在北京抗击“非典”的战场上，这名巾帼战士转正为中国共产党党员。

就在这次抗击“非典”的战场上，广东省中医院急诊科护士长叶欣以身殉职。2009年，叶欣被评为100位新中国成立以来感动中国人物之一。

（三）中国特色社会主义新时代

随着中国经济从高速增长转向高质量发展，因大量廉价劳动力而来的人口红利时代即将过去，人才红利的时代已然到来，中国经济发展的新引擎从要素驱动转向创新驱动，而发展成果的共享面更广、普惠性更强，脱贫攻坚战取得全面胜利，意外插入的疫情防控阻击战也取得人民生活回归正常的重大决定性胜利。

这一时期，广东巾帼劳模群体最突出的特点是涌现了王冰、邓艳梅、冯颖慧、李双双等科技知识分子的卓越典型，是新中国成立以来广东女性勇于创新的一个新的里程碑现象，也是中国女性在广东这片热土上绽放创造活力的新的“春天的故事”。这一时期，广东巾帼劳模中还有张恒珍、白映玉等从一线产业工人队伍中脱颖而出的高技能人才。

1. 勇于创新的科研精英，为广东高质量发展赋能

2012年12月，党的十八大闭幕不久，习近平总书记把广东作为地方考察的首站，并在视察时给广东提出“三个定位、两个率先”总目标，即“发展中国特色社会主义的排头兵、深化改革开放的先行地、探索科学发展的实验区”和“率先全面建成小康社会、率先基本实现社会主义现代化”。实际上，这是广东自改革开放以来一直扮演的角色。

2018年3月7日，习近平总书记参加十三届全国人大一次会议广东代表团审议时发表讲话，要求广东继续深化改革扩大开放，认真落实新时代党的建设总要求，在构建推动经济高质量发展的机制体制、建设现代化经济体系、形成全面开放新格局、营造共建共治共享社会治理格局上走在全国前列。

广东对照“四个走在全国前列”要求，科学谋划、扎实推进各项工作，作出了“1+1+9”的工作部署，包括粤港澳大湾区建设、深入实施创新驱动发展战略、提高发展质量和效益、构建现代产业体系等。

2018年10月23日，对推进粤港澳大湾区建设具有重大意义的港珠澳大桥正式开通。港珠澳大桥跨越伶仃洋，东接香港特别行政区，西接广东省珠海市和澳门特别行政区，总长约55千米，是“一国两制”下粤港澳三地首次合作共建的超大型跨海交通工程。

冯颖慧：打通港珠澳三地跨海通道的设计师

冯颖慧，广东鹤山人。2013年，冯颖慧接到港珠澳大桥岛隧工程东西人工岛岛上建筑的设计任务。岛隧项目作为港珠澳大桥的控制性工程至关重要，在海底修一条几千米的隧道，造价相当于整个主体工程的一半。这项工程没有先例可循，且要考虑高温、高湿、高盐、高风压的外海环境及港珠澳三地共建共管等因素，极具挑战性。因工期紧张，冯颖慧和团队顶着巨大压力加班加点，多次返工将图纸一点一点“磨”成技术和艺术结合的成果，仅一稿就有3000多张。经过五年奋战，她和团队圆满完成岛上建筑及附属设施的庞大系统设计工程，该建筑工程填补了我国外海建筑集群设施的空白，为外海环境下的综合公共建筑工程积累了设计和建设经验。2018年冯颖慧被授予港珠澳大桥岛隧工程百名建设功臣称号，2019年荣获全国五一巾帼奖章，2020年获评全国劳动模范。

冯颖慧讲解设计图

面对日益严峻的经济下行压力，广东大力实施创新驱动发展战略，以创新驱动引领经济发展方式转变，修订和制定了《广东省自主创新促进条例》《广东省促进科技成果转化条例》，出台了《关于加快科技创新的若干政策意见》等文件，有力推动了广东省特别是深圳特区企业科技创新，如李双双在生物医疗领域创新成果突出，2020 年获评全国劳动模范。

李双双：超音成像技术的探索者

李双双，湖北松滋人，“80 后”，2008 年进入深圳迈瑞生物医疗电子股份有限公司（以下简称“迈瑞生物”）当研发工程师，负责超声成像技术的前沿研究。初到迈瑞生物，李双双是研发部里唯一的女性。超声弹性成像技术是一种新型超声诊断技术，可用于研究传统超声无法探测的肿瘤及弥漫性疾病的组织力学特性并成像，可当时国内外都缺乏相关的文献和成果，且该技术投入临床应用的时间较短，很难知道实际表现。“得靠自己设计。”她经常在七八平方米的实验室内一待就是一天，终于在第 5 年攻克了超声弹性成像的技术难点，随后组建团队，将技术转化为产品，2015 年推出国内第一台高端剪切波弹性彩超仪。之后两三年里，李双双带着设备跑了全国多家三甲医院，收集了大量有效病例，不断完善产品性能。相关高端彩超产品已销售到全国近 30 个省、自治区、直辖市的 500 多家医院，并出口到美、法、德、意等国，每年通过这种彩超产品进行检查的患者大约 2000 万人次，为肝硬化、肝纤维化和乳腺癌等疾病的早期发现及治疗提供关键依据。

李双双在实验室从事科研工作

对科研工作而言，尤其是工程类项目，大家总有一种刻板印象，似乎男性科学家更能胜任。这导致了对女性科学家的相对忽视，对其付出和贡献认识不足，以至于掩埋了诸多女性科研工作者的能力和热情。随着当代科研环境更加开放、更加包容、更有温度，越来越多的女性科研工作者带着她们的研究成果走进公众视野。在广东，像李双双、冯颖慧等女性科研工作者在越来越多的研究领域展露才能、取得成就，以巾帼不让须眉之势推动着科技进步和社会发展。

2. 建功立业的佼佼工匠，为广东制造业当家筑基

2017 年 2 月 6 日，中共中央、国务院印发了《新时期产业工人队伍建设改革方案》(以下简称《方案》)。《方案》明确提出，要把产业工人队伍建设作为实施科教兴国战略、人才强国战略、创新驱动发展战略的重要支撑和基础保障，纳入国家和地方经济社会发展规划，造就一支有理想守信念、懂技术会创新、敢担当讲奉献的宏大的产业工人队伍。

党中央历来高度重视产业工人队伍建设，特别是党的十八大以来，习近平总书记站在党和国家工作全局的战略高度，就产业工人队伍建设作出一系列重要论述，明确要求就新时期产业工人队伍建设改革提出总体思路和系统方案，为推进新时期产业工人队伍建设改革提供了基本遵循和行动指南。而作为改革开放排头兵的广东，也一直是产业工人队伍成长的沃土，在提高产业工人技术素质和相关待遇方面有着可贵的探索，为产业工人队伍建设改革方案的出台提供了借鉴。在广东巾帼劳模队伍中，一直都不缺产业工人的名字，她们巾帼不让须眉的成长故事，为改革开放再出发、为广东乃至中国制造傲立世界提供了强大的动能。

白映玉：焊接之花

全国劳动模范、第十三届全国人大代表、东方电气（广州）重型机器有限公司焊工、高级技师白映玉参与了包括“华龙一号”在内的数十台百万千瓦级核电站反应堆压力容器、蒸汽发生器、稳压器、汽水分离再热器等核电产品的焊接工作，成为核电领域一枝独

秀的“焊接之花”，为中国核电成为“国家名片”作出了突出贡献。作为核电焊接领域的翘楚，她平焊、横焊、立焊、仰焊，样样得心应手，使出的是一手连男焊工也自叹不如的绝活；在整个核电产品制造中，她参与的工序达数百道，所焊接产品达到“一次干对，一次干好”的完美境界；她归纳总结推广工作经验，让创新精神和工匠精神薪火相传。

白映玉（右）带徒训练

张恒珍：打破国外乙烯技术垄断

全国五一劳动奖章获得者、中国石化集团公司技能大师、茂名石化首席技师张恒珍是党的十八大、十九大代表和第十三届全国政协委员，全国优秀共产党员，曾获得产业工人最高技能荣誉中华技能大奖，享受国务院政府特殊津贴。1994 年，张恒珍被分配到茂名石化裂解车间工作，只有中专学历，却开创了以她的名字命名的裂解装置分离系统操作法。裂解装置是乙烯生产的“龙头”，操作条件苛刻，高温达 1100 摄氏度，低温达零下 165 摄氏度，压力达 13.2 兆帕，工艺流程非常复杂，控制参数就有 1.2 万多个。为了

张恒珍在茂名乙烯裂解装置现场巡查维护

掌握生产工艺原理，张恒珍硬是把十几本技术资料啃下，摘抄的笔记本摞起来有两尺多高。为了熟记现场流程，她天天“泡”在现场，就连男同事都畏惧的高达110多米的乙烯塔，她说爬就爬，对塔里161层塔盘的分布和设计情况如数家珍。她不断学习提升，报读工匠学院本科班，取得大学本科学历；成立创新工作室，先后承担公司各级攻关项目46项，创效超3亿元；培养技能人才，带徒116人。28年来，她扎根一线40多万次操作零差错。她的操作经验被命名为《茂名乙烯“1#裂解装置分离系统张恒珍操作法”》。她是石油化工产业工人的创新型领军人才，参与装置重大科技攻关项目70多项，牵头解决影响瓶颈问题160多项，成功开起并开出全国最长运行周期的国内第一套国产化乙烯装置，打破了国外乙烯技术垄断，为千千万万产业工人走技能成才、技能报国之路树立了榜样。

3. 奋战小康的柔性担当，为人民更美好生活助力

在迈向现代化的过程中，广东始终坚持以人民为中心的发展思想，始终坚持发展为了人民、发展依靠人民、发展成果由人民共享。在全国脱贫攻坚总结表彰会上，习近平总书记庄严宣告：“我们脱贫攻坚战取得了全面胜利。”这标志着我们党在团结带领人民创造美好生活、实现共同富裕的道路上迈出了坚实的一大步。

费英英：孤残儿童的“好妈妈”

从深耕儿童福利事业到助力乡村脱贫，全国先进工作者、宝安区福利中心福利部副部长费英英不负韶华，甘于奉献，以女性担当在社会民生领域书写着劳模精神的极致。从重庆民政学校毕业后，20岁的费英英来到宝安区福利中心专门负责护理弃婴童。20余年来，费英英与同事们一起照顾了1500余名孤残儿童，帮助800多名孩子被爱心家庭收养，让他们走入家庭融入社会。她把福利中心所有孤残儿童都看作自己的孩子，尽心尽力地照顾，这些儿童都叫她

“妈妈”。

2017年，费英英当选党的十九大代表，在去基层宣讲的过程中，村民对脱贫的渴望、对致富的企盼带给她很大触动。2019年4月，费英英奔赴龙川县龙母镇洋田村开展扶贫工作。在她的带领下，洋田村从一个“落后村”转变为“先进村”，60户171名贫困人口全部脱贫出列，群众满意度达100%。2021年，费英英被授予建党一百周年全国优秀共产党员、全国三八红旗手称号。她荣获全国民政系统孺子牛奖。2022年，她又当选党的二十大代表，2023年当选第十四届全国政协委员。

费英英赴京参加全国政协十四届一次会议

2020年，新冠肺炎疫情来袭，这是“二战”以来最严重的全球公共卫生突发事件。面对前所未见的疫情，中国打响了一场疫情防控的人民保卫战。九省通衢之地关闭离汉通道，4万余名医护工作者星夜驰援，用3个月时间取得了武汉保卫战、湖北保卫战的决定性成果。这些医护工作者被媒体称为“最美逆行者”，放眼看去，多半巾帼。

时隔17年，当年的“抗非战士”李利已是南方医科大学南方医院惠侨医疗中心护士长。她毅然再度请缨出征，担任广东支援湖北疫情防控医疗队副领队，与当年的小汤山战友再次一同战斗，抵达武汉后，第一时间与兄弟单位建立联系，熟悉护理队伍情况，短短两天开了6次协调会。李利说，患者数量多且病情危重，需要大量护理看护，输液、配药、氧疗、上监护、观察病情等任务应接不暇。“由于医院人手严重不足，我们还要腾出工夫来，做保洁、为患者送餐、处理医疗垃圾。”随行护士多是“95后”女孩，正是当年李利援京时的花样年华。作为“过来人”和“大姐姐”，李利每天都为随行护士检查穿戴，跟她们一起进入病区、护理患者。2021年，李利荣获全国五一巾帼标兵称号。

三、成长规律与经验做法

（一）成长规律

出生于广东、劳动于广东、成就于广东的巾帼劳模群体具有鲜明的符号特征，在全国乃至世界中贡献卓著、独树一帜。她们的成长不是一蹴而就，不是昙花一现，而是凭着长期奋斗和自我修养，持续地作出贡献、成就自我。她们中的多数人并非土生土长的南粤人，或楚或蜀的新客家人根植浸润在广东土壤中，融合了二者各自的优点，开出了更绚烂的“木棉花”。当然，她们的成长成才少不了党和政府、工会的培养和付出。

1.广东巾帼劳模身份特征具有“符号”意义

在共同的劳模精神引领下，她们各自成为某一方面、某一领域的引领性、象征性人物，且影响超出广东，成为全国女性、全国职工乃至全国人民的劳动榜样，并为源远流长的中华文明增添了当代色彩。

在这方面表现突出的是红线女、董明珠和胡小燕。红线女是粤剧的标志性人物，她创造的粤剧流派影响了世界，不仅是岭南文化的代表，也树立了中华文明的不朽丰碑。董明珠是从改革开放中崛起的中国企业家代表，现在她掌舵的格力电器彰显着中国制造、民族品牌的崛起和自信，她不断释放的改革信号，也鲜明地体现着“创新、协调、绿色、开放、共享”的新发展理念。胡小燕是底层农民工奋斗成功并赢得话语权的标志性人物。改革开放，春雷发声，东风劲起，以亿计的一代农民工创造了广东经济高速发展的奇迹；改革开放，持续深入，潮流不息，人民自由迁徙，农民融入城市，人民民主建设取得跨越式进步，这些信息和意义，集中体现在胡小燕身上。

2. 广东巾帼劳模成长路径具有“长线”特点

她们不是昙花一现式的人物，不是一“劳”永逸式劳模。许多劳模，其履历故事要跨越两三个时代；有些劳模，其劳模荣誉只是人生精彩的开头，高潮还在后头。

仍以红线女、董明珠、胡小燕为例。红线女 1960 年获得全国先进工作者称号，在新中国成立之前，她已经红遍香江；在改革开放的岁月里，直到 2013 年去世之前，她在晚年一直保持着很高的“出镜率”，一直受人关注和敬仰。她于 1998 年创办的红线女艺术中心，体现出持续焕发光和热的劳模精神。红线女的故事跨越新民主主义革命时期、社会主义革命和建设时期、改革开放和社会主义现代化建设新时期。

董明珠于 2015 年被评为全国劳动模范，但在改革开放之初的岁月里，她已贡献卓著；而她变得家喻户晓、变成“流量明星”更在她成为劳模之后。一直到现在，她的一言一行仍备受关注，仍不断将劳模精神、劳动精神、工匠精神在中国特色社会主义新时代向更深入推进。她的故事还在展开。

胡小燕的精彩故事则主要集中于改革开放和社会主义现代化建设新时期，但她从打工奋斗到做代表参政的履历故事也呈现出“长线成长”的特征。她于 2018 年获得“改革先锋”称号，正是对这段“长线成长”历程的高度肯定。

除上述三位外，其他广东巾帼劳模如冼东妹、张恒珍、李利等“长线成长”的特征也比较明显。冼东妹是在斩获奥运金牌、被评为全国先进工作者之后再度复出、“再举”成名天下知的。李利在“抗非”和“抗疫”中都有贡献，年龄也从青年跨入中年。

3. 广东巾帼劳模时代背景具有“融合”色彩

从秦末“南下干部第一人”赵佗开始，岭南文化就呈现出客家人和本土人兼容并包、共同开发建设的开放务实特征。由于滨海向洋的地缘优势，又成为近代革命的先行地。1978 年以后，更勇敢掀开改革开放新篇章的第一页。固有的开放基因和务实作风，借着改革开放的东风及其持续的后劲，广东又成为内地劳动者和大学生南下发展的首选之地。也就是说，南下广东的不仅是农民工，还有下海的干部职工群体、科技精英群体以及应届毕业生。他们都怀揣着改变命运、干一番事业的强烈动机，一旦投入这片热土，就感染了岭南人的劳模精神，受益于改革开放的政策优势，成就了自己，也贡献于广东，贡献于国家。

就在这批南下建设者队伍中，诞生了一批巾帼劳动模范。透过一些巾帼劳模的成长轨迹来看，到广东成长的机会甚至具有不可替代性：假若不到珠三角务工，她们既有的“女性命运”很难得到改写；假若不到经济特区发展，她们很难取得如此巨大的成就。广东不排外，不性别歧视，男女平等的文化气象让她们在广东尽情绽放。董明珠不是广东人，她到珠海经济特区获得了大展其管理才干的舞台。胡小燕是四川人，她到广东佛山仅凭辛勤劳动和诚实劳动就备受“本地人”关注，当广东推选农民工人大代表时，她更是因为“外地人”身份而被特别注意并获得选票。同样，王冰于 1990 年和丈夫一起从河南来到广东中山，也是以“客籍人”身份创出业绩作出贡献后才被发现。李双双从清华大学毕业后选择到深圳就业，也是她成长为劳模的重要一步。

4. 广东巾帼劳模培育机制具有“工会”作为

毫无疑问，广东巾帼劳模的成长与党和政府一直以来的关怀是分不开的。胡小燕能够成为首位农民工全国人大代表，既是政治改革的必然，也是个人努力的结果。2012 年，胡小燕再次迎来人生轨迹的转变。经过笔试和面试，农民工出身的她，进入佛山三水区总工会担任专职副主席一职。这是政策创新的结果。2009 年起，广东创新推选“工农牌”公务员，从“村官”、异地务工人员、工农“两代表、一委员”和工人、农民群体中选拔人才进入公务员队伍，4 年间共选拔了 4717 人。

工会“娘家人”在胡小燕的成长过程中给予了极大的关怀和帮助，是工会最早发现了胡小燕学习能力强的特点。在工会的推荐下，2006 年，胡小燕被其务工所在地佛山市三水区评为十佳外来工，2007 年被评为佛山市十佳外来工。从此，胡小燕与工会结下不解之缘，她一步步的成长都受到工会的关注、关爱，直到当选全国人大代表，获得更大的提素成长空间，从而又为她成为专职工会干部创造了条件。像胡小燕一样，中山市总工会发现了米雪梅，为她成为第十三届全国人大代表提供了机会。广东省五一劳动奖章获得者，第十二届、十三届全国人大代表曾香桂也是“外来妹”，也是在工会的帮助下成长的。这样的例子还有不少。

（二）经验做法

广东巾帼劳模的成长成才，既离不开国家对人才培养的政策环境，更得益于广东工会旗帜鲜明的思想引领、敢为人先的改革创新和勇于担当的维权服务。

1. 创办全国首家产业工人“黄埔军校”

2018 年，广东省总工会开办全国首家省级工会劳模工匠本科班，资助符合条件的省内市级（含）以上劳模、工匠接受本科学历继续教育，采用线上线下相结合、不脱产的教学方式，用时两年半完成本科课程。目前累计培养了 330 名劳模工匠，办成了劳模工匠综合素质的提升阵地，劳模精神、劳动精神、工匠精神的传播高地，引领产业工人提升学历技能的示范基地，真正办出了广东特色、劳动特色和工会特色，学员们将其誉为培养产业工人的“黄埔军校”。2021 年，张恒珍就从劳模工匠本科班毕业取得本科学历。

2. 打造女职工“创新工作室”示范点

2014 年，广东省总工会将创建劳模创新工作室作为“深入实施创新驱动发展战略”的举措之一，推动创建劳模和工匠人才创新工作室。2016 年起，广东省总工会女职工委员会在全省范围内开展女职工创新工作室创建工作，每年选树 30 个省级女职工创新工作室示范点，充分发挥女劳模工匠和高技能人才的示范带动作用，打造助力广大女职工成长进步、施展才华的舞台，涌现了王冰、邓艳梅等全国示范性劳模和工匠人才创新工作室领衔人。为切实发挥创新工作室集聚辐射效应，2021 年，广东省总工会成立粤港澳大湾区劳模和工匠人才创新工作室联盟，谋求实现创新工作室资源共享、优势互补和创新成效跃升。

2023 年 3 月 28 日，广东省总工会领导与南粤巾帼劳模走进中山大学宣讲团合影（左四为苏薇薇，左六为冯颖慧，右四为王冰，右五为杜玉涛）

3. 叫响做实工会品牌“南粤工匠”

2016 年，广东省委宣传部、广东省总工会联合发文要求各地市总工会、省级产业工会在本地区、本系统寻访身边的“南粤工匠”，在全国率先组织开展以“南粤工匠”为主题的多种形式的学习交流活动。同时，充分运用报纸、电台、电视台和互联网等多种媒体，制作刊播一批公益广告，推出一批新闻报道，集中宣传展示“南粤工匠”的感人事迹和崇高精神，并组织“南粤工匠”深入企业巡讲。经过 6 年多的探索和实践，已评选出 100 名“南粤工匠”。其中，也有更令人瞩目的女性“南

2015 年，广东省委领导与“中国梦 · 劳动美”南粤劳模先进事迹报告团合影（左一为蔡卫平，左二为张春新，左四为林丽珠，左六为王冰，右一为孙建国，右三为费英英）

粤工匠”。比如，广州电信网络操作维护中心主任邓艳梅是中国电信编号“001”的集团级维护骨干，带领团队创新创效成果显著，2017年被评为“南粤工匠”；中山市盈科轴承制造有限公司总工程师王冰，在机械轴承制造行业被誉为“中国铿锵玫瑰”，2018年被评为“南粤工匠”；潮州市丹辉婚纱礼服有限公司董事长佘丹晖是潮绣传承者、创新者，2019年被评为南粤工匠并于当年获得全国五一劳动奖章。

2022年11月至今，由中共广东省委宣传部、广东省总工会和广东广播电视台联合出品的15集纪录片《南粤工匠》热播。这是广东省首部为工匠技能人才立传的纪录片，聚焦20位获得“南粤工匠”荣誉称号的工匠代表，将镜头对准“南粤工匠”日常工作和生活中的真实面貌，记录他们的高光风采和高超技艺。

四、展望与期盼

党的二十大擘画了全面建成社会主义现代化强国、以中国式现代化全面推进中华民族伟大复兴的宏伟蓝图，明确了新时代新征程党和国家事业发展的目标任务。广东省总工会将深刻领会并准确把握党的二十大对工人阶级和工会工作、妇女工作作出的新精神新要求新部署，激励女劳模工匠发挥示范引领作用，团结带领广大女职工为全面建设社会主义现代化国家、全面推进中华民族伟大复兴贡献巾帼力量。

（一）充分发挥巾帼劳模的柔性引领作用

一位劳模就是一面旗帜，巾帼劳模更是一面亮丽的旗帜，更能够带动影响感染一批人。要大力开展“中国梦·劳动美”“劳模精神”“工匠精神”以及“学习贯彻党的二十大精神　巾帼奋进新征程”等主题宣讲活动，活动要有巾帼劳模典型故事，相关设计要有巾帼劳模元素，让巾帼劳模成为全体劳动者学习的榜样，成为广大女职工学习的榜样，成为青年学子及中小学生树立正确“三观”的导师。同时，注重挖掘并培育一支成就在身、自有风采、能讲故事的巾帼劳模宣讲人才队伍，深入开展进企业进校园宣讲活动，充分发挥她们在高质量发展中的示范引领作用。

（二）关心呵护巾帼劳模健康需求和成长需求

各级工会不能忽略巾帼劳模的性别特征，要关心她们作为一名女性的特殊权益，尊重她们在家庭中不可或缺的女性角色，不要总是把她们包装成“女汉子”“铿锵玫瑰”“拼命三娘”等硬性形象。工会女职工组织要做好巾帼劳模的“贴心人”“娘家人”，关心她们身心健康，推动用人单位开展爱心托管托育等关爱服务，助力她们平衡工作与家庭关系、解决其子女照料难等后顾之忧。同时，要深化巾帼劳模培养激励机制，加大巾帼劳模创新创效帮扶力度，组织动员巾帼劳模积极参与科技创新、数字化改革，助力攻克“卡脖子”技术难题，加快建设一支高素质的女职工技能人才队伍，不断壮大巾帼劳模工匠群体，为全面推进产业工人队伍建设改革作出新贡献。

（三）认真做好巾帼劳模的资料整理和深度研究工作

要对新中国成立以来的广东劳模以及巾帼劳模的事迹资料分门别类地进行存档，做好巾帼劳模的专项资料整理工作，以供后人查阅和研究之用，并作为传承的财富。但从广东省全国劳模管理平台资料查阅来看，特别是早期劳模和巾帼劳模资料，仍有个别劳模的基本指标资料不全，影响分类统计的准确性和资料完整性。对此，广东要本着对历史负责、对后人负责、对劳模负责的态度，进一步收集、发掘、完善。要深度研究挖掘巾帼劳模的文化历史根源，特别是挖掘和讲述岭南地区在自立自强、热爱劳动方面有突出表现的女性劳动者和英雄模范资源，为巾帼劳模文化寻根溯源；要积极推进劳模大数据工程，深入发掘收集劳模文化、服务、管理等数据并推动其与互联网、移动互联网等的汇聚整合，为劳模服务管理工作赋能增效，从而厚植巾帼劳模成长的土壤，为巾帼劳模在推动广东高质量发展、实现中华民族伟大复兴的中国梦中作出新的更大贡献，提供坚实的精神支撑和不竭的前进动力。

参考文献：

［1］中共广东省委党史学习教育领导小组办公室．百年扬帆——粤学党史粤爱党·打卡广东红［M］．广州：广东教育出版社，2021：202.

［2］佟新．异化与抗争：中国女工工作史研究［M］．北京：中国社会科学出版社，2003：61.

［3］当代广东研究会．岭南纪事［M］．广州：广东人民出版社，2004：232-233.

［4］杜钰洲．让世纪更辉煌——中华纺织劳模大典（1950—2000）［M］．中国纺织工业协会，2000：1202.

［5］蒋斌，王珺．广东改革开放40年研究总论·总序［M］．广州：中山大学出版社，2018：1-8.

［6］蒋斌，梁桂全．敢为人先——广东改革开放30年研究总论［M］．广州：广东人民出版社，2008：56-60.

［7］张力升．商界铁娘子董明珠［M］．北京：中央编译出版社，2009：25-30.

［8］舒元，等．广东发展模式——广东经济发展30年［M］．广州：广东人民出版社，2008：47-62，76-81，92-94，134-137.

［9］蒋斌，王珺．广东改革开放40年研究总论［M］．广州：中山大学出版社，2018：68.

［10］盛明富．中国农民工40年（1978—2018）［M］．北京：中国工人出版社，2018：231-233.

［11］李玉赋．新的使命和担当——《新时期产业工人队伍建设改革方案》解读［M］．北京：中国工人出版社，2017：6-14.

［12］任仲文．何为中国式现代化［M］．北京：人民日报出版社，2022：97.

广西

广西篇

八桂巾帼
时代楷模

广西地处祖国南疆民族地区，有1600千米的海岸线和1000千米陆地边境线，山岭连绵，山区广大，壮、汉、瑶、苗、侗、仫佬、毛南、回、京、彝、水、仡佬12个世居民族和其他民族在八桂大地上手足相亲、守望相助。在中国共产党的领导下，广西实现了各族人民的解放，实现了建设和改革发展的历史性跨越，实现了各民族的团结进步。随着广西的解放，广西各族妇女获得了自身的解放，在政治、经济、社会、文化、教育等方面实现了平等，她们满怀激情地在长期的革命、建设、改革进程中奋勇向前，充分发挥聪明才智，为国家的富强和边疆的安宁作出了重要贡献。广西妇女的杰出代表——445名女劳模①，立足岗位，精益求精，以勤奋劳动成就梦想，以精湛技能创造精彩人生，唱响"劳动最光荣、劳动最崇高、劳动最伟大、劳动最美丽"的时代主旋律；她们在八桂大地上洒下辛勤的汗水，为广西的政治稳定、社会进步和经济发展贡献智慧和力量；她们用劳模精神凝聚力量、用劳动精神激发干劲，引领广西各族妇女奋力谱写中国式现代化广西篇章。

一、广西壮族自治区不同时期女劳模群体概况

（一）社会主义革命和建设时期

从1949年10月中华人民共和国成立到1956年社会主义改造基本完成，在党的领导下，全国先后实现了从半殖民地半封建社会到民族独立、人民当家作主的新社会，以及从新民主主义社会到社会主义社会两个阶段的转变。1949年12月11日，人民解放军将红旗插上镇南关，标志着广西全境解放。广西解放初时，全省农村凋敝，工厂歇业，通货膨胀，市场混乱，人民生活十分困难。1950年2月，广西省人民政府在南宁成立。从1950年冬开始，广西分批开展土地改革。1951年5月，广西全省匪患基本消除，社会秩序全面恢复。1952年底广西国民经济恢复任务完成。1954年5月，广西土改工作全面完成。1953年至1956年，通过

① 全国劳动模范及全国先进工作者130名、全国五一劳动奖章获得者148名、全国五一巾帼奖获奖人员167名。

三大改造，社会主义基本制度在全省初步建立。经济社会发展第一个五年计划开始后，广西集中力量发展工农业。1958 年 3 月 5 日，广西壮族自治区第一届人民代表大会第一次会议召开，宣告广西壮族自治区成立。这段时期广西重点工作是恢复国民经济，安定人民生活，巩固人民政权。广西各族妇女积极响应党和政府关于妇女投身国家建设的号召，以极大的热情投身社会主义建设和发展。广西妇女就业范围不断扩展，生产技能不断提高，许多在广西历史上从来没有过的女性生产建设部门也出现了第一批女职工，各行各业均涌现出社会主义建设女能手，一批女性被评为全国先进生产者和全国劳动模范。

本时期有 32 名女劳模[①]，占劳模总数的 16%。少数民族 7 人，占女劳模总数的 22%，其中壮族 6 人，占少数民族的 86%。本时期女劳模的教育程度普遍不高，多为初中学历。中共党员 14 人，占女劳模总数的 44%；女劳模主要集中在制造业和教育业，占比都是 25%。

（二）改革开放和社会主义现代化建设新时期

1978 年 12 月，党的十一届三中全会作出了把党和国家工作重心转移到经济建设上来、实行改革开放的历史性决策，实现了新中国成立以来党的历史上具有深远意义的伟大转折。在党的十一届三中全会精神的指引下，广西开启了改革开放和社会主义现代化建设新时期历史。这一阶段，广西各族干部群众满怀激情投入改革开放和社会主义现代化建设，实现了从贫穷落后走向繁荣振兴、从偏远闭塞走向开放前沿、从温饱不足走向全面小康的历史性转变。本时期广西妇女受教育水平持续提升，女性就业人数稳步增加，在各行各业主动作为，成为一支不可或缺的建设力量。

本时期的女劳模人数达到 158 人[②]，占劳模总数的 18%，较之社会主

---

① 本时期有 32 名女劳模：仅对全国劳动模范（全国先进工作者）、全国五一劳动奖章获得者进行数据统计。

② 本时期的女劳模人数达到 158 人：仅对全国劳动模范（全国先进工作者）、全国五一劳动奖章获得者进行数据统计。

义革命和建设时期女劳模比例有所提高。女劳模中少数民族 34 人，占比 22%；其中壮族 28 人，占少数民族的 82%，与社会主义革命和建设时期基本持平。女劳模的教育程度较上个时期有所提高，本阶段前期多为初中及以下、中专、高中学历，中后期以大学本科学历居多，后期还出现了硕士研究生学历和博士研究生学历。中共党员 113 人，占比达 72%，较之社会主义革命和建设时期大幅提高，充分彰显共产党员先锋模范作用。行业集中在下列行业：制造业 37 人，农、林、牧、渔业 22 人，教育业 22 人，交通运输、仓储和邮政业 14 人，卫生、社会保障和社会福利业 12 人。

（三）中国特色社会主义新时代

党的十八大以来，习近平总书记多次对广西发展作出重要指示批示，赋予广西“三大定位”① 新使命，提出“五个扎实”新要求，作出“建设壮美广西 共圆复兴梦想”重要题词，强调：“广西是全国民族团结进步示范区，要继续发挥好示范带动作用。”党的二十大期间参加广西代表团讨论提出“五个更大”重要要求，为新时代广西发展把脉定向、擘画蓝图。在习近平新时代中国特色社会主义思想指引下，广西壮族自治区党委、政府团结带领各族人民，凝聚起民族团结奋斗的强大力量，取得了八桂大地经济社会翻天覆地的变化，取得了民族团结进步事业的巨大进步，阔步迈进中国特色社会主义新时代。广西壮族自治区女职工在各个领域勇挑重担、创先争优，彰显新时代巾帼风采。

本时期女劳模 88 人②，占劳模总数的 28%；较之改革开放和社会主义现代化建设新时期女劳模占比有大幅度的提高。女劳模中少数民族 28 人，占总数的 32%，其中壮族 21 人，占少数民族的 75%，少数民族占比与改革开放和社会主义现代化建设新时期相比明显增长，壮族占比则略

---

① “三大定位”：构建面向东盟的国际大通道，打造西南中南地区开放发展新的战略支点，形成“一带一路”有机衔接的重要门户。

② 本时期女劳模 88 人：仅对全国劳动模范（全国先进工作者）、全国五一劳动奖章获得者进行数据统计。

微下降，折射广西各族人民在党中央的坚强领导下，团结互助、共同进步。学历方面，初中及以下 5 人，中专、高中共 16 人，大学专科 16 人，大学本科 37 人，硕士研究生 10 人，博士研究生 4 人，女劳模学历层次不断提升（见图 1）。

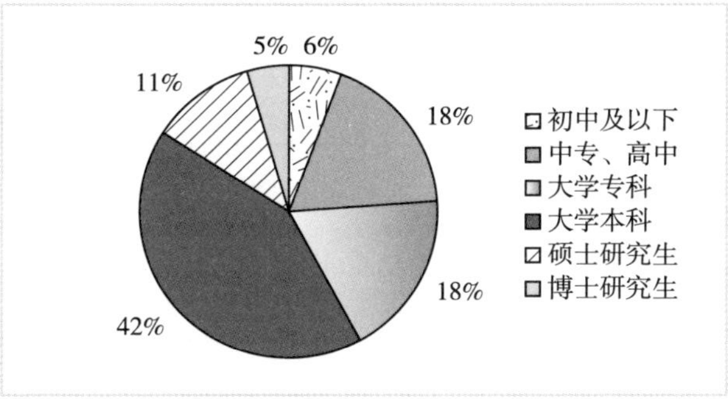

图 1　广西壮族自治区中国特色社会主义新时代女劳模教育程度

本时期女劳模的政治面貌呈现多元化，中共党员、共青团员、民主党派成员、无党派人士、群众都有。其中，中共党员 68 人，占比 77%，较改革开放和社会主义现代化建设新时期呈现持续上升态势。行业主要集中在制造业，农、林、牧、渔业，公共管理、社会保障和社会组织。其中，制造业人数是最多的，共 20 人，占比 22.7%；农、林、牧、渔业人数次之，共 14 人，占比 15.9%；公共管理、社会保障和社会组织 11 人，占比 12.5%（见图 2）。

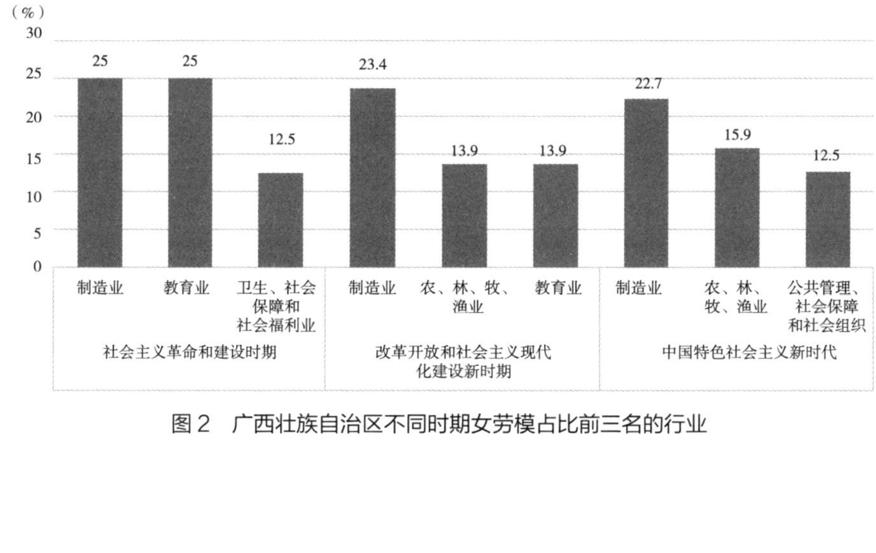

图 2　广西壮族自治区不同时期女劳模占比前三名的行业

（四）广西女劳模发展趋势和特点

新中国成立后，广西工会系统根据各个时期经济建设的需要，不定期地组织评选模范、先进活动。评选劳动模范和先进生产（工作）者，既是工会群众生产工作的重要内容，又是推进社会主义建设的重要手段。劳动模范和先进生产（工作）者是由工会主持自下而上进行评选，由人民政府命名的。随着社会主义建设的发展，劳动模范、先进生产（工作）者的特点和评比标准，在各个时期也有变化。新中国成立初期，多是在恢复生产和突击性生产活动中有显著成绩者，一线生产工人较多。20 世纪 50 年代中后期至 60 年代，多是在以厂为家、艰苦奋斗、革新技术、改进管理、提合理化建议等方面有显著成绩者，工人、管理人员和技术人员都有适当比例。从改革开放和社会主义现代化建设新时期一直到中国特色社会主义新时代，职工文化技术素质普遍提高，评选出的劳动模范、先进生产（工作）者多是在各行各业提高技术、提高管理、提高经济效益等方面有显著成绩者。

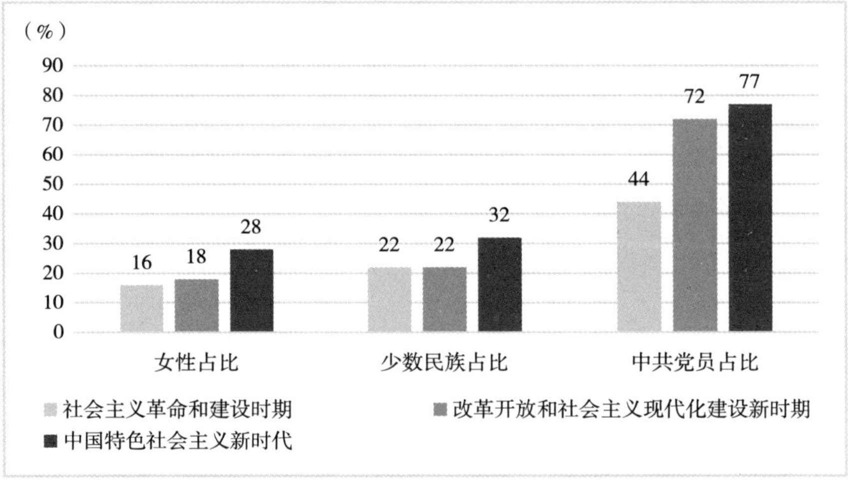

图 3　广西壮族自治区不同时期女劳模相关信息占比情况

纵观社会主义革命和建设时期、改革开放和社会主义现代化建设新时期、中国特色社会主义新时代三个时期，女劳模数量逐渐增多；少数民族占总人数的一定比例，其中壮族占少数民族的比例较高；随着时间的推移，女劳模受教育程度大幅提高，从以初中及以下为主逐渐发展成以大学本科为主，后期硕士研究生和博士研究生的数量有所增加；中共党员占比一直以来都很高，说明共产党员的先锋模范作用得到最大限度的发挥和最充分的体现；行业主要集中在制造行业，农、林、牧、渔业，交通运输、仓储和邮政业，教育业，卫生、社会保障和社会福利业，公共管理、社会保障和社会组织；在各个时期女劳模多集中在制造业，且随着时代的发展出现的新兴行业也有了女劳模的身影。

二、广西壮族自治区女劳模群体不同时期的主要特点

（一）社会主义革命和建设时期：在生产一线推动经济发展贡献“她力量”

新中国成立后，广西开始施行社会主义改造。在社会主义改造的基础上，大力发展工业化建设，建设了大批工厂和企业。随着社会主义经济建设的发展，女职工积极参与各行各业的生产，尤其是在农村和轻工业领域中，女性的劳动力成了维持社会生产的重要力量。为了适应社会主义建设需要，女职工积极学习文化知识和业务技能。广西各级政府和企业也积极为女职工提供培训和教育机会。本时期广西女劳模多在艰苦的生产环境中苦干巧干，改善方法，提高生产效率，为社会主义建设事业作出了重要贡献。韩秀珍和傅灿华是本时期女职工学习的榜样。

韩秀珍：提高效率的能手

韩秀珍是轻工业一线职工的优秀代表，不断改进操作方法提高产能，成为先进生产女能手，同时充分发挥共产党员示范带头作用，带动其他人以及其他班组提高生产效率，在开展社会主义劳动竞赛活动中屡创佳绩创新纪录，作出积极贡献，1959 年获全国工业交通运输基本建设财贸先进生产者称号。韩秀珍 1947 年 5 月到梧州市火柴厂工作。1958 年，在社会主义劳动竞赛运动和女职工开展工业技术创新活动中，她积极学习文化、钻研技术，苦干加巧干，虚心向

梧州市工人毛泽东思想宣传队第二十二分队全体队员合照，韩秀珍位于第一排右二

群众学习，善于学习别人的先进经验，做到尊敬师傅，多看、多问、多做、多研究、多总结，还诚恳帮助其他的同事。她不断改进操作方法，创造了火柴装盒日产量56盘的全区最高纪录，比原来日装盒32盘增加了24盘。她原来是文盲，但她善于挤时间自学，经过几年的刻苦学习，就能写日记和诗歌。韩秀珍成为广西壮族自治区赶学“四珍”成员（陈桂珍、胡桂珍、韩秀珍、冯保珍）之一。在大战八、九月生产中，她创造了5次最高纪录，由每小时3盘提高到4.6盘。创造土装盒机的先进操作法，每小时产量达到8.26盘，比原效率提高2.5倍，在车间组织了“十珍”班，通过“十珍”班研究传授先进的快速操作法。梧州市有993名女职工订出了个人或小组、车间、全厂“学桂珍、赶桂珍”的计划，写下了决心书和保证书，在她及她领导的“十珍”班带动下，全厂广泛开展了“熟手带生手、快手带慢手”的技术互助活动，韩秀珍本人还带动了127人提高了生产效率。同时她被广西壮族自治区授予先进生产女能手称号。在争先进，比贡献，开展社会主义劳动竞赛活动中，她积极投身到以机械化半机械化、自动化半自动化为中心的增产节约运动，又创新纪录，作出新贡献。

傅灿华：售货服务的榜样

傅灿华在南宁市百货大楼用品组担任售货员时，她经常利用休息时间检查商品、整理货柜，把商品摆得整齐美观；她负责经营的商品和管理的账目，从没有出过差错。为了更好地为顾客服务，她努力学习业务知识，熟悉各种商品的知识，当好顾客的“参谋”。她热情待客，主动向顾客介绍各种商品的产地、质量、使用方法、保管方法和价格，帮顾客买到称心的商品，并耐心帮助老人、小孩选购商品。她还和同志们一起搞流动销售，为五保户洗衣缝被，打扫卫生，买米送煤，把日用品、婴儿用品、产妇用品送到机关、学校、医院、产房。傅灿华的优质服务精神深得广大群众的赞扬，“傅灿华小组”成为南宁市商业系统学习的一面旗帜，1958 年傅灿华被评为广西壮族自治区财贸系统先进工作者，1959 年被授予全国先进生产者称号。

（二）改革开放和社会主义现代化建设新时期：在专业领域提升技术书写“她篇章”

随着改革开放的深入，广西的经济得到了快速发展。女职工积极参与各行各业生产和经济建设，特别是在出口加工、电子信息、服务业等新兴领域中，女性劳动者成为社会经济发展的重要力量。为了适应市场经济的需要，女职工积极提高自己的专业技能和经济意识，参加各种培训和学习，为自身发展和企业发展作出贡献。本时期女劳模涌现出不少的技术骨干，她们以过硬的专业技术为广西壮族自治区的经济发展和社会进步作出了巨大贡献，邓日带和李敏不断提升自己的专业技术水平，在各自的领域发挥了积极的作用。

邓日带：挡车织布的巧手

邓日带，南宁绢麻纺织印染厂织布挡车工。邓日带进厂后，热爱本职工作，刻苦学习技术。开始挡车时，时常出瑕疵布，她认真总结教训，虚心向先进学习，针对自己打结和穿梭技术不够扎实的弱点，勤学苦练，使打结的速度由原来的每分钟 20 个上升到 37 个，在操作上逐步形成了自己的特点，巡回灵活，精力集中，心到、眼到、手到，打结稳、准、快、好，并摸索出一套“严当头、细把关、勤开路、治入手”的织布工作法，1981年在自治区绢纺业青工操作表演赛上，夺得布机挡车冠军，被评为自治区优级操作能手。邓日带所在的车间，生产的产品是麻涤化纤产品，支数高、断头多，一个挡车工要看16台布机，每天处理断头200多个，巡回路线近40里，操作稍不留心就会出疵布。邓日带通过细心操作和不断探索，于1981年创造了5万米无疵布后，1982年至1985年又创造了24万米无疵布的好成绩。1986年至1988年，厂里改变品种，变换机型，但她仍创出12万米无疵布的好成绩。进厂18年来，她年年满勤，每年都超额完成生产任务。1985年被评为广西壮族自治区新长征突击手、全国新长征突击手，1989年被纺织工业部授予全国纺织系统劳动模范称号，被国务院授予全国劳动模范称号，被全国妇联授予全国三八红旗手称号。

李敏：撒播光明的使者

李敏，壮族，广西壮族自治区人民医院眼科主任医师。她率先在广西壮族自治区开展玻璃体视网膜外科施行双目间接眼底镜直视下视网膜脱离术、黄斑裂孔视网膜脱离等20多项新技术、新疗法，填补了广西壮族自治区空白，特别是她主持的《冷凝、玻璃体腔注气治疗上方周边裂孔性视网膜的研究》达到国际先进、国内领先水平，成功地使1200多名复杂性视网膜脱离病人避免了因病变盲、致残的痛苦。她是一位在国内外眼科界享有较高声誉的眼科专家，获得中华眼科学会奖、广西壮族自治区优秀专家称号、广西壮族自治区优秀医

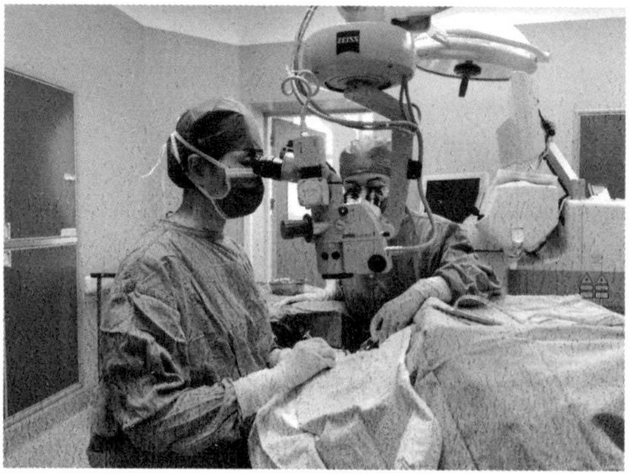
李敏（左）在做手术

师奖等。辉煌的背后，是李敏多年来在医疗工作中精益求精的追求，坚持不懈的科研探索，年复一年的辛苦耕耘和无怨无悔地默默奉献。

李敏参加“视觉第一中国行动”，带领医务人员坚持深入革命老区及老少边穷地区，甚至是被社会遗忘了的“麻风村”，为失明群众及眼疾患者服务。“麻风村”条件极差，为抢时间多给几个患者看病，李敏和大家一样，把塑料布往地上一铺坐在上面匆匆吃几口饭擦擦嘴又上手术台，在连续两个双休日中，她们为村里的麻风病患者做了29台白内障复明及矫形手术。她带领同志们义务为广西7万多名白内障患者实施手术，使他们得以重见光明。她以精湛的医术和高尚的医德，始终关注着那些最基层的普通老百姓，被患者尊称为“撒播光明的使者”。在参加由国际组织开展的国际性残疾人复明手术行动中，她培训了广西基层眼科医生及辅助人员400多人，使他们在开展白内障手术复明工作中发挥巨大作用。

李敏以精湛的医术服务群众，为失明群众及眼疾患者服务，用爱开启眼疾患者的心灵之窗，把光明播撒八桂大地。她荣获全国劳动模范称号、全国三八红旗手称号、全国五一巾帼奖，作为民族地区的人大代表，出席了第十届全国人大会议。

（三）中国特色社会主义新时代：在党和国家工作大局中无私奉献彰显“她担当”

新时代提出新任务。进入中国特色社会主义新时代，广西工会加强新时代职工思想政治建设工作，引领广大职工为谱写新时代广西发展新篇章贡献智慧和力量。广西各行各业职工用实际工作诠释强烈的责任意识和担当精神。女劳模把个人的前途命运与国家和民族的命运紧密联系起来，把人生理想融入国家和民族的伟大梦想之中，以家国为己任，勇于担当，无私奉献。

“上下同心、尽锐出战、精准务实、开拓创新、攻坚克难、不负人民”这24个字的脱贫攻坚精神，流淌在广大扶贫干部的血液中。消除绝对贫困，是他们心中的信念，他们用钢铁般的意志，让世界看到了中国可歌可泣的民族精神。在脱贫攻坚一线，还活跃着一批女干部、女“第一书记”，她们义无反顾地舍小家为大家，把群众的大事小事扛在肩上抓在手上，用心、用情、用力帮助村民走出一条条脱贫致富的新路子。

黄文秀：脱贫攻坚的楷模

黄文秀，壮族，广西田阳人，中共党员，1989 年 4 月出生，生前系广西壮族自治区百色市委宣传部理论科副科长、百色市乐业县新化镇百坭村党支部第一书记。2019 年 6 月 16 日，黄文秀利用周末回田阳县看望病重手术不久的父亲，因心系所驻村群众暴雨后的生命财产安全，连夜开车返回工作岗位，途中遭遇山洪暴发不幸遇难，年仅 30 岁。黄文秀逝世后，被追授全国优秀共产党员称号、全国五一劳动奖章、中国青年五四奖章、全国三八红旗手称号、自治区优秀共产党员称号、广西五一劳动奖章、广西青年五四奖章、广西三八红旗手称号、八桂楷模称号；2019 年荣获第七届全国道德模范称号、全国敬业奉献模范称号及最美奋斗者称号；2020 年被授予全国脱贫攻坚楷模荣誉称号，被评为感动中国 2019 年度人物；2021 年 6 月 29 日，被中共中央授予七一勋章。

无私奉献、彰显担当的可以是一个人，也可以是一个团队。多年以来，自治区总工会组织开展以劳模为主体的创新工作室创建活动，注重因人制宜、发挥专长，最大限度地发挥每位劳模的潜能和智慧，在技术创新、科研创新、经营创新和管理创新方面作出了有力的尝试，劳模创新工作室在提升职工技能水平、提高企业自主创新能力、促进成果转化、服务社会发展方面产生了良好的经济效益和社会效益，叫响了新时期发挥劳模作用的品牌。广西壮族自治区劳模创新工作室的负责人中有不少全国劳动模范和全国先进工作者、全国五一劳动奖章的女性获得者。如玉林市公安局玉州分局黄墁劳模创新工作室、广西柳州钢铁集团有限公司沈敏劳模创新工作室、钦州市灵山县新富养殖场周文倩劳模和工匠人才创新工作室、桂林市公共交通有限公司夏四初劳模创新工作室等。

夏四初：点燃进步的薪火

夏四初读完初中后通过招聘当上了桂林市公共交通有限公司（以下简称“桂林公交”）11 路公交车的售票员。夏四初在担任桂林公交 11 路公交车线路长后，利用下班时间安排线路班次，组织线路人员开展安全、优质服务学习活动，开展“线路服务之星”自评等活动，带动广大驾驶员共同进步。在她的带动下，11 路公交车勇夺桂林市“安康杯”班组集体奖，所在车组 6 次荣获全国工人先锋号、全国青年文明号，桂林公交“十佳车组”以及自治区巾帼文明示范岗等称号。夏四初的优秀品质及所作出的优异成绩，为公交公司全体职工树立了典范。2015 年，夏四初获评全国劳动模范，为大力弘扬劳模精神、劳动精神、工匠精神，更好地传承“劳动最光荣、劳动最崇高、劳动最伟大、劳动最美丽”的社会风尚，激励职工积极投身到公交建设各项工作中，在她的积极倡议和筹划下，公交公司在平山场站建立了劳模创新工作室。通过将“夏四初优质服务工作法”的宝贵经验进行展示，影响和带动周围的同事共同进步。

在劳模事迹和精神的引领下，不仅使劳模的时代精神得到充分彰显和弘扬，同时在公司职工队伍中掀起了“学劳模精神、学过硬技术、比奉献精神、比创新能力”的工作热潮，为职工搭建一个锐意创新和展示才能的平台，激励

夏四初工作照

全体职工为企业持续、有效、健康发展作出积极贡献。2016年春运期间，平山场站11路公交线路获得交通运输部、公安部、国家安全监管总局、中华全国总工会、共青团中央通报表扬，荣获2016年春运“情满旅途”活动全国先进集体，并荣获2016年春运“情满旅途”活动服务品牌。劳模创新工作室化人才个体优势为劳动者群体优势，不断激发广大职工的创新潜能和创造活力，积极服务和融入新发展格局。

三、广西壮族自治区女劳模的成长规律

（一）广西党委、政府、工会共同构筑女劳模培育体系

1. 高度重视劳模的选树和管理

广西壮族自治区党委和政府、广西壮族自治区总工会一直以来高度重视劳动模范的选树和管理，共同构筑女劳模培育体系。运用先进模范人物的榜样作用，动员和激励广大职工为推进经济和社会发展作贡献。

（1）设立评选机构，加强和规范劳模的评选和管理

20世纪50年代起，广西推荐评选全国劳模的工作由自治区劳动模范和先进工作者评选委员会负责组织。根据当年国务院办公厅《关于评选全国劳动模范和先进工作者的通知》精神，提出评选方案，由自治区政府下发关于广西评选全国劳动模范和先进工作者的通知，对评选范围、评选方法、评选条件、评选程序、名额分配等作出规定。按照推荐评选工作程序推荐评选出来的人选，报自治区劳动模范和先进工作者评选委员会初审并上报自治区党委、自治区人民政府和全国劳动模范和先进工作者表彰大会筹备委员会办公室审查同意后公示，公示无异议，最后在全国劳模大会上表彰。对荣获全国劳动模范和全国先进工作者称号的人员，由国务院发布表彰决定，并相应颁发奖章、证书和奖金。

1991年7月，广西壮族自治区党委办公厅下发《关于进一步落实党的全心全意依靠工人阶级根本方针的报告的通知》规定，每年在全区各

行各业的干部、职工中评选一次劳动模范和先进工作者。同年 11 月，自治区党委办公厅、自治区人民政府办公厅下发《关于成立广西壮族自治区劳动模范和先进工作者评选委员会的通知》，成立了广西壮族自治区劳动模范和先进工作者评选委员会，办公室设在自治区总工会。

1996 年 3 月，广西壮族自治区机构编制委员会印发的《关于印发广西壮族自治区总工会机关机构改革方案的通知》明确自治区总工会负责全区劳模的管理工作。2002 年 3 月 4 日，自治区党委办公厅印发的《关于印发〈广西壮族自治区总工会机关主要职责、内设机构和人员编制方案〉的通知》明确自治区总工会承担全国、全区劳动模范和全国五一劳动奖章、奖状获得者的推荐、评选和管理工作；负责全区五一劳动奖章、奖状获得者的推荐、评选、表彰和管理工作，进一步明确了工会的职责。

1997 年 12 月，广西壮族自治区劳动模范协会成立，并召开第一次理事会。会上通过了《广西劳动模范协会章程》。该章程共七章二十六条，明确了广西劳模协会是自治区总工会领导的全区劳动模范和先进工作者自愿结合的群众组织，是党和政府联系劳动模范的桥梁纽带。随后，南宁、柳州、桂林、梧州等地市总工会劳模协会也相继成立。

2012 年广西壮族自治区总工会制定了《广西五一劳动奖状、奖章和广西工人先锋号专项评选表彰管理暂行办法》《关于弘扬劳模精神加强劳模管理服务工作的意见》，进一步明确劳模评选和管理要求，将推荐单位工会工作情况纳入评选的重要条件。

2013 年制定《广西壮族自治区总工会劳模创新工作室管理暂行办法》及《考核办法》，进一步明确评选条件和要求，规范工作室创建活动。截至 2021 年，累计创建自治区级劳模（工匠）创新工作室 146 家。

（2）落实劳模待遇，多角度、多渠道关心关爱劳模

1980 年 3 月，全国总工会发出关于试行《劳动模范工作暂行条例》的通知，自治区总工会根据全国总工会通知的精神，恢复了劳模管理工作。1981 年 7 月，自治区人民政府发出《关于给“文化大革命”前我区

的劳动模范、先进生产者颁发荣誉纪念证》的通知。1992年9月，广西壮族自治区总工会转发全国总工会办公厅《关于劳模管理问题的复函》，使劳模工作进入正常轨道。2003年，自治区总工会对广西历年获得全国劳动模范、全国先进工作者人数及相关情况进行核实并建档，对劳动模范信息实行数字化管理。

1980年以来，广西壮族自治区总工会配合自治区劳动厅与有关部门联合签发了《关于全国“五一”劳动奖章获得者退休时享受特殊贡献待遇》。1981年11月，自治区人事局、劳动局发出《关于有特殊贡献的干部、工人提高退休费待遇的意见》。1989年自治区人民政府人事劳动部门和自治区总工会发出关于全国五一劳动奖章获得者在退休时仍保持荣誉的，其退休待遇可以提高5%~10%的决定，进一步落实了劳模政策。1991年9月，广西壮族自治区劳动厅《关于退休费最低保证数是否包括特殊贡献待遇的复函》中明确要求按国务院文件领取最低保证数并享受特殊贡献待遇的退休职工，其最低保证数不包括特殊贡献待遇，即在领取最低保证数的基础上，按原区人事局、区劳动局《关于有特殊贡献的干部、工人提高退休费待遇的意见》的规定，再增加原标准工资的5%~15%。1993年至2001年，广西壮族自治区劳动模范先进工作者评选委员会办公室、自治区总工会、自治区人民政府、自治区劳动厅、全国总工会组织部和经济工作部等部门先后出台《关于获得自治区劳动模范、先进工作者荣誉称号的职工退休时基本养老金计发办法的函》《关于对劳动模范和从事特殊工种工作的人员建立企业补充养老保险的通知》《关于给全国五一劳动奖章和广西五一劳动奖章获得者一次性奖励的通知》《关于广西五一劳动奖章获得者享受优异待遇的通知》《关于有特殊贡献退休人员待遇问题的复函》等多个文件；2014年印发《广西壮族自治区劳模专项补助资金发放管理办法（试行）》，对劳动模范的待遇作出了相应的规定。

服务劳模工作落到实处：一是开展全国劳模和自治区劳模生活状况调查工作，为全国劳模和自治区劳模发放春节慰问金，为生活困难全国劳模和自治区劳模发放补助金，为特殊困难全国劳模（含去世劳模）发放帮扶金；二是组织劳模开展疗休养活动；三是帮助劳模提高学历水平；四是组织全国劳模和自治区劳模进行健康体检，针对女劳模增加女性健康体检项目。除此之外，广西工会在2021年为25名自治区级以上住房困难劳模发放补助25万元，为他们改善了住房条件，解决了生活困难问题。2021年2月2日，新时代“劳模优先服务通道”开通仪式在南宁机场举行，率先在全国为劳模开通优先服务通道；在全区各机场为全国劳模、自治区劳模（先进工作者）和全国五一劳动奖章、广西五一劳动奖章获得者提供“四优”全流程服务，即优先办理值机手续和行李托运、优先安检，优质头等舱休息室候机、优先登记。新时代“劳模优先服务通道”的开通，受到广大劳模的称赞，在社会上引起良好反响。

2. 开展劳模宣传，大力弘扬劳模精神、劳动精神、工匠精神

1992年，广西壮族自治区总工会整理、编印了广西第一部劳动模范光荣册，收录了13次劳模会议表彰的劳模名单共6879人，并将劳模的先进事迹汇编成词条，以台历的形式印发。1995年5月，全国劳模报告团一行8人在南宁举行报告会。1998年，自治区总工会编辑出版《劳模风采摄影画册》，通过摄影艺术，生动地反映劳模在生产、工作和社会生活中的情感和表现。2003年，自治区总工会编辑出版《劳动模范工作手册》，将历年广西全国劳动模范和全国先进工作者、全国五一劳动奖章获得者、自治区劳动模范和先进工作者名字载入史册，扩大劳模影响力。2005年组织11名劳模到全区14个市进行先进事迹巡回报告。2007年自治区总工会加大对劳模的宣传力度，分别在《广西日报》、《广西工人报》、广西电视台等新闻媒体作了专题、连续的报道，进一步展示了劳动者的风采，扩大了劳模的影响力。2015年，自治区总工会与自治区党委宣传部联合组成劳模事迹报告团，深入基层企业和职工群众举办巡回报告会，奏响了劳动光荣、创造伟大的时代强音。2022年，自治区总工会、自治区教育厅共同启动“劳模工匠进学校　思政教师进企业”活动，组织劳模工匠进学校宣讲，引导广大师生崇尚先进、学习先进、争当先进，

崇尚技能、崇尚劳动、向上向善；组织思政教师进企业宣讲，引导全区各族职工自觉用习近平新时代中国特色社会主义思想武装头脑、指导实践、推动工作。

（二）广西培育女劳模的共性特征

1. 贯彻落实男女平等基本国策

高度重视、团结各阶层的女性，包括少数民族女性，贯彻落实男女平等基本国策，让女性真正在政治、经济、文化等方面享有与男子平等的权利，促进女性平等依法行使民主权利，平等参与经济社会发展，平等享有改革发展成果。通过国家政策支持、法律法规保护、社会舆论引导等切实保障女性的权利，发挥女性在经济建设中的巨大潜能，为推动经济社会高质量发展贡献巾帼力量。

2. 将个人的理想追求融入党和国家事业中

个人成长同祖国发展休戚与共，紧密相连。没有国家，个人也就失去了生长的土壤，个人的发展根本无从谈起，个人的理想、个人的价值实现都没有可以发挥的空间，国家的发展是个人全面发展的基础和条件。每个工作岗位都是个人理想与家国情怀的同频共振。女劳模将个人的奋斗融入国家建设中，勇于奋斗，敢于吃苦，善于创新，努力成长为国家急需的人才；在自己的工作岗位上中茁壮成长，在党和人民最需要的地方绽放绚丽之花，在不懈的奋斗中结出最丰硕的果实；勇担时代重任，做时代的追梦人、征程的奋斗者，积极投身民族复兴伟大事业，同祖国一道前进。

3. 多方合力共同推进劳模培育

党和国家一直以来都大力倡导劳动最光荣、劳动最崇高、劳动最伟大、劳动最美丽，营造尊敬劳动模范、弘扬劳模精神的社会环境，让诚实劳动、勤勉工作蔚然成风。工会组织大力弘扬劳模精神、劳动精神、工匠精神，坚持尊重劳动、尊重知识、尊重人才、尊重创造，发挥劳模工匠的精神引领、典型示范作用，激励更多职工群众焕发劳动热情、释放创造潜能，积极投身到中国式现代化建设的伟大实践。用人单位在成长上推动，积极创造有利条件，给予劳模更多学习交流、培训教育机会，促使他们提升素质；坚持在生活上关心，及时帮助劳模解决实际困难，让他们把更多精力投入实际工作之中；完善科技创新与高技能人才成长激励机制，提高地位及待遇。

四、广西壮族自治区女劳模工作的展望

劳模精神、劳动精神、工匠精神，始终是宝贵精神财富和强大精神力量，不断为中国当下和未来的精神文明建设提供营养和载体。女劳模是新时代女职工的优秀代表，她们身上体现了昂扬向上的精神风貌和社会主义核心价值观，是伟大事业的建设者、社会文明新风的倡导者。广西工会把党的二十大精神和中国工会十八大精神落实到工会女职工工作全过程各方面，诠释劳模精神、劳动精神、工匠精神，传递榜样力量，催生实现中国式现代化的蓬勃生机，团结动员广大女职工在新征程上建功立业，不断谱写新时代巾帼劳动者之歌。

（一）为女劳模成长营造更为友善的社会环境

进一步加强思想政治教育，引导女劳模坚定不移听党话、跟党走，宣传贯彻党的民族政策，传承民族优秀文化，不断满足女职工精神文化需求。

继续推动建立完善培育、关爱、激励女劳模的体制机制；做好劳模管理服务，推动完善劳模政策，提升劳模地位，落实劳模待遇。进一步加强对女性权益整体保护和女职工劳动保护的相关立法和落实工作。强化劳模教育培养，选树一批有影响力、号召力的劳模；加大女劳模的表彰和宣传，在全社会营造劳动光荣、技能宝贵、创造伟大的浓厚氛围。

（二）为女劳模成长创造更为友好的企业环境

进一步加大对女职工需求的关注力度，鼓励企业将女职工发展纳入企业社会责任评价体系。深化产业工人队伍建设改革，加强女性高技能人才队伍培养。以提高女职工创新、创造、创优能力为重点，积极开展多层次、全方位的岗位练兵、技能竞赛、技术创新活动，为女职工搭建

创新平台，进一步提高女职工的技能素质，反哺企业发展。关注女性技能工匠群体，提高女性技能工匠薪酬及福利待遇水平；引导企业建立健全符合技能人才特点的工资分配制度及工资增长机制，畅通技能人才成长通道。

（三）为女劳模成长打造更为良好的家庭环境

进一步优化女性劳动者的工作环境，细化保障，平衡工作和家庭责任、助力解决女职工女劳模投身事业的后顾之忧。树立支持女性事业发展的社会观念，完善托育、养老等公共服务体系，实行弹性工作制度，让女职工女劳模更加从容地、全身心地投入工作。

（四）将工会女劳模工作和工会数字化建设相结合

强化数字化思维，坚持把工会系统数字化平台作为工会联系女劳模、服务女劳模的重要平台，深入推进工会系统数字化建设并将女劳模工作嵌入其中，构建女劳模数字化服务体系，努力实现跨层级、跨地域、跨产业、跨部门的工作协同，推行普惠性服务精准化，进一步推进女劳模工作迭代升级、提质增效，提升平台用户活跃度、重视度、满意度。

（五）实现女劳模工作标准化

标准化建设是提升事务管理科学化、规范化、精细化水平的战略性、基础性工程。将女劳模的工作职责、程序、方法进行优化并设定出一套相对合理的参照标准，为各种活动或其结果提供规则、指南，让所有人都能明晰胜任该工作岗位“应该做什么”“应该怎么做”“该做成什么样”，为促进集中统一管理、实现女劳模工作高质量发展提供重要支撑。

在广西壮族自治区党委的坚强领导下，广西壮族自治区总工会带领全区各级工会组织，竭诚服务职工群众，积极维护女职工的合法权益，充分保障女职工的特殊利益，团结引导广大女职工凝心聚力、担当作为，在各个历史时期都作出了积极的贡献。站在新的历史起点上，广西壮族自治区总工会坚持以习近平新时代中国特色社会主义思想为指导，全面贯彻党的二十大和中国工会十八大精神，深入贯彻习近平总书记关于工人阶级和工会工作的重要论述，深入贯彻落实中央赋予广西的“三大定位”新使命，创新实施思想政治引领行动，倾力打造劳动和技能竞赛新平台，在扎实推进共同富裕中不断提高女职工生活品质，团结动员全区各族女职工为实现中华民族伟大复兴的中国梦而不懈奋斗。

海南

海南篇

风华绽放海之南
巾帼奋进自贸港

劳动创造幸福，奋斗书写华章。海南女劳模以高度的责任感和创造力，以忘我的拼搏精神，在平凡岗位上作出了不平凡的业绩，为海南自由贸易港建设作出了不可磨灭的贡献，谱写了一曲“劳动最光荣、劳动最崇高、劳动最伟大、劳动最美丽”的新时代赞歌。劳动创造财富，奋斗铸就伟业。全省广大巾帼劳模充分发挥工人阶级主力军作用，积极投身高质量高标准建设海南自由贸易港的火热实践，为推进海南经济建设、政治建设、文化建设、生态文明建设和党的建设建功立业，她们身上所展示的“爱岗敬业、争创一流、艰苦奋斗、勇于创新、淡泊名利、甘于奉献”的劳模精神，“崇尚劳动、热爱劳动、辛勤劳动、诚实劳动”的劳动精神，“执着专注、精益求精、一丝不苟、追求卓越”的工匠精神是海南凝心聚力、奋勇前行的强大精神动力。

一、海南省女劳模群像

1988 年，恰逢改革开放和社会主义现代化建设新时期，海南省人民政府正式挂牌成立。同年，党中央正式宣布建立海南经济特区。在党中央坚强领导和全国人民大力支持下，海南坚持锐意改革，勇于突破传统经济体制束缚，经济社会发展取得了令人瞩目的成绩。与此同时，一大批各行各业的先进女性也加入了海南经济特区的建设热潮当中，涌现出一批批具有鲜明海南特点的巾帼劳模，她们爱岗敬业、争创一流、艰苦奋斗、勇于创新、淡泊名利、甘于奉献，在平凡与创新中铸就了伟大的劳模精神。

海南省通过大力弘扬劳模精神，使劳模精神薪火相传，成为引领时代的一面鲜艳旗帜。截至 2022 年 12 月 31 日，海南在档管理的女性全国劳动模范、全国先进工作者有 59 人；荣获全国五一劳动奖章的女性有 42 人，共计 101 人[①]。101 名海南在档女劳模[②]出生在不同的年代，其中出

① 该数据由海南省总工会经济技术部根据全国劳模管理平台及相关档案汇总提供，该人数包含享受同等待遇的各类先进、海南建省后由广东省移交至海南管理、外省调入的相关人员，不包含调出、多次受表彰、撤销荣誉称号、已移居国外、已去世的相关人员。

② 本报告中的海南在档女劳模仅包括获得全国劳动模范、全国先进工作者、全国五一劳动奖章获得者中的女性，不包括各类巾帼奖。

生于20世纪30年代的有6人，40年代的9人，50年代的17人，60年代的34人，70年代的30人，80年代的4人，90年代的1人（见图1）。海南省荣获全国五一巾帼标兵73人，全国女职工建功立业标兵24人；荣获全国五一巾帼奖状1个，全国女职工建功立业标兵岗27个，全国五一巾帼标兵岗75个[①]。

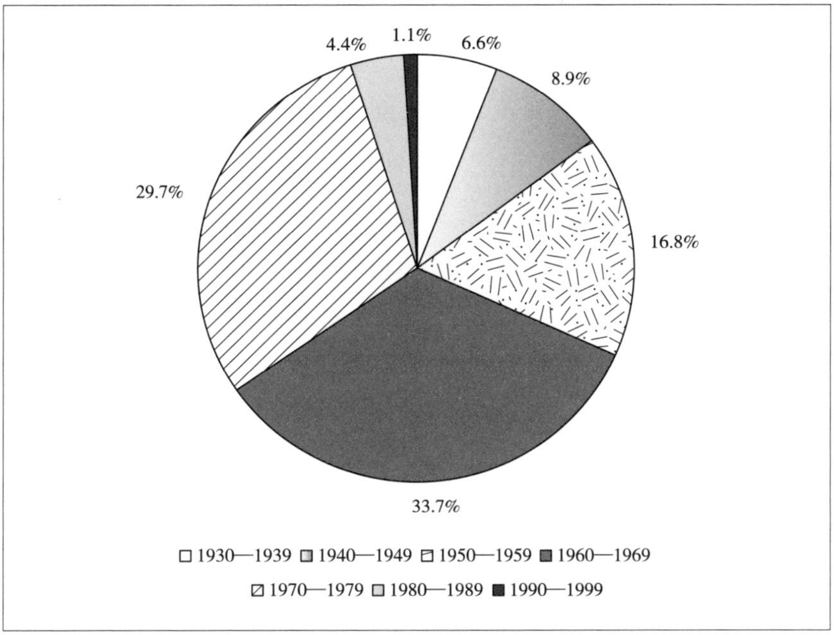

图1　海南省在档女劳模出生年代统计

101名海南在档女劳模分布在各行各业，其中机关单位工作人员14人，事业单位工作人员37人，企业工作人员48人，其他（农民）2人。

在101位海南在档女劳模中，汉族共有84人，占比约83.2%，少数民族共有17人，占比约16.8%，其中黎族10人，蒙古族2人，瑶族2人，壮族2人，土族1人。

她们当中既有中共党员，也有民主党派成员与无党派人士；既有公务员、教师、医生、企业家，也有割胶工、治沙护林员等基层职工；既有留学海外的大学毕业生，也有高中刚毕业就入职工作，兢兢业业奉献

① 上述数据由全国总工会女职工部根据历年表彰决定汇总提供。

一生的女性。

这些各行各业的海南巾帼劳模，立足本职工作无私奉献，积极践行劳模精神、劳动精神、工匠精神，充分发挥示范带头作用，带动引领广大人民群众特别是女职工队伍奋发向前，为实现中华民族伟大复兴接续奋斗。

二、海南省不同时期女劳模的作用及时代特质

（一）改革开放和社会主义现代化建设新时期

1988 年 4 月 13 日，撤销广东省海南行政区，设立海南省，并设海南经济特区。因海南地处偏远，又长期作为海防前线，基础产业落后、物质资源匮乏，教育、医疗、民生领域的发展，远远落后于发达地区。为了改变海南贫穷落后的面貌，海南工人阶级以主人翁精神担负起建设宝岛的历史重任，艰苦创业，历尽艰辛，逐步建设起了一个繁荣昌盛的社会主义经济特区。1993 年起全岛工业总产值超过农业总产值。海南职工队伍也随着经济建设的发展不断壮大，由新中国成立时的 4 万余人发展到 1995 年底的 106.92 万人，占全岛总人口的 1/7。因实行男女平等、同工同酬制度，提高了妇女的政治地位，促进了妇女就业，据《海南统计图鉴》统计，女性就业逐年增长。到 1990 年底，女职工达到 35.59 万人，占职工总数 88.88 万人的 40%。改革开放以来，海南逐步加大了对科教文卫等社会事业的整体投入，使各项社会事业有了长足的进步，全省人民能够“少有所学，壮有所劳，病有所医，老有所养”的社会发展局面初步形成。在特殊历史条件下，海南省评选的劳模以奠定海南初期社会民生体制建设基础的文化、教育、医疗等行业的楷模为主，奉献青春大爱的豹爱芳，身残志坚的琼海市民族中学语文教师邓桂琴，扎根基层，始终磨砺自身过硬本领，始终忘我拼搏刻苦奋斗，以点滴付出创造卓越功绩，发挥模范带头作用，燃烧自己，烛照他人，为海南教育和民生行业作出了突出贡献。时代不断发展，但劳模精神却时时熠熠生辉。此外，还有数十年如一日勤恳工作的孺子牛陈徽娥等一大批劳动模范和

先进工作者，积极投身改革开放和社会主义现代化建设，为国家和人民建立了杰出功勋。

邓桂琴：身残志坚，三尺讲台育桃李

“世界以痛吻我，而我报之以歌。”这是形容和赞美残疾人的一句名言。邓桂琴，下肢二级残疾，左脚萎缩，着地无力，全靠右腿支撑着走路，但她凭着顽强的毅力，30多年来风雨无阻，每天坚持用一条腿支撑着在讲台上讲课，并收获桃李满天下。先后两次被评为全国优秀语文教师，1998年被教育部评为全国优秀教师，2000年被国务院授予全国劳动模范称号。

2岁时，邓桂琴不幸患小儿麻痹症。7岁时，爸爸带她去3公里外的小学报名，老师担心她在学习中坚持不下来，小桂琴就歪着头当场背起了拼音字母。老师感动了，说：“你来吧，老师会好好教你的。”第一次背起书包的她稚气未脱地对爸爸妈妈说：“老师真好，我长大也要当一名老师。”

为了实现这一心愿，邓桂琴承受了常人难以忍受的痛苦。上小学时，她每天走3公里山路上学，中间总是停下来五六次，雨天路滑还经常摔倒。然而，她的学习成绩在班中一路领先。从小学到中学，几乎年年拿到三好学生、优秀班干部的奖状。1972年高中毕业不久，她如愿当上了东平中学（现琼海市民族中学）教师。

为成为一名合格的好教师，邓桂琴自我加压，不断提高自己的综合素质。20世纪80年代初，她坚持边教学边自学，读完大专函授课程。她节衣缩食，省出钱来购买《钢铁是怎样炼成的》《中学语文教学》等文学与教育类图书、杂志1000多册，并写下了58本共100多万字的读书笔记。同时结合教学撰写论文，其中《反刍式单元教学的体会》于1998年10月在北京召开的国际汉语言教学研讨会上印发交流。

人们最感叹的是邓桂琴上课时的“站功”，每周16节课都坚持

站着上课。一次患重感冒打完吊针后她赶回来上课，讲课时直冒冷汗，学生忙搬椅子上讲台给她坐，并劝她休息一会儿。学生的诚意令她很感动，但她仍坚持不坐，直到把课讲完。学生们感动得直流泪，教室里响起了热烈的掌声。

爱是滋润学生心灵的甘泉。茹志娟是名活泼的女生，热爱写作，但因家里兄妹多，家境困难，靠寒暑假打工维持上学，几次想辍学。邓桂琴找茹志娟谈心，并尽力给予资助，经常帮助她修改习作，并代其买邮票贴上寄发出去。茹志娟念中学时在全国各地报刊（电台）发表文章 31 篇，获各级征文奖 11 次，这位差点与读书失之交臂的女孩，后来以优异成绩考上海南大学。

谈起几十年的为人师表，邓桂琴不无深情地说："教师教育学生就应该像爱自己的孩子一样，让爱延伸，赢得学生真情回报，学生也会像你的孩子一样爱你。"

豹爱芳：爱如芬芳，敬老护老献青春

1987 年，昌江县十月田镇敬老院陷入了困境。敬老院唯一的管理员调走了，居住在敬老院的 11 名孤寡老人无人照料。工作脏、苦、累，工资待遇低，每月仅有 80 元，还是临时工，试聘的几个人都没能坚持下去。镇领导抱着试试看的心理找到镇幼儿园老师豹爱芳征求意见，年仅 18 岁的她，出身干部家庭。在很多人眼里，豹爱芳是不会选择到脏、累、苦的敬老院工作的，没想到，经过跟孤寡老人接触，看到 11 名老人无人照顾，那一双双渴望期待的眼神，令人震动。凭着黎族少女的纯真执着，豹爱芳放弃了相对轻松的幼儿园老师工作，毅然成了敬老院管理员。

18 岁是一个姑娘最宝贵的青春年华的起点，但从 1988 年到 2018 年，豹爱芳三十年如一日，每天早起打扫庭院，给老人们煮早餐，洗衣服；然后到镇上买生活用品，回来料理老人一日三餐；晚上为有病的老人煎药、服药，伺候老人入睡。老人的世界是寂寞的，

需要生活上的细心照料，更需要心灵上的呵护和关爱。敬老院的11名老人中，2人双目失明，2人瘫痪常年卧床不起。她悉心照顾年老体弱、病痛缠身的老人，无论多苦多累都毫无怨言。老人卢亚义由于瘫痪大小便失禁，裤子、席褥都是湿漉漉的，臭味难闻。豹爱芳一日数次为老人换洗衣裤，洗晒席褥，让老人躺在干净舒适的床上。86岁的何亚壮老人身染沉疴，卧床不起，豹爱芳经常为他擦洗身体，保持床位干燥清洁。平时她除了要照顾病人打针、吃药以外，还要为不能自理或病重的老人喂饭、煎药。她通过自己的爱心和行动，为老人们送去人间真情。

敬老院每人每月生活费只有30元，老人的生活费经常捉襟见肘，有时遇上老人患病需送镇上医院，老人的生活费就更是尤为紧张。面对这个情况，豹爱芳总是不动声色地从自己每月仅80元的工资里挤出些钱，补贴老人的日常开销。1996年，豹爱芳因劳累过度不幸患病，需到省城医院住院治疗，但因放心不下老人迟迟未去，导致病情加重，最后还是领导出面干涉，她才打电话让妹妹来顶替她，把院里的事情安排妥当后才放心去治病。住院治疗期间，她时刻挂念着老人，三天两头打电话询问情况，住到第7天，伤口还未完全愈合，就拖着虚弱的身体赶回敬老院。

豹爱芳时常抽出时间在房前屋后种上花草，培植绿地，种上蔬菜，既美化了敬老院，又改善了老人的居住环境，把敬老院变成了“老人乐园”“幸福院”。老人们在她的悉心照料下，幸福安详地过着自己的晚年。不是亲人，胜似亲人，豹爱芳三十年来为24位孤寡老人送了终、尽了孝。

2001年，豹爱芳三十年情系孤寡老人的事迹在中央电视台播出后，引起强烈反响。一心扑在敬老院事业还单身的她，收到了许多求爱信件，她说：“要娶我，就搬到敬老院来住。”结婚后她的丈夫就搬到敬老院跟她住，协助她一起照顾孤寡老人。1996年以来，她获评海南省劳动模范、海南十大杰出青年、海南省优秀共产党员、全国民政系统先进工作者、孺子牛奖等。2002年，她光荣地被选为党的十六大代表，出席中国共产党第十六次全国代表大会。2003年4月，她获得全国青年的最高荣誉——中国青年五四奖章。2005年，获评全国劳动模范。

三十年青春无私奉献，三十年情系孤寡老人。豹爱芳在2019年11月已到法定退休年龄，并办理了退休。但她退而不休、发挥余热，经常到保平村敬老院指导、参与照顾孤寡老人，以志愿者的身份参与昌江县创建全国文明城市的街道整治。

陈徽娥：爱民如子，守岗敬业“孺子牛”

万泉河畔，红色娘子军的故乡琼海市，有一位“孺子牛”式的好干部——陈徽娥。

陈徽娥，1971年9月参加工作。整整42年，她始终坚持“上不愧党，下不愧民，自不愧心”的为人处世准则，做了大量好事实事，先后获得全国人民满意的公务员、孺子牛奖、全国公民道德建设先进典型等国家级和省部级殊荣29项，2000年被国务院授予全国先进工作者荣誉称号。

1995年至2009年，陈徽娥任民政局局长，在全省率先创办第一所琼海军民共建周末育才学校；在全省率先实行军转干部由以政府安排就业为主转变为以自谋就业为主，一次性经济补偿安置的新路子，使全市退伍安置率达到100%，军嫂就业率达100%；在全省率先发动社会筹资和争取民政厅支持，在万泉河沿岸20

陈徽娥（右一）到灾区万泉镇送救灾物资

个村庄修建20幢“防洪楼”，解决受灾群众的安全问题等，开创民政和双拥工作新局面。

陈徽娥乐意“结穷亲”。石壁镇盲人姚宝林老婆离家出走后，丢下两个孩子让他抚养。她到姚宝林家走访慰问，临走时拿出几百元塞给他。回来后，她马上到市卫校找校长，磋商减免姚宝林女儿姚捷的学费，帮助孩子完成学业。姚捷从卫校毕业找不到工作，她又找卫生局局长和石壁镇党委书记，协调照顾其到石壁镇卫生院工作，还想办法筹集2万元，在姚宝林家原有建筑材料的基础上，把房子建完整，解决了住房的困难。之后，又根据姚宝林有吹拉弹唱的特长，介绍他到旅游景点就业，从根本上解决其生活困难问题。她就是这样的热心肠，为许多像姚宝林这样的“穷亲戚”雪中送炭。

在工会任职期间，陈徽娥先后帮助解决500多名困难职工纳入低保，保障他们的基本生活，同时争取政府资金、动员社会参与和部门配合，有效解决困难职工生活难、治病难和金秋助学等问题，帮扶救助困难职工1000多人次，把党和政府的关怀和温暖送到职工群众的心坎上。

如今，陈徽娥虽已退休，但为人民服务的初心不退，她继续发挥余热，担任琼海市人口福利基金会会长。10年来，她从未拿一分报酬和补助，共为计生困难家庭解决“三难”问题1000多个，扶持特困家庭子女、孤儿上学110人，帮助9个村建村路硬板化及修建村文化室等。为民办好事成了她一生的快乐。

（二）中国特色社会主义新时代：从富起来到强起来，实现中华民族伟大复兴的中国梦

海南各族各界人民勠力同心，团结一致，不断提升了物质积累，人民基本解决了吃穿用等生活保障问题，转而向物质和精神文明需求提出了更高的要求。

1. 扎根基层团结群众，引领妇女顶起半边天

海南工业基础薄弱，以自给自足的传统农业为主，现代经济的发展远远落后于发达地区。该时期海南大力宣扬吃苦耐劳的劳模精神，发扬劳动最光荣的优良传统，因此该时期评选的巾帼劳模以扎根艰苦地区、吃苦耐劳讲奉献为基本特征。割胶女匠人潘金吉，不畏艰辛刻苦磨砺，带领海垦女胶工不断提升割胶技术，发挥巾帼劳模的示范引领作用，为海南农垦橡胶产业奉献力量。“要把保护生态环境作为海南发展的根本立足点”，考察海南时，习近平总书记对海南的生态文明建设念兹在兹。2019年1月24日，习近平总书记主持召开十九届中央深改委第六次会议，审议通过《国家生态文明试验区（海南）实施方案》。绿色娘子军陶凤交，就是呵护绿水青山的代表人物，她是海南西部近海荒漠的治沙能手，带领同村姐妹扎根无人沙漠，为改善海南西部海岸线常年风沙漫天的恶劣环境，种植防护林1.88万亩，建立起了海南西海岸的绿色屏障，为海南西部城镇建立了绿水青山的“保护伞”。

陶凤交：战风斗沙，治沙绿色娘子军

昌江黎族自治县位于海南岛西部，面向北部湾，处在海口和三亚西线交通线上的中点，历史悠久，人文荟萃，汉族、黎族、苗族等各族人民富有开拓创新精神，诞生了许多榜样。其中的全国劳动模范陶凤交，就是巾帼劳模的杰出代表。

说到昌江的生态主题，一定离不开“沙丘娘子”陶凤交和她的“绿色娘子军”。她们“晒”出的成绩单——28年，顶着风吹日晒，凭借那滴水穿石的意志在流沙上种活338万株、1.88万亩海防林，占全县海防林面积的36%，在她们的努力下昌化棋子湾以崭新的面貌为众人所知晓。陶凤交因绿化成绩突出，2012年被国务院评为全国就业创业优秀个人，2016年被环保部授予中国生态文明奖先进个人，2017年入选中央文明办“中国好人榜”，2020年获评全国劳动模范。陶凤交带领“绿色娘子军”的造林历史鲜活可触，28年接续

陶凤交（前）和她的“绿色娘子军”

奋斗离不开“绿色娘子军”的精神力量，就是不畏艰难、勇于创新。

狂沙漫天，骄阳似火，流动的沙地上人都站不住，无遮无拦的烈日直接投射在地面上，形成持续翻滚的60摄氏度左右的热浪，方圆5公里内没有淡水源流，北部湾吹来的海风咸涩干苦，每年连续8个月的旱季，蒸发量是降水量的2倍多，这些都是树苗的大敌。德国专家对棋子湾流动沙丘进行考察，得出的结论是无法治理，可“绿色娘子军”并没有放弃。她们每天早上4点起床，挑着130多斤重的树苗，带上10多斤淡水和一饭盒稀饭，开始一天的植树劳作。行进途中沙漠里太晒，她们不仅要戴着帽子、穿长袖长裤，还要用一块布包住整张脸。穿着胶鞋在流沙地上走，脚使不上劲，她们不得不打着赤脚。沙地被太阳晒得滚烫，脚底烫起一个又一个的水疱，每走一步都像针扎一样疼，实在扛不住时，她们干脆将双脚插到沙子里短暂降温。未到目的地，汗水就已经湿透了全身的衣服，最要命的是不停地在沙地上行走，沙粒、汗水和衣服混杂在一起，走不了几步，大腿就会磨破皮，汗水、海水沾在身上，奇痒无比，还会引起红肿、发炎。

有一次种树被误解占了别人的土地，一位村民直接将臭粪泼在了陶凤交身上。那晚，陶凤交号啕大哭。工棚条件恶劣，时不时还会冒出沙漠毒蛇，但她们执着得就像棋子湾的望夫石一样，没有丝毫退缩。

“德国专家说‘不能’，可是我们说‘能’！”陶凤交的话语透出自信、坚定，掷地有声。最初“绿色娘子军”在海边的流沙上种树，当年种下100株树，最多活30株，而到了第二年、第三年，那30株也会枯死在大海边。不创新就意味着彻底的失败，于是陶凤交带领着“绿色娘子军”沉下心认真思考问题所在，不断整改尝试，慢慢摸索出“先种露兜后种树”的经验。她们主动给自己加活儿，原先种树苗没有营养袋，姐妹们商量配个营养袋应该更容易活，就配了，配了还不装沙子而是装红土，装了红土还要饱和泡水，挑的担子更重了，加上后来的“大苗深栽”“林瓜套种”——创新的每一小步、每个阶段，都需要脑力和体力的艰辛付出。陶凤交和她的“绿色娘子军”，以求真务实的态度、坚韧不拔的意志、永不言败的担当，迎难而上、开拓创新、久久为功，奋力啃下了在流沙上植树造林的“硬骨头”。

陶凤交和她的“绿色娘子军”历经风雨不易其志，饱受磨难不改其心，用汗水血水泪水铸就了不畏艰难、勇于创新的精神，以她们的奋斗诠释了“绿水青山就是金山银山”的理念，是昌江创建国家生态文明建设的成功典范，是习近平生态文明思想在昌江的生动实践。

潘金吉：割胶巾帼，技术扶贫助兴农

潘金吉，海胶集团龙江分公司生产技术部业务员。十多年来，她心怀“国之大者”，在天然橡胶产业事业上不断创新，不断贡献自己的辛勤与智慧。潘金吉在岗位上取得的显著业绩得到各方的褒奖，2014年被授予海南省劳动模范称号，2015年被授予全国劳动模范、全国五一巾帼标兵称号，2017年当选为党的十九大代表。

2005年3月，31岁的潘金吉从广西老家来到龙江分公司成为一名胶工，从那时起她就下定决心要在割胶岗位上干出一番事业。在工作中，她持之以恒地坚持勤学苦练。为了实现多产胶、产好胶，她坚持林段管理常抓不懈。凭借过硬的技术和高标准的管理，潘金

吉不断保持干胶年产量纪录，以实际行动体现党员的先锋模范作用。

从 2014 年起，潘金吉担任割胶巾帼班副班长，她将自己多年总结的技术诀窍毫无保留地传授给巾帼班的成员，积极带领巾帼班的姐妹们处处争创一流，夺高产，人年均产胶 7.51 吨，在龙江分公司起到了很好的示范带头作用。2017 年，该班被评为全国五一巾帼标兵岗。

2017 年潘金吉当选党的十九大代表后，她认真履行党代表职责，经常性地深入胶工群体当中宣传党中央的精神和政策，了解他们“急难愁盼”的事情，多次向分公司党委和上级党组织汇报工作，为分公司做好脱贫攻坚等工作提供了有效建议。

2020 年 5 月成立了以潘金吉名字命名的海胶集团示范性劳模和工匠人才创新工作室——潘金吉工作室。工作室建立了一套相对完整的工作制度、活动制度和管理办法，将技术改进、技术革新与技能比武、劳动竞赛等活动有机结合，积极开展创新实践，促进工作室在竞赛比武领域的发展。两年来，工作室为龙江分公司割胶技术后备人才的培养作出了积极贡献，培养技术骨干 285 名。通过“传帮带”，龙江分公司在各级割胶技能比武中获奖的人员呈现年轻化和多点开花趋势，一批“80 后”“90 后”胶工在胶园中逐渐成长起来，为天然橡胶产业蓬勃发展带来后继力量。

工作室积极响应省委、省政府加强垦地融合共同发展工作，充分发挥割胶技术的优势，根据白沙县政府和周边胶农的需要，带队组织割胶技术骨干送技术下乡到村。两年来工作室举办“采胶及磨刀技术”培训，为白沙县的各个乡镇培训割胶技术骨干 3500 人次，也为分公司吸收周边农村胶工打好了技术基础。近年来在龙江分公司稳定务工的农民工共有 552 人，为巩固周边农村脱贫攻坚成果作出积极贡献。

2. 艰苦创业发展产业，带领群众脱贫致富

在全面建设社会主义现代化强国的新时代，一股干事创业的新风吹遍海南，国内外客商来琼投资办企业增多，外商投资（包括港、澳、台商投资）企业蓬勃发展，海南获得了前所未有的发展机遇。海南的国民经济发展也进入了一个黄金时期，经过几十年的改革和对外开放，再加上特区优惠政策，海南的国民经济有较大幅度的增长。脱贫致富带头人也成为海南女劳模评选的主要标准，例如白马岭的茶叶种植能手符小琴，就是在海南农垦几十年的开发建设中涌现出的先进人物。海南农垦进行了产业结构调整，在种植业方面，除了稳步发展橡胶种植外，还大力发展茶叶、椰子、咖啡、槟榔、胡椒等热带经济作物，并形成了一定规模，为进一步建设海南作出了贡献。海南建设经济特区也十分注意引进、培养和使用人才，在引进人才的同时，海南积极培养自己的人才，使海南人才奇缺的矛盾得到逐步解决。同时，也提高了海南工人阶级队伍的文化水平和整体素质。在新的历史条件下，海南省评选的劳模紧扣时代脉搏，从体力型向智能型、知识型转变，劳动精神更加突出表现在“创业、创新、创优”上，以知识创造效益，以科技提升竞争力。代表人物有留学归来的海南省人民医院医生曾敏、建设海南的热带高效农业先驱者徐咏梅，其锚定人民对美好生活向往的需要和物质品质越来越高的要求，结合海南作为我国唯一热带省份的区位优势，通过引入市场资金，刻苦钻研种植技术，发展热带特色农业产业，大力推进农业产业化、规模化，为社会主义现代化建设和人民群众生活水平的提升注入活力。

符小琴：茶韵飘香，巧手匠心创名牌

符小琴，海南省农垦五指山茶业集团乌石白马岭茶业公司（以下简称“白马岭茶业公司”）技术员，全国人大代表、全国劳动模范、全国优秀共产党员，中国共产党海南省第七次代表大会代表、全国农业农村系统先进个人。符小琴充分发挥一线党员的先锋模范带头作用，利用劳模创新工作平台，研发出“白马骏红”系列新茶，

热销岛内外。使当初年产值不到300万元即将关门倒闭的岭头茶场，转变为如今年产值1500万元的盈利企业，实现了企业增效、职工增收的美好夙愿。

符小琴在茶园

独木不成林，百花方为春。2015年3月，符小琴劳模工作室成立。在她的带领下，工作室始终坚持以创新研发为纽带，全力打造优秀的制茶团队。凭着执着与坚持，她们在单一产品基础上相继开发出了“白马骏红”茶系列产品，实现了茶叶产品结构从单一向多元转变，当年就实现了扭亏增盈目标，使白马岭茶业公司2017年盈利比上年增收300万元。以新一轮农垦改革为契机，2018年，工作室又相继开发出“白马骏红”茶的尊红、金红、红珠等系列中高端产品，使公司产品再次实现了高端优质的转变。近年来，白马岭茶叶先后获得“绿色食品”“全球良好农业（Global GAP）规范认证”“海南名牌农产品”“海南省著名商标”等殊荣。公司茶叶基地于2016年被命名为海南省现代农业示范基地、省级现代农业产业园。符小琴2020年获评全国劳动模范，带领的班组荣获全国三八红旗集体、海南省三八红旗集体和全国工人先锋号、海南省工人先锋号等称号。公司茶工收入实现倍增，由原来每月800元提升到2100元。

2020年春节，全国各地相继发生新冠肺炎疫情，符小琴严格按照省委、省政府的要求，扎实做好“一抗三保”工作，严守值班检查、登记制度。在省政府复工复产系列措施出台及公司通知复工复产后，符小琴主动向公司领导建议：“我想在做好安全复工措施的前提下，带领‘骏红高香班’的姐妹们，走进茶园，开展我为抗

‘疫’采春茶活动。”带头使公司生产经营活动回归正常，她还主动捐赠抗疫款2200元，为全国其他地区抗疫作出自己的贡献。

作为一名全国人大代表，5年时间里，符小琴向大会提交了大量关于深化改革、推进乡村产业振兴、加快推进棚户区改造等多项反映民生的建议，全部得到了答复。她充分发挥党员先锋模范作用，积极主动宣传党的路线方针政策，积极参加党（总）支部组织的各类学习活动。

金光闪闪的奖牌来自智慧和努力的付出。符小琴本着对工作的无限热爱，本着爱厂如家的敬业精神，在平凡的岗位中作出了不平凡的业绩，塑造了一个“白马岭茶人”的坚韧不拔、开拓创新、勇往直前的精神风貌。

徐咏梅：扎根山林，科技赋能领脱贫

一个机缘，俊美秀雅的陕西姑娘一头扎进了海南热带农业；一份情怀，留学归来的学子把产业发展与扶贫事业紧紧相连。她就是海南天地人生态农业股份有限公司法定代表人、董事长徐咏梅。

20年前，徐咏梅从海外留学归来，一个偶然的机会使她投身到海南热带农业，专注热带水果产业，一干就是23个春秋。

立足海南，彰显优势，创全国品牌。海南是热带水果种植的宝地。徐咏梅带领天地人团队立足海南，扎根农业，专注热带水果种植，种植面积从起始的50亩发展到现在，增长近600倍。公司拥有全国最大的金钻凤梨种植基地1.8万亩，是全国高端凤梨的领导品牌。

遴选品种，引进技术，挖种业潜力。公司根据热带水果产业发展趋势和水果市场消费升级需求，通过引进、研发和技术合作，拥有了热带柚、火龙果、红心番石榴等多个热带水果的领先品种。截至目前，公司引进和研发的热带水果品种28个，其中受国家知识产权保护的品种1个，正在申报的自主知识产权品种2个，在天地人

热带水果全产业链建设中，种业起到引领作用。

徐咏梅（右）与公司农艺师探讨种苗嫁接技术

创业一方，带富一方，立联农机制。徐咏梅积极探索利益联结机制，产业帮扶模式从土地入股保底＋分红＋务工 1.0 模式、资金入股分红 2.0 模式到“合作社＋”3.0 模式，即“市场主导、企业赋能、政策扶持、利益联结”的产业发展模式。截至 2020 年底，累计给贫困户分红 3015 万元，使 7137 户 31328 名贫困人口脱贫出列。

全国脱贫攻坚收官后，为巩固拓展脱贫攻坚成果，有效接续乡村振兴，徐咏梅带领团队创建共建共享共富乡村产业振兴 4.0 模式。公司在临高县临城镇规划建设“天地人热带水果 10 里长廊共享农庄”项目，打造以热带水果产业为主题，集农产品加工、旅游观光、休闲科普、数字乡村、智慧农业、产学研于一体、各要素集聚的共享农庄，形成与自贸港建设相匹配的农业新业态。通过进一步完善赋能体系，建立更加紧密的利益联结机制，先富带后富，走出一条实现共同富裕的发展路径。

20 多年的奋力拼搏，徐咏梅带领天地人团队摘获了农业产业化国家重点龙头企业、海南省专精特新中小企业、全国首批生态农场、全国脱贫攻坚先进集体等桂冠和荣誉。徐咏梅获得全国三八红旗手称号、全国脱贫攻坚奖奉献奖、全国道德模范提名奖等殊荣，2019 年获评海南省劳动模范。

“雄关漫道真如铁，而今迈步从头越。”乘着党的二十大的东风，徐咏梅将继续带领天地人团队，以高质量发展的理念带领更多的农户和脱贫群众走在共同富裕的道路上，为乡村振兴和海南自贸港建设作出新的贡献。

曾敏：担当无畏，巾帼医者绽芳华

曾敏是海南省人民医院的一名医生，她长期工作在临床一线，积极进取、勇于奉献，始终坚持以病人为中心。她带领团队完善落实各项便民措施，以过硬的专业素质和优良的服务质量获得患者一致好评，病人满意度在99%以上。曾敏个人获得先进工作者、医德医风建设先进个人等荣誉称号，带领团队获得全国青年文明号、全国工人先锋号等荣誉称号。

面对患者，再忙再累，曾敏都始终面带微笑，“患者已经承受着病痛的折磨，作为健康的守护者，我希望能尽我所能，让他们在看病治病的过程中少一点担心、多一点温馨”。她十分重视疑难病例诊治和危重症抢救，尤其对冠心病、多器官功能衰竭的诊治经验丰富。很多多病共存的高龄患者，患重症肺炎、呼吸困难，伴发严重心衰、肾衰，她带领团队进行细致观察和及时救治，积极稳妥处理多学科病变，屡屡把患者从死亡边缘抢救回来。她术业专攻、创新奋进，主持多项国家自然科学基金项目，主编专著2部，副主编或参编专著11部。连续多年主办国家级继续教育项目，大力开展多项新技术新项目。由于其在卫生事业发展中作出的突出贡献，被评为国务院政府特殊津贴专家和国家有突出贡献中青年专家。

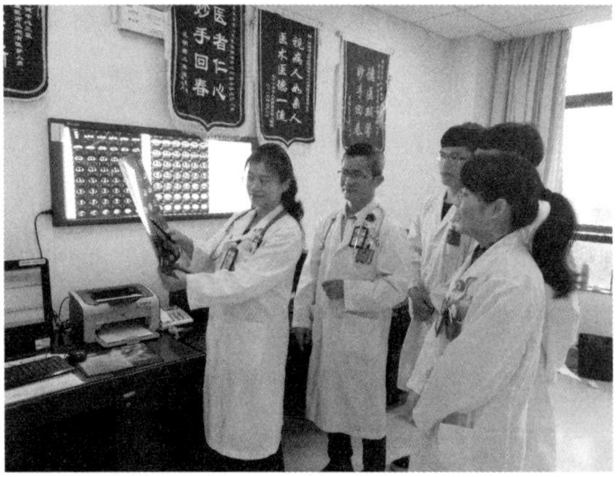

曾敏（左一）和团队作患者病情讨论

曾敏率先响应国家卫生智力扶贫的号召，到海南偏远的少数民族山区白沙为基层群众服务，为当地医务人员提供技术支持。在基层工作期间她把一切重心放在了疑难患者诊治、先进诊疗技术推广和基层医生培训上，切实提高了贫困地区的医疗水平，解决了当地老百姓的就医困难。她多次义诊、提供免费咨询，为贫困患者捐款捐物。在新冠肺炎阻击战中，她积极筹募防护物资，带头自制防护用具，着力排查病房输入性新冠病毒感染的风险点，同时加强防疫知识宣教，在海南省电视台新冠肺炎疫情防控栏目主讲《老年人如何预防新型冠状病毒感染的肺炎》，帮助老年人做好自身防护，为社会控制疫情作贡献。她以无私的奉献精神和出色的专业技能，先后获全国五一劳动奖章、全国先进工作者荣誉，并作为劳模代表受邀参加中华人民共和国成立70周年天安门国庆观礼活动。

三、海南省培育女劳模做法经验

（一）大力弘扬劳模精神

大力推荐全国劳动模范和海南省劳动模范、五一劳动奖等评选、表彰工作，开展巾帼劳模工作和生活情况调研，推广劳模管理系统运用，落实劳模待遇。加强劳模和工匠人才创新工作室、职工创新工作室创建，召开全省创新工作室创建交流会，开展优秀技术创新成果交流活动。加大宣传力度，推动榜样力量转化为职工群众的生动实践。坚持面向基层、面向一线开展推荐评选工作，2022 年海南省 21 个集体和个人荣获全国五一劳动奖和全国工人先锋号称号，其中获全国五一劳动奖章的女性有 3 人；80 个集体和个人荣获海南省五一劳动奖和海南省工人先锋号称号，其中获海南省五一劳动奖章的女性有 6 人。

组织首届大国工匠海南工匠馆参展工作，同步开展“海南云展馆”等线上活动。开展劳模评选表彰和宣讲活动，讲好劳模故事、劳动故事、工匠故事。为学习宣传贯彻党的二十大精神，大力弘扬劳模精神、劳动精神、工匠精神，展示劳模在建设海南自由贸易港热潮中的形象风采，传播弘扬正面社会价值观。海南省总工会联合海南广播电视总台新闻频道 2022 年推出海南省劳模和工匠人物影像志系列专题片——踔厉奋发新征程勇毅前行向未来《我是劳模》。2021 年海南省总工会推荐 7 位劳模代表赴京现场观礼庆祝中国共产党成立 100 周年大会、观看庆祝中国共产党成立 100 周年文艺演出《伟大征程》等系列活动。海南省劳模网上全景展览馆入选中央网信办 2021 中国正能量“五个一百”网络精品网上展播。引导激励广大职工向劳模学习，向先进学习，深入钻研，勇于创新、敢为人先，不断提高技术技能水平，自信自强、守正创新，踔厉奋发、勇毅前行，为推动高质量发展、全面建设海南自由贸易港贡献智慧和力量。

（二）全方位服务关爱女劳模

开展劳模职工疗休养，组织开展 65 岁以上全国劳模走访慰问、困难帮扶等活动。2022 年全年共发放 1103.38 万元 3495 人次劳模专项补助资金，组织 489 名劳模开展健康体检活动，组织 82 名劳模开展劳模疗休养活动。据不完全统计，“工会进万家”走访慰问活动期间，海南省各级工会入户走访慰问全国劳模、省部级劳模共计 302 名，发放慰问金 53.5 万元。

将打造精品劳模（职工）疗休养基地作为海南工会更好关爱、尊重、服务劳模和职工的生动实践。截至目前，海南省共有海南农垦南田温泉国际度假酒店、海控·君澜三亚湾迎宾馆、海控·君澜鹿回头国宾馆、文昌鲁能希尔顿酒店、博鳌国宾馆、万国棋子湾海滩大酒店、青海大厦、五指山清能丽景湾酒店与“南海之梦”邮轮等 9 家省级劳模（职工）疗休养基地。2022 年新挂牌成立 2 个劳模（职工）疗休养基地，其中“南海之梦”邮轮为全国首个海上流动疗休养基地。

（三）为女劳模持续发展搭建平台

海南省自 2014 年开始创建省级劳模创新工作室，于 2019 年起将省级劳模创新工作室统一更名为省劳模和工匠人才创新工作室，于 2021 年创建省职工创新工作室。紧紧围绕省委、省政府中心工作，按照突出旅游业、现代服务业、高新技术业等主导产业，体现海南特点、示范带动作用明显的创建原则，精心培育、严格选树劳模和工匠人才创新工作室。截至2022年底，海南省各级各类创新工作室有197家，其中全国示范性劳模和工匠人才创新工作室3家，省级劳模和工匠人才创新工作室60家，省级职工创新工作室40家，地市级创新工作室160家。累计投入900多万元扶持创新工作室创建和开展创新创效工作，在已命名的省级劳模和工匠人才创新工作室中，领衔人为女性的为11家，影响和带动更多女职工成长为劳动模范、工匠人才。

四、海南省女劳模发展展望

（一）加大宣传力度，充分发挥示范引领作用

劳模精神、劳动精神、工匠精神是海南省推动新发展、再创新辉煌的精神动力。将劳模精神、劳动精神、工匠精神与时代要求相结合，在全社会大力宣传巾帼劳模典型事迹，大力营造“崇尚劳模、学习劳模、争当劳模、关爱劳模”的浓厚氛围，有利于凝聚奋进新征程、建功新时代的磅礴伟力。组织广大职工群众认真学习贯彻党的二十大精神，深入开展学习贯彻习近平新时代中国特色社会主义思想主题教育，牢牢把握我国工运时代主题，大力弘扬劳模精神、劳动精神、工匠精神，勇于创新、敢为人先、踔厉奋发、勇毅前行。开展“巾帼劳模进校园”等主题宣讲活动，通过讲述巾帼劳模的典型故事，让广大师生及职工群众向巾帼劳模榜样看齐，从先进事迹中汲取动力，以劳模为榜样，认真学习专业知识，实现人生价值，成就精彩人生。注重挖掘并培育一支成就在身、自有风采、能讲故事的巾帼劳模宣讲人才队伍，通过进企业进校园进社区开展宣讲，充分发挥巾帼劳模在海南自贸港高质量发展中的示范引领作用，为谱写中国式现代化海南篇章而团结奋斗。

（二）多措并举，为女劳模发挥作用创造有利条件

海南省总工会将不断推动劳模和工匠人才创新工作室规范化建设和

高标准运作，鼓励和支持巾帼劳模做好“传帮带”工作，传授技术、业务知识，帮助职工掌握技能技艺，在提高职工技能水平、加强职工队伍建设中发挥积极作用。充分发挥巾帼劳模在海南省经济社会发展中的示范引领和骨干带头作用，推动形成劳动光荣的社会风尚和精益求精的敬业风气，辐射和带动更多企业职工开展技术革新、进行生产攻坚，把越来越多的职工吸引到劳模和工匠周围、劳模创新工作室中来，加快培育知识型、技能型、创新型高素质劳动大军，为高质量高标准建设海南自由贸易港提供人才保障。

（三）做好劳模档案的征集与整理工作，加强管理服务

劳模档案工作是劳模文化建设的重要组成部分。建立健全劳模档案，精准掌握劳模基本信息，有助于进一步推动劳模管理与服务工作的精细化、制度化、动态化，做好新时代劳模的管理服务工作。海南省总工会计划通过组织统计上报、电话、入户访问等多种方式对劳模信息逐一进行收集统计，分门别类建立劳模个人档案，认真做好劳模档案管理和身份认定等工作，实行劳模信息动态化管理，并建立和完善劳模信息数据库，为今后的劳模管理服务工作提供便利。

迈上新征程，党的二十大鲜明确立了以中国式现代化全面推进强国建设、民族复兴伟业的中心任务。党的中心任务就是中国工人运动和工会工作的主题和方向。

海南省总工会深入贯彻落实党的二十大对工人阶级和工会工作、妇女工作作出的部署要求，激励巾帼劳模发挥示范引领作用，团结带领广大女职工建功立业。不论是企业的领导者，还是技术创新能手，广大海南巾帼劳模紧跟时代步伐，立足本职工作，追求新知识，掌握新科技，提高新技能，增强学习能力、创新能力、竞争能力、创业能力，为海南经济社会发展作出了卓越贡献。一代又一代巾帼劳模的精神和思想不断传播，激励着千千万万普通劳动者努力上进，造就出一批又一批新的巾帼劳模先进典型。随着社会发展，劳模构成也在发生变化，但劳模精神内涵却永远不会改变。劳模永远是时代的领跑者，劳模精神是时代的要求，体现着时代的主流，是推动时代发展的最强劲动力。海南要始终弘扬劳模精神、劳动精神、工匠精神，为中国经济社会发展汇聚强大正能量。

海南建省三十余年来，海南巾帼劳模展现工匠风采、大力弘扬劳模精神、劳动精神、工匠精神，以勤于学习、精于钻研、勇于探索、善于创新的精神特质，引领并激发广大女职工的劳动热情和创新创造活力，凝聚出了海南人民奋进新征程、建功新时代的巾帼榜样力量，激励着广大女职工立足岗位，拼搏奋进，用劳模工匠精神擦亮新时代奋斗者底色，为中国特色社会主义建设和海南自贸港高质量发展顶起劳动妇女的“半边天”。

参考文献

［1］蒋华．弘扬劳模精神　凝聚奋进力量［N］．海南日报，2022-5-14．

［2］李高兰．行走在家乡的土地上——全国劳模李徽娥传［M］．北京：中国方正出版社，2011．

［3］符兴．岁月无悔：海南劳模故事［M］．海口：海南出版社，2011．

［4］海南省地方志办公室．海南省志·第4卷，工青妇志［M］．海口：南方出版社，2012．

［5］《当代中国地方工会运动》编写组．当代中国地方工会运动［M］．北京：中国工人出版社，1993．

重庆

重庆篇

渝州山水育巾帼
奋斗凯歌响山城

重庆是国家重要先进制造业中心、西部金融中心、西部国际综合交通枢纽和国际门户枢纽。拥有百年钢铁血脉的重庆，曾挺起民族工业之钢铁脊梁。重庆人民在山环水绕、江峡相拥中凝结了乐山乐水、重信尚义的巴人情怀，在革命斗争、风雨如磐的环境中熔铸了善处逆境、宁难不苟的红岩精神，在三线建设、三峡移民中形成了兼收并蓄、敢为人先的渝州品质，在改革开放、设立直辖市中培育了不屈不挠、迎难而上的山城性格，在乡村振兴、成渝地区双城经济圈建设中彰显了上下求索、兢兢业业的英雄气魄。

在此背景下成长起来的 341 名女劳模，她们或是全国劳动模范，或是全国五一劳动奖章获得者，或是全国五一巾帼标兵，她们来自不同的行业，不同的民族，不同的群体，但她们都充满着豪情与热血，在高可攀天的梯坎和一马平川的大道上书写着重庆精魂。热情泼辣是重庆女劳模的根基，磊落飒爽是重庆女劳模的灵魂，不让须眉是重庆女劳模的传统，勇立潮头是重庆女劳模的核心，自信自强是重庆女劳模的力量，雷厉风行是重庆女劳模的底色。

一、重庆市女性劳模群体总体概况

本报告中的女劳模包括全国劳动模范 118 人（其中有 24 名劳模为 1997 年重庆成立直辖市之前获评的），全国五一劳动奖章获得者 85 人以及全国五一巾帼标兵 145 人。其中两次获得全国五一巾帼标兵 1 人，先后获得全国五一巾帼标兵及全国五一劳动奖章 4 人，先后获得全国五一巾帼标兵及全国劳动模范 2 人。

（一）政治面貌

在 341 名女劳模中，中共党员 290 人，占比 85%；民主党派成员与无党派人士 12 人，占比 3.5%；群众 39 人，占比 11.4%，中共党员在女劳模群体中占绝对多数。

（二）民族分布

在 341 名女劳模中，汉族共有 324 名，占比 95%。少数民族 17 名，占比5%，其中土家族11名，占比3.2%；苗族3名，占比0.9%；回族2名，占比0.6%；满族1名，占比0.3%。

（三）年龄结构

在341名女劳模中，1949年以前出生的有30名，占比8.8%；出生于1949—1977年的共258名，占比75.7%；出生于1978年之后的共53名，占比15.5%，其中有“90后”女劳模1名。新中国成立以来，重庆女劳模获得劳模荣誉平均年龄为42.2岁。

社会主义革命和建设时期重庆女劳模获得荣誉平均年龄为24岁，其中年龄最小的女劳模获得荣誉时年仅19岁。

改革开放和社会主义现代化建设新时期重庆女劳模获得荣誉平均年龄为42.1岁，其中重庆市成立直辖市之前重庆女劳模获得荣誉平均年龄为41岁，重庆市成立直辖市之后重庆女劳模获得荣誉平均年龄为42.3岁。

中国特色社会主义新时代重庆女劳模获得荣誉平均年龄为43.7岁，其中“90后”女劳模便是出自这一时期（见图1）。

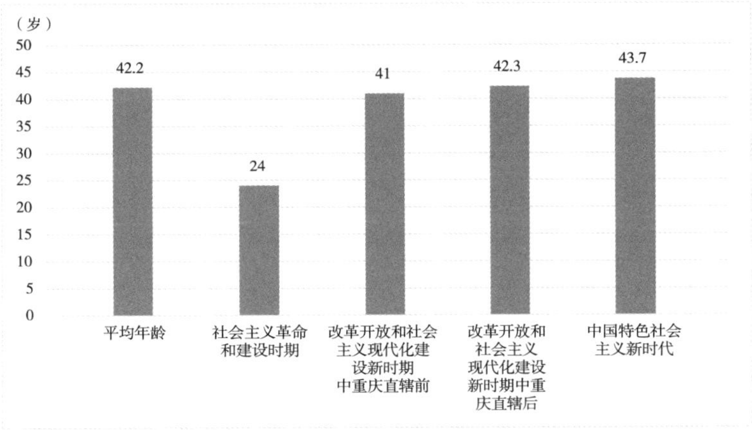

图1　重庆市女劳模获得劳模荣誉平均年龄

（四）受教育程度

在341名女劳模中，小学学历9名，占比2.6%；初高中学历（包含初中、高中、中专、中等技术）68名，占比19.9%；大学学历（包括专科、本科）211名，占比61.9%；研究生学历53名，占比15.5%，其中硕士研究生 43 人、博士研究生学历 10 人。

社会主义革命和建设时期的 13 名女劳模中，小学学历 2 名，占比 15.4%；初高中学历（包含初中、高中、中专、中等技术）10 名，占比 76.9%；大学学历（包括专科、本科）1 名，占比 7.7%。

在改革开放和社会主义现代化建设新时期，共有 160 名女劳模，其中重庆市直辖前 27 名女劳模中，小学学历 2 名，占比 7.4%；初高中学历（包含初中、高中、中专、中等技术）15 名，占比 55.6%；大学学历（包括专科、本科）10 名，占比 37%；重庆市直辖后 133 名女劳模中，小学学历 5 名，占比 3.8%；初高中学历（包含初中、高中、中专、中等技术）28 名，占比 21.1%；大学学历（包括专科、本科）88 名，占比 66.2%；研究生学历（包括硕士、博士）12 名，占比 9%。

在中国特色社会主义新时代 168 名女劳模中，初高中学历（包含初中、高中、中专、中等技术）15 名，占比 8.9%；大学学历（包括专科、本科）112 名，占比 66.7%；研究生学历（包括硕士、博士）41 名，占比 24.4%。可以看到，改革开放以来，尤其是重庆市成立直辖市之后，女性的学习权利得到了充分的保障，女劳模受教育程度普遍提升，其中受过高等教育的女劳模占比增长最为显著。知识型女劳模逐步成为重庆女劳模中不容忽视的力量（见图 2）。

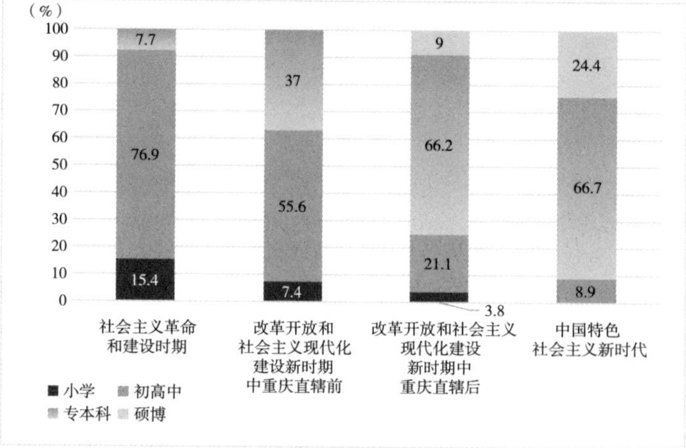

图 2　重庆市女劳模受教育程度占比

（五）产业分布

从女劳模的产业分布看，第一产业 13 人，占比 3.8%；第二产业 82 人，占比 24%；第三产业 246 人，占比 72.1%。

社会主义革命和建设时期，第二产业 5 人，占比 38.5%；第三产业 8 人，占比 61.5%。

改革开放和社会主义现代化建设新时期，重庆市成立直辖市之前第二产业 8 人，占比 29.6%；第三产业 19 人，占比 70.4%；重庆市成立直辖市之后第一产业 4 人，占比 3%；第二产业 32 人，占比 24.1%；第三产业 97 人，占比 72.9%。

进入中国特色社会主义新时代以来，第一产业 9 人，占比 5.4%；第二产业 37 人，占比 22%；第三产业 122 人，占比 72.6%（见图 3）。

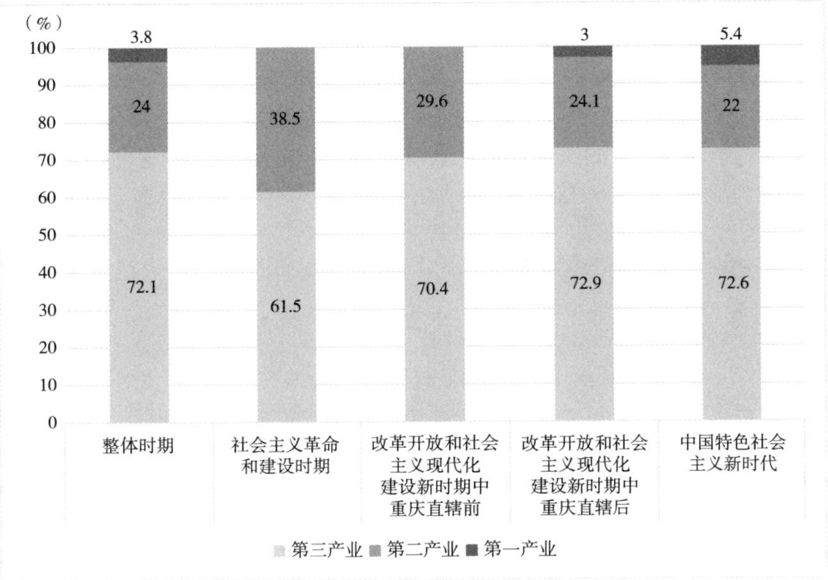

图 3 重庆市女劳模产业分布

（六）行业分布

女劳模主要行业分布为公共管理 62 名、教育 47 名、制造 39 名、医疗 30 名、商业服务 27 名、交通运输 26 名、能源 14 名、警察 11 名、纺织 10 名、石化 9 名、金融 9 名、农业 8 名、餐饮食品 8 名、环卫 7 名、建筑7名、通信7名、文艺7名等。

在不同历史时期，女劳模行业分布重点不同。社会主义革命和建设时期13名女劳模将建设重点放在传统制造和教育行业，其中制造4名（30.8%）、教育3名（23.1%）。改革开放和社会主义现代化建设新时期，重庆市直辖前27名女劳模，其中制造5名（18.5%）、纺织4名（14.8%）、交通运输4名（14.8%）、商业服务3名（11.1%）；重庆市直辖后133名女劳模，其中公共管理27名（20.3%）、教育19名（14.3%）、制造15名（11.3%）、商业服务11名（8.3%）、交通运输9名（6.8%）、医疗7名（5.3%）。中国特色社会主义新时代168名女劳模，其中公共管理31名（18.5%）、教育22名（13.1%）、医疗21名（12.5%）、制造13名（7.7%）、商业服务13名（7.7%）、交通运输12名（7.1%）、能源11名（6.5%）、农业5名（3%）、畜牧业4名（2.4%）。

三个不同时期内，重庆市作为西南地区的工业重镇，始终重视制造业的发展，这是重庆建设现代化产业体系的着力点、落脚点。重庆也从未放松过对教育事业的关注，从学前教育、义务教育、职业教育，再到高等教育，女劳模坚决落实立德树人根本任务，以全面提高学生综合素质为己任。重庆市直辖后，女劳模积极推进商贸投资、餐饮建设，共创“购物之都”“美食之都”，解决了大量劳动力就业问题，成为西部地区经济商贸发展的强力引擎。与此同时，女劳模也更多地进入公共管理行业，在平凡的工作岗位上辛勤耕耘、发光发热，是新时代的建设者、见证者和奉献者。

二、不同历史时期重庆市女劳模群体的主要特点和作用

（一）社会主义革命和建设时期

新中国成立后，逐步实现社会主义工业化成为国家大计，这要求全党、全国人民努力学习和掌握必需的知识技术。随之而来的是，中国西部地区开展了以战备为中心的大规模国防、科技、工业和交通基本设施建设，重庆成为西部地区最大的中心城市。在此期间，重庆女性劳动者

热血勇毅、泼辣敢为地投身于社会主义工业化建设的伟大实践中，以工业生产与教育教学为笔墨，为国家三线建设乃至全国建立较完整的工业体系和国民经济体系写就生动注脚，其中 13 位女劳模最具代表性。

1. 以青春力量绘就时代图景

本时期 13 名女劳模，从年龄结构来看，相较于其他时期女劳模获得荣誉时平均年龄最小，为 24 岁，其中年纪最小的女劳模获得荣誉时仅 19 岁。从行业分布来看，该时期女劳模较集中于制造、教育业。由此可见，这一时期的青年女劳模以少年雄心投身于传统制造与教育教学领域，将青春力量奉献于火热建设与时代洪流之中。

2. 以技术革新投身火热建设

此时期的重钢既担负着为西南地区工业建设供给钢铁的重任，亦秉持着代代相传的红色基因与使命担当。地下党员江姐为躲避特务的监视，以“江竹君”之名出任綦江铁矿总务课庶务组司事，并在任职期间对工友进行红色血脉的启发教育。新中国成立后，又有“巧姑娘”运动掀起比学赶帮超生产热潮的时代微光。“周德淑班”便是“巧姑娘”先进集体中颇有名气的典范。周德淑不让须眉，针对工业生产中的薄弱环节，努力创新，同 13900 余名“巧姑娘”并肩，先后实现了机械化、半机械化 1110 项，生产联动化 12 项，改革工具 987 件，提出革新建议 11227 件，实现 5229 件，创生产新纪录 15530 个，推广先进经验 188 项，解决重大关键难题 36 件。

“巧姑娘”竞赛

提及技术革新，自然离不开重庆望江机器厂“技改之花”唐志英。1941 年，抗美援朝进入关键时期，19 岁的唐志英通过招考进入重庆望江机器厂。随后国家经济建设也进入高潮，在厂里“动脑筋做改进，提高效率支援朝鲜”的号召下，唐志英充分发扬主人翁精神，通过将划线钻孔改为夹具钻孔，加工制作“炮耳轴”时改变铣刀角度等大胆构想，先后改进零部件加工方法 10 余次，提高功效 1 倍至 30 倍，为和平事业、国家三线建设贡献青春力量。同为技术革新的一把好手，重庆通用工业（集团）的纺织女工明安秀面对厂里增加的新品种斜纹布，创造“斜纹布工作法”，使产品质量显著提升。

（二）改革开放和社会主义现代化建设新时期

1. 重庆市直辖之前（1978—1997）：以锐意创新放开“思维缰绳”

1978 年 12 月，史诗般壮丽的改革开放拉开大幕，中华民族开始实现从“站起来”到“富起来”的伟大飞跃，步入民族振兴的阳光大道。重庆开始从经济、科技、文化各方面打造与世界合作交流的强劲引擎。这一时期的重庆女劳模积极响应国家改革开放的重大历史抉择，以大胆敏锐的思想抓住机遇，在葆有泼辣耿直、雷厉风行之特质的基础上，被时代赋予敢为人先、锐意创新的精神内涵。

本时期重庆共 27 位女劳模，获得荣誉时平均年龄相较于前一时期显著增大，为 41 岁。同时，此时期女劳模受教育程度跃升，其中，小学学历 2 名（7.4%）、初高中学历（包含初中、高中、中专、中等技术）15 名（55.6%）、大学学历（包括专科、本科）10 名（37%）。

相较于前一时期，本时期的重庆女劳模产业分布具有从第二产业流向第三产业之趋势。其中，第二产业 8 人（29.6%）、第三产业 19 人（70.4%）。从行业分布来看，制造 5 名（18.5%）、纺织 4 名（14.8%）、交通运输 4 名（14.8%）、商业服务 3 名（11.1%）。其中，出现了重庆长江轮船有限公司总船长王嘉玲这一巾帼英模。王嘉玲投身长江航运事业以来，凭借敢为人先的胆识与开拓进取的精神，不断冲破传统束缚，一步步从水手做到船长、指导船长，最终成为长江航运界首位女总船长，切实为长江航运事业发展、三峡工程建设和三峡库区大移民作出了突出贡献，谱写了中国女性成功驾船的辉煌篇章。原重庆市杂技团团长何天宠同样以不甘人后的进取精神，开辟出独树一帜的职业道路。作为新中国第一批杂技学员，她凭借杂技《蹬人——平衡造型》节目享誉艺坛。从艺以来，她遍访世界各国，播种友谊之花，高扬杂技跨越国界的艺术魅力，助推中华传统艺术走出国门，在新中国外交事业的舞台上绽放夺目光彩。转入教学工作后，她带领重庆杂技团荣膺6枚金奖、7枚银奖、1枚铜奖、5项特别奖及编导、表演、音乐、教师等30余项单项奖，凭借锐意创新的工作方法以及与时代同频共振的艺术担当，在中国杂技史册中镌刻下非凡印记。

王嘉玲在驾驶轮船

2. 重庆市直辖之后（1997—2012）：以知识技术拓宽职业视野

随三峡而兴的重庆成为中国第四个直辖市，充分发挥承东启西的战略支点作用，有效辐射和助推西部地区发展。重庆市总工会积极响应重庆市委提出的进一步发挥工会“大学校”作用的要求，在塑造一支高素质职工队伍方面狠下功夫，为重庆的大开放大发展提供了坚强人才保障。这一时期的重庆女劳模向知识型、技术型人才转向，其中，更多少数民族女性劳动者扎根重庆，为社会主义现代化建设添砖加瓦。

本时期133名女劳模产业分布方面，第一产业4人（3%）、第二产业32人（24.1%）、第三产业97人（72.9%）。其中，万州区百安移民小学教师周进华作为第三产业从业人员，爱生如子，主动放弃留城及两次调出大山的机会，全心全意当起学生们特殊的母亲。1994年，三峡库区第一个“春蕾女童班”得以开办，几度失学的50名女童重返校园。周进华为孩子们烧水、洗头、洗澡、上药，教她们洗衣、叠被、刷牙、剪指甲，与家庭困难的学生同吃同住。她给孩子们传递弥足珍贵的知识力量，将毕生心血倾注于这片热土，最终作为“春蕾女童班”的班主任和语文教师，带领班级成为全市“春蕾计划”的典型班、窗口班，挥毫写就“乘三峡移民春风、创教育教学传奇”的佳话。

1999 年 10 月 1 日，一场“世纪大阅兵”盛大举行。最新研制生产的中国新一代步兵武器，顺利接受了党和国家领导人以及全国 12 亿人民的检阅，并受到中央军委、兵器装备集团总公司的高度评价。作为主要参与者，重庆建设工业（集团）有限责任公司车间主任张荷香为祖国交上了一份满意的答卷。为了这一天，张荷香在图板前，在试验室里，在总装车间生产第一线，挥洒了无数汗水。时间紧迫、任务重大，针对功能性试验验证中出现的技术难题，她带领工程技术人员和生产操作人员，夜以继日地开展一系列攻关试验，每一次细节都力臻完美。最终，张荷香以非凡毅力和过人智慧，与车间职工一同圆满完成了产品任务。

本时期重庆共 133 名女劳模，从教育程度来看，小学学历 5 名（3.8%）、初高中学历（包含初中、高中、中专、中等技术）28 名（21.1%）、大学学历（包括专科、本科）88 名（66.2%）、研究生学历 12 名（9%），涌现出了如引资千万为三峡移民改善居住环境的陶敏、母婴健康守护者涂江莲、坚持“科技兴化”“科技兴厂”之路的陈延凤、致力于为我国航空航天事业打破发达国家技术封锁的阙基容等一大批知识型、技术型女劳模，她们以深厚丰富的学养储备、持续拓宽的职业视野、葳蕤蓬勃的创新意识成为推动社会发展的高效良方。

（三）中国特色社会主义新时代

党的十八大以来，以习近平同志为核心的党中央统筹推进“五位一体”总体布局、协调推进“四个全面”战略布局。面对不断谱写马克思主义中国化、时代化新篇章的庄严历史责任，重庆市牢牢把握时代脉搏，踔厉奋发、勇毅前行，提出“全面建设社会主义现代化新重庆”“进一步筑牢长江上游重要生态屏障”。重庆市总工会整合各方资源力量，协同推进脱贫攻坚、乡村振兴，奋力谱写浓墨重彩的崭新篇章。这一时期的重庆女劳模高举中国特色社会主义思想伟大旗帜，朝创新型、应用型、技能型人才转向，凝聚起强大合力，推动生态文明建设与三峡库区保护的同时，在参与打赢脱贫攻坚战后，又积极投身于脱贫攻坚成果与乡村振兴有效衔接的生动实践之中。

1. 以过人才智铸就实干丰碑

该时期 168 名重庆女劳模中，获得荣誉时平均年龄相较于其他时期最大，为 43.7 岁；受教育程度方面，初高中学历（包含初中、高中、中专、中等技术）15 名（8.9%）、大学学历（包括专科、本科）112 名（66.7%）、研究生学历 41 名（24.4%）。由此可见，该时期研究生女劳模群体相较于其他时期显著扩充，女劳模群体有整体呈现高学历转向之势。其中，拥有硕士研究生学历的土家族女劳模冉元智历经 10 余年钻研，培育出重庆市直辖以来第一个具有自主知识产权的畜禽新品系——“渝太Ⅰ系猪”，并将新技术、新成果推广到广大农村，助农增收致富。2015 年，正值巴南区脱贫攻坚关键时期，冉元智多次深入基层走访调研后，撰写了《巴南区适宜发展蜜蜂养殖的建议》，后经区扶贫办采纳在全区推广实施，同时她亲自到接龙镇马路村、二圣镇幸福村开展蜜蜂养殖及其他特色畜禽养殖技术培训，从特色养殖上为全区脱贫攻坚找到精准项目。同样为当地脱贫攻坚作出贡献的还有身残志坚的养蜂专家胡辉淑。左腿四级残疾的她刻苦钻研养蜂技术 20 年，创新养蜂技术、养蜂用具及蜂产品开发共 11 项，获新型实用专利 3 项，“别墅式”养蜂成为全国首创。通过养蜂实现脱贫致富后，她创办专业合作社、残疾人创业培训基地、劳模创新工作室，创新实施“合作社 + 养殖基地 + 蜂农”的产业扶贫模式，无偿传授来之不易的养蜂技艺，培训 1000 多人次，带动 95 户残疾人、贫困户和低保户通过养蜂实现脱贫致富。如果说胡辉淑是“养蜂大王”，这个时期的女劳模群体中还有一位“养猪大王”。2007 年，荣昌猪因蓝耳病毒大量死亡，一众养猪户闻猪色变，纷纷宰杀变卖荣昌猪。在这种情况下，郭平毅然放弃都市白领工作，返乡创业，旨在助推荣昌猪产业复兴。为带领更多农户养殖荣昌猪，她独自担起风险，与每户养殖

“养蜂大王”胡辉淑展示蜜蜂

户签订销售合同，实行订单养殖。历尽常人难以想象的艰辛，她最终带动周边6000余户养猪农户及900余户相关产业农户每年增收4300余万元。随着荣昌猪规模化养殖比例日益增长，农村家庭散养的弊端暴露无遗，郭平建构起将母猪赊给农户饲养、届时母猪产下的仔猪用于还账的仔猪营销体系，巧妙实现了双方共赢。郭平饱含对家乡的深厚情感，带领农户共同致富，在乡村振兴、养殖行业和农业产业化发展方面创造了一流业绩，形成了卓著成果。

2. 以使命担当汇聚强大合力

该时期168名女劳模行业分布广，公共管理31名（18.5%）、教育22名（13.1%）、医疗21名（12.5%）、制造13名（7.7%）、商业服务13名（7.7%）、交通运输12名（7.1%）、能源11名（6.5%）、农业5名（3%）、畜牧业4名（2.4%）。其中有承担大足石刻保护重任的“文物医生”陈卉丽，将民族优秀传统文化发扬光大；有以落实党建联席会议制度、搭建党群服务平台为抓手的范乔娟，在基层治理中传递真情；有围绕三条企业文化管理主线创建独具特色的三大工会品牌的杨玉兰，将爱党爱国热情转化为公司发展的不竭动力；有推动金家坝电站于2020年创造历史最高纪录发电量2.4亿千瓦时的邹月珍，展现对献身、负责、求实之水利精神的不懈追求；有23年来扎根电力生产运维一线的电力人王莉佳，初心不改地守护万家灯火、传递璀璨光明。她们作为新时代女性劳动者，用信念吹响勇立潮头的号角，用勇毅书写实干苦干的答卷，用汗水谱写勇攀高峰的华章。

三、重庆市女劳模成长规律

一代人有一代人的使命，一代人有一代人的担当。在70余年的发展中，重庆的传统制造业向新兴经济体加速转型，传统农业向现代化农业提档升级，女劳模从出大力、流大汗、苦干加巧干的“老黄牛”劳模向知识型、技能型、创新型复合人才转变。当代女劳模投身于智能制造、绿色制造、数字经济等高精尖产业，在全面深化改革中撑起半边天。重庆市总工会自觉站位新发展阶段，坚定贯彻新发展理念，主动融入新发展格局，不断夯实工会组织建设和“娘家人”队伍建设这“两个基础”，努力打造思想引领、劳动引领和服务引领这“三个品牌”，为女劳模保驾护航，共同绘就重庆城乡融合发展的新画卷。

（一）青春与时代辉映，精神随历史变迁

1. 一以贯之的勤劳果敢，驰而不息的争先步伐

新中国成立后，百废待兴，重庆面临着“怎么建设社会主义”这个时代大课题。在“备战备荒为人民”“好人好马上三线”的时代号召下，生于旧社会，长在新中国的重庆女劳模怀着创业报国的理想，用志不改的坚定、道不变的执着，以极大的热情参与到社会主义建设中。这群年轻的铁娘子和巧姑娘以国防工业为重心，将船舶、冶金、化工、机械视作主战场，敢于走前人未走过的路，做别人没做过的事，在大山深处刻苦攻关，迅速成为技术行业的“土专家”，为祖国发展汇聚青春力量。百年大计，教育为本。教育大计，教师为本。新中国第一个五年计划期间，群众性的扫盲运动有计划、有步骤地在全国大规模展开，女劳模勇担时代使命，率先在重庆掀起一阵学前教育和乡村教育之风，以赤子之心浇灌教育之林，产生强有力的带动作用和深远影响，助力重庆的文化教育事业蓬勃发展。

2. 勇立时代潮头，大胆求新求变

改革开放和社会主义现代化建设新时期劳模精神的评选标准不仅关注吃苦耐劳的体力劳动者，也鼓励在实干的基础上发挥更高层次价值，

用技术和知识来提高工作效率。女劳模队伍中教师、工程师、医生、文艺工作者等女性知识分子的身影越发引人注目。重庆市直辖前，城市经济体制改革提上了国家日程。重庆作为中央选定的第一个综合改革试点城市，探索出军工生产和民用生产相结合的特色之路，优先发展先进制造业，女劳模结构逐渐实现了知识化、技术化。此外，重庆以时间换空间，将天堑变通途，涌现出了一批批交通运输业的女劳模，发出“团结起来、振兴中华”的时代强音。在“带路人”的积极建设下，交通运输业勇创辉煌，水运基础设施建设和港区开发迈上新台阶，高速公路交通网构建驶进快车道，铁路和民航建设步入新篇章。重庆市直辖后兴建长江三峡工程带来百万三峡移民，其中占三峡库区移民 85% 的原四川省库区各县在这一时期被划入重庆市。女劳模怀揣着“为我中华、志建三峡”的前行力量，开办三峡库区第一个“春蕾女童班”，给三峡移民学生提供优质教育机会，助力三峡库区的孩子成为国之栋梁。另外，重庆全面推进“富民兴渝、加快建设长江上游经济中心”发展战略，大力发展服务业，重庆女劳模中企业家人数占比逐步增加。商贸业中新世纪百货超市引领重庆从单一的百货单体店向多业态购物中心演变，餐饮业将重庆火锅、重庆小面、黔江鸡杂等重庆美食推广至全国各地，旅游业则向世界展示了长江三峡、大足石刻、丰都鬼城等独特的重庆地理风貌和人文景观。

3. 与新时代同频共振，迈向技术精兵行列

中国特色社会主义新时代以来，重庆不断调整工业结构，着重发展战略性新兴产业、高新技术产业，加速推进传统制造业由要素投入驱动向技术创新驱动转型升级，同时重庆明确提出加快重庆农业现代化发展的若干意见，集中力量实现农业生产规模化、产业化、标准化。此背景下的重庆女劳模，“老黄牛”风采仍旧，“技术精兵”谱写新曲。有新能源、智能制造等全市重点战略性新兴产业的高技能人才，有因地制宜为乡村制定产业规划、进行技术推广的“领头雁”，也有在研制特殊装备、攻克难题中发挥骨干作用的“急先锋”，为建设现代化新重庆作出了不可

磨灭的贡献。少数民族女劳模的占比也在这一时期大幅增加。土家族、苗族等少数民族女性走出家庭，融入社会，在新时代寻找到属于自己的另一片舞台，以“劳动托起中国梦”。她们振兴县中教育，传承发展“彭水苗绣”非遗技艺，推广农业、畜牧业新技术等，不断铸牢中华民族共同体意识，不断巩固中华民族共同体思想基础，共同建设伟大祖国，共同创造美好生活。

（二）致敬“劳模力量”，礼赞“巾帼风采”

1. 以赛促培砺精兵，巴渝发展添动能

新时代是奋斗出来的，幸福是劳动创造出来的。重庆市总工会始终将劳动和技能竞赛作为提升劳模技能水平的重要途径，广泛深入持久开展劳动和技能竞赛，促进劳模全面发展。重庆市从 2011 年起积极举办“中国・重庆职业技能大赛”，组织包括女劳模在内的广大职工积极参加。近年，更有“巴渝工匠”杯职工技能大赛、“巴渝岐黄杯”技能竞赛等独具特色的技能大赛，坚持以赛带练，以赛促学，以赛择优，在劳动和技能竞赛中培养更多的劳动模范。2018 年以来，重庆市总工会开展以“当好主人翁、建功新时代”为主题的网上劳动和技能竞赛，建立了“月推选、季评估、年评比”的机制。形成比学赶帮超的浓厚氛围，也进一步激发了全市女职工干事的创业激情和创新创造潜力。

2. 增质提效聚匠心，踵事增华擘宏图

搭建劳模交流展示平台，树立示范标杆，以点带面，全面辐射，有效发挥劳模工匠的引领和带头作用。全市劳模和工匠人才创新工作室中，部分由女劳模“担纲领衔”，以专业技术人才和技能人才“唱主角”，吸纳更多爱岗敬业、技术精湛、锐意进取的职工投入创新工作之中。并依托工作室的技术、人才密集优势，广泛深入开展技术培训、课题领办、技术攻关、发明创造、科技创新和成果交流展示活动，带动职工踊跃投身合理化建议征集、劳动竞赛等群众性经济技术活动。目前全市各级劳模和工匠人才创新工作室累计达 710 个，其中胡辉淑劳模创新工作室、杨雪梅劳模创新工作室、封帆创新工作室等女劳模工作室为推动科技创新发挥了核心驱动作用。

3. 巾帼建功铸伟业，劳模精神谱华章

每一位劳模都是一面旗帜，高扬着“爱岗敬业、争创一流”的价值操守；每一位劳模都是一个标杆，标示出“艰苦奋斗、勇于创新”的精神境界；每一位劳模都是一盏明灯，折射出“淡泊名利、甘于奉献”的道德取向。重庆市总工会致力于把劳模这一“闪光群体”打造成品牌形象，不断提升劳模品牌效应。社会主义革命和建设时期、改革开放和社会主义现代化建设新时期，重庆市总工会充分利用广播电视、报刊作为宣传阵地，以专题、专栏、专版、人物事迹等各类宣传策划，重版面、高频次报道重庆市各行各业女劳模人物的感人事迹。中国特色社会主义新时代以来，重庆市总工会在全媒体矩阵构建、媒体融合发展、物联网传播等方面积极探索，采取线上 + 线下模式，利用动态新闻、纪实影像、VR 互动等新媒体方式宣传女劳模精神。在各大主流媒体发布稿件 800 余条，点击率和阅读量累计近 1000 万人次，其中重庆市总工会、重庆广播电视集团 (总台) 联合推出大型人物故事专栏《力行者 · 劳模风采》,《重庆日报》开设“劳动筑梦 · 榜样同行”工会系统先进人物专栏，“渝工娘家人”官方微信公众号推出“劳模工匠 · 时代新人”等劳模人物专辑，点击率均在 150 万人次以上。

（三）分级管理女劳模，点面结合全护航

1. 建立电子档案，加强动态管理

社会主义革命和建设时期，重庆市总工会专门设立劳模档案室，安排专人负责劳模档案管理工作。改革开放和社会主义现代化建设新时期，积极探索劳模管理信息化，依托“互联网 + 工会”服务职工体系，按照隶属关系管理、属地管理、网格化管理的要求，建立起全市劳模电子档案，并分类建立生活困难劳模、特殊困难劳模档案，进一步夯实劳模管理的基础。中国特色社会主义新时代以来，为建立阶段性普查和及时性调整相结合的常态维护机制，统一尺度标准，把好劳模建档“入口关”，每年对劳动模范基本情况进行一次清理统计，实现劳模“五清”，即工作

情况清、家庭收入清、家庭成员清、困难原因清、健康状况清。对劳模工作变动、晋升、离退休、亡故、撤销荣誉称号等情况进行及时变更。准确掌握了全市各级女劳模特别是困难女劳模的实际情况，实现数据管理精细化、动态管理规范化、示范引领制度化，能有的放矢地开展“送温暖”“送关爱”活动。在成渝地区双城经济圈建设背景下，建设川渝地区民生档案服务共享平台，实行泸州（含下辖区、县）和重庆市（江津区、永川区、荣昌区）劳模档案“异地查档、跨馆服务”长效机制，形成川南与渝西档案馆事业发展合力。

2. 完善评选机制，接受群众监督

劳模工匠是广大劳动群众的杰出代表，是成绩卓著的建设者。多年来，重庆市总工会全面落实尊重劳动、尊重知识、尊重人才、尊重创造的方针，发现、培养广大工人、农民、知识分子等一线生产、基层工作的女劳模。坚持推荐评选工作公开、公平、公正的原则，自下而上、层层选拔，严格履行推荐程序，真正把各条战线上具有先进性、代表性，贡献突出的劳动者推荐评选为劳模或先进典型，以此引领带动建设一支有理想守信念、懂技术会创新、敢担当讲奉献的女劳模队伍。在全国劳模推荐中采取差额推荐方式确定每种类型差额候补人选，严格执行“六个注重”原则（一是注重政治表现，无违法违纪违规历史记录；二是注重工作实绩，社会贡献和影响力大者优先；三是注重综合素质，作用发挥和荣誉基础突出者优先；四是注重国家战略，创新型企业、实体经济和企业生产经营状况良好者优先；五是注重全面广泛，统筹兼顾区域、行业、类型和年龄结构；六是注重基层推荐，推荐单位名单中排位靠前者优先），推荐人选做到了好中选优、优中选精。

3. 强化技能培训，提升劳模素养

全市各级工会积极贯彻落实国家关于职业技能提升政策，开展了一系列与地方特色、企业文化建设相结合的职工技能素质提升行动，坚持人才为先，充分发挥劳模和工匠人才创新工作室领军人物、技术骨干的“传帮带”作用，积极开展技术培训、技术交流、“师带徒”等活动，积极探索依托产业工会建立富有行业特色的职业技能提升示范基地，发挥示范引领作用，创新拓展职工素质提升途径。

（四）扩大工会“朋友圈”，当好劳模“娘家人”

1. 多点慰问帮扶，按需精准施策

各基层工会深化“深度困难女劳模解困脱困、相对困难女劳模常态化帮扶、意外致困女劳模临时救助”三梯度帮扶体系，通过多渠道、多方式撑起互助互济的“健康保护伞”。每年春节、“五一”、国庆等重大节庆前夕，重庆市总工会即组成慰问组奔赴全市各区县、7个市级产业工会，深入劳模工作一线和困难劳模家庭开展劳模走访慰问。2022年，联合市人力资源和社会保障局、市财政局印发《关于做好功勋荣誉表彰奖励获得者待遇落实和困难帮扶工作的通知》，提升劳模有关待遇。为进一步拓宽就业渠道，工会还为建档困难女劳模家庭提供过渡性工作岗位、社会实践岗位，转“资金输血”为“就业造血”。活动涉及区县职工服务中心、区县行业工会、乡镇（街道）工会、工业园区工会、企（事）业单位工会，从根源帮助困难劳模家庭实现就业增收。推进女职工特殊疾病保险工作，做到应赔尽赔，不断增强女劳模抵御疾病风险的能力，切实构建起女劳模抵御疾病和意外伤害风险的坚实屏障。

2. 细节关爱劳模，优化实事工程

结合重庆市劳模工作实际，印发劳模休养计划，每年下发劳模参加休养工作的通知，采取“市总牵头，产业区县联合休养、市内休养+市外休养、分年龄段休养、疗养+休养”等疗休养模式，开启了分类组织、整合力量、丰富层次开展劳模休养活动的新型模式。近年来已组织多批次劳模开展休养活动，得到参加休养劳模的高度赞誉，参休养劳模满意度接近100%，部分劳模以诗词、信件等方式对党、政府和工会组织的关心关怀表达了感激之情。

3. 健全评估体系，上下共话发展

增加女劳模在各级党代会代表、人大代表、政协委员、群团组织代表大会代表中的比例，赋予她们更多的话语权。组织“劳模亮身份”特色活动，为女劳模发放“劳模之家”光荣牌和“劳模证”，强调“一个劳模一盏灯，一个劳模一面旗”，让“劳动最光荣、劳动最崇高、劳动最伟大、劳动最美丽”的理念深入人心，让“学习劳模、尊重劳模、关爱劳模、崇尚劳模、争当劳模”的风尚日益浓厚，让“劳动光荣、知识崇高、人才宝贵、创造伟大”成为时代最强音、引领发展的正能量。为女劳模搭建平台，建立岗位技能科学评估体系，制定相应的激励机制，着力提高女劳模待遇标准，加大对女劳模的奖励力度，在授予荣誉称号的同时进行物质奖励，并确保基层职工能够参与到相关政策的制定和设计中来。设立激励女劳模专项基金，让女劳模有更加合理、体面的待遇，使她们能够更好地安心工作，在共建幸福生活中贡献巾帼力量。

四、重庆工会女劳模工作展望

新时代是一个讲奋斗、讲担当的时代，是一个呼唤实干、呼唤劳模的时代。充分发挥劳模作用，弘扬劳模精神、劳动精神、工匠精神，是践行社会主义核心价值观的生动体现，有利于焕发劳动者的民族自豪感、自信心和爱国热情；是推进科技创新、实现高质量发展的重要驱动力量，有利于培养具有核心竞争力、引领时代潮流的一流人才，打造高素质的技能人才队伍；是广大职工创造美好生活的强大精神力量，引导劳动者爱业、敬业、乐业、勤业，在平凡的岗位上作出不平凡的业绩，实现自我价值与人生价值，有更多的获得感。重庆市总工会将进一步提升劳模管理服务工作水平，充分发挥劳模在引领、示范、创新、宣传等方面的重要作用，带动更多的劳动者爱岗敬业、无私奉献，争做新时代的奋斗者。

1. 把稳劳模工作的思想之舵

高举伟大旗帜，推动党的二十大精神、中国工会十八大精神进车间、进班组、进职工头脑。通过党组织领头学、女劳模带头学、广大职工系统学、工作促进带动学、深入基层宣讲学等形式，引领广大女性劳动者力争为全面建设社会主义现代化国家贡献“半边天”力量，引领广大职工把个人奋斗融入党和人民群众团结奋斗的历史洪流。同时推动女性劳动者学思践悟习近平总书记关于注重家庭家教家风建设的重要论述，共建共享社会主义家庭文明新风尚。

2. 筑牢劳模服务的坚实基座

践行党的二十大提出的“完善劳动者权益保障制度”“推进健康中国建设”。按照中国工会十八大工作部署，建立完善关心关爱劳模工匠常态化机制。持续健全大病帮困机制、健康保障机制、人才评价激励机制，不断规范劳模专项补助资金发放、劳模疗休养计划、“三梯度”帮扶体系、“四季帮扶”品牌活动推动落实劳模工匠待遇，提升劳模工匠地位。使女劳模服务渠道更具活力，切实提升女劳模的获得感、幸福感、安全感、认同感。

3. 打造劳模服务的强劲引擎

践行党的二十大提出的“健全终身职业技能培训制度”，持续深化职工职业技能培训、文化教育提升、劳动和技能竞赛，用好重庆工匠学院，更加凸显特色“订单式”培训的重要作用。抓实抓细各项工作，以真情真心、春风化雨的服务把党和政府、工会组织的殷殷关怀送至全体女劳模心间。

4. 激活劳模精神的时代伟力

持续搭建劳模交流展示平台，发挥好“劳模创新工作室”“劳模工匠宣传月”“劳模宣传周”的重要作用，汇聚磅礴正能量。让女劳模走到广大群众身边，引导广大职工增强主人翁意识，发挥主力军作用，争当工作中的“领头雁”，使劳模精神、劳动精神、工匠精神成为时代风尚。

5. 拓宽劳模工作的阳光大道

实施女劳模信息动态管理的同时，持续放大网上工会工作互动引导、线上服务等功能，进一步聚焦“互联网 + 工会”专业化服务，高效利用重庆市总工会官网、“渝工娘家人”微信公众号等官方服务平台巩固劳模工作，开展劳模宣传。加强信息收集研判，延伸劳模工作触角，拓宽工会工作范围。

立足新时代新征程，重庆市总工会将持续筑牢信仰之基，补足精神之钙，把稳思想之舵，更加紧密地团结在以习近平同志为核心的党中央周围，坚定不移听党话、矢志不渝跟党走，展现新担当，实现新作为。重庆市总工会将继续以与时俱进的精神擘画劳模事业，以“娘家人”的温暖开展劳模关怀，以慎终如始的时代担当提升劳模工作水平。奏响劳模精神、劳动精神、工匠精神的时代强音，团结动员广大职工群众在推进社会主义现代化新重庆建设中奋楫扬帆、建功立业。

参考文献

[1] 重钢集团档案馆编. 中国钢铁工业缩影　百年重钢史话 [M]. 北京：冶金工业出版社，2011.

[2] 重庆市总工会. 重庆市志·工会志（1986—2005）[M]. 重庆：西南师范大学出版社，2007.

[3] 韩承敏. 劳模的力量 [M]. 南京：南京大学出版社，2013.

[4] 李永安. 中国职工劳模大辞典 [M]. 北京：中国工人出版社，1995.

[5] 孟广涵；重庆市地方史研究会，重庆市政协文史资料委员会编. 设立重庆直辖市纪实 [M]. 重庆：重庆出版社，1999.

[6] 全国劳动模范和先进工作者表彰大会筹委会办公室. 当代英模——全国劳动模范和先进工作者事迹选编 [M]. 北京：中国工人出版社，1989.

[7] 王立仁. 榜样价值论 [M]. 北京：中国社会科学出版社，2004.

[8] 姚荣启. 中国劳模史（1932—1979）[M]. 北京：中国工人出版社，2020.

[9] 中国劳动关系学院，杨冬梅，赵健杰. 劳模学概论 [M]. 北京：人民出版社，2020.

[10] 中华全国总工会女职工部，中华全国妇女联合会宣传部. 巾帼

劳模时代特征和成长规律研究报告［M］. 北京：中国工人出版社，2022.

［11］中华全国总工会经济技术部. 新编劳模工作手册［M］. 北京：中国工人出版社，2012.

四川

四川篇

柔肩担重任
巾帼照天府

四川素有“天府之国”的美誉，历史文化悠久，底蕴醇厚，是古蜀文明发祥地，特别是以三星堆、金沙遗址为代表的古蜀文明璀璨而神秘。当前，成渝地区双城经济圈建设、“一带一路”建设、长江经济带发展战略、新时代西部大开发战略、西部陆海新通道建设等国家建设在四川交汇叠加，四川在服务国家战略、融入全国大局中正迎来更加美好的光明前景。芙蓉花开半边天，自古蜀女多豪杰。四川自古就有吃苦耐劳、敢为人先的奋斗基因。华夏母亲嫘祖在这里首创养蚕缫丝之法，勤劳智慧的巴蜀儿女在这片土地上披荆斩棘、开拓进取，共同创造了安居乐业的美好家园，携手建设了钟灵毓秀的天府之国。新中国成立以来，四川广大劳动妇女积极投身经济社会建设各个领域，发挥了“半边天”的重要作用，涌现出一大批巾帼劳模。她们中，既有在社会主义建设事业中作出突出贡献的先进人物，也有在改革开放大潮中开拓进取的普通劳动者；既有在科技领域创新创造的行业标兵，也有在抗震救灾一线舍身忘我的英雄模范……她们以巾帼不让须眉的豪情和努力，书写着无愧于时代、无愧于人民、无愧于历史的巾帼华章。

一、四川省女劳模总体概况

四川是我国的人口大省、资源大省、经济大省，全省辖区面积 48.6 万平方公里，2022 年末常住人口有 8374 万人，2022 年全省实现地区生产总值（GDP）56749.8 亿元，是西部首个 GDP 超过 5 万亿元的省份。女性劳动参与率高，性别平等的思想观念深入千家万户，在四川省蓬勃发展中起着不可或缺的作用。1950—2022 年，四川省获得全国劳动模范和全国先进工作者、全国五一劳动奖章、全国五一巾帼奖等表彰的女性有 643 人，其中全国劳动模范和全国先进工作者 238 人，全国五一劳动奖章获得者 180 人，全国五一巾帼奖 225 人。自 2005 年以来，获得全国女职工建功立业标兵岗、全国五一巾帼奖等表彰的女职工集体有 229 个。

（一）人数分布概况

社会主义革命和建设时期，四川省获得全国劳动模范和全国先进工作者荣誉称号的女性有 90 人；改革开放和社会主义现代化建设新时期，获得全国劳动模范和全国先进工作者、全国五一劳动奖章、全国五一巾帼奖等表彰的女性有 311 名，女职工集体有 96 个；中国特色社会主义新时代，获得全国劳动模范和全国先进工作者、全国五一劳动奖章、全国五一巾帼奖等表彰的女性有 242 名，女职工集体有 133 个。

（二）政治面貌和民族构成

四川省的发展与建设成效显著，离不开女性劳模群体的先锋模范作用。据相关信息记载的 474 位女劳模中，在社会主义革命和建设时期，四川省女劳模的政治面貌均为中共党员；改革开放和社会主义现代化建设新时期，88.7% 为中共党员（含预备党员），10.1% 为群众，1.2% 为民主党派成员及无党派人士；中国特色社会主义新时代，70.2% 为中共党员（含预备党员），22.3% 为群众，7.5% 为民主党派成员及无党派人士。四川省广大女性劳模，特别是党员劳模在社会主义革命和建设、改革开放攻坚克难、抗震救灾和灾后恢复重建、脱贫攻坚、疫情防控等工作的推进中，充分发挥了劳模精神及其先锋模范带头作用。

在民族构成方面，如表 1 所示，四川省为多民族聚居地，有 55 个少数民族，其中世居少数民族有彝、藏、羌、苗、回、蒙古、傈僳、满、纳西、土家、白、布依、傣、壮 14 个民族，是全国唯一的羌族聚居区、第二大藏族聚居区、最大的彝族聚居区。社会主义革命和建设时期的女劳模有汉族、回族和彝族三个民族；改革开放和社会主义现代化建设新时期的女劳模有藏族、汉族、回族、羌族和彝族五个民族；中国特色社会主义新时代的女劳模还包括白族和苗族，共计七个民族，女劳模的民族构成越来越多元。

表 1　四川省女劳模各时期民族分布概况（N=450）（单位：%）

民族＼时期	社会主义革命和建设时期	改革开放和社会主义现代化建设新时期	中国特色社会主义新时代
白族	—	—	0.9
藏族	—	4.5	4.4

续　表

时期 民族	社会主义革命和建设时期	改革开放和社会主义现代化建设新时期	中国特色社会主义新时代
回族	7.4	1	0.9
苗族	—	—	0.9
羌族	—	1	1.8
彝族	3.7	1.5	1.8
汉族	88.9	92	89.4

注：193 人无相关信息记载。

（三）受教育程度

在受教育程度方面，四川省女劳模的受教育水平在不断上升。社会主义革命和建设时期，大多数女劳模的学历为高中 / 职高（中专）/ 技校，占比 44.5%；改革开放和社会主义现代化建设新时期，占比最多的是大学本科学历，为 30.1%；中国特色社会主义新时代，占比最多的是大学本科学历，为 37.8%，硕士研究生及以上学历的女劳模占比 13.4%（见图 1）。

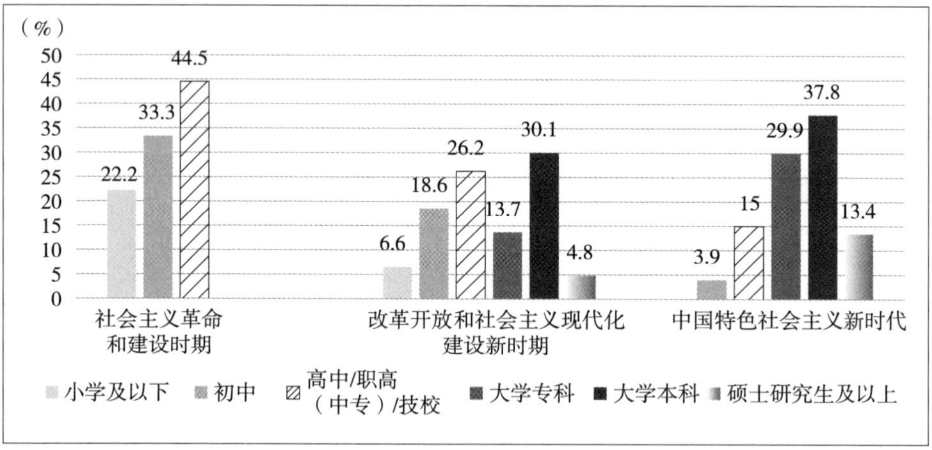

图 1　四川省女劳模各时期受教育水平分布（N=479）

（四）行业分布

在行业分布方面，社会主义革命和建设时期女劳模涉及 11 个行业，占比前三的分别是教育业（33.3%），制造业（22.3%），公共管理、社会保障和社会组织（10%）。改革开放和社会主义现代化建设新时期，女劳模涉及18个行业，女劳模的行业分布更加广泛，占比前三的分别是制造业（26.5%），公共管理、社会保障和社会组织（18.2%），教育业（8.3%）。中国特色社会主义新时代，女劳模涉及18个行业，行业分布更加均匀，占比前三的分别是制造业（18.2%），公共管理、社会保障和社会组织（13.4%），卫生和社会工作（11.3%）（见图2）。四川省女劳模专业技术人员占比从社会主义革命和建设时期的33.3%，到改革开放和社会主义现代化建设新时期的43.4%，到中国特色社会主义新时代达60.8%。这充分体现了四川高素质专业化女科技人才的快速成长。党的十八

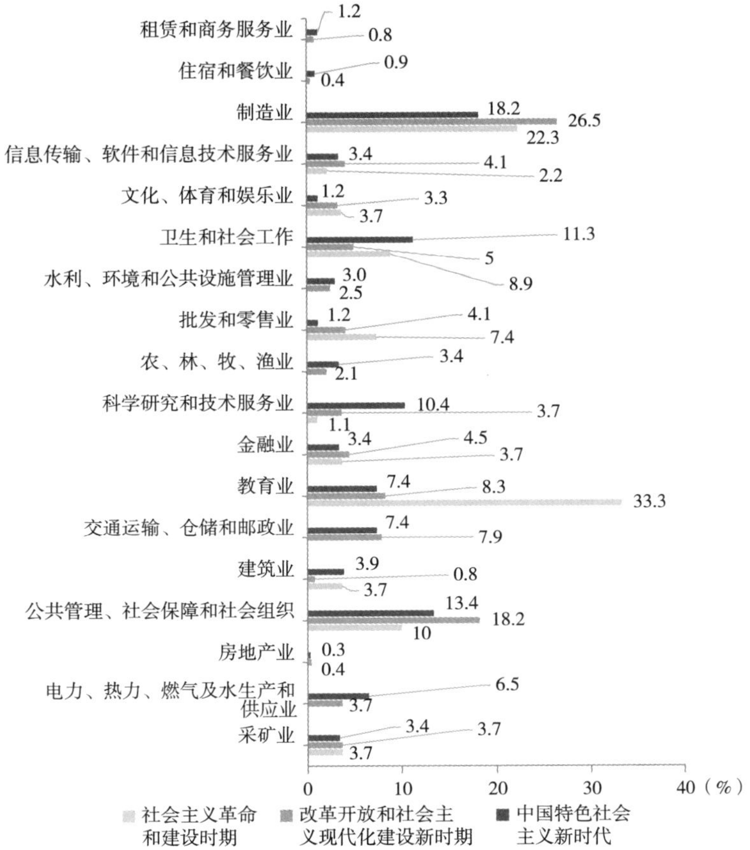

图2 四川省女劳模各时期行业分布（N=501）

注：142人无相关信息记载

大以来，在各级党委政府的领导下，四川省女劳模充分发挥示范引领作用，为推动全省科技创新作出了积极贡献。

二、四川省女劳模不同时期主要特点和作用

（一）社会主义革命和建设时期：为新中国建设无私奉献

社会主义革命和建设时期，党和国家十分重视妇女在社会各领域的参与，开展了“劳动光荣”的思想教育，动员妇女积极投身社会主义建设，推动妇女真正成为国家、社会、家庭和自己的主人。四川省众多女性劳动者以主人翁的姿态在国家建设中发挥智慧和才能，为新中国成立初期四川省的建设奉献了青春和力量。具体来说，这一时期四川省女劳模的特点和作用可体现为以下三个方面。

1. 三线建设的开拓者

1964—1980 年，中央政府集全国之力在内地 11 个省区进行了一场以备战为目标、以国防科技工业为核心、以重工业为重点的三线建设。三线建设是中国国防工业和经济建设布局的一次重大战略调整，大大增强了我国的国防能力，并推进了内地经济和社会的现代化发展进程。作为全国三线建设核心省份的四川省，也借此成为中国内地工业化和城市现代化发展的先导，为四川省现代化的进一步发展奠定了全新基础。三线建设者们发扬一不怕苦、二不怕死的革命精神，战胜了种种难以想象的困难，涌现出了全国煤炭系统劳模房桂芝等为三线建设奉献出青春甚至生命的女劳模。

1965 年，房桂芝随丈夫吕风林来到渡口（今四川省攀枝花市）参加三线建设。渡口地区气候炎热，自然环境恶劣，甚至没有蔬菜。房桂芝在党组织的领导支持下成立了矿区第一个家属生产队，组织家属开荒种菜。到 1976 年，生产队蔬菜总产量超过 100 万斤，实现了全矿蔬菜自给。1979 年 3 月 9 日黄昏，龙洞煤矿后山燃起了山火，大火顺着风势越烧越猛，很快蔓延到矿机关附近，威胁着矿区房屋和职工、职工家属的安全。在奋力扑火时，房桂芝为救同伴被严重烧伤，在送往医院的途中

牺牲，年仅 42 岁。众多投入三线建设的女性劳动者用汗水和生命谱写了“艰苦创业、无私奉献、团结协作、勇于创新”的“三线精神”。

2. 社会生产力的推动者

新中国成立初期，广大妇女积极投身恢复国民经济和发展社会生产力热潮。这一时期，涌现出缫丝工桂兰珍等一大批女劳模，她们立足岗位、无私奉献、攻坚克难，为推动社会生产力的发展作出了重要贡献。

劳模桂兰珍 1951 年进入西南蚕丝公司第四（阆中）制丝厂工作，先后被评为全国先进工作者，两度受到毛泽东主席的接见。从难以完成生产任务到按时按量完成生产任务，再到超额完成生产任务，桂兰珍带领全厂一次次突破技术壁垒，并将掌握的先进技术在全省乃至全国推广。身材矮小却选择从事重体力劳动，进厂不到四年便解决了困扰熟练工多年的难题，身体染病仍坚持探索新技术……在种种困难面前，桂兰珍高度的责任心和不服输的精神促使她对关键性难题穷追不舍，在生产实践中精益求精。桂兰珍是那个时代女性劳动者的缩影，也是她们之中经历非常传奇的一位。桂兰珍们不仅用自己的双手创造出物质财富和精神财富，更直接推动了相关行业技术的发展进步。她们梳双辫、留短发、身着蓝色工装的经典形象流传至今，定义着新中国的女性美，展现出劳动妇女的新风貌。

3. 教科文卫事业的奉献者

新中国成立之初，百废待兴，人才十分紧缺，众多知识女性积极投身国家建设，为新中国的教科文卫事业作出了积极贡献。其中，教育业是女劳模分布最广泛的行业，占比达 33.3%。

“我要为祖国的幼教事业奋斗一辈子。”这是劳模蔡邦琼的人生誓言。这位大病初愈显得越发瘦弱的老人，在说出这句话时，双手紧紧握住，目光坚定炙热，那种伴随着共和国幼教事业起伏成长而铸就的对幼教事业的热爱溢于言表。1953 年，蔡邦琼毕业后进入国家重点幼儿园——成都市第三幼儿园工作。1954 年上半年，蔡邦琼在幼儿园的一日活动中增设“创造性游戏”，旨在进一步解放儿童的天性。很快，这项改革在全市、全省范围内学习推广。蔡邦琼先后被调入成都市妇联任办公室主任、福利部副部长。在机关工作了两年后，她又坚持回到了教育一线，直至55岁光荣退休。退休后，蔡邦琼的幼教工作并未停歇，她又被返聘，直到70岁。

在社会主义革命和建设时期，四川省各行各业的发展基本处于起步阶段。这个时期女劳模虽然整体受教育程度不高，但是个人能力和胆识非常突出，"敢为他人之不敢为，能为他人之不能为"，大多在非常年轻时就取得较高成就。同时她们普遍具有为国贡献、建功立业的强大内驱力和高度职业热情，不少女劳模都提到不能辜负"对党的承诺""对人民的承诺"，在被授予全国劳动模范荣誉称号后更是坚持在一线奋斗，职业生涯普遍较长。该时期妇女"半边天"的地位初步确立，女性职业发展的空间较大，为女劳模的成长提供了客观条件。女劳模不负所望，为四川省各行业发展作出了突出贡献，激励着更多劳动妇女在平凡的岗位上苦干、实干、巧干，营造出人人争当劳模的良好社会氛围。

（二）改革开放和社会主义现代化建设新时期：在经济社会快速发展中奋勇争先

四川是改革开放总设计师邓小平的家乡，是中国农村改革的重要发源地，素有敢为人先、勇于创新的文化传统。改革开放后的30年间，在党中央的坚强领导下，四川广大女劳模以永不懈怠的精神状态和一往无前的奋斗姿态，在经济社会建设中奋发有为，在民族地区扶贫中拼搏奉献，在灾难面前迎难而上，是推动四川经济社会快速发展的中坚力量。

1. 推动经济社会发展

四川省的经济建设在这一时期取得重大成就，经济实力大幅提升，实现了从百亿元至2万亿元的历史性跨越，基础设施建设成效显著，体育文化事业蓬勃发展，各行业、各领域纷纷涌现出一个个贡献卓越的女劳模。

钱昌燕，2008年全国五一劳动奖章获得者，东方电气集团首批干事创业典型——"一带一路"开拓者。她开创了贯流式水轮发电机的典型结构，提升水轮发电机市场核心竞争力，助力开拓巴西杰瑞、哥斯达黎加卡其、委内瑞拉古里等海外水电市场设计开发，完成世界单机容量最大的灯泡贯流式水电机组的巴西杰瑞项目，创造了世界多项第一。

四川素有“川酒甲天下”的美誉，五粮液勾调大师范国琼四十年如一日地从事白酒勾调工作，时常需要在一呼一吸、一斟一酌中，找到那2%微量成分之间的差别与和谐。作为川妹子的范国琼早已与麻辣“绝缘”，一辈子也只在结婚那天化过一次妆，以避免受味道的干扰。把工匠精神落实在生产当中，对每一个环节精益求精，尽全力让产品变成精品。范国琼先后当选为党的十四大、十六大、十七大、十九大代表，不仅仅是荣获国务院政府特殊津贴的全国劳动模范、全国技术能手、首批四川工匠之一，也是第七批省级非物质文化遗产代表性传承人和中国白酒大师，以匠心守初心，不断擦亮着“川酒”的金字招牌。

范国琼从事白酒勾调工作

体育是促进经济社会发展的重要动力。中国“第一位跳水女皇”、全国先进工作者高敏出生于四川省自贡市，她4岁开始练习游泳，9岁被启蒙导师杨强选中接受跳水训练。她每天都比别人早训练20分钟，提前进入状态。1986年高敏在第五届世界游泳锦标赛的跳板跳水中，为中国队摘取了世锦赛第一枚金牌，就此拉开了7年之久的“高敏时代”。1988年，在汉城奥运会上，高敏夺得了中国历史上首枚奥运会女子跳板跳水的金牌，她在跳板跳水职业生涯中共斩获 70 余枚金牌，创造了亚运会、世界大学生运动会、世界杯、世锦赛、奥运会 7 年全胜的纪录。曾蝉联 1988 年汉城奥运会和 1992 年巴塞罗那奥运会女子跳板跳水冠军，同时也是世界上第一位突破 600 分跳水大关的女运动员。作为一名国家队运动员，她用自己的汗水和努力，换取了属于自己的国家荣誉。

2. 推动民族地区建设

四川省是一个多民族聚集的地区。这一时期，四川省民族地区基础设施条件不断改善，大力推进交通、能源、水利等项目建设，通过藏区新居、彝家新寨、民族地区“9+3”免费教育等项目，着力保障和改善民生。在此过程中，女劳模为民族地区的建设和发展作出了独特贡献。

杨松英参加第九届全国人民代表大会

杨松英，羌族，来自阿坝藏族羌族自治州茂县一个偏僻小山寨。她在自己的家乡组建了“三八农科队”，选育推广新品种，改善了全县高半山农田长期低产现状，解决了群众的温饱问题。她在队里建起了第一所复式小学，解决孩童就近入学和部分家长不愿孩子上学的问题。她组织发动群众投工投劳修建了全县第一条通往乡政府的公路（组道），建设了高半山第一个自来水工程，彻底解决了农产品运输难、人畜饮水和灌溉难、产业结构调整难、群众增收难等问题，为当时民族地区高半山村寨建设树立了标杆，提供了样板。杨松英于 1989 年获评全国劳动模范，3

次获评全国三八红旗手，荣获全国双学双赛女能手称号。

凉山彝族自治州甘洛县地处四川盆地南缘向云贵高原过渡地带，境内全为山地，岭高谷深，这里是潘成英的家乡。“只有教育才能让这里的娃娃走出大山，改变他们的命运。”慈母般的情怀促使潘成英投身幼儿教育事业。她开办了两所民办幼儿园，并一直为大凉山孩子的教育奔走呼吁。2011 年，潘成英被授予全国五一劳动奖章。2013 年当选第十二届全国人大代表以后，她积极呼吁加大对民族地区“一村一幼”的支持力度，提交的多个议案建议都纳入了国家“十三五”规划。

2002 年 11 月召开的党的十六大再次强调要“提高扶贫开发水平”，“加大对革命老区、民族地区、边疆地区、贫困地区发展扶持力度”。民族地区的女劳模们在这一精神的号召下，持续不断地为当地的脱贫致富工作贡献自己的力量。

3. 在灾难面前挺身而出

四川省是我国地质灾害最严重的省份之一，大量城镇、村落和基础建设工程分布在高山峡谷区，受地质灾害威胁严重。2008 年 5 月 12 日，四川汶川发生里氏 8.0 级特大地震，截至 2008 年 9 月 18 日 12 时，大地震共造成 69227 人死亡，374643 人受伤，17923 人失踪，这是唐山大地震后伤亡最严重的一次地震。在中共中央、国务院和中央军委坚强领导下，我国组织开展了历史上救援速度最快、动员范围最广、投入力量最大的抗震救灾斗争，夺取了抗震救灾斗争的重大胜利。在抗震救灾一线和灾后恢复重建工作中，一个个勇敢的女性挺身而出，用实际行动弘扬了伟大的抗震救灾精神。

蒋晓娟当时是江油市公安局的一名普通巡逻警察。地震发生后，她将自己才 6 个月大、需要母乳喂养的孩子送到乡下，交给父母照料，自己踏上抗震救灾一线。在运取物资、救助伤患的时候，蒋晓娟在安置点发现了一些尚在襁褓中的婴儿，只能喝一点米汤和水。他们的母亲，有的受了伤，有的受到了惊吓，断了奶水，但是奶粉和奶瓶等物资严重不足。看着嗷嗷待哺的婴儿，尚在哺乳期的蒋晓娟作出了一个伟大的决定：

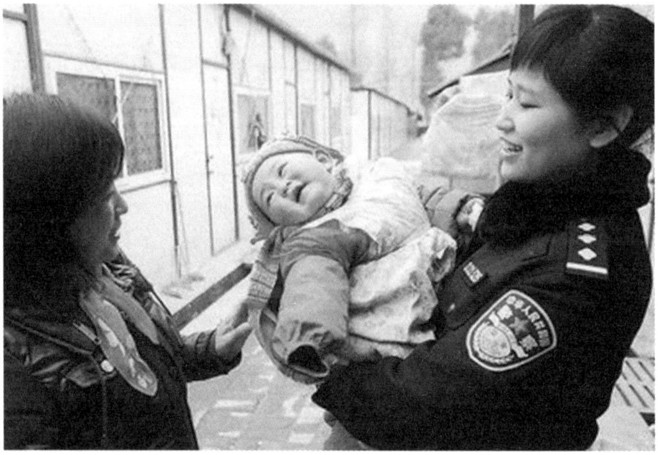

“警察妈妈”蒋晓娟（右一）

由她来给这些婴儿喂奶！蒋晓娟在灾区先后哺喂了 9 名婴儿，其中最大的 6 个月，最小的才 2 个月，在她的照顾之下，孩子们蜡黄的脸庞渐渐变得红润，蒋晓娟也因此被亲切地称为“警察妈妈”。2008 年，蒋晓娟荣获全国五一劳动奖章。

改革开放和社会主义现代化建设新时期，四川广大女劳模在四川省经济腾飞、社会建设与发展、应对自然灾害的三十余年间，奋勇争先、迎难而上，在平凡中坚持，在奉献中升华，用行动诠释劳模精神。

（三）中国特色社会主义新时代：在全面建成小康社会和中国式现代化建设中砥砺奋进

党的十八大以来，以习近平同志为核心的党中央，高举中国特色社会主义伟大旗帜，坚定不移地沿着中国特色社会主义道路前进，推动中国特色社会主义进入新时代。四川女劳模群体在这个时期的人员构成更加丰富，更广泛地分布于各行各业，同时在科学研究和技术服务业、卫生和社会工作领域的比例进一步加大。随着经济的腾飞和妇女群体受教育程度的提升，超过 50% 的女劳模拥有大学本科及以上学历。四川女劳模不仅延续了奋发拼搏的精神，在知识能力水平上也更加契合高质量发展的要求。

1. 在脱贫攻坚一线勇担重任

党的十八大以来，以习近平同志为核心的党中央把脱贫攻坚摆在治国理政的突出位置，作为全面建成小康社会的底线任务，组织开展了气壮山河的脱贫攻坚人民战争，攻克了一个又一个贫中之贫、坚中之坚，取得了举世瞩目的成就。在四川脱贫攻坚一线，到处都活跃着女劳模的身影，她们勇担重任、苦干实干，为脱贫攻坚取得全面胜利贡献了智慧和力量。

2015 年脱贫攻坚战进入关键时期，在广安市广安区统计局工作 8 年的曹小飞主动请缨，来到大安镇合力村担任第一书记。刚入职时乡亲们心里都在打鼓："这么年轻一个女娃，带领大家脱贫得不得行哦？"三年时间，她带领村"两委"班子硬化公路、新修公路桥；整治土地、翻修蓄水池、整治山平塘；实施易地搬迁、危房改造等项目，极大地改善了村里的基础设施。同时她还发展蜜蜂养殖产业，村里的集体经济得到了发展壮大，村民日子越来越好，从原来的信访名村变成了最先脱贫摘帽的示范村，村民们对这个第一书记无不佩服和信任。36 岁的曹小飞获得全国五一巾帼标兵称号。

全国劳动模范范桂花

位于甘孜藏族自治州丹巴县的甲居藏寨被誉为"中国最美丽的乡村"，这里是全国劳动模范范桂花的家乡。2001 年，毕业回到家乡的范桂花凭借甲居藏寨独特的旅游资源优势，办起了民宿，成为丹巴民宿接待第一人。在自己取得成功的同时，范桂花并没有忘记帮助村民一起致富。她主动向村民传授经验、宣传政策，在她的示范带动下，村里的民宿由一家变成了十几家再到几十家。村民的经济条件得到了极大改善。担任甲居一村村支部书记以后，她与村“两委”班子一道，结合本村实际，把发展旅游作为致富产业，建立了甲居旅游协会，组织调动村民投资打造具有生态、民族特色的民宿，引导群众增收致富。截至 2014 年，甲居一村全村民宿达 53 家，辐射带动甲居二村、三村等周边兄弟村开展旅游民宿接待，接待游客 10 余万人次，解决 1000 余人就业问题，人均纯收入从原来不到 600 元发展到现在的上万元，村民生活状况得到了翻天覆地的改变。2015 年，范桂花获评全国劳动模范。

2. 在风险挑战面前砥砺前行

蜀道之难，难于上青天。多山的地势，造就了四川人坚强不屈的优秀品格。这里的女劳模们在困境中逆流而上、在风险挑战面前砥砺前行，将中华民族自强不息、百折不挠的民族精神体现得淋漓尽致。

王畅，国网四川电力（成都都江堰）连心桥共产党员服务队队长，也是“5·12”汶川特大地震的幸存者。13 名同事不幸遇难，她和队友们忍着悲痛立下“27 个人要像 40 个人那样去战斗”的誓言，完成 900 多项灾后重建工作任务。她始终牢记习近平总书记视察党员服务队时的嘱托，不断发扬“善小而为”的精神，为当地百姓提供优质高效的供电服务。王畅曾说：“在地震废墟里躺着的时候，是别人在救我。现在我站起来了，我要去帮助那些需要帮助的人。”她十几年如一日地细心呵护地震遗孤小冷卓，成为冷卓的第二个“妈妈”。她在“8·13”龙池山洪泥石流、“4·20”雅安芦山地震、“6·24”茂县山体垮塌等抢险救灾工作中冲锋在前。2018 年，王畅荣获全国五一劳动奖章。

2018 年 5 月 14 日，四川航空股份有限公司的一架客机 3U8633 号航班正从重庆江北国际机场飞往拉萨贡嘎国际机场。在客舱失压、旅客们陷入一片恐慌的情况下，全体乘务员在乘务长毕楠的带领下，临危不乱、沉着应对，与机组成员密切配合、正确处置，最终确保了机上 119 名旅客的生命安全，创造了民航史上的一次生命奇迹。2019 年，四川航空股份有限公司 3U8633 毕楠乘务组被授予全国五一巾帼标兵岗等荣誉称号。

四川航空股份有限公司 3U8633 毕楠乘务组

2021 年全国五一巾帼标兵邓琳是重症医学专家，多年来一直认真研究人工肝技术，成功带领科室人员开展了广汉地区首例人工肝治疗。2020 年新冠肺炎疫情暴发后，她不顾自身安危，带领德阳 30 名医疗队员紧急驰援武汉，为打赢疫情阻击战贡献了自己的力量。邓琳是成千上万个一线女性医护人员的缩影，面对突如其来的新冠肺炎疫情，她们英勇无畏地投入疫情防控第一线，为打赢疫情防控阻击战筑起了一道生命防线。

3. 在科技创新领域群星闪耀

科技立则民族立，科技强则国家强。习近平总书记强调，科技创新是提高社会生产力和综合国力的战略支撑，必须把科技创新摆在国家发展全局的核心位置。四川女劳模们积极投身科技进步和创新实践，在科技创新领域群星闪耀、熠熠生辉。她们把个人理想融入国家发展伟业，以科技创新奋斗有我的豪情壮志，向着加快建设科技强国、实现高水平科技自立自强铿锵前进。

高原铁路是近年来举世瞩目的“世纪工程”，具有显著的地形高差、强烈的板块运动、频繁的山地灾害、脆弱的生态环境等四大工程环境特征，困难重重。中铁二院工程集团有限责任公司测绘工程设计研究院数字化所是一个女性成员占比达 90% 的团队，她们克服高原缺氧，采集地理信息数据，创造性构建出空天地一体化综合勘测技术体系以缩短工期，为高原铁路推进提供了重要的基础地形数据支撑，2021 年获得全国五一巾帼标兵岗的荣誉。

中核集团中国核动力研究设计院研究员级高级工程师、全国五一巾帼标兵罗英，一直潜心开展核反应堆研发设计。2021 年 1 月 30 日，“华龙一号”全球首堆示范工程——中核集团福建福清核电 5 号机组投入商业运行，标志着我国在三代核电技术领域跃居世界前列，有力支撑了我国从核电大国到核电强国的跨越。成就背后，离不开罗英和团队近 20 年来的不畏挑战、自主创新。

四川目前唯一的女性大国工匠、“军工绣娘”潘玉华，从事无线电精密组装焊接工作 28 年，能够不靠任何机器辅助、全凭手感在一块 1 元硬币大小的电子板上植入 1144 根细小的铅柱，为我国新一代航天飞机和卫星载荷的研发提供了有力的保障。2017 年被授予全国五一巾帼标兵荣誉称号，2021 年荣获全国五一劳动奖章。

中国中铁隧道专家、“隧道女神”严金秀 30 余年来一直奋战在隧道工程领域，致力于推动中国从隧道大国发展为隧道强国。2019 年当选第 16 届国际隧道与地下空间协会（ITA）主席，成为 ITA 历史上第一位来自中国的主席和第一位女主席，进一步扩大了中国隧道的国际影响力和话语权，2021 年荣获全国五一劳动奖章。

全国五一巾帼标兵、扎根一线临床护理工作 30 余年的四川省人民医院张静护士长，一直致力于护理学科的发展，坚持以“患者的需求”为导向，着力解决临床护理技术难题，开展护理研究创新。她创建了张静创新工作室，并带领团队成功申请国家实用新型专利 150 余项、国家发明专利 10 余项，被同行称为“护理发明达人”，在全国护理界起到了良好的行业示范作用。

中国特色社会主义新时代，四川女劳模更加广泛地融入经济社会发展的方方面面，用她们的勤劳、智慧、勇气与胆魄，在许多领域内取得了突出成就，为全省广大女职工树立了好榜样，在全面建设社会主义现代化四川新征程中不断实现新担当、展现新作为。

四川省人民医院张静（前排中）创新工作室团队

三、四川省各行业女劳模成长规律

女劳模作为中国工人阶级中的先进群体，在各自所在的特定历史时期作出了重要贡献，是爱党爱国的时代先锋。习近平总书记强调："社会主义是干出来的，新时代是奋斗出来的。"四川改革发展的每一步都离不开党的领导，要坚持大力弘扬劳模精神、劳动精神、工匠精神，培养更多高技能人才和大国工匠。多年来，四川走过了一段坎坷而不平凡的发展历程，在巨大的困难和风险之下，工作岗位上的女劳模们也面临着智力、体能和精神上的多重挑战。时代的旗帜为她们指明了方向，同时党的领导、行业的支撑以及工会的服务和推动，让她们实实在在扎根于自己的岗位，通过不断学习和艰苦奋斗，在各个行业作出了不可磨灭的重要贡献。

（一）四川女劳模与时代同成长共进步

无论是社会主义革命和建设时期、改革开放和社会主义现代化建设新时期，还是中国特色社会主义新时代，女劳模都是由时代造就的，是时代的楷模，也具有鲜明的时代特征。社会主义革命和建设时期，四川女劳模大多来自一线工人和农民，她们用满腔的劳动热情，为新中国的建设添砖加瓦，其时代特征主要为：埋头苦干、无私奉献；改革开放和社会主义现代化建设新时期，四川女劳模覆盖社会各个层面，她们在改革的浪潮中大显身手，为社会主义现代化建设拼搏奋斗，其时代特征主要为：求真务实、奋勇争先；中国特色社会主义新时代，四川女劳模牢牢把握为实现中国梦而奋斗的时代主题，将自身前途命运与国家和民族的前途命运紧紧联系在一起，把个人梦同中国梦紧密联系在一起，充分发挥示范引领作用，为治蜀兴川再上新台阶积极贡献巾帼力量，其时代特征为：开拓创新、争创一流。

（二）从“苦干加巧干型”向“知识型、技能型、创新型”方向转变

社会主义革命和建设时期，我国需要大力发展工业以促进生产力和国民经济的快速增长，同时党中央把四川作为国家战备基地，号召广大妇女投身国家建设，城乡妇女大规模走出家庭、走向社会，农村妇女大规模参加农业生产劳动，这一时期的女劳模多来自一线工人和农民，主要是“苦干加巧干型”。改革开放带来了更多的工作岗位和机会，教育的变革也让更多女性能够有机会接受教育，这一时期知识型劳模的数量和比重增加，传统型劳模的占比逐渐减少。随着中国特色社会主义新时代的到来，我国社会经济高质量发展，带动更多女性劳动者进入科技创新等领域，四川女劳模逐步朝“知识型、技能型、创新型”方向转变。

（三）发挥女劳模在家庭文化建设中的独特作用

习近平总书记指出，“做好家庭工作，发挥妇女在社会生活和家庭生活中的独特作用”，“要坚持以社会主义核心价值观为统领，引导妇女既要爱小家，也要爱国家，带领家庭成员共同升华爱国爱家的家国情怀、建设相亲相爱的家庭关系、弘扬向上向善的家庭美德、体现共建共享的家庭追求”。四川省总工会以“爱岗、爱家、爱国——玫瑰书香家庭文化建设活动”为载体，大力弘扬劳模精神、劳动精神、工匠精神，通过开展家庭读书活动、巾帼劳模宣讲等一系列职工家庭文化活动，积极引导广大职工群众注重家庭、注重家教、注重家风。广泛开展寻找四川省“最美职工家庭”活动，深入挖掘各级劳模、先进、工匠、技能人才中的优秀职工家庭，发挥女劳模在社会和家庭中的双重引领作用。

（四）四川各级工会组织助力女劳模成长

一直以来，四川各级工会组织高度重视劳模和劳模工作，积极挖掘、选树和宣传女劳模，多措并举助力女劳模成长。自 2007 年起，持续开展四川省五一巾帼标兵岗（标兵）选树工作，为全国五一巾帼奖评选做好人才储备，其中“最美焊花”四川川锅高级技师唐成凤、蜀道集团压路机手陈约均等多名优秀女职工从四川省五一巾帼标兵成长为全国劳模；2019 年起，每年开展“四川省五一巾帼创新工作室”争创活动，迄今为止，已创建省级五一巾帼创新工作室 60 家，切实发挥女劳模、女先进、女工匠的示范引领作用，激励和带动女职工成长成才；打造了四川巾帼劳模工匠故事集《“她”从时代中走来——天府巾帼故事》，被中国工人出版社纳入中国劳模工匠系列丛书在全国公开出版；在四川电视台连续开设“花开天府・五一巾帼故事——‘她说’”特别节目，生动讲述劳模成长奋进的故事；举办全省女职工“拼经济、搞建设、促发展”创新交流研讨，带动更多女职工以“拼”的精神投身经济建设主战场；持续开展四川省女职工“我学、我练、我能”职业技能大赛，连续 4 年被纳入省级一类大赛，为挖掘和选树优秀技能人才搭建平台。

四、四川省女劳模工作的展望

劳动模范是民族的精英、人民的楷模，是共和国的功臣。劳模工作是党委和政府赋予工会的一项光荣任务，四川各级工会始终高度重视女劳模工作，坚持不懈、尽心尽责为女劳模服务，当好女劳模的“娘家人”，在全社会大力营造学习女劳模、尊重女劳模、关爱女劳模的浓厚氛围。

（一）把握正确政治方向，坚持党对女劳模工作的全面领导

工会是中国共产党领导的职工自愿结合的工人阶级群众组织，是中国共产党联系职工群众的桥梁纽带。劳动模范是职工群众中的杰出代表，要做好女劳模工作，必须始终坚持党对女劳模工作的全面领导，要在政

治立场、政治方向、政治原则、政治道路上同以习近平同志为核心的党中央保持高度一致，切实把党的全面领导贯彻落实到女劳模工作的各领域、各方面、各环节，推进女劳模工作制度化、规范化、科学化，不断推动女劳模工作取得新的更大突破。

（二）加强选树宣传，大力弘扬劳模先进的榜样力量

党的十八大以来，习近平总书记多次强调要崇尚劳动，尊重劳动者，努力让劳动者实现体面劳动，强调技术工人队伍是支撑中国制造、中国创造的重要力量，要大力弘扬劳模精神、劳动精神、工匠精神。四川在劳模选树工作中，要充分发挥工会女职工组织的优势和作用，积极参与挖掘推荐，切实推动女劳模比例的提高，既要重视先进操作技能的技术能手，也要重视在平凡岗位上作出突出贡献的普通劳动者，形成积极贡献争当劳模的鲜明导向。要铸牢中华民族命运共同体意识，做好民族地区女劳模的挖掘选树工作。持续开展好以“劳动创造幸福”为主题的巾帼劳模宣传宣讲等活动，宣传好新时代的伟大变革，传播好党的声音，讲好巾帼劳模故事，树立以辛勤劳动为荣、以好逸恶劳为耻的荣辱观念，推动全社会形成崇尚劳动、尊重劳动的良好氛围。

（三）搭建发展平台，充分发挥女劳模的骨干带头作用

围绕习近平总书记提出的“四个发力”要求，持续深化“科技创新巾帼行动”，加大各级各类女职工创新工作室培养力度，积极选树“四川省五一巾帼创新工作室”，打造以省级工作室为引领，各级工作室为支撑，横向协同、纵向联动的立体化工作格局。深入推进产业工人队伍建设改革，围绕国家重大战略、重大工程、重大项目、重点产业，聚焦女职工集中的行业和工种，广泛深入持久开展四川省女职工“我学、我练、我能”劳动和职业技能竞赛。扎实开展省级“五一巾帼标兵岗（标兵）”创争活动，加大培育选树力度，为争创更多的“全国五一巾帼标兵岗（标兵）”打下基础。开展“巾帼劳模工匠助企行”活动，助力企业和行业技能水平的提高。

（四）提升关爱服务，着力回应对美好生活的向往需求

要坚持以人民为中心的发展思想，认真履行工会维护职工合法权益、竭诚服务职工群众的基本职责，推动提高女劳模的生活品质，着力解决她们的急难愁盼问题，满足她们对美好生活的向往。不断提升对女劳模的关心关爱服务水平，要在经济上、社会上给予一定的待遇和认可，进一步增强劳模的荣誉感、获得感和幸福感；要加大对困难女劳模的慰问和帮扶力度，切实为她们办实事、解难事；要大力推动用人单位开展爱心托管托育服务，为女劳模解决后顾之忧和现实困扰。

（五）强化数字赋能，不断提升女劳模工作的数字化水平

习近平总书记指出："数字技术正以新理念、新业态、新模式全面融入人类经济、政治、文化、社会、生态文明建设各领域和全过程，给人类生产生活带来广泛而深刻的影响。""十四五"规划纲要专门设置"加快数字化发展　建设数字中国"篇章。四川要充分认识加强女劳模工作数字化建设的重要性和紧迫性，顺应数字化发展趋势，结合工会系统数字化建设工作，找准数字赋能女劳模工作的切入点、结合点和着力点，充分运用数字化技术，高效、实时、精准地为广大女劳模提供更加智能化的服务。

党的二十大报告提出"培养造就大批德才兼备的高素质人才，是国家和民族长远发展大计"，四川将继续坚持尊重劳动、尊重知识、尊重人才、尊重创造，在四川全面落实成渝地区双城经济圈建设国家战略，深入实施"四化同步、城乡融合、五区共兴"发展战略，深入推进新型工业化、加快建设现代化产业体系中，培树一批素质高、业务精、能力强的女劳模，充分发挥她们的示范引领和骨干带头作用，带领广大女职工在平凡岗位上脚踏实地、埋头苦干，为在新的征程上奋力谱写四川发展新篇章贡献巾帼力量！

参考文献

［1］成渝蓝皮书编辑委员会. 成渝地区双城经济圈发展报告（2022）［M］. 北京：社会科学文献出版社，2023.

［2］白婉苹. 四川省第七次全国人口普查主要数据结果新闻发布会［N］. 四川日报，2021-5-27（2）.

［3］周明长. 三线建设与四川省城市现代化［J］. 当代中国史研究，2014，21（01）.

［4］汶川特大地震四川抗震救灾志编纂委员会. 汶川特大地震四川抗震救灾志·总述大事记［M］. 成都：四川人民出版社，2018.

［5］全国总工会女职工部，全国妇女联合会宣传部. 巾帼劳模时代特征和成长规律研究报告［M］. 北京：中国工人出版社，2022.

贵州篇

多彩贵州“她”最美 “黔”进先锋女劳模

“妇女能顶半边天”，这是毛泽东主席对中国女性的高度赞誉。在中国共产党领导人民进行革命、建设、改革的百年历程中，女性力量及其作用举足轻重，她们用自己的劳动铸就了辉煌，在中华民族发展史册上书写着浓墨重彩的壮丽篇章。巾帼劳模作为中国妇女的杰出代表，是中国妇女参加社会生产劳动的模范带头人，是引领妇女解放、促进妇女全面发展的时代标兵。

新中国成立后，在黔山秀水美丽的红土地上，广大妇女积极响应中国共产党的号召，投身各种社会劳动，涌现出一批来自工农业、教育、交通运输、商业等领域的巾帼劳模。她们以建设、改革、发展、创新为己任，立足本职、忘我工作，刻苦求知、勇攀高峰，严于律己、无私奉献，把对国家和民族的热爱书写在贵州大地上，用先进思想和模范行动为全省人民树立起一面面光辉旗帜，撑起贵州发展的“半边天”。在爱国增产节约、技术革新和劳动竞赛中，巾帼劳模身先士卒、奋勇当先；在改革创新的征途上，踔厉奋发、勇毅前行；在科技攻关的前沿，自强不息、不惧挑战；在脱贫攻坚的路上，不畏劳苦、率先垂范。她们不仅创造了巨大的物质财富，而且创造了巨大的精神财富，为国家富强和人民幸福立下了不朽功勋。她们是千千万万女性劳动者的杰出代表，是中国共产党领导的女职工工作在贵州大地的生动实践。梳理贵州巾帼劳模发展历程，探索其成长规律和历史经验，感受其无私奉献的家国情怀和炽热豪迈的情愫，切实把全省思想和行动统一到党的二十大精神上来，把智慧和力量凝聚到党的二十大确定的目标任务上来，为推进中国式现代化的贵州实践注入强大精神动力。

一、贵州省巾帼劳模成长历程

在党的领导下，广大贵州妇女以巾帼不让须眉的豪情和努力，在经济领域、文化领域、科技领域及服务、制造领域等各行各业发挥聪明才智，挥洒热血汗水，与祖国共命运，与时代同发展，在历史舞台上绽放芳华，涌现出大批优秀、卓越、独立的巾帼劳模，谱写了璀璨的奋斗篇章。新中国成立以来，贵州累计培养了女性全国劳动模范、女性全国五一劳动奖章获得者和全国五一巾帼标兵533人。其中全国劳动模范有（含全国先进工作者）130人，全国五一劳动奖章获得者有女性88人，全国五一巾帼标兵（含全国女职工建功立业标兵和全国五一巾帼奖获奖者）有157人；全国五一巾帼标兵岗（含全国女职工建功立业标兵岗和全国五一巾帼奖状）有158个。这些沉甸甸的荣誉是贵州女性以铿锵姿态扎实地撑起了贵州经济社会发展的半边天的历史见证。

全国劳动模范李桂莲、余留芬、邓迎香、张胜林等是贵州巾帼劳模的典型代表，她们是各自战线上的排头兵、攻坚队，或用勤劳汗水浇灌土地、幸福生长，或用柔弱双肩扛起责任、弘扬美德，或用坚韧毅力突破艰难、破浪前行，或用高新科技助力攻坚、成就伟业。鉴于此，本篇以新中国成立以来贵州的全国劳动模范（含全国先进工作者）为代表进行分析，展示党的领导下巾帼劳模在中华民族伟大复兴中的责任和担当。从1950年举办第一届全国工农兵劳动模范代表会议开始，贵州累计培养了全国劳动模范721人。从1956年全国先进生产者代表会议贵州产生首批女劳模开始，至今累计培养巾帼全国劳模130人，占贵州全国劳模总人数的18%。

贵州130名巾帼全国劳模出现于不同的时代，其中社会主义革命和建设时期45人，改革开放和社会主义现代化建设新时期59人，中国特色社会主义新时代26人。这些巾帼劳模成长在不同的年代，社会主义革命和建设时期，妇女政治和经济地位大幅度提升，她们全面参与社会主义经济建设热情迸发；改革开放和社会主义现代化建设新时期，党和国家高度重视妇女的进步与发展，不断优化妇女发展环境，使其成为改革开放时代大潮的弄潮儿；中国特色社会主义新时代，妇女在政治、经济、文化、社会和家庭生活各领域的平等权利得到更好实现，激励其以勇立新功的豪情壮志投身到民族复兴的伟业之中。

（一）社会主义革命和建设时期贵州巾帼劳模群体的产生

1. 贵州巾帼劳模群体产生的历史背景

新中国的成立，标志着工人阶级和劳动人民真正成为国家的主人。

人民群众当家作主主人翁意识的觉醒，使其在不同岗位上，以崭新的姿态积极劳动，依靠勤劳的双手建设祖国，创造美好幸福的生活。

中国共产党始终把妇女解放作为无产阶级革命运动的重要组成部分。1949年9月，中国人民政治协商会议通过的《共同纲领》，具有新中国临时宪法的性质。它在总纲中规定："中华人民共和国的一切权力属于人民。"总纲第六条明确指出："中华人民共和国废除束缚妇女的封建制度。妇女在政治的、经济的、文化教育的、社会生活的各方面，均有与男子平等的权利。实行男女婚姻自由。"《共同纲领》为确立妇女权利的保障机制奠定了基础。1950年4月，《中华人民共和国婚姻法》提出"夫妻为共同生活的伴侣，在家庭中地位平等""夫妻双方均有选择职业、参加工作和参加社会活动的自由"，对提高妇女的家庭和社会地位极为有益。1950年6月，中央人民政府通过了《中华人民共和国土地改革法》，规定土地按人口平均分配，农村妇女与男子享有同等的土地所有权和支配权，使受封建压迫和剥削最深重的妇女找回了自己做人的尊严。1953年2月，中央人民政府通过《中华人民共和国全国人民代表大会及地方各级人民代表大会选举法》，第一次明确规定了妇女享有选举权和被选举权，享有同男子一样管理国家事务和社会事务的权利。1954年9月，第一部《中华人民共和国宪法》诞生，规定妇女在政治、经济、文化、社会、家庭等五个方面同男子享有同等的权利，明确指出妇女与男子具有同样的劳动权利和受教育权利。劳动权利是妇女提高物质生活水平和社会地位，实现自身解放的基本保障；受教育权利是提高妇女素质的重要途径，也是提高妇女地位的必然要求。

吃苦耐劳是中华民族生存发展的文化基因，勤俭持家是中国人民安身立命的传统美德。新中国成立以前，妇女的辛勤付出在很大程度上被"男尊女卑"的思想掩盖。新中国成立以后，中国共产党积极倡导马克思主义妇女观和劳动观，大力贯彻男女平等思想，从立法上给予女性平等地位，这些伟大举措深刻改变了受到封建传统束缚数千年的妇女旧观念，帮助她们认识到劳动的价值和在劳动中自我实现的价值，从而为巾帼劳模群体的产生奠定了坚实的思想基础。

1949 年 11 月 15 日，中国人民解放军进驻并接管贵阳市，标志着国民党反动派在贵州的统治彻底结束。到 12 月下旬，贵州省 80 个县（市）全部获得解放，彻底结束了这片土地上劳动人民受剥削阶级统治的阴暗历史。1955 年息烽县养龙司乡堡子村实行男女同工同酬。1956 年，相关文章被编入中共中央办公厅出版的《中国农村的社会主义高潮》一书，毛泽东写下了“这篇文章不长，容易看，建议各乡各社普遍照办”的按语，为在新中国倡导男女平等打下了基础。在中国共产党领导下，从阶级压迫、民族压迫和男权压迫下解放出来的贵州妇女，开始作为一支重要力量，积极投身于新中国建设的伟大进程。在“劳动光荣、不劳动耻辱”和“妇女能顶半边天”思想激励下，贵州广大妇女爆发出前所未有的劳动热情和生产积极性，她们踊跃参加生产建设，充分展现自己的聪明才干，在不同战线涌现出一批走在时代前列的劳动模范和先进生产者。

2. 贵州巾帼劳模群体基本状况

1956 年 4 月 30 日，全国先进生产者代表会议在北京举行，贵州参加会议的先进生产者代表共计 46 名，其中女性 3 名。

1959 年 10 月 25 日，全国工业、交通运输、基本建设、财贸方面社会主义建设先进集体和先进生产者代表大会（全国群英会）在北京举行，贵州参加会议的英模代表共计 75 名，其中女性 20 名。

1960 年 6 月 1 日，全国教育和文化、卫生、体育、新闻方面社会主义建设先进单位和先进工作者代表大会（全国文教群英会）在北京举行，贵州参加会议的英模代表共计 69 名，其中女性 21 名。

1978 年 3 月 18 日，全国科学大会在北京举行，贵州参加会议的先进科技生产者代表共计 23 名，其中女性 1 名。

3. 巾帼劳模形象特征：爱国、苦干

社会主义革命和建设时期，贵州省涌现出来的巾帼劳模大多生在旧中国，新中国的成立给她们带来了翻天覆地的变化。这些原本生活在闭塞落后大山里的劳动妇女经历了新旧社会两重天的强烈对比，更加珍惜来之不易的幸福生活，她们满怀对党的感恩之心，衷心拥护党的领导，深切热爱刚刚成立的中华人民共和国。她们把这份热情有机融入自己的本职工作之中，展现出感恩爱国、吃苦耐劳的精神面貌，呈现出显著的爱国加苦干的群体形象特征。来自贵阳市的女浴室服务员芦英曾经说："是党，把我从苦难中救了出来，给我指出了光明大道，我一定永远听党的话，做好党交给我的工作。"她还经常对新参加工作的女服务员说："只要想起在旧社会那牛马不如的生活，再想想党给我们带来的幸福生活，我就更加热爱这'伺候人'的工作，并且决心干一辈子。"

（二）改革开放和社会主义现代化建设新时期贵州巾帼劳模群体的发展

1. 巾帼劳模群体发展的时代背景

党的十一届三中全会的胜利召开，实现了新中国成立以来党的历史上具有深远意义的伟大转折，开启了我国改革开放和社会主义现代化建设新时期，为广大妇女施展聪明才智开辟了宽广的道路、提供了良好的条件。当改革春潮在神州大地强烈涌动时，贵州省的农村和城市改革也拉开历史帷幕，并不断深入推进。在贵州省总工会和贵州省妇联的指导和关怀下，贵州各行各业的妇女充分认识到"改革需要妇女，妇女也需要改革，只有改革，妇女才有出路"的道理，积极参加"自尊、自信、自立、自强"教育活动，不断改变自卑依附、随遇而安的传统心态，焕发出日益增强的自主意识和进取精神。她们想方设法参加各种教育培训，认真学习科学文化知识，努力掌握先进实用的生产技术，不断提高自身素质，培养竞争能力，为兴黔富民作出了应有的贡献。

2. 巾帼劳模群体状况

1979 年 12 月 28 日，国务院表彰农业、财贸、教育、卫生、科研战线全国先进单位和全国劳动模范大会在北京举行，贵州参加会议的代表有 8 名，其中女性 1 名。

1989 年 9 月 28 日，全国劳动模范和全国先进工作者表彰大会在北京举行，贵州参加会议的代表共计 57 名，其中女性 9 名。

1995 年 4 月 29 日，全国劳动模范和全国先进工作者表彰大会在北京举行，贵州参加会议的代表共计 58 名，其中女性 10 名。

2000 年 4 月 29 日，全国劳动模范和先进工作者表彰大会在北京举行，贵州参加会议的代表共计 59 名，其中女性 13 名。

2005 年 4 月 30 日，全国劳动模范和先进工作者表彰大会在北京举行，贵州参加会议的代表共计 59 名，其中女性 14 名。

2010 年 4 月 27 日，全国劳动模范和先进工作者表彰大会在北京隆重举行。胡锦涛等党和国家领导人为受表彰的全国劳动模范和先进工作者代表颁发荣誉证书。贵州参加会议的代表共计 60 名，其中女性 12 名。

3. 巾帼劳模形象特征：创新、实干

改革开放和社会主义现代化建设新时期，改革春风激发了刚刚经历过“文化大革命”曲折的贵州妇女的工作热情，农村联产承包责任制的普遍推广和城乡改革的不断推进，让劳动群众深刻感受到勤劳致富的现实可能。党和国家注重提高妇女科学文化素质和广泛吸收知识女性参与社会政治生活的举措，进一步提升了妇女群体的创造活力。

改革开放给贵州广大妇女带来了前所未有的观念冲击，使她们充分认识到只有打破原来固有的思想藩篱，进行创造性的工作才能取得更好的成效，因此这个时期的贵州巾帼劳模呈现出创新加实干的整体形象特征。如望谟县复兴镇第二村村长黄绍芬依靠科学和苦干带领群众大力发展商品生产，成就远近闻名的蔬菜专业村，全村百姓因此走上了脱贫致富的道路。又如贵州省农业科学院的李桂莲，积极钻研蔬菜育种及研究栽培技术，最终成长为贵州省著名蔬菜专家和贵州反季节蔬菜的创始人。她先后主持和参加蔬菜研究项目 30 余个，累计培训科技二传手、农民 30 多万人（次），推广反季节蔬菜 1000 多万亩，总产值 200 多亿元，产生了巨大的经济效益和社会效益。贵州省农村综合经济信息中心的段露雅，身体看似单薄，甚至有些弱不禁风，却率领团队克服重重困难，将贵州农经网打造成全国知名网站，惠及贵州千万农民。

（三）中国特色社会主义新时代贵州巾帼劳模群体的壮大

1. 巾帼劳模群体壮大的背景

2012 年 11 月 8 日，中国共产党第十八次全国代表大会在北京胜利召开，这次大会标志着中国特色社会主义进入新时代。党的十八大以来，我国社会主要矛盾发生了转变，由人民日益增长的物质文化需要同落后的社会生产之间的矛盾，转变为人民日益增长的美好生活需要和不平衡不充分的发展之间的矛盾；中华民族迎来了从富起来到强起来的伟大飞跃。进入中国特色社会主义新时代，贵州省的主要目标是坚决打赢脱贫攻坚战，与全国人民同步进入全面小康社会，在此基础上向着中华民族伟大复兴的远大目标不断奋进。这个宏伟的奋斗目标不断激励着贵州各族劳动群众，在新的征程上发挥自己的智慧和力量，同时为贵州巾帼劳模群体的发展壮大提供了更加广阔的舞台。

2. 巾帼劳模群体状况

2015 年 4 月 28 日，庆祝“五一”国际劳动节暨表彰全国劳动模范和先进工作者大会在北京举行。贵州参加会议的代表共计 60 名，其中 14 名女性。

2020 年 11 月 24 日，全国劳动模范和先进工作者表彰大会在北京人民大会堂隆重举行。习近平总书记强调，光荣属于劳动者，幸福属于劳动者。社会主义是干出来的，新时代是奋斗出来的。劳动模范是民族的精英、人民的楷模，是共和国的功臣。我国是人民当家作主的社会主义国家，党和国家始终坚持全心全意依靠工人阶级宗旨，始终高度重视工人阶级和广大劳动群众在党和国家事业发展中的重要地位，始终高度重视发挥劳动模范和先进工作者的重要作用。贵州参加会议的代表共计 50 名，其中 12 名女性。

3. 巾帼劳模形象特征：忠诚、担当

中国特色社会主义进入新时代，贵州首先承担着打赢脱贫攻坚战、与全国人民同步进入全面小康社会的历史重任。这个时期涌现出来的巾帼劳模突出表现为对党忠诚，始终不忘共产党人为人民服务的初心使命，以敢于担当、勇挑重担的昂扬斗志投身脱贫攻坚战，把人民群众对美好生活的向往转化为辛勤工作的不竭动力，呈现出忠诚与担当的整体形象特征。如扎根盘州市淤泥彝族乡贵州岩博酒业有限公司董事长余留芬和被誉为“当代女愚公”的罗甸县沫阳镇麻怀村党支部书记邓迎香，她们坚守家园，把人民对美好生活的向往作为最真挚的初心、最坚定的信仰、最崇高的使命，带领村民斗穷山、战贫困、谋发展、奔小康，以实际行动诠释了新时代巾帼劳模对党忠诚、信念坚定、心系群众、勇于担当的优秀品质。

二、贵州省巾帼劳模群体分析

（一）结构分析

从性别占比、区域分布、民族分布、行业构成、政治面貌等方面对贵州巾帼劳模进行分析，有助于从整体上掌握其群体特征。

1. 性别占比

分析贵州巾帼劳模在劳模群体中的占比，对于了解贵州女性解放和成长，具有重要意义。总体来看，1979 年以前，贵州巾帼劳模总体占比不算高，从 1950 年参加全国工农兵劳动模范代表会议到 1979 年各战线劳动模范会议，贵州各行业共产生劳模和先进工作者 316 名，其中女性 56 名[①]，约占 17.7%。1956 年参加全国先进生产者代表会议 3 人，约占 6.5%；1959 年全国工业交通等方面社会主义建设先进集体和先进生产者代表大会 20 人，约占 26.7%；1960 年参加全国文教群英会 21 人，约占 30.4%；1978 年全国科学大会和 1979 年各战线劳动模范会议，各有 1 名女性代表。

2000 年以来全国劳动模范和全国先进工作者中女性占比稳步提升到 20% 以上，女性在先进工作者中的占比远超在劳动模范中的占比。1989

① 1979 年至 1989 年，全国劳动模范评选暂停。考虑到时间上的相近和分析的完整，1979 年农业先进代表人物黄建务，从时间上讲应该属于本篇所指的第一阶段，故把她纳入 1979 年前的数据进行分析。

年以来，全国劳动模范和先进工作者表彰大会共举行了 7 次。贵州共产生全国劳动模范和先进工作者 403 人，其中女性 84 人[①]，占 20.8%。1989 年女性（9 人）占 17.8%，2020 年（12 人）占比提升至 24%。在 7 届表彰大会上，共产生女劳模 42 人（占 15.11%）、女性先进工作者 42 人（占 33.6%），先进工作者占比明显高于女劳模占比。最为突出的是 2020 年，当年贵州共产生女劳模 3 人和女性先进工作者 9 人，分别占 7.5% 和 45%。

2. 区域分布

以区域为考察对象，以 1989 年以来 7 届全国劳动模范和先进工作者表彰大会产生的 84 名巾帼劳模为分析对象，发现具有如下特征：多数分布在贵阳，其余散布在各市（州）。分布最多的贵阳市有 29 名巾帼劳模，其次为黔东南苗族侗族自治州 10 人、遵义市 9 人、毕节市和黔西南布依族苗族自治州各 8 人，最后为安顺市和六盘水市各 6 人、黔南布依族苗族自治州 5 人、铜仁市 3 人。

3. 民族分布

贵州是一个多民族省份，有苗族、布依族、侗族、土家族、彝族、仡佬族、水族等 17 个世居少数民族。考察巾帼劳模民族构成，对下一步工作中推进民族地区少数民族巾帼劳模培养、充分发挥带头示范作用具有重要的意义。总体上看，少数民族巾帼劳模约占贵州巾帼劳模总数的 19.1%，与全国平均水平接近。从 1989 年以来，涌现巾帼劳模较多的少数民族是布依族 6 人，苗族 6 人，土家族、彝族、仡佬族、白族各有一位巾帼劳模。

4. 行业构成

对 84 位巾帼劳模行业构成进行分析，从中发现一些重要特征。其一，巾帼劳模集中于部分行业领域。医疗卫生（15 人）、教育（13 人）、科学研究与科研管理（11 人）、一线工人（10 人）和财贸金融（10 人）

---

① 考虑到数据的可获得性和完整性，这里的 84 人是 1989 年以来历届全国劳动模范和先进工作者入选者，不含 1979 年入选者黄建务。

等领域巾帼劳模涌现较多，五大领域占比超过 70%。其二，前期巾帼劳模主要涌现在工业、农业、教育、医疗卫生等基础性人才领域，高技术人才、管理人才则在后期逐渐涌现。以 2015 年和 2020 年两届全国劳动模范和先进工作者表彰大会产生的巾帼劳模为例，从事生产管理和企业管理的较多。这一特点与全国劳模行业分布特征相符。

5. 政治面貌

据有关信息统计，对贵州巾帼劳模的政治面貌进行分析，发现中共党员占绝大多数，充分体现了党员在女性群体中所起的先锋模范作用。

（二）成长因素分析

回顾各个历史时期贵州巾帼劳模群体的成长，发现其既受到党的宣传教育和革命老区深厚红色基因的影响，也源于其坚定的理想信念、甘于奉献的精神，女性自强不息的坚强毅力，以及工会的培养和选树。

1. 党的培育培养是根本保证

习近平总书记指出："在长期实践中，我们培育形成了爱岗敬业、争创一流、艰苦奋斗、勇于创新、淡泊名利、甘于奉献的劳模精神。"事实上，劳模精神的形成和广大劳动模范的成长，也离不开党长期以来的宣传教育和培育培养。在社会主义革命和建设时期，在党的领导下广泛开展的劳动竞赛、劳模评选等活动，通过对先进典型事例的大力弘扬和表彰，宣传劳模精神，以此教育和引领广大劳动者向劳模学习。实践证明，劳模的成长从根本上讲离不开党的宣传教育和培育培养。纵观历届评选出来的贵州巾帼劳模政治面貌，多数是优秀的中国共产党党员，是在党的领导下不断成长的先进模范人物。

2. 坚定的理想信念是关键因素

巾帼劳模的成长，首先在于具有坚定的理想信念。习近平总书记指出："心中有信仰，脚下有力量。"在各个不同历史时期，不懈追求中国人民解放事业和中华民族伟大复兴，坚定马克思主义信仰和对共产主义必将实现的远大理想追求，是包括巾帼劳模在内的全党全国各族人民的理想信念和坚定追求。正如农业科技工作者李桂莲所言："只有将个人的志向同社会的进步、人民的利益和党的需要结合起来，个人的奋斗目标才能有正确的方向和真正的动力，有了远大的革命理想，还必须与务实精神结合起来。”纺织女工张莲珍、酿酒厂包装工张志慧、汽车场工人祝济英、乡村医生李春燕、中学教师张玉梅、清洁工人万道琴……无论身处何种工作岗位，她们都具有坚定的理想信念，督促巾帼劳模在不同时期的不同工作岗位上不断成长。其次得益于甘于奉献的无私精神。农业科技工作者李桂莲，通过早熟蔬菜培育和推广，长期扎根罗甸等多个县市区，积极帮助农民致富，推动地方经济发展，在多年科技帮扶工作中，无私奉献、不计报酬。无论是上门指导、示范，还是办培训班讲课，都不要一分报酬。罗甸县委、县政府鉴于她的突出贡献，决定每月给予李桂莲36元补助，但李桂莲坚决不要。1984年春节期间政府领导将补助送到她手上时，她将其全部捐赠给了罗甸小学。次年，李桂莲更是将单位发的技术服务费一同捐赠给了罗甸县八里乡用于发展生产。正是这种坚定的理想信念和甘于无私奉献的精神，鼓舞和激励着一代代巾帼劳模不断成长。

李桂莲（中）在大棚里进行指导

3. 红色基因传承是精神土壤

地处祖国西南腹地的贵州，在探求民族解放和民族复兴大业中作出了自己的贡献。百年中国革命史，贵州书写了浓墨重彩的一笔。在新民主主义革命时期，一代代革命先烈前仆后继，为探寻民族解放大业不懈斗争。革命时期爆发的全国性爱国民主运动，贵州各界广受鼓舞、积极响应，以“爱国”“进步”为核心的红色基因在贵州萌芽。中国共产党成立后，基层党组织积极在贵州开展革命活动。红军长征时期，在贵州召开了遵义会议，确立了毛泽东在党和红军中的领导地位，在中国革命最危急的关头挽救了党，挽救了红军，挽救了中国革命。抗日战争和解放战争时期，贵州先辈走向抗敌前线，在敌人的炮火中践行了英勇抗敌、不怕牺牲的精神。

总之，红色基因不断影响和激励着一代代贵州人在追求进步的不同历史阶段贡献自己的全部力量。新中国成立后，巾帼劳模群体的成长，深受贵州革命老区红色基因和红色文化的涵养，激励和鞭策着巾帼劳模群体在自己的工作岗位上不断作出更大贡献。

4. 女性自强不息是前进动力

习近平总书记指出：“妇女是人类文明的开创者、社会进步的推动者，在各行各业书写着不平凡的成就。”习近平总书记这一论断，对妇女在人类文明和社会历史发展中的作用，作出了全新的高度概括。就贵州巾帼劳模群体的成长而言，她们身上鲜明地体现出广大女性自强不息的坚韧毅力、奋力拼搏的勇气、开拓创新的精神。

贵阳金阳济英创业服务中心经理祝济英，便是这样的典型。1995年，祝济英下岗后，她并没有任何抱怨，而是迅速转变择业观，与12名下岗姐妹走上了为车站和车辆保洁的再就业之路。祝济英每天一大早就到场里去，挨个清扫客运汽车，洗座套、淘沟，一直干到晚上10点多。别人拿钱她干，别人不拿钱请她缝补篷布她也干。1998年，在祝济英的带动下，场里的20来个姐妹与她一道成立了“济英保洁中心”，开始承接对外的清洁工作，创业的艰辛逐渐有了回报。尝到创业甜头的祝济英，为了给下岗姐妹提供更多的岗位，就想把事业做大。2002年，为配合金阳新区的建设和发展，她成功创建了贵阳金阳济英创业服务中心，吸纳国有企业下岗职工66人，当地拆迁农民工99人。祝济英保持和发扬工人阶级的优良作风，长期工作在最脏、最苦、最累的一线岗位上，使服务中心以优质的服务，为当地经济的发展和社会的稳定作出了较大贡献，书写了从“下岗”到“创岗”的精彩人生。祝济英不但实现了自己人生的华丽转变，还带领下岗姐妹共同发展，当选为全国劳动模范。

（三）巾帼劳模的时代价值

贵州巾帼劳模所发挥的导向作用、示范作用和凝聚作用，产生极大影响，她们在全面打赢脱贫攻坚战，谱写多彩贵州现代化建设新篇章中作出了重要贡献。

1. 巾帼劳模导向作用

树立模范和典型的意义，在于能够发挥其对时代和社会的导向引领作用。不同时期的贵州巾帼劳模，为社会树立起了尊重女性劳动创造的新风尚。新中国成立后，“妇女能顶半边天”，女性开始作为中坚力量广泛参与到社会主义革命和建设的伟大事业中来。1960 年受表彰的全国教育、文化、卫生、体育、新闻方面社会主义建设先进工作者贵州代表中，女性有 20 人，占贵州代表总数的 29%。充分说明在文教卫生战线，贵州新女性已经成为可以与男性比肩的重要力量。正是巾帼模范所发挥的导向作用，激励着贵州女性在不同战线上作出新的重要贡献。

2. 巾帼劳模示范作用

“模范”的本义，便是指在工作学习中值得效仿的人物或事迹。巾帼劳模是劳动业态中优秀女性的代表，所起到的带头示范作用迄今仍具有重要的意义和价值。

女劳模李春燕是黔东南苗族侗族自治州从江县雍里乡大塘村的一名乡村医生。2004 年 10 月，在抢救一名早产儿时，面对羊水和胎粪传染疾病的可能，她毫不迟疑地用嘴给孩子做人工呼吸，吸取他体内过多的羊水，挽救他的生命。作为一名党员，李春燕不仅治病救人，也积极发挥党员模范作用带领村民致富。大塘村拥有近 1000 亩的椪柑果园基地，但品种非常单一，且椪柑的成熟时间正值水果上市旺季，导致大量椪柑滞销，果农损失惨重，一筹莫展。李春燕在行医的同时，也开始思考大塘村产业发展的问题。2008 年，李春燕承包了 150 亩果园，为了改变过去水果品种单一的问题，分别试种夏橙、无籽椪柑、温州柑等新品种。经过几年的努力和尝试，终于发现温州柑最适宜当地气候，而且能够为群众带来很高的收益。在她的带头示范下，大塘村果农也逐渐转变了思想观念。现在大塘村水果品种越来越丰富，果农收入也不断增加。为了让更多村民尽快富裕起来，李春燕夫妇还带头创办了一个肉猪养殖场。她协同村“两委”积极向有关部门争取政策扶持，帮助群众解决销售问题。在她的带领下，现在大塘村家家户户都养有至少 5 头肉猪，有 5 家农户养猪超过 30 头，养猪成为群众增收致富的又一个重要途径。

李春燕不仅用自己的高尚医德守护着一方百姓的生命健康，而且还发挥模范带头作用，用自己的智慧带领群众共同致富，展示了巾帼劳模在生产生活中的示范带动作用。

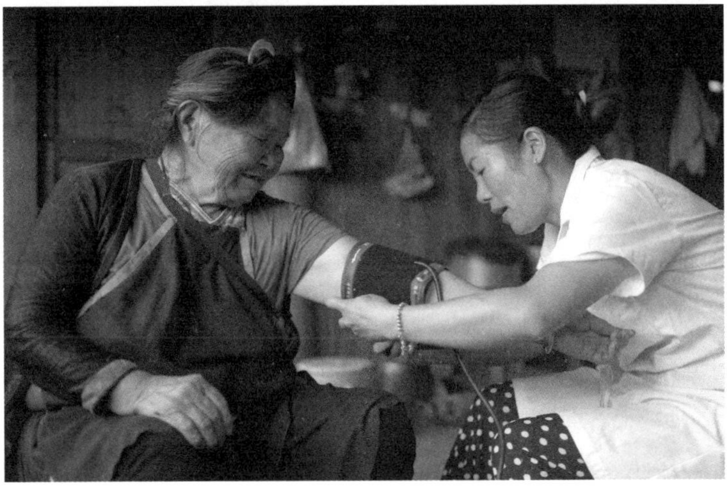

李春燕（右）上门为苗族群众进行健康检查

3. 巾帼劳模凝聚作用

长期以来，拥有不服输精神的贵州人民，在党中央和各级党委政府的坚强领导下，奋战在改变贵州“欠发达、欠开发”面貌的各条战线上，涌现出了一批批引领时代潮流的劳动模范。其中，巾帼劳模所起到的凝聚作用不容忽视。1969 年出生的余留芬，自 2001 年担任贵州省盘州市淤泥彝族乡岩博村村支书以来，充分发挥基层党组织的战斗堡垒作用，先后创办和发展矸石砖厂、特种养殖场、火腿加工厂、休闲山庄、岩博酒业等集体经济，岩博酒业推出的人民小酒成为中国白酒行业发展的品牌之一，通过联村党委等组织创新将村民纳入岩博酒业，共享改革发展成果，带领村民脱贫致富奔小康，凝聚了人心、团结了力量，将一个贫穷落后的空壳村变成了远近闻名的小康村、文明村。在中国共产党坚强领导下的巾帼劳模，在不同历史时期发挥的示范引领作用，有力促进了贵州妇女进步事业和区域经济社会的发展。

余留芬（左）在车间与科研人员研究改进白酒生产技术

（四）贵州巾帼劳模群体形象

前面已经对贵州巾帼劳模的结构、成长因素及其所体现的时代价值进行了分析，下面对贵州巾帼劳模在政治思想、生产工作和日常生活三个方面的整体形象进行分析。

1. 积极追求政治进步，贯彻落实党和国家方针政策

不同时期的贵州巾帼劳模，在政治上思想上主要表现为积极追求进步，努力贯彻落实党和国家方针政策。1979 年全国农业劳动模范黄建务，她是“高干子女，初中毕业后就响应毛主席的伟大号召，走上山下乡的星光大道，从首都北京毛主席的身边下到内蒙古自治区土默特左旗

落户，后又随其父来到条件差的高寒山区贵州大方理化公社”，简短的材料，勾勒出了女青年积极响应伟大领袖号召投身到上山下乡、支边务农等国家重要工作之中，不断追求进步并取得突出成绩的形象。

胡天英是罗甸县沫县区沫阳乡罗沟村党支部书记，罗甸县人民政府于1989年6月27日在给胡天英出具的女劳模推荐函中写道：“胡天英同志在党的十一届三中全会路线、方针、政策的指引下，积极响应党的号召，相信科学，大力发展早菜生产，积极传播先进技术，带头勤劳致富，带领广大群众走向共同富裕的道路，为改变边远少数民族地区贫穷落后面貌作出巨大贡献。”胡天英正是在党的十一届三中全会后涌现出的模范典型，所取得的突出成绩体现了女职工积极追求进步、矢志投身家乡建设的昂扬风貌。

胡天英（中）指导村里留守儿童学习

刘永芳是兴仁市疾病预防控制中心副主任。作为兴仁市驻村时间最长、驻村次数最多、年龄最大的驻村女第一书记，她曾先后4次以驻村第一书记、工作队队长的名义分别到兴仁市潘家庄镇下溪村、马马崖镇哪鲁村开展驻村帮扶、乡村振兴工作。在驻村5年多的时间里，她始终恪尽职守，将责任心和使命感化作动力，千方百计带领村民增收致富。在驻村期间，刘永芳写下了35本200余万字的驻村日志，不仅记录着乡亲们的期盼诉求和村里的点滴变化，还记录了乡亲们脱贫致富奔小康的一个个感人故事。2021 年 8 月，由于疫情防控工作需要，刘永芳暂时告别了自己的驻村工作，被任命为兴仁市疫情防控消杀及环境整治组办公室主任、专业技术组组长、集中隔离观察场所感染防控巡察组副组长、专家组成员，日夜穿梭在集中隔离点、高速卡点、实验室、研判会、环境消杀、人员心理疏导等现场。是什么动力促使刘永芳奋战在工作的最前沿？她的回答很自信："因为我是一名从汶川地震灾区火线上走出来的共产党员。"2008 年汶川大地震时，正在贵州省疾控中心学习的刘永芳义无反顾地呈上"请战书"，奔赴重灾区彭州市白鹿镇开展抗震救灾防疫工作，并在灾区入了党，那时的她便在心里暗下决心："今后无论哪里有任务，哪里就是我的阵地；哪里最需要，哪里就有我的身影。"从那以后，刘永芳始终用行动践行着当初的诺言。

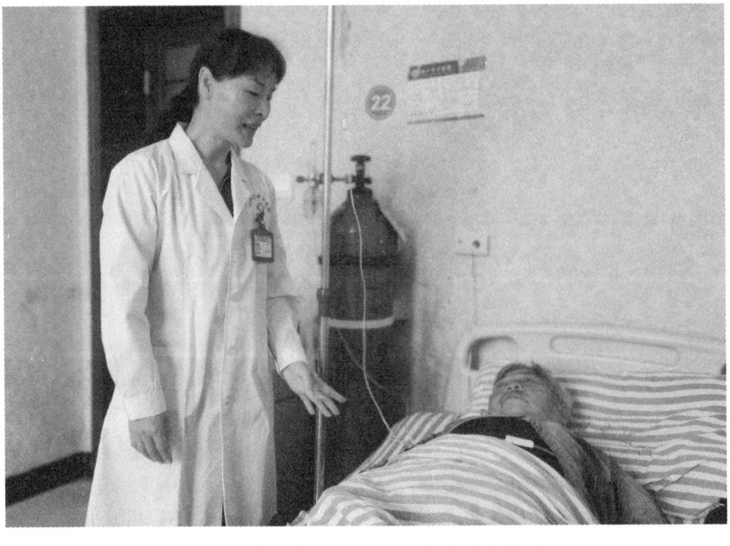

刘永芳（左）在病房了解患者康复情况

2. 坚持不懈努力奋斗，在岗位上作出不平凡的贡献

将贵州巾帼劳模作为一个群体进行观察，除少数人专职从事管理工作外，绝大多数是奋战在各个战线上的普通劳动者。在平凡的工作岗位上，作出不平凡的贡献，正是她们生产和工作中最真实的写照。贵阳二

中物理老师王小维“总是像一位高明的班主任那样引导着学生，教育着学生，如同一位善解人意的大姐姐那样与同学平等相处，且又热心地关心他们，细致入微地开导着他们，默默无闻地帮助他们”。她在平凡的中学教师工作岗位上，为社会主义教育事业发展和社会主义接班人与建设者的培养，作出了巨大的贡献。

截至 2022 年底，世界排名前 10 已建和在建的高桥中，贵州占了 4 座；排名前 100 的高桥里，将近一半在贵州。作为贵州桥梁建设集团有限责任公司总工程师、工程技术应用研究员，张胜林从大学毕业后，就扎根一线从事桥梁建设的相关工作，为贵州的交通建设作出了巨大贡献。在近 30 年的峥嵘岁月里，张胜林坚守铺路架桥初心，先后参与和主持修建了江界河大桥、广州新光大桥、重庆江津观音岩长江大桥、大小井特大桥、平塘特大桥等具有代表性的桥梁工程。先后荣获詹天佑奖、鲁班奖、古斯塔夫·林德撒尔奖等国内国际行业大奖，获得 2 项国家级工法、5 项发明专利，成为贵州交通建设者中最亮眼的巾帼英雄。成绩的背后，是张胜林对贵州这片土地的深爱，是立志改变贵州交通现状的初心始终不动摇。

张胜林（左二）在旗田大桥了解施工情况

范玉芬是贵州中烟工业公司毕节卷烟厂二车间机长。她负责的包装机是毕节卷烟厂里最陈旧的一台设备，机况差，产量一直很低。为改变这一状况，使自己在工作中游刃有余，不管工作多忙、多累，她都坚持学习包装机的理论知识和实际操作技能。有了丰富的理论知识储备，她工作起来更加得心应手。在一次生产中，正在高速运转的设备出现盒皮与铝纸衔接不到位的现象。当时，当班的维修工因事请假，如果等维修工回来修理，会影响正常的生产进度。范玉芬日常积累的理论知识派上了用场，她立即停机检查，很快发现是吸风的问题。找到症结所在后，范玉芬迅速排除了故障，设备很快就正常运转起来。“在质量上，100 减 1 不等于 99，而是 0。”范玉芬说，“做事要严谨细致，不能满足于‘差不多’。”她在工作中处处严格要求自己，每项工作都力求做到完美无缺。在节能降耗方面，她坚持从“一”做起，要求班组成员坚持从节约每一张盒皮做起，从点滴上抓好节能降耗工作；在设备维护方面，她始终坚持按规程规范操作，要求班组成员精心维护设备，针对设备老化、磨损严重等问题，把“日保”“周保”“月保”有机地结合起来。自 2002 年后，她负责的机台生产的产品出厂合格率达 100%，贵州省二级站抽检合格率达 100%，国家市场抽检合格率达 100%，因质量缺陷引起的退货率为 0。

在贵州经济社会发展的一线，有许多劳动模范像张胜林、范玉芬一样不懈奋斗，当先锋、打头阵、做表率。

3. 积极上进乐于助人，帮助他人解决实际问题

乐于助人是贵州巾帼劳模共同特点之一。她们在生活中热心帮助他人解决实际问题，将党的温暖送到他人心窝里。望谟县复兴镇第二村村支书黄绍芬，关心和帮助身边的困难群众的事迹被传为佳话。年过花甲的韦妈挑，大儿子不学好被逮捕判刑，二儿子混迹社会日夜不归家，三儿子厌学不求上进。韦妈挑家田地无人耕种管理，只能靠国家救济度日。在黄绍芬的帮助下，韦妈挑种了 6 分地的辣椒，虽然收成不好，却明显改善了家庭生活。韦妈挑大儿子出狱后，黄绍芬立即去做思想工作，鼓

励他帮助家里发展生产。老二、老三看到家庭情况好转，也相继回家共同从事生产，完全改变了整个家庭的贫穷状况。可以说，黄绍芬不仅是一个致富路上的带头人，还是位一心帮助邻里群众改善生活的热心人。

德江县城关学校教师牟永秀，节衣缩食给班上学生购买图书，并将上级给她的教学奖金作为班级奖学金发给努力学习的学生。从花溪区政协秘书科岗位退休后的车素珍，小区环境、卫生、治安等方面的问题，她都会去关心，都会去管，还与老伴一起，参加了贵州省仁爱助学协会、花溪阳光妈妈志愿者协会等民间公益组织，尽力关心边远山区留守儿童，经常捐钱捐物帮扶困难群众。贵州饭店集团田秋英、从江县雍里乡大塘村医生李春燕、遵义三红食品有限责任公司董事长胡广芬、贵州茅台酒股份有限公司高级技师任金素、有“当代女愚公”之称的罗甸县沫阳镇麻怀村党支部书记邓迎香……一串串名字，无不是以积极上进的态度直面生活，并帮助身边困难群众改善生活的热心人。

三、贵州省巾帼劳模工作历史经验

党的十八大以来，贵州举全省之力向绝对贫困发起总攻，如期全面打赢脱贫攻坚战，全力巩固拓展脱贫攻坚成果，分类分级推进乡村振兴，实现从总体小康到全面小康的历史性转变，创造了赶超跨越的“黄金十年”，与全国同步全面建成小康社会、实现第一个百年奋斗目标。贵州各级党委政府、工会组织高度重视巾帼劳模工作，在选树、宣传、管理巾帼劳模方面采取扎实有效的举措，从而在全社会形成了尊重劳模、关爱劳模的良好氛围。

（一）贯彻落实劳模培养选树工作要求，认真评选具有先进性、时代性、代表性的巾帼劳模

党中央、国务院和全国总工会关于劳模评选和培养的工作要求，是贵州巾帼劳模工作的基本遵循。贵州巾帼劳模评选严格贯彻“在坚持评选条件下适当注意评选一定数量的妇女”和“少数民族职工”的要求，着重选树在贵州政治建设、经济建设、文化建设、社会建设和生态文明

建设中作出突出贡献的女性劳动模范。社会主义革命和建设时期，把在恢复生产、节约增产、技术革新中作出突出贡献的优秀女性劳动者评选出来，激发女性工作积极性和创造性，呈现新时代“妇女能顶半边天”的火热场面。改革开放和社会主义现代化建设新时期，国家工作重心转移到以经济建设为中心上来，把“推动生产力和对社会主义建设事业作出贡献”的女性劳动者评选出来，进一步激发女性劳动者在解放生产力和社会主义现代化建设中的作用，李桂莲等巾帼劳模就是这一时期的杰出代表。中国特色社会主义新时代，把在贯彻新发展理念、深化供给侧结构性改革、实施乡村振兴战略和区域协调发展战略、全面建成小康社会中作出突出贡献的女性劳动者评选出来，展示女性劳动创造的风采，涌现出张胜林、余留芬等杰出巾帼劳模。新中国成立以来，贵州累计获评女性全国劳模 130 人，女劳模所占比例逐渐增大，女劳模的地域分布、民族比例也在逐渐增大。数据的变化不仅反映女性劳动者贡献巨大，还在于贵州严格贯彻落实党中央劳模工作精神，结合本地实际从奉献、敬业、精益求精、专注、传承、创新等方面选树巾帼劳模，引领更多职工积极投入中华民族伟大复兴事业。

（二）关爱巾帼劳模，营造全社会尊重、关心、崇尚巾帼劳模的良好社会氛围

贵州全面深入学习贯彻习近平新时代中国特色社会主义思想，深入学习贯彻习近平总书记关于劳模精神、劳动精神、工匠精神的重要论述，以及关于培养大国工匠和工匠人才的重要讲话和指示精神，大力弘扬劳模精神、劳动精神、工匠精神，掀起学习劳模的热潮，营造崇尚劳模的氛围，落实关爱劳模的政策，凝聚新时代贵州高质量发展的强大正能量。充分发挥女性劳动模范“半边天”的作用，教育广大女劳模听党话、跟党走，鼓励广大女劳模争先锋作贡献，引导广大女劳模讲团结促和谐，激发脱贫群众内生动力，调动参与高质量发展的积极性主动性创造性。贵州省总工会作为巾帼劳模的“娘家人”，不仅注重对巾帼劳模的培育，还为困难巾帼劳模的生活“兜底”，全省形成了尊重劳模、关心劳模、崇

尚劳模的浓厚氛围。重视和关心巾帼劳模身体健康。各级工会定期安排巾帼劳模体检，支持其参加有关部门组织的体检，确保她们的身体健康；实现疗休养全覆盖，安排巾帼劳模分期参加全国总工会、贵州省总工会组织的疗休养活动，保证其在长期繁重的劳动中得到短暂的休息。帮扶困难劳模，建立健全劳模生活保障机制，对患病医疗费用支出较大和发生重大变故造成生活困难的巾帼劳模，实施生活困难补助和特殊帮扶；开展互帮互助活动，组织有经济实力的劳模与困难的劳模结成帮扶队，帮资金、帮技术、帮项目等。支持巾帼劳模干事创业。对处在基层又想带领群众改变生活环境的巾帼劳模，予以大力支持。巾帼劳模邓迎香一直奋斗在改变故乡贫穷落后面貌的前线，在她的奋斗历程中，得到贵州各级党委政府的大力支持。贵阳市农业农垦投资发展集团对邓迎香所在的麻怀村投资上千万元，流转村民土地新建、改造食用菌种植大棚，让村民从“农民”变身为“产业工人”，过上幸福生活。加大对巾帼劳模的教育和培养。加强对巾帼劳模政治思想方面的教育和科学文化技术培训，使她们能及时了解党和国家的重要方针、政策和各项改革措施，继续学习现代科学文化技术，掌握先进的操作技术、技能，提高自身素质，永葆劳模的先进性，更好地发挥模范带头作用。

邓迎香（左）和麻怀村村民在捡菌菇

（三）搭建平台发挥巾帼劳模作用，厚植劳模精神落地生根的社会土壤

贵州积极搭建发挥劳模作用的平台，充分发挥巾帼劳模的骨干带头作用和示范导向作用。组建劳模宣讲团，加大对巾帼劳模事迹的宣传力度，用她们的先进事迹感召社会、用她们的优秀品质引领风尚。自20世纪60年代起，贵州每年组织巾帼劳模宣讲会，通过劳模先进事迹报告会、座谈会、经验交流会等多种形式，全方位、多层次、多角度地宣传巾帼劳模的崇高思想和先进事迹，使劳模精神得到有效传播和弘扬。发挥巾帼劳模“传帮带”作用。开展“传帮带”活动，注重发挥巾帼劳模的技术专长，帮助青年职工学技艺、学技能，掌握绝招绝技，提高职工队伍的技术素质；组织劳模中的专业技术人员、能工巧匠到贫困地区进行技术扶贫，为促进协调发展作贡献。搭建传播阵地，进一步弘扬劳模精神。贵州在全国劳模邓迎香所在的麻怀村已建成贵州省党性教育基地和职工教育基地，增设了“劳模精神精品课”，成为党员干部群众汲取劳模精神营养的重要阵地。

四、贵州省继续发挥巾帼劳模作用的展望

（一）加强党对巾帼劳模工作的领导

中国共产党永远是领导中国妇女事业发展的根本力量，是巾帼劳模健康成长的政治保证。巾帼劳模群体的发展历程给了“中国共产党为什么能”和“社会主义为什么好”完美的答案。新时代推进巾帼劳模工作必须始终毫不动摇坚持党的全面领导，在政治立场、政治方向、政治原则、政治道路上同以习近平同志为核心的党中央保持高度一致，切实把党的领导落实到巾帼劳模工作各领域各方面各环节，引领妇女事业取得突破性进展。

坚持劳模工作改革创新，在建机制、强功能、增实效上下更大功夫，营造全社会学习先进、崇尚先进、争当先进的良好风尚。

（二）提升巾帼劳模管理工作质量

切实加强对巾帼劳模的工作、生活、学习的管理，使其发挥更大的作用。随着社会分工日趋细化，女性从事工作的范围会更加广泛，有更多的巾帼劳模来自不同的职业，劳模的外延不断扩大。因此，各级党委政府和工会要实现好维护好发展好女性劳动者合法权益，把稳就业摆在更加突出的位置，把健全维权服务机制摆在更加紧迫的位置，把做好女性劳动者工作摆在更加重要的位置，共享实现高质量发展的丰硕成果。各级工会要进一步履行好维护职工合法权益的基本职责，做女劳模建功新时代的“领路人”、最值得信赖的“娘家人”。同时，完善劳模激励机制，规范劳模奖励，把物质激励与精神激励结合起来，激励劳模继续发挥模范带头作用。要重视巾帼劳模再教育，加强她们的思想政治教育，尤其是加强对习近平新时代中国特色社会主义思想的学习，做无愧于党、无愧于心的表率和先驱。

（三）拓展弘扬劳模精神传播渠道

劳模精神是国家和民族精神宝库中重要财富，有机结合传统媒体和新媒体，充分利用各种媒介对巾帼劳模先进事迹广泛宣传，引导全社会积极弘扬劳模精神。不断探索丰富巾帼劳模精神传播的载体和模式，采用小切口讲大道理、“理论＋实践”、线上线下相结合等形式，以巾帼劳模为载体，引领工人、学生和干部听党话、感党恩、跟党走，让勤奋做事、勤勉成才、勤劳致富在全社会蔚然成风。大力支持高校、研究机构和新闻媒体研究和宣传巾帼劳模，丰富劳模精神的内涵。开设劳模大讲堂，聘请巾帼劳模主讲，典型示范讲，亲自宣传劳模精神。

（四）彰显巾帼劳模在中国式现代化贵州实践中作用

当前，在聚焦党的二十大确立的中心任务，谱写中国式现代化贵州实践中，面临的任务更加繁重，面向的目标更加远大，需要巾帼劳模继续贡献自己的智慧和力量。因此，要重视发挥巾帼劳模的示范带动作用，衷心拥护“两个确立”、忠诚践行“两个维护”，不断提高政治判断力、政治领悟力、政治执行力，团结引领广大女职工坚定不移听党话、感党恩、跟党走。引导女劳模自觉践行社会主义核心价值观，大力弘扬劳模精神、劳动精神、工匠精神，争当弘扬社会风尚的表率，坚定战胜各种困难的信心和决心，勇于迎接各种风险挑战，不以事艰而不为、不以任重而退缩、依靠顽强斗争打开中国式现代化贵州实践新天地。充分发挥巾帼劳模对社会生活、家庭生活和对下一代健康成长的独特引领作用，发挥其在弘扬中华民族家庭美德、树立良好家风方面的独特作用，使社会主义核心价值观走进家庭、润泽心灵，成为日用而不觉的行为准则和道德规范。

在不同的历史阶段，贵州巾帼劳模始终是彰显革命精神、民族精神和时代精神的一面旗帜。贵州巾帼劳模数量不多但对社会影响大，正是因为有无数像她们这样的劳动者，为贵州打赢脱贫攻坚战奠定了坚实的基础。一代代、一批批贵州巾帼劳模用先进思想和模范行为影响和带动全社会，引导人民群众树立辛勤劳动、诚实劳动、创造性劳动的理念，让劳动最光荣、劳动最崇高、劳动最伟大、劳动最美丽蔚然成风，为中国式现代化贵州实践建设注入了强劲力量。

参考文献

［1］习近平在知识分子、劳动模范、青年代表座谈会上的讲话［M］. 北京：人民出版社，2016.

［2］1989年全国劳动模范和全国先进工作者登记表及简要事迹、主要事迹（张莲珍、王小维、陈梅琳、李桂莲、胡天英、黄绍芬、唐老冬等），贵州省档案馆藏档案，全宗号31，目录号2，案卷号0977、0978、0979、0980.

［3］贵州省教育和文化、卫生、体育等方面社会主义建设先进单位和先进工作者代表大会出席全国文教群英会候选名单（1960年），贵州省档案馆藏档案，全宗号110，目录号1，案卷号0310.

［4］全国农业劳动模范登记表·黄建务（1980年），贵州省档案馆藏档案，全宗号90，目录号2，案卷号0087.

［5］《中国工会运动史料全书》总编辑委员会. 中国工会运动史料全书·贵州卷［M］. 贵阳：铁五局印刷厂，1999.

［6］贵州省统计局. 贵州70年［M］. 北京：中国统计出版社，2019.

［7］贵州省总工会. 贵州工人运动简史1886—1989［M］. 1995.

［8］贵州省地方志编纂委员会. 贵州省志·劳动志［M］. 贵阳：贵州人民出版社，1994.

［9］中华全国总工会女职工部，中华全国妇女联合会宣传部. 巾帼劳模时代特征和成长规律研究报告［M］. 北京：中国工人出版社，2022.

［10］陈必华，淦爱品. 劳模精神导论［M］. 上海：上海交通大学出版社，2020.

［11］田鹏颖，朱丽颖，于春玲. 劳模文化本质论［M］. 北京：社会科学文献出版社，2019.

云南

云南篇

群星璀璨彩云南
金花争艳唱新篇

习近平总书记指出："妇女是人类文明的开创者、社会进步的推动者，在各行各业书写着不平凡的成就。"巾帼劳模是中国妇女的优秀代表，是中国妇女参加社会生产建设的模范，是广大人民群众学习和敬仰的典范。在中国共产党领导人民进行革命、建设、改革的百年历程中，巾帼劳模艰苦奋斗、奋发有为、拼搏贡献、勇创一流，为实现妇女解放、促进妇女全面发展，引领妇女走在时代前列发挥了积极作用，树起了一面面旗帜。

云南地处祖国西南边疆，国土面积 39.4 万平方公里，有 8 个州市 25 个边境县分别与缅甸、老挝、越南交界，国境线长达 4060 千米。云南有 25 个世居少数民族，是全国少数民族种类最多的省份，其中 15 个民族为云南特有，还有 16 个民族跨境而居。云南解放后，广大职工和劳动群众与祖国同成长、与时代齐奋进，各行各业先后涌现出一批批巾帼劳模。她们在云南经济社会建设中立足本职、踔厉奋发，以梦想催动勇往直前的坚定步伐，以创造激发人生出彩的永续动力，以奋斗开辟通往美好生活的前进之路。她们用汗水和智慧在云岭大地上书写不懈奋斗的人生华章，唱响建功立业的亮丽音符。

一、云南省女劳模概况

自 1950 年至 2022 年，云南省共有 416 名女性荣获全国劳动模范、全国先进工作者、全国五一劳动奖章、全国五一巾帼标兵，其中，全国劳动模范（全国先进工作者）139 人，全国五一劳动奖章获得者 105 人，全国五一巾帼标兵 172 人。自 2005 年以来，共有 172 个女职工先进集体荣获全国五一巾帼标兵岗。下面以云南省女性全国劳动模范为例，从政治面貌、民族结构、受教育程度、行业分布、职业分类、年龄结构等方面，了解云南省女劳模的概况。

（一）政治面貌

在有政治面貌信息记载的 117 名女劳模中，中共党员 105 人（占比 89.7%），民主党派成员和群众有 12 人（占比 10.3%）。中共党员占女劳模群体的绝大多数，是女劳模群体中的主力军。由此可以看出，党非常注重在优秀的女性中培养劳模，发展党员，通过她们发挥党员的先锋模范作用，带动广大职工群众，推动云南社会经济和各项事业的发展。

（二）民族结构

在有民族信息记载的 129 名女劳模中，汉族有 87 人（占比 67.4%）；彝族有 8 人（占比 6.2%）；白族有 7 人（占比 5.4%）；傣族有 6 人（占比 4.7%）；藏族与回族、哈尼族各 3 人，傈僳族、纳西族、景颇族各 2 人；苗族、布朗族、拉祜族、满族、佤族、壮族分别有 1 人。从云南女劳模的民族结构来看，也体现出了云南多民族的特点（见图 1）。

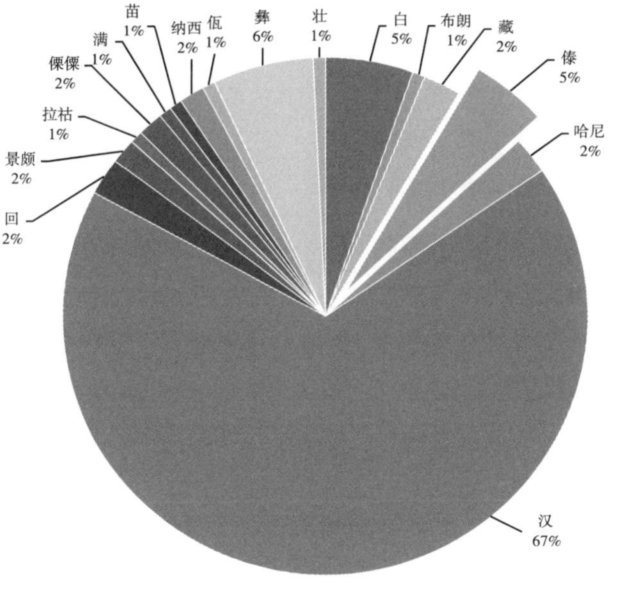

图 1　云南省女劳模民族结构

（三）受教育程度

在有受教育程度信息记载的 91 名女劳模中，初中 / 高中（中专）学历 43 人（占比 47.3%）；大学专科 / 本科学历 40 人（占比 44%）；研究生学历 5 人（占比 5.5%）；小学学历 3 人（占比 3.3%）。在社会主义革命和建设时期已知学历的 16 名女劳模中，初中 / 高中（中专）学历 12 人（占比 75%）；大学本科学历 3 人（占比 18.8%）。在改革开放和社会主义现代化建设新时期已知学历的 51 名劳模中，初中 / 高中（中专）学历 28 人（占比 54.9%）；大学专科 / 本科学历 19 人（占比 37.3%）；硕士研究生学历 3 人（占比 5.9%）。在中国特色社会主义新时代已知学历 24 人中，初中 / 高中（中专）学历 3 人（占比 12.5%）；大学专科 / 本科学历 18 人（占比 75%）；研究生学历 2 人（占比 8.3%）。从数据中可直观感受到，在党的领导下，女性受教育权得到充分保障，女劳模队伍整体受教育程度逐步提高（见图 2 ）。

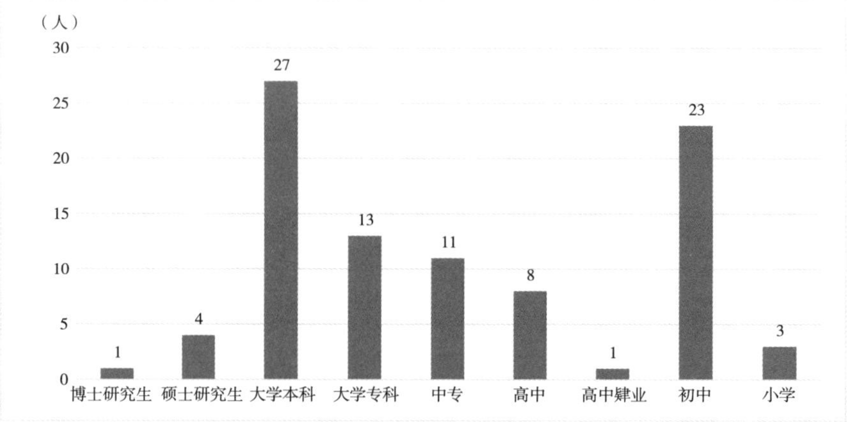

图 2　云南省女劳模受教育程度

（四）行业分布

在有行业分布信息记载的 120 名女劳模中，事业单位 47 人、国有企业 45 人、农村 12 人，相对比较集中，行政机关 3 人、私营企业 7 人，其他 6 人。根据不同时期分析，社会主义革命和建设时期 38 名女劳模，主要聚集在事业单位、国有企业，其中事业单位 19 人（占比 50%），国有企业 14 人（占比 36.8%），其他 5 人（占比 13.2%）；改革开放和社会主义现代化建设新时期的 57 名女劳模中，国有企业 23 人（占比 40.4%），事业单位 17 人（占比 29.8%），农村 7 人（占比 12.3%），集体企业、私营企业 5 人（占比 8.8%），行政机关、社会团体 4 人（占比 7%），其他 1 人（占比 1.8%）；中国特色社会主义新时代的 25 名女劳模中，事业单位 11 人（占比 44%），国有企业 8 人（占比 32%），私营企业、乡镇企业、农村和其他共 6 人（占比 24%）。三个不同时期，事业单位女劳模的占比从 50% 到 29.8% 再到 44%，国有企业女劳模的占比从 36.8% 到 40.4% 再到 32%。随着女性受教育程度的提升，所从事职业也在变化，在事业单位、国有企业工作的人数逐步增加，反映出在后两个时期，云南女劳模逐渐向技术型、知识型领域转移的趋势。

（五）职业分类

在有职业分类信息记载的 138 名女劳模中，专业技术人员 43 人（占比 31.2%），农、林、牧、渔、水利业生产人员 25 人（占比 18.1%），商业、服务业人员 22 人（占比 15.9%），国家机关、党群组织、企业、事业单位负责人 23 人（占比 16.7%），生产、运输设备操作人员及有关人员 17 人（占比 12.3%），办事人员和有关人员 8 人（占比 5.8%）（见图 3）。

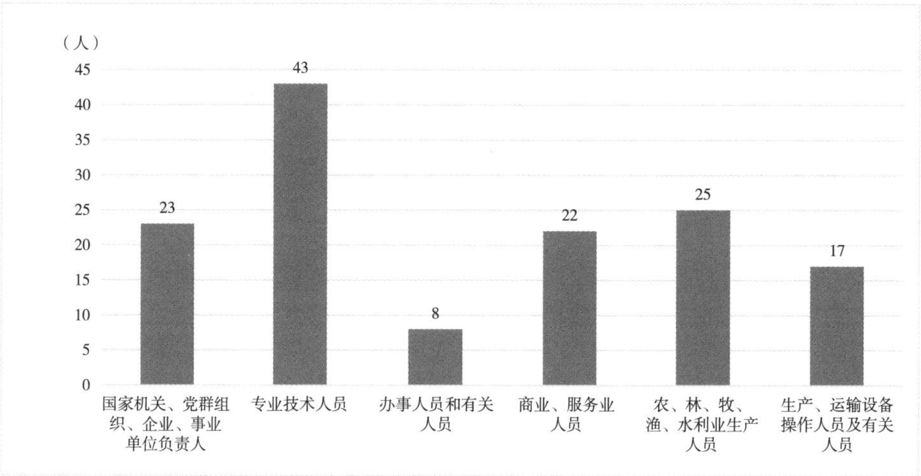

图 3 云南省女劳模职业分类统计

（六）年龄结构

在有年龄信息记载的 122 名女劳模中，出生于 1949 年之前的有 47 人（占比 38.5%）；出生于 1950—1979 年的共 72 人（占比 59%）；出生于 1980 年及以后的 3 人（占比 2.5%）；女劳模获得劳模荣誉的平均年龄为 29.3 岁，其中社会主义革命和建设时期云南女劳模获得荣誉平均年龄为 35.2 岁，改革开放和社会主义现代化建设新时期为 42.6 岁，中国特色社会主义新时代为 48.4 岁。

（七）荣获全国五一巾帼奖情况

2005 年至 2021 年，云南省推荐获评全国五一巾帼标兵岗、全国五一巾帼标兵各 172 个、172 人（2009 年以前，表彰名称为全国女职工建功立业标兵岗、全国女职工建功立业标兵；2011 年之后，表彰名称为全国五一巾帼标兵岗、全国五一巾帼标兵）。

（八）群体特点

从女劳模的政治面貌、民族结构、受教育程度、行业分布、职业分类、年龄结构等方面对 1950—2020 年的云南省女劳模进行分析，可以清晰地看出云南女劳模的变化、时代特征与民族特点。

从云南女劳模的民族结构上看，由 15 个少数民族构成，充分体现出云南民族大省的特点，同时也展示了我们党和政府民族政策的巨大成功，体现了民族平等、民族和谐团结，融合共生、共同发展及云南民族团结进步的形象，彰显了各少数民族为铸牢中华民族共同体意识作贡献的精神，对本民族成员思想、品质的培养和能力的提升具有重要作用，对引导各族人民团结互助，共同进行社会主义建设起到重要作用。

云南女劳模为解放云南、保卫边疆、建设边疆、发展边疆、富民兴边作出了巨大贡献。她们以边疆为家，以艰苦为荣，以劳动为美，为祖国边疆民族地区的繁荣进步作出重要贡献。

社会主义革命和建设时期，女劳模主要从农业生产部类中产生。云南是一个农业大省，农业人口占比较高。从分析女劳模群体行业分布可以发现，新中国成立初期，大多数女劳模是从农民中评选出来的。在农村女劳模的辐射带动下，人人勤生产，家家无闲人，越来越多的女性参与到社会主义建设中来。她们除了参加农业生产劳动外，还参加了辟山引水、筑坝开渠和运输生产等过去从来没做过或者根本不敢做的工作。女劳模在创造物质财富的同时，更新了思想观念，以全新的精神面貌树立起社会主义劳动者的形象，她们呈现的主流价值及展现的精神特质引领着社会不断进步与发展。

改革开放和社会主义现代化建设新时期，随着云南省社会事业的发展和教育水平的提高，绝大多数年轻女性比她们的前辈受到了更好的教育，有了更多的发展机遇。因此，广大妇女紧跟时代步伐，刻苦钻研业务，把聪明和智慧无私地奉献给了改革开放事业，涌现出了一大批勇于创造、敬业奉献的女劳模，为云南和全国的现代化建设提供了强有力的智力支撑。随着社会文明的进步，女劳模受教育程度从初中、高中向大学转移，大学学历人数比前一个时期有了较大增加。这一时期，女劳模除来自一线劳动者外，还增加了管理人员和技术人员，女劳模的经济贡献也有了新的特点。她们的贡献主要来自文化的积累、改革和创新、技术的提升，并逐步向社会主义市场经济拓展。

进入中国特色社会主义新时代，各条战线的妇女在投身中国特色社会主义新时代的伟大事业中实现自身发展，主体地位得到极大彰显，创造活力竞相迸发，聪明才智充分涌流。妇女政治地位显著提高，一大批女党员、女代表、女委员和女性村委会、居委会成员活跃在社会治理各方面，绽放出新时代女性的精神光芒和巾帼风采。这一时期，通过深入实施《关于新形势下深入实施女职工提升素质建功立业工程的意见》等一批促进妇女发展的政策文件，女劳模受教育水平大幅提升，逐步向科研人员、管理人员和技术人员集中，在学历构成上首次出现博士研究生，并且硕士研究生学历的人数也在增加。这表明在党中央和省委的高度重视下，各级工会组织充分调动和凝聚广大女职工投身社会主义建设的智慧和力量，云南女劳模立足高质量跨越式发展大局，不断学习掌握新知识新本领，不断提升新技能新技术，持续激发创新创造活力，在决战脱贫攻坚和全面建设社会主义现代化国家新征程上，发挥出了开路先锋、示范引领、突破攻坚的作用。

二、云南省不同历史时期女劳模概述

（一）社会主义革命和建设时期

1950 年 2 月 24 日，云南全境解放，翻开了历史的新篇章，中国共产党团结带领全省各族人民踏上了建设新云南的伟大征程。但解放初期的云南，各项事业百废待兴，特别是地处边疆，民族众多，经济、文化、教育、卫生事业十分落后，有的民族地区还处于原始社会、奴隶社会及封建社会初期的社会形态，社会发育程度不平衡，山区和边疆民族地区生产力低下，经济社会发展不平衡的矛盾十分突出。

新中国成立初期，一批在战争年代已参加共产党领导的革命斗争的云南各族女同胞，积极投身于社会主义革命和建设事业，成长为革命和建设事业的带头人。

全国劳动模范丽江和国秀（纳西族）就是这批英模的代表，她于1949年3月参加革命，参与领导农抗会，反对国民党政府征兵、征粮，带领妇女坚壁清野，开展抢收、抢种、抢打、抢藏的“四抢”运动；组织群众武装，打击敌人，保卫家乡。新中国成立后，她带领群众发展生产，领导村内群众组成7个变工组，开展生产竞赛，开荒110亩；农闲时间，提倡养蚕、打草帽等副业生产，以增加收入。丽江和国秀1950年获得全国劳动模范称号时，是该届劳模中年龄最小的女劳模。

社会主义革命和建设时期，云南广大妇女不畏环境恶劣、工作艰险，努力克服原材料不足、生产缩减等多重困难，以极大的劳动热情投入社会主义劳动竞赛、先进生产者运动、增产节约运动等各种生产活动中，为迅速恢复生产、建立革命秩序、安定人民生活作出了巨大贡献。

全国先进生产者徐体茂在澜沧工作时，澜沧铅锌矿还是新建矿山，露天开采，采矿条件差，不通公路，没有机械设备，完全靠人工挖采、人背马驮和简易的小推车运输矿石；生活条件差，住茅草房、睡竹子搭的床。她不怕吃苦，任劳任怨，坚持和男同志干一样重的活儿；认真学习技术，成为矿山有名的“铁姑娘”，所在的班组产量、质量一直位居前列。

全国先进生产者王保华在印刷厂工作时，提出21项合理化建议和装订技术上的改进措施，生产效率和产品质量得到极大提高，1955—1960年连续20个季度，季季超额完成计划，所在的五合一包本产量在每小时 1300～1400 本，是北京市五合一标兵赛的最高产量，比同工种工人高 30%～50%。

在农村，各级党组织动员妇女投入农村土地改革和互助合作运动，极大地调动了妇女的积极性，她们以空前的热情投入农业生产，积极改良农业生产技术，极大地提高了广大农村的劳动生产率。

全国劳动模范、临沧双江县俸爱国（傣族）任生产队队长期间，带领妇女开展科学试验，进行水稻良种试验、推广，采用湿润育秧，推优良水稻品种，大胆使用各种农药、化肥，使本村粮食连年增产，年年超额完成缴公粮和余粮订购任务。她组织妇女到农场甘蔗地捡丢弃的甘蔗种苗进行培育，逐年发展，使甘蔗成为闷乐村经济作物主产品种之一。

俸爱国

全国民兵英雄、德宏州瑞丽县贺赛大队副队长牙帅喊很（傣族），白天在劳动中抢着干最重最累的活，夜晚持枪站岗放哨，检查群众宿舍安全。“大跃进”运动时期，农村劳动力严重不足，妇女是栽秧的主力军，而新的生产任务又需要大量的人力来完成。她先召集妇女开会，说明栽种形势的严峻及不能按节令栽种带来的后果；又召集老人开会，发动老人看护孙辈，解除青壮年妇女的后顾之忧，全力投入农业生产，从而保证了栽种任务按期完成。

全国科学技术先进工作者、河口农场割胶工罗桂友在长期割胶实践中创造出产量高、损皮少、伤树率低的“短弧形”新刀法，后来命名为“罗桂友刀法”，极大地提高了生产效率。

云南曾被称为“瘴疠之地”，疟疾流行遍及全省，危害极大。为加强边疆民族地区医疗卫生工作，许多医疗卫生人员深入边疆农村送医送药，为各族人民防病治病。

全国先进工作者、德宏州陇川县户撒乡卫生所医务人员郭惠玉为了更好地为群众服务，学会傣语、景颇语，独自冒雨步行几十里路去医治病人，与病人同吃同住，直到病人苏醒。她努力教育群众破除迷信，从此相信医生、相信科学。在全国劳动模范、妇产科专家胡昌秀带领下，建水县人民医院早产儿死亡率从16%下降至2%，难产婴儿死亡率由4%下降至2%。

为消除旧社会留下来的大量文盲，推动云南教育事业发展，从事职工业余教育的全国先进工作者李瑞清在昆明市汽修业工会职工夜校等多个职工夜校担任专职文化教员，使200多名职工摘掉了文盲帽子；乡村小学教师、全国先进工作者李培学带领学生盖简易教室，用木板搭桌凳，自己边学边教，从文盲村女成长为人民教师，被群众誉为“山区夜明珠”。

综上，在如火如荼的社会主义革命和建设时期，随着妇女的解放，广大妇女扬眉吐气、走出家门、走向社会，英姿勃发地投入生产一线，她们以坚如磐石的信念、只争朝夕的劲头、坚忍不拔的毅力，不畏艰难困苦，创造了一个又一个人间奇迹，也带动引领着广大妇女在社会主义各项事业建设中发挥越来越重要的作用。

（二）改革开放和社会主义现代化建设新时期

1978年12月，党的十一届三中全会召开，作出了把党和国家工作重心转移到经济建设上来，实行改革开放的历史性决策。改革开放的号角已经吹响，中国经济发展进入快车道。云南各族人民在党的领导下，立足云南处于社会主义发展初级阶段低层次的实际，从云南边疆、民族、山区、贫困的基本省情出发，不断深化改革、扩大开放，保持了全省经济发展、社会和谐、边疆稳定、民族团结的良好局面。

云南的改革从农村起步。1978 年到 1983 年，云南用了 5 年时间在全省普遍推行家庭联产承包责任制。在这一过程中，一批巾帼英杰投身农村改革大潮，开拓进取，带领村民发展生产，增收致富，有力地推动了农村改革的进程。

全国劳动模范、丽江玉龙县和继华（纳西族）带头学习、应用和传播科学技术，发展农村种养殖业，先后引种、试验和推广优良品种，带出十几个产油产粮大户，带动生猪养殖造福一方百姓，拉市乡也成为云南省第一个科普达标乡。2008 年后，和继华说服村里的乡亲流转土地，使利见村成为丽江雪桃的重要基地，各家各户都获得了土地充转与家门口打工的双重收入，在担任市政协委员期间，共同提出了建设拉市环海路、设环海排污营、农村垃圾集中处理、逐步建设老年活动中心、关注农村塑料污染、加福拉市海旅游管理、湿地保护、促进农民增收等建议。和继华躬耕田亩，守护山水，引领知识，崇尚科学，与时俱进，为振兴乡村引领示范。

全国劳动模范唐学莲（傈僳族）的家乡香格里拉市安乐村是一个高海拔、坡度大的贫困村，基本没有一块平整的土地，耕地土质贫瘠，粮食产量较低。1997 年，她带头用地膜技术种地，当年粮食获得大幅增产。到 1998 年，全村地膜种植面积增加到 520 亩，平均单产由 196 公斤增加到 486 公斤，使安乐村摆脱了靠吃返销粮解决温饱的状态。

伴随农村改革的不断深入，以国有企业改革为重点的城市经济体制改革也在推开。这时，云南省女职工队伍迅速发展，女职工工作也得到进一步加强。以提高女职工队伍整体素质，培养一批女科技带头人和女技术能手、女节约标兵为目标，深入实施“女职工建功立业工程”“女职工素质提升工程”，在女职工中广泛开展形式多样、各具特色的技术技能竞赛、技术比武活动；建立健全激励机制，运用“典型引路”，加大对先进典型的培养宣传；通过搭建平台、激发活力等多种形式，激发广大女职工投身改革的积极性和创造性，在以经济建设为中心的“两个文明”

建设中，发挥了“半边天”作用。

全国先进工作者、“燃灯校长”张桂梅，是这一时期云南女职工最具代表性的典范。为改变贫困地区女孩失学辍学状况，她放弃优越的工作条件，坚守滇西贫困地区40多年，推动创建全国第一所全免费女子中学——华坪县女子高级中学，迄今已帮助1800多名贫困女孩圆梦，托举起贫困家庭脱贫发展的希望与信心，创造了大山里的“教育奇迹”。

张桂梅

张桂梅立德树人，始终坚持一线言传身教，加强师生思想政治和理想信念教育，给予困难学生母亲般的呵护，深受师生和群众爱戴；她敬业奉献，常年坚持家访，行程11万多公里，覆盖学生1300多名，为学校留住了学生，为学生留住了用知识改变命运的机会，自己却在家访途中摔断过肋骨、迷过路、发过高烧，还旧病复发晕倒在路上……“一个女孩可以影响三代人。”张桂梅说，“如果能培养有文化、有责任的母亲，大山里的孩子就不会辍学，更不会成为孤儿。”她吃穿用非常简朴，对自己近乎“抠门”，虽患有骨瘤、血管瘤、小脑萎缩等17种疾病，长期拖着病体忘我工作，但把自己所有的工资、奖金累计100多万元全部捐给山区教育和社会事业，以实际行动兑现“只要还有一口气，就要站在讲台上”的誓言。她坚韧纯粹、甘当人梯，用知识改变贫困山区女孩命运，用爱心和智慧点亮万千乡村女孩的人生梦想，展现出新时代女性的自尊、自信、自立、自强，同时用自己的经历告诉女孩们“女性自强才能自立”，也以这样的精神传递着“每一位妇女都有人生出彩和梦想成真的机会”的价值理念，并塑造了更多在自立自强中树立自尊自信的“她们”。2020 年后，她被中共中央授予全国优秀共产党员称号，被中宣部授予时代楷模称号，被评为感动中国 2020 年度人物，荣获全国脱贫攻坚楷模称号，被中共中央授予七一勋章，荣获全国道德模范称号、全国五一劳动奖章。

这一时期，云南各级工会组织广泛开展社会主义劳动竞赛，动员职工发挥聪明才智，革新生产技术。全国劳动模范、云南机床厂国家级女技师杨淑芳改进 10 多项技术，在质量评比中，创造了 3 年无废品的好成绩；全国劳动模范、陆良丝绸厂女工姜月珍上班 20 余年，缫丝 7 吨多，平均品位达 3A 级，节约原材料 2 万多元。

进入 21 世纪，我国社会主义市场经济体制初步确立，改革开放逐步进入攻坚期。2002 年 11 月，党的十六大勾画了全面建设小康社会的宏伟蓝图。为实现这一目标，全省各级工会组织团结动员广大职工为推动云南经济社会发展建功立业，广泛开展立功竞赛活动，大力实施职工经济技术创新工程，深入开展职工技能提升活动，发现、培育了一大批高技能人才；大力弘扬劳模精神、劳动精神、工匠精神，认真做好劳模评选、表彰、宣传和服务工作，充分发挥劳模的示范、导向和激励作用，引领和推动着社会主义建设和发展。

全国劳动模范、雪域高原邮递员尼玛拉木（藏族）从 1999 年起在德钦县邮政局从事投递和营业工作，所服务的云岭乡有 31 个自然村 5324 人，人口居住分散、地势险峻，邮路总长 350 千米，单程最远 41.5 千米。她每次出班，送一趟邮件要背着 15 千克以上的邮包，步行一个星期，行程 300 多千米，要翻越海拔 4000 多米的高山，多次挂上溜索飞越澜沧江。13 年投递邮件总量约 5 万件，徒步在投递路线上行走 32 万千米，投递准确率 100%，群众满意度 100%。

尼玛拉木（前排中间）

全国先进工作者、田径运动员钟焕娣，在15年职业生涯中共参加过103场各类比赛，获得62个冠军，在1991年世界田径锦标赛上获得第二名，实现中国中长跑项目在国际大赛中奖牌零的突破，1993年全运会以30分13秒37毫秒的成绩打破一万米世界纪录，创造了属于中国女子的长跑时代。

钟焕娣

在社会主义市场经济发展大潮中，广大妇女巾帼不让须眉，争做勇立时代潮头的“弄潮儿”。

全国劳动模范、保山棉织厂厂长钟英引进技术，在织布机上“嫁接”

生产塑料编织袋，当年就形成100万条的生产能力。1996年投资600万元，建成采冶一体化的金属硅冶炼厂，年创产值1000余万元，利税100万元。经过10多年的努力，使街道集体小厂成长为集轻纺、冶金、边贸、服务于一体的现代化企业集团，产品远销欧美、日本、东南亚等地，拥有固定资产1300多万元，资产总额2800余万元，职工400多人。全国劳动模范、武定县武狮农特产品经营专业合作社理事长徐永芬先后成立永银养殖场、永银养殖加工厂、永银养殖加工厂养殖营销协会和火腿加工协会等，推行公司+基地+农户的生产经营模式，产供销一条龙、贸工农一体化，自行生产，统一加工和销售。2007年成立的武定县武狮农特产品营销专业合作社，发展社员17户，当年生产武狮牌火腿72吨，实现产值210万元。筹资150多万元在乡镇建设了4836平方米的农贸市场，为全乡群众提供了400多个农产品交易摊位。

在2008年汶川地震抗震救灾中，全国抗震救灾模范、云南省红十字会备灾救灾中心赈济科科长李琼芬和同事及时准确将赈灾物资发往灾区，多次受到各级红十字会的好评；全国抗震救灾模范、云南省财政厅社会保障处副调研员王丽芬，积极与有关部门协调配合，连夜认真研究审核测算抗震救灾资金分配方案，及时提出资金安排意见，保证了抗震救灾补助资金及时安排拨至有关单位，认真收集整理云南灾情，为财政部统筹考虑全国地震灾情，安排部署抗震救灾提供了及时、详实的资料。

在2008年北京残奥会上，范丽晶凭借坚忍不拔的意志和锲而不舍的精神与队友并肩战斗，她带领的游泳队取得了13枚金牌、22枚银牌、17枚铜牌的优异成绩。并有12人19次打破12项世界纪录、1项残奥会纪录，为祖国人民再次争得荣誉。

与社会主义革命和建设时期的云南女劳模不同的是，改革开放和社会主义现代化建设新时期的女劳模呈现出行业分布更加广泛、受教育程度提高、技术型能手增加等鲜明的时代特点，涌现出了全国五一劳动奖章获得者、刑侦技术员刀玉琴，电气设备安装调试员段煜芬，全国劳动模范、舞蹈表演艺术家穆培玲，工艺美术家李自轩等女劳模。她们自强不息，通过自己的不懈奋斗，成为改革开放和社会主义现代化建设的生力军。

（三）中国特色社会主义新时代

2012 年，中国共产党第十八次全国代表大会召开。从此，围绕全面建成小康社会和中华民族伟大复兴的总任务，一系列理论创新和实践创新相继展开，中国特色社会主义进入新时代。2015 年 1 月和 2020 年 1 月，习近平总书记两次考察云南，对云南提出“一个跨越”“三个定位”“五个着力”等一系列重要指示，为云南发展擘画了美好蓝图、指明了前进方向、提供了根本遵循。在习近平新时代中国特色社会主义思想指引下，云南牢记嘱托、感恩奋进，紧紧围绕推动云南高质量跨越式发展目标，统筹推进“五位一体”总体布局，协调推进“四个全面”战略布局，云南经济社会建设迈上快速发展轨道。

站在“两个一百年”奋斗目标的历史节点上，在习近平新时代中国特色社会主义思想指引下，云南广大妇女积极投身中国特色社会主义伟大事业，以巾帼不让须眉的豪情和努力，担当作为、奋发有为，奋力谱写新时代新征程巾帼华章，为全面建成小康社会贡献“半边天”力量。各级工会组织大力弘扬劳模精神、劳动精神、工匠精神，广泛开展“五一巾帼建功行动”“五一巾帼成才行动”“五一巾帼关爱行动”等，通过组织引导、培训提高、加强服务、劳动竞赛、表彰奖励等方式，积极引导、广泛动员广大女职工为云南高质量发展建功立业，充分调动和凝聚了广大女职工在经济、政治、文化、社会和生态文明建设中的智慧和力量，使女职工发挥了聪明才智，展示了巾帼风采，真正成为全面建成小康社会和实现“两个一百年”奋斗目标的重要力量。

党的十八大以来，以习近平同志为核心的党中央作出“必须把创新作为引领发展的第一动力”的重大决策。云南作为后发展和欠发达地区，以创新驱动引领发展，显得尤为重要。抓创新就是抓发展，谋创新就是谋未来。越来越多的女性进入科学技术领域，涌现出一批知识型、技能型、创新型巾帼劳模，为助推云南高质量发展发挥着越来越重要的作用。

全国劳动模范、中国工程院院士朱兆云带领团队对我国低纬度高原地区复杂多样的民族药资源实施首次系统研究的重大工程，开展资源调研，鉴定确证 4392 种药物，主编《云南天然药物图鉴》等专著 6 部 22 卷 1191 万字。发掘民族药资源，以第一发明人创制 5 个国家新药并成功上市，其中痛舒胶囊和肿痛气雾剂进入国家基本医疗保险药品目录，痛舒胶囊经美国食品药品监督管理局（FDA）获准在美国开展二期临床试验。建成通过国家认证的 5 个平台及其团队。以第一完成人获 2012 年度国家科学技术进步奖一等奖，获何梁何利基金科学与技术创新奖、全国首届创新争先奖、全国中医药杰出贡献奖、云南省科学技术杰出贡献奖等多项奖励。当选为党的十九大、二十大代表及第十三届全国人大代表。

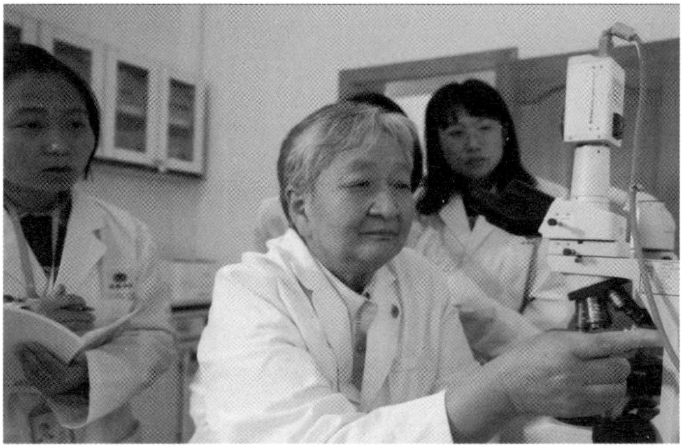

朱兆云（前排中间）

全国先进工作者、著名皮肤病学专家何黎（彝族）在国际上率先发现中国人重型痤疮易感基因，创建了黄褐斑分期分型诊疗技术，揭示了皮肤屏障受损致敏感性皮肤发生的关键机制，培养博士、硕士研究生 60 余名，发表论文 300 余篇，出版专著和教材 14 部，组织编写团体标准 6 项，牵头制定指南及共识 7 项。先后获何梁何利基金科学与技术创新奖、云南省科技进步特等奖及一等奖、全国教书育人十大楷模、兴滇人才奖，带领团队成为教育部创新团队。

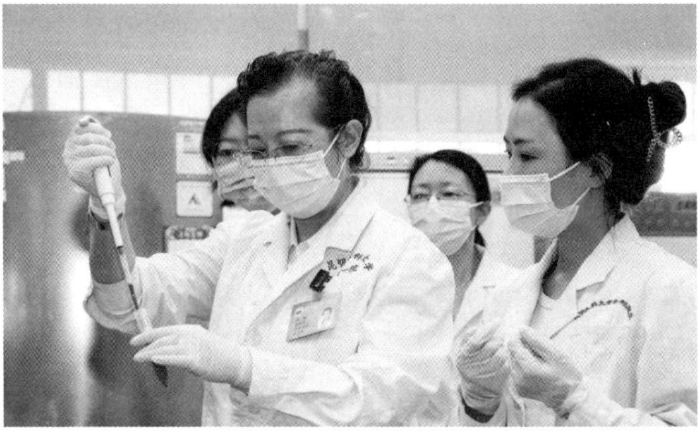

何黎（前排左一）

全国劳动模范、云南省农科院研究员舒群打造以红色梨为主的云南特色水果产业链，建有高标准的红梨产业基地，推广种植红色梨 25 万亩，实现农业产值 3.74 亿元，产生了良好的经济、社会和生态效益。

舒群记录作物生长情况

中国特色社会主义新时代，随着社会不断进步，妇女不再局限于安稳的工作和家庭，各级工会组织也积极引导，把岗位建功与实现中国梦结合起来，引导女职工创新创业，为推动云南高质量发展建功立业，让劳动最光荣、劳动最崇高、劳动最伟大、劳动最美丽蔚然成风，让广大女职工在创新创业中尽情展现着新时代女性特有的魅力。

全国劳动模范、云南植物药业有限公司研究院院长黄春球（壮族）

带领团队全身心投入天然植物药领域药物研发和技术攻关一线22年，先后参与完成科技部重大专项子课题、国家火炬计划、云南省科技计划等20多个科研项目，同时抓住云南省打造生物医药大健康产业的机遇，迅速扩展研发领域，使技术创新成果转化新增经济效益累计数亿元。公司被评为国家高新技术企业、云南省创新型企业、云南特色植物原料药工程技术研究中心等。

全国劳动模范王清红牵头组织成立安宁公交公司，在她的努力下，安宁公交公司从6台车、3条线路的规模，发展壮大为小件快运、广告公司等业务集成的综合性企业，安宁市成为拥有827辆车（其中公交车545辆）、96条线路、1200名从业人员的“公交都市”，为安宁市公交事业发展作出了积极贡献。

在很多劳动者眼中，全国劳动模范蒋秋香是一个“传奇”。她先后获得全国五一劳动奖章、中国棉纺织行业传承大工匠、全国纺织操作技术能手、全国劳动模范等众多荣誉，当选为党的十九大代表。“劳模不是口头上的称谓，它更多的是要在今后工作中多一些付出。”蒋秋香是这样说的，更是这样做的。在她的带领下，3年时间，轮班各项指标名列纺织厂前茅，其所带轮班中多人荣获“先进个人”、摇纱小组多次被评为“优秀小组”。在组织的关怀和培养下，她从一名生产一线的农民工成长为云

蒋秋香

南纺织（集团）股份有限公司工会副主席、纺织厂副厂长。

同时，在决战脱贫攻坚、抗击新冠肺炎疫情一线，广大妇女奋勇争先、顽强拼搏，充分展现巾帼本色、巾帼担当、巾帼力量，赢得了党和人民广泛赞誉。

云南贫困面广、贫困程度深、脱贫攻坚难度大，曾经是全国脱贫攻坚主战场之一。云南女职工深入贫困地区开展健康、技术、智力等帮扶，在助力脱贫攻坚中积极作为，带领群众发展产业、增收致富，改善村容村貌，乡村面貌焕然一新。

2013 年 6 月，全国劳动模范李娜倮（拉祜族）在党委、政府扶持下，发起成立普洱市第一家由农民自发自建的文化公司——澜沧老达保快乐拉祜演艺有限公司，村民以入股形式参与分红，并按照保护文化、挖掘资源、打造品牌、构建产业、促进增收的思路推进村庄发展。澜沧县依托拉祜族民族文化大力发展文旅产业，李娜倮把拉祜族文化带上央视舞台，让拉祜族文化大放异彩，吸引大批游客慕名走进澜沧山乡。公司成立至今，就地演出 900 余场次，实现演出总收入近 500 万元，旅游综合收入 1000 余万元。演出分红成为村民增加收入最重要的渠道，有效带动贫困人口全部实现脱贫，公司被确定为全国“公司 + 农户”旅游扶贫示范项目。通过“非遗 + 旅游”，村子的面貌焕然一新，走出一条文旅致富路。2020 年，老达保村被列入第二批全国乡村旅游重点村，2021 年被文化和旅游部命名为中国民间文化艺术之乡。

全国劳动模范、“外来媳妇”陆云在政府扶持下创立云砚养殖专业合作社，经过不懈奋斗，合作社不断发展壮大，投资 6000 多万元建成全自动标准化蛋鸡养殖示范基地，吸收 820 户贫困户入社，基地被列为“砚山县就业扶贫车间”，解决就业人员近 100 人，带动和辐射周边妇女近 300 人走上科学养殖致富道路，合作社被评为“全国 500 强农民专业合作社”。

全国劳动模范、富民县赤鹫镇龙潭村委会党支部书记李应芝（彝族）带头在全村调整产业结构，推广良种良法和科学饲养技术，使畜牧业成为村民增收致富的重要经济来源。她还带领村干部和群众投工投劳建蓄水池、更换人畜饮水管道、修乡村道路、建盖龙潭小学等，使村容村貌焕然一新。

全国劳动模范黄洁投身证券事业，用多年的努力和付出，为滇西地区的证券事业和经济发展作出了应有贡献，成为证券市场的冲锋开拓者。担任新农村建设指导员期间，她把贫困地区群众当作自己的亲人，对待百姓如父母，甘当群众勤务员，以大爱之心帮助他们解除疾病痛苦，以智慧之心帮助他们解决生活困难。她不负韶华，把青春唱成了一支无怨无悔的赞歌。

黄洁

2020 年初，一场突如其来的新冠肺炎疫情席卷中国大江南北，牵动着亿万国人的心。广大女职工响应号召，积极投入疫情防控一线，在大战大考中彰显勇气与担当。

全国先进工作者、云南省第二人民医院副院长、呼吸科专家邓毅书带领云南首批 138 名医疗队员奔赴湖北咸宁。她白天奔走在定点医院发热门诊、隔离病区，协调物资、调配医务人员，晚上利用吃盒饭的时间向防疫指挥部专家组汇总工作情况，回到宾馆还要参加 7 家医院重症患者夜交班讨论、学习国家颁布的最新诊疗方案，几乎没有在凌晨 2 点之前睡过觉。凭借 35 年的呼吸科从业经历和对抗“非典”积累的经验，她牵头和医疗队专家提出的一系列建议被指挥部采纳，促进了救治工作迅速有序展开。全国先进工作者、昆明市儿童医院 PICU 主任肖曙芳是患儿们心目中亲切的“肖妈妈”。从医37年，在PICU工作16年，一年365天，肖曙芳的工作时间永远都是“白加黑”“5+2”“7+X”，任何时候，只要有需要，她都会毫不犹豫地回到病房，回到患儿身边，日复一日，从不懈怠。肖曙芳始终把尊重生命、珍爱生命、敬畏生命、拯救生命当作自己的职业信条，用朴实而坚定的行动、高超的医术和高尚的医德，让笑容在孩子的脸上绽放，让无数家庭重享天伦之乐。

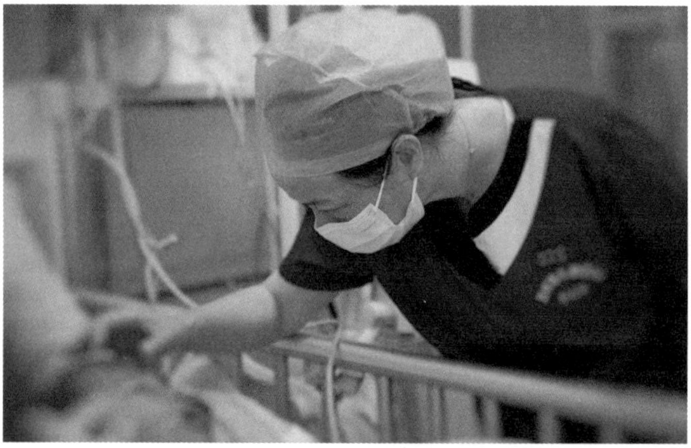

肖曙芳在病房查看患儿

中国特色社会主义新时代的女劳模在传承无私奉献、吃苦耐劳底色之上，更增添了知识型、技能型、创新型的时代色彩。她们用智慧和汗水营造了劳动光荣、知识崇高、人才宝贵、创造伟大的社会风尚，在新时代谱写了“中国梦·劳动美”的新篇章。

三、云南省女劳模成长路径的探索与实践

长期以来，云南探索并实践这样一条路径，即抓住培养、选树、管理、表彰等关键环节，充分发挥“五个作用”，即当好女劳模的引路者、管理者、服务者、宣传者、推动者，推动女劳模工作高质量发展。

（一）当好女劳模成长的引路者

工会组织始终坚持创造更多的平台和条件赋予女职工更多人生出彩的机会，培养更多更优秀更符合时代特色的女性劳模。着眼于职工成长

成才和职业生涯发展需要，建立了“培训—练兵—竞赛—创新—晋级—评先”的职工职业发展模式，为各类女性先进人物的脱颖而出创造了有利条件，同时也为各级女劳模的培养、选树提供了最佳的途径和渠道。在培训领域、范围、内容、模式等方面强化资源整合，提升培训质量；在岗位练兵、竞赛活动中，特别注重优秀女技术人才的培养选拔。

（二）当好女劳模工作的管理者

重点抓好“三项制度”的建立和落实。一是建立女劳模管理工作制度。主要包括女劳模的评选表彰、奖励待遇、荣誉称号授予等，规范女劳模的推荐、报批、表彰、奖励程序和标准。评选劳模的过程，是一个弘扬正能量的过程，也是一个体现工会工作价值的过程。因此，评选工作既要注重结果，更要注重过程，把过程与结果有机统一起来。评选中坚持劳模的标准和条件。不搞名额分配，做到好中选优、优中选精，宁缺毋滥，确保评出的每一位女劳模是广大职工群众心中的楷模，是“奋发自强、吃苦耐劳、甘于奉献、勇于创新、贡献突出、领军发展”的新时期劳模品牌的具体体现者。二是建立健全女劳模档案制度。全面掌握女劳模的信息，逐步形成一套完整的女劳模管理档案。建立女劳动模范档案，做到“四清”，即女劳动模范个人情况清、家庭收入清、家庭人口清、家庭遇到困难原因清。三是建立女劳模联系制度。定期组织召开女劳模座谈会，建立定期走访、慰问制度，认真做好女劳模来访接待工作，密切与女劳模的联系，尊重和听取她们的意见和建议，及时缓解她们的思想、心理压力。对遇到特殊困难的女劳模，积极协调有关方面给予帮助解决。增进对女劳模的思想状态、生产生活、学习情况的了解，使女劳模有倾诉心声和宣泄情感的机会与渠道。

（三）当好女劳模生活的服务者

不折不扣落实女劳模的政策待遇，不断拓宽服务领域，不断提高服务标准。各级工会在党政领导的支持下，从四个方面确保女劳模各种待遇得到贯彻落实：一是健全完善女劳模体检制度。加强健康体检的组织和协调，认真听取女劳模的意见，使体检工作重实情、有实效，不流于形式，不走过场，不耽误病情。提高体检的标准，提升体检的服务水平，对有重大疾病的，进行跟踪了解和帮扶，把体检结果与特困帮扶工作相结合，切实把对女劳模身体健康的关爱落到实处。二是建立健全女劳模联谊活动机制。定期开展女劳模联谊等活动，组织座谈会畅谈自己的工作、学习、生活情况，共商改革发展大计。邀请女劳模代表列席省、市、区的各类劳模盛会，使她们体验到作为一名劳模的自豪感和荣誉感。三是建立定期走访和慰问特困女劳模制度，为她们送去组织的问候，对她们的工作、学习、生活情况进行详细地摸底了解，及时为困难女劳模排忧解难，为她们办实事、做好事、解难事，使女劳模切身感受党组织的温暖。

（四）当好劳模精神、劳动精神、工匠精神的宣传者

宣传劳模事迹、弘扬劳模精神、扩大劳模在全社会的影响力和辐射力，是劳模工作的一项重要内容。把劳模工作的重点放在弘扬劳模精神上，这是评选劳模的目的和作用所在。各级工会组织充分利用职工之家、报纸等各类传媒和舆论工具，大力宣传女劳模先进思想、先进事迹、先进经验、先进技术，做到用典型人物“带”，用典型事例“引”，用典型效应“促”，充分发挥女劳模的先进导向作用。及时总结女劳模的先进经验和典型事迹，通过组织劳模先进事迹报告会和经验交流会等活动，并利用各种媒体和平台广泛宣传女劳模事迹和劳模精神，扩大劳模精神在全社会的影响力和辐射力，使劳模精神始终成为引领社会前进的主旋律。

（五）当好女劳模创新的推动者

一名劳模就是一面旗帜、一座航标、一个灯塔。社会主义现代化建设更加需要劳模带头发挥争创一流、勇于创新的精神，更加需要劳模有智慧、有技术、会创新，将自己打造成专业技术的拔尖者、行业领域的带头人。基于这种认识，各级工会着重搭好“三个平台”，助推女劳模岗位创新、展示价值、创新引领。一是搭建劳动竞赛平台，积极鼓励、充分发挥女劳模等先进人物在竞赛中勇于奉献、勇于创新的引领作用；二是搭建职工创新平台，通过开展各类项目攻关专项活动，依靠劳模等高技能人才完成攻关项目，推动技术革新；三是创立女劳模创新工作室。

以劳模名字命名的“劳模创新工作室”，在引领创新方面发挥了极大的作用。

四、云南省女劳模工作展望

党的二十大擘画全面建设社会主义现代化国家、以中国式现代化全面推进中华民族伟大复兴的宏伟蓝图。在全面建设社会主义现代化国家新征程上，云南比以往任何时候都更加需要大力弘扬劳模精神、劳动精神、工匠精神。云南将继续发挥好联系服务劳模的桥梁纽带作用，进一步做好劳模宣传、劳模服务管理工作，让劳模充分发挥示范引领作用，带动全社会一起拼搏、一起奋斗，为夺取全面建设社会主义现代化国家、实现第二个百年奋斗目标汇聚强大正能量。

（一）坚持党对劳模工作的领导

坚持党的领导是中国特色社会主义制度的最大优势，也是新时代做好女劳模工作的重要制度保障。各级党委要充分认识做好女劳模工作的重要性，敢于担当，主动作为，积极在各方面关心爱护女劳模，尤其要注意对女劳模思想上的关心，不断加强对广大女劳模的思想政治教育，把女劳模引领到为全面建设社会主义现代化国家而努力奋斗的目标上来。

（二）突出创新创业创优的时代主题，更好地发挥女劳模作用

在立足岗位创新中发挥女劳模作用，促进科技成果转化为现实生产力。通过女劳动模范的引领和示范作用，充分调动技术能手、科技人员的积极性、创造性，鼓励和支持她们立足本职岗位搞创新，促进技术革新加速转化为现实生产力。在立足岗位创业成才中发挥女劳模作用，引导职工努力做学习型、知识型职工。组织职工以女劳模为榜样，认真学习新知识，刻苦钻研新技术，不断提高自身素质，努力成为本职岗位的行家里手，加快实现从传统型劳动者向学习型、创新型劳动者的转变。在立足岗位创优中发挥女劳模作用，以一流工作业绩奉献社会。引导职工向女劳模学习，在新的历史条件下继承和发扬爱岗敬业、吃苦耐劳、争创一流、乐于奉献的优良传统，增强主人翁意识，干一行、爱一行、钻一行、精一行，在本职岗位上创造一流业绩。

（三）在全社会大力营造尊重劳模、学习劳模、关爱劳模、争当劳模的良好氛围

及时发现、总结和宣传女劳模的先进思想和先进经验，通过举办劳模先进事迹报告会、座谈会、经验交流会，利用媒体尤其是新媒体手段，广泛宣传女劳模的崇高思想和先进事迹，大力弘扬劳模精神、劳动精神、工匠精神，充分发挥女劳模的示范和导向作用，引导广大职工树立辛勤劳动、诚实劳动、创造性劳动的理念，让劳动光荣、创造伟大成为铿锵的时代强音。通过评选五一巾帼标兵、五一巾帼奖、五一劳动奖章，将最优秀的人选逐步培养选树为劳动模范，形成梯次培养机制，做到好中选优，优中选精。

（四）为女劳动模范施展才华、干事创业、发挥作用创造有利条件

鼓励和支持女劳模搞好“传帮带”，传授技术、业务知识，帮助职工掌握技能技艺，在提高职工技能水平、加强职工队伍建设中发挥积极作用。要认真总结和大力推广创建“劳模创新工作室”的经验，以女劳模为带头人，以技术创新、管理创新、服务创新为方向，通过及时推广劳模创新工作室的创新成果，促进成果转化，激励、引导广大女劳模不断增强主动性、发挥创造性、弘扬先进性。鼓励女劳模参加社会公益活动，发挥她们的管理技术专长和资金优势，为推动经济发展作出新贡献。

（五）加强理论研究，深化对女劳模工作规律性的认识

当前，面对女劳模这样一个较为独特的社会历史现象，理论研究还远远不够，更多地停留在劳模先进事迹总结、整理等方面，针对女职工的专题研究也往往只在工运史中略有介绍。随着社会对劳模的日益重视，有关劳模的研究日渐丰富，劳模史和劳模口述史研究、劳模文化哲学研究、劳模精神研究等渐成规模，这是一个十分可喜的现象。未来，劳模研究还应当进一步扩大视野，多学科、多角度、全方位地揭示女劳模现象的发展规律，探寻女劳模与政治建设、经济建设、文化建设、社会建设和生态文明建设之间的内在联系，提高人们对女劳模的认识水平，从而在新的高度上做好女劳模工作，让女劳模在新时代作出更大的贡献。

西藏

西藏篇

高原之上
格桑花开

格桑花又称格桑梅朵，在藏语中“格桑”是“美好时光”或“幸福”的意思，“梅朵”是“花”的意思，所以格桑花也叫幸福花，长期以来一直寄托着藏族人民期盼幸福吉祥的美好情感。格桑花在气候恶劣的高原环境下生长，寓意着坚韧、顽强和不畏艰苦的品格。它所代表的高原上的女劳模，是西藏妇女参加社会生产劳动的模范带头人。在中国共产党领导人民进行革命、建设、改革的历程中，高原上的女劳模们奋发有为、拼搏奉献，为实现妇女解放、促进妇女全面发展、引领妇女走在时代前列发挥了积极作用。

自 1950 年以来，西藏自治区先后在西藏和平解放、民主改革、社会建设中涌现出了作出杰出贡献的女劳模 182 人、女劳模集体 304 个，她们来自西藏经济社会发展的各个领域、各条战线。作为不同时期西藏妇女的杰出代表，她们热爱党、热爱社会主义、热爱工作和事业，以格桑花的高贵品格，以“巾帼不让须眉”的奋斗姿态，发挥了巨大的示范引领作用，获得了广泛赞誉和尊敬。

一、西藏自治区女劳模群体概况

按照西藏历届获评的全国劳动模范、全国先进工作者、全国五一劳动奖章（奖状）获得者和全国五一巾帼标兵（岗）情况，对女劳模的人数、比例、民族、行业分布、受教育程度、政治面貌等方面进行的数据整理和初步分析如下。

（一）全国劳动模范和全国先进工作者获评情况

1950 年至 2020 年，党中央、国务院开展的全国劳动模范和全国先进工作者表彰共 16 次，西藏获评全国劳动模范和全国先进工作者的女性 56 名，占比 17.2%。其中，藏族 36 名，占比 64.3%；回族 3 名，占比 5.4%；满族 1 名，占比 1.8%；汉族 16 名，占比 28.6%。中共党员 39 名，占比 69.6%；共青团员 8 名，占比 14.3%；群众 9 名，占比 16.1%。大学本科及以上学历的 10 名，占比 17.9%；大学专科学历 9 名，占比 16.1%；中专及以下学历 37 名，占比 66.1%（见图 1）。女劳模从事的工作岗位集中分布在交通、电力、卫生等条件艰苦的高海拔基层生产一线。

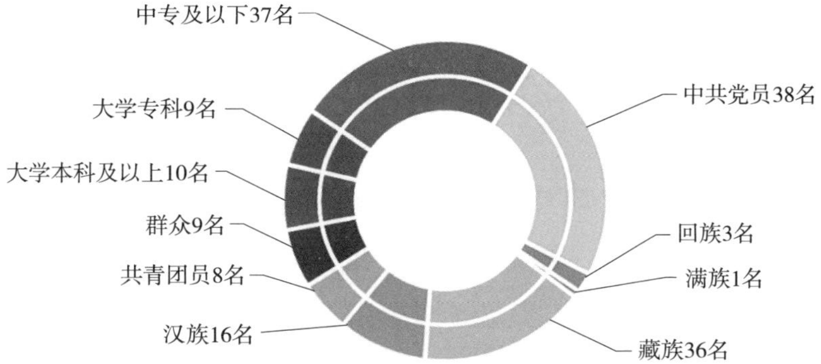

图1 西藏自治区全国劳模和先进工作者获评情况

（二）全国五一劳动奖章获得者情况

1985 年至 2022 年，全国总工会表彰全国五一劳动奖章 30 次，西藏获得全国五一劳动奖章的女性有 44 名。其中，汉族 11 名，占比 25%；藏族 33 名，占比 75%。中共党员 37 名，占比 84.1%；群众 6 名，占比 13.6%；无党派人士 1 名，占比 2.3%。博士和硕士研究生学历 5 名，占比 11.4%；大学本科学历 17 名，占比 38.6%；大学专科学历 9 名，占比 20.5%；高中及以下学历 13 名，占比 29.5%（见图 2）。全国五一劳动奖获得者由最初的交通、地矿、电力行业逐步扩展到新就业形态、两新组织、重大工程项目、基层维稳一线等，覆盖全区各行各业各条战线。

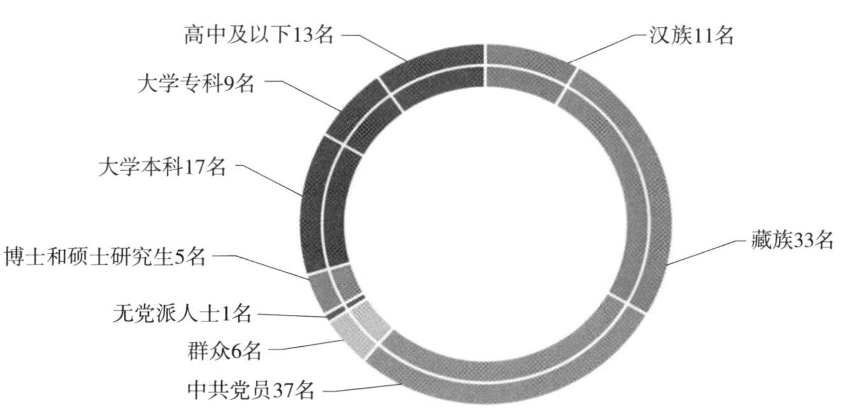

图2 西藏自治区全国五一劳动奖章获得情况

（三）全国五一巾帼奖获得者情况

2005 年至 2021 年，全国总工会评选全国五一巾帼奖状（奖章）、全国五一巾帼标兵岗（标兵）10 次，西藏获评全国五一巾帼奖状 1 个、全国五一巾帼奖章 1 名、全国先进女职工组织 3 个、全国先进女职工工作者 3 名、女职工之友 3 名、全国女职工建功立业标兵岗（全国五一巾帼标兵岗）76 个、全国女职工建功立业标兵（全国五一巾帼标兵）75 名。其中女劳模 82 名，均为中共党员。随着社会政治地位的提高，西藏女劳模所从事的行业从改革开放初期的教育、体育、卫生、电力、通信、金融业迅速向交通、建筑、科技、气象、农牧、水电、勘探等行业扩展，在城镇、新就业形态领域职业分布更加广阔。

二、西藏自治区女劳模群体在不同历史时期的作用及贡献

我国工人运动的历史是一部工人阶级从黑暗中摸索，跟随中国共产党一步步走向光明的历史。在这个伟大的历史进程中，党团结带领全国各族人民进行了艰苦卓绝的奋斗，历经千辛万苦，完成社会主义改革，对社会主义道路进行了探索，实行了改革开放，开辟了中国特色社会主义道路。与此同时，西藏各族人民在党的领导下，从黑暗走向光明、从落后走向进步、从贫穷走向富裕、从专制走向民主、从封闭走向开放，彻底推翻了长达千年的政教合一封建农奴制社会，实现了五个时期的伟大跨越。其间，涌现出一批批杰出的女劳模，她们在各行各业以坚韧不拔的坚强意志和大无畏的无私奉献精神艰苦奋斗、忘我工作，是西藏女性力量的缩影。

（一）和平解放时期（1951—1959 年）

随着《关于和平解放西藏办法的协议》的签订，西藏得以彻底摆脱帝国主义的侵略，彻底粉碎了帝国主义分裂祖国的梦想，维护了统一，巩固了国防。这一时期，青藏、川藏公路通车，先后建成 462 所小学、2 所中学和 1 所中专学校，大批适龄女性进入学校接受现代学校教育。全区广大女职工积极响应党的号召，宣传党的政策，扩大党的影响，艰苦

奋斗支援前线、无私奉献，跟随党组织开荒生产、种菜养殖，以坚强的毅力克服高原缺氧、粮油短缺、物资匮乏等困难，树立长期建设西藏的思想和决心，无私奉献投身西藏建设。

其米：人背马驮进深山，走村入寨放电影

全国劳动模范、西藏拉萨市电影公司党支部原书记其米是这一时期的佼佼者。她几十年如一日，继承和发扬以“特别能吃苦、特别能战斗、特别能忍耐、特别能团结、特别能奉献”为核心的“老西藏精神”，艰苦创业，走村入寨，人背马驮，带着胶片到农牧区为农牧民放映电影。她不怕苦不怕累，把全部精力奉献给了西藏电影事业。20 世纪 50 年代，西藏还处在封建农奴制度下，她深知电影在群众文化生活中占有重要地位，也深受农牧民欢迎。为了让藏族人民了解雪域外界的情况，她每天工作 12 个小时以上，从未休过节假日，任劳任怨地忘我工作，为西藏电影事业的发展作出积极贡献。

马熙敏：教书育人，硕果累累

全国劳动模范、西藏民族学院原副教授马熙敏，献身民族教育事业，成绩卓著，先后荣获优秀共产党员等各种奖励 30 余次，所著论文《党的民族政策在西藏的伟大胜利》荣获全国二等奖。在西藏民族学院长达 50 年的教学岗位上，她经常深入社会，调查研究，积极从事科研活动，出版论文专著 58 篇（本）共 200 多万字。20 世纪 50 年代，她用藏汉两种语言教学，创造和制作了 158 件教具，在教书育人、学生管理、科研成果等各方面都取得了显著成绩，成为西藏民族学院党史研究领域的一棵常青树，事迹被载入《中国劳模大典》等书中。

（二）民主改革时期（1959—1965 年）

坚决平息武装叛乱，实施民主改革运动，打破了长达千年的政教合一封建农奴制枷锁，百万农奴翻身做了主人。西藏的民主改革是中国新民主主义革命的一部分，是中国共产党运用马列主义、毛泽东思想解决中国民族地区社会改革乃至整个民族问题的光辉典范。这一时期，中央大力度拨款，进行大量物资支援，选调优秀干部和专业技术人才进藏工作，重视藏族等少数民族干部的培养，大批民族干部迅速成长，为西藏经济社会各项事业发展注入活力，西藏农牧业、交通、商业、文化、教育、卫生等社会事业得到空前发展，特别是 1960 年全国文教群英会后，西藏女劳模带领女职工积极完成生产任务，广泛开展“五好”职工比学赶帮劳动竞赛，掀起了增产节约运动的热潮。教育方面，1963 年，首届拉萨中学毕业生中，女性毕业生占 30%。1965 年 9 月 1 日，西藏自治区成立，标志着西藏社会制度发生根本性变化，西藏在民主改革后进入社会主义建设时期，民族区域自治制度在西藏全面实施。

次仁拉姆：百万翻身农奴的榜样

西藏民主改革时期的全国劳动模范、60 位感动西藏人物之一、乃东县结巴乡原党支部书记次仁拉姆，始终坚定跟党走的信念，勤劳俭朴，埋头苦干，自主成立“穷棒子互助组”，闯过一个个难关，带领 11 户农奴组成农业生产互助组，齐心协力，脱贫致富，使生产得到发展，被誉为“百万翻身农奴的榜样”，带领结巴公社群众苦干实干，取得了平均亩产 935 斤粮食的好成绩。次仁拉姆当选为第五届、第六届全国人大代表，担任西藏自治区人大常委会副主任。

徐凤翔：报告文学《小木屋》的主人公

全国劳动模范、西藏农牧学院森林生态学、高原生态学教授徐凤翔，西藏高原生态研究所、北京灵山生态研究所的创建人，报告文学《小木屋》的主人公，感动了亿万读者。为探索、揭示生态环境与森林资源的内蕴，她一心扑在高原科考，积极为高原生态科学发展探索，孤身一人，上攀珠峰、下临墨脱、西达阿里、东越横断，克服千难万险，考察了西藏的主要林区 20 处，区内考察行程 13 万多公里，取得了大量珍贵的数据、标本和图像资料，填补了高原生态研究领域的空白，生动昭示了科学探索精神。她先后撰写《中国西藏山川植被》《西藏高原森林生态研究》等专著，制作“西藏生态行”等电教片，记录了她为高原生态保护奋斗的足迹，被海内外人士誉为汉藏团结的绿色纽带、“森林女神”。

（三）社会主义改造时期（1965—1976 年）

采取发展农牧业合作社，实行两级所有、队为基础、建立互助组等政策，有步骤地实行从民主革命到社会主义革命的过渡，实现从新民主主义向社会主义的跨越，把个人所有制改造为社会主义性质的集体所有制，建立起以农牧业为主体的社会主义经济制度，西藏全区工业得到了迅速发展，工业产值比 1956 年增长 2.3 倍以上，交通、煤炭、电力、机械、采矿、勘探、化工、水泥、火柴、纺织、造纸、印刷、皮革、制糖等工业从无到有，从小到大，逐步填补了西藏工业生产和交通运输的空白，为西藏的发展和进步奠定了可靠的基础。

全国劳动模范、拉萨市经委农机石膏厂原副班长次珍，发扬“老西藏精神”，坚守工作岗位，积极推行经营承包责任制，完成大小汽车喷池 100 台（次），创年产值 1.4 万元。

全国五一劳动奖章获得者、全国三八红旗手次仁卓嘎从事藏毯编织技术工作，从学徒到专家，勤奋钻研藏毯纺织技艺，不断创新传承古老技艺，为保护、传承、发展、创新藏毯生产积极探索，注重技术改造创新，将图案种类由 20 种发展到 450 余种，带领女职工为发扬和发展藏毯业作出了积极探索，为西藏传统藏毯继承和发扬作出贡献。

（四）改革开放和社会主义现代化建设新时期（1978—2012 年）

党中央、国务院关心支持西藏，制定和实施一系列符合西藏实际的经济政策和开放政策，于 1980 年、1984 年、1994 年、2001 年和 2010 年先后召开了五次西藏工作座谈会，从西藏实际出发，加大政策支持、中央投资、人才培养、对口支援等力度。在中央扶持和全国支援下，西藏提高了自我发展与自我积累能力，经济快速发展，社会和谐稳定，进入了跨越式发展的新阶段，各族人民群众生活水平得到极大提高，进入了跨越式发展阶段。

姬秋梅：雪域高原上的“牦牛博士”

全国五一劳动奖章获得者、女科学家姬秋梅，毕业于中国科学院地理科学与资源研究所，2002年留学回国，长期工作在海拔4000米以上的高寒牧区，30多年与牦牛为伍，针对西藏牦牛生产存在的突出问题进行了重点研究和技术攻关，先后主持承担国家科技计划和自治区重大项目20余项，发表论文50余篇，开展西藏17个主要区域的牦牛遗传资源和多样性研究，创建牦牛育种评估技术体系，建立牦牛选育基地和选育核心群，研制牦牛繁殖营养调控技术，创建牦牛育肥模式和配套技术，研制牦牛半舍饲技术和牦牛胚胎移植技术，在牦牛学科发展和科技进步方面取得了创新突破，填补了多项空白，部分研究成果达到国际先进水平，为西藏牦牛科技和“三农”发展作出突出贡献。

益西卓嘎：“雪域信使”

被农牧民群众亲切地称为“雪域信使”的全国劳动模范益西卓嘎，发扬传承“老西藏精神”，把“人民邮政为人民”的庄严承诺写进心里，甘于奉献，艰苦奋斗，顶风冒雪，按时投递邮件，坚守平均海拔5000米的双湖邮政公司15年，行程31.5

益西卓嘎（左）在执行任务的路上

万千米，投递邮件 5 万多件，为牧民群众搭起了联系外界的桥梁。

玉珍：脱贫攻坚的巾帼英雄

昌都市芒康县全国劳动模范玉珍，基于传统的种植、养殖业，发扬吃苦耐劳的传统美德，洞察市场，从事贸易，经商办企业，先后开办第一家藏族特色小店、第一家藏家乐、第一个藏红花种植基地，酿造葡萄酒，饲养藏香猪，成为一名懂技术、会经营、善管理的女致富能手，创办妇女就业创业基地，其中女职工占 96%，为西藏改革发展作出突出贡献，成为西藏脱贫攻坚中的巾帼英雄。

（五）中国特色社会主义新时代（2012 年至今）

党的十八大以来，党和国家事业发展呈现新的时代特征。以习近平同志为核心的党中央高度重视西藏工作，习近平总书记亲自为西藏工作把舵定向、谋篇布局，提出“治国必治边、治边先稳藏”的战略思想，作出“加强民族团结、建设美丽西藏”的重要指示，亲自主持召开中央第六次、第七次西藏工作座谈会，明确新形势下西藏工作的指导思想和目标任务，确定了中央政府支持西藏的一大批重点建设项目，制定了惠及西藏各族人民的一系列特殊优惠政策，带领西藏人民打赢脱贫攻坚战、全面建成小康社会，彻底摆脱了束缚千百年的绝对贫困问题，与全国人民一道迎来了新的伟大飞跃。在这一伟大历史进程中，一大批有能力、有文化、有贡献的优秀女科技工作者、女教师、女医生、女律师、女运动员自觉把个人梦想融入国家和民族的伟大梦想中，展示了新时代西藏女职工坚定的理想信念、强烈的责任担当、过硬的能力本领，见证了女劳模爱岗敬业、争创一流、艰苦奋斗、勇于创新、淡泊名利、甘于奉献的时代风采，让女劳模红遍雪域高原。习近平总书记在党的二十次代表大会上作的报告，擘画出宏伟蓝图，更加鼓舞西藏各族人民坚定拥护“两个确立”、坚决做到“两个维护”，聚力“四件大事”“四个创建”，向第二个百年奋斗目标奋勇进军。

美朵：在生命禁区点燃“蜡烛”

美朵在平均海拔在 5000 米以上双湖特别区协德乡完小任教

全国先进工作者、那曲市双湖县教育局教研室美朵，是生命禁区的一根“蜡烛”，凭着无私奉献的精神，自愿申请到世界上海拔最高、最远、最艰苦、最缺氧、没有电和网络的双湖县协德乡完小任教，一待就是十年。在平均海拔在 5000 米以上，气候恶劣、条件艰苦的生命禁区，她坚持在烛光下认真备课，默默无闻、爱岗敬业，所指导的学生成绩优异，多人被内地西藏班录取。

卓嘎：守好祖国的每一寸土地

党的二十大代表、七一勋章获得者、时代楷模卓嘎的家乡玉麦乡地处中国西南边陲，1964 年至 1996 年的 33 年间，桑杰曲巴家是这片土地上仅有的一户人家。一个爸爸，两个女儿，一栋房子，既是乡政府，也是他们的家。

20 世纪 90 年代，卓嘎（右一）、央宗（左一）与父亲桑杰曲巴

卓嘎的父亲桑杰曲巴是个老民兵，放牧守边 34 年，从未离开过这片土地。卓嘎、央宗姐妹俩在父亲的带领下，加入了中国共产党，半个多世纪来，父女三人以放牧为生，守护着祖国数千平方公里

的国土。父亲桑杰曲巴常对卓嘎和央宗说："如果我们走了，这块国土上就没有人了！"这句话，两个女儿记了一辈子。他们知道，守护土地，就是守护国家。卓嘎是爱国守边精神的传承者，秉持"家是玉麦、国是中国"的坚定信念，数十年如一日以抵边放牧、巡逻的方式守护数千平方公里的国土，国旗挂遍走过的每一条路，践行了"再苦再累也要守好祖国的每一寸土地"的承诺。积极宣讲党的恩情，引导群众听党话、感党恩、跟党走。在卓嘎、央宗姐妹的带领下，玉麦乡群众自觉尊法学法守法用法，国家意识、公民意识、法治意识不断增强，成为"守法模范、戍边卫士、国家坐标"。

西洛卓玛：从雪域高原走来的摔跤世界冠军

党的二十大代表、全国先进工作者、世界冠军西洛卓玛，凭借独特的优势，勤学苦练，成长为西藏首个竞技体育世界冠军。

1987 年 10 月 24 日，西洛卓玛出生在西藏林芝地区林芝县布久乡仲沙巴村的一户普通农家。从 15 岁开始练习摔跤，2005 年至今在西藏体工队效力，并在北京体育大学附属竞技体校读书、训练。2009 年，她进入全国冠军赛前三，入选国家队；2010 年成为国家摔跤运动员，年仅 23 岁的她便能在高手如云的世锦赛上为中国女子摔跤队夺得一枚宝贵的金牌，实属不易。对于她的技术水平，中国女子摔跤队总教练张豪杰在接受媒体采访时表示："她的防守反击，特别是在被动情况下，她的反击有她的独到之处。"2011

西藏第一个世界冠军西洛卓玛（左）

年，她勇夺伊斯坦布尔摔跤世锦赛67公斤级冠军，成为西藏和平解放以来首个竞技体育世界冠军，填补了西藏竞技体育世界冠军的空白；2013年，在第十二届全国运动会上夺得63公斤级冠军；2014年，在亚运会摔跤比赛女子自由式摔跤63公斤级决赛上，代表国家队参赛获得银牌，这也是西藏运动员在亚运会上摘得的首块奖牌。

除此之外，还有党的二十大代表、西藏自治区劳动模范尼玛拉宗带领群众创业就业，发展集体经济，帮助群众增收致富；党的二十大代表、西藏五一劳动奖章获得者次仁拉姆，培育社会主义核心价值观，注重家风家教，带领牧区聋哑、失明、智力障碍的孩子走进有声有色的多彩世界；全国工人先锋号拉萨楚布文化传播有限公司的创始人拉巴片多，带动农牧民和大学生就业，依托现代科技成果，整合藏民族传统手工艺，领跑西藏藏香行业……她们作为新时代西藏女性的杰出代表，作为闻名全国的劳模先进，获得了广泛赞誉和尊敬，那是对党和国家的热爱，是一个时代的代表人物，是对事业的敬业奉献，发挥了非常重要的政治作用，她们正以巾帼不让须眉的豪情和努力，积极投身建设社会主义现代化新西藏新征程。

西藏和平解放以来，在党的春风雨露下，女性的地位逐步提高，迎来全新的命运。新时代的西藏女劳模在政治、经济、卫生健康、教育等方面的权利得到充分保障，参与能力越来越强，充分反映出西藏社会的发展变化。在政治方面，从西藏实行第一次基层人民代表选举开始，历次换届选举中女性参选比例均在90%以上，大批有能力、有文化、有贡献的女性被选为人民代表和政协委员。2020年统计数据显示，西藏女性党代表、人大代表和政协委员分别占比26.5%、27.9%和26.7%，女性共产党员从1960年的1120名增长到2018年的11万名，女公务员占比达33.3%。2022年西藏出席党的二十大代表中，女性全国劳模代表4名，占比达13.3%。在教育方面，高学历女性和高级女知识分子越来越多，普通高等教育、研究生教育和成人高等教育中女性比例均保持在50%以上。享受国务院、西藏自治区政府特殊津贴的女性比例分别为12.74%和17.78%，女性学术带头人占比达27.45%。

全区各级工会女职工组织紧紧围绕党和政府在各个时期的中心任务，发挥自身优势，积极为广大女职工谋平等、谋发展、谋幸福。在历年来的全国劳动模范、全国五一劳动奖章和巾帼标兵等评选表彰工作中，严格明确了女职工占一定比例的要求，极大地推动了西藏事业和各项工作的发展。组织推荐女劳模出席参与全国和自治区重要庆典、重大纪念日等活动和重要社会活动。按照全国总工会工作安排，每年积极组织女劳模申报参加中国劳动关系学院劳模本科班学习，提升高等教育学历，使女劳模能够提升自我，实现价值。2012年，西藏自治区总工会把全国五一劳动奖章纳入省级劳模管理范围。同时，自治区财政向自治区劳模和全国五一劳动奖章获得者拨付专项补助资金。西藏自治区总工会将自治区劳模和全国五一劳动奖章获得者疗休养工作列入本级预算，每年组织安排包括女劳模在内的疗休养活动。

回首西藏发展进步的各个历史时期，从和平解放到民主改革，从改革开放到中国特色社会主义新时代，从以工农为主发展为覆盖各行业各层面各领域各条战线，一批又一批女劳模人物，立足雪域高原，干一行、爱一行、钻一行、精一行，在促进民族团结、服务西藏经济社会发展中建功立业，为建设社会主义新西藏创造了巨大的物质财富和精神财富，呈现出西藏地域特色和时代发展风貌的独特共性和个性，展示出西藏发展的真实面貌。西藏女劳模们在平凡的岗位上续写不平凡的故事，思想、学历、知识、能力逐步提高，使劳模精神、劳动精神、工匠精神在雪域高原得到弘扬。西藏激励全区广大女职工学习劳模、争当劳模，引导女职工从“革命加拼命、苦干加巧干型”向“知识型、技能型、创新型”方向转变，展现出别样的雪域高原时代风采。她们的成长与西藏的政治经济社会发展紧密结合在一起，是西藏政治、经济和社会生活的积极参与者，奏响了“咱们工人有力量”的主旋律，为社会主义新西藏作出了突出贡献。

三、西藏自治区女劳模工作经验

中国女劳模是新中国、新时代中国女性的典型代表。西藏各级工会以习近平新时代中国特色社会主义思想、习近平总书记关于工人阶级和工会工作的重要论述为指导，坚持新时代党的治藏方略，深入学习宣传贯彻落实党的二十大精神，抓好“稳定、发展、生态、强边”四件大事，聚力“四个创建”“四个走在前列”，进一步提高做好女劳模工作重要性的认识，讲好西藏女劳模故事，展现可信、可爱、可敬的西藏女劳模形象。

（一）完善工作机制

建立完善培育、关爱、激励女劳模的体制机制，继续加强女劳模的评选表彰。及时发现典型、树立典型、大力宣传典型，重视劳模精神培育，搭建舞台，广泛开展岗位练兵、技能比武、技术攻关、劳动竞赛、创新创业等活动，提供劳模产生的土壤，让西藏各行各业的女劳模成长成才发挥作用。充分运用互联网等新传播手段和新的文化样式，联合各行各有关部门，组建宣传团队，深入企业车间工地等劳动一线，在稳定发展生态强边等各个领域挖掘和选树一批典型，广泛深度宣传女劳模的先进事迹和优秀品质，弘扬劳模精神，讲述劳模故事，营造浓厚氛围，在全社会营造劳动光荣、技能宝贵、创造伟大的浓厚氛围。

（二）强化管理服务

结合西藏实际，关注女劳模群体的需求，鼓励企业将女劳模发展纳入企业社会责任评价体系，进一步加强对女性合法权益整体保护和女职工劳动保护的落实工作，关心爱护女劳模群体，切实解决女劳模的实际困难，做到政治上关怀、工作上关心、生活上关爱，充分发挥和调动女劳模群体的特殊作用，建立信息数据库，建立宣传教育、持续培养、奖励待遇等工作机制，梳理各级各类荣誉，关心她们的身心健康，组织疗休养，畅通女劳模成长成才渠道，纳入评优选先范围。

（三）鼓励创新干事

深入开展技术攻关活动，发挥女劳模创新创效能力，开展合理化建议、课题攻关活动，深钻研、出点子、出成果。加大推进女劳模创新创业工作室创建活动，发挥业务专长，加强高技能人才队伍培养，从提高技能素质、搭建创新平台、平衡工作和家庭责任、助力解决后顾之忧，为西藏女劳模成长成才努力营造更好的社会环境、企业环境、家庭环境。

四、西藏自治区女劳模工作展望

多年来，西藏女劳模以高度的主人翁意识、卓越的劳动创造、忘我的拼搏精神，在各自领域和战线上发光发热，在实现中华民族伟大复兴中国梦的新征程上谱写出一曲曲可歌可泣的动人赞歌。党的二十大报告明确指出，“在全社会弘扬劳动精神、奋斗精神、奉献精神、创造精神、勤俭节约精神，培育时代新风新貌”。习近平总书记在同全国总工会新一届领导班子成员集体谈话时强调，“要大力弘扬劳模精神、劳动精神、工匠精神，发挥好劳模工匠示范引领作用，激励广大职工在辛勤劳动、诚实劳动、创造性劳动中成就梦想”。西藏将深入贯彻落实党的二十大精神，贯彻落实习近平总书记关于工人阶级和工会工作的重要论述、关于西藏工作的重要指示和新时代党的治藏方略，坚定信心、踔厉奋发，埋头苦干、勇毅前行，不断健全完善关心关爱劳模工匠和技能人才的常态化机制，推动更好落实劳模工匠待遇，提升劳模工匠地位，让劳动光荣、技能宝贵、创造伟大在全社会蔚然成风；不断发挥女劳模典型引路作用，大力弘扬劳模精神、劳动精神、工匠精神和“老西藏精神”、“两路精神”，聚焦“四件大事”“四个确保”、聚力“四个创建”“四个走在前列”，忠诚党的事业、竭诚服务职工，团结带领全区各族职工群众坚定不移听党话、跟党走，积极投身强国建设、民族复兴伟大事业，为建设社会主义现代化新西藏汇聚磅礴力量。

参考文献

1. 习近平在全国劳动模范和先进工作者表彰大会上的讲话［N］. 人民日报，2020-11-25.

2. 70年西藏社会制度实现伟大跨越的历程和经验［N］. 西藏日报（汉），2019-9-26（6）.

陕西

陕西篇

三秦大地上砥砺奋进的“她力量”

在中国共产党的领导下，陕西省不同时期各行各业的广大劳动妇女，以共产主义理想和爱国主义精神为支撑，不断传承和发扬劳模精神，立足工作岗位，自信自强，守正创新，敬业奋斗，无私奉献，将个人的理想和事业融入改革发展大潮和实现自我价值的历程，充分展现了陕西巾帼的别样风采，为实现妇女解放、促进妇女全面发展、引领妇女走在时代前列发挥了积极作用，在广袤的三秦大地上贡献了强大有力的“她力量”。

一、陕西省不同时期女劳模群体概况

陕西省在新民主主义革命时期、社会主义革命和建设时期、改革开放和社会主义现代化建设新时期、中国特色社会主义新时代四个时期共产生过 453 名女劳模，包括全国劳动模范、全国先进工作者、全国五一劳动奖章获得者、全国五一巾帼奖获得者等，不包括集体奖项。其中，全国劳动模范（含全国先进生产者）144 人、全国五一劳动奖章获得者 126 人、全国五一巾帼奖获得者 183 人。获奖人数整体呈稳步增长趋势，而且行业分布日益广泛。

陕西省女劳模群体的总体分布情况如下：

（一）劳模人数

从不同历史时期进行分析，新民主主义革命时期 8 人、社会主义革命和建设时期 42 人、改革开放和社会主义现代化建设新时期 229 人、中国特色社会主义新时代 174 人。其中，改革开放和社会主义现代化建设新时期因为时间跨度较长达 34 年，且属于国家经济发展的复苏和快速上升期，社会生产力得到极大提高，女劳模人数最多，占总数的 50.5%。新民主主义革命时期女劳模人数最少，占劳模总人数的 1.8%。社会主义革命和建设时期、中国特色社会主义新时代该比重分别为 9.3% 和 38.4%。

（二）政治面貌

从政治面貌上分析，已知政治面貌的 183 名女劳模中，中共党员占

86%，群众占 14%。从整体上看，四个历史时期女劳模中，中共党员的占比都在 80% 以上，居主体地位。

（三）受教育程度

从学历上分析，已知学历的 176 名女劳模中研究生学历占 9%，大学本科学历占 25.6%、大学专科学历占 19.9%，高中、中专和技校学历占 25.6%，初中学历占 12.5%，小学学历占 7.4%。其中大学专科及以上学历占 54.5%，小学学历主要集中在新民主主义革命时期，初中学历主要集中在社会主义革命和建设时期的制造业以及农、林、牧、渔业。

（四）获奖年龄

从女劳模获奖时的年龄上分析，已知年龄的 203 人中年纪最小的为 16 岁，有 3 人，主要集中在新民主主义革命时期、社会主义革命和建设时期。其中，20 岁及以下占 7%、21—30 岁占 22.3%、31—40 岁占 9%、41—50 岁占 23.3%、51 岁及以上占 38.4%（见图 1）。

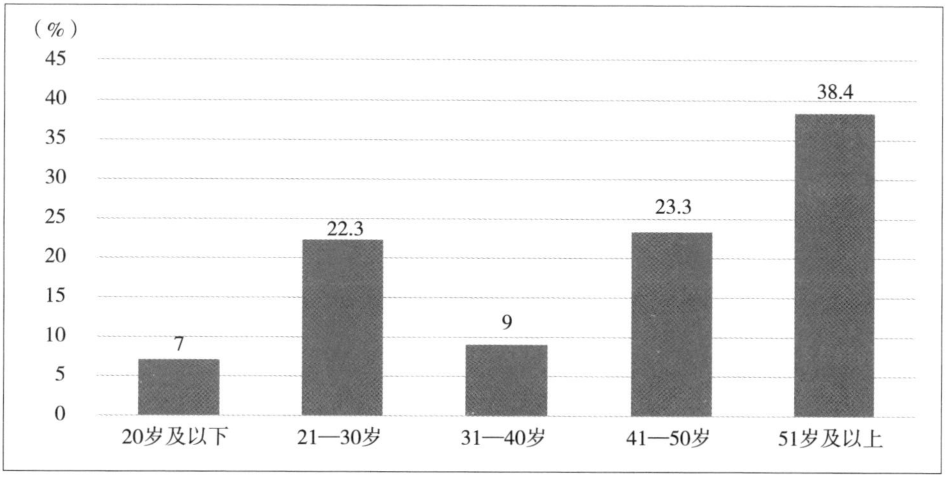

图 1　陕西省女劳模获奖年龄分布

（五）行业分布

从行业上分析，有行业信息记载的 273 名女劳模中从事制造业、教育业的人员比例较高。陕西省是制造业大省，从事制造业的女劳模占女劳模总人数的 27.8%，居第一位。陕西省也是高等教育大省，“双一流”

大学有 8 所，素有崇文重教的传统，从事教育业的女劳模占比达 16.8%，居第二位。女劳模中从事卫生、社会保障和社会福利业的占 8.1%，从事公共管理和社会组织的占 7.7%，从事交通运输、仓储和邮政业的占 7%，从事科学研究、技术服务和地质勘查业的占 6.2%，从事文化、体育和娱乐业的占 6.2%，从事农林牧渔业的占 4%，从事其他行业的占 16.2%（见图 2）。

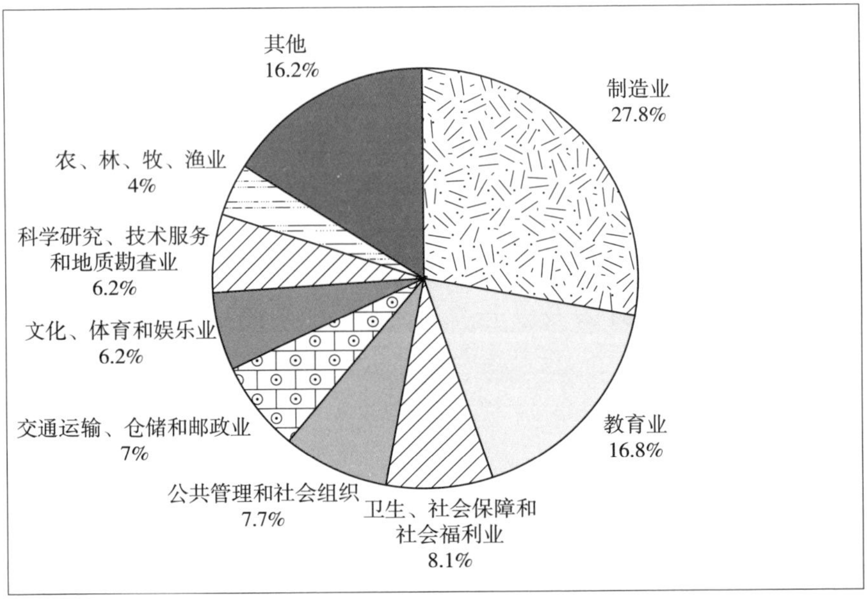

图 2　陕西省女劳模所从事行业分布

从获奖时的身份分析，已知身份的 274 名女劳模中工人占比最高，为 18.2%。其次是教师等，占 17.5%，工程师、研究员等技术人员占 11%，乘务员、营业员、服务员等保障和服务人员占 8.8%，厂长、院长、所长、站长等占 6.6%，班组长、工段长、队长占 6.2%。此外，党委书记、党支部书记、纪委书记、工会主席等占 6.9%，农民占 4.4%，演员、运动员占 4.4%，其他占 16%。

二、陕西省不同时期女劳模群体的主要特点

从解放区建设到新中国建设，从改革开放到中国特色社会主义新时

代，在中国共产党领导人民进行革命、建设、改革的百年历程中，涌现出了大批女劳模，她们以“巾帼不让须眉”的豪情，将女性特有的细腻与韧性融入工作中，自觉把个人理想、家庭幸福融入国家富强、民族复兴的伟业之中，在不同领域充分发挥模范带头作用，真正撑起了国家、企业和家庭的“半边天”。

“爱岗敬业、争创一流、艰苦奋斗、勇于创新、淡泊名利、甘于奉献”，这不仅是陕西省女劳模，也是全国所有劳动模范共同的特点。在各个历史时期，广大劳模以高度的主人翁责任感、卓越的劳动创造、忘我的拼搏奉献，一棒接一棒地不断接力传承，为全国各族人民树立了光辉的学习榜样。

巾帼劳模不仅立足岗位拼搏奉献，还积极参政议政，社会地位不断提高。其中，52 人先后担任陕西省、全国人大代表、政协委员、党代表，占全部女劳模人数的 10.9%，在企业中担任党政领导的人数占比达 9.8%。她们坚持不懈传承劳模精神，为团结引导广大职工“坚定不移听党话、矢志不渝跟党走”作出了榜样。

除了上述共同特质，不同时代的女劳模精神，也在一定程度上体现出陕西省的地域色彩和行业特征，对国家经济建设、科研生产乃至教育服务等领域，起到了积极的示范和带动作用。

（一）红色革命老区孕育劳动英雄——新民主主义革命时期

在新民主主义革命时期，陕西省的女劳模主要集中在陕甘宁边区，形成了“对党忠诚、埋头苦干、勇于创新、乐于奉献、以身作则、大公无私、联系群众、敢于斗争”的劳模精神。陕甘宁边区是 1937 年至 1949 年中国共产党领导的革命根据地，是中国共产党领导的位于陕西、甘肃、宁夏三省区边界地区的抗日根据地和中共中央与中央军委所在地，下辖 23 个县，人口约 150 万人，首府位于延安。

抗日战争时期的延安，被誉为“新女性的天堂”，吸引了大批爱国青年从四面八方奔赴延安，其中女性接近一半。延安作为中国妇女运动的策源地和摇篮，大量外来新女性的加入，使其妇女运动充满生机与活力。在巾帼劳模的带领下，这些革命新女性开始广泛追求独立，争取政治、经济、教育等方面的平等自由。她们从家庭走入社会，积极参政议政，踊跃参加生产劳动、学习文化，真正实现当家作主，积极服务社会和贡献社会。“妇女能顶半边天”不仅成为广大妇女自由解放的口号，更成为新民主主义革命时期中国革命和社会实践的现实体现。

这一时期的陕甘宁边区全民动员，突破日军与国民党的双重围困，自己动手、丰衣足食，自力更生、奋发图强，开展大生产运动，大力发展农业和基础工业，以支持抗日战争和解放战争。从 1938 年到 1945 年，陕甘宁边区涌现出 8 名女劳模，分别来自延安、米脂、靖边、延川等地，其中 4 人来自制造业，另外 4 人来自农、林、牧、渔业，各占一半。

1. 突破传统，通过劳动生产获得解放

抗日战争时期，中国共产党坚持领导中国妇女积极投身经济和社会发展，实现妇女解放，这一思想主张在延安时期得到了生动充分的发展与实施，陕甘宁边区政府先后公布《陕甘宁边区人民生产奖励条例》《陕甘宁边区劳动英雄与模范生产工作者大会及其代表的选举办法》等条例和办法。陕甘宁边区涌现出一批抗日战争时期大生产运动中的女劳模，以及解放战争时期积极生产和支援各种战略物资、为解放战争的胜利提供根本保障的女劳动英雄。其中就有王震将军亲笔撰文表扬过的强大嫂——杨淑平。

杨淑平：大生产运动中的劳动英雄

杨淑平，1902 年出生于陕北宜君石堡村，从 15 岁起就把自己的命运和丈夫强自修（宜君革命活动的主要领导人）所从事的革命事业紧紧结合在一起，满腔热情地支持强自修的革命活动。1944 年，杨淑平在大生产运动中表现突出，被评选为延属分区的劳动英雄，受到边区政府嘉奖，成为宜君县近代史上第一位受到人民政府表彰的巾帼英雄。当时驻守陕甘宁边区开展大生产运动的八路军三五九旅旅长、新中国成立后曾任中华人民共和国副主席的王震将军，曾亲笔撰写《向强大嫂学习》一文，热情赞扬杨淑平的先进事迹，并在延安《群众日报》发表，号召边区军民向她学习。

此外，在延安大生产运动中还涌现出了女劳动英雄马杏儿，她成为妇女脱离传统家庭束缚，通过劳动生产获得自由解放的榜样。

马杏儿：边区妇女劳动英雄的第一人

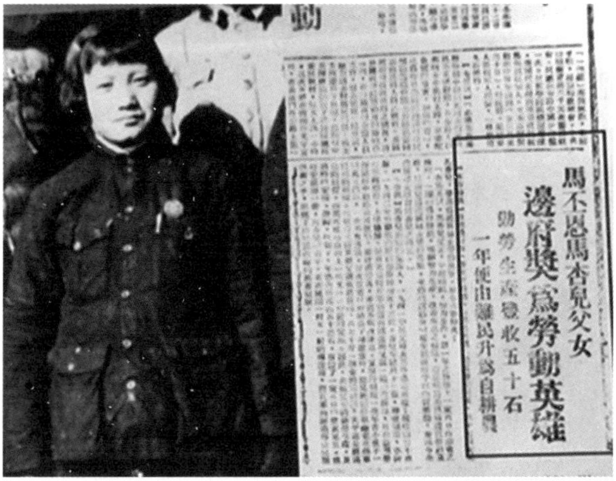

马丕恩和马杏儿父女被评为劳动英雄的报道

马杏儿，1927年出生在陕西米脂，因家贫幼时给地主家当婢女，1941年随家人逃荒到延安后，在三十里铺陕甘宁边区政府农场种地。在大生产运动中，农场职工开展开荒竞赛，她积极报名参加，一开始每天能开荒1.8亩地，后来每天能开荒2.5亩地，不亚于身强体壮的男职工。1942年，她和父亲马丕恩种地45亩，后来每年种一百五六十亩。经过马家父女辛勤耕耘，粮食连年丰收，第二年就实现了陕甘宁边区政府提出的“耕二余一”（即耕作两年，余粮一年）计划，成为周围村镇勤劳致富的榜样。1943年2月，陕甘宁边区政府授予年仅16岁的她“边区妇女劳动英雄”称号，颁发由时任陕甘宁边区政府主席林伯渠书写的“妇女光荣”奖状，并通令全边区妇女向她学习。马杏儿也成了“边区妇女劳动英雄的第一人”。

马杏儿作为移民生产妇女中的一面旗帜，不仅给陕甘宁边区的难民和移民树立了榜样，其事迹所体现的妇女脱离传统家庭束缚、通过劳动生产获得解放的精神影响了一代代人。曾经唱遍全国、流传至今的著名秧歌剧《兄妹开荒》，就是以马杏儿的事迹为素材创作的。

2. 自力更生，掀起热火朝天生产高潮

这一时期，陕甘宁边区还涌现出钱桂英、郭凤英、黑玉祥、刘金英、刘玉英等女劳模，她们在促进大生产运动，艰苦奋斗支援前线中体现出革命老区人民“埋头苦干，迎难而上，你追我赶，奋发有为”的显著特点，为抗日战争和解放战争的胜利作出了积极贡献，是伟大的延安精神的积极践行者。她们中的大部分工作在农、林、牧、渔业和手工业中，另外一部分处于制造业，如参与被服厂工作、从事家庭纺织业，一定程度上代表了新民主主义革命时期“工农”两大主要支柱。这些女劳模虽然文化程度不高，但是积极肯干，甘于无私奉献，是红色革命老区孕育出来的一代巾帼英雄。她们的事迹被广泛宣传，不仅成为社会生产力解放的标志，更成为妇女社会地位提高的标志。在她们的带动下，老区群众互下挑战书，掀起了热火朝天的大生产高潮。

“女劳动英雄黑玉祥：听说你是延川县的劳动英雄，我有点不服气，要和你竞赛一下，你敢吗？”这是大生产运动期间，延川县永坪区张家河村农妇高兰英写给纺织英雄黑玉祥的挑战书，也是边区人民响应号召，开展竞赛，努力生产的宣言书。就连关中的妇女劳动英雄张芝兰也忍不住来延川找黑玉祥讨教每天织布二丈、四天纺棉花一斤、做鞋一双的经验。在那时的延安乃至整个中国，像黑玉祥这样依靠双手以普通人的平凡书写不平凡人生的妇女还有很多。

3. 走向社会，为人民自由幸福贡献力量

延安妇女解放体现在参加生产劳动、拥军支前、文化、教育、卫生等方方面面，广大劳动妇女通过开荒种地、纺线织布、参政议政等活动，真正发挥“半边天”的作用。大生产运动让更多的劳动妇女从家庭走向社会，在集体组织中找到了自我价值，对中国妇女解放具有特殊的政治意义。在女劳模的示范带动下，广大妇女为民族解放独立、人民自由幸

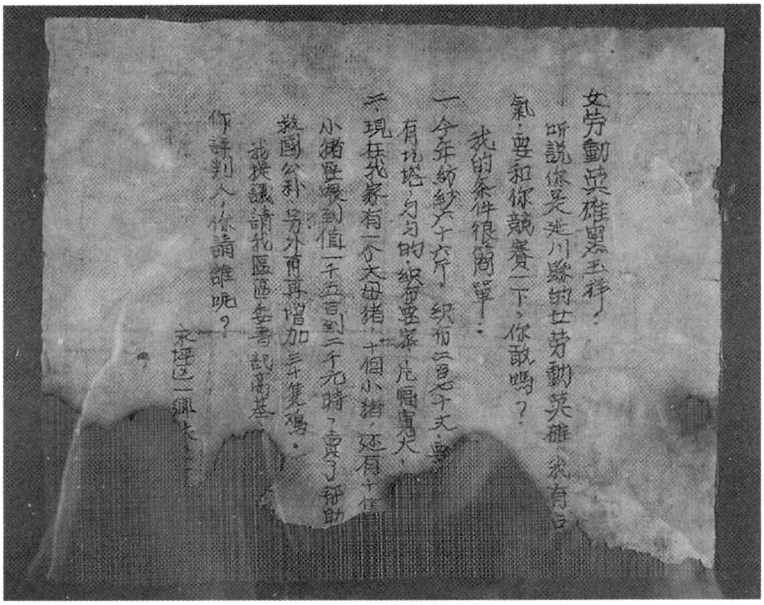
女劳動英雄黑玉祥：
听説你是延川縣的女劳動英雄，我有口
氣，要和你競賽一下，你敢嗎？
我的條件很簡單：
一、今年紡紗六十六斤，织布二百七十丈，要
有圪塔，匀匀的，织布要密，尺幅寬尺，
二、現在我家有一个大母猪，十個小猪，还有十
小猪長到值一千五百到二千元時，賣了帮助
救國公粮，另外再增加三十隻鷄。
我提議請我區區委書記高基
作評判人，你請誰呢？
永坪区一鄉

高兰英写给本区纺织英雄黑玉祥的挑战书

福贡献了巨大力量。从 1939 年到 1945 年，陕甘宁边区妇女共纺纱 600 余万斤、织布 46 万余匹，可满足全边区抗日军民用布总量的 1/3。解放战争中，陕甘宁边区妇女一年共做军鞋 15 万双、棉被 1 万床、棉衣 3.4 万套，碾米磨面 2.4 万石，这些物资被源源不断地送往前线，有力推动了解放战争在全国的最后胜利。

在延安这个革命大熔炉里，在中共中央和中央妇委的领导下，延安妇女参政议政已然成为社会风尚。1945 年，在中共七大会议上，52 名妇女代表参加了大会，创下历史纪录，其中就有延安大生产运动中的女劳模钱桂英。巾帼劳模的树立也为选拔干部提供了重要依据，很多女劳模后来成长锻炼成为党的优秀干部。

（二）建设大潮中彰显巾帼力量——社会主义革命和建设时期

为了实现建设一个伟大的社会主义国家的目标，在社会主义革命和建设时期，陕西省广大劳动妇女拼搏奋斗，体现出“努力工作，力争上游，无私奉献，集体至上”的群体特征。

在社会主义革命和建设时期，党中央高度重视社会各界妇女在政治、经济、文化、教育等领域的广泛参与，陕西省涌现出各类女劳动模范 42 人。其中从事制造业的占 36.5%，从事教育业的占 35.3%，从事卫生、社会保障和社会福利业的占 7.1%。获奖者主要集中在纺织、教育和医疗卫生、交通运输等战线。教师、教员、教养员占比 28.2%；挡车工、穿扣工、值车工等工人占比 22.4%。中共党员占比 83.7%。大学专科及本科以上学历占比 16.5%，其中制造业获奖者绝大多数是初中学历。此外，获奖人员呈年轻化态势，年龄在 30 岁及以下的人数占获奖总人数的 55.3%，年纪最小的女性全国劳动模范是陕西洋县槐树关公社女青年黄翠娃，因幼儿教育工作突出，1960 年获奖时年仅 16 岁。

1. 传承发扬，劳模优良传统代代延续

1950 年国庆大典期间召开了全国工农兵劳动模范代表会议。新中国第一批巾帼劳模以一线工人和农民为主，青壮年占比较高。李凤莲是本次会议中受到表彰的 16 位巾帼劳模之一。

李凤莲：女工的榜样

李凤莲，1920 年出生于陕北靖边。1938 年“三八”妇女节，李凤莲当选为模范妇女；1940 年，陕甘宁边区政府机关工厂工人开展“五一”劳动竞赛，厂工会授予她“劳动英雄”称号。1942 年，她被厂里评为先进工作者，同时被评为陕甘宁区政府机关工厂一级劳动模范。1943 年至 1945 年，在陕甘宁边区劳模大会奖励名单中，李凤莲连获 3 个甲等奖。她充分发扬了“自力更生、艰苦奋斗”的延安精神，其事迹被《解放日报》以《女工劳动英雄》为题进行介绍，通过长篇通信形式进行登载，还被编成《永远光荣的李凤莲》《女工的榜样李凤莲》等连环画册进行广泛宣传。

1950 年，新中国首次全国工农兵劳动模范代表会议在北京召开。李凤莲被授予全国劳动模范称号，和一批著名的女劳模们在中南海留影。李凤莲有幸与毛泽东主席一起合影留念，毛主席还为李凤莲签名留念。10月 1 日，她走上天安门城楼参加国庆观礼，倍感

李凤莲（左二）于1950年参加全国工农兵劳动模范代表会议，并与其他女劳模在中南海留影

光荣和自豪。

劳模精神不断延续发展，新民主主义革命时期陕西红色根据地孕育的延安精神、南泥湾精神，在新中国成立后进一步成长和传承为不懈的奋斗精神，李凤莲等女劳模将此优良传统延续到了新中国成立后的农业合作化、集体化时代，对社会主义革命和建设时期女劳模的成长产生了深远影响，促进了传统性别文化和观念的改变，成为中国妇女积极参与恢复发展国民经济，进行社会主义建设的内在动力。

2. 实干苦干，工业战线的拼搏者

新中国成立之初，基础工业百废待兴。“一五”计划期间，国家加大了重工业和交通运输业的建设。为了满足广大人民群众对纺织品的迫切需求，我国将纺织工业作为投资重点之一，号召广大纺织职工努力生产，逐步走上自力更生的道路。位于陕西咸阳的西北国棉一厂、国棉二厂、国棉七厂、陕棉二厂、陕棉八厂等，是陕西省纺织工业产值贡献的主力军，对于全省的经济和社会稳定起着重要作用。其中纺织行业最知名的劳动模范赵梦桃，以朴实无华的奋斗精神在平凡的岗位上谱写了不平凡的人生乐章，是新中国纺织战线上一面屹立不倒的旗帜。

赵梦桃："梦桃精神"代代传

赵梦桃（1935—1963），中共党员，原西北国棉一厂细纱车间乙班四组（赵梦桃小组）组长。1952年5月，在学习"郝建秀工作法"活动中，她以最优异的成绩第一个戴上了"郝建秀红围腰"。她创造了连续7年月月全面完成生产计划的先进纪录，被树为全国纺织战线的一面红旗。她倡导和表现出来的"高标准、严要求、行动快、工作实、抢困难、送方便"和"不让一个伙伴掉队"的思想品德，被概括为"梦桃精神"。

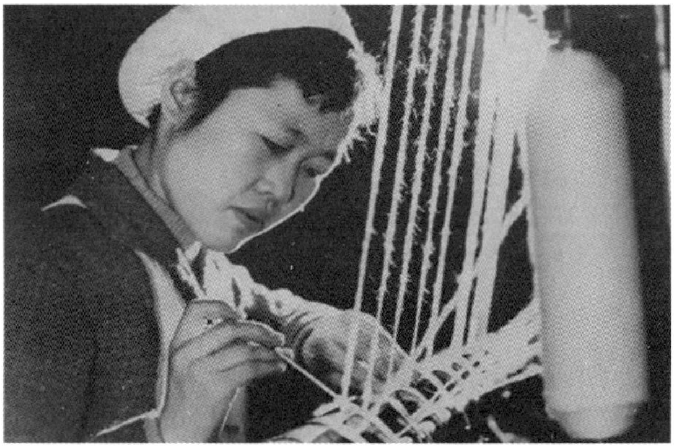

赵梦桃在细纱机旁做机台清洁

1956年，赵梦桃被评为全国劳动模范、全国先进生产者，赵梦桃小组被评为"全国纺织工业先进集体"。1959年，赵梦桃和赵梦桃小组一同出席了全国群英会。1963年6月23日，赵梦桃因病去世，年仅28岁，她用自己短暂的生命践行了为社会主义建设"老实干，拼命干，下苦干"的誓言。

赵梦桃缔造了"高标准、严要求、行动快、工作实、抢困难、送方便"的"梦桃精神"，成为社会主义建设事业中永远的精神坐标和前行灯塔。在她的带动下，"抢困难，送方便，不让一个姐妹掉队"成为一种集体精神，人人争当先进蔚然成风。半个多世纪过去了，"梦桃精神"仍在全社会广泛传播，感染和影响着一代又一代的青年群体。

赵梦桃小组历任组长翟福兰、徐保凤、周惠芝、刘小萍、何菲等，都先后获得全国劳动模范光荣称号，她们所带领的赵梦桃小组先后被评为建功立业标兵小组、全国青年文明号等。她们在平凡的工作岗位上钻研和创新业务，实干苦干巧干，让“梦桃精神”在时代考验中熠熠生辉，成为新时代产业工人的优秀代表群体。

这个时期，陕西省纺织行业还有被誉为“新中国的纺织女儿”的林秀英。1938 年出生的她，曾经在陕棉一厂、西北国棉四厂一线工作，练就了“五一织布工作法”，实现了从 1 人看 4 台老式织布机，到看 24 台自动化织布机，再到看 36 台织布机的飞跃。她于 1959 年被评为全国先进工作者，出席全国群英会。到机关工作后，她连续 19 年坚持到西北国棉四厂参加义务劳动。

3. 大胆实践，改变农业生产落后面貌

20 世纪 50 年代，国家通过农业互助合作，解决土地改革后部分农户生产资料不足，劳动力、资金短缺的困难，促进农业发展。广大劳动妇女解放思想，在农业战线大胆实践，积累经验，涌现出种棉能手张秋香等一批杰出女性。

张秋香：看天看地种棉花

张秋香（1908—2000），陕西渭南人，中共党员。1956 年，“头顶帕帕”的张秋香面对新中国成立后棉花资源紧张、难管难种的现状，带领 8 名勤劳能干的妇女，成立了双王乡第一个棉花作物组进行棉花种植。作物组被当地群众称为“秋香组”，包括张秋香在内的 9 名成员被大家叫作“九员女将”。

“秋香组”成员解放思想、大胆实践，打破了“谷雨前，不种棉”“棉花栽不活”的老观念，开创了棉花提早播种、移栽补苗的新技术。在试验田亩产棉花首次突破 50 公斤后，成员不断试验研究，在 1958 年实现试验田亩产皮棉突破 105 公斤，并总结出“看天看地种棉花”的经验，解决了棉花种植各环节的管理难题。

为实现棉花稳产高产，她们总结出“锄梦花，施暖苗肥，五步整枝，浇桃不浇苗”等实用的植棉经验，引起了农业方面专家的关注，并在全省乃至全国推广。全国各地的棉农纷纷赶到八里店村学习。“秋香组”种植的棉花产量逐年增加，试验田由30亩扩大到50亩，成员也由几人增加到几十人。

1957年，张秋香荣获全国农业劳动模范称号。1979年和1989年，她两次被评为全国三八红旗手，并被树为全国三八红旗标兵。1989年，她作为特邀代表，出席全国劳动模范和先进工作者表彰大会。

此外，这一时期还涌现出了一批以中国农业科学院陕西分院植物保护研究所研究员、作物病理学家、小麦条锈病研究专家路端谊为代表的农业领域女性知识分子。路端谊扎根田野搞科研，于1978年3月荣获全国先进科技工作者称号。

（三）改革奋进中发挥价值创造——改革开放和社会主义现代化建设新时期

党的十一届三中全会之后，我国进入改革开放和社会主义现代化建设新时期，国家建设的重心逐步转移到经济建设上来，我国社会经济也逐步从计划经济体制向社会主义市场经济体制转变。

为推动经济社会科学发展，陕西省女劳模进一步传承和发扬了巾帼劳模吃苦耐劳、敢于拼搏的精神，以更加丰富多彩的形式，在社会的进步中通过劳动同步实现个人价值，体现出这个时期“人民至上、勇挑重担、创新模式、大胆实践”的时代特点。

改革开放和社会主义现代化建设新时期，陕西省先后涌现出各类巾帼劳模229人，覆盖了社会的各个层面，成为社会主义现代化建设的中坚力量，这也是陕西省女劳模涌现的高峰期。女劳模中从事制造业的占26%，依然属于占比最高的行业。从事公共管理和社会组织行业的占11%，从事教育业的占8.2%，从事科学研究、技术服务和地质勘查业的占7.5%，从事交通运输、仓储和邮政业的占7.5%，从事卫生、社会保障和社会福利业的占 6.2%，从事文化、体育和娱乐业的占 5.5%。获奖女性的行业分布更加广泛，其中公共管理和社会组织行业，以及科学研究、技术服务和地质勘查业获奖人数比例显著增加。此外，女劳模中工人占 15.8%，领导职务占 21.9%。中共党员占 91.6%，比例显著提升。年龄段主要集中在 50 岁至 60 岁，占 33.7%。整体来看学历水平大幅提升，具有大学专科及本科以上学历的占 56.8%。

1. 为民服务展现女性风采

改革开放之后，陕西省有一批女劳模始终坚守为民服务的初心，展现出女性独有的风采魅力。西安市原小寨浴池修脚工于素梅，是一位来自一线的普通工人，她始终全心全意为人民服务，被誉为“人民的修脚师”。

于素梅：西安市首家脚病修治个体户

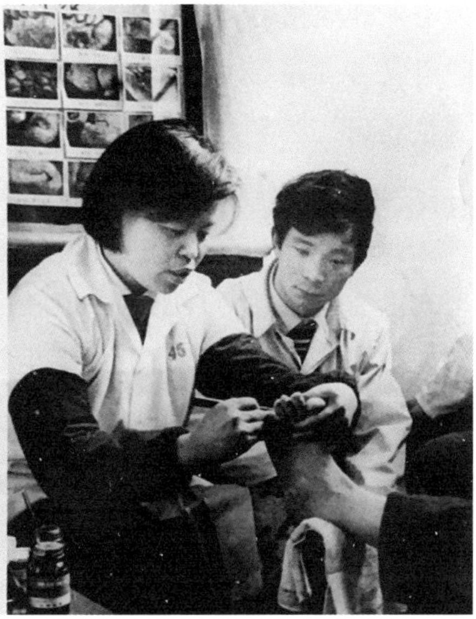

于素梅（左）在专注修脚

于素梅（1945—1998），中共党员。在 28 年的修脚治病工作中，她不怕脏、不怕苦、不怕累，刻苦钻研药方和技巧，为数十万名患者解除了痛苦。她将修脚当成自己无比热爱和终身追求的事业，经常利用业余时间为行动不便的人上门服务，用爱心和精湛的技艺赢得了老百姓的高度赞扬。1979 年，她被评为全国劳动模范、党的十二大代表。1997 年，她不顾身体虚弱，带领儿女成立了“于素梅脚病修治部”，用心传承修脚技艺，成为西安市首家脚病修治个体户，至今还在营业。

干一行、爱一行、钻一行、精一行，是陕西女劳模的突出亮点。在陕西省文艺界，有一位被誉为“人民的艺术家”的著名女高音歌唱家、国家一级演员，她就是曾担任陕西广播电视民族乐团团长的贠恩凤。

贠恩凤：艺术家的天职就是为人民服务

贠恩凤，1939 年生，中共党员。从艺 60 多年来，她始终坚持以人民为中心的创作导向，至今为百姓演唱 5000 多场，演唱歌曲 3 万余首（次）。她的《绣金匾》《南泥湾》《山丹丹开花红艳艳》等歌唱党和人民的代表曲目，赢得了广大群众的喜爱。她经常下基层进行义务演出，为坚守岗位的劳动者歌唱。她说：“是人民群众养育了我们，艺术家的天职就是为他们服务。”1993 年，她荣获全国五一劳动奖章；1995 年，被评为全国先进工作者。

贠恩凤（前）2019 年春节为环卫工作者演唱

20 世纪 90 年代，还有一位三尺柜台上的平凡英模，民生百货大楼的营业员郭凤莲。她把自己的一生献给了商业事业，始终以火热的心坚持为广大顾客提供优质服务，对工作执着认真，对顾客无比热忱，于 1989 年被评为全国劳动模范。

2. 带头致富展现女性风采

此外，陕西省还有一批女能人利用自身技术“绝活”，在社会主义市场经济中勇立潮头、建功立业，成为广大农民脱贫致富的领路人，这其中就有扎根商南贫困山区，引种和推广商南茶的“女茶人”张淑珍。

张淑珍：喜看茶青漫山坡

商南茶创始人张淑珍

张淑珍，1937年生，中共党员，商南茶创始人。1961年，她从西北农学院毕业，扎根商南贫困地区，利用自己所学专业，创造了商南自古不产茶、如今茶青漫山坡的奇迹。60年来，她凭着“南茶北移、还山以绿、致民以富”的决心和毅力，克服重重困难，为商南经济发展作出了重大贡献，是广大茶农脱贫致富的领路人。商南原本无茶，1962年她开始引种试验，经过半个多世纪的发展，茶叶已成为全县经济发展的主导产业，以她为带头人的茶叶产业使商南山区的贫困群众走上致富之路。她的事迹被改编成电影《北纬三十三度》，感人至深。她于2004年获全国五一劳动奖章，2005年被评为全国劳动模范。

在陕北靖边县东坑镇金鸡沙村，也有一位农村妇女牛玉琴，几十年治沙绿化，不断摸索总结经验，带领乡亲们通过造林治沙实现脱贫致富，创造了惊人的奇迹。

牛玉琴：从“一棵树”到2700万棵

牛玉琴，1949年生，中共党员。1985年起，牛玉琴以家庭承包形式在毛乌素沙漠南部沙区种草种树、治沙绿化，历经38年，从“一棵树”到2700万棵，11万亩茫茫荒沙的林草覆盖率由过去不到2%增长到现在的80%以上，把沙漠真正建成绿色家园。在她的带动影响下，周围1904户家庭治沙种树1000多公顷，使毛乌素沙漠南部沙区大部分得到治理，流动沙丘基本固定或半固定，有效地降低了风沙危害，治理区的生态环境有了明显改善，为当地农牧业的发展创造了有利的环境条件。

牛玉琴还依托沙地林子创建了一家综合开发利用示范林场——加玉林场，利用林场与西北电力集团公司合作，成立靖边县绿源治沙有限责任公司，开展治沙养殖，现在每年生产饲料 100 吨，每年养猪、小尾寒羊和白绒山羊 140 多只，带动和扶持近百户群众通过造林治沙脱贫致富。她出资为村民修公路、通电、安电话、安装自来水设施，为中学修建教学楼。1995 年，牛玉琴被评为全国劳动模范。

和牛玉琴一样，还有一位陕北地区“退耕还林”时代的领跑者张莲莲，她是延安市安塞区雷坪塔村村民小组组长。20 世纪 80 年代初，她带领全家人在承包的荒山荒坡上植树造林。没有树苗，她借钱买；没有水窖，她自己挑水。经过 40 年不懈努力，她用坏了 100 多把镢头，穿坏了 300 多双鞋，先后种出 1750 亩 20 余万株绿树，昔日雷坪塔村光秃秃的荒山高坡如今全部披上了绿装。她和儿子一起带领村民创办生态农场发展林下养鸡，带动群众通过养鸡致富，2000 年被评为全国劳动模范。

3. 科研领域贡献巾帼智慧力量

巾帼劳模中，有很多人是科技领域的带头人，她们从国家急迫需要和长远需求出发，聚焦事关发展全局和国家安全的基础核心领域，攻坚克难，西北工业大学的张立同教授就是其中的杰出代表之一。

张立同：巾帼院士

张立同，1938 年生，航空航天材料专家、中国工程院院士、国家级有突出贡献专家，1960 年起在西北工业大学任教，是超高温结构复合材料国家实验室学术委员会副主任、陶瓷基复合材料制造技术国家工程研究中心首席科学家。张立同从事航空航天高温材料技术及其应用研究60年，攻克了国家急需的一系列重大关键技术，使我国高温陶瓷基复合材料的研究与应用水平进入国际前列；她主持的“耐高温长寿命抗氧化陶瓷基复合材料应用技术”获国家技术发明奖一等奖。她是我国国防科技工业领域唯一的女院士，被人们称为“巾帼院士”；她胸怀祖国，勇攀高峰，潜心研究，是科学家精神的践行者。2006年，张立同获得全国五一劳动奖章。

张立同（右一）在科研工作中

4. 自主创新不断提高产品质量

劳模精神随着时代发展有不同的侧重，有不同的体现。陕西女劳模们立足岗位，通过创新思维、创新方法、创新技术，突破常规，敢为人先去实现生产技术的突破和生产成果的突破。中航西飞国际航空部件厂装配铆工薛莹带领班组成员开展技术创新，实现了“用一个大拇指的力量让前缘组件孔同心”的目标，践行了劳模的创新创造。

薛莹：让世界享受中国制造

薛莹，1973年生，中航西飞国际航空部件厂波音民用客机垂尾组合件单元的装配铆工，“薛莹班”荣誉班长。她所承担的产品由曾经的月产7架提高到月产32架份，为中航西飞转包生产的发展作出了突出贡献。

薛莹积极发挥劳模的示范引领作用，带领“薛莹班”全班成员肩负“让世界享受中国制造”的使命，先后交付10000余架优质垂

薛莹在装配铆接飞机部件

直尾翼，将中国制造不断推向新的高度。在企业创新潮流中，她在企业搭建的创新平台下组织劳模工匠发挥“劳模创新工作室”的作用，实现资源共享、互通有无。通过对工装、工具、设备及操作方法的改进，让工人操作时更加得心应手，做出来的产品既有品质又有颜值。她于2009年荣获全国五一劳动奖章，2010年荣获全国劳动模范称号，2013年荣获全国三八红旗手标兵称号。

女劳模作为科研生产的带头人，不仅自己深入钻研技术，成为工作中的多面手，还针对工作中的技术、质量、效率问题，带领班组开展技术攻关，引导组员“创建学习型班组、争当学习型职工”，身先士卒作出了表率。

（四）为实现中国梦锻造高素质复合型人才——中国特色社会主义新时代

党的十八大以来，中国特色社会主义进入新时代，女劳模积极践行劳模精神、劳动精神、工匠精神，充分发挥劳模的模范带头作用，通过创建劳模工作室、创新工作室、大师工作室，组织劳模宣讲团等，营造了劳动光荣的社会风尚和精益求精的敬业风气，为建设中国特色社会主义，助推高质量发展，实现中国梦贡献着“她力量”。

新时代劳模具有新思想、新技能、工匠精神和国家情怀。这一历史时期，女劳模的行业和人员构成体现出“劳动光荣、知识崇高、人才宝贵、创造伟大”的特点，也展现出更高、更宽广的全局视野。

这个时期的174名女劳模所处的行业覆盖了社会的各个层面，为推动中国特色社会主义现代化建设发挥了重要作用。其中，制造业占21.9%，仍然占比最高。农、林、牧、渔业占12.5%，公共管理和社会组织占12.5%，交通运输、仓储和邮政业占12.5%，文化、体育和娱乐业占12.5%，卫生、社会保障和社会福利业占9.4%。获奖女性所在的行业更加广泛，分布更加均匀。此外，获奖人员中中共党员占84.8%，担任党支部书记、纪委书记、工会主席等党内职务的占19%，有显著提高，是加强党的建设的体现。获奖者年龄段主要集中在40岁至60岁，占总人数的46.9%。整体来看学历水平大幅提升，大学专科及本科以上学历的占62.5%。

这个时期特别值得一提的是陕西军工女劳模。据初步统计，陕西省国有军工企业及科研单位有255家，属于军工大省，孕育了优秀的军工文化。几十年来，陕西省涌现出一大批巾帼劳模，是“两弹一星”精神、载人航天精神、科学家精神等中国共产党人精神谱系中诸多伟大精神的塑造者和践行者。

1. 在平凡岗位上用热爱创造不凡业绩

怀着深深的热爱，在岗位上执着追求，以更高的标准要求自己，陕西女劳动模范们严以律己，不计个人得失，兢兢业业工作，踏踏实实奉献。其代表人物就有陕西省石泉县邮政局乡邮员赵明翠，无论获得多高的荣誉，她都始终时刻牢记自己是一名来自人民、躬身服务于人民的乡邮员。

赵明翠：乡亲们最信赖的“信使”

赵明翠，1973年生，安康市石泉县邮政局乡邮员。她是目前安康市唯一的一位女性乡邮员，怀着对邮政工作的无比热爱，用真情丈量陕南的山山水水。她投递的邮路范围涉及14个村83个村民小组，覆盖7000余名乡亲；服务面积112平方公里，邮路全长92公里，属于全县最艰险的邮递线路。她所走的邮路需要通过骑摩托车、划船和步行3种方式完成投递，每走一趟邮路需要3天。20多

赵明翠在山区投递的路上以自带的饼子和开水充饥

年来，这位“不敢生病”的乡邮员所投递的邮件无一延误、无一丢失、无一投诉，成为乡亲们最信赖的“信使”。她在乡邮员这个平凡的岗位上，兢兢业业、任劳任怨、诚实守信、乐于助人，用自己的真诚在百姓的心中树起了一根道德标杆。2015 年，赵明翠被评为全国劳动模范。

2. 在攻克难关中用科技推动生态文明建设

劳模精神的内涵是“爱岗敬业、争创一流、艰苦奋斗、勇于创新、淡泊名利、甘于奉献”。女劳模在挑战自我、超越他人的过程中脱颖而出，成为攻坚克难中的佼佼者和大家学习的榜样。习近平总书记在中国科学院和中国工程院院士大会上的讲话中强调，“深度参与全球科技治理，贡献中国智慧，着力推动构建人类命运共同体”。中化近代环保化工（西安）有限公司副总经理兼研发部经理杨会娥就是这样一位在科技环保领域攻坚克难、推动生态文明建设的佼佼者。

杨会娥：把自己“嫁给”了科技环保事业

杨会娥，1967 年生，20 多年来一直在科研生产一线从事我国唯一的国家 ODS（破坏大气臭氧层物质）替代品工程的氟化工科技创新工作，攻克了系列 ODS 替代品生产核心技术——气相氟化催化剂制备技术，填补了 ODS 替代品生产的国内空白，引领了我国环保型制冷剂的发展，为我国氟化工行业和环保产业的快速发展，推动生态文明建设作出了重要贡献，是知识型、技能型、创新型巾帼劳模的典型代表。在 HFC-125 催化剂的研发过程中，催化剂诱导期长、活性偏低等难题困扰着科研团队。作为科研带头人，杨会娥夜以继日地查阅资料，小心论证，大胆求解，进行基础理论研究，不断调整研发思路，终于攻克了这个难题。别人常开玩笑说，她是把自己“嫁给”了她最喜欢的科技环保事业。2015 年，杨会娥被评为全国劳动模范。

3. 在脱贫攻坚中带领建设美丽乡村

推进扶贫开发、推动社会经济发展，要坚持从实际出发，因地制宜，厘清思路、完善规划、找准突破口。党的二十大报告指出：“巩固拓展脱贫攻坚成果，增强脱贫地区和脱贫群众内生发展动力。”在这场伟大的脱贫攻坚战中，无数劳动女性以特有的耐心和毅力，贡献了智慧和力量，陕西省合阳县黑池镇五丰社区党总支书记雷温芳就是建设美丽乡村的一名“领头雁”。

雷温芳：美丽乡村建设的带头人

雷温芳，1965 年生，中共党员，现任合阳县黑池镇五丰社区党总支书记，曾任合阳县黑池镇南廉村党支部书记。她在担任村党支部书记期间，主动访贤问能、问策纳谏，带领这个原本发展滞后的村子铺筑水泥巷道，修复水利渠道，发展果畜产业，打造休闲广场，使南廉村成为远近闻名的美丽乡村、新农村建设示范村。抓扶贫开发，既要整体联动、有共性的要求和措施，又要突出重点、加强对特困村和特困户的帮扶。从 2013 年 3 月当选全国人大代表以来，雷温芳提了 70 多个建议，九成与农村有关。“我来自农村，就要多反映农民的心声，为实现乡村振兴贡献自己的一份力量。”雷温芳说。从加快农村水利基础设施建设到农村污水和垃圾处理，从解决农村老年人养老问题到重视农村卫生室人才短缺问题……只要对农民有利的事，她都会认真调研提出建议。经过她和村民们的奋斗，十年间，五丰社区一步一步变成现在的美丽乡村。2015 年，雷温芳被评为全国劳动模范。

三、陕西省女劳模群体的成长规律

当前，女劳模管理工作是不可或缺的组成部分，一方面要厚植培养劳模的土壤，精心培育女劳模，另一方面要切实发挥女劳模的作用，让劳模精神代代相传，不断创新发展，引导、激发和激励广大劳动妇女立足岗位、提升自我、建功立业，在共同推动社会经济发展、弘扬社会主义先进文化和助力陕西高质量发展中展现作为。

（一）女劳模的成长规律

1. 在崇尚劳动中彰显时代价值

劳动至上，是中华民族的传统理念。从新民主主义革命时期陕北革命根据地开展劳模运动以来，吃苦耐劳、无私奉献的陕西省女劳模成为大多数女性劳动者的代表，她们“埋头苦干，迎难而上，你追我赶，奋发有为”，为抗日战争和解放战争的胜利作出了积极贡献，体现出伟大的延安精神和南泥湾精神。在社会主义革命和建设时期，陕西省广大劳动妇女体现出“努力工作，力争上游，无私奉献，集体至上”的显著特点。进入改革开放和社会主义现代化建设新时期，巾帼劳模在与社会的进步中，通过劳动同步实现个人价值，体现出“人民至上，勇挑重担，创新模式，大胆实践”的时代特征。进入中国特色社会主义新时代，巾帼劳模的行业和人员构成充分体现出“劳动光荣、知识崇高、人才宝贵、创造伟大”的特点。

同时，陕西女劳模获奖人员从新民主主义革命时期主要集中在陕北革命根据地一带，发展到中国特色社会主义新时代覆盖三秦大地的 31 个市辖区、7 个县级市、69 个县；所从事的行业从主要集中在农林牧渔、手工、纺织，逐步扩大到教育、交通运输、科技、社会公共服务等各行各业；女劳模们的年龄从年轻化过渡到年富力强的中年，学历也在不断提升，博士、院士亦不再罕见。然而无论时代如何发展变化，在崇尚劳动中始终彰显时代价值，始终坚持为人民服务，这是陕西女劳模成长的共同规律，也符合中国女劳模成长的普遍规律。

在三秦大地上，巾帼劳模们在砥砺奋进中通过辛勤劳动彰显时代价值，她们忘我工作的行为和无私奉献的品质充分继承并发展了中华传统劳动理念，生动诠释了中华优秀传统美德，有力彰显了爱国主义价值情感。

2. 在智慧巧干中追求精益求精

巾帼劳模们善于思考，勤于钻研，在实践中不断追求精益求精。被誉为“攀登科学高峰的闯将”的徐永基，是中国建筑西北设计研究院总工程师，20 世纪 50 年代，她潜心钻研薄壳结构的理论与技术，掌握了“柱形薄壳”“双曲薄壳”“折板薄壳”等 9 种薄壳设计理论，参与过人民大会堂穹顶的设计。她于 1959 年出席全国群英会，获全国先进生产者称号。周恩来总理在群英会结束前的宴会上，特意将徐永基叫到桌旁予以表扬，鼓励她戒骄戒躁，继续努力。《人民日报》以长篇通讯介绍其事迹，并配发社论。徐永基曾当选第六届、第七届全国人大代表，荣获全国三八红旗手称号。

随着社会的进步和发展，女劳模们进一步聚焦经济建设、改革发展和科技创新，在建设创新工作室、提升劳动者技能素质、建设产业工人队伍方面发挥了独特的示范引领作用，陈虹就是其中的出色代表。

西北工业集团有限公司装配三分厂班组长陈虹带领的班组主要负责电子时间引信产品核心电路部件的焊接、装配与调试工作任务，她们平均每年要承担公司某产品 6 个品种、29 个部件、7 万余件的焊接装配生产任务。“做，就要做最好”是陈虹一贯秉承的工作信条。她始终将“精益”的思想贯穿到各项工作的始终，凭借多年的工作经验和技术优势，带领团队不断在精益生产、技术创新上下功夫。在某产品部件焊接任务中，她创新制作焊接辅助工具，利用铜线焊接引线导入壳体，使生产效率提高 50%。她还通过调整工装，改进长度，使某产品装配准确率达到 100%。历年来班组交验的产品均一次靶试合格，圆满完成了各项生产任务。2019 年，陈虹荣获全国五一巾帼标兵称号。

3. 在家风建设中传承劳模精神

随着社会的发展和社会分工的细化，女性不仅在家庭中具有举足轻重的地位，在工作中也承担着越来越重要的任务。

在各个历史时期，巾帼劳模们始终以身作则，进一步抓好家风建设，用自己的实际行动润物细无声地感染和教育子女，努力平衡好工作和家庭的关系，积极培育社会主义核心价值观，将无私奉献、关爱他人的精神传递给下一代，在家国情怀中不断升华自我，树立了新时期的道德标杆和模范家庭的榜样。

1989 年，全国劳动模范张玉兰和丈夫曹智扬节衣缩食，用微薄的工资照顾 3 个无依无靠的孩子。当得知郴州市有一些贫困孩子无法上学，他们主动上门了解情况，长期资助 30 多名贫困孩子。夫妇二人先后捐款 20 万元用于各项公益事业。这个不平凡的劳模家庭里几十年间出了四名先进模范，他们父传子、母传女，助人为乐、无私奉献，成为街坊邻里口口相传的模范家庭。

陕西省女劳模群体以自己和家人的实际行动，积极践行全国总工会“培育好家风——女职工在行动”主题实践活动等，体现出积极向上的家庭追求，以及大爱无疆等高尚的家国情怀。“幸福的家庭是奋斗出来的”，在全国劳动模范张莲莲家的院墙上，这行红色的大字醒目可见。40 余年来，张莲莲的 4 个儿女和 9 个孙辈都跟随她栽过树、造过林，延安市安塞区为弘扬良好家风，设立了张莲莲家风馆。

（二）女劳模培养的做法和经验

不同时期的陕西省女劳模紧跟时代步伐，响应时代号召，呈现出各不相同的时代特征。然而，这些特征不是割裂的、相互孤立的，而是紧密联系的。她们在继承优秀品质的同时，顺应时代变化，在时代变迁中设定更广阔的职业生涯发展前景，锻造更加卓越的技术本领，追求更高的精神境界。

无论是过去还是现在，陕西省女劳模始终把服从服务于全党全国工作大局作为自己的奋斗目标，把个人追求与国家发展大方向紧密结合，把知识和智力要素融入生产生活中，把物质精神追求和谐统一于劳动追求目标之中，把不断提升个人思想素质和技术本领作为终生追求的责任感和使命感。

陕西省一直着力加强女劳模的培养和服务，实施分级管理，树立典型，加强女劳模自身价值的物质、精神和文化形态转化，让奋斗成为习惯、创新成为日常、创造成为共识，树立起为中华民族伟大复兴多作贡献的主人翁意识，为新时代跨越发展贡献更大的“她力量”。

1. 分级管理，完善数据库

陕西省劳模管理方式为分级管理，即以《陕西省劳模服务管理工作办法（试行）》为依据，陕西省总工会负责省、部级全国劳动模范、先进工作者的管理，各地区、市总工会负责本级劳动模范的管理，上下配合形成协同力。

调查研究历来是陕西省培育和服务女劳模的工作基础。1992 年至 2010 年，陕西省总工会先后进行了 8 次劳模状况的调查研究，形成劳模状况调查报告 4 份。经过多次省级和市级的调查摸底，陕西省各级工会全部建立健全了各级劳模档案，尤其是建立了困难劳模档案，并实行动态管理。2010 年 8 月，陕西省总工会对包括全国劳模和省部级劳模在内的全省劳模信息，通过编制软件、录入劳模数据、建立劳模网格化管理等技术手段，实现了劳模管理工作的现代化和数字化，通过梳理和分析，更加清楚了解陕西省女劳模的整体情况，为后续工作打好基础。

2. 加强培训，提升劳模素质

多年来，陕西省积极开展劳模素质提升培训，全面提升劳模，尤其是女性劳模的知识、技能和素养，在满足广大劳模进步成长需要的同时，带动高素质职工队伍的建设和发展。

陕西省总工会分级分层对女劳模进行了系统培训。特别是在 2020 年，陕西省总工会与西安交通大学合作开设劳模学历提升班，让 45 名劳模工匠到名校接受再教育，打通了劳模工匠学历再提升的通道。“工会出学费，读自己想学的专业、拿国家承认的学历。”从没有一技之长的农村女孩到学徒工再到独当一面的技术员，黄云娜表示：“让劳模工匠上大学，是工会给我们最贴心的福利。”

陕西省总工会对女劳模的学历提升再教育，满足了女劳模进一步提升自我的成长要求，受到了大家的普遍欢迎。

3. 帮扶困难，提高劳模待遇

工会就是女劳模的“娘家人”，陕西省总工会在加强劳模队伍建设、困难劳模救助、提高劳模待遇等方面作出了积极努力，并针对困难全国劳模进行了专项帮扶，有计划地进行劳模的疗休养与体检工作，安排好全国劳模分批参加全国总工会组织的全国劳模疗休养活动。每年在“五一”国际劳动节和重阳节前夕，陕西省有关领导都会组织上门看望和慰问女劳模，发放慰问金，详细了解女劳模的家庭状况和身体情况，听取她们对劳模服务工作的意见和建议。

多年来，陕西省总工会一直十分关心女劳模的身心健康。2020 年 5 月，西安市免费为 300 多名巾帼劳模标兵进行体检，为一线女劳动者送上节日问候。陕西省总工会女职工委员会持续加大劳模关爱服务力度，在劳模休养、健康体检、困难帮扶、医疗保险二次报销和劳模创新工作室创建等工作中积极作为。

4. 树立典型，宣讲劳模精神

新中国成立 70 多年来，陕西省广大职工积极响应党中央号召，大力弘扬劳模精神、劳动精神、工匠精神，为推动全省经济社会健康发展作出了突出贡献。这期间，涌现出了一大批爱岗敬业、争创一流、艰苦奋斗、勇于创新、淡泊名利、甘于奉献的劳动模范。为了重温劳模事迹，弘扬劳模精神，陕西省委宣传部、陕西省总工会、共青团陕西省委、陕西省妇女联合会，联合发起“最美劳动者——新中国成立以来陕西最具影响的劳动模范”活动。

同时，陕西省积极发挥女劳模在精神文明建设、引领时代新风、服务群众中的示范作用，组织女劳模加入劳模宣讲团，走进陕西省各大企业、高校进行巡回宣讲，树立巾帼先进典型，大力宣传劳模事迹，召开劳模座谈会、宣讲会、演讲会，进一步提炼和弘扬劳模精神。

2022 年 7 月，为深入学习贯彻落实习近平总书记关于工人阶级和工会工作的重要论述以及致首届大国工匠创新交流大会贺信精神，以习近平新时代中国特色社会主义思想为指导，积极推动劳模精神、劳动精神、工匠精神融入劳动教育全过程，陕西省组织巾帼劳模工匠宣讲进企业，激励广大女职工立足岗位、创先争优，唱响劳动最光荣、劳动最崇高、劳动最伟大、劳动最美丽的时代主旋律，以实际行动迎接党的二十大胜利召开。2022 年 7 月 19 日，陕西省总工会女职工委员会举办“劳动创造幸福　争做时代新人”——新时代巾帼劳模工匠宣讲活动，薛莹、邱洪玲、何菲等全国和省级女劳模进行了生动的宣讲，获得了良好反响。

5. 聚焦技能，推动群星闪耀

党的二十大提出，教育、科技、人才是全面建设社会主义现代化国家的基础性、战略性支撑。必须坚持科技是第一生产力、人才是第一资源、创新是第一动力，深入实施科教兴国战略、人才强国战略、创新驱动发展战略，开辟发展新领域新赛道，不断塑造发展新动能新优势。坚持教育优先发展、科技自立自强、人才引领驱动，加快建设教育强国、科技强国、人才强国。同时，提升产业工人技能水平，深入开展各种形式的劳动和技能竞赛；创新产业工人发展制度，充分调动产业工人劳动热情和创造潜能，是新时期产业工人队伍建设改革的主要内容。

据此，陕西省各级工会一方面积极开展劳动技能竞赛，针对女性特点制定劳动竞赛项目；另一方面聚焦女性科技工作者，依托陕西省女科技工作者协会，开展“科技女性　风采飞扬”科创论坛等，鼓励广大女性进行科技创新，增强素质本领，激发女性劳动者巨大潜力，搭建丰富的舞台开展“赛马”活动，让更多优秀的女性劳动者从中得到锻炼和提升，从而脱颖而出。此外，陕西省各级工会优化并畅通了女职工特别是青年女职工的职业生涯规划和事业发展上升通道，让她们尽快成长成才。

陕西省总工会通过上述一系列综合措施，在全社会营造尊重女性劳模、崇尚劳模、关爱劳模、争当劳模的浓厚氛围，更好地发挥劳动模范在生产、工作岗位上的骨干带头作用，团结和带领广大职工群众当好主力军、奋进新征程。

四、陕西省女劳模工作的展望

党的二十大报告提出关于加强政治建设、法治建设，建设制造强国、科技强国，实施人才强国战略，培养更多的大国工匠、高技能人才，弘扬劳动精神、创造精神等要求，对于女劳模工作具有极强的理论意义、历史意义、现实意义和实践意义。

通过认真梳理陕西省女劳模群体的成长脉络，分析其选树的历程和逻辑，了解各个时期国家的大政方针、劳模选树标准、劳模群体的人员结构，可以从中清晰地看到陕西省女劳模选树的时代变化，以及社会劳动观念、劳动教育和价值观念的变迁，从不同侧面印证了陕西省女劳模选树的现实性、合理性及必要性。面向未来，陕西省女劳模工作要从思想、团队、行为和价值创造等四个方面进行加强。

（一）从劳模精神中汲取智慧和力量

劳动模范在我国革命战争年代、新中国成立后和改革开放等各个历史时期都作出了重大贡献，他们是每个时代的引领者。在建设社会主义现代化强国的新时代，需要培育一大批强大的劳动者大军。这就需要号召广大劳动者学习劳模精神，在思想上崇尚劳动模范，在行动上争做劳动模范。

加强劳模精神学习宣传教育，提升劳模文化建设水平。要从中国女劳模的光辉历史、各省自治区直辖市不平凡的女劳模的发展历程中汲取思想之光、精神之钙、力量之源。特别是各级女职工组织要善于从劳模精神中汲取经验、智慧和力量，与时俱进地把劳模工作的“回望过去”与“展望未来”结合起来，掌握劳模特别是女劳模的成长历史规律，把握发展大势，用心、用情、用力为新时代劳动女性创造更大成绩，增添思想动力。

（二）培养和凝聚巾帼劳模团队

各级女职工组织要深入贯彻落实党的二十大精神，牢牢把握党和国家发展的主题和主线、主流和本质，做好战略规划解读、重要文件精神宣讲等，及时准确传达上级文件精神，唱响主旋律，壮大正能量。引导广大女性劳动者立足岗位，把个人目标与组织目标统一起来，把部门目标与单位目标统一起来，把单位目标与企业目标、国家目标统一起来，用劳模团队鼓舞和带领三秦儿女凝心聚力、奋发有为，朝着共同的奋斗目标团结一心向前进。要始终以全局观念培养和凝聚巾帼劳模团队，在劳模选育中强化党和国家发展战略的宣传引领作用。

要用女劳模科研攻关、高质量交付、个人成长等典型成功实践教育引导职工，树立并强化“岗位成功我成才”的事业共同体意识；要用女劳模先进人物事迹感染职工，培育爱国、诚信、创新、拼搏、奋斗、担当、奉献、绿色、共赢等价值理念，在全省女职工中锻造形成团结奋斗、攻坚克难的战斗力；要用事业成功和职工成长发展，不断提升三秦儿女的荣誉感、归属感、获得感、幸福感，筑牢新时代巾帼劳模共同的精神家园。

（三）形成鲜明正确的行为导向

各级女职工组织要建立女劳模培养长效机制，完善劳模选育服务制度，特别是加强培育有理想、敢担当、能吃苦、肯奋斗的新时代青年女性，使之成为能够担当民族复兴大任的时代新人。要关心巾帼劳模的后续成长，关注巾帼劳模的身心状态，经常性开展思想动态调查与分析研判，党员领导干部要主动走进巾帼劳模中开展面对面、一对一谈心谈话，润物细无声地把工作真正做到劳模的心坎上，达到思想上解惑、精神上解忧、文化上解渴、心理上解压、生活上解难的效果。

同时，要充分发挥巾帼劳模先进典型示范引领作用。坚持先进性和广泛性相结合，积极培养选树对党忠诚、履职尽责、勇于担当、敢于斗争的优秀女性典型，特别要深入挖掘在急难险重任务中挺身而出、冲锋在前，担重责、解难题、办实事的先进人物，讲好陕西巾帼劳模故事，激发干部职工群众思想认同、情感共鸣和效仿意愿，在广大劳动妇女中形成人人争当巾帼劳模这种鲜明正确的行为导向。

（四）推动新时代女性价值创造

习近平总书记在党的二十大报告中提出："推进文化自信自强，铸就社会主义文化新辉煌。"这是着眼全面建设社会主义现代化国家、全面推进中华民族伟大复兴提出的重大论断和重要任务，凸显了文化建设在中国特色社会主义事业全局中的重要地位。

劳模文化是社会主义文化的重要组成部分之一。各级女职工组织要准确把握劳模文化的深刻内涵、重要意义和价值创造属性，创新工作理念和方法，将劳模文化软实力有效转化为引领、支撑改革创新发展的"生产力"。要实现高水平科技自立自强，进一步发挥巾帼劳模在科技成果转化孵化、女性创新创效等方面的积极作用，在人才"选、用、育、留"环节充分彰显劳模文化价值导向，着眼于女性科技创新人才队伍建设，着力于高质量科技创新，把培育劳模文化与职工职业成长、价值创造紧密结合，以更加丰富多彩的形式，进一步发挥新时代广大女性劳动者的价值创造能力，用实干托举绚烂人生，用奋斗诠释爱国情怀，为国家和社会贡献更大的智慧和力量。

劳动模范是各行各业的优秀代表，陕西巾帼劳模充分发挥"爱岗敬业、争创一流、艰苦奋斗、勇于创新、淡泊名利、甘于奉献"的劳模精神，正在各种工作岗位上发光发热。当今世界正经历百年未有之大变局，中国正处于实现中华民族伟大复兴的关键时期。立足新发展阶段、贯彻新发展理念、构建新发展格局、推动高质量发展，建设科技强国，根本上要靠劳动创造价值、创新发展，还要依靠女性劳动者发挥更大作用，做伟大事业的建设者、文明风尚的倡导者、敢于追梦的奋斗者。

陕西将深入学习贯彻落实党的二十大精神和习近平总书记来陕考察重要讲话重要指示精神，认真学习宣传贯彻中国工会十八大和中国妇女十三大精神，弘扬劳模精神，汲取榜样力量，解放思想、改革创新，加快建设科技强国，实现高水平科技自立自强，引领广大女性劳动者用智慧和汗水在三秦大地上书写更加绚烂的人生，在新征程上汇聚更加强大的"她力量"，为奋力谱写中国式现代化建设的陕西新篇章而不懈奋斗。

参考文献

[1] 刘建军，刘翠莲．延安：新女性的天堂[J]．文史博览，2021(2)：5.

[2] 大生产运动中的“巾帼劳模”[CP/OL]．“学习强国”陕西学习平台，2021-06-03.

[3] 陕西省总工会．最美劳动者 新中国成立以来陕西省最具影响力的劳动模范 1949—2019[M]．北京：中国工人出版社，2019：25-29.

甘肃篇

陇原女儿展英姿
巾帼光华耀丝路

甘肃是中华民族文化的发祥地之一，在距今8000年的天水秦安大地湾遗址中发现了6项中华文明的起源性遗存。甘肃是伏羲、女娲和黄帝的故乡，被称为“羲、轩桑梓”。在数千年的历史长河中，甘肃妇女以温婉贤淑、知书达理、爱憎分明、清白为人而闻名。时代在前进，社会在进步。新中国成立以来，甘肃女劳模作为劳模群体的重要组成部分，以高度的主人翁意识、卓越的劳动创造、忘我的拼搏奉献，为各行各业的劳动者树立了学习的榜样，在甘肃的发展中作出了巨大的贡献，建立了卓越的功勋。

一、甘肃省巾帼劳模群体概述

1949年后，甘肃的妇女解放运动掀开了新的一页，女职工人数由1949年的数百人增加到如今的近200万。据统计，截至2021年9月底，甘肃省有女职工143.75万人，其中女农民工44.48万人，且呈现出持续增加的态势。甘肃女职工中涌现出了李景兰、樊锦诗等一批女性全国劳模，成为新时代的一道亮丽风景线。

新中国成立以来，甘肃省全国劳模总数为671人，其中女劳模107人（含全国先进工作者70人），其中，社会主义革命和建设时期44人、改革开放和社会主义现代化建设新时期41人、中国特色社会主义新时代22人。有59名女性获全国五一劳动奖章，其中，改革开放和社会主义现代化建设新时期的女性获奖者41人，中国特色社会主义新时代的女性获奖者18人。有165个集体获全国五一巾帼标兵岗称号，159人获全国五一巾帼标兵称号，有4个集体获全国五一巾帼奖状，4人获全国五一巾帼奖章。

由于信息口径不同，有些女劳模登记信息项目未填，现筛选出档案信息相对完整的70名女劳模，进行数据分析。

（一）对象构成

本报告采用劳模最高荣誉进行统计分析，70名女劳模中有10名劳模已去世。其中，全国劳动模范45名，全国先进工作者25名。社会主义革命和建设时期的13名女劳模中，全国劳动模范4名，全国先进工作者9名；改革开放和社会主义现代化建设新时期的39名女劳模中，全国劳动模范22名，全国先进工作者17名；中国特色社会主义新时代的18名女劳模中，全国劳动模范14名，全国先进工作者4名。

（二）政治面貌

70位女劳模中，中共党员共60人，占比85.7%；民主党派成员1人，占比1.4%；群众9人，占比12.9%。

（三）年龄结构

70位女劳模中，获评年龄60岁（不含60岁）以上的共2名，占2.9%；51—60岁的共11名，占15.7%；41—50岁的共30名，占42.8%；31—40岁的共16名，占22.9%；30岁以下（含30岁）的共11名，占15.7%（见图1）。

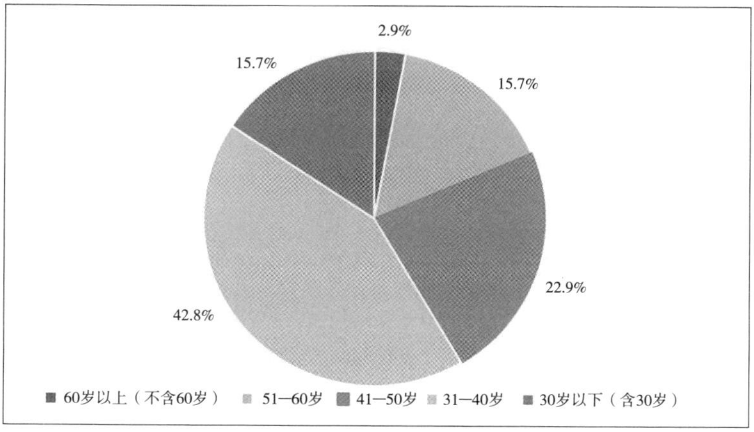

图1　甘肃省女劳模获评年龄分布

（四）文化程度

70名女劳模中，初中及以下学历的21名（占比30%）、中专技校学历3名（占比4.3%）、高中学历6名（占比8.6%）、大学专科学历17名（占比24.3%）、大学本科学历23名（占比32.9%）。

社会主义革命和建设时期的13名女劳模中，初中及以下学历9名（占比69.2%）、中专技校学历1名（占比7.7%）、高中学历1名（占比 7.7%)、大学专科学历 1 名(占比 7.7%)、大学本科学历 1 名(占比 7.7%)。

改革开放和社会主义现代化建设新时期的 39 名女劳模中，初中及以下学历 11 名(占比 28.2%)、高中学历 5 名(占比 12.8%)、中专技校学历 1 名(占比 2.6%)、大学专科学历 9 名(占比 23.1%)、大学本科学历 13 名(占比 33.3%)。

中国特色社会主义新时代的 18 名女劳模中，初中及以下学历 1 名(占比 5.5%)、中专技校学历 1 名(占比 5.5%)、大学专科学历 7 名(占比 39%)、大学本科学历 9 名(占比 50%)(见图 2)。

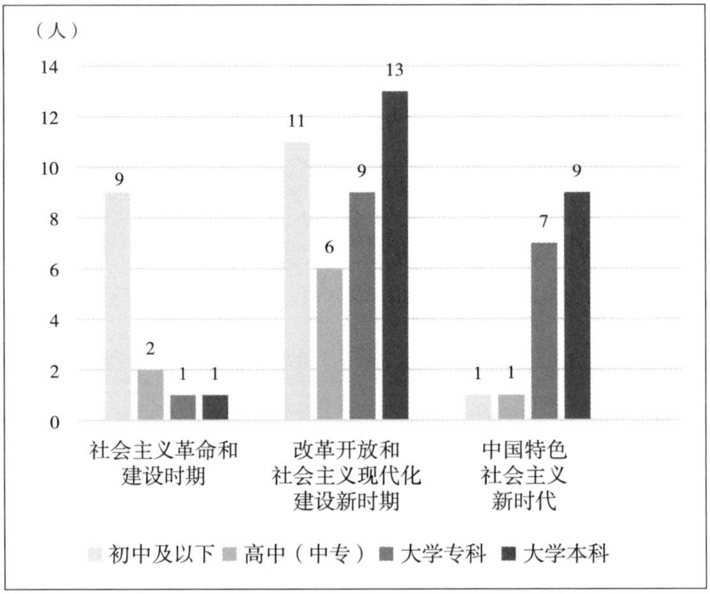

图 2 不同时期甘肃省女劳模文化程度结构

三个时期的女劳模学历层次不断提升，折射出在党的领导下，教育事业的发展和妇女地位的变化，女性文化教育权得到了充分保障，女劳模队伍整体文化程度得到了快速提高。

(五)产业分布

从女劳模所从事的产业进行分析，第一产业从业人员 6 名(占比 8.6%)、第二产业 21 名(占比 30%)、第三产业 43 名(占比 61.4%)。

社会主义革命和建设时期的 13 名女劳模中，第一产业从业人员 1 名（占比 7.7%）、第二产业 3 名（占比 23.1%）、第三产业 9 名（占比 69.2%）。

改革开放和社会主义现代化建设新时期的 39 名女劳模中，第一产业从业人员 4 名（占比 10.3%）、第二产业 9 名（占比 23.1%）、第三产业 26 名（占比 66.6%）。

中国特色社会主义新时代的 18 名女劳模中，第一产业从业人员 1 名（占比 5.6%）、第二产业 9 名（占比 50%）、第三产业 8 名（占比 44.4%）。

二、甘肃省不同时期巾帼劳模群体概况

甘肃是中国产业工人的最早诞生地之一，从 1872 年第一批产业工人出现，距今已经有 150 多年的历史。

19 世纪 70 年代，清代名臣左宗棠在经营西北的同时，为整修装备，西进收复新疆，在兰州设立了兰州制造局、甘肃织呢总局，请广东人赖长负责其事。这两家企业在西北近代工业发展史上，留下了非常重要的一页。

当时，兰州制造局能生产后膛螺丝大炮、轮架大炮、仿造普鲁士的后膛七响枪及各种枪和炮弹。该局有冶炼、铸造、锻压、车、刨、钻、镗等一系列近代工业生产设备和技术人才。兰州制造局和甘肃织呢总局内有 200 多名工人。

此后，甘肃产业工人增长得非常缓慢。1919 年前，兰州、天水等地的产业工人有 400 多人 。1928 年前后，国民军控制甘肃时期，甘肃制造局的工人一度达到 1000 人，生产迫击炮、重机枪等武器，其他地方产业工人包括妇女、幼童，共计近 1000 人 。

甘肃的女工由来已久。明代甘肃工匠用羊绒制作的顶级毛纺品兰绒名扬全国，还曾用其制作明万历皇帝的龙袍。当时，兰州有数十万人以此为生，大量妇女从事兰绒的纺织加工，形成了一个相对完整的产业链。到清末，在帝国主义倾销政策的打压下，甘肃手工业极大萎缩，女工人

数很少，多从事佣工或纺织，也有部分在水烟作坊工作。兰州众多的水烟作坊中有一批早期的产业女工，她们的任务是“撕绺”，即把烟叶抽筋、分等、晾干、堆垛备用，工资每月一二角钱，整个工作收入低，工作时间长。1919 年 11 月 13 日，兰州市第三区第十街 11 号居民高步霄等发起组织家庭纺织产销合作社，有十多名妇女参加，集股 120 万元，日织布两匹。

清末兰州水烟行业撕绺女工

辛亥革命后，兰州士绅于民国初年成立了最早的女子师范学校，培养了早期的女教师，女子教育逐渐得到承认和提倡。1927 年，甘肃省第四届教育行政会议决定“推广女子教育”，实行男女同校。1931 年成立的同生火柴公司资金为 6 万元，雇男工 20 人、女工 50 人。

1939 年冬，兰州工合承担了为抗战前线生产百万条军毯的任务，工合发动群众手工纺线，组织农村妇女参与，共纺线 35 万多公斤，制作军毯 14 万多条。同时，工合成立了兰州纺毛站，有女工 300 多人，加工毛线，生产军毯。1943 年的一份统计表明，在甘肃纺织业中，从业女工有 125 人。可见，从清末到民国，甘肃女工数量很少。

（一）社会主义革命和建设时期

新中国成立初期，甘肃产业女工主要分布在纺织加工业和教育、金融业中，当时全省有女职工 478 人，占全省职工总数的 1.1%，数量非常少。

1952 年 12 月甘肃省第一届工业劳模代表会议合影

1950 年 4 月，天兰铁路重新开工建设。1952 年 10 月，天兰铁路全线通车。天兰铁路 6 次跨越渭河，创造了甘肃历史上的第一个造桥高峰。随着天兰铁路的建成通车，甘肃经济发展步入了快车道，推开了工业化的大门。在天兰铁路的工地上，女职工们也展现了她们的风采，甘肃最早的女工班组由此诞生。

据《天兰铁路画刊》报道：当时，工地上有个女子推土机小组，曾轰动一时。有名女推土机手叫胡友梅，是西北铁路干线工程局第二工程队的女职工，修建天兰铁路时才 20 岁。1951 年 1 月，她下决心给孩子断了奶，然后在风言风语中学习开推土机，这下在工地上引起了轰动。推土机虽说是先进的施工机械，但只有个很简陋的驾驶室，基本上要露天操作。兰州的十月，气温降到零下十多摄氏度，个中的艰辛不言而喻。但她坚持不懈，学会了开推土机。后来，刘凤琴、王淑芬也学会了驾驶推土机，她们三人组成了一个女子推土机小组，成为艰辛施工现场的亮点。

1953 年，国民经济第一个五年计划颁布，共有 156 项重点建设工程，其中 16 个项目落户甘肃，包括 9 个民用企业、7 个军工企业。兰州有兰炼、兰化、兰石、西固热电厂等 12 个重大项目，大批建设工人和产业工人随之从各地迁移到甘肃。为建设大西北，开发西北，国家不仅从东北、天津、上海等地迁来一批工矿企业，还从上海迁移了一批服务企业，甚至还迁移来一个越剧团。

20 世纪 50 年代是甘肃经济大发展时期。1955 年 7 月，国务院在上海召开“关于工业内迁及劳动力调配座谈会”，会上提出紧缩上海城市规模的战略决策。上海一些企业要内迁，而正在大开发大建设中的兰州市，急需这些上海企业支援。

从 1956 年起到 1960 年底，一批上海企业陆续从上海搬迁到兰州，工业企业有 41 户，主要从事制药、小五金、玻璃、针织、墨水、印刷等业务。迁兰的汽车修理商业服务业共计 73 户。这些企业中，有闻名上海的佛慈制药厂、利华墨水厂、大中华酒菜馆、悦宾楼菜馆、意姆登洗染店、泰昌百货公司、凤凰照相馆、登记理发店、立达西菜社，还有号称上海“三大祥”之一的信大祥绸布店、品牌服装王荣康西服店等。

向参加西北建设的同志致敬

解放日报

兰州有关部门做了种种准备
热情欢迎来自上海的企业人员

支援西北建设 繁荣新兴城市
本市一批名店即将迁往兰州

解放日报

兰州欢迎上海商业人员的支援

财政金融工报

上海报刊对迁兰企业的报道

这时期，兰州人口飞速增长，从 1949 年的 10 多万人增长到 70 多万人。来自上海、天津、东北等地的有志青年达数十万之多。他们云集兰州，为大西北的经济建设和繁荣昌盛，奉献出自己宝贵的青春年华。随着大批企业迁入甘肃，甘肃的女职工群体大幅度增加，最早的巾帼劳模群体也随之诞生。

1956年，甘肃诞生了比较早的巾帼劳模群体。据资料显示，甘肃有75人参加了1956年全国先进生产者代表会议，有10位女职工受到了表彰，她们是陈秀娣、梁钟琪、周朝容、李景兰、马爱兰、张菊生、李承仙、张全贞、张有华、王雄英。陈秀娣是兰州水电勘测处测量员，王雄英是兰州水电勘测处技术员，周朝容是兰州工程总公司副工长，梁钟琪是铁道部设计总局第一设计院技术员，张全贞是兰州电信局话务员，马爱兰是甘肃兰州文化用品公司出纳员，李景兰是甘肃省兰州职工子弟小学教员，张菊生是甘肃兰州女子师范学校教员。

1959年11月，在全国工业交通基本建设战线先进生产者评比中，甘肃职工有62人，其中女职工有12人，她们是赵玉桂、严云兰、萧玉芳、贾宜春、王玉兰、雷顺娥、樊玉珍、纪蕴霞、王凤珍、普哈毛、杜国英、麻靖轩。

1960年6月，全国文教卫生战线评选出先进工作者中甘肃职工有42人，其中女职工有18人。她们是王守箴、张秀兰、金玉英、许蝶梅、王玉珍、李素芬、尤瑞华、李景兰、顾介英、阮蓉花、杨玉英、姚聪爱、苏琴兰、陈素华、黄梅英、任引来、董延林、豆格吉。

1977年4月，全国工业学大庆的先进生产者中，甘肃职工有10人，女职工有甘素琴、俞菊娥、吴翠香3人。在其后的全国先进科技工作者、全国财贸学大庆劳动模范中，女职工空缺。直到1979年9月，全国工业交通、基本建设战线劳动模范中才有一名女劳模杜亚莉。

女劳模是一个时代的旗帜，她们的变化发展，也折射出一个时代的变化。20世纪五六十年代，甘肃兰州是国家大力建设的重工业基地，大量企业迁移到甘肃，不仅导致甘肃兰州的城市人口数量急剧增加，也使产业工人的数量猛增，更大幅度提升了兰州的工业技术水平。水涨船高，甘肃女职工数量也随之增加，女劳模的数量猛增，一度占当届男劳模数量的四成左右，初步展现了“妇女能顶半边天”的作用。而在20世纪70年代，在“文革”的影响下，甘肃经济下滑幅度也比较大，只出现了4位女劳模。

这些女劳模中有些出自国家的重点建设工程，有些出自为国家重点建设工程服务的后勤保障单位，有的在施工一线，有的在教育一线，有的是商业企业的营业员。

无论在哪个行业，她们工作起来都是精神饱满、斗志昂扬。这是一个激情飞扬的时代，每个人以极大的热情投入国家建设中。她们不仅以身作则，更是发挥着“先生”的作用。

女劳模李景兰是一名教师，不仅教书育人，还当老师们的“老师”。李景兰（1927—1992年），先后在兰州职工子弟小学、武都路中学、兰州实验小学任教。多年来，她把教书育人作为自己的终身事业。经常利用星期天、假期到学生家里去补课。在生活上对学生关怀备至，经常为学生缝补衣服，背着生病的学生去医院治疗。她采取因材施教、循循善诱、人格感召的教学方法，逐步培养学生良好的道德品质和学习兴趣。经过多年教学实践，总结出了“班主任经验”“认字教学经验”“写字教学经验”“讲读教学经验”“作文教学经验”等方法，提高了教学质量。她教的班级，优秀成绩的比例保持在90%以上。她的教学经验先后被编辑成《李景兰》《李景兰教育工作经验》《班主任工作经验》等图书，被许多老师借鉴参考，为推进甘肃省中小学教育起了积极作用。

李景兰

而兰州张掖路百货商店的营业员樊玉珍，更是带出了18位优秀营业员。樊玉珍，1936年生，陕西富平县人，兰州市张掖路百货商店日用百货组组长。樊玉珍热爱商业工作，全心全意为顾客服务，是个优秀的营业员，商业上的多面手，不仅全面地熟悉1500多种商品，而且学会了会计员、保管员、采购员、物价员、联络员等多种业务。她以身作则，帮助全组人员共同进步，全组22名职工中有18名被评为优秀营业员，日用百货组也成为优秀的红旗小组。1958年，她出席甘肃省第二次先进生产者会议，同年11月出席全国妇女建设社会主义积极分子代表会议。1959年10月，她在甘肃省第三次先进生产者代表会议上被树立为“甘肃省职工标兵旗帜”。

来自东北的女劳模陈素华，1958年毕业于沈阳中华总工会护校。为了将自己所学专业知识发挥最大的作用，毕业分配时，她第一批报名要求到祖国最艰苦最需要的地方去。从此，她告别家人，离开沈阳，千里迢迢来到大西北。这时，她才21岁，在甘肃省第二工人疗养院负责二疗区的护理工作。1959年院内推广插管新疗法，即将导管通过鼻腔插入气管深处，再将药物注入导管直达病灶。这种治疗方法操作起来非常痛苦，造成病人呼吸困难，强烈咳嗽。她经过反复多次的实践，摸索出一套最佳方法，然后手把手地教给病人自己操作。很快，这项治疗被病人普遍接受，进而提高了工作效率，病人每天都能按时得到治疗，效果良好。后来，新入院的病人都学会自己插管，插管疗法在全国推广开来，正式成为常规治疗。由于疗效显著，外地的很多患者纷纷来信咨询。陈素华次年被国务院授予全国先进生产者荣誉称号并加入中国共产党。

这些女劳模是那个激情飞扬年代的见证，是社会主义革命和建设时期涌现出的杰出代表。

（二）改革开放和社会主义现代化建设新时期

1979年9月，甘肃召开全省扩大企业自主权试点工作会议，确定兰州电机厂、兰州三毛厂、兰化公司、永登水泥厂等35户国营工业企业为试点单位。1980年初，在全省12个地州市的53个国营商业、饮食服务业企业进行“独立核算、利润包干、超额留用”的综合性扩权试点。

这些试点工作从改善企业经营管理，扩大企业自主权，实行利润分成制度入手，迈出了甘肃国有企业改革的第一步。

1995年，甘肃省出台了《甘肃省建立现代企业制度试点实施意见》，确定酒钢、兰钢、兰炭、白银长通电缆厂等34户企业为省试点企业，其中兰州三毛、兰州民百为国家百户试点企业。但由于长期存在的体制问题，进行国有企业改革是一个漫长的过程，而不是一蹴而就的。自1998

年后，国企改革进入了攻坚阶段。到 2002 年底，全省 75% 的大中型企业完成改制，初步建立了现代企业制度。

这是一个开拓进取的时代，人们思想解放，敢想敢干，敢于创新，敢于摸着石头过河，敢于第一个吃螃蟹。伴随着思想的解放，女职工数量急剧上升，她们所处的行业、身份，也在发生着变化。

1949 年甘肃省女职工总数为 478 人，占全省职工总数的 1.1%；1959 年，女职工数量就达到 10.19 万余人，占全省职工总数的 10.5%；1969 年 12.75 万余人，占全省职工总数的 15.3%；1979 年 38.84 万余人，占全省职工总数的 26.35%。到 1995 年，甘肃职工数量为 250 万，女职工数量达到 87 万，而且呈现出继续上涨的态势。

从 1978 年到 2012 年，甘肃女职工从相对单一的行业，逐渐向各个行业扩散。1982 年，甘肃女性虽然遍布多个行业，但其中的 86.8%集中在农、林、牧、渔业，其他产业中只占很少的一部分。这说明，在改革开放之初，处在计划经济体制下，城乡隔离比较严重，农业在就业中占着绝对的比重。到 1995 年，甘肃女职工在农、林、牧、渔业中就业比例下降为 78.1%，大量女性向非农业行业扩散。农业以外的其他行业中女职工比例均呈上升趋势。其中，商业工作人员和服务性工作人员比例超过本行业从业人员的半数，分别占 51%、58.8%；服务性工作人员和各类专业技术人员比例上升幅度最大，分别上升 9.5 个百分点、8.9 个百分点。

可见，轰轰烈烈的改革开放，极大地改变了人们就业选择，大批女性脱离了靠天吃饭的农业，进入了以服务业为主的第三产业。这一点，在这个阶段的女劳模中也表现得非常明显。在这个改革创新的年代里，女劳模所发挥的作用，同以往有了极大的不同。在社会主义建设阶段，女劳模们多是单位的业务骨干，是带头人。她们通过自己苦干、拼命干，以此发挥带头人作用，带领班组勤奋工作，努力向前。同时，也向周围人群辐射，鼓励更多人共同苦干，努力奋斗。

在改革开放的年代里，女劳模所发挥的作用从骨干走向了更高一个层面。她们适应了改革开放的大潮，成为大潮中的弄潮儿。这时的女劳模多是改革的探索者，她们往往带领团队，或走上承包之路，或踏上创办乡镇企业之路，引领着改革开放的潮流，为改变落后面貌而奋斗。

1985年全国五一劳动奖章获得者王素香（1924—2012），上海崇明人，曾任甘肃省畜牧厅总畜牧师，全国妇联第五届执委。1983年获全国三八红旗手和全国优秀科技工作者称号，第六届全国人大代表。1954年，王素香毕业于西北畜牧兽医学院畜牧系。54岁时，在党的十一届三中全会精神鼓舞下，她积极要求到甘肃省最贫困的山区去蹲点，为改变那里的贫困落后面貌贡献自己的力量。1979年春，王素香离开在兰州的家，毅然来到甘肃省中部干旱贫瘠的通渭县陇阳乡申家山村，帮助农民种草致富，指导农民种植牧草——红豆草。到1981年，一些家庭仅是种红豆草，收入就发生了变化。这些人家低的增收160元，高的增收300多元，而人均口粮达到600多斤。经过五年的艰苦奋斗，申家山变了，成为甘肃省第一个靠种草养畜翻身的典型，为甘肃省干旱山区开辟了种草起步、以草养畜、促农促林、治穷致富的希望之路。后来逐步推广到河北、山西、内蒙古等20多个省区种植。她敢于创新，敢于改变，用自己的技术，改变山乡的面貌。

1959年、1989年两次当选全国劳动模范和全国先进工作者的纪蕴霞就是因勇于改革、敢于承包而为商场蹚出了一条改革之路。纪蕴霞，1940年生，江苏无锡人，1956年从上海来兰州支援甘肃建设，一直从事商业工作，甘肃省供销社兰山商场总经理。纪蕴霞在商场大胆改革，实行全员聘任；实行风险工资和工资奖金与效益挂钩制，划小核算单位，实行层层承包。在业务经营上实行科学管理和民主管理，尊重职代会和企管会的作用，重视信息的收集和利用，在工作中取得显著成绩，被推选为中国企业协会、女企业家协会副理事长、甘肃省女企业家协会会长。

1990年，兰州市城关区的一位女劳模，为整个西瓜种植行业创造效益10亿元，收到了来自全国各地的2万多封求助学习感谢信。她就是兰州城关区种子公司经理何荣素。当年，何荣素在全国瓜农中有“瓜王”

之称。她还是1989年全国劳动模范。何荣素是四川安岳人，1954年毕业于成都农校，此后到大西北的瓜田中培育西瓜良种。1978年，她接受了杂交西瓜的课题，奋斗3年后，于1981年秋天成功培育出代号“P2”的西瓜良种。仅仅有西瓜良种还不够，她努力改革创新，对兰州市城关区种子公司进行改制，变成科研、生产、经营一条龙的实体，组建制种队，生产销售西瓜良种。1988年，她种植的西瓜，获得全国西瓜评比第一名，1990年，该品种西瓜种植面积达百万亩，为农民增加经济效益10亿元。

这一时期，女劳模们活跃在各个行业，同20世纪五六十年代的劳模们相比，她们的学历比较高，视野开阔，敢于改变。正是在改革大潮中，越来越多的女劳模脱颖而出，她们所发挥的引领作用，不仅仅局限于一个单位、一个部门，而是面向了更为广阔的大市场。

（三）中国特色社会主义新时代

2012年，党的十八大后，我国步入了中国特色社会主义新时代。2012年到2022年，攻坚克难全面脱贫，国内生产总值接近高收入国家门槛，“祝融”探火、“嫦娥”奔月、“天和”遨游星辰，科技创新成为这十年的一个重要内涵，网络改变了我们的生活。

甘肃省的女职工队伍也发生了一些显著的变化，一是女职工队伍总量持续增加。截至2021年9月底，全省有女职工143.75万人，其中女农民工44.48万人；女会员140.86万人，其中女农民工会员43.17万人；有女职工的工会3.53万个，建立女职工组织3.21万个，女职工组织覆盖率达到90.6%；专职女职工工作人员2985人，兼职人员5.06万人。二是女职工队伍结构进一步优化。随着社会经济的飞速发展，女职工队伍呈现年轻化、高知化的特点，接受新鲜事物的能力不断加强，网络在女职工生活中占据越来越重要的位置。三是女职工队伍呈现鲜明时代特征。女职工热爱党、热爱祖国、热爱企业，对美好生活的追求和精神文化的需求更加强烈，社会参与度和活跃度更高。当然，在全面实施“三孩”生育政策下，女职工面临着多重挑战和压力，如个人事业与家庭平衡的压力，就业和职场竞争的压力，提升自身素质的压力，婚恋情感方面的困难和压力等。

在新时代，甘肃女劳模由以前基层的业务骨干、改革开放的带头人，逐渐转变为团队带头人，走上了更高层面的岗位，其中中高层管理人员，占了同时期女劳模数量的近一半。这是甘肃女劳模成长发展的特殊现象，也是历史发展的必然。

20世纪五六十年代，女劳模主要是生产一线班组的业务骨干，她们以苦干拼命干而广为人知，从而被选为劳模。因为这个时候，国家的各项建设日新月异，经济飞速发展，各地有干不完的工作，同时各个企业的自动化、机械化程度非常低，往往要依靠人力，要靠苦干巧干才能完成任务。由此，生产一线的业务骨干，成为各个厂矿企业完成任务的保障，为促进生产，自然要充分发挥基层业务骨干的带动性引领性作用，从这些业务骨干中选拔劳模也是一个时代的必然。

在党的十一届三中全会后，要改革创新，要打破极“左”思想的禁锢，要发展经济，要解决大批人的吃饭就业问题，自然就需要一批敢于创新，能带领企业摆脱困境的能人出现。于是，各行各业涌现出了一大批能人，他们顺应经济体制改革，敢于承包困难企业，能带领企业走出困境，创造新的辉煌。这个时代的女劳模，以敢于开拓，勇于创新为主要特征。

在中国特色社会主义新时代，经济飞速发展，市场竞争更为激烈，科学技术突飞猛进，企业竞争走向全方位。靠一项技术、一种业务支撑企业的时代已经过去了。这个时代是大争之世，是企业全方位的竞争。新时代需要能团结团队、运筹帷幄的人才，来领导企业、发展企业。企业的管理精英逐渐走向最前台。

同时，女劳模的行业分布和岗位分布也更为分散，有政府部门、有民营企业、有高新企业，有个体创业者，尤其是高科技企业的女劳模占比日益增加。这十年选树的女劳模中，近一半人成为中高层管理人员，她们的收入大幅度增长，体现了知识改变命运，劳动开创未来。

女劳模勾晓华，就是这样的高科技人才。她是兰州大学资源环境学院自然地理研究所所长，博士，教授，博士生导师，长江学者特聘教授，西部环境教育部重点实验室主任、院长助理，教育部新世纪优秀人才计划入选者。近年来，主要从事树木年轮学、气候学和生态学的教学和科研工作。她先后多次到英国伦敦大学、美国哥伦比亚大学等交流访问，开展了卓有成效的国际合作研究。在国内外核心刊物上发表研究论文 130 篇，其中在 SCI 收录的刊物上发表 81 篇（第一作者和通讯作者 55 篇），发表在一区和二区的 SCI 论文 32 篇。入选教育部长江学者（2016 年）、甘肃省领军人才（2010 年）和教育部新世纪优秀人才（2009 年）等省部级人才项目。

何晓春是甘肃省妇幼保健院产二科主任。她每年诊治过的病人超过 10000 人次，完成手术 2000 余台，参与产科危重症抢救 100 余次，并多次参与基层医院的疑难病例会诊及治疗。在剖宫产率居高不下的情况下，何晓春的科室剖宫产率始终控制在 40% 左右。如今，在产科团队的共同努力下，甘肃省妇幼保健院已经在抢救产后大出血方面处于省内领先水平，同时成立了甘肃省唯一的孕产妇急救中心，近两年共抢救本院及各地转诊的危重症孕产妇达 800 余例，治愈率在 98.6% 以上。这些年，何晓春几乎没有私人时间，手机 24 小时开机，随叫随到。她说："干了这么多年，发现我还是最适合当医生。如果让我现在重新选择，我还会毫不犹豫地选择医生这个职业。" 2006 年、2008 年，何晓春先后被甘肃省卫计委评为优秀医务工作者、巾帼建功先进个人；2011 年，她又荣获全省"我最喜爱健康卫士"荣誉称号。在她的带领下，2009 年产科一举荣获甘肃省三八红旗集体荣誉称号、全国三八红旗集体荣誉称号。2020 年 11 月，获评全国先进工作者。

中国石油天然气股份有限公司兰州石化分公司合成橡胶厂丁腈车间操作工，高级技师劳模汪艳侠。她认真学习新知识，努力掌握丁腈橡胶前沿科技知识，刻苦钻研操作技能，锻造过硬操作本领，攻克多项技术难题，是丁腈橡胶领域的拔尖人才。在公司 1.5 万吨丁腈和 5 万吨丁腈筹备开车期间，主要负责与外方专家共同对新建装置生产工艺流程图进行绘制和 DCS 调试。在生产过程中，对间歇生产的物料填充管线存在设计缺陷、有“假料”现象等问题极容易造成装置停车，及时提出工艺技术改进建议，年增创经济效益 1500 余万元；对聚合釜氨分离器存在假液位现象，提出采用聚合釜预接氨等措施，彻底攻克技术问题。2005 年、2012 年两次获得公司技术状元；参与撰写《5 万吨 / 年丁腈橡胶装置的物耗优化》《降低脱氧系统冷却水消耗》等课题报告，先后获得全国五一劳动奖章、全国女职工建功立业标兵等荣誉称号。

新时代的女劳模，有些虽然是一线的操作工，但她们也有比较高的职称，这一点和过去截然不同。在 20 世纪五六十年代，有些劳模可能不识字，但在新时代，劳模们普遍拥有高学历，有中高级职称，有的劳模甚至走向了世界，比如著名女劳模、敦煌学者、敦煌研究院名誉院长樊锦诗就是这样的杰出代表。樊锦诗曾任敦煌研究院院长，现任敦煌研究院名誉院长、研究馆员，兰州大学兼职教授、敦煌学专业博士生导师，长江文明考古研究院名誉院长，第八至十二届全国政协委员。2005 年获全国先进工作者，2018 年被党中央、国务院授予改革先锋称号，并获评文物有效保护的探索者，2019 年获文物保护杰出贡献者国家荣誉称号、第七届“中华之光——传播中华文化年度人物”奖、感动中国 2019 年度人物，2020 年获何梁何利基金科学与技术成就奖，2021 年被评为第八届全国道德模范。

1963 年，只有 25 岁的樊锦诗，背起了厚重的行囊，满怀希望地登上开往西部的列车。当时，敦煌城里只有两个百货商店，还有一个糖盐局。樊锦诗记得，那时大家住土房、喝咸水，还要在洞窟里临摹壁画、保护修复、调查内容、研究文献。她回忆说：“初见敦煌，惊艳无比。可只有真正留在这里才知道，洞内是神仙世界、艺术殿堂，洞外却是飞沙走石、黄土漫天。”回忆起当时的情景，樊锦诗感慨，和北京、上海相比，这里简直就是另一个世界。

20 世纪 40 年代，常书鸿留法归国后，毕生致力于敦煌文物事业，被称为“敦煌守护神”。段文杰在一次画展上被敦煌壁画吸引，开启了一辈子对莫高窟的保护、研究和弘扬。樊锦诗从北京大学历史系毕业后，毅然接过两位前辈手中的接力棒，默默守护着茫茫大漠里的莫高窟。

樊锦诗

樊锦诗潜心石窟考古研究，完成了敦煌莫高窟北朝、隋、唐代前期和中期洞窟的分期断代；改革开放以来，她坚持改革创新，带领团队致力于世界文化遗产的保护传承，积极开展文物国际交流合作，引进先进保护理念和保护技术，构建“数字敦煌”，开创敦煌莫高窟开放管理新模式，有效地缓解文物保护与旅游开发的矛盾；在全国率先开展文物保护专项法规和保护规划建设，探索形成石窟科学保护的理论与方法，为世界文化遗产敦煌莫高窟文物和大遗址保护传承与利用作出了突出贡献，被誉为“敦煌的女儿”。她是我国文物有效保护的科学探索者和实践者，她一生只做了一件事，就是守护、研究、弘扬世界文化遗产——莫高窟。

樊锦诗是甘肃女劳模的代表，也是甘肃女职工们艰苦奋斗、创新创业精神的象征。

三、甘肃巾帼劳模成长规律和工作实践

（一）甘肃巾帼劳模群体的成长规律

1. 甘肃巾帼劳模成长的地域特色

甘肃地处西北内陆，古老的丝绸之路横贯东西，奔腾不息的黄河南北流淌，久远的历史，复杂多变的地理，铸就了丰富多彩的甘肃文化。如今甘肃依旧是一个多民族聚居的地方。甘肃巾帼劳模群体中的少数民族劳模群体，在民族团结、改革创新、脱贫致富、弘扬传承民族文化中发挥了积极作用。

出生在甘肃甘南藏族自治州夏河县的藏族女劳模闹日草，长期奋斗在民族教育第一线，从教 40 多年，不大的甘肃夏河县城，几乎人人都认识“闹老师”。在已经走上工作岗位的学生眼里，闹日草是那个每天第一个来到学校，在教室里生炉子的老校长。20 世纪 80 年代就读于拉卜楞小学的夏河县委干部常亮还记得，那时候遇到冬天下雪，很多家长来不及接孩子，放学后，闹日草老师拉着孩子们的手走过厚厚的积雪，送他们回家。常亮说：“我们在学校早点经常带得不够，这时候闹日草老师就会从包里拿出大饼、糌粑给我们。”

夏河县有 14 个民族，其中以藏、回、汉三个民族为主。“好几个民族的孩子在一个班上课，衣服穿得花花绿绿，看着心里暖洋洋的。”从事了大半辈子教育工作的闹日草说，“无论哪个民族的学生，他们都是我的孩子！”闹日草多次被授予全国优秀班主任、全国劳动模范等荣誉称号。

裕固族女劳模柯璀玲，是裕固族服饰代表性传承人，曾在民族文化系统工作三十多年，病退后带领十几名下岗失业人员从事裕固族民族工艺品研发工作，她把裕固族民间文化与其熟悉的美术专业相结合，开发出民族布艺堆绣、民族皮雕皮画、各部族服饰、各类民族工艺挂件、绳艺沙画工艺等具有民族特色的工艺品。为了抢救保护民族文化，她凭借着流利的裕固族东部语和西部语，往返于草原和研发室，为传承本民族民间手工艺技能等非物质文化遗产收集和整理了大量资料。

柯璀玲从人们生活的穿着入手研究，整理出裕固族各部落服装服饰的传统制作工艺及款式，并在研究时发掘出大量稀有的裕固族传统刺绣图样，丰富了本民族文化，并将其毫无保留地传承给年轻的一代。在柯璀玲培养的诸多学徒中，以安琼、程红梅、祁玉兰、高彩霞为代表继承和发扬了这些传统民族技艺，并多次获奖。

满族女劳模尹建敏是甘肃省兰州市红古区鑫源天然气有限公司董事长。2001 年，尹建敏响应国家西部大开发号召来到西部发展，成立兰州市红古区鑫源天然气有限公司。项目在建期间，在村子里，遇到病人、贫困者和上不起学的孩子，她都给予援助。2014 年，尹建敏开启了产业扶贫攻坚计划，将天然气公司的全部利润投入农业发展项目，她先后投资 3500 万元，建成占地 200 亩的现代农业科技示范园，引导村民吃上“技术饭”，走上脱贫路。她还在科技示范园区设立电教室，成立农民田间学校，长期开展肉羊养殖、果蔬及食用菌种植技术培训，助力农户成为技术能手。为构建农业产业扶贫大版图，她投资 1.8 亿元，建成占地 1700 亩的金砂台生态循环农业产业园，其中，囊括了占地 440 亩、存栏量可达 5 万余只的金砂台良种肉羊繁育基地，以及占地 1260 亩的有机果园。2018 年初，为助力打赢脱贫攻坚战，尹建敏又将扶贫新战场放到了深度贫困地区临夏州东乡县。她成立了东乡县伊东羊业科技开发有限公司，给当地 3000 余个建档立卡贫困户每户发 4 只种羊，带动 12 个行政村、6 个养殖专业合作社规模化养殖，养成后以高于市场价格收购。尹建敏在走访中发现，当地妇女们主要是在家照顾老人、孩子，鲜有就业机会。她又成立东乡县伊森食用菌科技开发有限公司，打造生产基地，发展村域经济，村里的妇女们每天去采摘木耳、浇水，获得稳定收入来源。尹建敏被授予全国五一劳动奖章，荣获全国三八红旗手等称号，其家庭被评为全国文明家庭。2020 年 11 月 24 日，荣获全国劳动模范称号。

在甘肃的大地上，少数民族女劳模是一道独特的风景，她们在改变家乡落后面貌，发展基础教育，扶贫攻坚，抢救传承民族文化方面作出了自己的贡献。

2. 甘肃巾帼劳模发展的行业特色

新中国成立初期，随着兰天铁路、兰炼、兰化、兰石等重大项目的建设以及制药、五金、印刷等企业的迁入，陇原女儿们拿出巾帼不让须眉的壮志，肯吃苦能钻研，不断学习掌握新技能。在 1950 年至 1960 年的劳模评选表彰中，甘肃巾帼劳模所从事的职业有教师、纺织车间工人、柜台营业员、信息技术服务员、水电勘测技术员、钳工、司机、工程师、护士、演员、农民作家。1960 年全国文教卫生战线评选的先进工作者，以李景兰为代表的多名教师受到表彰。到 1978 年，甘肃巾帼劳模的行业覆盖面没有明显扩大，还是集中在教育、医疗、交通和工业领域。1989 年，气象站测报员丁盘华、高级农艺师何荣素以及经济师王兰芳的加入让甘肃巾帼劳模覆盖面进一步扩大。

如今，越来越多的高素质、高技能女性人才受到重视，甘肃巾帼劳模行业呈现多元化，不论是车间工厂还是田间地头，不论是高精尖的技术研究还是新业态的自媒体直播，都有甘肃巾帼劳模在那里发光发热。她们在专注重复中磨炼技术，在失败中不断尝试寻求创新，她们身体力行把爱岗敬业、争创一流、艰苦奋斗、勇于创新、淡泊名利、甘于奉献的劳模精神传播到各个行业中。

3. 时代发展引领甘肃巾帼劳模

20 世纪 50 年代，甘肃省各项事业百废待兴，随着第一个国民经济五年计划的颁布，甘肃省迎来了来自上海、天津、东北等地支援建设大西北的大批产业工人和搬迁企业，这为经济落后的甘肃带来了一股沿海新风气，那些上海老师、东北技师成为本地人的学习目标，通过对新知识、新手艺的学习，有越来越多的甘肃女职工掌握了一技之长，她们勤学苦练，在 1956 年，陇原大地上诞生了 10 位吃苦耐劳、技术过硬的巾帼劳模，随后，1959 年和 1960 年分别有 12 名和 18 名女职工被评为先进生产者，在榜样们的带动下，越来越多的巾帼劳模在这条丝绸古道上涌现。

在改革开放和社会主义现代化建设新时期，大批女职工在以服务业为主的第三产业找到了就业方向，巾帼劳模们也纷纷脱颖而出，有胆大心细的商人纪蕴霞，有培育西瓜良种的何荣素，她们解放思想、实事求是、敢于创新、勇于担当。这一阶段的巾帼劳模们在时代的改革浪潮中摸爬滚打、积极探索，用知识谋发展，走向了更广阔的世界。

党的十八大以来，互联网走进千家万户，随着科技的高速发展，高知女性越来越多并得到重视，有一生专注敦煌研究的学术性人才樊锦诗，有参与“悟空”号研究的科学家刘杰（全国五一巾帼奖章获得者），还有攻克“卡脖子”难题的机床技术研发工程师展海瑜（甘肃省劳动模范）。如今，伴随全省经济社会快速发展，新行业、新业态不断涌现，越来越多的新就业形态女性劳动者活跃在街头巷尾，未来的巾帼劳模将从这个群体的佼佼者中诞生。

（二）甘肃巾帼劳模群体的工作实践

1. 持续深化关心关爱巾帼劳模

持续开展劳模疗休养活动，在2022年正式在兰州新区挂牌省级劳模疗休养基地，组织女劳模进行疗休养，放松身心，舒缓压力。2023年，甘肃省总工会安排了400多万元资金，分6批组织2400多名劳动模范和技能人才进行疗休养。定期组织女劳模进行体检，收听收看心理健康讲座，关爱女劳模身心健康。把对特殊困难女劳模的补助及时落到实处，落实女劳模各项待遇。

2. 大力支持巾帼劳模创新工作

从2013年开始，甘肃省总工会就安排开展了劳模创新工作室创建工作。2016年甘肃省工会十二大将劳模创新行动列入“十大行动”，推动建立由劳模“担纲领衔”，技能人才和职工“唱主角”，以技术创新、技能人才培养和攻克重点、难点问题为主要工作内容的劳模创新工作室深入发展。几年来，劳模创新工作室逐步成为企业管理创新、技术创新和机制创新的“发射源”，成为创新成果孕育、孵化、助推、牵引的平台，成为技能人才培养的“摇篮”，在弘扬劳模精神和工匠精神，解决生产技术难题，促进劳动者素质提升，推进企业技术进步、产业转型升级和创新驱动发展等方面发挥了不可替代的重要作用，已经成为工会工作的响亮品牌。

3. 广泛开展巾帼劳模宣讲活动

广泛开展巾帼劳模宣讲进校园、进企业、进班组活动。深化“中国梦·劳动美”宣传教育，组织党的二十大代表、劳模工匠宣讲团、女职工先进典型等深入基层宣传宣讲，充分运用“报刊、网络、客户端、微信、屏幕”等媒体平台，进一步发挥巾帼劳模榜样示范作用，引领青年学子和产业工人为推进中国式现代化贡献力量。

四、甘肃省女劳模工作展望

新时代、新征程、新起点，做好女劳模工作意义重大。甘肃省总工会将以习近平新时代中国特色社会主义思想为指导，深入学习贯彻党的二十大精神，全面学习贯彻习近平总书记关于工人阶级和工会工作、妇女工作的重要论述，贯彻落实中国工会十八大精神，紧紧围绕全省工会工作大局，压实责任、主动作为，突出重点、狠抓落实，扎实做好甘肃女劳模工作，在全社会树立尊重劳模、关爱劳模的良好风气，让女劳模切身感受到关怀和温暖，团结动员广大女劳模为推进中国式现代化甘肃实践崭新篇章而努力奋斗。

第一，加大对女劳模的帮扶工作。2021 年，甘肃省总工会下拨全国劳模专项补助资金 358.06 万元，下拨省部级劳模专项补助资金 1050 万元，其中生活困难补助资金 867.91 万元，特殊困难帮扶资金 182.09 万元。今后，甘肃省总工会将加大对女劳模的帮扶力度，进一步推动落实女劳模各项待遇，贯彻落实中央有关文件要求，做好慰问、困难帮扶、健康体检、荣誉津贴发放、疗休养等工作。加大女劳模疗休养工作力度，落实江苏省、甘肃省《劳模（职工）疗休养合作协议》，组织开展疗休养活动。尽快着手准备甘肃省《全国劳模和省级劳模经济待遇落实情况汇报》，提交政府联席会议研究。

第二，做好女劳模管理工作。将通过新上线的网上工作平台及“劳模服务”微信公众号，精准对接女劳模个人，实现劳模工作线上办公，信息动态实时更新。编印甘肃省全国、省劳模和五一劳动奖《光荣册》。继续完善女劳模基础信息库资料，制订方案及预算，筹建全省劳模管理服务软件，为省级劳模动态化管理打好基础。

第三，深化女劳模创新工作室创建。目前甘肃省创建劳模创新工作室 257 个，各级工会筹集创新经费 928.36 万元，影响带动各级政府和企业行政投入创新经费 1.87 亿元，劳模创新工作室完成创新项目 3915 个，创造经济效益 10.24 亿元。但是女劳模创新工作室数量很少，没有充分发挥先进女职工示范引领作用。下一步甘肃省总工会将继续加大对劳模创新工作的支持力度，尤其要加大对女劳模创新工作室的创建。探索创建跨区域、跨行业、跨企业的创新工作室联盟，指导开展女劳模创新工作室联盟试点；加强女劳模和工匠人才创新工作室信息化管理，进一步完善创新工作室网络工作平台；建立女劳模和工匠人才创新工作室星级评定机制。协调甘肃省内各级各类劳模创新工作室之间开展观摩交流，相互学习，取长补短，不断提高创新水平。引导女劳模走进技术院校、企业车间班组一线传授技艺。组织女工会干部女职工、女劳模工匠（女性高技能人才）、新就业形态女性劳动者等三大群体积极参加女职工数字技能全国示范培训班，助力女职工在应对数字化转型的新挑战中实现全面发展。

第四，总结女劳模选树经验。要在全社会形成关爱女劳模，学习女劳模的风气，要大力弘扬劳模精神、劳动精神、工匠精神，做好全国和省五一劳动奖和工人先锋号的推荐评选表彰；积极发挥女劳模示范引领作用。会同有关部门开展好大国工匠年度人物、最美女职工、女劳模等发布活动，推动加大女劳模宣传力度，挖掘发现培育女劳模。

今后，甘肃工会将进一步加大对女劳模的关心关爱和支持力度，让女劳模切实感受到党和政府的温暖与工会组织的关爱，为谱写中国式现代化甘肃实践崭新篇章而团结奋斗，在全面推进中华民族伟大复兴的光荣册上创造更加骄人的业绩，书写更加绚烂的华章！

青海

青海篇

昆仑山下巾帼志
唐蕃古道再向前

在多民族聚居的青海省，涌现出了一批牢记党和国家教诲、紧跟时代步伐、服务地方社会经济发展，不畏艰苦、积极进取、勇攀高峰的巾帼劳模。她们没有因自身所处的艰苦自然环境而畏缩，反而迸发出巾帼不让须眉的激情与勇气。她们在青藏高原这一方隆起的土地上，既为故土乡亲创造了巨大的物质财富，也留给世人诸多应被铭记与歌颂的精神财富。记录并刻画青海巾帼劳模的人性光辉和时代精神，不仅有助于赓续传承中华民族尊重劳动、保护劳动、热爱劳动的优良美德，也是有效激励全省女职工与时俱进，践行党的二十大精神、同心共圆中国梦的重要举措。

一、青海省巾帼劳模群体画像及其主要特征

所谓画像，在这里被赋予特殊的含义，是指对青海 187 位巾帼劳模的生动刻画①，在揭示其深刻本质的同时，全面展示其坚定的意志、优秀的品格、铸就的辉煌和多彩的人生。她们是中国工人阶级中的闪光群体，她们以自身的模范带头作用赢得广大人民的热爱。她们出生于不同的年代，来自不同的民族，深耕于不同的行业，由此决定了这一先进群体画像与生养她们的青海大地一般，多元美丽却又和而不同。

（一）政治面貌

大力弘扬劳模精神，充分发挥劳模的示范引领作用，既是培养中国特色社会主义建设者和接班人的必然要求，也是我国经济社会发展的现实需要。在这一过程中，青海省巾帼劳模始终以建设中国特色社会主义的主力军自居，具有强烈的主人翁意识和时代责任感。她们在各自行业锐意进取的同时，始终不忘向党组织靠拢。据统计，近九成青海巾帼劳模都加入了中国共产党，并时刻以一名党员的标准严格要求自己。截至 2022 年 12 月底，青海省 187 位巾帼劳模中，中共党员为 174 人，占比 93.3%；群众为 13 人，占比 6.7%。

① 自新中国成立以来，青海有 187 名巾帼劳模，其中女性全国劳动模范（含享受全国劳模待遇）62 人，全国五一劳动奖章女性获得者 17 人，全国五一巾帼标兵 108 人。

（二）年龄结构

187 位巾帼劳模中，60 岁以上的共 132 名，占比 70.6%；51—60 岁的共 30 名，占比 16%；41—50 岁的共 12 名，占比 6.4%；31—40 岁的共 8 名，占比 4.3%；30 岁以下的 5 名，占比 2.7%。巾帼劳模获得劳模荣誉的平均年龄为 38.7 岁。其中，社会主义革命和建设时期巾帼劳模参加工作的平均年龄为 15.7 岁，获得劳模荣誉的平均年龄为 30.5 岁；改革开放和社会主义现代化建设新时期参加工作的平均年龄为 17.2 岁，获得劳模荣誉的平均年龄为 43 岁；中国特色社会主义新时代参加工作的平均年龄为 23 岁，获得劳模荣誉的平均年龄为 45 岁。

（三）民族分布

青海省虽不是民族自治区，却是多民族共同起源、生存、发展的地方。根据第七次人口普查数据，青海省除汉族外，还拥有藏、回、土、蒙古等多个世居少数民族。青海省 187 位巾帼劳模来自不同民族，如藏族的切阳什姐、才仁吉藏，回族的马婷，土族的陈志秀。这样的多民族成分既与青海省情相契合，也反映出了青海省内各民族间的深厚情谊与和谐团结。从整体上看，青海巾帼劳模中，汉族 159 人，占比 85%；藏族 18 人，占比 9.6%；回族 5 人，占比 2.7%；蒙古族 3 人，占比 1.6%；土族、满族各 1 人，占比 1.1%。

（四）产业分布

从青海巾帼劳模所处的产业分布领域进行分析，第一产业从业者 79 名（占比 42.2%）、第二产业从业者 94 名（占比 50.3%）、第三产业从业者 14 名（占比 7.5%）。

社会主义革命和建设时期的 86 名巾帼劳模中，第一产业 56 名（占比 65%）、第二产业 28 名（占比 33.3%）、第三产业 2 名（占比 1.7%）。

改革开放和社会主义现代化建设新时期的 45 名巾帼劳模中，第一产业 14 名（占比 29.5%）、第二产业 25 名（占比 56.6%）、第三产业 6 名（占比 13.9%）。

中国特色社会主义新时代的 56 名巾帼劳模中，第一产业 9 名（占比 15.8%)、第二产业 41 名(占比 73.5%)、第三产业 6 名(占比 10.7%)(见图 1)。

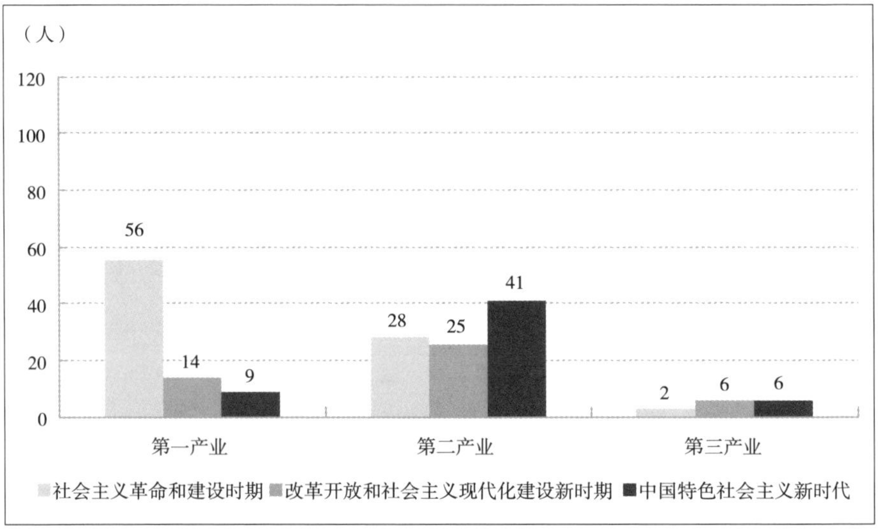

图 1　青海省不同时期巾帼劳模所在产业分布情况

青海省巾帼劳模大都奋斗在整体环境较为艰苦的制造业、农林、交通等行业，亦不乏体育行业、社会福利行业等职业领域。青海巾帼劳模的行业分布多样性从侧面反映出了她们对于青海社会经济发展的参与度已十分全面和深入，是“妇女能顶半边天”在青海的生动反映。此外，青海巾帼劳模所属的行业分布也折射出了鲜明的地域特色，如马婷、贺生兰两位劳模均来自交通行业，而青海省属于基础交通建设欠发达省份，因此交通行业是近些年来青海一直重点建设的核心领域。青海省位于高海拔地区，空气稀薄，因而成为我国长跑、竞走等体育项目的理想训练基地，代表青海省拿到第一块奥运会金牌的切阳什姐便是在这样的大环境中成长起来的。

(五)受教育程度

青海省 187 位巾帼劳模中，初中及以下学历 81 名(占比 43.3%)、中专技校学历 19 名(占比 9.9%)、高中学历 20 名(占比 10.7%)、大学专科学历 31 名(占比 18.2%)、大学本科以上学历 43 名(占比 23%)。

社会主义革命和建设时期的86名巾帼劳模中，初中及以下学历59名（占比68.5%）、中专技校学历11名（占比12.6%）、高中学历6名（占比7.1%）、大学专科学历9名（占比10.5%）、大学本科及以上学历1名（占比1.3%）。

改革开放和社会主义现代化建设新时期的45名巾帼劳模中，初中及以下学历17名（占比37.8%）、中专技校学历5名（占比11.1%）、高中学历5名（占比11.1%）、大学专科学历9名（占比20%）、大学本科及以上学历9名（占比20%）。

中国特色社会主义新时代的56名巾帼劳模中，初中及以下学历5名（占比8.8%）、中专技校学历3名（占比5.4%）、高中学历9名（占比16.1%）、大学专科学历16名（占比28.6%）、大学本科及以上学历23名（占比41.1%）（见图2）。

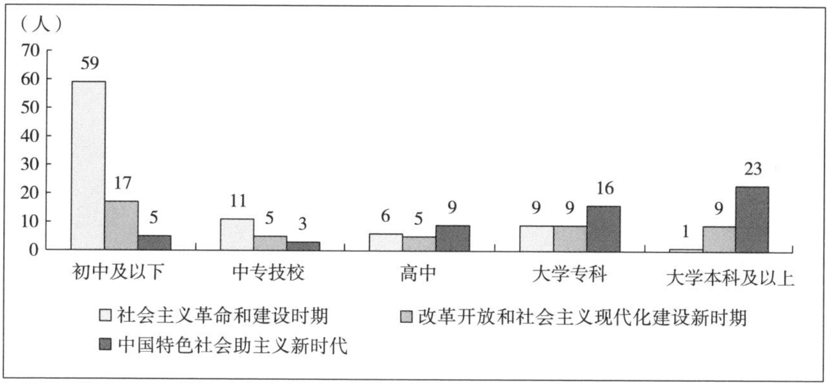

图2　青海省不同时期巾帼劳模受教育情况

同我国经济发达的沿海地区相比，青海省的基础教育和高等教育均较为薄弱，这也间接导致了青海省巾帼劳模的文化程度呈现出参差不齐的情形。她们之中既有人拥有大学本科及以上学历，评上了高级工程师、高级技师，也有人并未接受过系统化的高等教育。但这些差异并未影响她们服务人民、奉献社会的热情。三个不同时期巾帼劳模的学历层次不是一成不变的，而是不断提升的，折射出在党的领导下，教育事业的发展和妇女地位的变化，女性文化教育权得到了充分保障。亦反映了青海省女性教育事业，特别是少数民族女性教育事业的蓬勃发展，这是青海巾帼劳模始终践行终身学习这一优良传统的现实写照。

二、青海省巾帼劳模在不同历史时期的贡献与特点

新中国成立后，在中国共产党的指引下，青海女性的政治地位得到了巨大提升，受教育程度也实现了历史性跨越，加之改革开放后我国市场经济的飞速发展带动了青海当地产业结构的不断优化，共同赋予了青海女性，特别是巾帼劳模们得以与时俱进的机会，使其在新舞台上全面展示自我才能与时代风貌。

（一）社会主义革命和建设时期

1949 年后，青海女职工参与劳动生产的积极性大大增强。这一时期，青海省第一产业中的巾帼劳模占比较大。她们第一次代表女性力量，用勤劳和温柔推动正处于百废待兴状态的青海朝着物质富足和教育普及的方向大步奋进。

1. 艰苦奋斗，配合青海国民经济恢复

社会主义革命和建设时期，党团结带领青海各族人民建立和巩固了各级人民政权，确立了社会主义基本制度，尽管社会主义建设在探索中曲折发展，但依然取得了巨大历史成就，积累了宝贵历史经验，为青海经济社会发展，以及人民生活富裕奠定了根本政治前提和坚实物质基础。

在这一时期，青海省内各族女性逐渐摆脱封建思想与宗教势力的影响和束缚，开始以建设者的光荣身份积极投身社会主义革命和建设。自 1949 年至 1978 年，青海省女职工人数不断增长，真正成了省内建设的“半边天”。党的八大以后，青海省委认真贯彻落实党的八大精神，着力调整若干方面的经济关系，编制新的经济发展计划，率领全省人民开始探索建设社会主义青海。尽管这一时期，青海经济总量小、结构单一、水平较低，在实践探索中充满了艰辛与曲折，但在党中央的关心支持下，青海勘探开发柴达木盆地资源；支持我国第一颗原子弹、氢弹研制；开

展三线建设；勘测龙羊峡首座黄河上游大型梯级电站；修筑铺设青藏公路、青藏铁路；垦田开荒、兴修水利；贯彻落实中央“调整、巩固、充实、提高”八字方针，全面调整青海国民经济。在这一过程中，青海省先后涌现出 168 名各族巾帼劳模，她们同男性一样奋战在建设青海的最前沿，为青海机械军工、化工能源、基础设施、科教文卫等多方面的发展作出了巨大贡献，如 1959 年全国工业交通运输领域的巾帼劳模刘秀娥、张淑鸾，1960 年全国教育和文化卫生体育新闻领域的巾帼劳模王冬阁、杨玉梅等。

2. 因学自信，接受知识改变命运

值得一提的是，这一时期的青海巾帼劳模大多产生在农业以及重工业生产的第一线，同旧时代青海妇女大都居家相夫教子的生活形成鲜明对比。促使她们走出家庭，参加社会生产的内生动力源于党和政府对于女性群体扫盲工作的重视。1949 年 9 月，青海省委成立后便高度重视针对女性群体的教育普及工作。同年，青海省教育支出首次突破 2.5 万元大关，并新建、完善了一批中等职业技术学校和普通中学，为各民族女性进入学校、课堂学习科学文化知识与生产技术技能提供了便利。这些举措也极大增强了青海省女性群体的自信，让她们开始意识到自身也能拥有比肩男性的潜能与智慧。正是由于这一时期广大青海女性的广泛参与，以及各族巾帼劳模所彰显出的以自力更生、艰苦奋斗为核心的榜样力量，从而为青海省国民经济的恢复奠定了坚实基础。

（二）改革开放和社会主义现代化建设新时期

1978 年后，我国的发展重心逐步由政治领域向经济建设领域转移，党的十一届三中全会拉开了改革开放的历史大幕。自 20 世纪 80 年代起，青海迈入了积极发展生产力，努力盘活地方经济的时代轨道之中。

1. 求真务实，奉献高原，服务乡亲

这一时期以李永莲和张淑贞两位巾帼劳模为代表的青海巾帼劳模发展轨迹与同时代的共和国劳模一样，在求真务实、踏实进取的精神引导下，为地方社会经济的发展作出了巨大贡献。青海省在新中国成立初期经济发展十分缓慢，导致社会福利事业的发展一直落后于兄弟省，许多需要救助的弱势群体无法及时享受到社会主义的温暖和帮扶。于是，出生于1954年11月的李永莲站了出来，她先后创建了西宁市社会福利院和西宁市儿童福利院，为那一时期青海西宁地区的弱势群体带来了阳光与希望。她时刻将福利院老人和孩子们的冷暖放在心上，针对福利院基础设施薄弱、老人和孩子们生活条件较差的现状，始终积极谋划，四处奔走，在上级主管部门的支持下，先后建成了儿童福利大楼和老年公寓，为老人和孤残儿童们提供了一个温馨的家园。在福利院老人眼中，她是亲闺女；在孩子眼中，她又是亲妈妈，这是李永莲用爱心换来的亲情，是一个共产党员用自己的执着、真诚、无私换来的真情。她以女性的母爱和细腻填补了青海社会福利事业长期以来的空白和短板，取得了许多男性未曾关注也难以坚持和企及的伟大成就。李永莲对老人和孩子的关爱，以及对社会福利事业的奉献和付出，完美诠释了什么是求真，什么是务实，也让人们感受到了近在咫尺、近在身边的温暖。

李永莲陪小朋友听课

与李永莲类似，来自青海海东市乐都区的张淑贞也将对人民的爱和责任写就于平凡之中。青海省位于高寒区域，气候及土壤环境都不适合蔬菜的种植及产出，故青海人民长期苦于蔬菜供应的不足。在这种情况下，张淑贞借助改革开放后党和政府重视知识分子队伍建设的春风，开启了长达 30 余年的蔬菜科技推广事业。一路上，她始终心系青海人民的餐桌，坚持钻研高寒地区的蔬菜种植与推广技术，并取得了一系列斐然的成绩。她参加的“种养加一体化提高农业经济的技术示范”项目因成绩突出，在 1996 年 6 月获得青海省科学技术委员会颁发的省级科技成果证书。她于 1997 年参加的“蔬菜杂优利用及塑料日光温室周年生产技术开发”项目，获得了由青海省科学技术委员会颁发的省级科技成果证书。她亲自主持开发的“乐都长辣椒”以优质、高产、辣味浓、肉厚香而受到广大菜农和消费者的欢迎，被青海省农作物品种审定委员会第五次会议审定为全省推广品种，推广面积达到 1.5 万亩。此外，她还撰写了《青海省温棚青辣椒栽培技术规程》一书，并参加了“蔬菜无公害栽培示范推广”项目，获得国家农业部丰收奖。张淑贞作为一名蔬菜技术推广中心的高级农技师，用对真理孜孜不倦的追求和对科学全心全意的付出，为青海省的蔬菜发展作出了贡献。张淑贞的事迹就像流水一般充满生命的活力，亦像天下的母亲时刻心系孩子的温饱一般，感动着高原人民。

张淑贞（中）为农民培训蔬菜种植技术

2. 奋发图强，立足新领域，建设新青海

进入 21 世纪后，我国已初步实现从落后的农业国向体系完备的工业国的华丽转变。在这一阶段，青海省先后涌现出了一批坚定信念、奋发图强的巾帼劳模。她们是新时期各行业尤其是工业及相关行业领域的能手和专家，担当着时代“领头羊”的重要角色。她们爱党、爱国、爱社会主义，始终秉持为中国特色社会主义建设奉献终身的坚定信念。同时，她们积极吸收外国的先进知识与技术，并将之内化为建设祖国、服务人民的有力武器，用不懈的奋斗昭示着新时期“劳动创造历史、劳动无上光荣”的劳动价值。

在这种思潮的影响下，青海省涌现出一批活跃在新兴领域的巾帼劳模。她们打破了民间对于女性择业、就业的传统看法，同男性一样活跃在以技术和知识为内核的领域。这当中颇具代表性的要数连亚丽和陈志秀。出生于 1975 年 10 月的连亚丽，是青海益和检修安装有限公司继电保护高级工程师，高级技师，享受国务院政府特殊津贴。自 1994 年参加工作以来，她一直扎根基层，从事继电保护技术工作。她凭着对工作坚持不懈的努力，对电力检修事业执着的追求，在平凡的岗位上踏实工作，拼搏奋进，攻坚克难。她以饱满的工作热情，扎实的工作作风，影响了一批又一批的年轻人。因工作表现突出，连亚丽曾被评为青海省劳动模范、青海省优秀共产党员、青海省三八红旗手，全国五一巾帼标兵，并被推选为青海省第十三届党代表，党的十九大代表。

作为专业技术人员，20 多年来，她对工作始终保持着满腔激情和强烈的使命感，坚守着为设备稳定运行保驾护航的初心，立足本职、踏实工作、不断创新。消除影响电气设备安全运行的重大隐患 50 多个，负责技术改造项目 10 余项，获青海省电力公司科技成果奖 6 项、公司科技成果 10 余项，为公司创造效益几百万元。她秉持创新驱动发展的理念，带领团队不断开展技术攻关项目，330kV 系统预试、SF6 气体微水、SF6 气体检漏及气体密度继电器检验等一项项新技术的掌握，有力填补了公司的技术空白，为公司的发展创新注入活力。

连亚丽在调试设备

致力于知识产权相关领域的陈志秀，以惊人的毅力及对党和人民无限的忠诚，将劳模精神写在了青海大地上。出生于1970年12月，现任青海省西宁市中级人民法院知识产权庭副庭长的陈志秀，是一名土生土长的青海土族姑娘，也是新中国培养的少数民族法律人才之中的优秀代表。面对我国工业进入新发展阶段后，技术性法律机制建设未能及时跟进，特别是（工业）知识产权领域缺乏专业性人才的困局，陈志秀毅然选择学习难度非常高的知识产权专业。在学习和工作中，她凭借坚定不移的信念和精湛的业务能力，先后获得全国优秀法官、全国法院知识产权工作先进个人、全国人民满意的公务员、全国先进工作者、全国模范法官等多项荣誉称号，并入选“双百政法英模”，荣立个人三等功一次。在知识产权界一线坚守了20多个年头的陈志秀以善良质朴、勤奋努力、坚韧不拔诠释了一位女法官的为民情怀。从事法官工作20多年，经她手办理的案子将近3000件，却无一裁判差错、无一超审限、无一上访信访。她成为全院每年审理的案件数最多，各项工作业绩考核均居榜首的模范法官。陈志秀把对法律的无比忠诚融于审判工作中，恪守法官职业道德和行为规范，正确处理情与法、权与法、钱与法的关系，以公正廉洁的自身形象维护了法官尊严和她心中奉献国家、人民的坚定信念。同时，她坚持原则，实事求是，用心智和良知感化当事人，用为民、务实、清廉的工作作风，朴素无华、和蔼可亲的法官形象赢得了当事人的一致好评。

陈志秀（左）在村委会了解村民相关案情

（三）中国特色社会主义新时代

2012年以来，中国特色社会主义进入新时代。自“一带一路”倡议实施以来，我国不断对标国际标准，并在实践中逐步形成了中国范式、中国技艺、中国标准，有效提升了我国的综合国力和国际形象。在此背景下，一批匠心独运、追求卓越的劳模成长了起来，并开始成为新时代发展过程中的中坚力量。

党的二十大报告指出，我国现阶段的发展目标是“实现高水平科技自立自强，进入创新型国家前列；建成现代化经济体系，形成新发展格局，基本实现新型工业化、信息化、城镇化、农业现代化……在基本实现现代化的基础上，我们要继续奋斗，到21世纪中叶，把我国建设成为综合国力和国际影响力领先的社会主义现代化强国”。因此，在这样一个发展转型、产业转型、迫切需要新动能的关键期，各行各业都迫切需要一批优秀的创新型领军人才。所谓创新型领军人才，即以时代精神和创新精神为引领，在所处行业中独创性地运用精巧的心思，取得或不断追求先进与卓越。以马婷和中国水电四局机电安装分局白鹤滩项目部天车班为代表的女性劳动者就是这一时期的创新型领军人物，她们不但具备崇高的价值追求，且兼备创新意识，不断以新思维、新技术、新方法来推动产业进步、工作革新。

1. 匠心独运，工作中坚持探索创新

2012年之后，青海省步入了社会经济发展的快车道，各行业建设均取得了前所未有的进步和成就。这自然少不了创新精神和创新驱动力的功劳，而在众多的创新型领军人物中，一批扎根高原，不断在工作方式与技术运用领域追求创新发展的巾帼劳模格外引人注目。

马婷是一名生于青海长于青海的回族姑娘，2013年毕业后到中国铁路青藏集团有限公司西宁东车辆段参加工作，从事铁路货车车辆制动阀检修工作。工作以后，在师傅的教导下，她沉下心来学习业务知识，掌握岗位技能，遇到不懂不会就虚心向师傅和班组长请教。为了牢记复杂的设备性能参数，马婷将牵涉车辆内制动的组装、分解、研磨等岗位的1000多道专业题拷贝到自己的手机上，一有闲暇，就拿出来一遍遍读，一遍遍分析，甚至连家里床头摆放的都是她打印出来的专业题。经过刻苦努力的学习，她的业务技术突飞猛进，很快她就熟练掌握了制动阀检修作业方法、标准和流程等所需的业务知识，并且对每个密封圈及模板的尺寸都了如指掌。

为了提高制动阀检修质量，减少120阀检修返工率，马婷时常给自己加班，用工休的时间在检修台、实验台之间奔波，反复地比对数据，查找问题，提升自己。为了提高制动阀检修、组装、研磨的准确率，她用密密麻麻的笔记记录120制动阀缺陷的分布规律和常见缺陷类型，以自己好学肯干的毅力和不服输的精神，分析检修作业中出现的各种“疑难杂症”，不断地总结和积累经验，消化成为自己的知识和技能，夯实了基本功，总结出了一套120制动阀裂痕判定的方法，大大提高了裂纹的发现与判别速度。同时，为了解决120控制阀配件容易错装的问题，通过技术攻关，她和小组成员共同研制了120阀配件辆份配送盒，将120阀配件提前按照辆份配送盒内的仿形模具进行摆放和配送，使得配件错装率明显下降，提高了120阀组装质量，该项QC成果荣获全国优秀质量成果奖。

为提高一线生产职工的劳动技能，她还积极对岗位操作人员进行培训。针对120制动阀在组装过程中极易出现错装、漏装、反装的问题，她从源头上教会大家如何去控制和怎样及时发现错误，一起和同事们探讨研究120制动阀各类故障处理的方式和问题，极大地方便了作业人员对类似故障的快速锁定和排除，节省了排除故障时所需的时间，有效地促进了车辆检修工作的顺利进行。

2016年到2018年，马婷连续三年蝉联了段、集团公司的“党员技术标兵”，2017年被评为“青海省职工职业技能竞赛技术状元”。2018年，她作为集团公司唯一的车辆系统女选手，前往沈阳参加了全国铁道行业技术比武这个高手云集的比赛，让她看到了自己与他人的差距。虽然此次比赛她荣获单项三等奖，但她仍给自己定下一个目标，那就是，有朝一日，能站到全路职业技能竞赛的领奖台上取得更好的荣誉。

近年来，这个优秀的女孩多次在各类比赛中和男选手同台竞技，多次在技术比武中脱颖而出，展现出新时代铁路女青年拼搏进取的工作风貌与创新精神。她说，人生有着无限能量，青春有着无限可能，趁着年轻，要努力奋斗，用奋斗的青春书写美丽灿烂的人生画卷。

马婷对制动阀配件进行检测

2. 历经磨砺，创造青海竞走历史

与马婷一样兼具创新精神与追求卓越的还有来自高原的姑娘切阳什姐。她从小在草原上长大，凭着对体育的热爱，创造了青海竞走的历史，成为青海省第一位连续参加三届奥运会的运动员，也是我国首位连续三届站上奥运赛场的藏族运动员。2010 年 6 月，切阳什姐正式入选国家队集训。2012 年伦敦奥运会，切阳什姐以 1 小时 25 分 16 秒的成绩获得女子 20 公里竞走银牌（2022 年 3 月 22 日递补为金牌）并创造了新的亚洲纪录，成为我国首位夺得奥运会金牌的藏族运动员，实现青海省奥运金牌零的突破。

2016 年，切阳什姐再次征战里约奥运会获得第五名，2017 年在第十三届天津全运会获得亚军，2018 年在印尼雅加达亚运会获得 20 公里竞走银牌，2019 年 3 月国际田联女子 20 公里竞走世界积分排名第一，同年 9 月在多哈世锦赛获得女子 20 公里竞走亚军。2021 年东京奥运会遗憾获得第七名后，顶住奥运失利的巨大压力，与刘虹、杨家玉、杨柳静等世界名将同场竞技，在陕西全运会比赛中为青海代表团收获一枚宝贵的银牌。

多次站上国际比赛的最高领奖台，切阳什姐成为一名家喻户晓的优秀体育人，这背后是她对于体育的执着和热爱，以及永不言弃的努力和付出。作为一名老党员和一个优秀的运动员，她不仅有优异的运动成绩，更有良好的思想素质。作为助理教练她时常对年轻队员说："作为新时代的青年，必须站出来挑大梁、当主角。我们日复一日地训练，克服伤病与孤独，就是为了能够站上更高水平和级别的赛场，我们如此执着地追求，就是因为体育事业的发展承载着国家强盛、民族振兴的梦想。"

3. 追求卓越，踏实践行科技兴国

中国水电四局机电安装分局白鹤滩项目部天车班的 14 名女成员，承担着白鹤滩水电站左岸 8 台单机容量百万千瓦水电机组设备和辅助公用系统设备及物资材料的吊装任务。肩负大国重器建设的使命，安全是建设的首要保障。班长田得梅不敢有丝毫懈怠，她始终坚持以身作则、任劳任怨、带头努力工作，任何一次重要部件的吊装她都要坚守在现场指挥或亲自操作，成为青海首位“大国工匠年度人物”，她不断提升班组成员的安全生产意识和操作技能水平。在白鹤滩水电站 8 台百万千瓦水电机组安装过程中，天车班连续三年取得“操作零失误、吊装零事故”的优异成绩，这是不断学习理论、加强应急演练、规范安全管理的完美体现，也因此受到中央电视台《大国重器》第三季《动力澎湃》拍摄栏目组的专题采访。她们的团结、协作、奋勇和拼搏展现新时代女工风貌，用责任和担当守护着大国重器工程建设，也向世界人民展现了中国女性的劳动之美和不凡创造力。

中国水电四局机电安装分局白鹤滩项目部天车班召开班前会

三、青海省巾帼劳模的成长规律和经验做法

青海巾帼劳模在不同历史时期内，渐次映射出朴素性、自律性、创新性、时代性等特点。青海各发展阶段涌现出的巾帼劳模均在各自行业领域内亲力亲为，以不怕吃苦、守正创新的奋斗精神实现了自我突破与全面发展，有效引领了社会风尚和社会价值取向，带动了青海省内尊重劳动、热爱劳动、勤于劳动这一良好风气的形成与稳固，为青海省社会经济的可持续发展注入了内生动力。同时，青海巾帼劳模代代相传的品质和毅力也与新时代背景下中国特色社会主义先进文化建设的目的及宗

旨高度契合，成为国家软实力的重要组成部分。

（一）成长规律

1. 始终坚守劳动为国为民的初心

新中国成立后的青海新女性不仅将劳动视为自立自强、创造美好生活的手段和方式，更是在共产主义道德与精神的熏陶下，将其定义为服务国家建设、服务人民福祉的崇高境界。众所周知，历史是由人民创造的，青海巾帼劳模来自人民，自然心系人民。无论是在社会主义革命和建设时期的艰苦奋斗，还是在改革开放后不断思考创新，服务国家科技进步，都清晰映照出青海女劳模心中那束以国家为重、对人民报以无限热爱的奉献之光。作为荣誉的化身、榜样的力量、青海的骄傲，青海各族女劳模在生产劳动过程中，凭借对国家、对人民无限忠诚的初心，在各领域实现了自我价值，并将优秀的品格、无私奉献的精神在青海大地广泛传播。

新中国成立以来，青海巾帼劳模始终以马克思主义劳动观为根本遵循，坚持社会主义革命理想，将自身的劳动、工作及这一过程中的创新，同国家利益和人民福祉紧密联系，通过辛勤劳动、诚实劳动和创造性劳动为国家和人民创造更多的社会财富。这种坚守体现了青海巾帼劳模的初心，这是她们无怨无悔扎根高原的根本原因。

2. 始终坚持劳动至上与行胜于言

习近平总书记指出："人类是劳动创造的，社会是劳动创造的。"青海巾帼劳模自新中国成立至今，始终坚信一个真理，那就是唯有劳动才能创造财富和真理。这一信念激励了一代又一代青海巾帼劳模始终坚守在不同领域的岗位上，把劳动视为自我提升和实现社会价值的过程。因此，在这些女性劳动者眼里，劳动的价值与意义都是至高无上的，劳动在个人发展历程中亦是不可被替换的。

此外，青海巾帼劳模无论身处何种历史阶段，都始终相信并坚持行胜于言的实践原则。在她们心中，对祖国、对人民的爱需要通过劳动去转化。在科技尚欠发达的社会主义革命和建设时期，数以百计的青海巾帼劳模默默奉献在各自岗位上，她们没有慷慨激昂的言语，有的只是兢兢业业的劳作付出和滚滚滴落的赤诚汗水。

3. 薪火传承，敢于创新的时代精神

青海巾帼劳模根植于中国特色社会主义实践沃土，既代表着时代发展的先进方向，也是先进生产力的代表者、承担者。青海巾帼劳模在新时代更加注重创新，包括理念创新、技术创新以及方法创新。在理念创新层面，青海巾帼劳模已完成从劳动养家糊口到劳动服务社会再到创新劳动、为科技强国战略添砖加瓦的过渡。在技术创新方面，以马婷为代表的一批青年巾帼劳模不断锐意进取，在充分借鉴国内外经验的同时，于日常工作中不断探索，最终实现了对既有技术的升华或改造，使其能够服务国家、便捷百姓。在方法创新方面，青海巾帼劳模已在实践中逐步将马克思主义方法论同劳动相结合，探寻出新的实现路径，即不满足于现状的精神、追求真理的毅力和不忘初心与使命的恒心。创新精神正赋予青海巾帼劳模以全新的价值理念，在此主导下，越来越多的青海巾帼劳模在自己的岗位上取得更大的成绩，为全面振兴青海贡献智慧和力量。

4. 始终坚持与时代精神契合

从历史发展的过程来看，处在不同发展阶段的青海巾帼劳模身上都被打上鲜明的时代烙印。随着我国经济社会的迅猛发展，新一代的青海巾帼劳模在代际传承中继承往昔的精神财富，不断丰富自我、突破自我。当前，青海巾帼劳模比任何时期的前辈都更加契合时代精神，这种契合源于她们崇尚劳动的信念，也源于她们对共产主义坚定的信仰。中国特色社会主义是干出来的，新时代也是干出来的。青海巾帼劳模以自己的带头作用践行了这一实干兴邦的原则。全面建设社会主义现代化国家不是敲锣打鼓就能实现的，客观上要求工人阶级始终站在时代的前列，勇当改革和建设的排头兵。大力弘扬劳模精神唯有与时俱进，唯有与实践相结合，才能积极引领包括女性劳动者在内的劳动者大军。青海省虽然地处偏远，但青海巾帼劳模所具有的先进性同全国劳模是高度统一的。

5. 更加注重价值导向

青海巾帼劳模形象及其精神变迁的重要意义，使其越发具有了价值引导功能。劳模精神集中体现了劳动群众中的优秀分子所彰显的高度主人翁责任感、卓越的劳动创造和忘我的拼搏奉献，这是中国精神的体现，因而具有强大的榜样、引领和示范作用。劳动模范身上集中体现的自强不息、艰苦奋斗精神正是实现民族复兴所必需的精神品格，坚持和发展中国特色社会主义、建设社会主义现代化强国必须尊重劳动模范。因此，当代青海巾帼劳模的形象变迁与精神升华都事关价值导向，将对青海省各族人民，特别是青少年群体的行动、思想产生强烈的价值引领作用。从 1949 年至今，历史无数次证明了青海巾帼劳模一直以实际行动践行社会主义核心价值观，正确引领了社会风尚。

（二）做法及经验

1. 严格评选标准，确保优中选优

自我国建立劳模评选与表彰制度起，就始终以严格的纪律性来确保每一位评选出来的劳模都是为国家为人民做出过突出贡献的，必须是实至名归的。青海省政府和各级工会组织对劳模评选及表彰工作高度重视，并结合青海省地方实际，制定了较为完备的评选标准，以确保做到优中选优、宁缺毋滥。首先，青海省对于劳模的评选十分强调政治站位。如评选办法第十二条就将“热爱祖国，拥护中国共产党的领导”列为参评者应当具备的最基本条件。其次，青海省在劳模评选过程中侧重于“因地制宜”。青海地处高寒区域，因此适合发展特色农牧业，历史上多位巾帼劳模就是从农牧行业脱颖而出的。时至今日，农牧业依旧在青海经济产业结构中占有重要地位。所以，在发展现代农牧业、繁荣农村牧区经济、增加农牧民收入、推进社会主义新农村新牧区建设方面作出突出贡献被视为青海劳模的选拔标准之一。再次，青海劳模的评选标准紧跟国家发展战略，强调创新与经济发展。党的十一届三中全会以来，党和国家工作的重点转移到以经济建设为中心，并把科技创新作为推动经济建设与发展的重要因素。故青海省在设置劳模评选标准时，将积极开展经济技术创新活动与增强自主创新能力列为参考标准之一。最后，青海省评选劳模面向社会各界，充分保障参与青海建设的劳动者都能够享有公平参与竞争的权利。如在评选、推荐青海省模范集体时，非公有制企业占比不得低于20%，企业所属车间、班组（科室）等推荐比例不超过10%，劳动模范和先进工作者中企业职工和专业技术人员比例不得低于65%等。由此可见，青海省在评选劳模时，通过出台评选标准的方式来确立严格的纪律性，并凭借开放的参与性来确保评选结果的公正性。

2. 奖励关爱并举，温暖高原巾帼

劳动模范是民族的精英、人民的楷模，是共和国的功臣。因此，在分享劳模带给我们的物质财富和精神财富的同时，也应当对他们的个人生活给予关心和照顾。由于青海地处青藏高原的东北缘，从地理环境上来看具有高海拔、强日照的特点，这无疑会对巾帼劳模尤其是长期在露天环境作业的巾帼劳模带来不利影响，部分巾帼劳模由于工作性质难以平衡家庭与工作之间的关系，因此青海省在经过多年的探索后，由省总工会牵头，通过设置专项帮扶资金等方式，营造对女性职工友好的关爱情境。如《青海省劳动模范专项补助资金发放管理办法》（下文简称“办法”）就对劳模的补助标准进行了规定。同时，该办法还就劳模因病造

2007年4月30日，青海省庆祝“五一”暨“十一五”建功立业表彰大会在青海省会议中心召开

成生活困难、家庭收入低、赡养能力弱、生活特别困难等情况下的补助金发放条件与流程进行了规定，全方位地为青海巾帼劳模，特别是存在某一方面困难或障碍的劳模的生活提供多重保障。

四、青海省工会巾帼劳模工作展望

党的二十大报告中，对劳动模范群体给予了高度的关注和重视，报告指出，劳动模范是推动经济社会发展的重要力量。不同时期的青海巾帼劳模既紧跟时代之变，又始终响应时代号召，呈现出各不相同的时代特征。她们在时代变迁中不断自我加压，凭借创新精神锻造出更加卓越的技术本领。青海巾帼劳模作为一个光荣的集体跨越了 70 余年的漫长发展历程，始终把建设国家与服务人民群众作为自己的奋斗目标，并把个人追求融入国家发展的大局之中。面向未来，青海将贯彻落实中国工会十八大精神，强化职工创新成果和工匠人才创新工作室建设，进一步建立完善关心关爱劳模工匠和技能人才的常态化机制，提升劳模工匠地位、让劳动光荣、技能宝贵、创造伟大在全社会蔚然成风。在今后的工作中，将在巾帼劳模的培养选树、权益维护、思想引领等方面加大工作力度，营造全社会关心和尊重劳动模范的良好氛围，为广大劳动者树立学习的榜样，为实现青海高质量发展凝聚巾帼力量。

第一，加强巾帼劳模的培养和选树，激励广大劳动者勇于创新、奋发向前。巾帼劳模始终在助力经济社会高质量发展中肩负着重要的历史使命，牢牢把握我国工人运动的时代主题，努力打造知识型、技能型、创新型女职工队伍，培育创建巾帼劳模工匠创新工作室，展示巾帼劳模和广大女职工的创新成果，推动涌现出更多的女性工匠和高技能人才。深入开展具有女职工特色的区域性、行业性劳动和技能竞赛，推动竞赛向新产业新业态新组织拓展。充分发挥先进典型的示范引领作用，持续提升女职工队伍的竞争力和综合实力，组织开展好评先选优工作，积极选树培育一线先进女职工集体和个人。

第二，加强巾帼劳模的权益维护，完善劳动模范的社会保障制度。

做好巾帼劳模的维权服务工作，不断创新维权服务机制。注重源头参与，聚焦劳动经济权益、民主参与权利、生育保护等重点领域，参与地方女职工权益保护法律法规政策的制定修订工作，提出工会建议，推动妇女权益法、女职工劳动保护特别规定等相关措施的实施，为巾帼劳模参与经济社会发展营造良好制度环境。注重维权实效，发挥女职工专项集体合同的维权载体作用，组织开展女职工权益保护专项集体合同专题调研，推动用人单位做好女职工特别是巾帼劳模的特殊利益维护。持续加强女职工阵地建设，聚焦女职工权益保障面临的痛点难点问题，整合资源手段，强化巾帼劳模的“四期”保护。继续做好省部级巾帼劳模生活困难补助和特殊困难帮扶资金的审核、发放工作，组织开展好全国和省部级巾帼劳模的健康体检。

第三，加强巾帼劳模的思想引领作用，弘扬劳模精神、劳动精神、工匠精神，激励广大劳动者为实现中华民族伟大复兴的中国梦而努力奋斗。通过媒体、网络等渠道广泛宣传劳模的先进事迹，让更多人了解和学习他们的精神风貌和奋斗经历，倡导尊重劳动、崇尚劳动的社会氛围，让劳动成为一种荣誉和自豪。开展好巾帼劳模宣讲进校园、进企业活动，讲好巾帼劳模群体的时代贡献和精神品质，诠释劳模精神，用先进典型的榜样力量感召女职工。组织劳模开展交流学习活动，加强团队凝聚力和协作能力，形成良好的工作氛围和互助机制。扩大《中国女劳模》专著的影响力，组织学习其他省份巾帼劳模的先进事迹和社会贡献，进一步提升自身能力素质。

中国式现代化是中国共产党领导的社会主义现代化，强调物的全面丰富和人的全面发展、物质文明和精神文明协调发展、物质力量和精神力量全面增强、人民群众物质生活和精神生活同步改善。青海工会将大力弘扬劳模精神、劳动精神、工匠精神，增强新时代女职工的历史责任感和使命感，在全面推进中国式现代化进程中激励全省女职工奋勇前进。

参考文献

［1］光红梅. 20世纪50年代“劳动光荣”话语的建构与中国妇女解放［J］. 妇女研究论丛，2014（2）.

［2］宋少鹏. 价值、制度、事件：“男女同工同酬”与劳动妇女主体的生成［J］. 妇女研究论丛，2020（4）.

［3］白思鼎，李华钰. 中国学习苏联（1949年至今）［M］. 香港：中文大学出版社，2019.

［4］田鹏颖，王圆圆. 论劳模精神的科学性及其当代价值［J］. 东北大学学报（社会科学版），2018（5）.

［5］王若磊. 如何全面把握共同富裕的内涵与要求［J］. 人民论坛·学术前沿，2021（6）.

［6］张磊，倪胜利. 身体视域下的劳动教育：文化内涵、价值意蕴与实践路向［J］. 国家教育行政学院学报，2019（10）.

［7］在全国先进生产者代表会议上的报告［N］. 人民日报，1956-05-03.

宁夏

宁夏篇

塞上江南
英姿飒爽

人民创造历史，劳动开创未来。在中国共产党带领人民进行革命、建设、改革的各个历史时期，广大妇女劳动者以普通人的平凡书写了不平凡的人生。回望宁夏回族自治区 60 多年的发展变迁，一批批女劳模在筚路蓝缕、胼手胝足的奋斗中，践行着一代又一代劳动模范的光荣使命。她们积极投身宁夏经济社会发展，充分发挥了“半边天”不可替代的作用。历史洪流奔涌向前，在宁夏回族自治区发展的不同时期，巾帼劳模作为广大妇女群体的优秀代表，其模范事迹在推动个人价值和社会价值的创造方面发挥了重要的引领作用，巾帼劳模精神也被赋予了不同的时代内涵和特色。她们在不同行业和领域展现出来的“爱岗敬业、争创一流、艰苦奋斗、勇于创新、淡泊名利、甘于奉献”的劳模精神在一代代的赓续和传承中凝练成了人们广为尊崇弘扬的特定价值观。

一、宁夏回族自治区女劳模群体概况

据统计，自 1958 年宁夏回族自治区成立至 2022 年底，获得全国劳动模范（全国先进工作者）、全国五一劳动奖章、全国五一巾帼标兵荣誉的在册女性共 207 人，获得全国五一巾帼标兵岗等表彰的集体共 112 个。其中，1950—2020 年全国劳动模范（全国先进工作者）73 名，占比 35.3%；1985—2022 年全国五一劳动奖章获得者 49 名，占比 23.7%；2005—2021 年全国五一巾帼标兵等先进个人获得者 85 名，占比 41%。

自治区成立之初各领域发展严重滞后，劳动榜样的导向性十分明显，即培养对社会主义生产有突出作用的建设者，所以第一批女劳模主要来自支援宁夏核心领域建设的知识青年，学历水平多为高中及以上。改革开放以来，随着宁夏建设发展的需要，特别是社会分工的发展以及人们对劳动价值论的认识深化，女劳模评选的范围更加多样化、标准更加合理、评选过程更为公开透明，在强调奉献的同时也更注重对社会的贡献，评选对象不再局限于个别行业，不断有新的职业从业者加入女劳模评选的队伍中，女劳模的结构不断变化、队伍不断壮大、学历水平不断攀升、民族构成不断丰富、参与国家和社会事务程度不断提高。

就职业分布而言，宁夏女劳模覆盖的行业和群体日益多元。改革开放以来，随着社会分工不断细化，女劳模也由生产型向技术革新型转变。伴随着宁夏经济社会的发展，除了传统行业之外，知识分子和科研工作者的优秀代表逐渐成为女劳模队伍的新成员，女劳模覆盖的行业和从事的岗位也逐渐向知识型、技术型、创新型的劳动者倾斜，其中科教文卫行业涌现的女劳模约占劳模总数的23.7%。具体来说，从自治区成立到改革开放前，女劳模主要集中在教育、卫生、批发和零售业；改革开放以来，女劳模覆盖的行业逐渐扩大到农业、卫生和社会工作、制造业、批发和零售业、教育、文化、体育和娱乐业、金融业、采矿业、建筑业、公共设施管理、交通运输、公共管理等13类行业。党的十八大以来，林业、畜牧业、软件和信息技术服务业、科学研究和技术服务业等行业的优秀代表逐渐加入女劳模队伍中，科研工作者在女劳模中的比例大幅度上升，约占同时期女劳模总数的26.3%。

就文化程度及参与国家、社会事务情况而言，女劳模知识文化水平逐渐向高知化发展。具体来说，自治区成立到改革开放前，获评全国劳动模范的5位女劳模中，文化程度为大学本科及以上的仅有1人；改革开放以来，大学本科及以上学历获评全国劳动模范、全国先进工作者、全国五一劳动奖章、全国五一巾帼标兵的为50人，其中硕士研究生6人，博士研究生1人；党的十八大以来，这一数量上升至85人，其中硕士研究生15人，博士研究生4人（见图1）。女劳模不仅在经济活动中发挥着重要作用，在政治活动中同样也扮演着重要角色。近些年来，越来越多的女劳模经基层选举成为各级人大代表，女劳模的参政议政激发了广大妇女表达自己政治意愿的积极性，也提高了广大妇女的政治热情。

就年龄分布而言，新生代女劳模逐步走上时代舞台。从整体来看，40—60岁人群是女劳模的主体，宁夏女劳模获评时的平均年龄约为42岁，最小年龄18岁，最大年龄64岁。207位女劳模中，获评时年龄在60岁以上（不含60岁）的共4名，占比1.9 %；51—60岁的共24名，

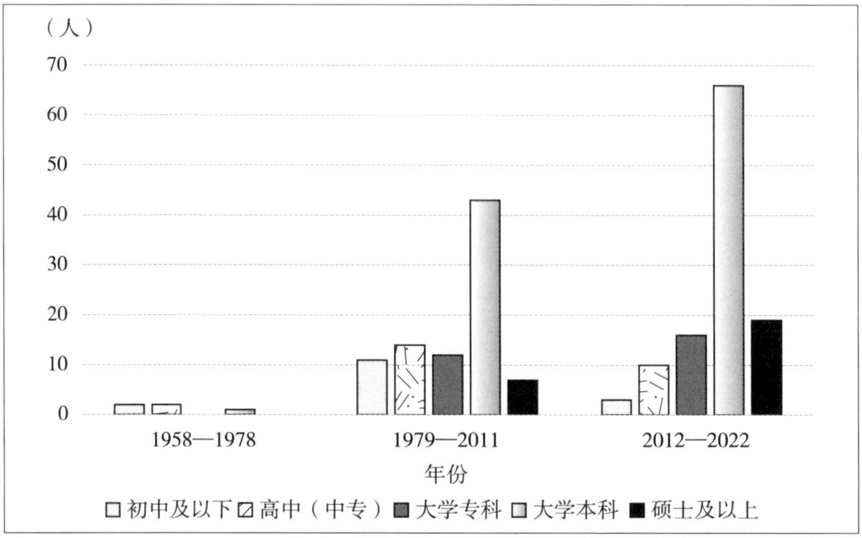

图1　宁夏回族自治区不同时期女劳模受教育程度结构

占比 11.6%；41—50 岁的共 109 名，占比 52.7%；31—40 岁的共 52 名，占比 25.1%；30 岁及以下的共 18 名，占比 8.7%。与全国劳动人口平均年龄上升遥相呼应的是，党的十八大以来宁夏女劳模的平均年龄为 42.8 岁，与 1978—2011 年相比上升 2.4%，“80 后”“90 后”年轻劳模也逐渐增多，2020—2021 年获奖的 24 人中，“80 后”有 6 人，占比 25%。

就民族构成和政治面貌而言，少数民族和民主党派女劳模占比逐渐上升。在 207 位女劳模中，汉族共有 172 人，占比 83%；少数民族共有 35 人，占比 17%，其中回族 30 人、满族 2 人、朝鲜族 1 人、蒙古族 2 人（见图 2）。具体来看，1958—1978 年，宁夏女劳模均为汉族；1979—2012 年，涌现出以回族、满族、朝鲜族等为代表的少数民族女劳模 15 人，占比 17%；2013 年以来，少数民族女劳模占比日益增加，评选出以回族、满族、蒙古族等为代表的少数民族女劳模 20 人，占此时期劳模总数的 18.2%。在 207 位女劳模中，中共党员共 153 人，占比 74%；民主党派成员与无党派人士为 12 人，占比 6%；群众为 42 人，占比 20%。

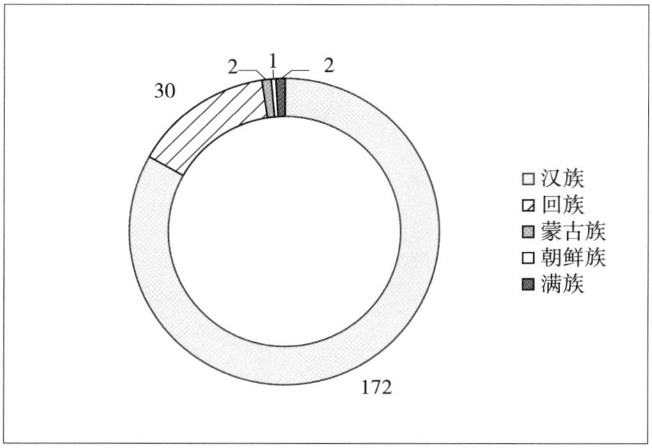

图 2　宁夏回族自治区女劳模民族构成（单位：人）

二、宁夏回族自治区女劳模时代特征

女劳模作为工人阶级中的先进代表，是不同时期宁夏回族自治区各项事业的重要开创者、建设者和见证者，随着时代的变迁，她们身上折射出的丰富的时代价值和崭新意蕴不断焕发出强大的生命力、凝聚力和影响力。在劳模精神的凝聚和引领下，全区各族妇女团结一心，勇担时代之责，在社会建设各领域砥砺奋进，为全面建设社会主义现代化美丽新宁夏贡献“半边天”力量，一步一个脚印把美好蓝图变为生动现实。

（一）一心向党，驰援西北耕瘠土

1958 年 10 月 25 日，在党中央亲切关怀和党的民族政策的光辉照耀下，宁夏回族自治区宣告成立，开启了“划区自治兴宁夏”的新纪元。然而成立之初的宁夏回族自治区一穷二白，人才缺乏、基础薄弱，经济、文化、教育、医疗卫生等各方面都十分落后。在党中央的坚强领导下，全国各地各族人民积极响应国家号召，支援宁夏建设，涌现出了以陈树兰、隋秀华、李莹等为代表的第一批支宁巾帼劳模，她们怀揣着满腔的报国热情，扎根宁夏、奉献宁夏，用日复一日的辛劳和汗水践行着爱党信党、无私奉献、艰苦奋斗的老区精神，推动了宁夏各项事业的发展和进步。

陈树兰：用一生诠释医者仁心

用一生诠释医者仁心的巾帼劳模陈树兰，1952 年从中国医科大学医疗系毕业后积极响应国家“支援大西北”的号召，毅然来到偏远落后的宁夏，成为宁夏第一个大学毕业的内科大夫。彼时宁夏医疗环境简陋，不仅缺医少药，而且很多内科诊断所需的基本仪器也都不齐全。尽管条件艰苦，但陈树兰没有退却，毅然决定留在这里，为宁夏的患者解除病痛。

陈树兰

在艰苦的工作和生活环境中，她排除万难，边干边学，率先开辟了宁夏心脏病学介入领域，1957 年做了宁夏第一张心电图；1961 年做了宁夏第一例右心导管手术，之后又做了第一例胸外电除颤抢救术、第一例骨髓穿刺术、第一例胸腔穿刺术……1983 年，陈树兰担任宁夏医学院院长，在任期间，她带领院领导班子共同努力使学校成为宁夏第一个硕士学位授予单位，开设了成人高等教育医疗专业，为宁夏医学院的发展和宁夏医疗人才队伍的壮大奠定了坚实的基础，如今宁夏医疗战线的不少业务骨干都是她的学生。

从风华正茂到青丝染霜，漫漫医途七十载，陈树兰解决了难以计数的危重疑难病症，抢救了无数濒临绝境的患者。作为宁夏内科学尤其是心血管内科的奠基人，陈树兰见证了宁夏医疗卫生事业的发展和繁荣。她也用毕生精力为宁夏的医疗卫生和教育事业作出了不懈努力和卓越贡献。

（二）敢拼能赢，奋战塞上换新颜

1978 年党的十一届三中全会以后，宁夏回族自治区党委、政府按照中央提出的建设有中国特色的社会主义道路，实行对内搞活、改革开放。随着劳模评选工作的逐步恢复，一批批巾帼劳模在自己的工作岗位上撸起袖子、拼搏进取、实干兴宁，勇立宁夏改革发展新潮头，涌现出了以臧青、胡怡芳、蒋学勤、邢仙茹为代表的技术尖兵，以孙仙梅、冷晓红、杨彦锋为代表的岗位标兵，以虎彩虹、禹爱莲、徐鸣凤为代表的致富精兵。她们充分发挥主人翁的模范带头作用，在改革开放的时代浪潮中立足区情、深耕专业，深刻践行着服务人民、助人为乐，干一行爱一行、专一行精一行的雷锋精神；敢闯敢试、勇于创新的改革开放精神和爱岗敬业、艰苦奋斗的劳模精神，全方位推进宁夏各项事业的高质量发展。

臧青：追赶时间的人

1970 年，毕业于宁大附中的臧青成为宁夏棉纺厂筒并捻车间的一名挡车工。在挡车工的岗位上，每排有 30 个锭子，需要工人把小纱换成大纱，不停地接线头，不但要手疾眼快，还不能出现空锭，这就要求工人集中精力，不能打瞌睡，一旦出现空锭，肯定会影响生产质量和速度。在生产一线，臧青结合镙筒工段过去推广的经验，大胆改革不合理的动作，摸索、创新出一套具有自己特点的高效率的操作法——“臧青操作法”，达到每排纱（30 锭，21 支纱）换管接头速度 2 分 13 秒的全国先进水平，操作手法稳、准、快、小、好。从 1972 年出徒定产量到 1979 年 5 月，她生产的筒子纱超出计划产量 65399.4 公斤，9 年中干了别人 11 年干的活儿，被喻为“追赶时间的人”，并且质量可靠，所有的质量检查全部合格，操作测定成绩全部优秀。

在岗的日子里，她从未迟到早退，从未请过假，所有的义务劳动、加班加点她没有缺勤一次，无论夜班白班，都未影响过她的工作热情和工作质量，深刻彰显了“真干实干、勤干苦干”的时代劳模精神。1979年，臧青当选全国劳动模范时年仅26岁。

孙仙梅：心系社区，服务居民

“小巷总理”孙仙梅，一名普通的共产党员，党的十七大代表，在居委会主任、社区党支部书记的岗位上默默奉献了近30年，始终把居民利益放在首位，心系社区，服务居民。她带领居委会成员，积极争取和自筹资金，为居委会盖了办公楼；她积极为民办实事，先后办起了压面房、托儿所、少儿小饭桌、便民诊所、养老服务站等21个便民服务站；她认真帮助社区下岗失业人员解决实际困难，通过用人供需信息网和求助簿等形式创造就业机会；她组织居民参加了《马可波罗》《牛郎织女》等30多部影视剧的拍摄，先后安置了100余名下岗工人加入群众演员中，创收100余万元；她关心社区孤寡老人和残疾人，建立社区居家养老服务站，为社区600多位老人提供各种服务，协调社区诊所定期为老人诊疗，节假日组织老年人外出旅游观光，为老年人提供了一个温暖的社区环境；她率先组建了社区艺术团，加强与辖区单位共驻共建，建立起和谐良好的社区关系。2011年，孙仙梅工作室成立，她“热心为民、耐心做事、贴心服务、爱心奉献”的“四心”工作法也在西夏区得到了广泛推广。

2015年9月3日，孙仙梅受邀在天安门广场观礼中国人民抗日战争胜利70周年暨世界反法西斯战争胜利70周年大阅兵。

从扎着红头绳到两鬓白发，她没有豪言壮语，更没有丰功伟绩，只有爱心、热心和执着的追求，在平凡的岗位上默默践行着不计得失、甘于奉献、全心全意为人民服务的理想信念。

这一时期，广大巾帼劳模精准把握改革开放的时代脉搏，在平凡的岗位上，把“小事”当“大事”来干，艰苦奋斗、开拓创新、无私奉献，推动了宁夏回族自治区的沧桑巨变和全面进步，展现了从“苦瘠甲天下”

的贫穷落后到“一唱雄鸡天下白”的崭新气象。这一时期，女劳模的成长史、奋斗史、成功史、辉煌史深刻诠释了宁夏人民追求幸福的奋进之路，也凝结着改革开放以来宁夏巾帼劳模敢拼能赢，奋战塞上换新颜的时代特征。

（三）心手相牵，铸牢中华民族共同体意识

宁夏回族自治区有着民族团结的优良传统，也有着民族政策的红色基因。1936 年，我们党历史上第一个少数民族县级自治政府“豫海县回民自治政府”在宁夏诞生，见证了中国共产党民族区域自治政策的最初实践。60 多年来，宁夏的民族团结进步事业不断推进，各族人民建立起平等、团结、互助、和谐的社会主义新型民族关系。自 1983 年起，自治区每年开展“民族团结进步月”活动，坚持开展“滴灌式”民族团结宣传教育，广大的巾帼劳模用实际行动诠释着“塞上儿女一家亲，同心共筑中国梦”，涌现出了以王兰花、朱秀娟、王晓花等为代表的巾帼劳模。

王兰花：宁夏民族团结的楷模

70 多岁的王兰花作为民族团结的楷模曾 7 次受到习近平总书记的亲切接见。2021 年 6 月 29 日，中共中央授予王兰花“七一勋章”；2022 年，王兰花光荣当选为党的二十大代表。她是困难群众心中的“活雷锋”、社区群众的“主心骨”、志愿者群体的“领头羊”，抱着“人退休了，但思想不能退休”的信念，年逾古稀的她依然奔走在为社区各族居民志愿服务的第一线。2005 年，王兰花联系 46 名离退休干部和爱心人士，在多民族聚居的吴忠市组建了首个社区志愿服务组织——“王兰花热心小组”。17 年来，热心小组坚持“弘扬雷锋精神，服务奉献社会”的宗旨，开展接待群众热心、调查了解细心、教育疏导诚心、调解纠纷耐心、处理问题公心的“五心服务”，为社区居民做好事、办实事、解难事。从邻里之间的鸡毛蒜皮到社会领域的扶危助困，“王兰花热心小组”累计帮助 7200 余人，

王兰花

开展公益活动7000多场次，化解邻里纠纷600多起，在王兰花的影响下，“利通区兰花芬芳志愿服务”登记志愿者超过6.5万人，“兰花芬芳”志愿服务品牌也成为深化“邻里互助一家亲”、促进民族团结、铸牢中华民族共同体意识的桥梁纽带。

在多民族聚居的吴忠市利通区金星镇金花园社区，兰花芬芳志愿服务中心孵化带动社区组建“老娘舅”“红袖章”“红管家”等志愿服务团队，志愿服务蔚然成风，各民族在你来我往中系牢了守望相助的团结纽带。

多年来，活跃在民族团结进步统一战线上的巾帼劳模或通过开展志愿服务将团结互助意识根植在各民族群众的心间，或用无私博爱滋养扶助各族贫困学生，或在几十年如一日服务各族群众的生动实践中绘就了宁夏各族人民交往交流交融的生动画卷。如今的宁夏，各族群众共庆节日，婚丧嫁娶互相走动，同住一栋楼，共上一所学，互帮互助，亲如一家，珍惜和维护民族团结的意识已经深深植根心田。中华民族共同体意识已融入社会生活的方方面面，各民族互相嵌入式的社会结构和各族群众之间的友好相处让民族团结之花绽放塞上山川。

（四）柔肩挑担，投身脱贫攻坚战

“履不必同，期于适足；治不必同，期于利民。”只有把经济建设搞上去，不断满足各族人民对美好生活的向往，才能充分体现党的民族区域自治制度的正确性。宁夏作为革命老区、少数民族地区、经济欠发达地区，一直都是全国脱贫攻坚的主战场，自1983年以来，全区各族人民在党的领导下披荆斩棘、栉风沐雨，不断向贫困宣战，开辟了具有时代特色的闽宁协作扶贫模式，走出了变“输血”为“造血”的扶贫路，创造了具有中国特色的反贫困治理的成功范例，是中国脱贫攻坚伟大成就的一个缩影。

党的十八大以来，宁夏把精准扶贫、精准脱贫作为最大的民生工程，发出最强“动员令”。以巾帼劳模为代表的宁夏广大妇女以豪迈的气魄和务实拼搏的使命担当，活跃在脱贫攻坚的各条战线上，发扬“上下同心、尽锐出战、精准务实、开拓创新、攻坚克难、不负人民”的伟大脱贫攻坚精神，谱写了脱贫攻坚战的历史性篇章。

寇启芳：滩羊育种密码的“解码人”

作为宁夏滩羊育种密码的“解码人”，寇启芳30多年来一直从事着滩羊的养殖和相关科研工作。1996年因单位改制，寇启芳下岗后利用所学畜牧兽医专业知识，开了一家动物门诊，走上了创业的道路。随着畜牧兽医事业的发展，寇启芳把目光投到了宁夏最具特色的滩羊养殖上。2003年，她响应招商引资政策，在吴忠市红寺堡区建起了属于自己的第一个滩羊繁育养殖场，从300只滩羊起步，正式与宁夏滩羊结缘。2010年，公司通过自繁自育，申请到了自治区滩羊种羊场资质，并逐步发展成为宁夏唯一一家从事滩羊种羊繁育的自治区级农业产业化重点龙头企业。

寇启芳

为推动高品质滩羊养殖，寇启芳与宁夏大学等高校合作，研发培育出了广受消费者好评的“雪花滩羊肉”，并在基因编辑培育滩羊方面取得了突破性进展，繁殖率由103%提高到了166%，产肉性能也提高了30%以上，解决了滩羊产业发展中繁殖率低、生产性能低的“卡脖子”问题。滩羊新品系和雪花高档滩羊肉的成功研制与推广，推动了红寺堡区滩羊产业联合体创建，并带动了6个滩羊养殖合作社、3个家庭牧场，影响11个县（市、区）的农民大力发展滩羊产业，3150多户滩羊养殖户在寇启芳和其团队的带领下实现脱贫致富，累计新增纯收入1.7亿多元。

从下岗职工到农民企业家，她的故事不光是个人奋斗的创业史，也是红寺堡区20多年脱贫攻坚史的生动注脚。

姬秀花：把枸杞变成村民的致富果

党的二十大代表、回族妇女姬秀花依托中宁县“中国枸杞之乡”的品牌优势，通过自学和参加培训班熟练掌握了枸杞种植、修剪技术，带头在自家8亩地里种植枸杞并发家致富。看到姬秀花种枸杞的成果，村里的一些妇女主动来向她讨教。她把全村群众的信任和重托化作精神动力，全身心投入带领妇女群众脱贫致富的工作中，几十年来，她的足迹遍布全村枸杞种植的每一个角落。作为村妇联主席，姬秀花积极落实农村妇女担保贷款政策，组织开展专业技术人员与村上的致富能手养殖技术培训，动员广大妇女姐妹利用网络平台销售枸杞。在姬秀花的带领下，枸杞成为村民们的致富果，经济收入大大增加，日子也越来越好。

时间的刻度，标注着宁夏脱贫攻坚不断迈进的脚步，也见证着宁夏各族人民勠力同心战贫困结出的累累硕果。2020年底，作为全国脱贫攻坚主战场之一的宁夏，正式宣告全面打赢脱贫攻坚战，用一组组数据交出了一份合格的脱贫答卷：全区9个贫困县（区）全部脱贫摘帽、1100个贫困村全部脱贫出列、80.3万农村建档立卡贫困人口全部脱贫。

（五）战风斗沙，构筑绿色生态屏障

宁夏三面环沙，干旱少雨，生态环境十分脆弱。1958 年自治区成立之初，全区沙化土地面积达 2475 万亩，约占全区国土总面积的 24.8%。宁夏作为我国“两屏三带一区多点”生态安全战略格局的重要组成部分，生态地位十分重要。2016 年 7 月，习近平总书记视察宁夏时指出：“宁夏作为西北地区重要的生态安全屏障，承担着维护西北乃至全国生态安全的重要使命。”

在坚持绿色发展，践行生态优先，构筑祖国西部生态屏障的时代背景下，一批批筑绿遏沙的建设者前赴后继，奋战在修复生态的“主战场”上。以白春兰、顾云香等为代表的巾帼劳模深刻践行“牢记使命、艰苦创业、绿色发展”的塞罕坝精神，战斗在建设黄河流域生态保护和高质量发展先行区一线，向黄沙宣战，与沙漠抗争，率先在全国实现了“沙退人进”的生态转身，也谱写了“绿水青山就是金山银山”的生动篇章。

白春兰：人类征服自然的典范

全国三八绿化标兵、全国环保百佳先进个人、全国防沙治沙“十大标兵”白春兰，在宁夏盐池县与风沙鏖战几十年。她善于钻研、勤于学习，选择在沙地栽种沙柳、羊柴、花棒等耐旱沙生植物苗种并成功实现了 70% 以上的树苗成活率。她不断反思、学习、优化种植方法，积累适合宁夏本土沙地属性的治沙经验，探索出了“以草挡沙、以柳固沙、栽树防沙”的综合治沙法，在荒漠中开发水浇地 40 亩，利用三条带子井采取立体复合种植法，用 40 年抚育绿树成荫，终将沙海茫茫的“一棵树”变成了瓜果飘香、牛羊成群的绿洲，在沙漠中创造出了“吨粮田”的奇迹。

2000 年 8 月，白春兰成立了白春兰沙产业开发有限公司，联合村民在 5 年内对 4 万亩沙漠进行农林水牧综合开发。在她的影响和带动下，相继有 88 户人家来到沙边子村，造绿固沙，开发沙产业，

全村累计治理沙漠 7 万多亩。2005 年起，白春兰又着手开发旅游产业，“白春兰绿色家园”成为全县知名的沙漠旅游景点。她将种植、养殖、旅游有效结合，带领村民共同致富，被誉为“人类征服自然的典范”。胡锦涛、曾庆红、李岚清等党和国家领导人曾亲临白春兰治沙现场视察，并给予充分肯定和高度赞扬。

来自宁夏灵武市的“愚婆”顾云香，倾注全部身家举债育苗，在毛乌素沙漠种树二十载，共栽下沙柳角子、速生杨、花棒、紫穗槐等树木 267 万多棵，撒种草籽 13500 公斤，开辟 3000 多亩绿洲，治理 5000 多亩沙丘，为全村防沙固沙竖起了一道绿色屏障，成功阻挡毛乌素沙漠向东湾村侵蚀的脚步。

“大漠孤烟直，长河落日圆。”唐代诗人王维曾在这里写下了塞外风景的不朽名句。如今，滚滚黄沙渐次北去，浓浓绿意迎面而来，沧海桑田的变化离不开广大人民的并肩战斗，在这场人与自然的较量中，宁夏回族自治区最终实现了生态建设和经济发展的双赢。

（六）智慧赋能，建设美丽新宁夏

党的十八大以来，习近平总书记两次赴宁夏考察并发表重要讲话，多次对宁夏工作作出重要指示。沿着习近平总书记指引的方向，宁夏广大妇女踔厉奋发，接续奋斗，奋力谱写壮丽篇章。在推进美丽新宁夏和社会主义现代化建设的伟大征程中，涌现出一批知识型、技能型、创新型巾帼劳模，她们勤于钻研、改革创新，在教育、医疗卫生、工业、科研等不同行业和领域竞相绽放，砥砺践行“三牛”精神。有在戈壁滩建大学的赵惠娥，翱翔油海的“领头雁”顾燕，宁夏葡萄产业科技带头人郭惠萍，扎根基层、司法为民的陈美荣等女劳模，践行“生命至上、举国同心、舍生忘死、尊重科学、命运与共”伟大抗疫精神的马瑞霞劳模创新工作室、践行“社会主义是干出来的”宁夏煤制油质检计量中心等先进集体，用心用行点亮美丽新宁夏。

赵惠娥：为党育英才，为国育贤才

荒滩树木、匠心树人，全国劳动模范赵惠娥，在曾经的戈壁滩上，在房无一间、瓦无一片、师资匮乏、生源紧张的条件下，依靠政府支持的5000元启动资金，带领一代代宁夏理工人自力更生、奋发拼搏，实现了宁夏理工学院从中等职业学校到高等职业学院再到普通本科院校的“三级跳”，也用十年时间在不断试错中总结经验，用砂浆石、酒糟或醋糟回填地下土改良土壤，在盐碱地成功栽植树木，打造了绿树成荫的校园。

30余年来，从第一届不足200名学生，到如今9个学科门类46个专业、每年3000余名毕业生出彩成才，宁夏理工学院已经发展成一所多学科协调发展的普通本科高等学校，为地方经济社会发展培养了近10万名应用型人才，从这里走出去的学生正在经济社会发展各个领域发光发亮。伴随着学校一步步晋级，师资结构性失衡、教师能力和水平跟不上办学需要的问题逐渐显现。赵惠娥想方设法为青年教师深造、培训、提升创造机会，提升学校高层次人才薪酬待遇，目前600余人的专任教师中具有副高级及以上职称的占40%，硕士研究生及以上学历的占70%，具有博士研究生学历的教师有48位。赵惠娥用热情、谋划、实干演绎了为党育英才，为国育贤才的毕生追求。

宁夏煤制油质检计量中心：红装唱主角，实干践初心

2016年7月19日，习近平总书记在宁夏煤制油项目现场发出了“社会主义是干出来的”伟大号召，曾荣获全国五一巾帼标兵岗的宁夏煤制油质检计量中心正是这一实干精神的坚定践行者。这支以红装唱主角的特殊队伍，女工占比达64.6%，承担着园区内原辅材料、成品检验、生产过程控制分析、“三废”处理分析、物资和产品过磅、生产厂互供内部结算及出入厂物资结算、仪表检定、计量监督等工作。她们不仅是质量安全的“把关人”，也是技术钻研的

“排头兵”，还是产品效益的“守护者”。她们先后攻关解决了1500多台变频器抗晃电改造等7项技术瓶颈问题和4项技改问题，获授权专利4项；编制《煤制油电力设备预防性试验作业指导书》，研发运用“码上实现”智能状态标识系统、设备检修系统等，实现辖区主要电气设备完好率100%；推进电力直接交易，年节省费用9504万元；精心组织运行管理，年获得功率因数奖励480万元，年平均修旧利废150余万元，用巾帼之行守护煤制油装置安全、稳定、清洁运行的使命之责。

从“半碗黄沙半碗饭”到“天蓝地绿水更美”，从“一穷二白”到全面小康，从基础薄弱、闭塞落后到高楼林立、四通八达，60余年，于岁月长河不过沧海一粟，对宁夏人民却如“换了人间”。一个民族团结、美丽富饶的新宁夏，如画卷般展现给世界。

三、宁夏回族自治区女劳模工作经验

（一）从带头到带领，从“一盏灯”到“满天星”

从20世纪五六十年代开始，越来越多的女性参与进了宁夏回族自治区的社会主义建设，她们活跃在各个岗位，以坚守和奉献引领“劳动最光荣、劳动最崇高、劳动最伟大、劳动最美丽”的社会风尚。她们坚守初心，在各行各业中从“抢着干、带头干”到“带领队伍攻坚克难”，从“苦干实干拼命干”向“巧干会干用心干”转变，践行着一代又一代劳动模范的光荣使命，从以工农为主到覆盖各行各业，成就了“微光可成炬，大爱映苍穹”的成长历程和动人事迹。

宁夏回族自治区总工会积极引导工人阶级队伍建设，创新做好劳模管理服务工作，为女劳模干事创业创造环境和条件，更好发挥女劳模的榜样、示范、引领作用，为经济社会发展进步作出更大贡献。各级工会将劳动模范和先进工作者选树培育工作融入经济社会发展全局，注重向基层一线、科技创新、脱贫攻坚、抗击疫情等领域倾斜。以“政治信念坚定、道德情操高尚、表率作用突出、得到群众公认”为导向，严把评选条件、结构比例、评选程序、纪律要求等四道关卡，并逐级公示。多年来，一批批巾帼劳模和先进工作者竞相涌现，有勇于拼搏的重点工程建设者、创新转型的专家学者、逆行抗击新冠肺炎疫情的白衣天使、辛勤耕耘的人民教师、德艺双馨的文艺骨干、秉公执法的政法干警、锐意改革的企业家等。2011 年以来，宁夏回族自治区共产生 135 名全国劳动模范、全国五一劳动奖章获得者和全国五一巾帼标兵，是新中国成立以来到 2010 年这 55 年总数的 1.9 倍。

为了充分发挥巾帼劳模工匠队伍的技能和特长优势，宁夏回族自治区总工会注重讲好不同时代有温度、有情怀、有力量的女劳模奋斗故事，凝聚奋进力量。深入挖掘女劳模典型事迹，在《宁夏日报》、宁夏电视台、自治区总工会官方网站、微信公众号等平台广泛宣传报道，组织开展女劳模事迹线上线下宣讲，扩大集聚效能，在群众中充分彰显巾帼劳模群体的共同特质和精神价值，也凸显了女劳模价值引领从“一盏灯”到“满天星”的转变。

（二）全方位服务关爱女劳模，营造尊重劳模的社会氛围

多年来，宁夏回族自治区总工会对女劳模进行大力宣传和塑造，给予她们精神、物质、技术等各方面的指导和支持。以尊崇礼遇女劳模、精准帮扶女劳模、制度化关爱女劳模为重点，探索走出具有宁夏特点的劳模工作运行机制。通过建立“一函两书”女职工维权工作机制，确保女劳模在内的女职工享受产假、生育奖励假、夫妻共同育儿假等合法权益。创建家庭友好型工作场所，提供应有便利，让巾帼劳模不仅在广大职工群体中发挥技能引领作用，同时还能充分发挥照护家庭、养育后代等独特作用，让女劳模成为幸福安康家庭的建设者、倡导者。通过打造“爱心妈咪小屋”“爱心托管班”“托育班”等有效举措，维护国家生育政策调整后女职工的合法权益和特殊利益，解决女劳模生育养育后顾之忧。

尊崇礼遇女劳模。宁夏遵循精神激励和物质奖励相结合，以精神激励为主的原则，发挥价值导向和示范引领作用，分级分类、合理适当，

落实好劳模待遇。宁夏各级工会建立与女劳模联系制度，定期开展座谈，征求她们对本地、本单位改革和发展的意见，同时在人才队伍建设方面注重和优先从劳模中选拔、推荐和聘任干部，积极推荐和组织劳模参加各级党代会、人代会和政协会议等，根据劳模发展需求，有针对性地优先安排其参加各类培训和学习，助力提高青年女劳模和先进工作者的文化、技术和管理水平。

精准帮扶女劳模。宁夏各级工会对女劳模的基本信息和困难情况进行全方位、多层次、立体化的调查，切实把调查摸底工作做深做细做实，确保劳模专项补助资金、生活困难补助金以及走访慰问金全覆盖、不遗漏、不重复、零误差发放。明确标准流程、严格审核把关，确保专项补助发放工作公开、公平、公正，让真正存在困难的女劳模得到帮扶救助；每年筹集资金 1000 多万元用于劳模慰问和困难补助帮扶，加大对劳模的临时性困难救助。2018 年以来，宁夏将自治区（部）级劳模的特殊困难帮扶金标准由原来的每人每年 2500 元提高到人均每年 7000 元，将农民劳模生活补助金由每人每月 300 元提高到 500 元。

制度化关爱劳模。宁夏回族自治区总工会常态化开展服务劳模“五个一”活动，即寄一封春节慰问信，发一份春节慰问金，订一份报纸，送一份生日祝福，开展一次走访慰问。在春节前夕，走访慰问女劳模，向全国劳模每人发放 3000 元、自治区劳模每人发放 1000 元慰问金，把组织的关怀和温暖送到劳模心中。在建党 100 周年之际，向所有劳模赠送一份纪念品，表达节日祝福；对 80 岁以上全国和自治区（部）级劳模进行集中慰问，每人发放 2000 元慰问金，体现对高龄劳模特殊的关心关爱；安排专项经费组织劳模疗休养，推荐女劳模参加上级工会组织的各类疗休养活动。

（三）为女劳模持续发展搭建平台，把“劳模创新工作室”建在产业链前沿

近年来，宁夏回族自治区总工会搭建创新发展平台打造人才聚集高地，聚焦煤化工、铸造、冷凉蔬菜、葡萄酒、食品加工等重点优势产业，

把劳模和工匠人才创新工作室建在产业链最前沿，依托技术创新助推产业高质量发展。为让更多产业工人进入工匠成长成才通道，宁夏回族自治区总工会面向全区生产服务一线，加大高层次人才、专业技术人才、工匠人才培养力度，并以创新工作室为纽带，促进更多产业工人实现由“工”到“匠”的蜕变，真正实现劳模一枝花、带动千万家的效果。截至2022年底，全区共培育创建各级各类劳模和技能人才创新工作室637个，其中女性全国劳模创新工作室9个，自治区女性劳模创新工作室93个，女性劳模创新工作室占到了一定比例，有效发挥了劳模创新工作室带动职工钻研技术和创新创造的示范引领作用，不断提升企业自主创新能力，积极推动产业行业的高质量、可持续发展。

（四）“走出去”为女劳模“充电、补钙、加油、蓄能”，“请进来”弘扬劳模精神，放大劳模效应

长期以来，宁夏广大女劳模以平凡的劳动创造了不平凡的业绩，诠释着“爱岗敬业、争创一流、艰苦奋斗、勇于创新、淡泊名利、甘于奉献”的劳模精神，丰富了民族精神和时代精神的内涵，是宁夏极为宝贵的精神财富。然而，劳模不能一评了之、一当了之，提升素质是劳模保持荣誉、发挥作用的基础。为此，宁夏回族自治区总工会坚持理论结合实际，通过“走出去、请进来”的方式，以学习培训、观摩体验、形势教育等形式，让女劳模们放松身心、交流学习、开阔视野，为劳模思想“充电”、精神“补钙”、能力“加油”、业务“蓄能”。2012年以来，宁夏各级工会突出学习与休养并重，把思想政治教育、形势报告会、劳模讲堂、实景教学作为必修课，同时举办康养讲座、文娱活动等，累计组织活动200余场次，女劳模参加活动超过1000人次。2021年5月，正值建党百年华诞和党史学习教育期间，宁夏回族自治区总工会在复旦大学举办百名劳模专题培训班，参训人员均为自治区九大重点产业及各行业（产业）劳模代表及专业技术人员、科研人员、工匠人才等，是助力自治区经济高质量发展的骨干力量。结合工会职责，立足自身优势，2022年8月，随着吉林省劳模疗休养代表团的到来，“劳动模范宁夏行”

活动正式启动，通过“请进来”的方式，会聚全国各地劳动模范来到宁夏、了解宁夏、宣传宁夏、支持宁夏，特别是借助全国劳模人才智力优势和领军力量，为宁夏高质量发展提供高精尖技术支持和智力支持。在一次次的思想碰撞中，女劳模们更加坚定了为新时代再立新功的决心和信心，真正做到了把劳模的培养和使用结合起来，擦亮了一个个“劳模品牌”，锻造了一支支高素质、专业化、技能化的新时代劳模队伍。

四、宁夏回族自治区女劳模事业展望

为深入学习贯彻习近平新时代中国特色社会主义思想，贯彻落实习近平总书记关于劳模精神、劳动精神、工匠精神的重要指示精神，下一步，宁夏总工会将从以下三个方面发力，推动宁夏女劳模事业的高质量发展。

（一）高站位拓宽劳模文化建设视野

以劳模精神为核心的劳模文化是中国伟大发展历程的实践结晶，是社会主义先进文化的重要组成部分，是优秀传统文化和时代精神的交融，是全社会的宝贵精神财富。通过将劳模文化建设纳入社会主义核心价值体系、依托丰富的劳模文化资源推动各级学校和干部培训中劳动教育体系的完善发展、运用新媒体平台让劳模文化交流互鉴、创新传播方式让宁夏劳模文化有中国高度和国际视野等路径彰显劳模文化的时代价值。进一步深化对女劳模劳动内涵和劳动价值的认识与理解，提炼、升华女劳模在劳动活动和工作实践中形成的内在精神、优秀品质，进一步挖掘劳模文化资源，建设好劳模文化，切实发挥好劳模文化的价值引领作用。准确把握妇女家庭独特作用的新时代蕴含，辩证地分析和认识新时代背景下巾帼劳模的家庭和社会“双重作用”，厘清发挥家庭独特作用和妇女发展之间的关系，推动形成爱国爱家、相亲相爱、向上向善、共建共享的社会主义家庭文明新风尚。

（二）高标准推进劳模选育服务制度化

进一步规范劳动模范和先进工作者、五一劳动奖章评选、表彰、奖励和服务管理工作，发挥先进人物在宁夏高质量发展中的模范引领作用，贯彻落实《宁夏妇女发展规划（2021—2030年）》，结合实际，制定《宁夏回族自治区劳动模范评选管理办法》，推动自治区出台《功勋表彰奖励获得者待遇规定实施细则》，真正实现劳动模范“政治上有荣誉、经济上得待遇、社会上有地位、创新上有平台、发展上受重用”。

进一步健全劳模工匠培育选树机制，坚持面向基层、面向一线、面向普通劳动者，建立适合劳模、工匠、标兵等先进模范人物成长的选树培育机制，注重劳模的挖掘和成长培育，培养更多的女劳模工匠。深化科技创新巾帼行动、乡村振兴巾帼行动等，引领科技女性在高质量发展中乘风破浪。

（三）高质量推进劳模档案纪实多样化

劳模档案工作是劳模文化建设的重要组成部分，宁夏回族自治区成立以来，共产生了2000多名全国、自治区劳模（先进工作者），为铭记他们在平凡岗位上作出的卓越贡献，彰显劳动模范无私奉献的精神，宁夏回族自治区总工会组织专人进行资料收集整理和写作，尤其是早期劳模已去世或年事已高，很有必要抢救性采集劳模口述历史信息，以“影像记录+口述历史+档案征集”方式，记录、留存、宣传劳模们在宁夏经济社会建设中奋勇当先、顽强拼搏的人生历程，让劳模精神薪火相传。

多年来，宁夏女劳模以高度的主人翁意识、卓越的劳动创造、忘我的拼搏精神，在各自领域和战线上发光发热，在实现中华民族伟大复兴中国梦的新征程上谱写出一曲曲可歌可泣的动人赞歌。党的二十大报告明确指出，要“在全社会弘扬劳动精神、奋斗精神、奉献精神、创造精神、勤俭节约精神，培育时代新风新貌”。宁夏各级工会组织将全面学习贯彻落实党的二十大精神和习近平总书记视察宁夏重要讲话指示批示精神，深入学习宣传贯彻中国工会十八大精神、中国妇女十三大精神和宁夏工会十三大精神，坚定信心、踔厉奋发，埋头苦干、勇毅前行，充分发挥女劳模先进的引领作用，加快建设黄河流域生态保护和高质量发展先行区、乡村全面振兴样板区、铸牢中华民族共同体意识示范区，努力走出一条经济繁荣、民族团结、环境优美、人民富裕的具有宁夏特色的现代化之路。

参考文献

［1］刘有安. 新中国成立至改革开放前宁夏的人口迁入及其特点［J］. 西北民族大学学报（哲学社会科学版），2011（05）.

［2］刘倩玮. 白春兰——扎根沙漠的女劳模［J］. 绿色中国，2015（17）.

［3］宁夏回族自治区党委组织部. 小巷“总理”——记银川市西夏区朔方路街道正茂社区党支部书记孙仙梅［J］. 党建研究，2005（03）.

［4］宁民. 热心人王兰花［J］. 中国民族，2014（10）.

新疆

新疆篇

天山南北
雪莲花开

2014 年，习近平总书记在乌鲁木齐接见劳动模范和先进工作者、先进人物代表时指出，“一代又一代的劳动模范和先进工作者、先进人物，是我国劳动人民的杰出代表，是祖国和人民的骄傲。他们以强烈的主人翁责任感、立足本职、争创一流，集中体现了伟大的时代精神、创业精神、奉献精神，为国家和民族增添了绚丽光彩”。新疆女劳模为建设团结和谐、繁荣富裕、文明进步、安居乐业、生态良好的新疆作出了突出贡献。

一、新疆维吾尔自治区女劳模群体的总体情况及分布

新疆各个时期涌现出来的巾帼劳模，为国家的发展和强大，为我国的社会主义革命和建设、改革开放和社会主义现代化建设、中国特色社会主义新时代发展作出了自己应有的贡献，她们以平凡的劳动创造了不平凡的业绩，弘扬和传承了“爱岗敬业、争创一流、艰苦奋斗、勇于创新、淡泊名利、甘于奉献”的劳模精神。

（一）总体情况

新疆和平解放后，特别是改革开放以来，在自治区党委、政府的领导下，新疆各族女职工以主人翁姿态投身于社会主义革命和建设、改革开放和社会主义现代化建设、中国特色社会主义新时代的伟大事业中，在开发建设和保卫新疆中辛勤工作，忘我劳动、无私奉献，为促进改革、推动发展、维护稳定作出了重要贡献。新疆各族女职工以“巾帼不让须眉”的豪迈气概，以高昂的劳动热情和奋发进取的自尊、自信、自立、自强精神，在各条战线、各个领域发挥自己的聪明才智，创造了非凡的业绩，一批批女劳模在天山南北脱颖而出，向世人展示了她们的才华和创造力，她们在社会生活和家庭生活中发挥着不可替代的作用，已成为维护新疆社会稳定、推动经济发展和社会进步的“生力军”。1949—2022 年，新疆女职工获得全国劳动模范，全国先进工作者，全国五一劳动奖章，全国五一巾帼标兵、全国五一巾帼标兵岗的集体和个人有 445 名（个）。其中，获得全国劳动模范 126 名（28.3%）、全国五一劳动奖

章166名（37.3%）、全国五一巾帼标兵岗153个（34.4%）。在292名获奖个人中，汉族有155名（53.1%）、维吾尔族90名（30.8%）、哈萨克族19名（6.5%）、回族9名（3.1%）、锡伯族5名（1.7%）、蒙古族4名（1.4%）、柯尔克孜族4名（1.4%）、乌孜别克族2名（0.7%）、满族2名（0.7%）、塔塔尔族1名（0.3%）、塔吉克族1名（0.3%）。在职业分布排名前三中，从事科学教育54名（18.5%），公共管理、社会组织32名（11%），纺织28名（9.6%）。

（二）各个历史时期新疆女劳模的结构特点

1. 社会主义革命和建设时期

新中国成立前，新疆各族妇女生活在社会最底层，除遭受阶级压迫和剥削外，她们还深受男尊女卑封建思想束缚，特别是少数民族妇女更深受宗教制度的压迫，被剥夺了受教育、婚姻自由、外出就业劳动权。1950年，新中国第一部法律《中华人民共和国婚姻法》出台后，党和政府大力推行“男女平等”“同工同酬”，女性作为一支强大的劳动队伍进入社会舞台，女性的地位空前提高，女性成为新中国的主人，“妇女能顶半边天”成为当时的风尚。随着新疆经济建设的发展，从1952年到1955年底，女职工人数由4000多人增加到1.1万多人，增长将近3倍，女职工分布在工矿企业各个部门，有的是掌握复杂技术的车工、钳工、电焊工、纺纱工，有的是瓦工、泥工、油漆工或勘探员。她们在劳动生产过程中学会了本领，掌握了生产技术，在生产建设中作出了优异的成绩，女性劳模、女性生产能手就是在这样的历史背景下应运而生。这一时期新疆共有全国女性劳动模范、女性先进工作者37名，其中，汉族19名（51.4%）、维吾尔族14名（37.8%）、哈萨克族1名（2.7%）、塔塔尔族1名（2.7%）、锡伯族1名（2.7%）、乌孜别克族1名（2.7%）。这一时期女劳模聚集在科学教育、医疗卫生、矿产三个行业。其中，科学教育10名（27%），医疗卫生5名（13.5%），矿产4名（10.8%）。

2. 改革开放和社会主义现代化建设新时期

党的十一届三中全会以来，随着全党工作重心转移到经济建设上来，新疆经济和社会发展取得巨大成就，改革开放给妇女运动注入了新的活力，各级工会组织积极支持女职工投身改革开放，广泛开展各种行业的技术比武、岗位练兵和便民服务活动，扶持下岗女工和待业女青年发展第三产业，千方百计帮助她们解决就业问题，极大地激发了各族女职工的生产积极性和工作热情，巾帼劳模以自己的辛勤劳动，大力发扬艰苦奋斗精神，展示了自强不息、奋发进取的人生追求，她们在各自的岗位上为推动新疆的经济发展、维护社会稳定作出了重要贡献。这一时期，新疆共有 181 名女职工荣获全国劳动模范、全国先进工作者和全国五一劳动奖章。其中，全国劳动模范（先进工作者）58 名（32%），全国五一劳动奖章获得者 123 名（68%）。她们中有汉族 100 名（55.3%），维吾尔族 57 名（31.5%），哈萨克族 10 名（5.5%），回族 7 名（3.9%），蒙古族 2 名（1.1%），柯尔克孜族 1 名（0.6%），满族 1 名（0.6%），塔吉克族 1 名（0.6%），乌孜别克族 1 名（0.6%），锡伯族 1 名（0.6%）。这些巾帼劳模聚集在科学教育、纺织、交通运输三个行业。其中，科学教育 28 名（15.5%），纺织业 25 名（13.8%），交通运输 23 名（12.7%）。

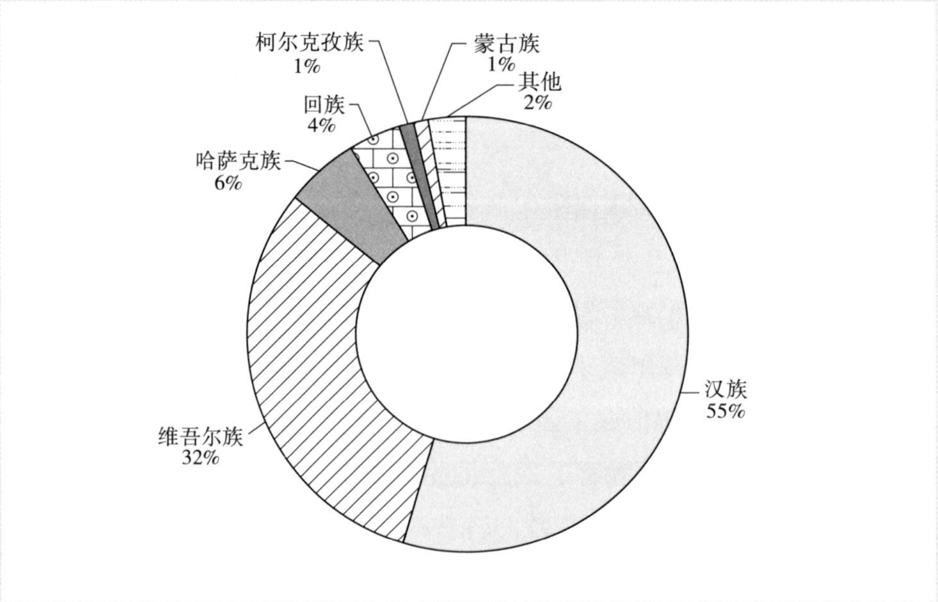

图1　新疆维吾尔自治区女劳模民族构成

3. 中国特色社会主义新时代

党的十八大以来，在以习近平同志为核心的党中央坚强领导下，新疆在促进妇女发展和男女平等方面取得了重大进展，妇女事业发展进入了历史最好时期。新疆经济社会的快速发展，为女职工发展提供了难得的机遇，女职工参与国家和社会事务决策和管理，参政议政水平都得到显著提升，女职工就业渠道不断拓宽。随着妇女权益保障工作的不断加强，新疆各族妇女在各领域发挥着越来越重要的作用，社会地位、家庭地位显著提升。数据显示，2019 年新疆城镇新增就业 48.09 万人，其中妇女 22.81 万人。巾帼劳模覆盖的行业和群体不断多元化，这一时期新疆获得表彰的 74 名女劳模中，全国劳动模范、全国先进工作者 31 名（41.9%），全国五一劳动奖章获得者 43 名（58.1%）。其中，汉族 36 名（48.7%）、维吾尔族 19 名（25.7%）、哈萨克族 8 名（10.8%）、柯尔克孜族 3 名（4.1%）、锡伯族 3 名（4.1%）、蒙古族 2 名（2.7%）、回族 2 名（2.7%）、满族 1 名（1.4%）。这一时期的巾帼劳模聚集在科学教育，公共管理、社会保障和社会组织，制造业三个行业。其中，科学教育 16 名（21.6%），公共管理、社会保障和社会组织 10 名（13.5%），制造业 9 名（12.2%）。

二、新疆维吾尔自治区女劳模各个历史时期的作用及贡献

（一）社会主义革命和建设时期：苦干实干，劳模精神内涵不断丰富和发展

1956 年，邓颖超在《党更要加强妇女工作的领导，团结和发挥广大妇女群众的力量》中指出，“在社会主义革命取得决定性的胜利以后，妇女的情况发生了更深刻的变化，出现了历史上前所未有的新面貌。最显著的是：全国绝大多数妇女已经组织起来，日益自觉地走上了社会主义道路，积极参加社会主义改造和建设事业。女性劳动热情空前高涨，劳动能力逐步提高，学习文化、技术、科学的要求不断增强”。在此背景下，各地将选培模范和完成生产任务紧密地连接在一起，纷纷组织开展

劳动竞赛，不断创造新历史纪录。20 世纪 50 年代的新疆开展了以提高生产技术、改革生产工具为主要内容的生产竞赛活动和先进生产者运动，新疆巾帼劳模在生产和劳动竞赛中崭露头角，她们不仅推动了社会生产力的发展，创造了巨大的物质财富，而且其不可替代的引领和示范作用也产生了巨大的精神生产力，极大激发了广大劳动者的生产热情。

1. 吃苦耐劳的“垦荒精神”谱写劳动赞歌

新中国成立后，进驻新疆的人民解放军节衣缩食，艰苦奋斗，用勤劳的双手边学边做，拉开了新疆工业建设的序幕。先后建立起六道湾煤矿、七一棉纺厂、八一钢铁厂、十月拖拉机厂等一批工业企业。1956 年受到表彰的全国先进生产者代表中，新疆女劳模有 14 位。20 世纪 50 年代至 60 年代初，为了加快新疆建设步伐，全国各地大量富有活力的青年响应国家号召，来疆支援建设，其中有大量女青年，她们为开发新疆、建设新疆作出了突出贡献。以山东姑娘王风荣为代表的屯垦戍边青年，他们见证了在中国共产党的领导下，社会主义革命和建设的火热年代。

王风荣：女军垦的风雨人生

山东姑娘王风荣 1954 年 2 月进疆，被分配到新疆喀什前进农场工作，在她看来，任何工作都是社会主义建设事业的一部分，任何工作都是光荣的。在工作和生活中以身作则，以苦为乐，不分分内分外，任劳任怨，满腔热情，全心全意为人民服务。王风荣说：“当劳模就是要全心全意为党工作，我们那个时候就是那么个想法。像我们小时候在旧社会就是受苦的，突然能吃饱饭了，就觉得应该好好工作，报答党。新中国成立以后我感觉党给我自由了，毛主席和党的恩情我永远也报答不了，就要把自己所有的劲儿都用到工作上。”1956 年她在担任连队指导员期间，被评为全国先进生产者、全国劳动模范，并出席全国先进生产者代表大会，有幸成为新疆军区生产建设兵团到北京参加会议的唯一女代表，受到了毛泽东主席和中央领导的亲切接见。1981 年 1 月调至新疆八一农学院，担任过新疆八一农学院附中副书记、工会副主席等职。

这一时期，众多屯垦戍边的女青年以主人翁姿态全身心投入边疆的建设事业，她们在新疆成家立业，结婚生子，一代一代地扎根边疆、建设边疆、繁荣边疆，给百业待兴的边疆带来勃勃生机，这是一个劳模价值极大发挥、劳模精神极度彰显的时期。

2. 劳动光荣的劳动精神展现巾帼力量

20 世纪五六十年代，社会主义革命和建设蓬勃发展，新疆职工社会主义劳动竞赛——先进生产者运动推向高潮。劳动竞赛使职工热情高涨，新纪录、新事例不断涌现。女职工们用执着与勇毅证明了“面对挑战，没有性别，只有勇敢”。在接受中央电视台采访时，吴淑华说“女子钻井队的工作和男子钻井队工作一样，男同志干什么，我们照样干什么”。16 岁的队员卡依霞因吃苦耐劳的干劲赢得了大家认可。

卡依霞：石油香一生

有人说，闻香识女人。有这样一个女人，荒漠戈壁喷涌而出的石油，一滴滴脉动她的激情，滋养她的一生。恒久的石油香，成为她一件看不见的华服。华服铺开，幽香飘遍了油城大街小巷。

1955 年 11 月 26 日，《人民日报》发布消息：新疆准噶尔盆地北部发现黑油山新油田。新中国第一个大油田，在西部亘古荒漠横空出世。党中央发出号召：“全国支援黑油山油田勘探开发。”

1958 年 8 月 7 日，克拉玛依矿务局成立了新中国第一支“三八女子钻井队”，隶属浅层钻井大队，由汉族、回族、维吾尔族、哈萨克族、俄罗斯族、乌孜别克族等 8 个民族 42 名女职工组成。年龄最大的于惠珍 29 岁，卡依霞则是年龄最小的女钻工，实际年龄只有 16 岁。

1958 年 8 月 17 日，“三八女子钻井队”接手的一台贝乌钻机，在黑油山脚下顺利地竖起了井架。开钻那天，新疆石油管理局、克拉玛依矿物局的领导都赶来祝贺。

面对高耸入云的井架，有不少人不屑地发出质疑：“还能指望一群娘们打出石油来？这份苦她们能坚持多久？”

在老师傅的指导下，在姐妹们的努力下，半个月后，“三八女子钻井队”承钻的第一口油井顺利完钻，并喜获工业油流。望着喷涌而出的浓黑石油，卡依霞和姐妹们拥抱在一起又蹦又跳，忘情地将浓稠的原油当成馨香的“雪花膏”抹在脸上，有的姐妹将原油装进瓶子带回家，荣耀地向丈夫及家人报喜。紧接着，“三八女子钻井队”在荒凉的戈壁一次次骄傲地竖起了井架，一口油井接一口油井开钻，一口油井接一口油井出油。1959 年，卡依霞当选为全国先进生产者，并作为新疆代表团的代表，乘坐飞机飞向北京，出席全国群英会，还光荣地当选为主席团成员。会上，她作为克拉玛依油田 4 万多名职工的代表，接受了国家副主席刘少奇向新疆石油管理局赠送的锦旗。那次全国群英会上，卡依霞受到了刘少奇、周恩来、朱德、邓颖超、蔡畅等党和国家领导人的接见，并与国家领导人们握手、合影。

国庆联欢会上，周恩来总理热情地邀请她跳交谊舞。那一刻，这位能歌善舞的新疆姑娘感觉像在做梦，竟笨拙地说：“不会跳交谊舞。”周总理和蔼地拉着她的手，数着“一二、一二……”教她如何迈步。心情紧张的卡依霞几次踩到了周总理的脚，周总理却亲切地鼓励她：“你是少数民族中的优秀女工代表，你还很年轻，要加倍努力，建设好自己的家园……”周总理鼓励的话语，卡依霞字字铭记在心。2006 年 9 月，胡锦涛总书记在视察独山子时，亲切接见了劳模代表卡依霞，握着她的双手亲切地说：“你们辛苦了，年轻的时候，你们为石油工业建设贡献了力量。今后一定要保重身体。”2007 年，温家宝总理也接见了她。

新疆女劳模以高昂的主人翁精神，用自己的勤劳、智慧和辛勤汗水，充分阐释了什么叫劳动光荣，在新疆社会主义革命和建设史上留下了自己深深的足迹。

（二）改革开放和社会主义现代化建设新时期：淡泊名利，劳模精神被赋予新的时代内涵

党的十一届三中全会吹响了改革开放的号角。邓小平提出尊重知识和尊重人才，在社会掀起了崇尚知识、崇尚科技之风。一大批知识型、专家型劳模应运而生，新疆女劳模不再拘泥于一味苦干，而是用科学技术提高了生产率。无论是工具还是技术的改进，抑或管理方法的创新都凸显了劳动模范从经验型向创新型的转变。这一时期的女劳模覆盖社会各个层面，劳模精神被赋予了新的时代内涵。

1. 巾帼劳模在建设小康社会伟大实践中献身科学

随着改革开放的不断深入，经济的转型发展日渐成为时代主流，劳动中的脑力因素和管理因素在生产中发挥着越来越大的作用。新疆女劳模文化水平不断提高，开发建设新疆进程中离不开一代又一代科技战线巾帼劳模的坚持和奉献，孙巧缡就是她们中的杰出代表之一。

孙巧缡：首位登上火山颈山峰的女地质科学家

新疆地矿局高级地层古生物工程师孙巧缡生长在北京，毕业后毅然选定新疆，她22年都在野外工作，为了探明一座火山颈的情况，她奋力登上了高达5800多米的火山颈山峰，成为第一个登上火山颈山峰的女地质科学家，她的研究成果为国际地质科学学术研究提供了重要价值。

在地质队尤其在区调队，按照惯例，女同志因为生理和家庭原因，一般出几年野外后就要转室内工作。可是，孙巧缡却执拗地要打破这个惯例，向自己的性别挑战。为了掌握野外工作的基本技能，她大胆苦练。很快学会了骑马骑骆驼打柴火；为了有强健的体魄来适应野外工作，她二十多年如一日坚持锻炼身体，就是出差到南京时，她也抓住机会，学习游泳，以便能在野外同男同志们一样涉水

孙巧缡工作照

渡河。她不要分队的任何照顾，尽量不麻烦别人，装车、卸车、打柴、搭帐篷、帮厨、挑水，她都和男同志个儿顶个儿干，并且主动要求承担那些路途更远，工作更加困难的任务。

1965年，她连自己的婚事也顾不上办，照样出了野外，收队后十分简单地办了婚礼。第二年，她又参加了野外分队，离开了温暖的家。她爱人蔡士赐和她是同学，也是一个地质工作者，也要出野外，两个孩子从不到两岁起，她就把他们全托在队上职工家或送到兰州外祖母家照看，收队后再接回孩子。若在兰州，还要等假期才能接回。收队回家时，孩子已不认识她了，不要她抱，喊她“阿姨”，她难过伤心得暗自流泪，心中感到无比歉疚。然而，她把高考预选上的小儿子托别人照顾，又和爱人一起毫不犹豫地奔赴阿尔泰山进行野外地质调查。作为母亲，她何尝不疼爱孩子，但为了祖国的地质事业，她宁可作出这样的牺牲。她相信自己的孩子会理解并会为她作出这样的选择而感到骄傲和自豪。

孙巧缡先后被国家民委、劳动人事部、中国科协和自治区民委、劳动人事厅、自治区科协评为全国、自治区先进科技工作者；1982年被评为自治区三八红旗手；1985年被评为地矿部劳动模范；中央人民广播电台、中央电视台曾先后两次对她的事迹做了报道。

这一时期，新疆女劳模改变了以生产第一线的工人、农民为主体的劳模队伍结构，逐步形成体力劳动者、脑力劳动者和管理劳动者等组成多元化的劳模队伍，她们深耕专业，充分发挥了在社会生活和家庭生活中的两个独特作用，展现了“创先实干、默默奉献”的时代风貌。

2. 巾帼劳模用平凡之举维护国家安全

新疆是我国面积最大、边境线最长、接壤国家最多的自治区（省、直辖市），新疆一代代护边人扎根新疆，始终把热爱祖国作为人生追求的唯一目的，以艰苦朴素的实践行动维护了国家安全，有力彰显了爱国主义价值情感。

布茹玛汗·毛勒朵：冬古拉玛妈妈

20 世纪 60 年代初，19 岁的布茹玛汗·毛勒朵成为新疆克孜勒苏柯尔克孜自治州乌恰县吉根乡千里边防线上的首批义务护边员。她和父亲、丈夫开始在冬古拉玛山口巡边，并在沟口的石头上刻下了柯尔克孜文“中国”。她视边防军如子女，竭尽自己所有照顾官兵“儿子”吃住，把最暖的铺盖留给边防战士，守边官兵们都亲切地叫她“冬古拉玛妈妈”。

1986 年 7 月一天，布茹玛汗发现界碑被人移了位置，她在悬崖山谷间飞奔十余个小时向派出所报告这一情况，和守边官兵一道将界碑移回原位，办完事后她就虚脱了。1999 年 7 月 28 日，布茹玛汗杀羊取血及时挽救了战士罗齐辉就要冻掉的双脚。2004 年 7 月 31 日，布茹玛汗在暴风大雨洪水中翻山越岭花了 7 个小时走了十里路给困在洪水中的战士送去了粮食，而她却伤痕累累，战士们被感动得热泪盈眶，而她却心疼地说她来晚了。

布茹玛汗（左二）在边境石碑上刻下“中国”

在布茹玛汗·毛勒

朵守护的山口，创造出连续59年从未发生过人畜越境事件的守边业绩。59年来，她风雨无阻，每天巡边最少要走20公里的山路，最保守计算，她守边路上行程达8万多公里。五十多个春秋，她始终把热爱祖国作为人生追求的唯一目的，她先后获得全国国防教育先进个人、全国爱国拥军模范、全国三八红旗手、全国五一劳动奖章、全国民族团结先进模范个人、中国十大杰出母亲、人民楷模等荣誉。

20世纪90年代，新疆始终把加强民族团结、维护祖国统一作为重要工作来抓，新疆的民族团结进步事业不断推进，新疆女劳模在工作岗位上践行“平等、团结、互助、和谐”新型社会主义民族关系，她们用自己的实际行动，为自治区社会稳定、经济发展作出了积极贡献。

（三）中国特色社会主义新时代：爱党爱国，劳模精神不断发扬光大

党的十八大以来，中国特色社会主义进入新时代，新疆女劳模把自身前途命运同国家和民族前途命运紧紧联系在一起。积极投身于全面建设社会主义现代化国家的事业中来，特别是中央第三次新疆工作座谈会以来，新疆纺织服装、鞋帽箱包等劳动密集型产业和全域旅游、健康养老等现代服务业蓬勃发展，巾帼劳模也越来越多元化，来自不同行业的巾帼劳模围绕中心工作，在劳动实践过程中展现了爱岗敬业、勇于创新、品格高尚、业绩突出的精神面貌。

1.凝聚群众力量积极贯彻落实党的富民兴疆好政策

近年来，大量新疆农村富余劳动力本着劳动致富理念走出家门，走出农村外出务工，由农民变成了产业工人，在以全国五一劳动奖章获得者宁波市双源纺织发展有限公司工人热汗古丽·依米尔、广东东莞绿洲鞋业有限公司鞋面布针车小组组长帕夏古丽·克热木等为代表的女性的影响和带动下，边远农村地区越来越多的妇女主动离开土地，放下羊鞭、走出大山，实现了一人务工全家脱贫。

帕夏古丽·克热木：幸福是奋斗出来的

在祖国最西陲——乌恰县膘尔托阔依乡阿合奇村有这样一个柯尔克孜族美丽的“古丽”，她叫帕夏古丽·克热木。

帕夏古丽小时候父亲去世早，妈妈一个人抚养她和哥哥弟弟，看到妈妈为抚养他们每天不辞辛苦地劳作着，她很心疼妈妈，但由于年龄太小，却没有能力为妈妈分担。她从小就有个心愿，长大后要通过自己的努力走出新疆，到外面去看看更广阔的天地，减轻妈妈的负担，帮助弟弟顺利完成学业。

2006年帕夏古丽·克热木如愿来到了广东省东莞市横沥镇电子元器件厂工作，但由于语言不通、技术不好，她的打工历程并不是想象的那么一帆风顺，但她不愿放弃这次打工的机会，主动和汉族工友交朋友，向他们学习普通话，由刚开始不敢开口说话，到后来工作闲暇之余用不太流利的普通话和同事们沟通、交流，她的普通话得到了明显提高。通过自己的不断努力，车间里的工友们也逐渐喜欢上了这个爱学习的柯尔克孜族小姑娘。

从2006年开始，她每年都利用返乡探亲的机会，向身边的姐妹们宣传外出务工的好处。在她的影响和带动下，越来越多的贫困家庭富余劳动力放下羊鞭、走出大山，外出务工。2015年以来，她先后带领521名克州特别是乌恰县农村富余劳动力前往广东等沿海城市务工，其中有贫困家庭富余劳动力210人，累计帮助贫困群众创收63万余元，帮助179户建档立卡贫困家庭实现持续增收，达到或超过国家现行脱贫标准，实现了脱贫。

帕夏古丽·克热木（中）

十多年的坚持，让她受到众人称赞；十多年的热心，让她得到乡亲们的拥戴。她原本是一位普普通通的农牧民，通过自己的坚持和努力获得了现在美好的生活。她能有今天的成绩和收获，最感谢的是党和政府的好政策，要不是2006年的那一次外出务工，也不会有今天的她，是外出务工给了她一双翅膀，帮助她翱翔，她一定会继续坚持、继续努力，一如既往地帮助家乡父老乡亲外出务工，劳动致富。

在脱贫攻坚、解困脱困主战场，新疆女劳模率先示范，身先士卒，把“扶智”与“扶志”相结合，把“输血”与“造血”相结合，调动大家的积极性、主动性和创造性，激发新疆各族贫困群众脱贫攻坚的内在动力。新疆女劳模不仅奋战在脱贫攻坚主战场，她们还在民族团结、社会稳定一线充分发挥典型示范引领作用，团结引领各族女职工像石榴籽一样紧紧抱在一起，在服务各族职工群众的实践中绘就了各族人民大团结的生动画卷。

2. 发挥创新引领作用推动企业提高劳动生产率

榜样的力量是无穷的。在模范示范引领作用的带动下，催生出更多的巾帼模范。党的十八大以来，在以习近平同志为核心的党中央的坚强领导下，新疆各族儿女凝心聚力、团结进取，聚焦新时代党的治疆方略，锚定新疆工作总目标，扎实推进新疆经济社会发展。在谱写中国式现代化新疆篇章的伟大实践中，一批知识型、创新型巾帼劳模改革创新、团结进取，接续奋斗，成为大家学习的榜样。

吴琨：扎根基层三十载，创新争优走在前

吴琨扎根宝钢集团新疆八一钢铁有限公司（以下简称“八钢公司”）钢铁检化验生产一线基层岗位三十年，她既是一名检化验基层岗位上精益求精的女工匠，又是一位检化验队伍带头人。她在建设知识型、技能型、创新型劳动者大军中，创优争先走在前，带领团队连续8年检化验协议完成合格率100%，连续8年安全事故为零，有效规避重大安全风险。2013年，创建吴琨女职工创新工作

室，承担着八钢公司所有进厂原燃料、煤焦化产品、高炉铁水、能源环保过程控制样品的取样、化验工作，每天检测发出成百上千个数据。几年来，吴琨女职工创新工作室签订“师徒协议”31 对，培养新分配大学生 5 名。开展各类技术交流、安全环保创新、职业健康培训 100 余次。6 项绿色环保检化验先进操作法在生产中得到应用，40 余项技术秘密和 5 项专利获得认可。

新疆女劳模在自己的工作岗位上追求革新、改造和发明生产工具，大大提高了生产效率，为企业和国家创造了巨大效益，同时在为社会作贡献的过程中，个人理想和抱负也在工作中得到了实现。

三、新疆维吾尔自治区女劳模的成长规律及精神特质

新疆不同时期、不同行业的女劳模用辛勤劳动、诚实劳动，在天山南北唱响开发新疆、建设新疆、保卫新疆时代赞歌。她们在平凡的岗位用行动诠释了伟大劳模精神。她们身体力行，有效引领了社会风尚和社会价值，表现出了劳模的丰富内涵和鲜明时代特征。

（一）成长规律

一是女劳模是在党的领导下教育培养成长起来的。中国共产党领导社会主义革命和建设，始终坚持“紧紧依靠群众、放手发动群众”，让群众成为生产运动的主体和经济建设的主力军，并由劳动群众推举有基础、有威信、有号召力的劳动模范，以不断带领群众、引领风尚。在改革开放和社会主义现代化建设新时期，女劳模以主人翁精神为建立和发展社会主义市场经济、推动社会主义现代化建设的全面展开作出贡献，并积极投身全面建设小康社会，在推动经济社会发展中建功立业。中国特色社会主义进入新时代以来，以习近平同志为核心的党中央始终坚持全心全意依靠工人阶级的方针，关心关爱劳模，倡导尊重劳模、尊重人才的理念。2018 年，习近平总书记在给中国劳动关系学院劳模本科班学员的回信中，褒扬劳动模范为党和国家事业发展作出的突出贡献，勉励广大

劳动模范珍惜荣誉、努力学习、继续拼搏、再创佳绩，激励广大劳动群众争做新时代的奋斗者，营造了“尊重劳模、关心劳模、学习劳模、争当劳模”的良好社会氛围。新疆女劳模奋发有为、拼搏奉献，她们把自身前途命运同国家和民族前途命运紧紧联系在一起，一代代巾帼劳模在中国共产党的领导下，奏响了“咱们工人有力量”的主旋律。

二是劳模精神丰富了中国共产党人精神谱系。党的百年征程铸就了具有丰富时代内涵和民族特征的伟大精神，形成了独特的精神谱系，其中劳模精神、劳动精神、工匠精神成为中国共产党人的精神支撑和宝贵财富。劳模精神孕育于革命战争年代，形成于社会主义革命和建设时期，发展于改革开放和社会主义现代化建设新时期，光大于中国特色社会主义新时代，成为中国共产党人精神谱系的重要组成部分，劳模精神已经成为推动培育和践行社会主义核心价值观的孵化器，在促进新疆经济发展、社会稳定等方面最大限度地团结职工群众共同践行社会主义核心价值观。

三是劳模精神是在劳动实践中逐步形成的。劳模精神是工人阶级在各个历史时期不断凝聚传承的宝贵精神财富，劳模精神来自劳动的实践，是劳动者基于劳动过程形成的精神，产生并运用于实践的、服务于实践的精神。新疆女劳模在推动社会发展的长期实践中，立足岗位，以严谨认真的工作态度，认真对待岗位工作，奉献智慧与力量，高质量地完成岗位职责与组织使命。

四是劳模精神内涵不断丰富和发展。历史在前进，时代在变化，劳模精神作为时代精神和民族精神的重要组成部分，随着时代步伐而不断与时俱进，新疆女劳模不断丰富发展劳模精神的内涵，提高对劳动本质和劳动价值的认识水平，不断凝练、升华在生产活动和劳动实践中形成的高尚精神和内在品质，用榜样的力量激励职工群众，更好地发挥职工群众在改造主观世界和改造客观世界中的历史主体地位。新疆女劳模从吃苦耐劳、苦干实干的“老黄牛”，到新时代不断创新创造，追求卓越，内涵不断发展，但甘于奉献、热爱劳动的核心价值观一直没有发生改变。

（二）精神特质

1. 自强不息、扎根边疆、甘于奉献的胡杨精神

新疆的社会主义劳动竞赛始于20世纪50年代，社会主义劳动竞赛激励各族职工“见困难就上、见荣誉就让、见先进就学、见后进就帮”，学习劳模、崇尚劳模蔚然成风。这一时期的女劳模主要来自基层一线产业工人。她们“一不怕苦、二不怕难”，主动提高操作技能、提升技术水平，她们中有来自上海、山东、湖南等地支边青年，也有来自新疆本地少数民族青年职工，以新疆第一代女拖拉机手金茂芳、乌鲁木齐市城市规划设计院维吾尔族晒图员热娜木·阿不都力为代表的女劳模，她们在开发新疆建设新疆中，只求奉献不求索取，自力更生艰苦奋斗，自强不息、扎根边疆、甘于奉献的胡扬精神，至今仍是我们的宝贵财富。

2. 民族团结、维护稳定的爱国精神

新疆工作在党和国家工作全局中具有特殊重要的战略地位。新疆发展稳定事关全国改革发展稳定大局，事关祖国统一、民族团结、国家安全。新疆女劳模作为我国劳动模范的重要组成部分，既是推动社会经济发展的重要力量，也是促进民族团结，维护社会稳定的重要力量。

新疆不同时期的女劳模，在生产建设中加强民族团结，在日常生活中维护民族团结，像爱护眼睛一样爱护民族团结，共同维护祖国统一，民族团结和社会稳定。进入新时代，劳模始终牢牢聚焦铸牢中华民族共同体意识主线，在各行各业示范引领推动各族群众交往交流交融，共同团结奋斗、共同繁荣发展，像石榴籽一样紧紧抱在一起，推动民族团结之花在天山南北愈开

愈盛、愈开愈香”。以布茹玛汗·毛勒朵为代表的新疆女劳模，她们在长期的工作生活中树立政治意识、大局意识、核心意识、看齐意识，模范遵守国家法律、依法表达合理利益诉求，在增强民族团结、维护社会稳定 发挥重要作用。

3. 争创一流、奋勇争先的创新精神

全面建设社会主义现代化国家，实现中华民族伟大复兴，必须依靠知识、依靠劳动，一批以热西拉为代表的以巾帼劳模的名字命名的职工创新工作室成立，推动了新疆经济社会发展。她们在生产实践中，解放思想，以敢为天下先、勇攀高峰的创新精神，勇做技术创新、产品创新以及思想创新的排头兵。她们以高尚忘我的劳动精神和无私奉献精神赢得了社会的尊重，成为推动历史前进的时代先锋和行动楷模。创新是新疆女劳模身上难能可贵的品质。

4. 献身科学、默默坚持的奉献精神

戈壁沙滩上的明珠——吴明珠

地质专家汪玉珍、中国工程院院士吴明珠、国务院政府特殊津贴专家王娜、玉米种植专家梁小玲，这些不同时期的女劳模，她们是教学、科研、生产领域的骨干力量，一生献身科学，无私奉献，永远是我们学习的榜样。

四、新疆维吾尔自治区关心关爱女劳模的主要做法

多年来，新疆充分发挥工会组织优势，积极回应女劳模需求关切，围绕新疆工作总目标，扎实实行思想引领、提素建功、家庭文明建设、维权服务、关爱行动等有效措施，切实引导好女劳模、服务好女劳模，推动全社会形成尊重女劳模、关爱女劳模的深厚氛围。

一是加强思想政治引领。坚持用党的创新理论强根铸魂，引领广大女劳模听党话跟党走，以习近平新时代中国特色社会主义思想为指导，

深入学习贯彻党的二十大精神，与学习贯彻习近平总书记视察新疆重要讲话重要指示精神、习近平总书记关于工人阶级和工会工作的重要论述、中国工会十八大和中国妇女十三大会议精神紧密结合，深刻领会“两个确立”的决定性意义，增强“四个意识”、坚定“四个自信”、做到“两个维护”，不断提高新疆女劳模政治判断力、政治领悟力、政治执行力。

二是关爱帮扶女劳模。自治区总工会精准帮扶女劳模，每年都在中华民族传统节日期间，开展走访慰问女劳模活动。对生活困难女劳模给予精准帮扶，精准分配发放全国、自治区劳模专项补助资金，实行困难劳模一人一档。及时开展劳模抚恤慰问，帮助劳模家属妥善解决善后工作。推动提高劳模待遇，配合自治区党委、组织部等部门做好相关劳模信息收集、提供工作，组织劳模参加自治区春晚、春节团拜会等各项活动。每年组织劳模疗休养工作，引导劳模相互交流、学习提高。2022年，组织开展五批次 240 名疆内劳模疗休养。在全国总工会的支持下，邀请百余名内地劳模走进新疆、了解新疆、宣传新疆。

三是搭建成长平台。制定下发《新疆维吾尔自治区劳动竞赛奖励办法》《新疆维吾尔自治区总工会劳动和技能竞赛奖补资金分配使用管理办法（试行）》《新疆维吾尔自治区职工劳动和技能竞赛管理办法（试行）》等政策文件，建立完善劳模工匠人才培育、激励、保障机制。实施“天山工匠精培计划”，广泛开展常态化、实战化的岗位练兵、技能培训、师徒帮教等活动。搭建劳模工匠人才作用发挥平台，开展女劳模和工匠人才创新工作室创建工作，鼓励和支持女劳模积极投身到职工创新活动中，发挥女劳模在创新示范、技能传授、人才培育中的作用。2022 年，全年命名自治区劳模和工匠人才创新工作室 69 家，拨付奖补资金 690 万元。

四是规范管理服务。积极做好劳模管理服务工作，下发《新疆维吾尔自治区总工会劳模服务管理办法（试行）》，提升自治区劳模服务管理工作制度化、规范化水平。建立完整准确的劳模信息数据库，通过核对历年全国、自治区劳动模范和先进工作者表彰决定，精准建立所服务管理的劳模名册。坚持开展年度劳模生活状况调查，深入女劳模家庭和工作单位，实地了解女劳模工作、学习和生活中存在的问题，常态化开展走访慰问活动，对生活困难女劳模安排专人负责联系，切实做好劳模的服务管理。

五、新疆维吾尔自治区女劳模工作展望

加强党对劳模工作的领导，充分发挥群团组织的桥梁纽带作用。习近平总书记指出："引导职工群众听党话、跟党走，巩固党执政的阶级基础和群众基础，是工会组织的政治责任。"为此，各级工会组织教育引导各族巾帼劳模用习近平新时代中国特色社会主义思想武装头脑，贯彻党和国家的大政方针，树立科学的思想价值理念，激发当代新疆女劳模精神的内生动力；加强党和政府对劳模工作的领导和支持，强化女劳模自我提高的意识，大力传播劳动精神和劳动观念，引导劳模担当历史使命。

发挥女劳模榜样力量，激励各族职工投身创新创业时代洪流。引导、鼓励女职工主动向劳模看齐，向劳模学习，兢兢业业，真抓实干，要引导全社会以劳模为榜样，继承先辈"老黄牛"精神，将新疆女劳模的行为品质践行到自己的工作岗位上；要坚持创新核心地位，充分发扬职工首创精神，提升职工创新能力，开展"小发明、小创造、小革新、小设计、小建议"等创新活动，把蕴藏于工人阶级和各族女职工中的无穷智慧焕发出来。发挥劳模工匠人才在集智创新中的示范引领作用，开展"卡脖子"技术创新活动，助力加快攻克"卡脖子"技术问题，打好关键核心技术攻坚战。

提高女劳模服务工作水平，营造关心关爱女劳模的社会氛围。要重视劳模工作，关心女劳模、爱护女劳模，积极帮助女劳模解决实际困难，为女劳模做好工作、发挥作用创造良好的环境和条件。把关心关爱女劳模、帮助她们更好发挥作用作为工会组织重要职责，引导各族职工热爱劳动、投身劳动、爱岗敬业。探索完善培育女劳模、选树女劳模、表彰女劳模、关爱女劳模的工作机制，同时，也要全力实现好、维护好、发

展好广大劳模的各项权益。做好女劳模工作，关心女劳模、爱护女劳模、积极帮助女劳模解决实际困难，为女劳模做好工作、发挥作用创造良好的环境和条件。主动倾听女劳模心声，关心关爱女劳模，安排好女劳模疗休养，坚持做好节日慰问和送温暖工作。做好女劳模的保障工作，为女劳模全面发展、健康成长、贡献智慧，提供广泛平台和更好的服务。

党的二十大报告明确指出，要“在全社会弘扬劳动精神、奋斗精神、奉献精神、创造精神、勤俭节约精神，培育时代新风新貌”。新疆巾帼劳模工匠必将以高度的主人翁意识、卓越的劳动创造、忘我的拼搏精神，在各自领域和战线上继续发光发热，一定会在实现中华民族伟大复兴中国梦的新征程上谱写出一曲曲动人赞歌。

参考文献

［1］人民手册编辑委员会. 1957人民手册［M］. 大公报社，1957：94.

［2］肖忠群. 敬业精神新论［J］. 燕山大学学报（哲学社会科学版），2009.

［3］向德荣. 劳模精神职工读本［M］. 北京：中国工人出版社，2016：101.

［4］习近平. 在庆祝“五一”国际劳动节暨表彰全国劳动模范和先进工作者大会上的讲话［M］. 北京：人民出版社，2015：6.

［5］习近平在乌鲁木齐接见劳动模范和先进工作者、先进人物代表向全国广大劳动者致以“五一”节问候［N］. 人民日报，2014-05-01.

［6］习近平谈治国理政［M］. 北京：外文出版社，2014：46.

［7］中华全国总工会关于深入学习劳模精神、大力弘扬中国工人阶级伟大品格的决议（总工发〔2010〕38号）. 参见中华全国总工会经济技术部. 新编劳模工作手册［M］. 北京：中国工人出版社，2012：127.

［8］习近平．在知识分子、劳动模范、青年代表座谈会上的讲话［M］．北京：人民出版社，2016：9.

［9］习近平．在庆祝“五一”国际劳动节暨表彰全国劳动模范和先进工作者大会上的讲话［M］．北京：人民出版社，2015：4–5.

［10］新疆通志第19卷群众团体志 工会［M］．乌鲁木齐：新疆人民出版社，2004.

新疆兵团篇

弘扬兵团精神
勇担历史使命

皑皑天山，巍巍昆仑；茫茫戈壁，漫漫大漠。在祖国的西陲，有这样一支特殊的队伍：他们不拿军饷，不穿军装，永不换防。这支队伍，就是新疆生产建设兵团。

兵团成立前，几批女兵西上天山，成为屯垦戍边中一支不可缺少的力量；兵团建立后，大批支边女性、知识女性来到西北边陲，用朝气和热血促进了兵团的改革和西部建设开发。来自五湖四海的姑娘们投身到屯垦戍边、亦军亦农的建设大军中，她们的生产生活经历便是兵团建设历史的缩影。在工作岗位兵团女性是生产能手、突击队员，在劳动中淡化性别色彩，与男性屯垦者一起开荒造田、建设团场、发展生产；在家中她们教养子女，服侍父母，勤俭持家。姑娘们始终怀抱着建设新疆、巩固边防、报效祖国的初心使命，秉持着为民办好事、不与民争利的原则，工作生活在风头水尾、沙漠边缘，艰苦奋斗、努力开拓，用青春和热血，把戈壁变成了良田，把荒漠变成了绿洲，与男子们共同铸就了以“热爱祖国、无私奉献、艰苦创业、开拓进取”为内涵的兵团精神。

近 70 年来，在兵团建设、发展、改革的过程中，兵团女性这支队伍举足轻重，并在其中涌现出一批又一批兵团女劳模。女劳模是中国妇女的优秀代表，是中国妇女参加社会生产劳动的模范带头人。她们在各自平凡的岗位上创造了不平凡的业绩，在成就出彩人生的同时，也为兵团各个历史时期的发展贡献了巾帼力量。

现如今，在劳动生产领域，兵团女劳模不懈奋斗的壮丽图景依然催人奋进，她们的劳动光辉始终闪耀。一代代兵团女劳模在中国共产党的领导下，用劳动创造卓越成绩，在女职工中充分发挥模范带头作用，如一辈子扎根边疆教育事业的黄厚瑜，被誉为“红枣公主”的吴翠云，民族团结进步模范则温尼沙·阿布都卡地尔……

一、新疆生产建设兵团女劳模总体概况

自 1954 年新疆生产建设兵团成立以来，在民主改革、社会建设和发展稳定中作出杰出贡献的 134 名兵团女劳模受到表彰。她们来自全兵团

各个领域，既有城市的，也有基层的；既有企事业单位的，也有党政机关的；既有从事农牧业生产的，也有从事科学研究、社会管理和公共服务的。经过对全兵团历届获评的全国劳动模范和全国先进工作者、全国五一劳动奖章获得者和全国五一巾帼标兵（岗）进行认真梳理，分析得出兵团女劳模的群体数量、行业分布、受教育程度、政治面貌等方面的概况。

（一）群体数量

1950年至今，党中央、国务院开展的大规模全国劳动模范和先进工作者表彰共16次，其中兵团获评女劳模和先进工作者18名，占兵团获评人数的26.5%。1985年以来，全国总工会表彰全国五一劳动奖章30次，其中兵团获评女性27名，占兵团获奖总人数的40.9%。为表彰先进、树立榜样，激励广大女职工立足新时代、担当新使命、展现新作为，2005年全国总工会组织开展了全国五一巾帼奖评选活动，兵团从2013年开始参评，截至2021年，兵团共获评全国五一巾帼标兵岗36个，全国五一巾帼标兵36人。

（二）行业分布

女劳模从事的工作岗位多分布在农业生产、厂矿企业、教育、医疗卫生、科研等基层生产一线。“历史长河奔腾不息，有风平浪静，也有波涛汹涌”，面对不同历史时期的需要，女劳模由最初的农业生产、工交建商、教育医疗等行业，逐步扩展到新就业形态、两新组织、重大工程项目、基层维稳一线等，覆盖全兵团各行各业各条战线。

（三）受教育程度

由于所处时期的不同，兵团女劳模的受教育程度早期普遍偏低。经过社会主义革命和建设时期，再到改革开放和社会主义现代化建设新时期，现如今进入中国特色社会主义新时代，我国人均受教育程度大幅提升，兵团女劳模学历也在逐渐提高。在她们中间，初中专（中技）学历者17人、大学专科学历者13人、大学本科及以上学历者15人。

（四）政治面貌

据统计，中共党员在兵团女劳模群体中占主体地位，中共党员 37 人，占比 82.2%，群众 8 人，占比 17.8%。

二、新疆生产建设兵团女劳模在社会历史进程中彰显巾帼力量

兵团成立以来，兵团人本着“不与民争利”的原则，在荒无人烟的沙漠戈壁上白手起家、开荒造田，万千兵团妇女积极摆脱封建思想的束缚，争优创先。她们在荒原上辟绿洲、建城市，将绿色和希望播撒到了亘古荒原，建设了大批现代化团场和军垦新城，奠定了新疆现代农业和现代工业的基础，建立了教育、科技、文化、医疗卫生等公共服务体系，构筑了数千公里的生态屏障，有力推动了新疆经济发展和社会进步。女劳模们以主人翁的姿态参与生产劳动，以全新的劳动态度对待自己的工作，为把自己锻炼成为一个个生产能手、技术标兵、劳动英雄而刻苦钻研。

如今，兵团现辖 14 个师、12 个市、179 个团场、63 个建制乡镇和近 2000 个连队，分布在全疆 14 个地州市境内，辖区总面积 7.06 万平方公里，近 2000 多万亩耕地；22 个省级以上开发区，其中国家级开发区 6 个，兵团级开发区 16 个；有一批科教文卫体等公益性事业单位，有较完备的行政司法机构。岁月不居，初心不改，以兵团精神为血脉的兵团女劳模，虽来自不同岗位、不同职业，但都以自己饱满的劳动激情，为兵团建设创下了不朽的功绩。

党的十八大以来，以习近平同志为核心的党中央高度重视兵团工作。2014 年 4 月 29 日，习近平总书记在兵团考察调研时指出，兵团要履行好安边固疆的稳定器、凝聚各族群众的大熔炉、先进生产力和先进文化的示范区“三大功能”，发挥好调节社会结构、促进文化交流、推动区域协调、优化人口资源“四大作用”，为新形势下做好兵团工作指明了方向，提供了根本遵循。兵团各族女职工牢记习近平总书记的嘱托，为建设美好新疆、实现新疆工作总目标、履行兵团职责使命贡献巾帼力量，

以巾帼之名续写兵团绚丽时代华章。

在习近平新时代中国特色社会主义思想指导下，兵团认真学习习近平总书记关于新疆和兵团工作的重要讲话、重要指示批示精神，完整准确全面贯彻新时代党的新疆方略和党中央对兵团的定位要求，坚持国家利益就是兵团利益、新疆大局就是兵团大局，在自治区党委统一领导下，紧紧围绕新疆工作总目标，聚焦发挥兵团特殊作用，着力履行好维稳戍边职责使命，切实保障和改善民生，综合维稳戍边能力显著提升，经济社会持续健康发展，各族群众生产生活条件显著改变，各项工作取得新的成效。与此同时，新时代党和国家高度重视劳模精神与经济发展新常态及建立现代化经济体系的需要相适应，兵团女劳模有的在维稳戍边职责使命上勇挑重担；有的在生产技术上取得重大革新；有的在科学技术上有了创造性突破；有的则在企业管理上创新方式方法使企业得到迅速发展。

兵团人屯垦戍边的伟业，如天山般根深蒂固；“热爱祖国、无私奉献、艰苦创业、开拓进取”的兵团精神，如火种般生生不息。任何伟大精神都是源于人们的社会实践。在兵团这片沃土上涌现出来一批又一批的女劳模，她们在党的领导下，爱岗敬业、无私奉献、争创一流，成为时代的先锋、民族的楷模，在她们身上承载和彰显着劳模精神、劳动精神、工匠精神，在兵团发展的不同历史时期发挥着鲜明的示范引领作用，激励着广大兵团女性接续奋斗。

（一）社会主义革命和建设时期

“你们现在可以把战斗的武器保存起来，拿起生产建设的武器……”1952 年 2 月，毛泽东向驻疆部队发布了这条部队整编命令。彼时，新中国开国大典的礼炮声还未远去，一声屯垦边疆的命令之下，一支生在井冈山、长在南泥湾、转战数万里，以三五九旅为主体的英雄部队十万将士脱下军装、就地转业，成为保卫新疆、建设新疆的重要力量。

从 1950 年到 1952 年，约有 8000 名湘女志愿者和一大批山东女志愿者响应征兵号召参军进疆，投身新疆建设。她们扎根天山南北，创业戈壁荒原，义无反顾地在绵延数千里的国境线上戍边，成为新中国不穿军装、不授军衔、不拿军饷、永不换防的哨兵。她们和男官兵一道建设边疆、保卫边疆，有力促进了屯垦戍边事业的稳定发展。天山南北、戈壁荒漠，留下了她们艰苦奋斗的铿锵足迹，演绎了一段“巾帼不让须眉”的传奇佳话。

这些女兵在荒凉的戈壁滩上拓荒创业，组成了新中国屯垦戍边史上的第一批家庭，并在那里生儿育女。她们是一支政治过硬、信仰坚定、激扬青春的队伍，为新中国新疆的建设发展和民族团结作出了重要贡献。她们是新中国建设史上最值得赞誉的女性群体之一。她们中的很多人成了兵团的第一代女教师、女拖拉机手、女护士、女农业技术员。

黄厚瑜：愿此一生跟党走报党恩

全国先进工作者、二师二十九团中学原副校长黄厚瑜，年仅 25 岁时瞒着家人报名加入了一支奔赴祖国西北边陲的队伍，成为后来为人称道的“八千湘女上天山”光荣事迹中的一员。黄厚瑜先后在六师教导营、师部任文书、见习文教，在农二师八一中学任教，扎根边疆教育事业 30 余年，培育了 3000 多名优秀学子，用行动践行了入疆的初衷。离休后她热心公益，坚持“慈善一月捐”，累计捐助善款 20 余万元，由于从事教育行业，或听说或见到了身边许多孩子因贫穷而上不了学的困境，尤其是面对那些在病残中苦苦挣扎的穷人家孩子的命运，她总是毅然决然施以援手。2013 年，黄厚瑜签署了遗体捐献书，遗体捐献不仅需要打破传统的勇气，更是对生命的重新定义，她善良无私的行为不仅是泽及他人、延续生命、造福

黄厚瑜

社会的大爱善举，更是弘扬中华民族传统美德、践行社会主义核心价值观的生动体现，以兵团精神为火种，为更多有需要的人带去生的希望，让爱心在世间传递下去。她曾获全国优秀教师、全国劳动模范、全国离退休干部先进个人、全国道德模范提名奖、湖南道德模范、“中国好人”、“湖南好人”等荣誉。

20世纪60年代，一个激动人心的口号在神州大地震响：“到农村去，到边疆去，到祖国最需要的地方去！”响应祖国号召，一群年轻的姑娘来到了祖国最需要的地方，她们是“军垦二代”，也被称为“兵团二代”，被分配到天山山脉博格达峰北麓、准噶尔盆地南缘的一个新开垦农场。新建的农场还在创业阶段，开荒造田是中心任务，生活条件十分艰苦，没有交通，远离城镇，四周全是荒原戈壁。姑娘们穿的是带补丁的军装，住的是地窝子，吃的是玉米面，喝的是盐碱水，蔬菜只有自己种的白菜和萝卜。风沙天，从“地窝子”走出来时灰头土脸，看不出来年轻人的模样，大家交谈的时候才能从口音判断出各自的家乡在哪里。姑娘们来自五湖四海，有的是转业军人，也有的是来自北京、上海、天津等大城市的支边青年，共同的历史使命把她们联结在一起共创美好家园。不同的方言、不同的生活习惯、不同的文化习俗在这里交融交汇，形成了独特的兵团文化。

刘兰英：努力建设好兵团

来自山东荣成的刘兰英到兵团后成为一名棉纺厂职工，把自己的一生献给了新疆生产建设兵团第七师，那里就成了她再也不忍割舍的第二故乡。

初来新疆，到处是一片荒凉，生活、生产条件比想象的差了很多。同来的一些姐妹受不了这份苦，纷纷打道回府。但是，刘兰英坚持了下来，因为她是一名共产党员。

这一时期设备大都陈旧、原料缺乏、生产水平低下，举步维艰。

刘兰英

在艰苦的环境中，在困难的条件下，刘兰英不怕苦、不怕累，早上班、晚下班，认真干好每一份工作。八年间，没有请过一天假，工作是她时时记挂心头的大事，她质朴的头脑里想的是“不能因为个人的事情影响厂里的生产”。由于工作成绩突出，她多次受到嘉奖、多次被评为团级先进工作者。

20世纪80年代，团里办起了棉纺厂，刘兰英被安排在厂里担任保管员。保管员虽然工作不很累，但责任重大。刘兰英从头学起，很快熟悉了工作。十多年来，她的账目清楚，材料发放从来没有一点差错，国家的财产没有在她手里受到一点损失，除了对库存材料了如指掌，她还及时合理地提出购物申请计划，安排好材料的进货时间和数量，保障材料供应，实现正常生产。不管是收货还是发货，刘兰英都严格要求自己，真正做到收货时仔细清点，并严把质量关，对所有购入材料进行严格验收，登记入库；发货时更是严格按照计划单及时发放各种材料，并做好器材的出库登记工作。在从事保管的这些年中，她都是这样认认真真地做好每一次收发，没有出过任何一次差错，她也多次被评为师、团、厂级先进工作者。

作为一名老兵，刘兰英见证着兵团这方热土的可喜变化，感恩着伟大的党，感恩着伟大的祖国。

（二）改革开放和社会主义现代化建设新时期

1981年，兵团建制恢复以后，百业待兴。根据自治区迅速发展南疆的要求和兵团的布局及生产实力的情况，兵团坚持农业经济体制改革，积极推行和完善各种形式的联产承包责任制，家庭农场有很大发展。

重点建设南疆，是新疆发展国民经济的一个重大决策，在政治上、经济上都具有重大意义。南疆光照资源丰富，待开发的土地资源有4000多万亩，水利资源潜力很大。

伍元秀：永不退岗的劳模

1969年12月，伍元秀从四川来到塔克拉玛干沙漠北缘的二师三十一团，一待就是一辈子，早已把自己的命运与兵团发展紧紧连在了一起。她在棉花地里干了一辈子农活，用30多年的艰苦劳动为国家生产棉花800多吨，按照每公斤籽棉包含250朵棉花计算，相当于向全国十几亿人民每人贡献了一朵棉花。参加工作以来，伍元秀获得了兵团、自治区和全国劳动模范称号。

伍元秀退休后，每逢寒暑假，她都积极动员学校、连队和社区，开办校外辅导站，组织孩子们观看爱国主义电影、学习书法绘画知识，开展青少年法治教育等；组织胡杨文化艺术团成员举办音乐培训班，培养孩子们的兴趣。假期结束后，她还为每一名学生写下假期表现评语，购买书包、文具等学习用品作为奖励。多年来，伍元秀先后花费42万元，为该团幼儿园和中学购买电视机、消毒柜、餐具以及各类学习用品等，鼓励他们好好学习。

新冠肺炎疫情来临时，伍元秀冲在最前面。她第一时间报名巾帼志愿者，还引导鼓励自己的女儿和身边人也参与到疫情防控志愿服务活动中。她毫不犹豫地为武汉捐款1000元，缴纳3000元大额党费，以自己特有的方式为打赢

伍元秀

这场疫情攻坚战贡献出自己的力量。2022 年疫情防控期间，伍元秀积极参加志愿服务，主动要求担任市场管理员，每天做好测温、消杀、宣传防疫知识等工作。在得知三十一团妇联在开展“母亲邮包”公益捐助项目之后，她又毫不犹豫地为中国妇女发展基金会捐款 3000 元，不仅给贫困家庭带去了实实在在物质上的帮助，更让困境母亲感受到了一份关怀和温暖。

伍元秀是“五老”人员帮扶结对新职工队伍的典范。她结对的新职工焦望林在她手把手关心指导下，家庭一年收入几十万元，日子越过越红火。

伍元秀热心帮助独居老人的故事，更是在团场职工群众中传颂。87 岁的黄永碧由于家庭原因独居已久，在得知此事后，伍元秀当即在自家楼旁租了一套房子让老人住下，平时经常去照顾老人。对黄永碧无微不至的照顾，也让她成为团场学习的楷模。

2023 年，伍元秀购买了 3 万余元大礼包为在 2022 年疫情防控期间表现较好的师生发放了学习用品和文具等奖品，得到了广大师生的赞扬。

伍元秀永不退岗的劳模精神也使她成为二师三十一团职工群众心中永远的劳模。

南疆是自治区的农业区，也是兵团棉花特别是长绒棉的集中产区。需要通过建设改善自然生态和农业生态环境。

杨桂英：团场职工致富的“红娘”

一师一团十九连职工杨桂英自 1986 年从天府之国四川来到十九连以来一直承包土地，带头实行两费自理，努力钻研种棉技术。2000 年至 2004 年，累计承包棉花地 1412 亩，产籽棉 55.3 万千克，平均亩产籽棉 391.6 千克，实现总产值 231 万元，年均 46.2 万元，累计为国家创利 36.2 万元。她时时以共产党员的标准严格要求自己，经常扶贫济困，先后帮助困难职工垫付生产资料款8万多元，还帮助连队缺少劳力的承包户累计拾棉花1万余千克，经常用自家的小四轮车免费为经济困难的同志拉棉花。她还常年照料一户身边无子女的退休老人。

身为连队女工主任、职工民主议政员，杨桂英积极参政议政，为连队提出许多合理化建议，解决职工的热点、难点问题。杨桂英利用业余时间走东家访西家，整理职工对连队的发展建议，并及时地反馈给支部进行解决。十九连是一个农业大连队，承包土地的女职工占50%。为了调动女职工科学种田的积极性，杨桂英利用业余时间深入到女职工家中。大家反映连队文化生活贫乏，活动场所和图书室少，杨桂英及时反馈给工会。工会腾出办公室，购买了种植、养殖方面的图书，使女职工活动有场所，学习有书看。

杨桂英

作为连队女工主任，杨桂英经常开展女职工活动。她组织女职工学习《妇女儿童权益保护法》，用法律来维护女职工的合法权益。女职工徐达英患类风湿关节炎，经常住院治疗，孩子上学，生活困难。杨桂英经常到徐达英家中看望，送钱送物，为孩子上学交学费，春播期间，帮助压土盖膜。

（三）中国特色社会主义新时代

深化兵团改革，是以习近平同志为核心的党中央作出的重大战略部署，是实现新疆社会稳定和长治久安的重要举措，也是释放兵团体制特殊优势和发展活力的迫切需要、更好发挥兵团稳定器大熔炉示范区作用的必然选择。

近年来，新疆生产建设兵团正处在推动高质量发展的关键阶段，改革发展任务艰巨复杂，兵团党委全面落实党中央关于兵团深化改革的决策部署，强化党的核心领导地位，健全和转变“政”的职能，彰显“军”的属性，确保“企”的市场主体地位，使兵团党政军企合一体制的特殊优势和巨大活力得到充分释放，为兵团高质量发展蓄势赋能，激发了新的活力，增添了新的动力。

通过深入推进团场综合配套改革，土地、职工、民兵“三位一体”机制得以确立，团场体制机制得到系统性、革命性重塑。各师团充分发挥特色优势，深化农业产业化经营，促进全产业链发展；职工群众纷纷加入合作社，分享产业链增值收益。2021 年，兵团连队居民人均可支配收入达到 27384 元，同比增长 11.7%。

尤良英：心手相牵共奔小康

“兵团改革的目的一定是让大家过上好日子。对我们每个人来说，改革是激发我们挖掘自己身上潜力的重大机遇，我们一定要积极适应变化、抢抓机遇。”一师十三团十一连职工、2016 年全国五一劳动奖章获得者、团场致富带头人、民族团结进步模范尤良英这样解释兵团团场综合配套改革的意义。

1991 年，21 岁的尤良英从重庆潼南区老家来到新疆投靠亲戚。为了生存，她给别人拾棉花，什么辛苦的农活都学着干，慢慢地学会了种棉花、种红枣。

2010 年，尤良英开始承包土地种红枣，靠着勤劳付出，慢慢扩大种植面积。兵团推行优惠承包政策后，尤良英成为团里第一个承包大户。凭着她对农产品质量的严格要求，尤良英种的红枣总能卖个好价钱，日子也一天天好起来。

看到尤良英种红枣致富，越来越多的连队职工加入其中。为了

尤良英

让连队职工都能致富，2016年，尤良英牵头成立了阿拉尔边疆红果品农民专业合作社，注册了“尤良英”品牌，致力于生产绿色有机红枣，带领种植户做强优势产业。2018年初，入社职工的红枣种植面积超过1000亩。

2018年2月，兵团推进团场综合配套改革，在职工中有着良好口碑的尤良英当选为十一连“两委”委员。有了新的身份，尤良英更加注重发挥自身优势壮大红枣产业。经过一年多的努力，“尤良英”品牌终于得到了市场的广泛认可。2018年全年红枣销售额超过1000万元。

尤良英说，她要把这个队伍越做越大，帮助更多的人。

在整个新疆大棋局中，南疆是新疆工作的重点难点。兵团南疆师团产业基础薄弱、工业化水平低，经济总量占兵团经济总量的比重低。加快推进兵团向南发展，是促进区域协调发展、稳疆兴疆的当务之急、战略之举。

2017年3月10日，习近平总书记在参加第十二届全国人大五次会议新疆代表团审议时强调，要培育壮大特色优势产业，加强基础设施建设，加强生态环境保护；紧紧围绕各族群众安居乐业，多搞一些改善生产生活条件的项目，多办一些惠民生的实事，多解决一些各族群众牵肠挂肚的问题，让各族群众切身感受到党的关怀和祖国大家庭的温暖。

兵团向南发展，是以习近平同志为核心的党中央的重大部署，也是实现新疆社会稳定和长治久安的关键一招。兵团紧紧围绕新疆工作总目标，发挥兵团特殊作用，举全兵团之力，集全兵团之智，坚定不移推进向南发展。

2018年初，兵团党委七届三次全会作出部署：加快推进兵团向南发展，进一步强化“棋眼”意识，加快南疆兵团产业升级发展步伐，深入推进南疆兵团城镇化建设，带动人口集聚和增长。近年来，一大批新疆巾帼劳模在南疆大地描绘出多彩生动的画卷。

兵团围绕深化改革和向南发展，积极推动农业提质增效，取得了显著成效。作为育种专家，吴翠云希望选育出更多良种，让果农的日子更加红火，也让新疆从“红枣大区”成为“红枣强区”。

吴翠云：扎根南疆的“红枣公主”

吴翠云出生在塔克拉玛干沙漠边缘的新疆维吾尔自治区和田地区洛浦县。1986年，她考取塔里木大学，机缘巧合地进入了林果专业。4年后她选择留校，进入闫春雨教授的研究团队，从事早熟梨新品种选育工作。2000年，“新梨7号”问世。与库尔勒香梨相比，“新梨7号”肉质细腻、个头大、水分多，老百姓提前一个月就能吃上好梨子。2011年，她转战红枣领域，开始了枣种质资源评价和品种选育工作。

吴翠云

优化种植模式，实现省力化栽培，推进生态农业……这些年来，吴翠云努力调整品种结构，同时大力推广优质种植模式，帮助果农节省种植成本，提高产品品质。同时，作为人民教师，她希望以个人经历激励更多学生扎根南疆。

南疆是维吾尔族人民聚居的地区，由于经济落后，生活困难较多，兵团的部分团场发展也比较迟缓，经济效益不高，重点南移有利于繁荣民族经济，增强民族团结，发挥团场的骨干、示范作用。

学技能、学管理、学汉语、学法律……三师四十五团31岁的则温尼沙·阿布都卡地尔，小时候跟随父母从和田来到四十五团，帮连队职工黄兆敏一家拾棉花，黄兆敏也一直把她当作亲女儿一样对待。在长期的生产生活交往中，黄兆敏的小儿子张君宝与则温尼沙产生了感情，最终喜结良缘。性格开朗的则温尼沙积极主动学习汉语和种植技术，帮助附近的各族群众脱贫致富，获得了全国劳动模范的殊荣。

则温尼沙·阿布都卡地尔：架起民族团结桥梁

则温尼沙·阿布都卡地尔

则温尼沙·阿布都卡地尔深知，只有加强民族团结，社会才会更加繁荣稳定，职工群众才会过上幸福的生活。

2009年以来，她主动担任二十四连夜校教师，带头宣传民族团结的重要意义，用实际行动建立起互尊、互爱、互帮、互助的邻里关系，有力促进了各民族交往交流交融。

每年拾花季节，大批拾花工进入连队，则温尼沙·阿布都卡地尔主动担任连队的翻译和政策法规宣传员。

2016年，则温尼沙·阿布都卡地尔一家搬进了位于团部的沁园小区。邻居纪宝凤时年72岁，儿子在外务工，她经常独自在家。则温尼沙·阿布都卡地尔得知这一情况后，隔三岔五去看望老人，与老人聊天，并送去鸡蛋、牛奶、蔬菜等。

在新冠肺炎疫情阻击战中，则温尼沙·阿布都卡地尔担任了沁园小区的志愿者，协助社区“两委”成员为小区居民购买生活必需品，并送到居民家中，解决了居民不方便外出购物的困难，用真情温暖着身边的人。

三、新疆生产建设兵团女劳模的成长经历

兵团女劳模是兵团女性的优秀代表，是兵团女性参加社会生产劳动的模范带头人。在兵团发展改革的历程中，兵团女劳模奋发有为、拼搏贡献，为促进各族女职工全面发展、引领各族女职工走在时代前列发挥了积极作用。新中国成立初期，她们不怕苦、不怕累奋战在建设第一线。时至今日她们勇创新、敢创造，创造出一个又一个奇迹。

她们的成长与兵团经济社会发展紧密联系在一起。面对特定历史时期，兵团肩负着不同历史使命，随着兵团经济社会的发展，兵团女劳模的选评，从行业分布上已经从早期的以工农为主，发展到覆盖各行各业和社会各个层面，她们当中有普通工人，有工程技术人员和企业管理人员，女劳模也开始从“出大力、流大汗、苦干加巧干”向“知识型、技能型、创新型”人才转变。

党中央、国务院始终关心关爱劳动模范。多年来，兵团总工会在兵团党委领导下，充分发挥工会组织优势，积极回应女劳模需求，关注女劳模的选树及成长，强化体制机制建设，打造三大平台，创建三大载体，完善三项制度，在全兵团形成崇尚劳动、学习劳模、争当先进的社会氛围，在兵团女职工队伍中掀起学技术、长才干的热潮，凝聚起助推兵团经济社会高质量发展的强大动能。

（一）打造三大平台，为培养女劳模筑牢根基

一是打造以文育人平台。着力推进文化润疆工程，大力弘扬兵团精神。兵团总工会积极组织各级工会坚持不懈用习近平新时代中国特色社会主义思想凝心铸魂，持续深化对习近平总书记关于工人阶级和工会工作重要论述的学习领会和实践运用，充分发挥工会“大学校”作用，积

极开展工会系统学习贯彻党的二十大精神宣讲报告会、“礼赞二十大 劳模勇担当”劳模代表巡回宣讲，着力打造“中国梦·劳动美·兵团好”系列职工文化品牌，深化“网聚职工正能量 争做兵团好网民”主题活动，广泛开展“中华传统文化进万家”“阅读经典好书 争当时代工匠”阅读交流、职工趣味运动会等文体活动，多途径提升女职工文化素养，全方面展现兵团女性才干，及时发现典型、树立典型、大力宣传典型，重视劳模精神传承，厚植女劳模培育土壤。同时，大力弘扬兵团精神，面向兵团女职工讲好兵团故事，将兵团精神转化为新时代兵团女职工干事创业的热情和动力，巩固壮大主流思想舆论、营造以文育人社会环境，激励新一代兵团女职工继承和弘扬前辈们留下的精神财富，把兵团精神融入立足当代、面向未来的奋斗中。

二是打造培训资源整合平台。习近平总书记强调：“劳动者素质对一个国家、一个民族发展至关重要。当今世界，综合国力的竞争归根结底是人才的竞争、劳动者素质的竞争。”多年来，兵团总工会巡回组织开展职工培训，全面提升各行各业职工技能，培育工匠人才，创建集精神培育、技艺传承、人才孵化、工匠培训于一体的培训体系。加强硬件建设，开办理论延伸和实操一体化的集中式培训，邀请相关领域专家等进行授课，助力智能高、爱钻研、肯攻关的女性优秀技能人才和行业领军人物不断涌现。

三是打造劳模示范岗平台。兵团各级工会大力营造尊重劳动、尊重创造、劳动伟大、劳模光荣的良好氛围，激励兵团女性在实现中华民族伟大复兴中国梦的伟大征程中发挥“半边天”作用。兵团总工会指导师市创建“劳模示范岗”，采取女劳模亮身份、挂标志、做承诺、讲责任、做表率、展风采等方式，发挥女劳模更大的工作热情和创造潜能。兵团各族女职工敬劳模、学劳模蔚然成风。

（二）创建三大载体，营造尊重女劳模和女性人才的浓厚氛围

创建惜才爱才环境。做好全国五一劳动奖、全国五一巾帼标兵（岗）、自治区开发建设新疆奖、兵团维稳戍边奖和工人先锋号评选推荐

表彰工作。开展女劳模生活状况调查，落实劳模待遇政策。发挥女劳模、金牌工人、能工巧匠、高技能人才等先进典型的引领作用，规范劳模和工匠人才创新工作室创建与管理。

建立劳模立体化宣传网。借助各种宣传窗口和文化阵地，利用网络、微信、报纸、电视、手机客户端等线上线下全媒体手段，创新宣传模式，形成立体化宣传格局，通过主流媒体加强女劳模先进事迹宣传，营造尊敬劳动模范、弘扬劳模精神的浓厚氛围。兵团各级工会组织女劳模进企业、进机关、进社区、进连队、进校园，开展形式多样的劳模工匠、先进人物宣讲活动，讲好她们的劳模故事、劳动故事、工匠故事，充分展示兵团优秀女性风采。在“五一”“三八”等重要节点，通过在主流媒体开设专题、专栏，引导兵团各族女职工以女劳模为榜样，恪尽职守，扎实工作，为兵团高质量发展作贡献。

搭建岗位建功机制。广泛开展岗位练兵、技能比武、技术攻关、劳动竞赛、创新创业等活动，让兵团各行各业的女劳模更好成长成才发挥作用。当前，兵团各级工会持续开展“建功‘十四五’、奋进新征程”主题劳动和技能竞赛，兵团总工会指导各师市竞赛活动开展，拓展竞赛领域，提高竞赛质量，鼓励各族女职工积极参与职业技能竞赛，结合岗位实际和生产任务开展技术革新、技术协作、发明创造、网上练兵及“五小”等群众性创新创造活动，支持女劳模创新成果转化，通过竞赛发挥广大女职工推动兵团高质量发展的作用。

（三）完善三项制度，为女劳模提供服务保障

一是完善权益保护制度。结合兵团实际，关注女劳模群体的需求，进一步加强对女性合法权益的保护，关注女职工劳动保护落实，通过集体协商等形式合理确定不同行业不同岗位的工资水平，向关键岗位、生产一线岗位和紧缺急需岗位的高层次、高技能人才倾斜。推动行政制定提高技术工人待遇的措施政策，加大职业技能竞赛选拔激励力度，鼓励女劳模创新创效。

二是完善动态帮扶制度。建立劳模信息数据库，加强与劳模的联系，关心关爱女劳模群体，切实解决女劳模的实际困难，做到政治上关怀、工作上关心、生活上关爱。每年春节期间兵团各级党委同工会组织开展劳模走访慰问活动，倾听女劳模心声，了解女劳模生产、生活情况，送去党政关爱祝福。健全女劳模关爱帮扶机制，按时发放春节慰问金、低收入补助金、特殊困难帮扶金，助力解决女劳模后顾之忧。

三是完善疗休养制度。兵团各级工会高度重视女劳模身体健康，将兵团劳模疗休养经费列入预算，每年组织女劳模参加疗休养活动，为女劳模开阔视野、加油充电。在组织女劳模参加疗休养活动时，坚持面向基层，面向一线，面向普通劳动者原则，重点安排工作环境艰苦、劳动强度大、发挥骨干作用明显，以及在推动落实党委中心工作中作出突出贡献的师市级以上劳动模范。

四、新时代新疆生产建设兵团女劳模工作展望

中国女劳模是新时代中国女性的典型代表。兵团各级工会将以习近平新时代中国特色社会主义思想、习近平总书记关于工人阶级和工会工作的重要论述为指导，贯彻落实习近平总书记关于兵团工作的重要指示精神，紧紧围绕新疆工作总目标，聚焦履行兵团职责使命，赓续兵团红色血脉，大力弘扬和践行兵团精神、胡杨精神、老兵精神，继承热爱祖国、无私奉献、艰苦创业、开拓进取的优良传统，培养一批高素质兵团女劳模，激励她们在兵团改革发展稳定特别是向南发展第一线建功立业，助力乡村振兴促进职工自主创业增收致富。

一是坚持和加强党的全面领导，旗帜鲜明坚定立场。习近平总书记在同中华全国总工会新一届领导班子成员集体谈话时，强调“坚持党对工会的全面领导，任何时候、任何情况下都不能动摇、不能偏离”。结合此前习近平总书记对新疆工作的重要指示精神“做好新疆工作，关键是要坚持党的全面领导，切实加强党的建设”。兵团总工会要组织和引导广大女职工切实把思想和行动统一到党的二十大精神上来，深刻领悟“两个确立”的决定性意义，增强“四个意识”、坚定“四个自信”、做

到“两个维护”，紧密团结在以习近平同志为核心的党中央周围。始终做到旗帜鲜明、立场坚定，把坚持和加强党的全面领导作为工会的政治立场和政治原则、工作准则和具体要求，切实体现到工会工作的全过程各方面。充分认清新疆发展大势、认清做好新疆工作对党和国家大局的影响、认清新疆工作在统筹国内国际两个大局中的地位，以对党和人民负责、对历史负责的精神，全面贯彻落实党中央决策部署，紧紧围绕新疆工作总目标，忠诚履行新时代兵团职责使命，把兵团建设得更强大更繁荣，努力形成新时代兵团维稳戍边新优势。

二是持续强化思想政治引领，把牢正确政治方向。习近平总书记指出：“要加强思想政治引领，做好职工思想政治工作，教育引导广大职工坚定不移听党话、跟党走，确保工人阶级始终是我们党最坚实最可靠的阶级基础。”兵团总工会始终牢记总书记嘱托，强化思想政治引领，坚持用习近平新时代中国特色社会主义思想凝心铸魂，以增强认同为目标深入推进文化润疆，以职工喜闻乐见的形式有形有感有效铸牢中华民族共同体意识，夯实各族职工团结奋斗的共同思想基础。以深入开展学习宣传贯彻党的二十大精神为契机，运用互联网新媒体等多种方式推动习近平新时代中国特色社会主义思想和党的二十大精神的学习宣传贯彻，使新时代党的创新理论在新就业形态劳动者中入脑入心。进一步发挥好党联系职工群众的桥梁纽带这一工会组织优势，将新就业形态劳动者的思想政治工作嵌入各级工会组织的中心工作，广泛宣传保障新就业形态劳动者群体权益的政策，进一步推进新业态劳动者思想政治工作。加强非公企业工会组建，推进新就业形态劳动者建会入会和维权服务工作，最广泛地把各类基层工会建立起来、把各类职工吸引到工会组织中来，扩大工会工作覆盖面，保持工会工作与党的建设同心共向，同频共振，同抓共促。

三是大力弘扬劳模精神，培养造就新时代巾帼人才。“要大力弘扬劳模精神、劳动精神、工匠精神，依靠劳动创造扎实推进中国式现代化。”兵团总工会要始终坚持全心全意依靠工人阶级的方针，把“尊重劳动、尊重知识、尊重人才、尊重创造”贯彻到经济社会发展各领域，落实到制定政策、推动工作全过程，让“劳动光荣、创造伟大”成为兵团的时代强音；要广泛开展宣传宣讲活动，组织巾帼劳模工匠走进产业工人、新就业形态劳动者中间，诠释劳模精神、劳动精神、工匠精神，在全社会深入开展以“劳动创造幸福”为主题的宣传教育，鼓励职工“学赶超”“传帮带”，使更多职工立足岗位实现自身价值。现代化新征程上，创新是最重要的素养，兵团总工会要深入推进产业工人队伍建设改革，全面提升职工队伍技术技能素质，持续开展创新创能创效活动，充分发挥工人阶级在推进中国式现代化中的主力军作用，加快建设一支知识型、技能型、创新型产业工人大军，培养造就更多大国工匠和高技能人才。

四是维护广大职工群众合法权益，大力提升服务管理水平。治国有常，利民为本。中国工会十八大报告指出：“积极维护女职工合法权益，充分保障女职工特殊权益，促进男女平等和女职工全面发展。”要关注女劳模群体的需求，进一步加强对女性合法权益整体保护和女职工劳动保护的落实工作，解决好就业、教育、社保、医疗、住房、养老、食品安全、生产安全、生态环境、社会治安等问题，不断提升她们的获得感幸福感安全感；要充分发挥和调动女劳模群体的特殊作用，建立宣传教育、持续培养、奖励待遇等工作机制，开展女职工先进集体和个人评优评先，在全国五一劳动奖章等评选表彰中重视并保障女职工比例，激励更多妇女走技能成才、技能报国之路，培养一代又一代高素质女劳模。

迈上新征程，党的二十大确立了以中国式现代化全面推进强国建设、民族复兴伟业的中心任务。党的中心任务就是中国工人运动和工会工作的主题和方向。兵团总工会将深入实施创新驱动发展战略和人才强兵团战略，深入推进产业工人队伍建设改革不断取得新成效，充分激发广大妇女创新创造创业活力，加强女职工数字技能培训，培育女职工创新工作室，助力女职工成长成才；引导女职工积极参与“建功‘十四五’、奋进新征程”主题劳动和技能竞赛，广泛深入持久开展具有女职工特色的区域性、行业性劳动和技能竞赛，推动竞赛向新产业新业态新组织拓展，促进职工创业创新、多元增收，积极争取继续实施职工自主创业示范项目。奋进新征程、建功新时代，积极引领兵团职工拿出奋力拼搏的干劲、奋勇当先的闯劲、奋发有为的韧劲，做积极投身兵团高质量发展的光荣奋斗者；传承工匠精神、练就过硬本领，广泛学习新知识，潜心钻研新技能，做勇立潮头的高素质劳动者；弘扬先进文化、传递新风正气，自觉践行社会主义核心价值观，传承兵团精神和胡杨精神、老兵精神，做新时代精神风尚的积极引领者，为推进中国式现代化兵团实践贡献更多智慧和力量。兵团各级工会组织也将增强“闯”的勇气，使出“拼”的劲头，铆足“实”的干劲，在新时代新征程上踔厉奋发、勇毅前行，实现高质量发展，把兵团建设得更强大更繁荣，在建设美好新疆中发挥更大作用，谱写中国式现代化的兵团篇章。

参考文献

[1] 新疆生产建设兵团总工会. 丰碑·兵团劳模谱[M]. 北京：中国工人出版社，2022.

[2] 姚荣启. 中国劳模史：1932—1979[M]. 北京：中国工人出版社，2020.

[3] 中华全国总工会女职工部. 巾帼劳模时代特征和成长规律研究报告[M]. 北京：中国工人出版社，2022.

[4] 杨冬梅，赵健杰. 劳模学概论[M]. 北京：人民出版社，2020.

[5] 韩承敏. 劳模的力量[M]，南京：南京大学出版社，2013.

[6] 路丙辉，徐益亮. 劳模精神的生成逻辑与时代价值[M]. 北京：中国人民大学书报资料中心，2022.

[7] 刘明逵，唐玉良. 中国近代工人阶级和工人运动[M]. 北京：中共中央党校出版社，2002.

铁路

铁路篇

赓续铁路红色基因
凝聚新征程奋斗力量

古语道“巾帼不让须眉，红颜更胜儿郎”。百年来，在中国共产党团结带领中国铁路人进行革命、建设和改革的各个历史时期，涌现出一大批“不让须眉”的女劳模。作为担负重要使命、发挥重要作用、作出重大贡献的铁路职工先进分子，铁路巾帼劳模始终坚持听党话、跟党走，投身中华民族伟大复兴事业，坚持中国道路、弘扬中国精神、凝聚中国力量，让巾帼之花在铁路战线竞相开放，散发别样芬芳！

一、铁路巾帼劳模群体概貌

单从个体看，抽出某一个铁路巾帼劳模来讲，其生命和价值都是有限的，只有从整体看，把握铁路巾帼劳模群体结构情况、分析铁路巾帼劳模的主要特点，才有利于更好地把握铁路巾帼劳模的整体特征，有利于更好地推动劳模精神与时代发展相结合，更好地弘扬劳模精神，彰显劳动创造财富、引领社会进步的时代价值。新中国成立后，截至 2022 年底，铁路系统女职工受表彰的全国劳动模范（全国先进工作者）107 名，全国五一劳动奖章获得者 122 名，全国五一巾帼标兵 247 名，这是铁路女劳模取得的优异成绩。本文选取 1950 年至 2022 年铁路战线上历次被授予全国劳动模范和全国先进工作者的女性为样本，从年龄、政治面貌、工作类别等方面对铁路女劳模群体进行描述。因部分早期铁路女劳模的档案无法查询，故未做统计。

（一）年龄结构

在铁路巾帼劳模群体的三个发展时期中，中青年占据着劳模群体的主体地位，青年劳模出现上升又降低的趋势，中年劳模则随着时代变化呈现逐渐递增的趋势。在社会主义革命和建设时期，青年女劳模的比例达到 58%，这是因为新中国成立后开始进行现代化建设，特别是“一五”计划期间快速优先发展重工业战略的实施，对劳动力需要更为紧迫，很多青年参与到社会主义建设中去，因而铁路巾帼劳模在这一时期的青年化趋势尤为明显；改革开放后，由于铁路项目本身具有建设周期长、初始投资规模大、资本密集度高和投资回报周期长等特点，青年工人成长周期较长，铁路巾帼劳模的成长培养则需要更长的时间，所以中年铁路巾帼劳模的比例自然呈现了不断上涨的趋势（见表1）。

表1 不同时期全国铁路总工会巾帼劳模年龄（单位：%）

时期	社会主义革命和建设时期	改革开放和社会主义现代化建设新时期	中国特色社会主义新时代
30岁以下	58	4.8	0
30—55岁	42	83.3	84
55岁以上	0	11.9	16
统计基数	18	38	25

（二）政治面貌

在铁路女劳模队伍发展壮大的历史过程中，中共党员人数始终占据着较高比例。改革开放后，随着党员队伍的不断扩大，铁路女劳模中的党员比例也呈快速上升趋势，据统计，改革开放以后党员比例一直维持在80%以上。中国特色社会主义新时代，铁路作为国家战略性、先导性、关键性重大基础设施，在服务和支撑中国式现代化建设中肩负着重要使命和重大责任。在实现铁路高质量发展，率先实现铁路现代化，勇当服务和支撑中国式现代化建设“火车头”目标的进程中，铁路女劳模队伍不断扩大，成员身份及比例构成更加多元与合理，为全面建设社会主义现代化国家贡献出更大的铁路力量。

（三）工作类别

铁路巾帼劳模的工作类别主要有服务类、教育类和技术类三种，并且在不同时期侧重有所不同。社会主义革命和建设时期，铁路巾帼劳模主要集中在服务类和教育类。新中国成立初期，我国的经济和科学技术水平都相对落后，技术人才也较为匮乏，艰苦创业、吃苦耐劳成为时代最强音，广大基层产业女工靠着“一不怕苦、二不怕死”的硬骨头精神为国家作出巨大贡献而被评选为劳动模范。改革开放后，随着铁路教育体制改革，铁路学校下放到地方，从事教育工作的铁路巾帼劳模数量锐减，技术类巾帼劳模的数量开始上升。进入中国特色社会主义新时代后，为推动中国制造走出国门以提高国际竞争力、满足个性化定制化生产的需要，服务于我国现代化强国建设的新时代工匠劳模数量快速上涨。这一时期的科研和技术类铁路巾帼劳模人数占总数的56%（见表2）。

表2 不同时期全国铁路总工会巾帼劳模工作类别（单位：%）

时期 类别	社会主义革命和建设时期	改革开放和社会主义现代化建设新时期	中国特色社会主义新时代
服务类	44.1	71.4	44
教育类	38.7	0	0
技术类	17.2	29.6	56
统计基数	37	45	25

二、百年铁路巾帼劳模群体的历史演进与形象特征

历史真正呈现给人们的从来都不是故纸堆，而是一个民族、一个国家走过的道路，是世道变迁、兴衰成败的规律，是前人留下的“教科书”。长期以来，铁路巾帼劳模与国家民族的发展同呼吸共命运，与时代变革、铁路事业的发展同向并行。铁路巾帼劳模的历史演变大致经历了积淀孕育期、崭露头角期、创先实干期、蓬勃发展期这几个时期，并且在伟大的实践中产生了独具时代特点和行业特色的铁路巾帼劳动模范和铁路劳模精神。

（一）积淀孕育期：新民主主义革命时期中国共产党领导铁路工人团结奋战

1919年，五四爱国运动的爆发，促进了马克思主义同中国工人运动的结合，铁路工人运动也发生了从自发斗争到自觉斗争的历史性转变，为中国共产党的创建作出了历史性的贡献。1920年3月，李大钊等革命先驱为了唤醒民众，救亡图存，在京汉铁路长辛店铁路工厂开办了中国第一所向工人传播马克思主义的学校，为中国工人运动和中国共产党的

成立播下了希望的种子。在1922年开始的第一次工人运动高潮中，中国铁路工人起到了先锋和骨干作用。同期，为保证中国工人阶级的政治地位，改良经济生活，中国劳动组合书记部发起劳动立法运动，并拟定了《劳动法大纲》，为当时正在高涨的工人运动提供了统一的斗争纲领，铁路工人积极参与了劳动立法运动。1923年2月，京汉铁路工人为争自由、争人权，举行了震惊中外的京汉铁路工人大罢工，从政治、经济上沉重打击了帝国主义和反动军阀，充分显示了中国铁路工人乃至整个中国工人阶级的强大力量，掀起了中国工人运动的高潮。1924年2月，在中国共产党的领导下，中国铁路工会第一次全国代表大会在北京秘密召开，正式成立了全国铁路总工会。全国铁路总工会是我国最早成立的全国性产业工会之一，是当时中国工人阶级已经形成的唯一全国性产业战斗组织，对加强铁路工人运动的领导，对各路工会组织的恢复和发展，以及对铁路工人运动的复兴都起到了积极的推动作用。

抗日战争时期，铁路工人在党的统一战线政策的指引下，进行了长期艰苦的斗争。全民族抗战初期，铁路工人普遍成立了“抗敌后援会”，积极开展抗日宣传和募捐活动，冒着敌机的轰炸，抢修铁路，保证运输畅通。在抗战前线，铁路工人组织战地服务团，赶筑防御工事，抢救伤员，修理武器，积极支援抗日部队、组织破坏队、爆炸队，深入敌人后方或侧翼破坏敌人交通，配合正面战场作战。在日军侵占的城市，许多铁路工人坚决离职，拒绝为日本侵略者工作。在敌后战场，铁路工人积极配合八路军、新四军作战，运送军队和作战物资。在党的号召下，铁路工人积极参军参战，组织铁路工人游击队，打击日本侵略者，直到抗战的最后胜利。全面内战爆发后，各解放区工会响应党中央“积极生产，武装自卫，巩固后方，争取自卫战争的完全胜利”的号召，开展了轰轰烈烈的增产立功运动。在解放区，铁路工人积极恢复生产，抢修机车车辆，修理制造武器，组织运送军火物资，以实际行动支援解放战争的胜利发展。在国统区，铁路工人积极组织起来，参加反饥饿、反内战、反迫害的爱国民主运动，开展了反对南迁、护路护厂、保卫铁路器材的斗争。在战略决战中，铁路工人提出“解放军打到哪里，铁路就修到哪里”“火车头就开到哪里，物资就运到哪里”的口号，从关外到关内、从北方到南方，铁路工人积极为解放战争的胜利贡献力量。

可以说，新民主主义革命时期中国共产党领导的铁路工人队伍始终用赤诚的家国情怀、坚定的革命意志、无私的奉献精神追求民族独立、寻求人民解放。与此同时，中国共产党将妇女运动融入反帝反封建的民主民族革命运动中，以解放妇女为中心任务，宣传男女平等思想，制定一系列妇女运动纲领，引导广大妇女冲破政权、族权、神权、夫权“四条绳索”，在根据地和解放区实施一系列法律政策保障妇女获得人身自由、财产、婚姻自由、参政议政等各项权利，积极培养妇女干部和妇女群众组织，把广大妇女紧密团结在党的周围，为新民主主义革命取得胜利提供重要力量。这一时期，铁路战线上虽未有女劳模被党中央直接表彰，但是以刘静、郭隆真、朱琏、李修萍等女职工为代表的铁路产业大军，展现出了“天下兴亡、匹夫有责”的爱国情怀，“视死如归、宁死不屈”的民族气节，“不畏强暴、血战到底”的英雄气概，“百折不挠、坚忍不拔”的必胜信念，这永远是中国铁路人弥足珍贵的精神财富，是激励中国铁路人克服一切艰难险阻、为实现中华民族伟大复兴而奋斗的强大精神动力。

（二）崭露头角期：社会主义革命和建设时期铁路巾帼劳模的时代图景

新中国成立后，束缚妇女几千年的封建统治不复存在，我们党将男女平等上升为国家意志，向全国人民庄严宣告妇女在任何领域都享有和男性一样的平等权利，鼓励妇女参加社会劳动生产实现经济独立，颁布婚姻法等法律条文保障妇女基本权益，开展土改、废娼、宣传婚姻法等社会运动改造社会思想。在党的团结带领下广大妇女积极投身新中国各项事业建设，在生产一线贡献女性力量。社会主义基本制度的确立更是为妇女全面发展奠定了根本政治前提和制度基础。随着第一次全国劳模代表会议的召开以及新中国轰轰烈烈建设热潮的掀起，铁路战线开始涌现出第一批巾帼劳模。她们充满着强烈的爱国之情与报国之志，为国家经济发展与铁路建设事业作出了自己的重要贡献。

1. 铁路巾帼劳模的诞生：为国家建设而奋斗的劳动模范

在新中国成立后的第一个国庆纪念日到来之际，中共中央在北京隆重召开了全国工农兵劳动模范代表会议。会上，毛泽东指出，劳动模范是“全中华民族的模范人物，是推动各方面人民事业胜利前进的骨干，是人民政府的可靠支柱和人民政府联系广大群众的桥梁”，高度评价了劳动模范为革命胜利和建设新家园作出的突出贡献。这不仅是对中国传统旌表制度与文化的继承创新，也是对苏联经验的学习借鉴，为评选劳模、培养劳模、发挥劳模作用指明了前进方向，提供了重要的价值遵循。这次劳模表彰大会是新中国成立以来第一次召开的全国性劳动模范代表会议，在中国劳模史，乃至中华人民共和国国史上都具有深远意义。这次会议上共有 464 名工农劳模代表被授予全国劳动模范光荣称号，其中巾帼劳模人数 16 位。田桂英作为铁路工人的先进代表，参加了此次意义重大的全国工农兵劳动模范代表大会，会上她被安排向毛主席献旗，并受到了毛主席的亲切接见。至此，中国铁路行业第一位劳模诞生。在第一批劳模尤其是巾帼劳模榜样作用的示范激励下，铁路战线上也出现了一大批女性劳动者的身影。她们积极投身新中国铁路建设事业，在苦、累、脏、险的工作岗位上忘我工作，在祖国最需要她们的地方默默付出，为妇女进步事业和经济社会发展贡献力量。随后，在 1956 年全国先进生产者集体代表会议，1959 年全国工业、交通运输、基本建设、财贸方面社会主义建设先进集体和先进生产者代表大会以及 1960 年全国教育和文化、卫生、体育、新闻方面社会主义建设先进单位和先进工作者代表大会上，先后评选产生了以胡金玲为代表的近 50 位铁路巾帼劳模和铁路巾帼先进工作者。她们身上彰显出来的自力更生、奋发图强、加班加点、努力工作、无私奉献的“老黄牛”精神，在国家的经济建设中发挥了“带头、骨干、桥梁”的重要作用。这种精神不断积淀深化，最终形成了具有社会主义革命和建设时期特色和铁路行业特色的劳模精神，为激励铁路工人特别是女职工积极投身社会主义建设发挥了不可替代的引领作用。

胡金玲：大连站的“亲情符号”

胡金玲作为沈阳铁路局大连站的一名普通客运员，几十年如一日在平凡的岗位上，始终满怀服务之心，牢记奉献之道，用自己的行动诠释了共产党员的先进性。她虽然没有学过医，但她在服务旅客的过程中，与同事们总结出了一套比较完整的急救方案。30 多年来，胡金玲没有休过一个班，没有请过一次假，她那无私大爱、乐于助人的高贵品德，感动了无数名南来北往的旅客。据统计，胡金玲收到的旅客表扬信达 6000 多封，她的付出与努力得到了旅客的认可与肯定，先后被授予铁道部劳动模范和火车头奖章、旅大劳模奖章、全国劳动模范称号等，在北京人民大会堂还曾受到了毛泽东、周恩来等党和国家领导人的亲切接见。可以说，胡金玲三个字，已经成为大连站服务旅客的一个时代的“亲情符号”。

张敏媛：“英雄列车长”

原沈阳铁路局客运段 12 次列车第一任列车长张敏媛，在沈阳至北京 12 次特快列车被洪水围困的危急关头，带领全组人员奋战三昼夜，确保了 612 名旅客生命安全，还抢救了 350 多名受灾群众，受到铁道部、辽宁省的命名表彰，12 次列车被授予“英雄列车”称号。《人民日报》《工人日报》等媒体先后报道了 12 次列车的事迹，年仅 24 岁的女列车长张敏媛被誉为“英雄列车长”，12 次英雄列车也因此享誉全国。1959 年，张敏媛作为铁路先进集体代表应邀请参加国庆 10 周年庆祝大会、群英会，受到了毛泽东、周恩来、刘少奇等党和国家领导人的亲切接见，还参加了国庆 10 周年阅兵和群众游行观礼。1960 年 9 月，八一电影制片厂根据中国铁路文工团的同名话剧改编并拍摄了电影《12 次列车》。12 次列车成为英雄列车，张敏媛成为家喻户晓的英雄列车长。

2. 社会主义革命和建设时期铁路巾帼劳模的鲜明特征

新中国成立后，广大工人阶级和劳动群众的发展地位实现了历史性变化，即从过去那种被剥削、被奴役的苦难中挣脱出来，成为国家的真正主人，开始把发展主动权紧紧掌握在自己手中。这一时期，妇女在政治、经济、文化、教育等各个领域的作用受到了党和政府的高度重视。正是这种难能可贵的历史性“翻身”，使得广大妇女们更加积极自觉地拥护党和国家的各项路线政策方针，开始以主人翁的姿态积极投身社会经济发展，同时将这种“翻身”获得解放的感恩之心和喜悦之情转变为建设社会主义的劳动热情。铁路发展事业作为国民经济进步的大动脉与晴雨表，在其先天战略优势和政策优势等多重因素的协同推动下，得到了快速发展。铁路战线上的广大劳动妇女拥有“革命理想高于天”的坚定信念，始终将中华民族的整体利益放在第一位，兢兢业业默默付出，服从国家指挥，以国家和集体的利益为重，将报效国家的拳拳之心化作建功立业的具体行动。这种爱国奉献、埋头苦干、无私奉献的劳模精神在中国劳模史和社会主义建设史上尤为珍贵，逐渐沉淀为那个时代鲜亮的精神底色，为指引广大妇女参与民族发展的进步事业提供了崇高的榜样引领与无尽的精神动力。

（三）创先实干期：改革开放和社会主义现代化建设新时期铁路巾帼劳模的生动实践

党的十一届三中全会后，随着社会主义市场经济的不断发展，为妇女全面发展提供了良好的制度保证和物质条件，劳模工作得到了恢复发展。凝塑于改革开放时期工人阶级群体之中，敢干实干的铁路巾帼劳模也应运而生，她们生于红旗之下、长在改革春风之中，践行着“以经济建设为中心”的伟大使命，勾勒出改革开放时期铁路巾帼劳模发展的历史新轨迹。

1. 铁路巾帼劳模发展的新画卷

改革开放以来，铁路作为国民经济大动脉，在全体铁路人的共同努力下实现了跨越式发展。从发展成果上看，车型实现了从蒸汽火车到内燃机车、电力机车，再到高铁动车的历史性飞跃；车速实现了从时速几十公里的绿皮车到时速300多公里的高铁的历史性提高；实现了从排一宿队都不一定能够买上车票，到如今通过手机就能够登录12306网站订票、退票、改签的历史性变迁。从具体数据上看，改革开放初期，我国铁路网里程仅有5.17万公里，到了2003年底，我国铁路运营总里程达到7.3万公里，25年间增加了2万多公里。可以说，改革开放以来，中国铁路主动求变、突破藩篱，改革传统体制，成为国民经济“引擎”。在这幅铁路发展的新画卷中，铁路巾帼劳模是浓墨重彩的一笔，她们作为建设社会主义物质文明和精神文明的先锋，深耕专业，在改革和发展的浪潮中为建立和发展社会主义市场经济、推动社会主义现代化建设的全面展开作出了卓越贡献。

张芸玲：“开路先锋”

张芸玲，毕业于天津大学金相热处理专业，1967年进入中铁山桥工作，长期从事生产第一线的热处理技术和现场服务工作。她先后完成较大技术改造和工艺改进项目50多项，其中，独立研制的“电动葫芦圆环链的强韧化处理”使圆环链安全系数达到国际先进水平，被国家科委评为科技成果并纳入机械部有关标准；“手用锯条淬火盐浴无毒”为国内首创，被授予国家发明专利；主持研制的“32米隧道烤

张芸玲认真研究技术数据

花窑窑具的翻新技术”为国内首创，被评为全国技协优秀成果。与此同时，张芸玲还组织指导开展热处理 QC 小组活动、积极发表科研文章、编写技术基础管理资料及热处理技术培训讲义共 40 余万字，先后被授予全国优秀科技工作者、全国五一劳动奖章、全国三八红旗手、全国劳动模范、河北省特等劳动模范、中国中铁开路先锋卓越人物等荣誉。

赵秀丽：轨道板零的突破

赵秀丽现任中铁六局中铁丰桥桥梁有限公司副总工程师。2005 年，她经过艰辛的科技攻关研发，在消化、吸收德国技术的基础上实现了中国铁路Ⅱ型轨道板生产工艺的创新以及非国标钢筋建厂设计、生产线和模型的全部国产化，实现了中国高速铁路最关键产品轨道板从“零”到“中国制造”再到“中国创造”的发展，填补了国内该项技术的空白，为中国铁路进入高速时代奠定了坚实基础。此外，她还把刻苦钻研掌握的世界先进轨道板生产技术主动传授给身边的技术人员、国内同行。她先后到兄弟单位指导授课 100 多次，所在的轨道板生产基地先后接待 2000 多人次观摩学习，为我国培训了数千名合格的轨道板技术人才。赵秀丽是中国铁路进入高速时代，引领全球高铁技术自主创新方面技术标兵的时代缩影和巾帼劳模的代表。

2. 铁路巾帼劳模发展的新特质

党的十一届三中全会作出了把国家的工作重心转移到经济建设上来的战略决策，加快了社会主义现代化建设的步伐。这一时期，铁路战线涌现出的一批巾帼劳动模范和先进生产者，以当代社会最需要的求知精神、科学精神和创新精神影响和带动了广大铁路职工，展现了铁路巾帼劳模在改革开放新时期锐意进取、与时俱进的精神面貌。

一方面，作为实现社会主义现代化的“开路先锋”，铁路巾帼模范和先进工作者在改革开放的时代背景下不仅需要发扬“老黄牛”精神，依靠体力劳动加紧生产，更需要学习现代化科技理论知识武装头脑，提高自身的科学文化素养以更好地开展生产实践。因此，在“知识与价值”成为全社会博弈胜出的时代背景下，在原铁道部积极建立的多方面、多层次科研体系下，铁路巾帼劳模积极学习科学文化知识、刻苦钻研各项技术业务，利用现代化实验手段解决铁路技术问题。

另一方面，注重技术创新的基因也在铁路巾帼劳模中代际传承。改革开放以后，随着国民经济的迅速增长与客货运量的猛增，铁路运输能力不能满足客观需要的情况更加突出。铁路主动融入全球铁路科技创新网络，加强重点领域科技攻关和成果转化运用，提高运输质量和效率，推动铁路发展方式转变和产业链优化升级，促进数字经济和实体经济融合发展，当好中国现代化的开路先锋。因而，这一时期铁路巾帼劳模作为改革开放时代的领跑者和“弄潮儿”，不仅大胆创新、勇于实践，不断攀登科技高峰，而且着力推进关键技术自主攻关和产业化应用，加速铁路现代化建设，带动更多铁路职工向科学技术现代化进军。

（四）蓬勃发展期：中国特色社会主义新时代铁路巾帼劳模的崭新样貌

进入中国特色社会主义新时代，习近平总书记一直高度重视发挥妇女“半边天”的作用。2015 年 9 月他在全球妇女峰会上指出，“中国将更加积极贯彻男女平等基本国策，发挥妇女‘半边天’作用，支持妇女建功立业、实现人生理想和梦想”，使妇女成为政界、商界、学界的领军人物。2021 年在“三八”国际劳动妇女节前夕，习近平总书记向广大妇女致以节日祝福时说“我国广大妇女积极投身新时代中国特色社会主义事业，以巾帼不让须眉的豪情和努力，起到了‘半边天’的重要作用”。

党的十八大以来，铁路巾帼劳模人物辈出，先进典型井喷式出现，她们以巾帼不让须眉的豪情和努力，起到了“半边天”的重要作用。特别是在决胜全面建成小康社会、决战脱贫攻坚、抗击新冠肺炎疫情等各个战线上，铁路巾帼劳模奋勇争先、顽强拼搏、积极奉献，不仅充分展现了新时代女性风采，而且彰显了以实现祖国富强与民族振兴为己任，一腔赤诚、忘我奉献的奋斗精神。

1. 铁路巾帼劳模开创新局面：以建设交通强国为己任

党的十八大以来，在以习近平同志为核心的党中央坚强领导下，铁路事业发生了历史性变化、取得了历史性成就。从林海雪原到江南水乡，从大漠戈壁到东海之滨，我国建成了世界上规模最大、现代化水平最高的高速铁路网，高铁已覆盖全国 94.9% 的 50 万人口以上的城市，成为世界上高铁运营里程最长的国家。据统计，全国铁路营业里程从 2012 年的约 9.8 万公里到 2022 年底的 15.5 万公里，全国铁路营业里程增长 5.7 万公里；全国高铁营业里程从 2012 年的不足 1 万公里到 2022 年的 4.2 万公里，全国高铁营业里程增长 3 倍多，稳居世界第一。“四纵四横”高铁网提前建成，“八纵八横”高铁网加密成型，这是我国铁路事业发展的伟大成就。

正所谓汗水浇灌收获，实干笃定前行。在交通强国、铁路先行的伟大征程中，一个又一个奋战在平凡岗位的铁路巾帼劳模从幕后走到台前，成为一股催人奋进的伟大力量。据统计，2012 年以来建立以铁路女职工名字命名的劳模创新工作室 448 个，在全国最美职工中有易冉、关改玉、陈佳三名铁路系统女职工，持续开展“中国梦 · 劳动美”主题宣传教育和“巾帼心向党 奋斗新征程”宣讲活动；2022 年在深圳举办的“首届全国大国工匠创新交流大会”上，铁路系统女职工工匠在 44 席位的巾帼展厅占据六席参加展示……一个个铁路巾帼劳模用自己的独特故事向我们生动地展示了她们在平凡岗位上不平凡的事迹，激励着千千万万铁路人投身铁路事业，为建设交通强国而逐梦前行，不断描绘新时代铁路发展的精彩蓝图，奏响新时代铁路人砥砺前行的铿锵旋律。

张素丽：钳工界的女掌门

张素丽是中车洛阳机车有限公司钳工，高级技师，中车首席技能专家。1992 年，张素丽以钳工专业第一名的成绩进入中车洛阳公司。30 年间，张素丽从不服输、敢较真的青涩工人成长为钻难题、带领团队搞创新的大国工匠。经过刻苦钻研，张素丽可以将重叠的两张 A4 纸只钻透上面一张，而下面一张没有丝毫破损；还可以在新鲜鸡蛋上钻孔，外壳钻透而内膜不破损；生产试制转向架缺少的量具，张素丽用数千次锉削，制成的量具精度误差不到 0.005 毫米；和谐号机车一款进口制动器出故障，张素丽反复攻坚，攻破了技术壁垒……在钳工的岗位上，为保障更高的精度要求，工作中的张素丽从不戴手套。也正是靠着精巧的双手，张素丽和同事们攻坚克难，破解了种种新模型技术难题，完成 200 多件套模具设计和制作，带领团队攻克了 46 项技术难关，先后完成了京沪高铁Ⅰ、Ⅱ型轨道模板及新型轨道检测探伤车转向架等高精尖产品的制造装配工作，解决了和谐号电力机车等新型车轮对产品的研发和修造等难题，实现了中国内地轨道探伤车“第一台采用国际标准打造”“第一台出口”等多项“第一”。此外，张素丽技能大师工作室作为全国首批 50 个技能大师工作室之一，为我国铁路事业培养了大量优秀人才。

雷立：探伤“五字”作业法创始人

雷立是中国国家铁路成都局集团有限公司党校（职工培训基地）技术员，探伤高级技师。自 1990 年从事探伤工作以来，她以匠心构筑梦想，认真探索总结普速列车探伤的工艺和方法，先是提出了“裂有长短、孔是一点、杂波乱动、透锈一片”的“十六字”探伤法，填补了当时全路盘型制动轮对探伤工艺的一项空白。随后，她以“每一次都是第一次，第一次就要无缺陷”的安全理念，潜心钻研、不断创新，填补普速列车探伤工艺空白，创立“校、洁、全、比、验”动车组空心轴超声波探伤“五字”作业法，探索开发信息化探伤模式，实现了 28 年探伤无缺陷。2014 年，雷立技能大师工作室和雷立劳模创新工作室相继挂牌成立。在雷立的带领下，该工作室围绕动车检修难题开展工装改造和技术革新。4 年的时间里，她们完成了“空心轴探伤机进给机构端盖保护套”“空心轴探伤工具小车的定置和材料配送改进”“不落轮镟床常见故障总结与处理方法”3个技术创新课题，创新完成“CRH380D型动车组裙板确认勾引工具”和“车头雨刷臂更换工具”等27项发明，解决了诸多现场技术问题，大大提高了动车运用检修效率。

雷力对轮对尺寸测量精益求精

2. 中国特色社会主义新时代铁路巾帼劳模的时代特质

党的十八大以来，以习近平同志为核心的党中央高度重视劳模、关心劳模，在全社会弘扬劳模精神，营造尊重劳动、尊重知识、尊重人才、尊重创造的社会氛围，为劳模的成长成才和发挥引领带动作用提供了全方位的支持。这一时期的铁路巾帼劳模在坚守岗位努力工作的同时，更进一步表现出了高知化、复合型的发展特点，为建设交通强国、铁路先行，推进社会主义现代化进程发挥了重要作用。

一方面，铁路巾帼劳模的学历层次普遍提升。随着中国知识分子队伍不断扩大，越来越多的优秀知识分子、科研人员、专业技术人才走进了社会的各行各业。改革开放初期，铁路战线上的知识分子巾帼劳模日益增多，很多铁路巾帼劳模尽管初始学历不高，但都很重视科学文化知识的学习。进入21世纪以后，铁路巾帼劳模的学历层次普遍提升，专科以上学历的劳模成为劳模群体的主体，大学本科、研究生学历的高知劳模也日益增多。如被评为全国劳动模范的中国铁路设计集团有限公司教授级高级工程师、桥梁院副总工程师李凤芹为硕士研究生学历；中铁十一局建筑安装工程有限公司安全总监的詹必秀，中铁工业宝桥集团宝鸡事业部道岔车间副主任张莉，哈尔滨铁路局哈尔滨西站客运车间副主任、助理工程师曹进等均为大学本科学历。可以看出，当前铁路巾帼劳模这一群体的学历结构已经发生了很大变化，科学文化素质和学历层次都有所提升。

另一方面，从劳模个体特征来看，中国特色社会主义进入新时代以来，铁路巾帼劳模素质发展更加全面，既具有较高知识水平，又懂技术、善于创新，同时也能从事管理工作，具有鲜明的时代特色。如曾获得全国劳动模范、全国五一巾帼奖章、辽宁省劳动模范、中央企业优秀共产党员等荣誉称号的臧兰兰，既是一名在城轨车辆行业知名的车体技术专家，曾申请并获授权专利 21 项，获辽宁省科学技术奖三等奖、大连市科技进步奖二等奖，练就了超强的技术创新本领。同时作为大连市劳模创新工作室——臧兰兰劳模工作室的领军人，她工作踏实认真并以“劳模创新工作室”为平台，担负着公司培养和管理青年人才的重任。

三、百年铁路巾帼劳模群体的价值与红色基因传承

（一）百年铁路巾帼劳模群体的价值

1. 个体价值与社会价值的统一

在社会发展过程中，人们的实践活动往往具有两种价值维度，一种是个人价值维度，另一种是社会价值维度，每一个人都将实现自我价值与社会价值的有机统一作为自己的目标追求。回顾劳模精神的形塑演进，都离不开一个个平凡又伟大的劳模对于自身价值的实现和对于社会发展的贡献。无论是田桂英还是郑桂珍，抑或其他巾帼劳模，她们身上总是拥有着相同的品质，即她们总是能够充分完整地创造自己的个体价值，同时又不偏废社会价值的实现，她们往往将社会价值放在更高位置，以社会价值引领个体价值的发展。马克思曾指出：“人的本质不是单个人所固有的抽象物，在其现实性上，它是一切社会关系的总和。”即个人在实践中体现个体价值的同时，也会给他人给社会带来一定的影响力，即表现出某种社会价值。从另一个方面来说，任何一种社会价值的存在，必

然也是以满足个人需要为前提的，也就是说，没有一种社会价值的体现不是以个人的发展作为基础的。百年来，铁路巾帼劳模群体在自己的岗位上、在平凡的工作中生动诠释着“爱岗敬业、争创一流、艰苦奋斗、勇于创新、淡泊名利、甘于奉献”的劳动模范精神，将个体价值与社会价值相统一，以社会价值引领个体价值，这是她们身上宝贵的精神特质，也是百年铁路巾帼劳模群体的一个重要特征。

2. 民族精神与时代精神的统一

铁路巾帼劳模群体身上所彰显出来的另一个特征就是实现了民族精神与时代精神的内在统一。民族精神与时代精神是一个国家精神的一体两面，二者是紧密联系、不可分割的。民族精神只有真正做到与时代精神相结合，才会拥有持久的生命力，时代精神也只有与民族精神相结合，才会拥有稳固的根基。纵观铁路巾帼劳模发展史，铁路巾帼劳模群体所体现出的心怀祖国、热爱事业、友善待人、乐于奉献等“共同基因”，自古以来就是中华民族所推崇的道德情操，贯穿于我国社会经济发展的各领域，涵盖了社会公德等各方面，是与人们生活紧密联系的基本价值规范。这种具有鲜明民族特色的价值规范并没有脱离时代，而是与改革创新为核心的时代精神，共同构成铁路女职工体现劳模精神的重要支点。一个民族没有优秀的精神品格，就不可能屹立于世界先进民族之林。

铁路巾帼劳模群体的鲜明特征是在百年历史的发展中形成的，是中国铁路始终听党话、跟党走的铁路红色基因的时代传承，是无数巾帼劳模用自己的汗水浇灌而成，是在时代的潮流中与时俱进，从而在新时代新征程上展现出巨大的引领价值。劳模精神跨越时空、历久弥新、难能可贵，必将继续激励和鼓舞更多铁路人投身平凡而又伟大的铁路发展事业，为建设交通强国、铁路先行立足岗位、拼搏奉献。

（二）百年铁路巾帼劳模群体的红色基因传承

铁路巾帼劳模响应党的号召、听从党的指挥，在革命、建设、改革发展实践中谱写铁路事业建设新华章，在为铁路和社会发展贡献力量过程中继承和发扬了以“人民铁路为人民”为核心的伟大铁路精神。这些独具铁路特色的红色基因代代相传，为铁路巾帼劳模投身中国铁路事业凝聚起奋勇前进的强大精神力量。

1. “二七精神”

党有号召，铁路工人有行动。1923 年 2 月爆发的京汉铁路工人大罢工（又称“二七大罢工”），是中国共产党领导中国工人阶级开展的第一次声势浩大的有组织的伟大政治斗争。在这场反帝反封建的革命风暴中，全路 3 万多名工人全部罢工，坚决执行“没有总工会的命令决不上工”的命令，坚决捍卫工人阶级和人民群众的政治权利。在这场斗争中，共产党员、工人领袖林祥谦、施洋等 52 人被杀，300 多人负伤，被捕和被迫流亡的有 1000 多人，发生了震惊中外的“二七惨案”。这是一场凝重而悲壮的斗争，是五四运动后中国工人阶级正式登上政治舞台的一次伟大斗争，它将中国共产党领导的中国工人运动第一次高潮推向了顶点，在中国革命史、中国工人运动史上写下了光辉的一页，留下亘古常青的“二七精神”，即“坚定听党话跟党走的革命无畏精神；英勇顽强不怕牺牲的革命斗争精神；纪律严明艰苦奋斗的革命团结精神；披荆斩棘敢为人先的革命奉献精神”。这种敢冒风险敢为天下先的英雄本色，披荆斩棘开拓进取的革命精神，在百年铁路事业发展中不断激励和启迪着千千万万的铁路人。

人因精神而立，城因精神而兴，国因精神而强。在中国铁路发展的百年征程中，一代又一代铁路巾帼劳模始终把“二七精神”视作自己克服困难、不断向前的强大精神动力。例如，新冠肺炎疫情期间，曾获全国五一劳动奖章、浙江省劳动模范等荣誉的杭州客运段甬广车队党总支副书记陈美芳冲锋在前，把初心写在行动上，把使命落在岗位上，全面贯彻坚定信心、同舟共济、科学防治、精准施策的要求，指导班组做好车厢疫情防控，用实际行动诠释坚定听党话跟党走的革命无畏精神，让党旗在铁路防控疫情斗争第一线高高飘扬。又如被誉为口岸“金花”女子检车班满洲里国境站技术交接作业场女子检车班工长的陈佳，负责国际联运俄罗斯车辆的技术检查交接工作，承担着“给外国车辆体检，为伟大祖国把关”的重要使命。她不仅考取了工人技师，也练就了一双“火眼金睛”，眼神一到，问题车就无处逃遁。在岗期间，陈佳始终保持着“车辆交接零失误，口岸安全无事故”的纪录。新冠肺炎疫情暴发后，口岸作业随时都有被感染的危险，而陈佳却依然坚守在“一带一路”重要节点上，主动承担起站场消毒、人员测温、室内通风、防疫知识宣传工作，护佑中欧班列安全正点开行，演绎着英勇顽强不怕牺牲的革命斗争精神。再如曾连续十年被评为“厂级先进生产者标兵”和“厂级三八红旗手标兵”的常桂春不仅在实践中总结出一套运用“手感、眼观”掌握加工规律的操作方法，使工效提高了三倍，而且在担任小件班班长期间处处以身作则，在技术上“传帮带”，带出了一个现车生产和配件生产计划兑现率都在 100% 以上的战斗集体，生动展现了纪律严明艰苦奋斗的革命团结精神。

2.“小东精神”

“一点不差，差一点也不行”的“小东精神”源于 20 世纪 50 年代小东站一名铁路老职工总结的一条宝贵经验，是新中国成立初期运输设备极为落后的情况下，铁路人忠诚党的事业、忠实履职尽责初心的集中体现。“一点不差”是铁路基础管理、现场作业最佳的工作状态；“差一点也不行”是达到这个状态的唯一途径。两者体现了现实与理想、目标追求与岗位实践的统一。“忠诚、严细、自觉、精业、为先”是其基本内涵。半个多世纪以来，“小东精神”在薪火相传的实践中不断丰富发展，成为感召一代代铁路人为铁路高质量发展前赴后继、敬业奉献的不竭精神动力，也成为一代代铁路人的职业操守和行为准则。

“一点不差，差一点也不行”的“小东精神”出自小东站，却又不只属于小东站，是百年来铁路巾帼劳模奋斗历程的缩影。例如，获得 1989 年全国劳动模范称号的潘永兰，作为一名工长，始终以高质量、高标准要求自己和变压器班职工，严格管控工作流程和关键环节，对产品质量精益求精，不仅保证所在班组的产品质量合格率一直达到 100%，而且始终保持安全生产“零事故”，真正将“一点不差，差一点也不行”落到实处。又如全程参与了我国第一列空调双层客车的研制生产，参与并主持了第一代准高速客车转向架的研制、试验和后续技术改进，主持完成了第一列提速客车列车转向架的技术改造等项目，先后两次获得铁道部火车头奖章、詹天佑科学技术人才奖、全国五一劳动奖章、江苏省劳动模范等荣誉称号的中国南车浦镇公司副总工程师楚永萍，参加工作后，她始终以“一点不差”的精神不断探索实践，从一名普通的技术人员成长为专家。装备有楚永萍参与或主持研发的“中国造”转向架的动车组，在我国自主创新的“轨道”上跑出了让世界惊艳的“中国速度”。

3.“158 精神”

“158 精神”是在雷锋精神哺育下孕育形成的。1968 年南京站建站之初，正值全国响应毛主席“向雷锋同志学习”的号召，车站职工自发成立学雷锋精神小组，义务帮助旅客提行李、送站上车、寻找失物，让“旅客找我帮”转变为“我要主动帮”，以热情播撒爱心，以行动彰显价值，以信念承载使命，以坚守实践诺言，让雷锋精神在这片沃土中不断生根发芽。2000 年，为推动学雷锋常态化，南京站“158”（谐音“义务帮”）雷锋服务站正式成立，专为老、弱、病、残、幼、孕等有困难旅客提供义务服务，逐渐形成了“敬业爱岗甘当螺丝钉，无私奉献甘当践行者，温暖社会甘当一团火”的“158 精神”，为数百万南来北往的旅客提供了暖心服务，真正践行了铁路的根本宗旨，那就是人民铁路为人民。

50 多年来，“158”雷锋服务站四代职工一直践行雷锋精神，1968 年南京站建站之初，全国劳模李慧娟带头成立学雷锋小组，她提出“上夜班的每天早来 1 小时，下夜班的晚走 1 小时”的朴素口号，倡导小组成员利用业余时间帮助旅客免费运送行李、送站上车、购买车票和缝补衣物，在南京站“唱响”雷锋精神。1986 年，铁道部劳模孙燕光制造了一辆平板车，率领职工专门帮年迈、残疾旅客拉行李，送站上车，被旅客们亲切称为“雷锋车”车组。从第一代李慧娟到第二代孙燕光再到第三代施凤英，再到以“80 后”“90 后”为代表的第四代“158”雷锋服务站的客运值班员黄吉莉、马晶、赵亚兰等，“158”雷锋服务站接力传承、践行着雷锋精神。“158 精神”在一代代铁路巾帼劳模的默默坚守和发展传承中越发耀眼。例如曾荣获湖南省劳动模范、全国三八红旗手、全国五一劳动奖章、全国劳动模范的王汉云，自 1980 年开始担任长京车队女子包乘组长京二组列车长以来，她始终秉持“主席思想，雷锋精神”和“全程标准化”的服务理念，对仪容仪表、服务用语、行为举止、礼节礼貌、服务态度分 25 个小项进行细化量化，带领长京二组成为全段标准最高、卫生最好的班组，同时也向乘客展现出“主席家乡车，雷锋故乡人”的精神风貌。又如曾获得铁道部劳动模范、全国五一劳动奖章、吉林省特等劳动模范、全国劳动模范的张春成，在工作中总结出“五在先”列车服务法，使列车服务工作更贴近旅客，用真情换来了广大旅客对旅客列车的赞誉……可以说，“158 精神”既是把社会主义核心价值观落细、落小、落实的具体体现，也是广大铁路巾帼劳模忠于职守、敬业爱岗精神风貌的具体表现，还是激励全社会践行雷锋精神，为实现中华民族伟大复兴的中国梦而奋斗的生动实践。

4. 青藏铁路精神

建设青藏铁路是几代中国人梦寐以求的愿望。早在 100 多年前，孙中山先生就在《实业计划》中提出修筑进藏铁路。新中国成立后，党和政府始终高度重视修建青藏铁路。1958 年，党中央决定建设青藏铁路西宁至格尔木段，1984 年建成通车。进入 21 世纪，党中央从推进西部大开发、实现各民族共同发展繁荣的大局出发，作出了修建青藏铁路格尔木至拉萨段的重大决策，提出了建设世界一流高原铁路的目标。经过全体建设者连续 5 年的艰苦奋战，在世界屋脊建成了一条海拔最高、线路最长的运输大通道，突破了多年冻土施工、高原卫生保障、生态环境保护等技术难题，探索了复杂条件下重大项目建设的模式，谱写了我国乃至世界铁路建设史上新的篇章。2006 年，青藏铁路格尔木至拉萨段建成，至此世界上海拔最高、线路最长的高原铁路——青藏铁路全线胜利建成通车。

在青藏铁路建设过程中，面对高寒缺氧、“生命禁区”的生存极限，低纬度、高海拔多年冻土的铁路建设难度极限，青藏高原环境保护难度极限，青藏铁路质量高标准和运营高要求极限，广大铁路建设者不畏艰险、挑战极限，以“笑傲昆仑问天下何处是雄关，跃马雪域引青藏高原飞铁龙”为誓言，冒严寒，顶风雪，战缺氧，斗冻土，以惊人的毅力和勇气战胜了各种难以想象的困难，创造了中国铁路建设史上的伟大壮举、世界铁路建设史上的一大奇迹。为达到把青藏铁路建设成世界一流高原铁路的要求，广大铁路建设者和铁路工作者开拓创新、勇创一流，以“艰苦不怕吃苦，缺氧不缺精神，风暴强意志更强，海拔高追求更高”为信念，以一流的勘测设计、一流的施工技术、一流的工程质量、一流的运营管理、一流的技术设备、一流的建设标准、一流的服务水平，用自己的心血和汗水铸就了人类铁路建设史、铁路发展史上的新辉煌。

挑战极限、勇创一流的青藏铁路精神，饱含着爱国主义的高尚情操，饱含着顽强拼搏的英雄气概，饱含着自主创新的科学精神，饱含着团结协作的优秀品质，是中国共产党人精神谱系的重要组成部分，是铁路人宝贵的精神财富。在建设交通强国的进程中，一大批铁路人在青藏铁路精神的感召下，敢于挑战极限、攻坚克难，不向风险挑战低头，不向困难艰险让步，取得一个又一个胜利，把一个又一个“不可能”变成“可能”，创造一个又一个中国奇迹，涌现出盛开在“天路”驿站的雪莲——斯郎卓玛、扎根工程施工一线的土地格桑花——詹必秀、解决拉萨河特大桥关键性技术难题的技术骨干——李风芹、德令哈车务段的助人名片——草木等一批铁路巾帼劳模。她们顽强奋斗、自强不息，积极投身于社会主义现代化交通强国建设，在平凡的岗位上作出了突出贡献，为国家和人民建立了杰出功勋。

四、百年铁路巾帼劳模群体的成长规律

中华民族伟大复兴的实现需要无数中华儿女团结努力、接续奋斗。长久以来，铁路巾帼劳模在各自岗位上共同为祖国的交通事业作出了有目共睹的成绩，绘就了各时期铁路巾帼劳模的时代画像，为新时代中国高铁这张自立自强、创新超越的“中国名片”作出了卓越贡献。当前，

我们正处在近代以来最好的发展时期，迈向了全面建设社会主义现代化国家新征程，需要在全社会持续形成崇尚劳模、学习劳模精神的良好氛围。因此，对铁路巾帼劳模群体百年发展成才的宝贵经验进行提炼总结，对于做好新时期铁路巾帼劳模工作具有重要意义。

（一）以高度的主人翁责任感参与铁路建设发展事业

百年来，中国铁路事业不断发展壮大，从“无”到“有”，从“追赶”时代到“领跑”时代，攻克了一个又一个建设难题，最终凭借自身的强劲实力一跃成为世界瞩目的“大国重器”，成为一张亮丽的中国名片，这是中国铁路事业的伟大胜利，是无数铁路劳动人民的伟大胜利。解放战争时期，“解放军打到哪里，铁路就修到哪里”的豪言壮语，就成为铁路职工的行动口号。新中国成立后，铁路巾帼劳模以强烈的主人翁责任感投身社会主义建设，充分发挥了开路先锋的作用。改革开放以来，铁路巾帼劳模大胆改革创新，勇当国民经济发展火车头。进入新时代，铁路巾帼劳模传承红色基因，勇当服务和支撑中国式现代化建设的“火车头”，牢固树立安全发展理念，大力实施货运增量行动、客运提质计划和复兴号品牌战略三大举措，积极推进自主创新，持续深化铁路改革，不断拓展对外开放的深度和广度。“把国事当家事、把自己当主角”，正是因为有着自觉的、强烈的主人翁意识，铁路巾帼劳模们才以车间为家、以厂为家、以企为家、以单位为家、以国为家，才具有积极主动的岗位意识、职业意识、进取精神和创新精神，才能够艰苦奋斗、淡泊名利、甘于奉献，自觉把人生理想、家庭幸福融入国家富强、民族复兴的历史伟业之中，最终建构起个人与集体、个人梦与中国梦、个人家庭与国家民族融合统一的发展共同体和命运共同体。

（二）以忘我的拼搏奉献铸就劳模精神

劳模精神是广大职工在劳动实践中锤炼形成的，是工人阶级和广大劳动群众弥足珍贵的精神财富。百年来，一大批铁路巾帼劳动模范和先进工作者以高度的主人翁责任感、卓越的劳动创造、忘我的拼搏奉献，谱写了一曲又一曲可歌可泣的动人赞歌。无论是以田桂英为代表的新中国的第一批女火车司机，还是被中宣部评为“全国岗位学雷锋标兵”的张润秋，她们的身上总是拥有着强烈的主体性、超越性、创新性和奉献性，既体现着“爱岗敬业、争创一流”的良好职业道德和爱岗敬业精神，又体现着“艰苦奋斗、勇于创新”的艰苦创业、开拓进取意识和创新求实精神，还体现着“淡泊名利、甘于奉献”的高尚品德。劳模精神集中体现了社会主义制度下工人阶级的主人翁风貌，体现了社会主义价值内涵，代表着时代精神，传承着民族传统，成为中国精神的重要组成部分。

（三）以积极奉献精神服务时代发展需要

“爱岗敬业、争创一流、艰苦奋斗、勇于创新、淡泊名利、甘于奉献”的劳模精神不仅是铁路巾帼劳模优秀品质的凝练与升华，更是铁路巾帼劳模群体的时代画像，有力地回应了时代的价值呼唤。在社会主义革命与建设时期，陈俭秋三十年如一日，在平凡的岗位上满怀服务之心、牢记奉献之道，用行动诠释了共产党员的先进性。在改革开放和社会主义现代化建设新时期，潘永兰始终坚持“干一行、爱一行、专一行”的工作理念，几十年如一日保持旺盛的工作干劲和激情，一天工作十多个小时，节假日也不休息，脏活累活总抢在前，常年坚持利用休息时间为车间班组打扫卫生、为职工清洗作业服，时刻发挥党员的模范带头作用。在中国特色社会主义新时代，天津站售票车间的马荣从事售票工作 10 年以来，始终坚持微笑服务、用心工作，以“建设和谐铁路，服务人民群众”为目标，用真心、耐心、细心打造了“马荣爱心示范窗口”，用实际行动和优质服务践行了铁路“以服务为宗旨、待旅客如亲人”的服务理念。立足服务岗位，倾注满腔热情开展服务工作，这一个个鲜活例子，都是铁路巾帼劳模在平凡岗位上作出不平凡的业绩，以积极奉献精神服务时代发展需要的生动体现。

五、铁路巾帼劳模事业的未来展望

一部百年铁路发展史其实也是一部铁路巾帼劳模形塑与铁路巾帼劳模精神发展的光荣历史。社会对巾帼劳模劳动价值的总体评判是，从初期的“苦干加巧干型”向“知识型、技能型、创新型”方向转变；从倡导“甘当老黄牛”向强调“创造型劳动”方向转变；从强调“忘我工作”向提倡“发挥好对家庭和社会的独特作用”方向转变。不同时代的铁路巾帼劳模具有共同的劳模精神，那就是“爱岗敬业、争创一流、艰苦奋斗、勇于创新、淡泊名利、甘于奉献”。这种劳模精神是极其宝贵的精神财富。习近平总书记指出：“人无精神则不立，国无精神则不强。精神是一个民族赖以长久生存的灵魂，唯有精神上达到一定的高度，这个民族才能在历史的洪流中屹立不倒、奋勇向前。”中华民族之所以能够久经磨难而生生不息，历经沧桑而永葆青春，就在于拥有强大的精神力量。就此而言，总结过去成功的经验，展望铁路巾帼劳模未来发展，是一个重要课题。

（一）一以贯之围绕铁路建设中心任务，积极发挥主人翁精神

铁路是国家战略性、先导性、关键性重大基础设施，是实现民族复兴伟业的重要保障，在服务和支撑中国式现代化建设中肩负着重要使命和重大责任。在今后的一段时间里，国家铁路的中心任务就是推动铁路高质量发展，率先实现铁路现代化，重点构建现代化铁路基础设施体系、现代化铁路运输服务体系、现代化铁路科技创新体系、现代化铁路安全保障体系、现代化铁路经营管理体系、现代化铁路治理体系。回顾中国铁路发展史，铁路事业从无到有、从小到大、从弱到强，是几代铁路人艰苦奋斗、接续发展得来的宝贵成果。过去铁路辉煌成就的获得离不开“主人翁”精神的充分发挥，未来铁路事业新篇章的书写同样需要“主人翁”精神的传承弘扬。展望未来，新时代铁路人必须立足新发展阶段、贯彻新发展理念、服务构建新发展格局，以崇高的责任感与使命感积极奉献铁路事业发展，敢于担当、善于担当、不忘初心，自觉把铁路事业发展放在心上，把铁路未来发展的责任扛在肩上，既不做说客，也不做看客与过客，而是做铁路事业发展的有心人、用心人、尽心人，脚踏实地为中国铁路现代化建设事业贡献一份力量。

（二）一以贯之加强巾帼劳模培养教育，积极选树铁路先进典型

重视铁路巾帼劳模的培养教育是铁路工作的重要方法。那么，铁路如何在未来的发展实践中更好地做到培育巾帼劳模，弘扬劳模精神呢？首先，必须加强铁路工作的顶层设计和战略布局，增强巾帼劳模发展的整体性与协同性。如全国铁路总工会女工委把培养选树先进典型纳入对各级工会女职工组织的年度工作考核、纳入对女职工负责人评优评先业绩考评，指导各级工会女职工组织牢固树立先进典型培育意识等举措都有利于更好地选树先进典型。其次，重视基层培养。基层是巾帼劳模成长锻炼的一块重要场地，也是获取知识能力的第一课堂。只有在铁路工作的基层岗位上历经锻炼，最后培育出的铁路巾帼劳模才更有说服力与吸引力。最后，加强建功平台的搭设。推进铁路服务平台建设，是增强自主创新能力、加快巾帼劳模成长转变的现实需要。只有平台建得好，平台搭得妙，广大铁路女职工才能真正地做到“当好主人翁、建功新时代”，才会拥有更多展示自我的机会。

（三）一以贯之弘扬劳模精神，积极发挥劳模工匠引领作用

劳模精神是铁路事业发展中广大铁路人共同的精神财富，未来必须继续弘扬这种宝贵精神，发挥先进典型对于铁路事业发展的引领作用。首先，加强精神引领。各级女职工组织可以积极通过《工人日报》《中国妇女报》《人民铁道》等报刊、各级工会网站、微信公众号等新媒体，开设专题专栏报道，大力宣传先进典型的光荣事迹；举办劳模大讲堂、女劳模访谈、女劳模宣讲等活动，用她们的干劲、闯劲、钻劲鼓舞着更多职工。其次，不断激发创新活力。各级女职工组织可以深化创建女技能大师工作室和女劳模和工匠人才创新工作室为依托，强化创新成果展示交流和应用转化，让先进典型不仅在光荣榜上发挥宣传效应、在车间班组发挥个体作用，更能在专业领域发挥引领作用。最后，发挥传承作用。铁路各级女职工组织要积极挖掘劳模先进的“绝招”“绝技”“绝活”，通过开展师徒合同、姐妹结对、名师名课等活动，充分发挥“传帮带”作用，不断放大培育一个、带动一批、影响一片的辐射效应，形成以点带面、整体推进的良好格局。

（四）一以贯之加强制度建设，为劳模事业发展提供坚强政治保证

铁路巾帼劳模的培育与劳模精神的传承弘扬需要一定的制度保障，必须建立完善关心关爱劳模工匠和技能人才的常态化机制。首先，完善管理制度。认真落实《国铁集团劳动模范管理办法》，明确劳模先进评选程序、培养管理、奖励待遇、后续服务等各方面内容，形成规范的工作制度。加强劳模管理基础性工作，对各级劳模实施动态化管理，及时掌握劳模的工作、生活、身体和思想情况。同时，注重提升劳模政治地位，积极发挥女职工先进典型参与民主管理的作用，保障女职工先进代表在各级职代会上都占有一定比例，积极参与企业管理，为企业发展建言献策。其次，加强关心关爱。在基层单位积极开展典型走访，坚持下现场、到身边、进家庭，零距离交流谈心，掌握第一手资料，了解工作和生活情况，多渠道、全方位解决她们思想困惑和实际困难。利用“三八”“五一”“家庭日”等时间节点，对女劳模代表进行慰问和组织集体活动，多措并举让先进典型感受到组织的关心和爱护，大力营造尊重劳模、关心劳模、学习劳模、争当劳模的良好氛围。最后，做好跟踪培养。加强劳模先进的思想政治教育，通过形势报告会、劳模座谈、党课等形式加强理论学习，让劳模永葆先进性。

百年铁路风华正茂，百年成就无比辉煌。中国铁路走过了一百多年的奋斗历程，又踏上了新的赶考之路。党的二十大擘画了以中国式现代化推进中华民族伟大复兴的宏伟蓝图，发出了为全面建设社会主义现代化国家、全面推进中华民族伟大复兴而团结奋斗的伟大号召。在全党全国各族人民迈上全面建设社会主义现代化国家新征程、向第二个百年奋斗目标进军之际，国铁集团党组提出，奋力推动铁路高质量发展，率先实现铁路现代化，勇当服务和支撑中国式现代化建设的“火车头”的任务目标，广大女职工施展才华的舞台无比广阔、实现梦想的前景无比光明。在奋进新征程、建功新时代的道路上，铁路要大力弘扬劳模精神，不断激励广大女职工团结奋斗、勇毅前行，为推动铁路高质量发展，以及中华民族伟大复兴中国梦的如期实现贡献巾帼力量。

参考文献

［1］毛泽东文集（第七卷）［M］．北京：人民出版社，1999.

［2］习近平谈治国理政（第三卷）［M］．北京：外文出版社，2020.

［3］习近平．在全国劳动模范和先进工作者表彰大会上的讲话［M］．北京：人民出版社，2020.

［4］中国劳动关系学院．劳模学概论［M］．北京：人民出版社，2020.

［5］夏一璞．劳模精神［M］．北京：人民日报出版社，2021.

［6］乔东，李海燕．劳模精神、劳动精神、工匠精神学习读本［M］．北京：中国工人出版社，2021.

［7］郑一群．工匠精神：卓越员工的十项修炼［M］．北京：新华出版社，2016.

［8］刘涟清．中国高铁发展战略［M］．上海：上海科学技术文献出版社，2019.

［9］金士宣，徐文述．中国铁路发展史［M］．北京：中国铁道出版社，1986.

［10］中国国家铁路集团有限公司党组宣传部．铁路红色基因［M］．北京：中国铁道出版社，2021.

［11］马列著作编译资料（第十八辑）［M］．北京：人民出版社，1981.

民航

民航篇

翱翔蓝天的巾帼玫瑰

巾帼劳模是中国女性的优秀代表群体。在中国民航光辉的发展历程中，在不同时代、不同岗位上涌现了诸多巾帼劳模，她们的成长过程、成长模式不尽相同，但所具备的“爱岗敬业、争创一流、艰苦奋斗、勇于创新、淡泊名利、甘于奉献”的劳模精神，以及对个人、家庭、社会一体化发展的积极价值追求和为促进行业发展发挥的积极作用是一以贯之的。

一、民航系统巾帼劳模概貌

民航具有覆盖广、速度快、安全性高、服务质量好、可以完成跨国（洲）长途运输等多种优势，是我国经济社会发展重要的战略产业，也是构建现代综合交通运输体系的重要组成部分，在国家发展中发挥着不可替代的作用。2023 年全行业共完成运输总周转量 1188.3 亿吨公里，旅客运输量 6.2 亿人次，货邮运输量 735.4 万吨，中国民航旅客运输量自 2005 年以来连续 19 年稳居世界前两位。“十四五”时期，中国民航进入从量到质的高质量发展关键时期，正在奋力谱写交通强国民航新篇章。民航事业的发展离不开女职工的参与和奉献，在民航系统，女职工人数占职工队伍 1/3 强，且 50% 以上的女职工工作在面向旅客的窗口服务单位。她们直接面对旅客与公众，从某种意义上讲，民航对旅客的服务更多是通过女职工在岗位上来体现和完成的，而旅客对民航的印象也常常是通过购票、值机、安检、空中服务等以女职工居多的岗位来形成的。女职工在塑造民航社会形象过程中具有独特的优势和作用，女职工是中国民航事业健康发展不可或缺的重要力量。一直以来，民航广大女职工立足岗位、建功立业，涌现出一大批巾帼劳模，她们爱岗敬业、乐于奉献，具有强烈的事业心和责任感，为民航事业的发展和全面提升良好社会形象作出了积极的贡献。

（一）巾帼劳模的人数

1950—2022 年，民航巾帼劳模有 159 个集体和个人。其中，获得全国劳动模范（全国先进生产 / 工作者）荣誉称号的有 23 名，获得全国五一劳动奖章的有 39 名，获得全国五一巾帼标兵（含建功立业标兵）荣誉称号的有 47 名，获得全国五一巾帼标兵岗（含建功立业示范岗）荣誉称号的集体有 50 个。在民航受表彰的全国劳动模范（全国先进生产 / 工作者）中女性占比 19.5%，在全国五一劳动奖章获得者中女性占比 18.6%。

（二）巾帼劳模荣誉的获评情况

民航巾帼劳模的国家级荣誉称号获评时间主要集中在社会主义革命和建设时期、改革开放和社会主义现代化建设新时期和中国特色社会主义新时代三个时期，改革开放以后人数明显增多，反映出民航巾帼劳模在改革开放经济社会建设中发挥的重要作用（见表 1）。

表 1　不同时期民航巾帼劳模的数量（单位：人 / 个）

称号＼时期	社会主义革命和建设时期	改革开放和社会主义现代化建设新时期	中国特色社会主义新时代
全国劳动模范（全国先进生产 / 工作者）	2	13	8
全国五一劳动奖章	0	26	13
全国五一巾帼标兵（含建功立业标兵）	0	20	27
全国五一巾帼标兵岗（含建功立业示范岗）	0	22	28
合计	2	81	76

（三）巾帼劳模的岗位分布

民航巾帼劳模所在岗位分布广泛。在航空公司方面，有乘务员、飞行员、机务维修、营销、运行指挥和地面服务等岗位人员。在机场方面，有安检、航站楼管理、场务管理、机场运控以及旅客服务和消防急救等岗位人员。在空中交通管理方面，有飞行管制、气象情报、通信、技术保障等岗位人员。此外，还有安全监察、空中安全保卫、油库管理和油料化验以及医疗、高校教学等岗位人员（见表 2）。

表2 民航巾帼劳模的主要岗位

劳模类别	全国劳动模范	全国五一劳动奖章	全国五一劳动奖状	全国五一巾帼标兵	全国五一巾帼标兵岗
所在岗位	乘务员、飞行员、地服、安检、空管、机务维修、机场动力维护、清洁、报务、厨师等	乘务员、营销、地服、安检、空管、机务工程、机坪管理、行李中控、机场建设、油料化验、后勤服务、急救、教学等	乘务员、要客服务、旅客问询等	乘务员、飞行员、地服、安检、营销、空管、空保、运行指挥、飞行签派、安全监察、适航审定、软件工程、医疗、教学等	乘务员、地服、安检、空管、财务、维修工程、油库运行、航站楼管理、急救、客服热线等

二、不同历史时期民航系统巾帼劳模作用

从社会主义革命和建设时期发挥着越来越重要的作用，到改革开放和社会主义现代化建设新时期，再到中国特色社会主义新时代伴随着民航事业的不断发展壮大，女职工“半边天”作用日益凸显，巾帼劳模更是展现了独有的风采。

（一）社会主义革命和建设时期

社会主义革命和建设时期，民航事业在党的领导下探索前行、茁壮成长，为国家经济建设和对外交往作出了重要贡献。伴随着国家经济的逐渐恢复，民航的飞机配置、基础建设和人员培训得到加强，主要城市、边缘地区航线逐步开辟，通用航空业务也陆续开展起来。1955 年夏，为开辟国际航线，民航局在北京应届高中毕业生中招收了 16 名女学员，另从部队调入 2 名女学员，这是新中国民航第一次成批招收和培养空中乘务员，被称为“十八姐妹花”。1956 年在全国先进生产者代表大会上，民航业的女性先进生产者也是大放异彩。王秀英是哈密航空站的清洁员，兼做旅客服务工作，她爱岗敬业、甘于奉献。在日常工作中，她悉心照

顾老弱妇孺，帮着抱孩子、拎东西、烧开水，一直忙到深夜是常事；为了给旅客营造良好环境，她总是把招待所布置得清爽雅静，旅客们赞誉“就像疗养院”一样。天津航空站的谢亮璧努力积累知识，提前做好准备，收报时思想高度集中，耐心细致，不仅反复操练自己的专业技术，还掌握了对方发报的速度及其规律性。自 1954 年 4 月开始，她保持了 23 多个月未发生大小事故，在开展通信工作时，取得了完全消除差错的光荣纪录。这些巾帼劳模对待工作一丝不苟、精益求精，在新中国民航建设初期发挥了榜样作用。

“文化大革命”时期，中国民航发展前期基本处于停滞，后期运输量开始恢复并以较快速度发展起来。到了 1977 年，航线已达到 144 条，其中，国内航线 136 条、国际航线 8 条，通航 11 个国家。这一时期民航女职工在民航发展的跌宕起伏中仍坚守着本职岗位。

（二）改革开放和社会主义现代化建设新时期

中国民航的大发展始于改革开放和社会主义现代化建设新时期，党领导民航进行了系统的市场化改革，中国民航事业快速发展，在经济社会发展中的战略地位和作用日益凸显。党的十一届三中全会以来，邓小平同志对民航改革开放接连作出重要指示，民航管理体制进行重大改革，对外开放走在前面，航空运输需求和发展动力空前迸发，呈现热气腾腾发展的新局面。1978 年至 1985 年，中国民航运输呈现出高速增长态势，航空运输总周转量年均增长率高达 25.4%。进入 20 世纪 90 年代，民航运输的发展速度也进一步加快，随着国际国内通航城市的增加、航线的扩展，越来越多的民航女职工投入忙碌的民航生产运营中。

这一时期，国家颁布出台了一系列保护女职工权益的法律法规和政策，有力维护了女职工的合法权益和特殊利益，保障了女职工的身心健康发展，广大女职工更加积极主动地投入民航事业的发展中来。在民航市场化改革和现代化发展的进程中，女职工队伍得到充分的锻炼，越来越多的巾帼劳模涌现出来。她们在服务旅客时耐心细致、热情周到；在保障飞行安全时临危不惧、挺身而出；在民航建设发展中创新攻关、贡献聪明才智；在5·12汶川地震抗震救灾中坚守岗位、不畏艰险；在迎接和保障北京奥运会等完成重大保障任务时冲锋在前、勇于担当，作出了突出贡献。

1. 面对复杂突发事件，临危不惧、不怕牺牲

20世纪80年代末90年代初，民航安全生产面临复杂形势和风险挑战，面对劫机犯罪等突发事件，民航女职工临危不惧、不怕牺牲、顽强搏斗，以英勇行为和高度责任感保护旅客和飞机的安全。

1982年7月25日，杨继海机组遭遇5名歹徒劫持飞机。乘务分队长许克敏、乘务员盖生兰和贾志梅沉着应对，镇静地同劫机歹徒进行英勇顽强的搏斗，为取得反劫机斗争胜利作出突出贡献。国务院发布嘉奖令，给许克敏记特等功一次，给盖生兰、贾志梅记大功一次；中华全国妇女联合会授予杨继海机组乘务组全国三八红旗集体称号。

1989年4月24日，中国民航南昌独立飞行中队张洪元机组执行宁波至厦门航班运输任务时，遭遇歹徒炸机威胁。机上乘务员张丽萍临危不惧，在被歹徒刺伤后，仍不顾个人安危，与乘客一起制伏歹徒，保证了飞机安全降落。国务院授予张丽萍中国民航模范乘务员称号。

2. 迎接中国民航快速发展浪潮，积极进取、勇于担当

根据中央完善社会主义市场经济体制和深化国有资产管理体制改革要求，2002年，民航开始了以“政资分开、联合重组、机场属地化”为主要内容的新一轮社会化改革，通过加强市场竞争、增强市场活力，满足广大人民群众日益增长的出行需求。2004年，中国当选为国际民航组织第一类理事国。中国民航进入了快速发展时期，并一跃成为航空运输大国。2012年，民航发展被提升为国家战略。

这一时期民航巾帼劳模积极进取、勇于担当。东航客舱部李文丽有一种信念，就是用一辈子做好一件事：“从内心深处喜欢每一个人，了解他们关心什么、需要什么，并尽力帮助他们获得自己的需求。”她自己带着一股韧劲、一份执着踏实做好乘务工作，同时通过李文丽空中服务创新工作室传道授业解惑，采用“树立一个、培养一批、带动一片、造就

一代”的培训路径，带动了东航客舱队伍的成长，打造东航客舱的人才高地，让劳模精神与优秀专业素养薪火相传，不断发扬光大。2005 年，她荣获全国劳动模范称号。

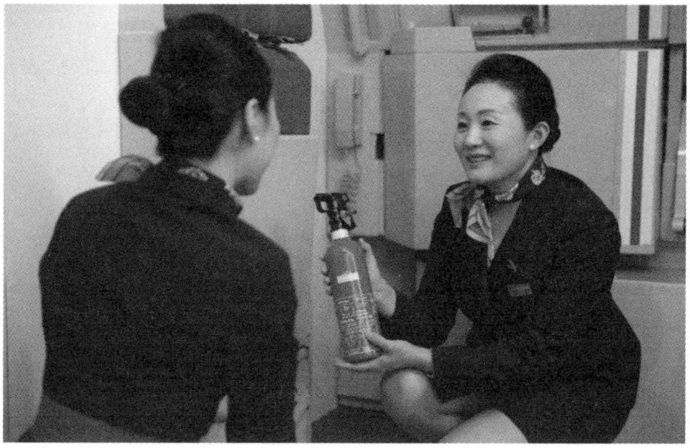

李文丽（右）给乘务员讲解消防安全知识

南航新疆分公司张华时刻保持严谨、认真、负责的工作作风，2002 年她主动承担了 ATR72 机型飞行数据记录器译码的研发工作，建立起一套专门用于该机型飞行数据记录器译码的数据库，并开展了对 ATR72 机型飞行数据记录器译码工作，填补了公司 ATR72 机型译码的空白。2005 年，她着手编写基地成本控制方案，自 2006 年至 2011 年 12 月，南航新疆分公司飞机维修基地节约各类维修费用近 3 亿元。

张华（右）参加 2010 年全国民航五一表彰电视电话会议

民航陕西管理局原第八飞行大队乘务队的郝莉莉、广州白云国际机场建设管理处的许玉洁以及首都机场医院急诊室的纪飞等也都是这一时期优秀女职工的代表，先后获得全国五一劳动奖章。

（三）中国特色社会主义新时代

进入中国特色社会主义新时代，在以习近平同志为核心的党中央坚强领导下，民航事业朝着高质量发展的宏伟目标迈进。无数民航人立足“满足人民群众对美好生活的向往”，以行动践行“人民航空为人民”的思想，不断创新突破。民航女职工把自身成长同中国民航的发展紧密联系在一起，积极践行劳模精神、劳动精神、工匠精神以及“中国民航英雄机组”精神，勇于开拓创新。在新时代民航高质量发展的历史性变革中，一系列具有行业影响力和社会影响力的巾帼劳模与服务品牌不断涌现。

1. 投身高新科技研发，贡献智慧力量

新时代的民航巾帼劳模，以开拓创新精神和主人翁责任感，不断总结提炼岗位工作方法及先进经验，带动更多的女职工提升技能素质，建设知识型、技能型、创新型的劳动者大军。华东地区管理局适航审定处徐逸乐，参与了我国第一款自主研制的喷气式运输飞机 ARJ21-700 合格审定，在全机 398 个条款中，她高效地完成了结构强度和客舱安全专业型号合格审查工作中 31 个条款的审查批准，为国产飞机的腾空贡献了力量。

徐逸乐（前排右二）同国内外专家参加适航审定工作

西安咸阳国际机场的马洁侠主要从事机场供电管理和能源管理工作，她以强烈的工作责任感和与时俱进的创新思维，探索以管理提升效益，加强能源检查及管控，通过考核、技改等措施，三年累计实现节能 1400 余万元。

马洁侠（右）在机场检查设备

全国五一巾帼标兵岗“舞动乾坤”班组由民航气象中心气象信息室 8 名信息技术专业背景的女职工组成，平均年龄 30 岁。她们勤于学习、自觉锤炼，先后获得中国航空运输协会民航科学技术奖二等奖、空管系统“小发明小创造”三等奖等奖项，拥有发明专利 1 项，软件著作权 5 项，充分展现了民航气象女职工的巾帼风采。班组成员还先后开发了“天气雷达拼图格式转换与应用软件”“航空器自动下传气象资料质量控制软件”等多个技改项目。在国产大飞机研制过程中，受中国商飞委托，班组长郭培贤投入大量时间和精力，为其提供预期航线大气温度等气象数据。

2. 打造创新工作室，发挥示范引领作用

巾帼劳模是女职工群体的杰出代表，为广泛传播她们的劳动技能、创新方法和管理经验，充分发挥她们对职工的示范引领作用，女劳模创新工作室应运而生。目前民航已有以巾帼劳模为领衔人的全国示范性劳模和工匠人才创新工作室 1 个、全国民航劳模和工匠人才创新工作室 13

个，占民航同类创新工作室的比例分别为 33% 和 22%。其中有空中乘务方面的吴尔愉创新工作室、李文丽创新工作室、金雯创新工作室、马宏惠创新工作室；有地面服务方面的温馨地服创新工作室；有机场问询导引方面的“翔音”服务创新工作室；有安全检查方面的吴娜创新工作室、陆耀创新工作室、晓强创新工作室；有航空气象分析方面的张华艺劳模（高技能人才）创新工作室；有机场动力能源管理方面的马洁侠、徐长海劳模创新工作室；有行李运维方面的行李创新工作室；有航空油料化验方面的刘永清劳模创新工作室。这些创新工作室是弘扬劳模精神的“扩音器”、解决技术难题的“攻关站”、培养人才骨干的“孵化器”以及展示女职工形象的“新平台”，已经成为行业的名片。

东航地面服务部培训管理部沈莉，始终秉承“螺丝钉精神”，创造着岗位价值。她策划“舌尖上贵宾室”项目，孕育出满足海派文化精致味蕾需求、暖胃又暖心的“东航那碗面”，不仅给旅客带来惊喜与关怀，而且荣登 2019 年世界最佳航空美食榜首。她带领团队将东航温馨地服创新工作室创建为“上海市劳模创新工作室”和“全国民航劳模创新工作室”，工作室通过开展地服培训教研和“浦东机场中转能力提升”“全维度智慧出行服务”等创新项目，强化公司地服教员队伍建设，为公司服务工作高质量发展注入源源不断的动力。

沈莉（中）对团队人员进行培训

以全国劳动模范吴娜为领衔人的吴娜安检组劳模创新工作室位于虹桥机场安检区，工作室以“安全为本、服务至臻”为理念，聚焦旅客安全检查工作，发挥劳模示范引领作用，带领团队不断优化运行流程、提升业务技能、拓宽服务手段，实现安检服务品质的持续提升，分别完成了“T2待检区客流分析系统”“自动验证系统在安检验证中的应用与作用发挥”“‘易安检’检查模式在安检现场运行的实际应用”等技术创新项目。“吴娜示范通道”“季芳通道”等品牌通道成为创新成果转化的平台和人才实训基地。

吴娜在工作岗位

郭雄是首都机场博维公司首都行李系统中控室主管。自2005年大学毕业，她在守护行李领域积累了近20年的运维经验。郭雄将自己多年的运维经验进行总结提炼，自主搭建完成了国内首家“行李模拟处理系统”，开发了机场行李系统运维主管课程，获得国际民航组织（ICAO）认证，填补了行业空白。在她的带领下，首都机场行李创新工作室相继完成“修旧利废”备件国产化、IT监控管理平台、ICAO课程体系开发等项目研发工作，获得6项国家著作权、4项专利和科技成果鉴定。2022年10月，党的二十大在京隆重召开，她再次带队驻扎保障现场，圆满完成各项保障任务。

郭雄驻扎党的二十大保障现场

3. 面对急难险重任务，勇于担当作为

中国民航高质量发展对组织和个人要求更高、压力更大，动力也更足。民航女职工积极参与“提素建功”活动，秉承“人民航空为人民”的理念，在急难险重时刻发挥重要作用。国航金凤乘务组（以下简称金凤组）经过 28 年的发展，成为民航最具知名度的名片之一，以实际行动践行为人民服务宗旨，被誉为蓝天上的雷锋班组。2011 年初，利比亚国内枪炮声四起，中国组织了历史上最大的海外撤侨行动，从 2 月 23 日到 3 月 5 日，国航派出的 28 架次飞行中，均活跃着金凤组的身影；在

金凤组被中宣部授予“时代楷模”称号

2020年新冠肺炎疫情肆虐的时期，金凤组践行“航线就是火线、客舱就是方舱”的战斗精神，完成驰援武汉、接运滞留境外同胞回国、运送医疗专家援非等重要运输任务。2014年，中宣部授予金凤组“时代楷模”称号。

全国劳动模范、乌鲁木齐国际机场安全检查总站的孟晓婧，始终将“执着专注、精益求精、一丝不苟、追求卓越”十六字作为自己的座右铭，长期钻研打磨技能，多次在执勤过程中查获违禁品，成功识破各类伪装和隐匿违禁品事件，将安全隐患查堵在地面关口。2011年，孟晓婧更是成功查堵了一起重大空防安全隐患，有力保障了人民群众的生命财产安全。

执勤过程中的孟晓婧

4. 参与技能竞赛，展示巾帼不让须眉风采

开展技能竞赛，是充分发挥职工群众的积极性、主动性、创造性的重要手段，也是提高职工素质、促进企业发展的重要途径。技能竞赛为推进民航高质量发展提供了有力的人才保障。2014年以来，在民航乘务、客运、地服、安检、空管（管制、气象、情报）、飞行签派、收入结算、机场运行指挥、载重平衡、候机楼服务、应急救护、网络技术、离岗系统前段维护、油料计量统计等岗位职业技能大赛中，都活跃着女职工的身影，先后有12名女职工被授予全国技术能手称号，43名女职工被授予全国民航技术能手称号，许多在比赛中脱颖而出的女职工已成为

某一领域或岗位带头人。

华南蓝天航油公司油料化验员刘永清就是通过技能大赛成长起来的巾帼劳模，她在民航航油化验员职业技能大赛上斩获理论、实操和个人综合成绩三项第一，先后荣获了全国技术能手、全国民航五一巾帼标兵、全国五一劳动奖章、全国三八红旗手等诸多荣誉，并连续当选党的十九大、二十大代表。航空油料化验员是保证航空油料质量、确保飞机安全飞行的重要岗位，刘永清始终恪守“认真、细致、严谨”的承诺，凭着韧劲、钻劲与闯劲，日复一日严谨规范地检验油品，确保检测数据百分百精准无误，守护着民航油品质量的“生命线”。

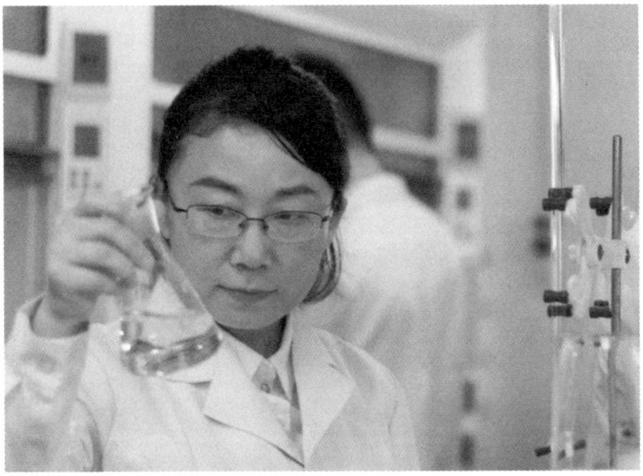

刘永清在检验油品

三、民航系统巾帼劳模成长规律和经验

研究探索民航巾帼劳模的成长规律，发挥好她们的示范引领作用，对于鼓舞带动更多的女职工加入争当巾帼劳模的队伍，推动广大女职工投入民航高质量发展的行动中具有至关重要的作用。梳理不同时期、不同岗位的 159 个民航巾帼劳模集体和个人的成长过程，可以总结出以下规律：

（一）巾帼劳模的成长与中国民航发展同频共振

民航事业的大发展为女职工多领域、多岗位融入民航运输全过程提供了平台，也为培育造就巾帼劳模提供了丰厚沃土。巾帼劳模们无论工种岗位，无论学历高低，都能够树立正确的人生观、价值观、世界观，能吃苦、肯奉献，有强烈的责任心和积极进取精神，有坚韧不拔的毅力和开拓创新能力，始终以高度的主人翁责任感，在日常工作中认真细致、精益求精，面对突发事件英勇无畏、不怕牺牲，在保障国家重大政治任务时初心如磐、彰显担当，与中国民航共同成长、共同进步。

1. 巾帼劳模有着强烈的自我成长意识

民航巾帼劳模是中国民航大发展的参与者和贡献者，她们将自身的成长与民航的发展紧紧联系在一起，坚持学习，更新知识，充分展示了女性坚韧不拔、勤奋好学的优秀品质，展示出强烈的自我成长意识。20世纪50年代天津航空站报务员谢亮璧，日常勤记四码、俄文缩写、天气指示码和一些气象知识，不仅提升自身能力，也帮助对方和电台及时发现和纠正错误。在译电时，采取初译电稿和重点校对的方法，在第一遍译时，把自己平时所记忆的四码或缩写尽量都译上，然后再对把握不大的字或者数目进行复查，这样既提高了工作效率又提升了正确率。“从17岁飞到71岁”的中国飞行时间最长的女机长——洪连珍，她在41岁转业时，虽然已在部队开过各种军用飞机，但面对民航波音737客机，仍是从零开始，仪表盘上的每一个按钮都要学；她放下空军特级飞行员的架子，把飞机驾驶舱的图挂在屋子里，空闲时间都用来学习，英语单词、设备数据、飞行程序等抄满了七本笔记本。功夫不负有心人，洪连珍熟练地掌握了波音737客机各种设备的使用和飞行技术，成长为机长、教员。

2. 巾帼劳模有着共同的敢为人先精神

民航是服务行业，在直面旅客的客舱、值机、营销、安检等服务岗位中，女职工占比较高，涌现出许多巾帼劳模，成为民航亮丽的社会名片。随着航空运输需求和发展动力的空前迸发，飞行、机务维修、空中管制等以男性为主的岗位，也有了女职工的身影，她们以任劳任怨、积极肯干的工作作风，有力证明了性别不是工作岗位的边界。民航西南空管局朱爱东，她以过硬熟练的业务技能，沉着、机智、灵活、果断的指挥技巧和遇事不惊的良好心理素质，在1993年成为全国民航首位塔台女管制员，打破了该岗位一直以来都是清一色男性的局面，她一丝不苟地对待每一架飞机、每一个指令，把女性耐心细致的优势渗入每一个指挥细节，从未出现过管制差错。目前，民航有女性一线管制人员1662人，活跃在空管的塔台、进近区域管制等岗位。南航新疆分公司张华，她抱着不服输的倔强劲从事航线维修和飞行数据记录器译码工作23年，克服了难以想象的高温严寒等困难，成为一名合格的“飞机医生”。现在民航持民用航空器维修执照的女性维修人员近3300名，占比约4.8%。此外，民航女性飞行员的数量也逐年增加，目前公共运输航空公司已有女性飞行员394名，占比0.74%，体现了民航女性巾帼不让须眉的精神担当。

3. 巾帼劳模有着浓厚的“传帮带”团队意识和责任担当

民航运输链条长、环节多，许多工作如地面安检、行李装运、客舱服务等，都需要团队共同完成，这也造就了民航浓厚的团队意识和“传帮带”的优秀传统，涌现出了金凤组、民航气象中心气象信息室“舞动乾坤”班组等典型团队代表和以巾帼劳模为领衔人的劳模创新工作室。巾帼劳模们在团队中快速成长，脱颖而出，而后通过带队伍“传帮带”，反哺团队，持续发挥劳模的影响力和带动作用，将巾帼劳模精神薪火相传，不断提升团队的整体能力。上海浦东国际机场航管部现场运行值班长史志瑛，扎根基层一线服务岗位，以创新工作室为平台，带领团队先后推出“五方联手”等创新服务举措30余项，她坚持“传帮带教”，注重发挥示范引领作用，牵头撰写5万余字培训教材，每年培训达到1千人次；东航客舱部张晓忻，是李文丽空中服务创新工作室核心成员之一，是东航首批空中高级服务专家、2016年度东航首席技师，她是李文丽“传帮带”的受益者，现在成长为新的“传帮带”责任人，她在航班实践中结合工作室特点及工作要求，敢于开拓、勇于创新，以过硬的业务技能和丰富的带班经验，多次执行重要航班，包括每年的两会包机、利比亚撤侨任务、航线审计、罗马首航、凯恩斯首航以及中外各国首脑专机、凌燕标杆航班等，得到各方好评。

（二）完善的评选表彰和管理服务体系是巾帼劳模成长的重要保证

改革开放以来，巾帼劳模不断涌现，梳理总结可以看出，完善的巾帼劳模评选表彰和管理服务体系为劳模的成长提供了重要保证，具体表现为：

1. 重视制度引导，保证女职工建功立业活动的持续性、时效性

20 世纪 90 年代初，随着我国社会主义市场经济体制的建立，女职工工作的重点逐步转移到经济建设的轨道上，1993 年围绕民航局党委开展“1993 年安全年”活动，全国民航工会女职工委员会组织女职工开展“飞行在我这里保安全，航班在我这里保正点，旅客在我这里保满意”劳动竞赛，自此以后，“三保”就一直是民航女职工建功立业的主题。2009 年，全国民航工会女职工委员会出台了《民航系统争做“女职工建功立业标兵”和争创“女职工建功立业示范岗”办法》；2012 年以后，按照全国总工会女职工委员会的部署要求，结合民航新时期中心工作任务，又先后修改、修订下发了《争做“全国民航五一巾帼标兵”和争创“全国民航五一巾帼标兵岗”办法》。这些制度一直引导推动着女职工在本职工作岗位上保持着积极进取的精神。

2. 积极搭建平台，助力女职工建功立业活动深入开展

从 20 世纪 90 年代初组织开展女职工主题劳动竞赛，为女职工搭建建功立业平台，到 2000 年以后，将女职工建功立业活动纳入同级工会开展的经济技术创新活动中一体推进，女职工建功立业的平台更大，展示风采和脱颖而出的机会更多。参加劳动竞赛、岗位练兵、技术比武，激发了女职工学习知识、掌握技能的热情，广大女职工立足本职、钻研技术、苦练技能，职业素养和业务技能不断提升，巾帼劳模的数量也随之不断增加，如安检员周永琴、雷凯、吴娜，油料化验员刘永清、冯海霞，空管气象预报员方纯纯，管制员任艳，收入结算员刘晶晶等都是在技能大赛中脱颖而出的巾帼劳模。

3. 全方位关心关爱，大力助推巾帼劳模不断成长

一直以来，全国民航工会女职工委员会在全国民航工会和全国总工会女职工委员会的领导下，围绕民航和工会的中心工作，突出女职工特点特色，十分重视巾帼标兵的关心关爱工作，始终坚持以为巾帼标兵办实事、办好事为出发点，通过走访基层，切实帮助巾帼标兵解决实际问题，维护她们的合法权益和特殊利益。2012 年，全国民航工会女职工委员会将关心关爱巾帼劳模工作进一步制度化，制定实施《中国民航工会服务关爱巾帼标兵（岗）计划》《工会女职工干部走访巾帼标兵、标兵岗制度》，建立标兵成长培养激励机制、标兵精神弘扬宣传机制、标兵脱产学习培训机制、标兵示范带动引领机制、标兵直接联系工作机制、标兵关爱解忧帮扶机制、标兵电子信息档案管理机制、实施关爱计划层层联动机制共八个机制，全方位为巾帼劳模创造良好的成长环境，形成了争当巾帼劳模的良好氛围。全国民航工会女职工委员会坚持落实两项工作制度，结合工作实际走访、慰问基层一线巾帼标兵、标兵岗，倾听她们的心声，了解她们的需求，帮助反映解决她们工作中遇到的困难和问题，为她们持续成长提供支持。2012—2021 年，全国民航工会共举办全国民航五一巾帼标兵（岗）培训班 7 期，培训 541 人，培训注重思想政治引领、注重巾帼劳模工作法的总结提炼、注重发挥巾帼标兵们“聚是一团火，散是满天星”的示范引领作用，提升了巾帼标兵们的职业素养，促进了先进工作经验的交流和推广。

4. 强化创新引领，充分发挥创新工作室辐射带动作用

随着改革开放步入 21 世纪，作为经济技术创新实践载体的劳模创新工作室应运而生，并得到广泛发展，为巾帼劳模进行科学研究和技术创新提供了新的平台，民航有以巾帼劳模名字命名的创新工作室 13 个，为促进她们的影响效应和引领价值最大化，全国民航工会多次组织召开女劳模创新工作室经验分享会，通过开展“讲述‘我的职场故事’”活动，促进巾帼劳模先进工作理念、工作方法的传播辐射。巾帼劳模在创新实践中的示范引领作用和骨干带头作用得到充分发挥。

四、学习宣传贯彻党的二十大精神，推动民航巾帼劳模新发展

党的二十大高举旗帜、凝聚力量，引领复兴、兴党强国，吹响了民航业以高质量发展为全面建设社会主义现代化国家、全面推进中华民族伟大复兴而团结奋斗的总号角。学习宣传贯彻党的二十大精神，是当前和今后一个时期的首要政治任务。新时代新征程上，必须始终将高质量发展作为中国民航的内在要求和必然选择，凝聚起团结奋斗的强大精神动力，大力弘扬劳模精神，以劳模的先进思想和高尚情操影响带动和激励民航广大职工开拓奋进、建功立业，为加快推动行业高质量发展、奋力谱写交通强国民航新篇章汇聚起强大的正能量。

（一）坚持巾帼劳模工作正确的政治方向

党的十八大以来，习近平总书记高度重视劳模工作，多次作出重要指示，指出：“一定要在全社会大力弘扬劳模精神、劳动精神，大力宣传劳动模范和其他典型的先进事迹，引导广大人民群众树立辛勤劳动、诚实劳动、创造性劳动的理念，让劳动光荣、创造伟大成为铿锵的时代强音，让劳动最光荣、劳动最崇高、劳动最伟大、劳动最美丽蔚然成风。”2018 年，习近平在会见“中国民航英雄机组”时指出：“伟大出自平凡，英雄来自人民。把每一项平凡工作做好就是不平凡。新时代中国特色社会主义伟大事业需要千千万万个英雄群体、英雄人物。学习英雄事迹、弘扬英雄精神，就是要把非凡英雄精神体现在平凡工作岗上，体现在对人民生命安全高度负责的责任意识上。”习近平总书记有关劳动模范和劳模精神的重要论述，为新时代巾帼劳模工作指明了方向。

（二）坚持巾帼劳模工作服从服务于民航高质量发展

作为女职工工作、工会工作的重要内容，坚持服务中心、围绕大局，是巾帼劳模工作的核心意旨。巾帼劳模的选树和成长，都要紧紧服从服务于民航发展的工作大局。在民航事业发展的进程中，巾帼劳模工作始终把服从服务于民航中心工作作为自己的奋斗目标，在中心工作中找准位置、发挥作用，引领广大女职工为完成民航中心任务而努力奋

斗。在新时代，巾帼劳模工作仍然服从服务于民航发展，紧紧围绕民航“十四五”规划目标，为激励广大女职工在为实现民航高质量发展奋斗的历史进程中发挥更大作用。

（三）坚持不断创新巾帼劳模工作的方法和手段

纵观民航巾帼劳模工作的发展历程，在不同时期，工会女职工组织创造了许多具有时代特点的方法和手段，来适应民航中心工作对巾帼劳模工作提出的新要求。无论是劳动竞赛、岗位练兵、技术比武还是建设“女劳模创新工作室”，各种创新方法手段的引入，都是为了更好地激励女职工的成长，充分发挥巾帼劳模的示范引领作用。当前，民航正在深入学习贯彻党的二十大精神，安全有序恢复航空运输市场，增强民航服务国家战略承载力，面对新的重大任务，尤其需要巾帼劳模工作加大创新工作方法和手段，发挥先进典型示范引领作用，激发女职工的工作荣誉感和责任感，使她们更加积极主动地投身到民航高质量发展的伟大事业中。

新时代召唤新梦想，新梦想开启新征程。实现第二个百年奋斗目标的号角已经吹响，在以习近平同志为核心的党中央坚强领导下，民航工会女职工组织将大力弘扬和践行劳模精神、劳动精神、工匠精神，激发女职工的创造力和凝聚力，推动广大女职工在谱写交通强国民航新篇章的伟大实践中绽放出更加绚丽的光彩。

参考文献

［1］中国工会运动史料全书（民航卷）［M］. 北京：中国民航出版社，1998.

［2］中国民航工会史料选编（1994—1998）［M］. 北京：中国民航出版社，1999.

［3］中国民航工会第三届委员会史料汇编（1996 年 12 月—2003 年 6

月）[M]. 北京：中国民航出版社，2003.

[4] 中国民航工会第四届委员会史料汇编（2003年7月—2008年12月）[M]. 北京：中国民航出版社，2009.

[5] 中国民航工会第五届委员会史料汇编（2009年1月—2014年7月）[M]. 北京：中国民航出版社，2014.

[6] 中国民航工会第六届委员会史料汇编（2014年8月—2019年12月）[M]. 北京：中国民航出版社，2020.

[7] 中国民用航空局综合司. 鲲鹏展翅 远攀高飞——中国民航改革开放40年[M]. 北京：中国民航出版社，2022（7）.

[8] 李军，林明华. 中国民用航空史[M]. 北京：中国民航出版社，2019.

金融篇

金融巾帼谱写
时代赞歌

崇尚劳动是中华民族的光荣传统，劳动模范评选是社会主义国家的独特文化现象，彰显了党和国家对劳动人民及其所创造的劳动价值的肯定。伴随着新中国的成长，中国经济的腾飞，我国金融业在改革创新中不断发展壮大，金融机构和从业人员数量大幅增加，巾帼劳模在金融行业领域内务实创新、开拓进取，她们以卓越劳动凝结而成的劳模精神、劳动精神、工匠精神，在金融领域充分发挥模范带头作用，成为推动社会经济发展的引擎动力。她们既是国家经济发展的栋梁，金融事业的追梦人，也是社会家庭中的定盘星，推动和谐社会发展的精神力量。

一、不同历史时期金融系统女劳模基本概况

中国金融工会成立于 1951 年 11 月，1992 年按照联合制、代表制原则召开中国金融工会第一届全国委员会，选举新的领导机构，从此确定了中国金融工会组织以金融产业工会为主的组织领导体制。从 1951 年 10 月成立至今，中国金融工会已成为银行、证券、保险行业全覆盖，拥有 36 家会员单位约 500 万金融职工（女职工占比接近 50%）的全国性产业工会。

中国金融工会成立以来，金融系统共有 441 名职工获得全国劳动模范和全国先进工作者荣誉，其中女性 140 名，占比 32%；共有 296 名职工获得全国五一劳动奖章，其中女性 111 名，占比 37.5%。

截至 2022 年，金融系统有 1 个单位获得过全国五一巾帼奖，359 个单位获得全国五一巾帼标兵岗，253 名女职工获得全国五一巾帼标兵（见图 1）。

（一）行业分布

全国劳动模范和全国先进工作者中有 131 名来自银行业，占比 93%；5 名来自保险业，占比 4%；4 名来自证券业，占比 3%（见图 2）。据统计，2012—2022 年金融行业 51 名女性全国五一劳动奖章获得者中，银行业 38 名，占比 74%；保险业 11 名，占比 22%；证券业 1 名，占比 2%；其他金融机构 1 名，占比 2%（见图 3）。

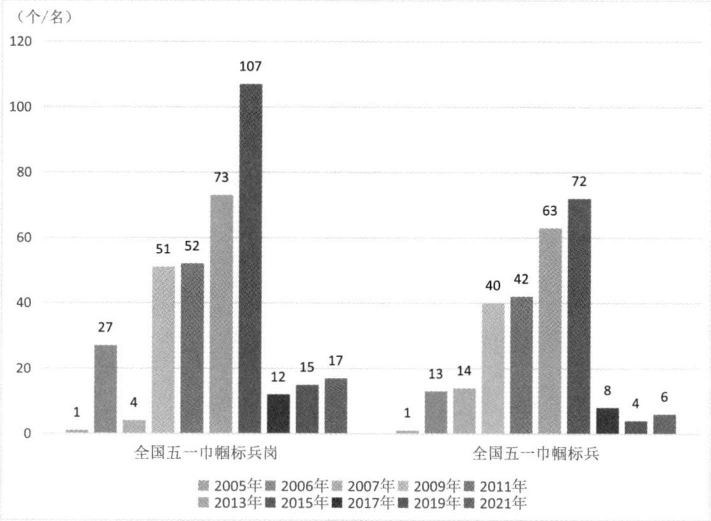

图1　金融行业获评全国五一巾帼标兵（岗）情况

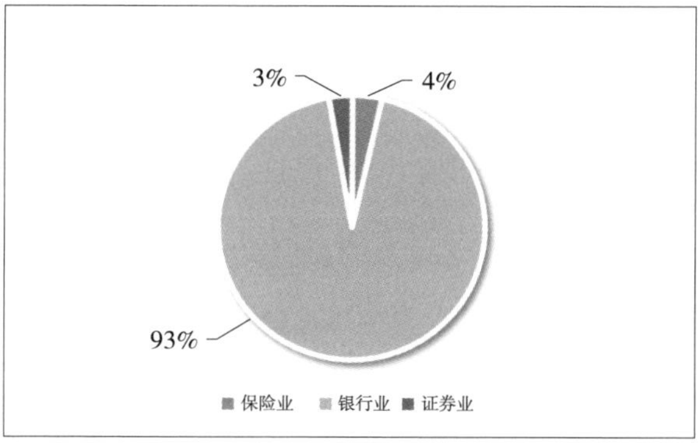

图2　金融行业获评全国劳动模范和全国先进工作者所在行业占比

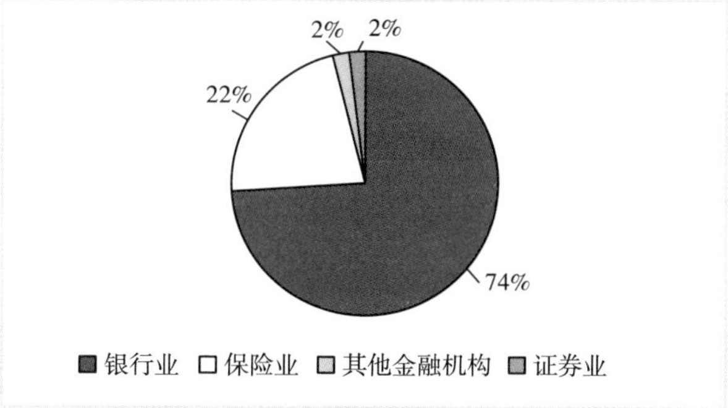

图3　金融行业获评全国五一劳动奖章所在行业占比

（二）政治面貌

51 名全国五一劳动奖章获得者中，中共党员 44 名，占比 86%；民主党派成员 1 名，占比 2%；群众 6 名，占比 12%。据统计，从 2011 年至今中国金融工会推荐获评的 46 位全国五一巾帼标兵中，中共党员 41 人，占比 89.1%；群众 5 人，占比 10.9%。

（三）年龄结构

51 名全国五一劳动奖章获得者中，50 岁（含）以上 22 人，占比 43%；40—49 岁 17 人，占比 33%；30—39 岁 12 人，占比 24%。46 位全国五一巾帼标兵中，50 岁（含）以上的 6 人，占比 13%；40—49 岁的 24 人，占比 52.2%；30—39 岁的 16 人，占比 34.8%。

（四）教育程度

51 名全国五一劳动奖章获得者中，博士研究生学历 1 人，占比 2%；硕士研究生学历 14 人，占比 31%；大学本科学历 31 人，占比 56%；大学专科学历 4 人，占比 9%；高中（中专）学历 1 人，占比 2%。46 位全国五一巾帼标兵中，博士研究生学历 1 人，占比 2.2%；硕士研究生学历 12 人，占比 26.1%；大学本科学历 23 人，占比 50%；大学专科学历 9 人，占比 19.5%；高中（中专）学历 1 人，占比 2.2%。

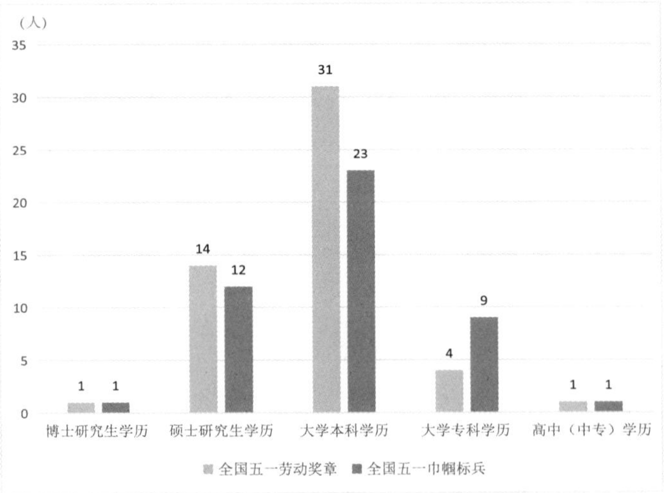

图 4　全国五一劳动奖章和全国五一巾帼标兵受教育程度

二、金融系统女劳模在不同历史时期的特点及风采

（一）金融初建勤探索，撑起行业“半边天”

新中国成立伊始，百废待兴，构建符合国情的银行体系成为探索新中国经济体制机制的首要任务。根据“边接管、边建行”的方针，中国人民银行在接管官僚资本银行的同时，迅速建立了各地中国人民银行的分支机构，建立了以中国人民银行为核心的金融体系。1949 年底中国人民银行建立了华东、中南、西北、西南 4 个区行，40 个省、市分行，1200 多个县（市）分行及办事处。加上中国银行、交通银行和中国人民保险公司，在全国设有金融机构 1380 个，职工 8 万余人。金融行业女职工主动参与社会生产，为金融经济的恢复和发展贡献自己的力量，撑起行业“半边天”。

新中国成立初期，党和国家领导人高度重视金融经济的发展，关心关怀金融行业先进代表。1956 年先后召开了全国储蓄先进工作者代表会议、全国农村金融者代表会议、全国信贷结算先进工作者代表会议，这三次会议受到了党和政府的高度重视，1994 年中国金融工会以《关于对安徽省金融工会对参加 1959 年以前中国人民银行总行召开的各类先进表彰会议代表能否享受省级劳模待遇的请示的复函》（金工函字〔1994〕02 号）明确 1959 年前参加过全国金融系统信贷、结算、储蓄等表彰会的正式先进工作者，经组织认证，可享受省（部）级劳模待遇。

这一时期，金融系统获得全国劳动模范、全国先进工作者荣誉的女劳模主要是人民银行基层职工，百折不挠、艰苦奋斗，无私奉献、勤勤恳恳的“老黄牛”形象是这一时期女劳模的真实写照。

她们有的是来自印钞造币车间的一线工人，以国营五四一厂的杨梅莲为代表的女劳模们带着获得解放的政治热情和生产热情，不计报酬，日夜班无缝对接，她们在生产中总是“以一当十”，劳动热情绝不输于男性，尽管当时生产条件艰苦，但她们始终不怕苦、不怕累，在提高操作技能和熟练程度、提升技术水平和生产能力、提出合理化建议和总结推

广先进经验等方面作出了突出贡献。

她们有的来自银行储蓄所、办事处，是银行业务办理的窗口和形象代表，是业务流程和服务水平的标尺，她们以劳动奉献为荣，以集体意识为重。那时最能体现银行柜台业务办理效率的技能水平就是点钞和打算盘，为了提升服务能力，她们以行为家，苦练本领，用艰苦奋斗的劳动观念、朴实无华的劳动态度、勤勉卓越的劳动实践，生动诠释了巾帼劳模的时代风采。

（二）投身建设谋发展，巾帼豪迈谱赞歌

1978 年，党的十一届三中全会把全党工作重点转移到经济建设上来。在邓小平同志“要把银行真正办成银行”思想的指引下，我国开始了有计划、有步骤的金融体制改革。20 世纪 90 年代初，上交所和深交所相继成立，直接推动中国资本市场迈出关键一步。改革开放以来，与社会主义市场经济相适应的现代金融组织体系、金融市场体系、金融调控和监管体系基本建成，对支持经济社会发展、深化体制改革和维护社会稳定发挥了重要作用。在改革开放和经济体制变革中金融行业涌现出一大批务实苦干、创先争优的巾帼劳模，她们是先进生产力的优秀代表，她们的突出贡献也奠定了社会发展的方向。

“摸着石头过河”是这一阶段经济金融工作的重要特征，中国的经济、金融体制在“行政计划”和“市场配置”路径下探索性前进，并初步形成了较为健全的金融体制和金融结构，在社会主义现代化建设的征程上，在劳模精神的引领鼓舞下，巾帼劳模以高度的主人翁责任感、卓越的劳动创造、忘我的拼搏奉献，用勤劳和汗水、智慧和创新，谱写出一曲曲可歌可泣的动人赞歌。这个时期，金融系统对女劳模的培养不再局限于技术岗位的一线工人，很多具有科技本领、管理技能、调研能力、经济法律专业知识的先进女职工成为劳模的典型代表，丰富了劳模精神的内涵。

1. 业精于勤，在平凡岗位上铸就不凡

在基层一线的金融巾帼劳模很多是在前台柜员岗位一干就是十几年，

在基层一线成长起来的她们，始终坚持“以岗位为平台，以客户为中心”的现代金融工作理念，她们业务精湛、锐意进取，用在基层一线历练出的职业素养、职业能力、职业品质，为经济社会发展和金融体制改革作出杰出贡献。先后荣获全国劳动模范、全国金融五一劳动奖章、中国工商银行十佳杰出青年的张晓勤就是她们中的优秀代表。她凭借着业精于勤的拼搏精神，磨炼出过硬本领，先后摘取了工行河南省分行技能大赛综合柜员四项全能第一名、安阳市银行金融机构支付结算办法电视大赛第一名等 30 多项业务技术比赛荣誉。光环之下，不为人知的是她每天服用止痛片熬过来签订的全省第一单资产管理计划协议，是独自连夜驾车赶往林州营销全行第一单特需医疗金业务。“把每一件简单的事做好就是不简单，把每一件平凡的事做好就是不平凡”，她就是用这样一句朴实的话诠释着女劳模的初心与担当。

2. 柔肩担当，绽放生命最美芳华

金融巾帼劳模不仅是在金融行业，在本职工作中作出突出贡献，她们当中还有用柔弱身躯捍卫国家财产安全的全国见义勇为先进分子。中国农业银行四川广元分行储蓄所徐灵英，面对持刀抢劫储蓄所的歹徒，她第一时间报警呼救，为拖住歹徒，她生生被拉掉 2 颗门牙，身中 27 刀，当人们扶起昏迷在血泊中的徐灵英时，她唯一完好的左手里，死死攥着的是从歹徒手里抢回的浸透了鲜血的现金，她醒来说的第一句话是“钱追回来了没？库款有损失吗”，由于报警及时，歹徒被抓获，劫款也全部被追回。

徐灵英

（三）砥砺奋进新征程，民族复兴绽芳华

党的十八大以来着力提高巾帼劳模工匠地位，全国劳动模范和全国

五一劳动奖章中的女职工比例持续得到保障。巾帼劳模是新时代中国女性的典型代表，她们身上体现了昂扬向上的精神风貌和社会主义核心价值观，是伟大事业的建设者、社会文明新风的倡导者。

金融行业取得历史性成就的十年，持续深化金融供给侧结构性改革，稳步扩大金融开放，不断改进金融管理和服务，有力推动了经济高质量发展。金融行业女劳模大力弘扬劳模精神、劳动精神、工匠精神，适应当今世界科技革命和产业变革的需要，勤学苦练、深入钻研，勇于创新、敢为人先，不断提高技术技能水平，为推动高质量发展、实施制造强国战略、全面建设社会主义现代化国家贡献智慧和力量。

进入 21 世纪以来，随着金融行业的发展，金融产业队伍不断壮大，以知识创造效益、以科技提升竞争力，实现个人价值、创造社会价值成为金融广大职工的价值追求，知识型、创新型、技能型、专家型成为金融劳模鲜明时代特征。

1. 攻坚克难，维护金融稳定发展

2012 年开始，中国特色社会主义金融体系发展进入快车道，中国金融的改革也步入新阶段。在大数据技术、区块链等的发展下，金融业创新和改革层见叠出，金融风险管理被摆在了更加重要的地位，中国的金融业开放也进入了加速期。金融行业也涌现出一批巾帼监管精英。她们始终坚持金融监管与服务并重的工作原则，积极争取地方党政支持，她们通过深入基层走访调查，研究制定监管措施，有效遏制了区域金融风险，确保一方金融平安和社会稳定。其中就有人民银行县支行的李远雪，她研究撰写的《依法维护银行债权，促进企业产权制度改革》获得了中国生产力学会科学技术生产力专业委员会软科学成果应用转化评价证书。在围绕打好“三大攻坚战”，防范化解金融风险专题竞赛中也有一批巾帼参与者和实践者，她们来自行业各条战线，如业务发展、服务技能、安全保卫、科技信息、风险管理、法律合规、网络安全等条线，深耕主业创新发展，带动掀起全系统技能竞赛的新热潮，促进创新成果的推广、转化和技术交流。

2. 精益求精，工匠精神发扬光大

金融行业巾帼劳模工匠，是甘于创新奋斗的杰出代表，她们传承劳模精神、劳动精神、工匠精神，刻苦钻研、砥砺奋进，争做担当民族复兴重任的时代新人，用劳动创造美好未来。中国印钞造币总公司人民币雕刻师马荣在钞票原版雕刻专业领域的成就达到巅峰，被称为国宝级的人民币雕刻师，她用女性特有的艺术美感，刚柔并济的精雕细刻，研究首创了“雕刻潜藏拦墨线”，出色完成了第五套人民币 1999 版 50 元以下各面值主景人像雕刻，并在行业领域先后获得了 2015 年“蓝盾杯”中国安全防伪“终身成就奖”，2017 年“821A 品设计开发第二届科技成果特等奖”。她常年伏案工作已是周身疼痛，但她心中仍想着传承，为一代新人实现“空中加油”的高级培训是她的新目标，她将自己多年的创作心得，编写成系列化专业教材，制定详细的培训计划传授新型数字化雕刻原理和操作方法、步骤。在金融行业像她这样具有工匠精神的精、尖人才还有很多，她们忠于职责、行胜于言，她们不断精进、领军行业，深刻诠释了只要心中有责、心存热爱，定能托举梦想。

马荣在设计雕刻室进行手工雕刻创作

三、金融系统女劳模的成长规律

从新中国成立创业之初的手拉肩扛到如今的大数据；从永不褪色的“铁人精神”到赶超一流的“载人航天精神”……伴随着社会发展和科技

进步，劳动方式在不断改变、劳动内容在不断丰富。劳模精神在变化中被赋予不同时代元素，但用劳模引领社会大众投身社会主义建设事业的导向作用始终不变，必须始终传承弘扬劳模精神，促进劳动模范示范引领作用永续传承。

金融工会深入学习宣传贯彻党的二十大精神，以习近平新时代中国特色社会主义思想为指引，准确把握党的二十大对工人阶级和工会工作、妇女工作作出的新部署新要求，激励女劳模工匠发挥示范引领作用，团结带领广大女职工为全面建设社会主义现代化国家、全面推进中华民族伟大复兴贡献巾帼力量。

（一）凝聚“她力量”——内外兼修　选树典范

1. 以创建、创争活动培养人才，激发活力

为深化金融系统女职工“学先进，比贡献，立足岗位建新功”竞赛活动，进一步调动女职工的积极性和创造性，发挥女职工在金融改革和社会主义精神文明建设中的重要作用，中国金融工会全国委员会决定，在一线窗口服务单位女职工中先后开展创建全国金融系统“女职工双文明示范岗”“女职工文明示范岗”活动，并于2001年、2005年先后下发了《关于印发〈创建全国金融系统“女职工双文明示范岗”试行办法〉的通知》（金工发〔2001〕17号）、《关于印发〈创建全国金融系统“女职工文明示范岗”活动办法〉的通知》（金工发〔2005〕1号）。创建活动自2001年开展以来，在金融行业逐步深入，并逐步形成了申报、评审、命名、表彰、考核、认定的评比机制，以提高女职工素质、提供优质服务、树立金融行业新风、创业建功成才为内容，涌现出60个先进集体，参与创建活动的女职工达50万人。

为深入学习习近平新时代中国特色社会主义思想，落实中国工会十七大、中国妇女第十二次全国代表大会目标任务，团结凝聚金融女职工践行新思想、展现新作为、建功新时代，2019年下发了《关于开展“全国金融五一巾帼标兵岗（标兵）”创争活动的指导意见》，该指导意见强调了创争活动的指导思想、重要意义，明确了创争目标、创争措

施和创争标准。中国金融工会设立全国金融五一巾帼标兵岗和全国金融五一巾帼标兵 2 个荣誉称号，每 2 年评选 1 次，并对在创争活动中涌现出的先进集体和个人大力进行表彰。被推荐单位获得全国总工会授予的全国五一巾帼标兵岗荣誉称号的，中国金融工会同时授予全国金融五一劳动奖状或全国金融先锋号荣誉称号；获得全国总工会授予的全国五一巾帼标兵荣誉称号的，中国金融工会同时授予全国金融五一劳动奖章。

2. 精心培养典型，总结推广经验

通过不断完善相关评选制度，坚持公平、公开、公正的原则，扎实推进金融产业女劳模选树、宣传工作。一是加强领导。从服务党和国家工作大局、服务金融中心工作、服务金融改革发展全局出发，充分认识开展创建、创争活动的重要性和必要性，把创建、创争活动纳入工会工作统一部署、重点推进、同步考核、规范管理，从组织上、制度上予以保障。二是抓好落实。制定切实可行实施方案和制度，精心组织实施，分级抓好落实，开展督促检查；强化问题导向，拓宽思路，创新载体，丰富内容，常做常新。三是宣传引导。通过举办交流会、研讨会、报告会和专题培训等多种形式，大力宣传、推广、总结创建、创争活动中涌现出的先进典型和经验做法，努力营造比学赶帮超的良好氛围，充分调动女职工参与创建、创争活动的积极性和主动性。

3. 组织学习教育培训，不断提升自我能力

广泛开展提素建功活动。组织动员广大女职工积极参与各种类型的岗位练兵、业务创新和技能竞赛，为女职工创造脱颖而出的机会，营造立足岗位创先争优的良好氛围。以技能竞赛形式创新开展“管理创意、业务创新和服务创优”活动，积极组织动员广大女职工参加“强合规、防风险、促发展”“比业绩 防风险 促发展”“出彩阳光人”等各项竞赛活动；通过创建一批有影响的女职工劳模工作室，选树一批岗位技能标兵，在女职工中掀起“人人争当业务能手”热潮，鼓励和培养出一大批业务骨干、业内精英、巾帼楷模。

以金融职工之家服务号为主平台，在“惠服务”模块下设置“金融玫瑰大课堂”独立栏目。以讲故事的形式，灵活运用视频及图片资料，宣传和展示业务骨干、巾帼劳模风采，推动开展社会主义核心价值观主题活动。开设金融知识微课堂，借助消费者权益保护局、银行业协会、保险业协会和金融机构专业力量与资源，把社会焦点、群众关切与金融服务、金融知识相结合，带动金融机构及金融劳模履行社会责任。

利用“三八”妇女节特殊时间节点开展“三八大课堂”活动，从2019年开始，先后围绕“金融建功新时代”“幸福力实践活动”“悦读畅享读书征文活动”，再到2022年“最美金融家庭 最美金融巾帼人”展示活动，“三八大课堂”一直在多角度多维度发掘金融系统女职工的亮点，成为引导和带动金融系统工会女职工工作的一本教科书。

推进结对子帮扶工作落实落细，充分发挥金融女劳模深入基层、扎根基层的特点，通过与困难女职工结对子形式，实打实、心贴心帮扶困难女职工。2019年举办全国金融系统女职工“面对面 手拉手 心贴心”结对子帮扶座谈会，交流推广了女先进模范、女领导、女工会干部与困难女职工特别是单亲困难女职工开展一对一“结对子”帮扶经验和工作模式，金融系统女职工结对子数达到8743对，对金融系统帮扶送暖活动起到了积极的推动作用。

（二）致敬“她力量”——提升对女劳模精神力量的认知

金融系统上下努力营造尊重劳模、关爱劳模的精神氛围，始终做到既要整体把握、全面系统，又要突出重点、抓住关键，在提升劳模地位、落实劳模待遇方面则强调掌握精髓，落到实处。为提升广大职工对女劳模精神崇敬，把着力点聚焦到女劳模精神力量的宣传上，为新入职职工开设劳模讲堂，分享平凡岗位上孕育非凡业绩的女性劳模故事；举办女劳模先进事迹报告会，充分发挥女劳模示范引领作用。通过组织开展宣讲活动，把社会主义核心价值观融入金融职工群众的理想信念教育中，让女劳模精神进系统、到岗位，营造鼓励创造、崇尚知识、尊重劳动模范的金融行业文化，让广大金融职工摸得着、看得见、可复制，从而极大地激发广大金融职工群众努力工作、积极向前的动力，促进金融产业整体素质的提升，使女劳模精神成为金融系统新时期建设发展的主旋律。

2022 年 10 月 16 日，中国共产党第二十次全国代表大会在北京隆重开幕，金融系统女劳模参会代表全部来自基层单位，且主要是在一线服务的普通职工。其中，中国工商银行新疆乌鲁木齐新民路支行副行长李鹏是第二次参加党的全国代表大会，中央广播电视总台中国之声《新闻和报纸摘要》、央广网 10 月 13 日在“二十大代表风采”栏目报道了李鹏，《经济日报》分别于 10 月 19 日、10 月 23 日在“欢庆党的二十大特刊”中报道了中国农业银行新疆铁门关兵团分行库尔勒香梨大道支行柜面经理自来汗·艾麦尔江和冯灵芝。在接受采访时，她们纷纷表示要深刻学习领会党的二十大精神，将会议精神原原本本带回去，在各自不同的岗位上，结合实际，认真履职，深入践行新发展理念，金融为民理念，发挥好“传帮带”作用，不断拓展金融服务广度和深度，全力为“中国式现代化”建设奉献巾帼力量。

（三）弘扬“她力量”——搭建立体平台 扩宽宣传渠道

1. 充分利用多元宣传渠道，提升女劳模精神转化成果

为加强女劳模精神宣传阵地建设，金融系统不断丰富宣传载体和方式，不断扩大女劳模精神的辐射范围。在线上渠道形式中，采取职工群众喜闻乐见的形式，使宣传报道更接地气、更动人心，引导广大金融系统职工奋勇前进；利用金融系统的微信矩阵、互联网媒体宣传等形式，把网络传播平台作为女劳模精神宣传的重要阵地，以文字、图片、视频等资料对女劳模优秀事迹进行宣传，从意识形态层面牢牢地树立女劳模精神的示范引领作用；在线下宣传渠道中，不局限于传统的“劳模讲习堂”“先进走基层”等品牌活动，充分把握新时期女劳模工作的特点和利益诉求，创新方式方法，把对女劳模的关心关爱努力落到实处，组织开展了“致敬金融劳模”系列关爱行动，为劳模搭建分享平台，与广大职工面对面推广先进理念、做法和经验。

构建劳动模范创建平台，激发职工群众的工作活力，促进金融行业

健康稳定发展。开展金融工匠评选活动，推进职工素质提升，推动建设一支知识型、技能型、创新型金融队伍，凝聚和激励广大职工群众为推动金融产业发展创造辉煌。

2. 整合资源，为女劳模搭建更好的服务保障平台

在政策红利下，不仅激活了金融产业发展的“她力量”，还让更多女性职工活跃在新时代的舞台。金融行业充分发挥了工会“娘家人”的作用，为女劳模提供了多样化暖心服务，实施常态化服务举措，不断提升女劳模群体的幸福感和获得感。

依托金融产业优势，整合产业媒体宣传、主题学习教育、服务保障等多方资源，联合推动现有女劳模服务体系转型升级，打造集评选、宣传、服务等于一体的金融巾帼风采展示的平台。充分发挥劳模在建功“十四五”中的示范引领作用，让女劳模能够发挥自身主观能动性，传播巾帼好声音；以自身高尚的品德、出色的成绩赢得行业的爱戴，成为金融系统广大职工的榜样，引领女职工在自己的岗位上满腔热情地投入工作，引领广大女性职工建功立业。

3. 梳理品牌做好劳模精神阵地建设，形成联盟效应

充分运用金融产业中“文化”“劳模”“阵地”三张牌，让“劳动创造幸福，实干成就伟业”的声音响彻金融防线，不断扩大金融系统职工思想政治引领的根据地，使得广大职工建功立业的思想基础更加牢固。

为发挥好金融产业女劳模群体教育引领作用，为金融劳模品牌添彩，金融工会精选多名政治素养好、理论水平高、技术技能强、群众威信高、有一定宣讲经验的金融女劳模，组成女劳模工匠宣讲团，常态化开展理论宣讲活动，采取劳模大讲坛、工作研讨会、经验交流会等多种形式，推进劳模工匠品牌体系建设。

坚持“弘扬劳模精神·筑牢战斗堡垒”为阵地主线；以劳模创新工作室作为宣传劳模精神的重要平台；以学促干，坚持典型引领榜样带动；以优促先，选树典型激发争先意识；以行促效，激发职工创新创效热情。充分发挥工会引领下“劳模+服务”管理体系，在金融基层单位

建立“宣传阵地网点”，形成了金融系统牵头、工会主导、基层联动、系统协作宣传的同心圆，举全旗之力、集全民之智，精心组织开展“女劳模宣传联盟”创建活动，让女劳模精神成为金融产业促发展的内在驱动力，不断增强金融系统广大职工的荣誉感、使命感和凝聚力，提升了金融行业的实力和竞争力，培育出一支爱岗敬业、敢于创新的金融系统尖刀团队。

四、未来展望——以巾帼之名，赴时代之约

以习近平同志为核心的党中央高度重视妇女事业发展，引领、推动我国妇女事业取得历史性成就。金融工会始终坚持以党的二十大精神为指引，认真学习贯彻党的二十大精神，以高标准、全方位、大力度、多举措持续深化武装理论思想。要胸怀“国之大者”，深入践行金融行业责任担当，充分发挥女劳模的示范引领作用，提高广大职工凝聚力、号召力、影响力，广泛开展宣传宣讲活动，传播党的好声音，诠释劳模精神、劳动精神、工匠精神，不断注入时代内涵，助力金融行业的蓬勃发展，让更多金融女职工在与时代同行中赢得出彩人生，在勇立时代潮头中尽显巾帼风采。

（一）更加注重“她影响”，凝聚强大工作合力

把学习宣传贯彻女劳模精神与金融系统干部、职工教育培训工作结合起来，加强女劳模工作指导，不断挖掘和总结女劳模精神内涵，不断积极选树基层女劳模，在金融系统内部形成一股宏大的引导力量，提升广大职工对女劳模精神的认识，为弘扬女劳模精神注入源源不断的动力。通过开展巾帼劳模专题研究，多渠道了解并积极回应女劳模工作、学习和生活方面的诉求，充分激发她们的智慧，使之成为金融行业的助力者、文明风尚的倡导者、敢于追梦的奋斗者，共同推动金融系统劳模文化圈建设，开创金融产业高质量发展新局面。

（二）充分立足“她行动”，真情服务金融产业

在一代代劳模典型的感召之下，进一步开拓创新，讲好新时代女劳

模故事，着力打造以女劳模资源为核心、宣传教育交流平台为载体、线上线下相结合的职工培训基地、创新平台、精神高地，将始终坚持“金融为民”初心，不断完善现代金融产业各项制度，为“她行动”继续提供更多有效保障，推进加快劳模力量向知识型、技能型、创新型转变，持续提高金融服务的精准度与适配性，锚定实体经济这个“着力点”，持续为更多群众服务，激励广大女性职工奋进新征程、建功新时代。

（三）持续激发“她力量”，推进金融产业发展

始终秉承创新精神、劳模精神、劳动精神、工匠精神，牢牢把握工运时代主题，紧紧围绕推动金融业高质量发展，履职担当、积极作为，推动劳动竞赛、劳模评选表彰及服务管理各项工作顺利开展，汇聚起“以劳动托起中国梦”的中国力量，在“深下去”和“品牌化”上下功夫，充分激发广大金融职工积极性和创造性，凝聚起推动高质量发展的强大力量。培养更多巾帼劳模在百舸争流、千帆竞发的洪流中勇立潮头，在报效祖国、服务人民的人生中有所作为。

后 记

《中国女劳模》是近年来中国工会女职工组织理论工作的重要成果之一。中华全国总工会党组、书记处高度重视，马璐同志多次召开会议研究部署并作出具体指导。

《中国女劳模》由中华全国总工会女职工部牵头组织编写，中国社会科学院美国研究所魏南枝研究员参与编写主报告部分，北京、天津、河北、山西、内蒙古、辽宁、吉林、黑龙江、上海、江苏、浙江、安徽、福建、江西、山东、河南、湖北、湖南、广东、广西、海南、重庆、四川、贵州、云南、西藏、陕西、甘肃、青海、宁夏、新疆、新疆生产建设兵团和中华全国铁路总工会、中国民航工会、中国金融工会女职工委员会负责编写相应各分报告章节，中国劳动关系学院杨冬梅教授团队为主报告部分提供大量前期调研资料并协助审读各分报告，中华全国总工会办公厅、宣传教育部、研究室、劳动和经济工作部、工人日报社、中国工人出版社等有关干部参与编写审阅。

在本书编写过程中，还学习借鉴了大量有关中国工运史、妇女运动史等方面的研究专著、文章，党政机关、群团组织和科研教学机构专家学者们的优秀研究成果，限于篇幅不一一列举，特此说明和致谢。本书编写出版过程中，得到了中国工人出版社的大力支持和帮助，本书图片由 31 个省（自治区、直辖市）、新疆生产建设兵团总工会和 3 个全国产业工会提供，在此一并深表谢忱。

本书涉及历史时间跨度大，女劳模工作资料庞杂，加之水平所限，难免有疏漏和不足，恳请广大读者批评指正，为今后女劳模相关理论研究和本书修订工作提供宝贵建议和思考。

本书编委会

2024 年 2 月

附 录

历届全国劳模和先进工作者表彰大会年份表

（16 次集中表彰）

会议时间	会议名称
1950 年 9 月	全国工农兵劳动模范代表会议
1956 年 4 月	全国先进生产者代表会议
1959 年 10 月	全国工业、交通运输、基本建设、财贸方面社会主义建设先进集体和先进生产者代表大会（又称全国群英会）
1960 年 6 月	全国教育和文化、卫生、体育、新闻方面社会主义建设先进单位和先进工作者代表大会（又称全国文教群英会）
1977 年 4 月	全国工业学大庆会议
1978 年 3 月	全国科学大会
1978 年 6 月	全国财贸学大庆学大寨会议
1979 年 9 月	国务院表彰工业交通、基本建设战线全国先进（企业和全国劳动模范大会）
1979 年 12 月	国务院表彰农业、财贸、教育、卫生、科研战线全国先进单位和全国劳动模范大会
1989 年 9 月	全国劳动模范和先进工作者表彰大会
1995 年 4 月	全国劳动模范和先进工作者表彰大会
2000 年 4 月	全国劳动模范和先进工作者表彰大会
2005 年 4 月	全国劳动模范和先进工作者表彰大会
2010 年 4 月	全国劳动模范和先进工作者表彰大会
2015 年 4 月	庆祝“五一”国际劳动节暨表彰全国劳动模范和先进工作者大会
2020 年 4 月	全国劳动模范和先进工作者表彰大会

图书在版编目（CIP）数据

中国女劳模 / 中华全国总工会女职工部编著. —北京：中国工人出版社，2023.7
ISBN 978-7-5008-7602-1

Ⅰ. ①中… Ⅱ. ①中… Ⅲ. ①女性－劳动模范－人物研究－中国 Ⅳ. ①K828.5

中国国家版本馆CIP数据核字（2023）第114331号

中国女劳模

出 版 人　董　宽
责任编辑　魏　可
责任校对　张　彦
责任印制　栾征宇
封面设计　VIOLET映林
出版发行　中国工人出版社
地　　址　北京市东城区鼓楼外大街45号　邮编：100120
网　　址　http://www.wp-china.com
电　　话　（010）62005043（总编室）
　　　　　（010）62005039（印制管理中心）
　　　　　（010）62379038（社科文艺分社）
发行热线　（010）82029051　62383056
经　　销　各地书店
印　　刷　北京美图印务有限公司
开　　本　710毫米×1000毫米　1/16
印　　张　58.25
字　　数　750千字
版　　次　2024年3月第1版　2025年5月第4次印刷
定　　价　198.00元

扫码听中国女劳模的故事